你应该读的中国历史名著

资治通鉴

（北宋）司马光◆原撰
司徒博文◆编译

新世纪普及版

当代世界出版社

图书在版编目（CIP）数据

资治通鉴/（北宋）司马光原撰；司徒博文编译．—北京：当代世界出版社，2014.2

ISBN 978－7－5090－0948－2

Ⅰ.①资… Ⅱ.①司… ②司… Ⅲ.①中国历史－古代史－编年体－通俗读物 Ⅳ.①K204.3－49

中国版本图书馆 CIP 数据核字（2013）第 253530 号

原　　撰：（北宋）司马光
编　　译：司徒博文
插　　图：邢　旻
责任编辑：魏里亚　侯海洋
出版发行：当代世界出版社
地　　址：北京市复兴路 4 号（100860）
网　　址：http：//www.worldpress.org.cn
编务电话：（010）83907332
发行电话：（010）83908455
（010）83908409
（010）83908377
（010）83908423（邮购）
（010）83908410（传真）
经　　销：全国新华书店
印　　刷：北京欣睿虹彩印刷有限公司
开　　本：710 毫米×1000 毫米　1/16
印　　张：27.5
字　　数：523 千字
版　　次：2014 年 2 月第 1 版
印　　次：2014 年 2 月第 1 次
书　　号：ISBN 978－7－5090－0948－2
定　　价：39.80 元

前言

《资治通鉴》是北宋史学家司马光领衔编撰的，这部书记载的历史，上自周威烈王二十三年(前403)，下至后周世宗显德六年(959)，凡一千三百六十六年，是我国第一部编年体通史。

司马光是陕州夏县(今山西省夏县)人，字君实。司马光喜爱历史，他有感于当时的史书虽多，但没有一部从远古一直到当代的通史，就决定自己动手编一部。他请了刘攽、刘恕、范祖禹等人协助，由他自己担任主编。

司马光本来给这本书取了个名字叫“通志”，意思是从头到尾的历史。有一次神宗看到书里记载了不少前人治国处事的经验，觉得十分有用，就建议司马光把“通志”改名为“资治通鉴”，并亲自为之作序。这就是《资治通鉴》名字的由来。

司马光治学严谨，勤奋惜时。据说他为了防止自己睡得过多，耽误工作，曾动手设计了一个圆木枕头，只要脑袋稍微一动，枕头就会滚到一边，把他惊醒。他把这个枕头叫做“警枕”。司马光这种刻苦做学问的态度一直被后人所称赞，“警枕”的故事也就成了一个历史佳话。

《资治通鉴》的编写经历了宋英宗、神宗两朝，前后共用了十九年的时间。这本书详细地介绍了各个朝代重大历史事件的发生和发展，各种政治、经济制度和文化状况，对一些重要历史人物的事迹和言语也作了记录。它是中国历史上一部伟大的著作，人们因此把司马光和《史记》作者的司马迁合在一起叫做“两司马”，认为他们代表了中国传统史学的最高峰。

《资治通鉴》的原著对于今天的普通读者来说，是比较难读的。因为它是编年体史书，是以时间为叙事的线索，而不是以事件为线索的。这样一来，有些事件就被割裂，放在不同的章节中去了。

我们编的这本书，是《资治通鉴》故事集，我们从原著中选取最知名、最具代表性的篇章，用生动流畅的语言，长短适中的篇幅，把历史事件的来龙去脉讲清楚，讲精彩。这本书知识含量丰富，知识点密集，为读者们了解传统文化，扩大知识面提供了一条捷径。

希望这本书能得到读者的肯定，希望它能激发读者对祖国传统文化的热爱。

目录

战国

西汉

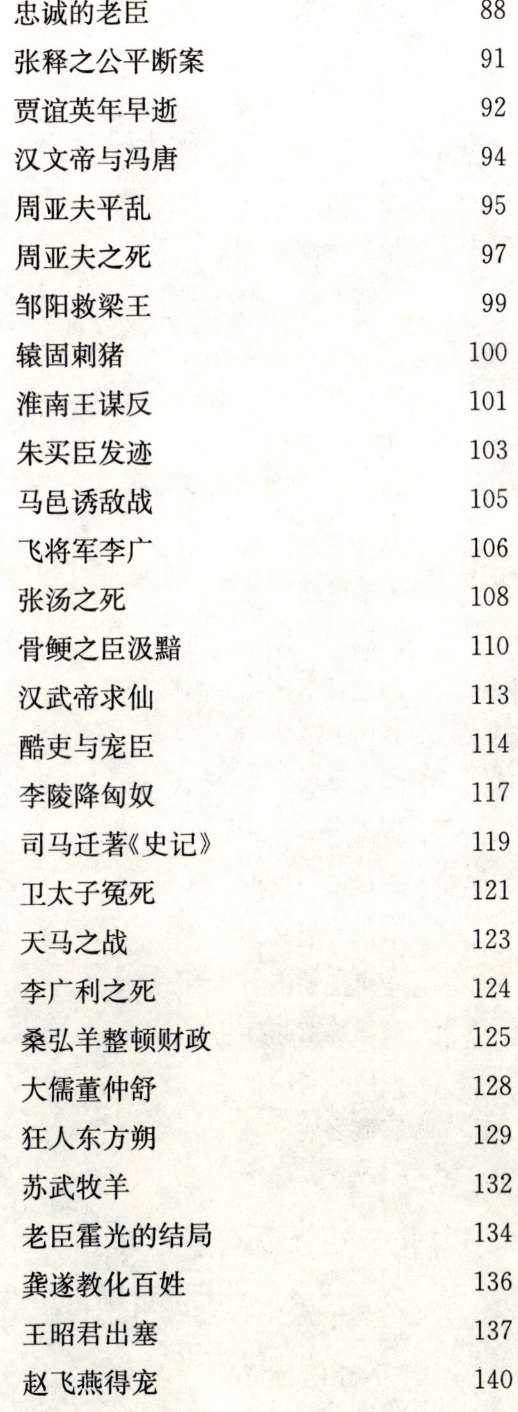

东汉

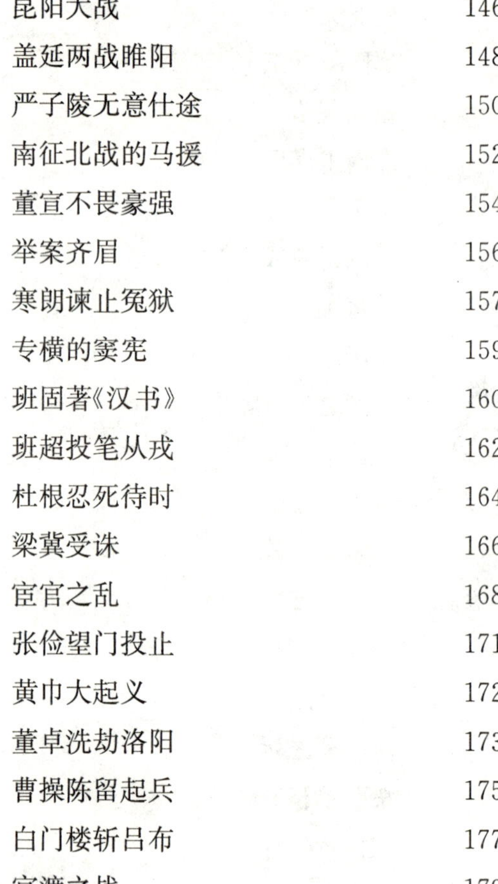

三国

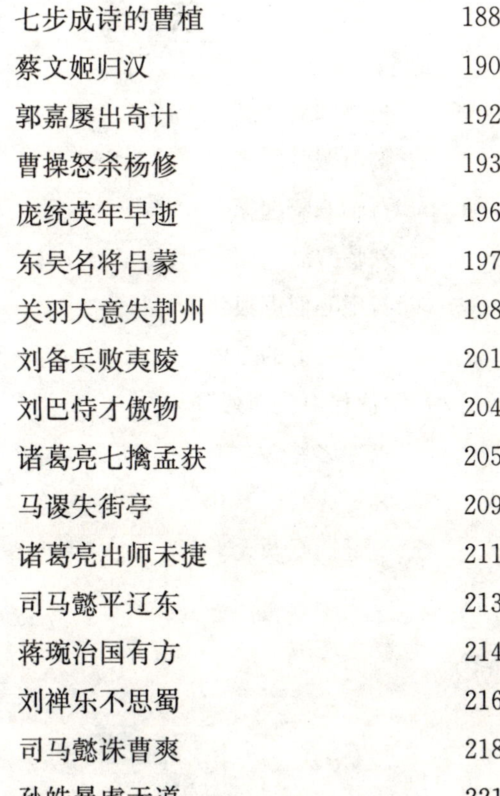

西 晋

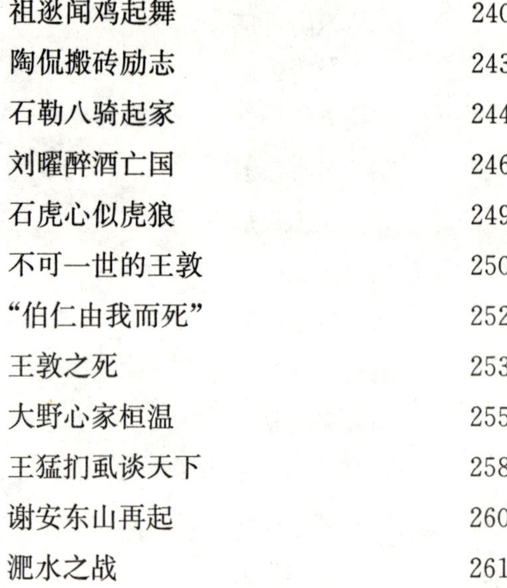

东晋

南北朝

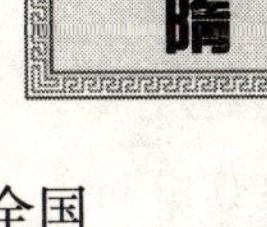

隋

唐

五 代

战 国

韩赵魏三家分晋

公元前 453 年，韩、赵、魏三家灭智氏，三分其地。从此，晋国为韩、赵、魏三家所瓜分。公元前 403 年，周天子正式承认三家为诸侯，标志着战国时代开始。

晋国本是春秋时代的一个重要的诸侯国，曾经一度被称为中原霸主，可是到了春秋末期，晋国衰落了。早在春秋初期，晋公室内部之间就已展开了激烈的争斗，力量逐渐削弱。而晋国卿大夫(诸侯国的重臣)的力量却逐渐壮大起来，他们互相吞并，到了公元前 458 年只剩下韩氏、赵氏、魏氏、智氏四家最大的卿大夫家族。晋国公室再也无力控制这些卿大夫。

这四家卿大夫分别是智瑶、赵襄子、韩康子、魏桓子，其中以智瑶的势力最大，他拥立哀公为晋的国君，把持朝政，在处理晋国的政事上他说一不二。

狂妄的智瑶想侵占其他三家的土地，他便以晋国国君的名义，对三家大夫赵襄子、魏桓子、韩康子说："晋国本来是中原霸主，如今却失去了霸主地位。为了让晋国重新强大起来，我主张每家都拿出一百里土地来献给公家。"

三家大夫都知道智瑶存心不良，想以公家的名义来逼他们交出土地。可是三家心不齐，韩康子首先把土地割让给智家；魏桓子不愿得罪智瑶，也把土地献出，只有赵襄子不从，他拒绝道："土地是上代留下来的产业，说什么也不能送人!"智瑶闻后大怒，马上命令韩、魏两家一起发兵共同攻打赵氏。

公元前 455 年，智瑶率领中军，韩康子率领右路军，魏桓子率领左路军，三队人马直奔赵地。寡不敌众的赵襄子听说晋阳政宽民和，是理想的死守据点，于是便退据晋阳。赵襄子巡视全城，只见城池坚固，府库充实，粮草充足，就是缺乏御敌所用的箭矢。手下大臣告诉他，赵简子委任的官员深谋远虑，早有准备：建筑宫室的材料都可以拆来做箭杆，铜铸的柱子可以用来造箭头。于是一切准备停当，严阵以待，等待迎敌。

智、魏、韩三家的兵马杀奔晋阳，把晋阳团团围住，赵襄子吩咐将士们坚决守城。等到三家兵士攻城的时候，城头上的箭好像飞蝗似地落下来，使三家人马无法前进一步。双方对峙了两年多的时间。

到了第三年，即公元前453年，智瑶引晋水淹晋阳城。几天后，晋水淹到离城头约两米的地方，城内一片泽国，就连灶膛里都生出了青蛙，百姓只得把锅吊起来做饭，一些没有粮食的百姓甚至易子而食。赵襄子手下的大臣也人心惶惶，形势很危急。

踌躇满志的智瑶以为胜利指日可待，他与韩康子、魏桓子一起视察水情，得意洋洋地说道："我现在才知道水也可以使人亡国的呀!"韩康子与魏桓子听后相顾无言，但彼此之间却暗暗害怕：原来魏家的封邑安邑（今山西夏县西北）、韩家的封邑平阳(今山西临汾西南)旁边各有一条河。智瑶的话正好提醒了他们，晋水既能淹晋阳，说不定哪一天安邑和平阳也会遭被淹之灾。

智瑶的家臣对智瑶说："韩、魏两家肯定会反叛。"智瑶问："为什么呢?"家臣说："破城已是指日可待，但韩、魏两家面无喜色，反倒忧心忡忡，他们担心自己会步赵襄子的后尘，只怕已是心怀异志。"第二天，智瑶拿家臣的话来试探韩、魏两人，两人均信誓旦旦效忠于他，于是智瑶消除了疑虑。

两人告辞后，家臣进来对智瑶道："刚才他们出去的时候，眼神十分慌张，这肯定是因为他们心怀异志。"但智瑶却不以为然，于是家臣请求让自己出使齐国，避祸去了。晋阳危在旦夕之时，赵襄子谋臣张孟谈自告奋勇，深夜用一根绳子从城墙上溜下来，然后乘一叶扁舟潜入韩、魏两家军营，他对韩康子与魏桓子说："唇亡齿寒，赵灭亡之后，灭亡的命运就要轮到你们了。"

韩、魏考虑到自身的利益，便同赵联合攻智，他们说："我们参战本来是迫不得已，智瑶这个人又专横跋扈，他灭赵以后迟早要把矛头对准我们，所以我们愿意背弃智瑶，与赵襄子联合。"

当智瑶正沉浸在吞并三家独霸晋国的美梦之中时，猛然间听见一片喊杀的声音。他连忙从卧榻上爬起来，定睛一看，兵营里全是水。智瑶正在惊慌不定，霎时，四面八方响起了战鼓声。赵、韩、魏三家的士兵驾着小船、木筏一齐冲杀过来。在赵、韩、魏三军的夹击之下，智瑶一败涂地。智瑶驾小船逃跑，被赵襄子抓住杀掉。于是赵襄子灭掉了智氏一族，韩、赵、魏三家平分了智氏的土地和户口，各自建立了独立的政权。

公元前438年，晋国国君哀公死，晋幽公即位。这时晋国已经非常衰弱，国君畏惧权臣，反而向韩、赵、魏三家行朝拜礼，韩、赵、魏于是就瓜分了晋国的土地，只留两个小地方给晋幽公。公元前403年，周王正式册命韩、赵、魏为诸侯。到公元前376年，韩、赵、魏联合灭了晋国，瓜分了晋国的全部土地，把晋当时的国君废为百姓，晋于是完全为韩、赵、魏三家所取代。战国时代的七雄由这时起正式形成，三家分晋成为战国时代开始的标志。由于韩、赵、魏均出自晋，所以又统称这三国为“三晋”。

豫让以死尽忠

豫让，是春秋时候晋国人。他曾经侍奉过晋国的权臣范氏和中行氏，都没有得到过重用，后来他又投靠晋国的另一位权臣智伯(智瑶)，智伯给他很高的礼遇。后来智伯去讨伐赵襄子，赵襄子联合晋国的另外两家权臣，打败了智伯，并把他的土地瓜分了。这就是历史上有名的“三家分晋”。

逃亡到山中的豫让听到智伯被杀的消息，便道：“士为知己者死，女为悦己者容。智伯待我这么好，我一定要为他报仇，为他报仇而死，死了也有脸去见他!”

豫让化装成因罪服劳役的人，暗藏匕首，混进赵襄子的府邸，假装给厕所刷墙，找机会暗杀赵襄子。

赵襄子来上厕所时，豫让便想下手，谁知赵襄子颇为警觉，见豫让形迹可疑，便叫人把他抓起来审问，搜出了他身上的匕首。豫让见身份已暴露，便大声道：“我要为智伯报仇!”赵襄子的手下要杀了他，赵襄子摆手道：“以后我多加小心，离他远点儿就是了。而且，智伯死了，没有后人，豫让敢来为他报仇，也算是个仁义之人啊。”就把豫让给放了。

豫让虽然被释放，却还是没有放弃刺杀赵襄子的念头。他在自己身上涂上漆，使得浑身长了毒疮，又吞吃了火炭，把嗓子烫哑了，形貌大变，连他的妻子也认不出他来。他又去刺杀赵襄子。

豫让藏在赵襄子每天必经的桥下，过了一会儿，赵襄子和他的随从们果然走了过来。豫让正要动手，赵襄子的马发觉桥下有人，惊得前蹄腾空，险些将赵襄子摔下来。豫让见形迹又暴露了，便跳出来。赵襄子道：“这肯定是豫让!”

赵襄子的手下将豫让团团围住。赵襄子质问豫让道：“你先前不是还侍奉过范氏、中行氏吗?他们两人都是被智伯杀掉的，你不去为他们报仇，反倒还给智伯做事。现在智伯死了，你又为什么一而再、再而三地找我报仇呢?”

豫让道：“范氏、中行氏都把我当普通人看待，我也就像普通人那样对待他们；而智伯却拿我当天下无双的人才，我也就像一个人才那样来报答他!”

赵襄子闻言叹道："豫让啊！我对你也算是仁至义尽了，这回我可不放你了！"示意侍卫们动手杀他！

豫让叫道："且慢！"

赵襄子叫住侍卫们，道："你还有什么话说？"

豫让道："上一次你放了我，天下人都听说了你的贤名。今天你杀了我，我无话可说。不过，我在死前有一个要求：你把身上穿的衣服让我刺几下，就算是已经报了仇，这样我就虽死无憾了！"

于是赵襄子就把身上的衣服脱了下来给豫让，豫让拔出剑来，一剑将衣服斩为两截，高叫道："我死后可以有面目去见智伯了！"说罢，伏剑自杀！

当时的志士听说了豫让刺杀赵襄子的事情，都深为感动。不过这种为君尽忠死难的愚忠思想在今天不宜提倡。

孙膑围魏救赵

孙膑和庞涓是同学，两人同在鬼谷子门下学习兵法。

公元前446年，魏文侯即位后，任用李悝、吴起、西门豹、段干木等人，进行各方面的改革。魏国迅速成为战国初期最为强盛的国家。魏惠王继位以后，继承文侯、武侯的霸业，继续积极向外扩张。魏国的勃兴和称霸，直接损害了楚、齐、秦等其他大国的利益，引起这些国家的普遍恐惧和忌恨，其中尤以齐、魏之间的矛盾最为尖锐。齐国自西周以来一直是东方地区的大国。公元前356年齐威王即位后，任用邹忌为相，改革吏治，强化中央集权，进行国防建设，国势日渐壮大。面临魏国向东扩张的严重威胁，齐国积极利用赵、韩诸国与魏国之间的矛盾冲突，展开了对魏的激烈斗争。就是在这样的复杂背景下，公元前353年爆发了桂陵之战。

当时魏惠王不惜重金招徕天下豪杰。庞涓感到建功立业的机会来了，就去求见他，向他讲了些富国强兵的道理。魏惠王听了挺高兴，就拜庞涓为大将。庞涓真有点本领，他天天操练兵马，先从附近几个小国下手，一连打了几个胜仗，后来连齐国也给他打败了。打那时候起，魏惠王更加信任庞涓。庞涓自以为是了不起的能人。可是他知道，他的同学齐国人孙膑本领比他强。据说孙膑是吴国大将孙武的后代。

魏惠王也听到过孙膑的名声，有一次跟庞涓谈起孙膑。庞涓派人把孙膑请来，跟他一起在魏国共事。谁知庞涓存心不良，背后在魏惠王面前诬陷孙膑私通齐国。魏惠王十分恼怒，把孙膑治了罪，在孙膑的脸上刺了字，还剜掉了他的两块膝盖骨，使他成了残废。

幸好齐国有一个使臣到魏国出访，偷偷地把孙膑救了出来，带回齐国，甚受齐国君臣的重视。

田忌是齐国的大将，他喜欢与齐国宗室的公子们跑马比赛，押重金，赌输赢。可他总是输多赢少。田忌去向孙膑请教，问怎样才能多赢。孙膑没回答，却去看了看田忌和公子们比赛时用的马。孙膑发现，马的脚力相差不大，但可分为上、中、下三种等级。于是孙膑便胸有成竹地对田忌说："下次有跑马比赛时，您只管放大胆量下重金与他们赌输赢，我自有办法让您获胜。"不久，又逢跑马比赛，田忌就去报名参赛，并押下千金。等到临场比赛时，孙膑向田忌面授机宜说："第一场，您用您的下等马去同他们的上等马周旋；到第二场，您用您的上等马去对付他们的中等马；到末场时，您则用您的中等马去对付他们的下等马。"待三场比赛下来，田忌只输一场而赢了两场，结果以总分取胜，赢得了齐王的千金奖赏。

田忌感觉孙膑是个将才，把他推荐给齐威王。齐威王也正在改革图强，他跟孙膑谈论兵法后，大有相见恨晚之感。

当时，为了摆脱魏国的控制，赵成侯开展了一系列的外交活动，他和齐威王、宋桓侯相会结好，同时又和燕文公相会。赵国的行为引起魏惠王的极大不满，适逢公元前354年，赵国向依附于魏国的卫国发动战争，迫使卫国屈服称臣。于是魏国便借口保护卫国，出兵包围了赵国国都邯郸(今河北邯郸西南)，强行攻打。第二年，赵国向齐威王求救。齐威王想拜孙膑为大将，孙膑忙推辞说："不行。我是个受过刑的残废人，当了大将，会被人嘲笑。还是请大王拜田忌为大将吧。"

齐威王就拜田忌为大将，孙膑为军师，发兵去救赵国。田忌计划直奔邯郸，同魏军主力交战，以解赵国之围。孙膑不赞成这种硬碰硬的战法，孙膑说："现在魏国出兵攻打赵国，魏国的精兵锐卒，一定倾巢开赴邯郸，只剩下一些老弱残兵留守国内。咱们为何不利用这个机会，带兵直捣魏国都城大梁，占据他们的交通要道，袭击他们守备空虚的地方呢？那样，庞涓听到咱们去攻魏国大梁，一定要放弃邯郸，回师相救。这时，我们就可以在半路上拦击魏军，这既可解邯郸之围，又可以痛击魏军，一举两得。"

田忌采纳了孙膑的计策，率军直趋大梁，齐国大军到达桂陵(今河南省长垣县西北)时，孙膑便叫田忌下令将军队停了下来。孙膑说，当魏军从邯郸返回的时候，一定要经过桂陵。因此，应该在此设伏，布下阵势，到时好一举把魏军歼灭。田忌又依孙膑的计谋而行，很快把军队埋伏了下来。

齐兵要攻打大梁的军情，很快庞涓就知道了。他立刻命令从赵国退兵救大梁。魏军由于长期攻赵，兵力消耗很大，加以长途跋涉急行军，士卒疲惫不堪。魏军进入了齐兵埋伏的桂陵地带，只听一声号令，齐军从路的两侧一齐奋勇杀出。突遭袭击，疲惫不堪的魏军哪里还能抵挡得住？他们战死的战死，受伤的受伤，不多时，魏军大败，死伤两万多人，齐军大胜而归。

魏军虽在桂陵之战中严重失利，但是并未因此而一蹶不振，而仍具有强大的实力。公元前341年，魏国又派兵攻打韩国。韩国也向齐国求救。那时候，齐威王已经死了。他的儿子齐宣王派田忌、孙膑带兵救韩国。孙膑又使出他的老法子，不去救韩，却直接去攻魏国。魏国眼见胜利在望之际，又是齐国从中作梗，其恼怒愤懑自不必说。于是决定放过韩国，转头将兵锋直指齐军，以雪桂陵之耻。魏国发动大量兵力，由太子申率领，直扑齐军。

这时齐军已进入魏国境内纵深地带，魏军尾随而来，一场鏖战是无可避免了。仗该怎么打，孙膑胸有成竹，指挥若定。他针对魏兵强悍善战，素来蔑视齐军的实际情况，正确判断魏军一定会骄傲轻敌、急于求战、轻兵冒进。根据这一分析，孙膑认为战胜貌似强大的魏军完全是有把握的。其方法不是别的，就是要巧妙利用敌人的轻敌心理，诱其深入，尔后予以出其不意的致命打击。他的想法，受到主将田忌的完全赞同。于是在认真研究了战场地形条件之后，决定减灶诱敌，设伏聚歼。

齐军与魏军甫一接触，就往回撤，魏军猛追不舍。庞涓怕其中有诈，小心谨慎，头天他察看一下齐军扎过营的地方，发现齐军的营盘占了很大的地方。他叫人数了数做饭的炉灶，足够十万人吃饭用的。

第二天，庞涓带领大军赶到齐国军队第二回扎营的地方，数了数炉灶，只有能够供五万人用的了。

第三天，他们追到齐国军队第三回扎营的地方，仔细数了数炉灶，只剩了两万人用的了。庞涓这才放了心，笑着说：“我早知道齐军都是胆小鬼。十万大军到了魏国，才三天工夫，就逃散了一大半。”庞涓虽然曾与孙膑受业于同一位老师，可是水平却要差孙膑一大截。接连三天追下来以后，他见齐军退却避战而又天天减灶，便不禁得意忘形起来，武断地认定齐军斗志涣散，士卒逃亡过半。于是他丢下步兵和辎重，只带着一部分轻装精锐骑兵，昼夜兼程追赶齐军。

一直追到马陵（今河北大名境），这时天将近晚。马陵道路十分狭窄，两旁都是障碍物。庞涓恨不得一步赶上齐国的军队，就吩咐大军摸黑往前赶去。忽然前面的兵士回来报告说：“前面的路给木头堵住啦！”

庞涓上前一看，果然见道旁的树全砍倒了，只留下一棵最大的没砍，细细瞧去，那棵树的一面还刮去了树皮，露出一条白树干来，上面影影绰绰还写着几个大字，因为天色昏暗，看不清楚。

庞涓叫兵士拿火来照。有几个兵士点起火把来。趁着火光一瞧，那树瓤上面写的是：“庞涓死于此树下。”

庞涓大吃一惊，连忙吩咐将士撤退，可是为时已晚，齐军万箭齐发，像飞蝗似地冲魏军射来。一时间，马陵道路两旁杀声震天，到处都是齐国的兵士。庞涓走投无路，只得拔剑自杀。齐军乘胜追击，又连续大破魏军，前后歼敌十万余人，并俘虏了魏军主帅太子申。

此后，孙膑的名气传遍了各诸侯国。齐国在桂陵之战和马陵之战中的大获全胜，从根本上削弱了魏国的军事实力。从此，魏国一步步走下坡路，失去了中原的霸权。而齐国则挟战胜之威，力量迅速发展，成为当时数一数二的强大国家。

聂政刺侠累

聂政是韩国一位很有名的勇士，他因为杀了人，便带着他的母亲和姐姐从故乡逃到齐国，以屠宰为生。

韩国有个严仲子，他是韩国的高官，因为和韩国宰相侠累结怨，害怕被杀，于是就逃离韩国。他怀恨在心，就到处找替自己杀侠累的人。到了齐国，听说聂政是个勇士，就去找他，聂政本来避而不见，后来看到严仲子很有诚意，就见了他。

严仲子摆酒席宴请聂政和他的老母。席间，严仲子捧出百两黄金，赠与聂母作为寿礼，聂政大惊，再三谢绝。严仲子屏退众人，对聂政说明来意。聂政道：“我因为要侍奉老母，所以才跟市井之徒们混在一起，做个小商贩。而现在我母亲还在世，所以我还不能答应您。”

后来，聂政的母亲去世了，聂政安葬了母亲，便脱下丧服，对人道：“唉！我只不过是个卖肉的，严仲子这样一位有身份的人，不远千里来和我结交，又拿出很多钱来给我母亲做寿，他对我可真是好啊，我能无动于衷吗？先前我没有答应为他做事，是因为母亲还在世，现在母亲已经去世，该是我为他效命的时候了。”

聂政就去找严仲子，道：“现在我母亲已经去世，我再也没有什么牵挂，可以为您效力了，您要杀谁？”严仲子见聂政愿意为自己卖命，精神为之一振，便告诉了聂政自己与侠累的恩怨，并道：“我派人和您一起去！”聂政摇头道：“现在咱们要刺杀的是韩国的宰相，官高位显，多一个人知道就多一分泄密的危险，还是我一个人去！”

聂政便一个人拎着宝剑来到了韩国。他打听到相府的所在地，来到相府的大门口。当时，侠累就坐在堂上，许多侍卫手持长短兵器在他周围保护着他。

聂政见守卫森严，并无惧色，拔出宝剑，冲入相府！

侠累的侍卫们见状大惊，慌忙上前拦截，聂政大呼向前，左杀右砍，连杀几十人，杀到侠累身边，一剑将侠累刺死！

聂政杀了侠累，见侍卫越拥越多，势难脱身，把心一横，用剑毁伤了自己的脸，剜出了自己的双眼，再剖腹而亡！

韩国国君把聂政的尸体曝露在大街上示众，重金悬赏知情的人，但很久都没有人来认尸。聂政的姐姐聂荣听说了这件事，心里怀疑，想道：“难道是我的弟弟吗?”她便急忙赶到韩国，到大街上示众的地方一看，果然是自己的弟弟！聂荣悲痛至极，扑到聂政的尸体上大哭，说道：“他就是我的弟弟聂政啊！”

围观的人问她道：“你弟弟杀死了我们的宰相，这是大罪，现在韩王重金悬赏知情的人，夫人您不知道吗?”

聂荣悲泣道：“我知道。可先前，我们的母亲还在世，我又没有出嫁，我弟弟为了供养我们，所以才辱没了自己，甘心做一个小商贩。现在，母亲去世了，我也出嫁了，他再没有了后顾之忧，而严仲子又待他那样好，他就为严仲子把命给丢了！可他因为我还在世，怕连累我，才把自己的尸身毁成这个样子，我又怎么能因为怕死，而让我的好弟弟的英名埋没呢?”围观的人听了，都惊诧不已。聂荣又哭喊道：“天啊！天哪！老天爷呀！”便倒在了聂政的尸身旁死去了。

这件事在当时流传得很广，听到的人都称颂聂政是位义士，聂荣是位烈女。

淳于髡出使

淳于髡(kūn)是齐威王的一位大臣，他身材矮小，其貌不扬，但机智诙谐，能说会道，曾多次用幽默的语言劝谏齐威王。

齐威王有一段时间喜欢猜谜玩乐，纵情声色，不理国事，一切都扔给大臣们去办理，大臣们也把国事弄得乱七八糟。列国见齐国政局混乱，认为有机可乘，于是都来侵略齐国，国家危在旦夕。大臣们焦急万分，可都不敢去向齐威王劝谏。

唯独淳于髡去见威王。见了威王，他不提国家大事，却出个谜语让威王猜。他道："大王的宫廷里有只大鸟，好几年了，既不飞，也不叫，大王，您知道这是怎么回事吗？"

齐王一听，便知道淳于髡在以猜谜语为名，劝谏自己，他豪情万丈地道："这只鸟，要么不飞，一飞就直冲云霄；要么不叫，一叫就震惊世人！"

齐威王一反常态，将官员们都召集起来，该赏的赏，该罚的罚。他又激励前线的士兵们，让他们奋勇出击。自此，威王励精图治，国势日盛。诸国见齐国日渐强大，怕齐国来犯，连忙把侵占的齐国国土都交还了回来，从此，齐威王称雄了三十多年。后来"一鸣惊人"，成为了一个成语，用来比喻一下子就取得了很大的成就。

有一年，楚国大规模出兵侵略齐国。威王派淳于髡到赵国去搬请救兵。可是让他随身带去送给赵国的礼品却很微薄，淳于髡见状，仰天大笑，竟把帽子的带子都笑断了。

威王见状大惊，问道："你笑什么？"

淳于髡道："刚才我来的时候，看到路边有个老农，他拿着一个猪肘子和一杯酒，祭奉田神，说道：'求田神保佑我五谷丰登，粮食满仓，装都装不下！'我看他想得到的那么多，可拿出来的又那么少，所以才笑他！"

威王一听就明白，淳于髡是说自己拿出来的礼物太轻，赵国肯定会不满意，他也觉得自己的作法欠妥，便把礼品的数量增加了十几倍，丰厚无比。淳于髡这才动身前往赵国。赵国国君对礼物很满意，便借给了齐国大批兵马。楚国探得这个消息，自知抵敌不过，忙连夜撤退了，齐国又一次转危为安。

又一次，齐王派淳于髡献一只天鹅给楚王，可天鹅在半道上飞跑了。淳于髡并不惊慌，他在路上想好了一套说辞，提着空笼子来到楚国。

淳于髡见了楚王，道："齐王派我来给您献天鹅，可路上经过水塘，我见天鹅渴了，就放它去喝水，谁知道让它给飞了。我想自杀谢罪吧，可恐怕让别人说您因为一只鸟逼得人自杀了。这天鹅是长毛的东西，和它相像的有的是，我原打算买一只别的鸟代替它，可那又是不讲信用蒙骗您了。我又想逃亡到别国去，可又怕耽误了我们两国国君交好的大事。所以，我就来请罪，甘愿领受您的惩罚！"

楚王听了淳于髡这一套花言巧语，甚为赏识，道："好啊，齐国竟有这样的诚实之士！"便重赏了淳于髡，赐物的价值比那飞走的天鹅还要贵重一倍。淳于髡凭着三寸不烂之舌，竟把一件坏事变成了好事！

商鞅推行新法

商鞅本来姓公孙，名鞅，是卫国国君的远房后代。公孙鞅年轻的时候喜欢法家的理论主张，在魏国宰相公叔痤(cuó)手下当侍从。

公叔痤知道他是个人才，有意想把他推荐给魏王，可还没来得及上朝就病倒了。魏惠王听说宰相病了，亲自来探问病情，问公叔痤说："您万一有个三长两短，谁来接替您处理政务呢?"公叔痤说："我的侍从公孙鞅虽然年纪不大，但才能出众，大王可以把国家大事托付给他。"魏惠王听了没作声。待魏王要走时，公叔痤屏退左右，单独对魏王说："大王如果不愿任用公孙鞅，那您就把他杀了，千万别让他跑到别的国家去，否则后患无穷啊!"魏王一口答应下来，然后就起身回宫了。

公叔痤立刻派人把公孙鞅叫到病榻前对他说："今天大王问我死后谁有能力担任宰相一职，我推举了你，不过我看大王并没有任用你的意思。我办事的原则是先忠于国君，然后才忠于朋友，所以当时我对大王说，如果您不用公孙鞅，就把他杀掉。大王答应了，你得马上离开魏国，千万别耽搁了。"公孙鞅说："大王既然不听您的话重用我，又怎么会听你的话杀我呢?"于是他哪都没有去。

再说魏惠王，他一离开公叔痤家里，就对身边的人说："公叔痤真是病糊涂了，叫人伤心！他竟然劝我把国家大事都托付给公孙鞅，这不是荒唐透顶吗?"

公叔痤死了以后，公孙鞅听说秦孝公在国内下令招纳贤才，就来到秦国，通过秦国的宠臣景监见到了秦孝公。他和秦孝公长谈了四次，劝说孝公变法达到富国强兵的目的，他的议论，深得秦孝公的赏识。孝公任命公孙鞅为左庶长，全权负责变法的事情。

公孙鞅上任以后，很快确立了变法条令。新法下令把居民五家编成一"伍"，十家编成一"什"，让他们互相监督，一家出了事，其他各家都要跟着受牵连。凡是知道谁犯了法而不告发的人要被判处死刑，而第一个告发坏人的和杀掉一个敌人一样给予相同的奖赏。家里有两个以上的成年男子要分开过，不然要加倍交税。杀敌有功的人按规定加官进爵。为报私仇打架斗殴的要进行重罚。新法鼓励农民好好种田织布，做得好的可以免除劳役。国君的亲族如果没有杀敌立功，就被废为平民。严格按照人们身份的高低规定他们可以穿什么样的衣服，住什么样的房子。总之，新法鼓励人们辛勤务农、英勇杀敌。

新法制定后尚未公布，公孙鞅担心老百姓不相信政府能按照新法行事，于是就在国都市场的南门，立了一根三丈长的木杆，告诉老百姓们谁能把它扛到市场的北门就赏给谁十锭黄金。起初，人们都对此很吃惊，但都不敢相信。公孙鞅又对人们说："谁能把它扛到北门，赏金五十锭。"这时有一个人半信半疑地把杆子扛到了北门，公孙鞅立即给了他赏金，表明政府说话算数，接着颁布了新法。

新法推行的第一年里，成百上千的老百姓跑到国都说新法不好，要求废除它。这时，太子触犯了新法，公孙鞅说："法令行不通，关键是上面有人不遵守。"于是准备惩处太子。但是太子是未来的国君，不能直接对他进行惩罚，于是就处罚了太子的老师公子虔，又在另一个老师公孙贾脸上刺了字。这么一来，秦国百姓就不敢不遵守法令了。

新法施行十年后，"秦民大悦"，"乡邑大治"。原来落后的秦国也变了样：东西掉在路上没有人捡，山里没有盗贼，家家户户过上了富裕的生活。人们勇于当兵打仗，而不敢为私仇斗殴，全国无论是乡村还是城镇都呈现出一片太平景象。

过了三年，秦国在咸阳大兴土木，建造了宏大华丽的城墙宫殿，把国都从栎阳迁到了咸阳。接着公孙鞅又进一步变法，整顿风俗，建立县制，统一度量衡。这次新法公布以后，公子虔又犯了法，结果被公孙鞅割掉了鼻子。

秦国也通过变法，成为"兵革强大，诸侯畏惧"的强国。连周天子都派人来承认秦国是天下的霸主。各国诸侯也向秦国朝贺。公孙鞅又帮助秦孝公打败了魏国的军队。鉴于公孙鞅的功绩，秦孝公把商(今河南内乡县东)附近的十五座城都封给了他，称他为商君，从此人们都叫他商鞅。

商鞅在秦国当了十年宰相，大力推行新法。秦国的王室贵族很多人都对他恨之入骨，有人劝商鞅不应该这么大张旗鼓地变法，使天下这么多人对他心存不满。一旦宠信他的秦孝公去世了，贵族王室肯定不会放过他。但是商鞅并不在意。秦孝公死后，太子即位。这时，公子虔等人立刻诬告商鞅想造反，派兵捉拿商鞅。商鞅逃到了秦国的边境，想找家旅店住下来，店主不知道他就是商鞅，对他说："商君的法令规定：留宿没有证件的人要判刑。"商鞅不由地叹了一口气说："唉！没想到我定的法令竟然害到了自己头上。"

商鞅离开秦国逃到了魏国，魏国人因为他当初曾带领秦军打败过自己国家的军队，不肯收留他。这时有人说："商鞅是秦国的罪犯。秦国这么强大，它的罪犯逃到了魏国，魏国不把他送回秦国怎么能行呢?"于是魏国人把他送回了秦国境内。商鞅被送回秦国后，直奔自己的封地，招募军队，然后向北攻打郑城(今天陕西叶县附近)。秦国出动大军攻打商鞅，在郑城附近把他杀死了。秦惠王还不肯罢休，又把商鞅的四肢和脑袋用绳子拴在了五匹马身上，当众五马分尸，他告诫众人说："谁敢反叛国家，就是商鞅这个下场！"接着把商鞅满门抄斩。

商鞅虽然被处死了，但他的新法却取得了成功，秦国强大起来，终于在战国末年统一了中国。

西门豹治邺

西门豹是战国时魏国的一位官员，他在邺城（今河北临漳县西南）当太守时，果断地处理了"河伯娶妻"这一危害一方的迷信行为，因为他的作法颇为幽默机智，所以这一事迹被褚少孙收入《滑稽列传》。

当时，西门豹到邺上任伊始，就召集当地德高望重的长者，详细询问当地民众的疾苦。长者回答道："因为常给'河伯'娶妻，所以这里才这么穷苦！"

西门豹大奇，便细问其故。原来，当地经常发大水，所以乡绅、县吏们就为这个征收很重的赋税，每年都征到好几百万钱。他们拿出二三十万，让巫师、巫婆挑选出本地品貌出众的少女，给"河伯"当妻子，说这样就能免除水灾，余下的钱便被他们一起分掉了。每次为"河伯"娶妻，在迎娶的当日，都要大张旗鼓地隆重进行。他们把少女打扮得漂漂亮亮，游行十几天，然后搭起席床，让少女坐在上面，放在水中任其漂流，顺流漂出数十里后，少女便被河水吞没。乡绅、县吏、巫师们便说"河伯"已经把少女娶走了。因此，当地凡是家中有女儿的人，都怕女儿被选中给"河伯"做妻子，大多逃往外地他乡。钱要得多，人逃得多，水患又除不掉，所以本地自然就越来越贫困萧条了。

西门豹是个不信神的人，他一听就知道，所谓"河伯"娶妻，是当地乡绅、县吏和巫师们联合起来耍的花招，他们为了敛取钱财，竟不惜借迷信来搜刮民众，残害生灵。他想了一想，心里已有了主意。西门豹对长者们道："等到下一次为'河伯'娶妻时，你们让乡绅、县吏、巫师都到河边来，我也去为新媳妇送行！"

到了那一天，西门豹来到河边，当地的大小官吏和头面人物也都来了，四周围观的老百姓也有几千人。西门豹一见那巫师，原来是个七十多岁的老巫婆，身后跟着十几个女徒弟。"娶亲"仪式即将开始，西门豹道："把新媳妇叫过来，我要看看她漂亮不漂亮！"

有人把将要敬献给"河伯"的少女唤出，领到西门豹面前。西门豹一见，便故意对巫婆说："这个女子不够漂亮，麻烦大巫婆去报告'河伯'，我另外再找一位漂亮的女子，过两天就送去!”言罢，不由分说，便让手下把老巫婆抱起来扔进了河里!

西门豹假装等候，过了一会儿，又道：“大巫婆怎么这么久还没回来？来，派个弟子去催催她!”又让手下把巫婆的一个女弟子扔进了河里！一连扔了三个弟子，西门豹道：“这些弟子都是女人，说不清楚话，麻烦几位乡绅去催催吧!”

又命人把几个乡绅都扔进了河里!

西门豹又煞有介事地站在河边，假意等候，县吏等其他官员都体如筛糠，魂飞魄散，生怕下一个轮到自己。一会儿，西门豹道：“他们都不回来，怎么办呢?”又打算把县吏和另一位有钱人扔下去，这两人吓得魂飞天外，面如死灰，赶紧跪下连连叩头，把额头都叩出了血。西门豹便道：“那就再等一会儿吧!”一会儿，西门豹道：“你们起来吧！看来‘河伯’是把客人留得太久了，咱们都回去吧!”便率人离去了。从此以后，没人再敢提为“河伯”娶妻之事!

西门豹可谓是“以其人之道，还治其人之身”，狠狠惩治了这群利用迷信坑害百姓的人。后来，西门豹发动邺的百姓大举兴修水利，彻底根治了水患，并引水灌溉了田地，大大地造福了百姓。很久之后，当地的百姓还在感念西门豹的功绩。

楚怀王客死秦国

楚怀王(前 328 年至前 299 年在位)时期正是战国诸雄激烈争夺的时期。秦国在这场争夺中显示出明显的优势，因此，各个诸侯国多次联合起来对付秦国，历史上称之为“合纵”；而秦国则千方百计地破坏其他诸侯国的联合，努力建立自己与各个诸侯国的联盟，历史上称之为“连横”。

楚怀王在位的第十六年，秦国想进攻齐国，可是楚国正跟齐国结盟，秦惠王为了打破楚齐联盟，派说客张仪南下去拜见楚怀王。张仪对楚怀王说：“如果大王能断绝与齐国的联系，秦国愿意将原来从楚国夺去的纵横六百里地的商於地区归还给楚国。这样，大王北可以削弱齐国，西可以亲善秦国，自己又可以收回大片土地，何乐而不为呢?”楚怀王大喜，当即宣布断绝与齐国的关系，并派一个将军跟随张仪到秦国去接受归还的土地。

张仪回到秦国，假装喝醉了酒从车上跌下来，声称有病不出门达三个月之久，秦国归还楚国土地的事情便迟迟不能兑现。楚怀王说：“难道张仪认为我跟齐国绝交得还不够彻底吗?”便派一名勇士北上辱骂齐王，齐王大怒，当即决定跟楚国断交，而与秦国修好。秦齐两国联合之后，张仪才出来见人，他对楚国将军说："您为什么还不接受土地？从某地到某地，纵横六里。"楚国将军说："我被派来接受的土地是六百里，不曾听说是六里。"显然这是张仪在耍赖。楚怀王听到这个消息后，知道自己被张仪玩弄了，不禁大怒，出兵攻打秦国。第二年的春天，秦军把楚军打得大败，楚怀王只好退兵。

又过了一年，形势的发展使秦国想与楚国结为联盟，秦国愿意把汉中的一半土地割让给楚国，以求跟楚国讲和。楚怀王气愤地说："我不要土地，我只想得到张仪。"张仪听说这件事，主动请求到楚国去。秦王说："楚王正恨你入骨，你去楚国岂不是自投罗网？"张仪说："我跟楚王的亲信靳尚关系甚好，靳尚又能接近楚王的宠妃郑袖，郑袖的话楚王没有不听的。再说，我因为上次出使楚国，背弃了归还楚国商於地区的诺言，导致秦楚大战，结下了仇怨。我不当面去向楚王认错，就很难解开仇怨。况且有大王在，楚国不敢贸然捉我。就是我真的被楚国杀了，只要对国家有利，我也愿意。"张仪于是出使楚国。

张仪到了楚国都城，楚怀王不接见他，还直接把他囚禁起来，想杀掉他。这时张仪暗中勾结靳尚，靳尚替他请求怀王说："拘捕张仪，会让秦王不高兴的，各国诸侯看到楚国没有了秦国这个盟友，必定会轻视大王。"郑袖也在靳尚的鼓动下向楚怀王为张仪求情。楚怀王是个轻信他人的人，经不住靳尚与郑袖的劝说，遂与秦国结为联盟，放了张仪。

公元前 303 年，齐、韩、魏等国因为楚国背弃合纵盟约而与秦国联合，三国一同征讨楚国。楚国派太子横到秦国当人质要求援助，于是秦国派兵援救楚国，三国领兵退走。

一年后，楚太子在秦国与一个秦国的大臣斗殴，杀死了那个大臣，楚太子逃跑回国。公元前 301 年，秦王会同齐、韩、魏等国攻打楚国，楚军大败，损失惨重。翌年，秦再攻楚，攻取襄城斩楚军三万。不久，秦王写信给楚怀王说："当初，我跟您结为兄弟，您送太子作人质，双方关系十分融洽。您的太子杀死了我的重臣，不向我认错就逃了回去，我实在压抑不住心头怒火，所以派兵来侵犯您的边境。但实际上，秦楚关系恶化，对彼此都不利，我希望跟您在武关(关塞名，今陕西丹凤县东南)会晤，当面订约结盟，热切希望您能前往。"

楚怀王看到秦王的信，左右为难。去吧，怕受骗上当；不去吧，又怕激怒了秦王。大臣昭睢劝说道："大王不要去，派军队守住自己的边境就行了。秦国像狼虎一样，是不能信任的。"但楚怀王的儿子子兰却力劝怀王去，他说："为什么要拒绝秦国的好意呢？"于是楚怀王在公元前 229 年便入秦会见秦昭王。

秦昭王要弄欺诈的手段，派一个将军带兵埋伏在武关，打着秦王的旗号。

等楚怀王一到，就关闭武关关门，挟持楚怀王西行到达秦国的都城咸阳，在秦国的宫廷里朝见秦昭王，就像属国的臣子一样。楚怀王大为不满，后悔听从了子兰的意见。秦国扣留了楚怀王，以此要挟楚国向秦国割让土地。楚怀王拒不接受，秦昭王因此将他关押了起来。

消息传到楚国，大臣们都很忧虑，共同商议说："我国大王在秦国不能回来，秦国以此要挟我国，我们不如再拥立一个新王，以断绝秦国的非分之想。"于是大臣们从齐国接回太子横，让他登位做了楚国的国君，便是楚顷襄王。楚国通告秦国说："我们不怕你们要挟了，因为楚国已经有了新王。"

秦昭王的计划落空，非常恼火，便发兵从武关出发去攻打楚国，大败楚军，斩首五万，夺取了楚国十多座城池。次年，楚怀王想从秦国潜逃回国，被秦国发现了，封锁了所有通往楚国的道路。楚怀王于是改从小路跑到赵国，想绕回楚国去。赵国害怕秦国，不敢接纳楚怀王。楚怀王又想经魏国，这时秦军已经追上来了，他只得跟随秦国使者又回到了秦国。楚怀王惊恐劳累，身染重病，拖了一年，死在秦国。秦国把他的灵柩送回楚国，楚人都很悲痛，从此仇恨秦国，立誓报仇。"楚虽三户，亡秦必楚"的说法就是由此而来的。意思是楚国哪怕只剩三户人家，也发誓要灭亡秦国。

乐毅大破齐国

齐湣(mǐn)王当政后，齐国国力达到了顶峰，向南打败了楚国的军队，向西击败了赵、魏两国的联军，又联合赵、魏进攻秦国，帮助赵国灭掉了中山国，并出兵击败了宋国，拓展疆土一千多里。齐湣王和秦昭王互争霸主，各自改王称帝，只是由于各国的反对才取消帝号依旧称王。这一时期，东方各国都准备脱离秦国归附齐国。但是齐湣王十分骄傲自大，统治残暴，齐国的老百姓都不堪忍受。

燕国是齐国北边力量较弱的一个国家，曾经被齐军打得大败，燕昭王即位后，念念不忘这一耻辱，无时无刻不在思考如何报复齐国。他常向大臣乐毅请教讨伐齐国的方法，乐毅很有军事才能，分析了各国的形势后说："齐国仍然保持着霸主的余威，地广人多，单靠我们一个燕国去攻打是不行的。您如果一定要伐齐，最好和赵国、楚国、魏国联合起来。"于是燕昭王派乐毅去联合赵惠文王，又派其他使臣分别去楚国和魏国，并请赵国向秦国陈述伐齐的好处。

当时各国都难以忍受齐湣王的骄横暴虐，所以迅速地和燕国联合起来。乐毅将这一情况向燕昭王报告后，燕昭王立即动员全国的军队，任命乐毅为上将军，率领燕、赵、楚、魏、韩五国大军杀奔齐国，在济水西岸一举击溃了齐军主力。之后，其他几个诸侯国纷纷撤兵，而乐毅则指挥燕军乘胜追击，渡过济水，一直打到了齐国首都临淄。攻破临淄后，乐毅把齐国的珍宝财物和齐国的礼器全都用大车小车地运回燕国。燕昭王高兴极了，亲自到济水边慰劳军队，把昌邑国(今山东淄博附近)封给乐毅，然后带着战利品回国，乐毅留下来继续攻打齐国境内还未攻取的县城。

济水大败后，齐滑王四处逃跑。由于他十分傲慢无礼，哪个国家都不肯收留他，最后来到莒县。楚国大将淖齿率军救援齐国，趁机当了齐滑王的宰相。然而没过多久，他就杀了齐滑王，和燕国瓜分了齐国的土地和财宝。

齐滑王被杀害后，他的儿子法章隐姓埋名，在莒县太史敫(jiǎo)家做了佣人。太史敫的女儿见他相貌奇特，认为他不是普通人，心里怜爱他，经常偷偷送给他衣服食物，并且和他私通。淖齿离开莒县后，莒县百姓与齐国逃亡的大臣一起寻找滑王的儿子，想立他为王，法章怕他们是在追杀自己，一直没敢说出自己的身份，过了好久才承认自己就是滑王的儿子。莒县人共同立法章为齐王，这就是齐襄王。军民们一起保卫莒县，并向全国宣布："国王的儿子已经在莒县即位了。"

乐毅留在齐国又打了五年，攻下七十多座城池，设立郡县，直接归燕国统辖。当时只剩下莒县和即墨两个县城没被攻克，齐国人还在死守，眼看就要亡国了。

真是天助齐国。刚好这时燕昭王死了，他的儿子燕惠王即位。惠王做太子时与乐毅关系不好。齐国人正好利用这一点，派人到燕国施行反间计，挑拨说："齐国就剩下两座城还未被攻破，为什么乐毅不一鼓作气攻下这两座城呢？听说是由于乐毅和新国王有矛盾，故意留着这两座县城，保持两军仍在作战的局面，乐毅好有理由继续留在齐国，找机会自立为王。齐国现在最怕燕国改派别的将领来齐。"

燕惠王本来就怀疑乐毅，现在又中了齐国的反间计，立即派大将骑劫代替乐毅，把乐毅召回国。乐毅担心回国后被杀，就投奔了赵国。这是公元前279年的事。

田单收复失地

田单见反间计大功告成，开始了收复失地的活动。他下令让城中居民吃饭之前必须在庭院中摆设饭菜祭祀祖先，引来了成群成群的飞鸟在即墨上空盘旋。城外的燕国士兵觉得很奇怪。田单借机宣扬说："很快就有神仙下凡来帮助齐军。"他对城中居民说："将要有一位神人帮助我们的军队。"然后找来个士兵，假装尊奉他为神人军师，每次发号施令都说是神师的旨意。

田单又派人故意四处散布消息说："我们最怕燕军割掉我们齐国俘虏的鼻子，把他们放在队伍最前面同我们作战。那样即墨城就会守不住了。"燕军信以为真，果然割掉了齐国俘虏的鼻子。城里军民看到被割掉鼻子的俘虏，都愤怒不已。他们誓死坚守城池，惟恐被燕军俘虏。

田单又使反间计说："我们担心燕军会挖掘城外的坟墓，侮辱我们的祖先。如果那样，我们要给吓坏了。"燕军又中计，挖掘了所有的坟墓，把尸体都给焚烧了。即墨的居民从城墙上看到这种情景都痛哭流涕，怒火万丈，全都要求出城和燕军决一死战。

田单看到战士们士气高涨，知道可以用这支军队击败燕军。于是，他亲自拿着锹镐和士兵们一起修筑防御工事，又把妻妾们编入队伍之中，把家里能吃的东西都拿出来犒劳士兵，然后命令精锐士兵都掩藏起来，专门让老弱妇孺登上城头防守，以此来麻痹敌人。同时田单又派使者去燕军那里请降，燕军士兵得意地高呼万岁。田单从老百姓那里收集了二万两黄金，让城里的一个富豪带着去送给燕军将领说："即墨投降以后，请求你们别抢夺我的家族妻妾。"燕军将领非常高兴，答应了他的请求。从此燕军的戒备越来越松懈了。

这时田单从城里收集了一千多头牛，给它们披上红绸子，绸子上面画满了五彩的龙纹，在牛角上绑上锋利的尖刀，牛尾巴上拴了一束灌满油脂的芦苇，然后突然点火。田单命令士兵把城墙凿开十几个洞，乘着夜色把火牛放出去，又派了五千名壮士跟在牛的后面。牛被点燃的芦苇烧得疼痛难忍，狂奔怒吼着冲向城外的燕军。

燕军在睡梦中被惊醒，只见一个个庞然大物尾巴上点着火，身上画着彩色龙纹，被碰到的士兵非死即伤，跟在火牛后面的五千士兵乘机攻击燕军。

城里的百姓敲锣打鼓齐声呐喊，响声震天动地，燕军吓得惊慌失措，丢盔弃甲，溃败逃散。骑劫也为乱军所杀。齐国人乘胜追击逃窜的燕军，一直追到黄河岸边，收复了被燕军占领的七十余座城池。随后，田单把齐襄王从莒县迎回临淄。

齐国暂时避免了被灭亡的命运，但国力却从此一蹶不振，公元前 221 年终被秦国所灭。

蔺相如不辱使命

赵惠文王在位的时候，得到了稀世之宝和氏璧。秦昭王听说后，很想得到它，于是派人送信给赵王，说希望用十五座城池与赵国交换和氏璧。赵王和大将军廉颇等大臣商议对策：假如把和氏璧给了秦国，恐怕未必能得到秦国的十五座城池，白白被骗上当；假如不给的话，又怕由此招致秦军侵略。因此，大臣们始终拿不定主意。于是想找个合适的人出使秦国，但一直没找到。

这时宦官总管缪贤说："可以让我的门客蔺相如去。"赵王问道："你怎么知道他能胜任呢?"

缪贤回答说："有一次我犯了罪，当时我想逃到燕国去，我的门客蔺相如劝我说：'您怎么知道燕王会收留您?'我说：'有一次我跟随赵王和燕王在边境上会晤，燕王私下里握着我的手说希望和我成为朋友。由此我知道燕王会收留我，所以我打算投奔他。相如对我说：'当时赵国强大而燕国弱小，而您又是赵王手下的宠臣，所以燕王才想和您交朋友。现在您要从赵国逃到燕国，燕国害怕赵国，肯定不会收留您，反而会把您捆绑起来还给赵国。您不如光着背，背着斧子向大王请罪，说不定倒能获得宽恕。'我听从了他的劝告，幸好大王您开恩赦免了我的罪，所以我认为蔺相如是个贤人，足智多谋，应该担当得了这个使命。"

赵王一听，赶紧召见蔺相如，问他说："秦王拿十五座城来换我的和氏璧，你看能不能给他?"蔺相如说："秦国强大，赵国弱小，不给不行。"赵王说："如果秦王拿走了和氏璧而不给我们城，我们该怎么办呢?"蔺相如说："秦国要求用城换我们的璧，如果我们不答应，我们就会理亏；我们给他和氏璧，而秦王不给我们城池，那么理亏的就是秦国了。比较这两种情况，我们宁肯答应他而冒险被骗，也要叫他们承担理亏的责任。"赵王说："好，有道理，那谁能出使呢?"蔺相如说："大王如果实在没有合适的人选，我可以带着璧出使秦国。秦国把十五座城池交给赵国，我就把和氏璧交给秦王。他们不给我们城池，我保证把和氏璧完好无损地带回来。城入赵而璧留秦；城不入，臣请完璧归赵。"于是，赵王就派蔺相如带着和氏璧到秦国去了。

秦王在章台宫接见了蔺相如，蔺相如双手捧着和氏璧献给秦王。秦王非常高兴，自己看完之后，又传给他的妃子和左右亲信们观赏，大家高呼万岁，向他祝贺。蔺相如看秦王没有用城换璧的诚意，就走上前去对秦王说："大王，这块玉璧上有一个斑点，让我指给您看。"秦王把璧递给了蔺相如。

蔺相如接过璧后退几步，站在一根柱子跟前，怒气冲冲地对秦王说："您写信给赵王，说是想换我们的和氏璧，赵王召集大臣们商量，大家都说'秦国贪得无厌，依仗着自己的强大，想用空话来骗我们的璧，所谓用来交换的十五座城池，恐怕十有八九得不到'。大家都认为不能把和氏璧给秦国，但是我觉得就算是平民百姓之间打交道都不用欺骗的手段，更何况一个大国呢？再说，既然是强大的秦国所喜欢的东西，我们不能为了这一块璧而损伤了和秦国的感情。于是赵王就沐浴斋戒了五天，然后派我出使秦国，郑重地把和氏璧交给我。为什么要这么做呢？不就是尊重你们是大国，向你们表示敬意吗？可我到了秦国之后，您只在一个偏殿上接见我，表现得很傲慢；您拿到和氏璧后，又传给一群妃子看，简直是在戏弄我。我看您根本不打算给赵国十五座城池，所以我就把璧拿了回来。你要是再逼我，我就连头带璧一起撞碎在这根柱子上！"说着，他举起璧，眼睛斜瞅着柱子，像是就要往柱子上撞似的。

秦王怕他撞碎了玉璧，就连连道歉，请他千万别往柱子上撞，并赶紧命令负责的官员拿出地图，指着地图上的一片地区说，就把这里的十五座城划给赵国。蔺相如心里明白秦王只不过是做个样子，其实是不会真正给的。于是就对秦王说："和氏璧是天下闻名的珍宝，赵王害怕秦国，不敢不答应秦国的要求，所以把玉璧献给秦国。赵王在把璧送来之前，斋戒了五天，现在请大王您也斋戒五天，在王宫的正殿上安排隆重的典礼，那时我才能正式把璧献给您。"

秦王心想如果要硬抢和氏璧肯定是不行的，于是就答应斋戒五天，把蔺相如安排在国宾馆住下来。蔺相如估计尽管秦王答应了斋戒，但最后肯定会违背盟约，不会给赵国城池的，于是就派遣他的随从换上粗布衣服，打扮成老百姓的模样，带着和氏璧从小路回到了赵国。

秦王斋戒了五天以后，果真在宫殿上安排了隆重的仪式，派人带领蔺相如走上大殿。蔺相如进殿后，对秦王说："秦国自穆公以来的二十多个国君，没有哪一位信守诺言。我实在怕被您骗了而辜负赵国，所以派人带着和氏璧先回赵国了，估计现在已经到了。不过，秦国强大，赵国弱小，大王只需派一个小小的使臣到赵国，赵王就立即派我捧着和氏璧给您送来了。凭着你们强大的国力，只要你们先把十五座城划给赵国，赵国敢不给您璧而得罪您吗？我知道欺骗了大王您，已犯了死罪，我甘愿被扔到烧开水的大锅里受极刑，请您和大臣们仔细商量商量吧！"

秦王和大臣们吃惊地互相看了看，全都哭笑不得，站在两边的武士走向前要把蔺相如拉下去处以极刑，倒是秦王很明智地说："即使杀掉蔺相如，也得不到和氏璧，反倒破坏了秦、赵两国的友好关系，不如还是好好地招待他，送他回国，难道赵王会因为一块和氏璧欺骗我们秦国吗？"于是就在大殿上按照礼仪接见了蔺相如，典礼结束后又把他平安送回赵国。

蔺相如回到赵国后，赵王为了表彰他的机智与才干，拜他为卿。最后秦国一直没割给赵国十五座城池，赵国也没有给秦国和氏璧。

触龙巧说赵太后

公元前266年，赵惠文王卒，其子丹继承王位，是为赵孝成王。当时，孝成王年纪尚幼，还不懂得治理国家，国家大权实际上由他的母亲赵太后掌管。

这时，秦国看到赵国内政外交都比较软弱，因此出兵攻打赵国，接连攻占了三座城池，而赵军却连连败退，只有招架之功，毫无还手之力。

赵国形势危急，只得向齐国求救。齐国答应援救，但提出一个很苛刻的条件，就是必须让赵孝成王的弟弟长安君去做人质，这才肯出兵相助。可是长安君是赵太后最小最疼爱的儿子，太后咋都不愿意长安君去冒这个风险，也舍不得和小儿子分离。眼看秦国的军队一天天逼近，形势越来越吃紧，大臣们都急得像热锅上的蚂蚁似的，但又想不出更好的办法，都来劝说赵太后，请她以赵国为重，答应齐国的条件。可赵太后的性格倔强得不行，坚决不同意长安君之行。劝的人多了，太后竟然发了火，气呼呼地说："谁以后再来劝我让长安君去做人质，我就唾他一脸唾沫！"这样一来，再也没人敢提让长安君去齐国之事了。

当时身为左师之职的触龙听到这件事后，便要求去见赵太后。赵太后心里想，想必又是来劝我的，哼，待我给他点颜色看看，看他还敢不敢来劝我！于是她窝了一肚子火，等着触龙进来。

触龙年龄已经很大了，他慢吞吞地走到太后面前坐了下来，抱歉地说道："老臣的脚有点毛病，行动很不方便，所以好久没能来看您，请您原谅。而我时时担心太后玉体有恙，故前来探望，不知太后身体如何？"赵太后说道："我常乘辇行走，身体也没有什么毛病，还过得去。"触龙又问道："敢问太后饮食一向可好？"太后说道："每次只能喝点稀粥。"触龙说道："老臣有时候实在不想吃饭，硬是逼着自己多散散步，每天只要走三四里，吃饭时才觉得甜，身子也才觉着舒坦了些。"太后说道："我可走不动啊！"就这样，触龙和赵太后拉开了家常话，赵太后的脸色也开始慢慢地缓和下来，气也似乎不大了。

这时，触龙看到太后的态度变得温和了许多，脸上掠过一丝不易察觉的微笑。他又慢慢地换了个话题，缓缓地说道："老臣膝下有一个最小的儿子，名字叫做舒，不成大器。而臣已衰老，但偏偏内心里最疼爱他，恕老臣冒昧地提出请求，希望您给他个机会，让他当一名保卫宫廷的卫士。不知道太后认为行不行?”赵太后说：“遵您命好了。哦，对了，您儿子几岁了?”触龙说道：“如今十五岁了，虽然年龄小了点，但犬子还是比较听话的，如果能在我死以前把他托付给太后，我死也就瞑目了。”太后微微一愣，随口又问道：“你们男子汉大丈夫也疼爱自己的小儿子吗?”触龙说：“不但爱小儿子，或许爱得深，要超过妇女呢。”赵太后不禁微微笑了一下，说：“这可不见得吧，要说起爱护子女来，妇女可比你们男人强呀。”

触龙说：“太后的话似乎欠妥，就拿现在来说，依微臣之见，太后对燕后就要比长安君爱得深些。”燕后是太后嫁给燕国国君的女儿。太后听触龙这么一说，很不以为然，说道：“您这就错了，我疼爱长安君远胜过疼燕后呀！长安君从小乖巧伶俐，我把他当做心肝宝贝，燕后嫁了这么多年，我都过来了，可一天没有长安君在身边，可叫我怎么活呀。”触龙说：“我看不见得吧，比方说吧，父母果真疼爱子女，总是为他们做好长远的打算，给他们谋一条好的出路。记得当初燕后出嫁的时候，您舍不得让她走，一直送她上了车，还抱着她的脚流泪不已。想的是她嫁的地方太遥远了，心里非常难过。等她走了以后，还常常地念叨着她，每逢祭祀的时候，您总要为她向上天祈祷，祝愿她子孙世世代代相传做燕国君主，您说，您为她考虑得还不远吗?”

太后说道：“你说的倒也不错，做父母的，哪一个不希望子女能生活得甜甜蜜蜜、舒舒坦坦的，父母也不愿为他们整天操心挂念。尽管燕后出嫁很远，但是仍希望她永远不要回来(依古时风俗，嫁出去的姑娘除非被休、夫死或者国破家亡时方可回娘家)。”

紧接着，触龙又问赵太后：“赵国从建邦立业到现在已有二百多年的时间了，请您想一想，除去最近的三代不说，过去的赵家子孙后代，还有谁能把爵禄继承到今天的?”太后沉思了一会儿，说道：“早已没有这样的人了。”触龙问道：“其他国家，您听说过吗?”太后说：“我也没有听说过，不知道是什么原因。”

触龙顿了顿，说道：“既然太后有心问起它的原由，容老臣细细给您道来。之所以没有人继承这么长久，是因为这些子孙后代完全继承父辈留下来的现成爵禄，尽管他们继承的爵位很高，可是他们没有为国家立过什么功劳；得到的俸禄非常优厚，却没有给国家做出什么令人瞩目的贡献；他们本身没有能力和经验，却要行使国家大权，身居高官显职。这样的话就非常的危险，他们的地位往往很不稳固，容易遭受别的国家的进攻，自己遭受杀身之祸不说，反而会连累到子孙后代，所以过去的赵家子孙现在还当侯爵的就没有了。可如今太后一心要抬高长安君的地位，给他封国内最富饶的土地，赋予他最大的权力，却不让他趁年轻为国家建功立勋，有一天您去世后，长安君没有了靠山，他凭什么在赵国站稳脚跟呢？看来太后为长安君想得太近了，完全没有考虑到他的将来，所以我说太后爱长安君不如爱燕后厉害呀。”

听了这番话，赵太后才如梦方醒，忙不迭地说：“先生此番话使老妪开了眼界，老妪没有考虑到这么深远，先生之言很有道理。好，我答应了你，至于长安君的去留全听凭先生的安排，我就把他可交给你了。”

于是赵太后为长安君准备了一百辆车子，郑重其事地送他去齐国做人质。长安君到了齐国，齐国马上出兵援助赵国，秦国一看齐国出兵，于是，便主动将军队撤了回去。

触龙说太后之事一时在赵国成为美谈。

范雎睚眦必报

范雎是秦昭王的重要谋臣，在秦国征服六国的大业中做出重要贡献。在他发迹之前，曾是魏国大夫须贾的门客，过得甚为狼狈。

有一回，须贾带着范雎出使齐国。齐襄王听说范雎挺有才干，就背地里打发人去见范雎，还送给他百两金子和一些牛羊做见面礼，却被范雎坚决地推辞了。因为这件事，须贾怀疑范雎暗中串通齐国。回到魏国以后，就向丞相魏齐告发。魏齐听了以后，非常生气，下令严刑拷问范雎，打得他肋骨断了几根，门牙也掉了几颗。范雎只好装死，看守便用席子卷起他，扔在厕所里。

所幸范雎没有死，他化名张禄，逃出魏国，到了秦国。

范雎历尽艰险来到秦国的都城咸阳。当时秦国的实权掌握在宣太后和她的兄弟穰侯魏冉手里。范雎给秦昭王上了道奏章。秦王约定日子，准备在离宫接见他。

走到半道上，范雎瞧见秦王的车马来了，故意装作不知道的样子，毫不回避。秦王身边护驾的侍从大声喊道：“大王来了。”范雎冷冷地说：“什么？秦国还有大王吗？”

秦王这时也听见范雎在那儿嘟囔：“只听说秦国有太后和穰侯，哪儿有什么大王？”这句话正说到了秦王的心坎上。他赶紧把范雎请到宫里，屏退左右，然后和他单独交谈。

秦王跪下请教范雎说：“先生要如何教导我呢？”范雎只是“嗯、嗯”了两声。秦王又向范雎求教，可是范雎只是含含糊糊地答应着，就不再说什么了。像这样请了三次，秦王有些着急了，诚恳地说：“我请先生来，是真心诚意地向您请教。请先生不要忌讳什么，只管照直说。”秦王的这番话给范雎吃了颗定心丸，便议论开了。他说：“秦国土地多，士兵又都十分勇敢，要想统治诸侯，也不是什么难事。可是十五年来却没有什么成就，这说明一方面丞相办事没有尽心竭力，另一方面大王您也有失策的地方啊！”秦王很好奇，问道：“我有什么失策的地方呢？”这时范雎发现有人躲在旁边偷听，他不敢提到宫里的事，就先说秦国对外的策略。

范雎说：“齐国离秦国很远，中间还隔着韩国和魏国。大王要出兵攻打齐国，就算能获胜，也没法把两国连起来呀，所以我替大王着想，最好的策略是远交近攻。”秦王一听，很有兴趣地问：“什么是‘远交近攻’呀？”范雎解释道：“对离我们远的国家，比如齐国，要暂时与他们交好，先把一些邻近的国家攻下来，这样才能扩大秦国的土地，真正做到得寸则王有寸地，得尺者王有尺地，今舍近攻远，不亦谬乎！所以先把韩、魏两国兼并了，消灭齐国的日子也就为时不远矣。”秦王听了，连连点头称是，说：“秦国真要能打下六国，统一天下，就多亏先生了。”秦王拜范雎为上卿，并且按照他的谋划，把魏国、韩国作为主要的进攻目标。

不久，范雎又对秦王说：“太后和穰侯独揽大权，根本不把您放在眼里。现在朝廷官员和您的左右侍从都是丞相穰侯的人，他们又都只为自己打算，丝毫不为您和秦国着想。我真是替您担心啊！”秦王于是下决心废除太后的权力，又收回了穰侯的相印，然后拜范雎为丞相，封地在应(今河南宝丰西南)，号为应侯。

魏王感受到了来自秦国的威胁，非常害怕。魏国丞相魏齐听说秦国的丞相是魏国人，就派须贾到秦国来求和。范雎听说须贾到了秦国，便换了一身破旧的衣服去见他。须贾一见到范雎，吓了一跳，问：“范雎，你难道没死吗？”范雎说：“托您的福，我还活着。”须贾又问：“您在秦国，没有游说秦王吗？”须贾之所以这么问，是因为很了解范雎的能力，想探听一下虚实。范雎当然明白须贾的用意，便回答说：“没有。我是从魏国逃命出来的，哪敢再提什么谋略了。”须贾见他衣服单薄，人冻得直哆嗦，心里有些可怜他，就叫随从拿出一件茧绸大褂给他穿上，并且留他一起吃饭。

吃完饭后须贾又问道：“听说秦王非常重用丞相张禄。我很想见见他，不知有什么人能够为我引见一下？”范雎说：“我家主人倒是跟他挺熟的，我可以带您去，让他引见您。”须贾高兴地说：“那太好了。只是我的马病了，车轮也坏了，没有马车，叫我怎么出门呢？”范雎说：“这好办。我去为您借辆马车。”

范雎就回去把马车赶来，又亲自为须贾驾车，驶进秦国相府。认识范雎的人，都赶忙避开，须贾觉得很奇怪。到了丞相府门口，范雎对须贾说：“您在这里等着我，我先进去通报一声。”须贾在门外等了半天，也不见范雎出来，就问守门的说：“范雎为什么还不出来呢?”那人答道：“哪儿来的什么范雎，刚才进去的就是咱们的丞相张禄。”须贾这才明白范雎就是张禄，立刻吓出一身冷汗。他跪在地上，爬进了门，一直爬到范雎面前说：“我须贾瞎了眼，对不起丞相，犯了重罪。随您怎么处置我。”范雎说：“你有三条罪状。你诬陷我出卖魏国，这是第一条罪状；当魏齐把我扔在厕所里，侮辱我时，你竟然不制止，这是第二条罪状；你喝醉了酒，还往我身上撒尿，你怎么这么狠心呀，这是第三条罪状。”说到这里，范雎的语气突然又缓和下来，说：“不过你今天见到我时，给了我这件褂子穿，还留我吃饭，总算还有点人情味儿。看在这件事的份上，我饶你不死。”范雎于是让须贾离开相府，自己则进宫去请求秦王把须贾驱逐回国。

须贾到范雎那儿去辞行。范雎大摆宴席，把各国的使节都请了来，一起坐在堂上，却让须贾坐在堂下，在他面前放着喂马的饲料，又命令两个囚徒像喂马一样喂他吃。范雎狠狠地说：“回去告诉魏王，快拿魏齐的人头来。不然的话，我就要带兵血洗大梁。”须贾回到魏国，把这件事告诉了魏齐。魏齐很害怕，先是逃到赵国，后来实在走投无路，就自杀了。

范雎发达以后，不忘羞辱须贾一番，以泄心头之恨。成语“睚眦必报”就是这么来的。

长平之战

长平之战是秦国对赵国的一次重要战役，在这场战役中，赵国四十余万大军被杀，那个喜欢纸上谈兵的统帅赵括也战死沙场。从此赵国一蹶不振。这次战役与一个名叫白起的人联系在一起。

白起是秦国的名将。他东征西讨，攻城掠地，战功赫赫。秦昭王非常器重他。公元前 262 年，秦军攻打韩国的上党郡(今山西上党)。上党郡的太守跟百姓商议道：“上党郡通往韩国国都的道路已被秦军截断，韩国已经救不了我们。我们不如归附赵国。如果赵国接受了我们，秦国必然大怒，一定会出兵攻赵，赵国受到攻击，就会与韩国结盟，联合抗秦。”于是他派人去通知赵国。赵国国君见平白无故地得到一个郡，欣然允诺，仍封原来的太守做太守。

公元前 260 年，秦军集中兵力攻下了上党郡。上党的百姓逃往赵国。赵国在长平(今山西省高平县境内)设防，派老将廉颇为统帅，抵御秦军。

廉颇见秦军兵强将猛，势力强大，不敢硬拼，于是便命令军队坚守营寨，严阵以待。秦军屡次挑战，赵军都不出来应战。两军相持达四月之久，秦军久攻不下，秦国的宰相范雎见战局僵持，便派人带着黄金千两到赵国施行反间计。秦国的奸细扬言说："秦国最害怕赵国的将军赵括，廉颇不敢应战，容易对付，他就快投降了。"

赵王早就对廉颇坚守不出来应战的策略不赞同，现在又听到秦国奸细的流言，于是调回廉颇，派赵括为将统兵到长平与秦军作战。秦国听说赵括果然代替了廉颇，便暗中任命名将白起担任秦军的主将，并下令军中，谁也不许泄漏白起担任主将的消息，否则就杀头。这样一来，赵军的统帅是个没有多少实践经验的年轻人，而秦军的统帅则是个久经沙场的老将，谁胜谁负已在预料之中。

赵括到达长平后，一改廉颇坚守不战的策略，正面与秦军交战。秦军假装战败逃跑，却另外派出两支别动部队在沿途埋伏。赵军乘胜追击，一直追到秦军营垒。秦军营垒防守牢固，一时之间难以攻破。而秦军二万五千人的部队已断绝了赵军的后路，将赵军分割成两段，并切断了赵军运送粮食的道路。赵军迎战不利，只好就地修筑工事，等待援兵。

到了九月间，赵军士兵已经断粮四十多天了。由于饥饿难耐，军队里开始发生士兵杀人相食的惨剧。在被困无援的情况下，赵括下令突围，将军队分成四队，反复冲杀了四五次都没有冲杀出去。赵括也在突围中被秦军射死，他率领的四十万赵国士兵只好向白起投降。白起心想："赵国的士兵惯于反复无常，不杀掉他们，恐怕以后会联合起来作乱。"于是布置了一个骗局，把俘虏全部活埋了，只将其中尚未成年的二百四十人送回赵国。

"长平之战"前后秦军共斩杀赵国士兵四十五万人。消息传到赵国，赵国举国震惊。此次战役使赵国元气大伤，基本上丧失了与秦国对抗的能力。

名将白起之死

秦国咄咄逼人的气势令韩国和赵国都很恐慌。秦军仍然在继续攻打韩、赵两国。两国便派了一个说客苏代带了重礼去游说秦国的丞相范雎。

苏代见到范雎后，对他说："白起已经擒杀了赵国的大将赵括，是吗?"范雎说："是。"苏代又说："秦军下一步准备围攻赵国的都城邯郸，是吗?"范雎说："是。"

苏代又说："赵国灭亡了，秦国就会统一天下。在秦国统一天下的过程中，白起的功劳无疑是最大的。他替秦国攻下了七十多座城池，即使是周朝宰相周公的功勋也不能超过他。如果赵国灭亡，秦国统一天下，论功行赏，白起的职位肯定比你高，你甘心位居其下吗?”

范雎心想：苏代说得很有道理，白起现在已经有点盛气凌人了，我可不能让他以后骑在我的头上。于是便对苏代说：“我当然不想位居其下，你说我该怎么做呢?”

苏代说：“现在天下人都很仇视秦国，秦国如果灭亡了赵国，赵国北部的百姓就会逃往燕国，东部的百姓会逃往齐国，南部的百姓会逃入韩国和魏国，最后愿意服从秦国的百姓也没剩多少了。所以还不如趁此机会停止进攻，不要让白起建立更大的功勋，同时还可以逼迫韩赵两国割让一部分土地来讲和，秦国的实际利益也没受多大损害。”

范雎听了，觉得这的确是个两全其美的办法：既遏制了白起，又没有太损害秦国的利益。他便听从了苏代的建议，对秦王说：“秦国的军队连年征战，已经很疲劳了，请您允许韩、赵两国割让一部分土地来讲和，也好让士兵们休息一下。”秦王采纳了范雎的意见，下令撤回秦军，韩、赵两国也将七座城池割让给秦国。白起虽奉命撤军，但心里对范雎却很不满，从此跟范雎之间结下了仇根。

这年九月，秦王决定再次出兵攻打赵国。这时，白起正好害病，不能前去。秦王只好派另一个将军王陵代替他。次年开春，王陵进攻邯郸，但进展不大。秦国加派军队去协助王陵，王陵仍然连吃败仗，损失了大批兵力。这时，白起的病好了，秦王想派白起去代替王陵。白起说：“邯郸的确是很难攻取的，而且其他各国都正在派兵援救赵国，他们早就很怨恨秦国了，正想趁着这个机会联合秦国。现在秦国虽然取得了长平之战的胜利，但秦国士兵死伤也在半数以上。现在国内国库空虚，还要不远千里地去攻打别国的都城，这是很危险的事情。赵军在里面接应，其他国家的军队从外面进攻，秦军很可能陷入腹背受敌的困境，这样必然会吃败仗的。”秦王不听，仍然命令白起出征，白起怎么也不肯启程。秦王又让范雎去请他，白起还是推辞不去，并且假称有病，告了病假。

秦王于是派了另一个将领去代替王陵统兵。攻了八九个月，邯郸仍然没有攻下。而楚国和魏国的几十万联军也开始在外围进攻秦军，秦军损伤惨重。白起听到这个消息，说：“秦王没有听从我的意见，看看现在局面有多糟!”这话传到秦王的耳朵里，秦王非常生气，又一次强令白起就职，白起仍称病情严重，力不从心。范雎也去请他，他还是不肯上任。于是秦王恼羞成怒，免去了白起的官职和爵位，把他降为普通士兵，并且命令他迁出都城咸阳。

白起这一次真的被气病了，不能动身。过了三个月，各国军队加紧进攻秦军，秦军连连败退，天天都有坏消息传回都城。秦王怕白起在一旁耻笑，就派人去驱逐白起，命令他不得留在城中。秦王还跟范雎等大臣们商议道："白起虽被驱逐，他的心情还是闷闷不乐，不服气，有怨言，恐怕对秦国不利。"于是又派使者送给白起一把剑，让他自杀。

白起接到命令，很不服气，没想到他为秦国立下了这么多的战功，却受到今天这样的待遇，便感叹说："老天爷啊，我犯了什么罪，竟落得今天这样的下场!"他沉思良久，若有所悟，又说："我是应该死。长平之战，赵国投降的士兵有几十万人，我采取欺骗的手段把他们全部活埋了，也许是触怒上天了吧。"于是就挥剑自刎而亡。

白起是秦国的功臣，但却在权力斗争中成了牺牲品。他死后，秦国的老百姓都很同情他，每逢他的忌日，大家都祭祀他。

毛遂自荐

战国时有四个著名四公子：齐有孟尝君田文，赵有平原君赵胜，魏有信陵君魏无忌，楚有春申君黄歇。他们都以礼贤下士、善待宾客、广罗人才而闻名于世。

平原君赵胜是赵惠文王和孝成王时候的人，出任赵国的丞相。公元前259年，秦国派上大夫王陵率兵围攻邯郸。赵王委任平原君谋求与楚合纵抗秦。平原君召集门客，对他们说："这次去楚国合纵，最好能以言辞说动楚王，实在不行，也可与楚王歃血为盟，以求信任，务必要完成合纵的使命。士无须外求，从我的门客中选派二十人前去即可。"挑选了一阵子，只选出十九个合适的人才，另一个再也挑不出来了。这时有一个叫毛遂的门客，走上前来，对平原君自荐说："与楚合纵的二十人未满，我愿充任一个。"平原君说："先生您到我门下做食客几年了?"毛遂说："三年了。"平原君笑道："有贤能的人在世上，就好比把锥子放进布袋里，它的尖一下子便露了出来。如今您到我门下已经三年了，我从未听到有人称颂您有什么才能，我甚至对您都没有一点印象，说明您并没有什么特殊的地方。您是去不得的，请留下吧。"毛遂说："臣今日请您把我这锥子放进布袋里去！您要是早这样做，我这锥子早就扎破布袋，整个露在外面，何止只是一个锥尖!"平原君听了，大为叹服，便准许毛遂一同去。另外十九个人互相递眼色，差点没笑出声来。

毛遂到了楚国，一路上与其他十九个人论辩商谈，令那十九个人十分佩服。平原君与楚王商谈合纵之事，从早上开始，直到中午都没有结果。十九个人对毛遂说："先生，轮到您了。"毛遂便手按着剑柄登上了台阶，对平原君说："合纵的利益、弊端，两句话就能说明白；如今太阳出来就开始商议，到日至中天还没谈完，为什么？"

楚王问平原君："这是什么人？"平原君说："是我的门客。"楚王呵斥道："还不快退下！我在跟你主子谈事情，你来干什么？"毛遂按着剑上前说："大王之所以如此高声地呵斥毛遂，是仗着楚国的兵多人多。如今我离您只有不到十步的距离，再多的人对您恐怕也是没用。您的命现在就在我手上。我的主子就在跟前，您干什么这么大声呵斥我？并且，我听说，得了天下的商汤起初只有七十里土地，而文王使诸侯称臣时也不过只有区区百里疆壤，他们哪里是靠着人多兵多！他们能依靠自己的优势发扬光大，这就是他们的高明之处。楚国有五千里土地，百万精兵，这是足以称霸的资本。以楚的实力，恐怕整个天下都不是对手。秦将白起，跟一个小流氓没什么两样，带着那么几万人，也敢来跟楚打，并且还居然一胜再胜，先是夺走了楚的鄢、郢二城，又放火烧了夷陵，最后还羞辱了您的先人！这百世洗不清的羞耻，连赵国都看不下去了，您难道一点都不在意吗？合纵是为楚的利益，不是为赵的利益！如今当着我主子的面，您斥骂我干什么呢？"

楚王被他说得狼狈不堪，满头是汗，连说："好，好，就听先生您的。楚愿意拿整个国家与赵合纵。"毛遂说："合纵一事就此定了？"楚王说："定了，定了。"毛遂便对楚王的左右侍臣说："拿鸡、狗、马的血来。"毛遂拿着装有三牲之血的铜盘跪着端到楚王面前，说："楚王、我主平原君、毛遂，三人当为合纵之事歃血为盟。"

合纵之事便当堂定了下来。毛遂走下来后，左手持着盘皿，右手招呼那十九个人，说："合纵一事定了。你们这些庸人，正是事在人为，斗胆去做，没有不赢的。"

平原君一行人回到赵国后，平原君深有感慨地说："赵胜不敢再相看人才了！赵胜相看过的人才，多说上千，往少里说也有几百，自以为天下的有才之士不会漏过我的眼睛，而居然把毛先生给漏掉了！毛先生去了一趟楚国，使赵的气势威望重于九鼎大吕。毛先生的三寸之舌，比百万军队还要厉害。赵胜再也不敢自以为善相人才了。"

从此，毛遂成为平原君赵胜的一等宾客。

春申君之死

春申君黄歇是和平原君赵胜同时代的人。当初，楚国和秦国结为友好国家，黄歇随太子完一起到秦国做人质。黄歇的口才非常好，楚、秦结为盟国，也是他出国的结果。

这天，黄歇来到太子的住处，发现太子满面愁容，就关心地问："殿下有什么事可以让属下分担吗?"太子叹了口气，说："我们来到秦国已经好几年了。现在父王病倒在床，我也不能回去看望他老人家。"黄歇安慰了一番，就跑到秦国的丞相范雎那儿去。

范雎是楚太子的好朋友。黄歇问他："您真的把我们太子当做您的好朋友吗?"范雎真诚地回答说："是呀!"黄歇便说："既然大家都是好朋友，那您应该帮助太子。现在楚王病得很厉害，太子很想回去看看。"黄歇说着拿眼瞟了瞟范雎一眼，见他面露难色，赶紧又接着说："这次楚王的病看来是很难治好了。秦国更应该送太子回去。假如太子当上新的楚王，那他一定会感激秦国，与秦国友好相处。这对秦国可是大有好处的啊！如果你们坚持不放他走，那他也只不过是咸阳城的一个老百姓而已，根本起不了什么作用。我这可是为秦国着想啊。希望您能好好考虑。"范雎答应他说："太子现在的心情也是可以理解的。我帮你们向秦王说说看。"

秦王知道后，沉默了片刻，说道："这样吧，让楚太子的师傅先回去看看楚王的病，其他的等他回来后再说。"

黄歇对太子说："秦王不放您走，是想捞取更大的好处。最要命的是现在阳文君的儿子刚好待在宫里，你父王要是真去世了，他一定会顶替你成为新的国君。这可是命运攸关的事啊!"太子听了焦急万分，问："那怎么办呢?"黄歇坚决地说："与其留下来任人宰割，不如您与其他人一起逃走。我留下来对付秦王。即使丢掉性命，也在所不惜。"

于是太子就脱下华美的衣服，装扮成帮楚国使者赶车的车夫，逃出了秦国。

黄歇估摸着太子差不多走远了，秦军追也追不上他，就禀告秦王说："楚太子已经回国去了，现在已经走得很远。我黄歇该当死罪，望大王成全。"秦王大怒，就想命黄歇自杀。这时丞相范雎劝说道："黄歇身为臣子如此忠孝，即使为君主牺牲性命也无怨无悔。假如太子完当上楚王，一定会重用他的。今天我们宽恕了他，送他回去，以后对我们秦国也会有好处的。"秦王心有不甘，但是考虑到范雎说得很有道理，况且楚国太子已经跑了，杀了黄歇也无济于事，索性就把黄歇送回了楚国。

果然，黄歇回到楚国的第三个月，楚王就死了，太子完继位，就是楚考烈王。楚考烈王封黄歇为丞相，并赏赐他淮北十二个县的土地，又封他为春申君。

楚考烈王没有子女，春申君就四处搜寻美女献给楚王。这时，有个叫李园的国人，他有个妹妹长得很漂亮，他本想把妹妹献给楚王，但是他临时改变了主意，把妹妹献给了春申君。

春申君非常喜欢这个美女，没过多久，她就怀孕了。美女想到了一条妙计，和她哥哥偷偷商量后，对春申君说："夫君，楚王跟您的感情真是好啊!"春申君动情地说："是啊，我和楚王的感情就连亲兄弟也比不上。"美人又说："可是楚王没有儿子，他死后只有让自己的亲兄弟做国君。新国君一定只重用自己身边的人，哪轮得到您呢？而且您现在的地位这么高，肯定有对楚王的兄弟不够礼貌的地方，那您的处境岂不是更危险了吗?"春申君听了后说："是呀，可是又有什么办法呢?"美女眨了眨眼睛，说："办法倒是有一个。我已经怀孕了，如果楚王现在喜欢上我，那我生下的孩子就可以当上国君。这您就不用担心以后的前途啦。"

春申君按照这个美女所说的话，把她献给了楚王。美女果然很快就得到了楚王的宠爱。后来，这个美女在王宫生了个男孩。随后这孩子便被立为太子，美女也就当上了王后。楚王又提拔她的哥哥李园当了大官。但是，李园怕春申君泄露了秘密，便在私下养了许多杀手，计划伺机杀掉他灭口。

此时的春申君却还蒙在鼓里。他的一个门客朱英对他说："您做楚国的丞相已经二十多年了，一人之下，万人之上。有一天楚王死了，您就要辅佐年幼的太子，直到他长大成人。这是您的福气，但这其中也可能隐藏着灾祸。正所谓福兮祸之所伏，祸兮福之所倚。"春申君没有将他的话放在心上，满不在乎地说："我现在过得很好啊，至于将来，会有什么不幸呢?"朱英忧心忡忡地说："李园一直想夺取您手中的权力，他早就偷偷养了许多杀手，只等楚王一死，便将矛头指向您。这就是我说的灾祸啊。不过，现在挽救还来得及，您只要先把我派到楚王的身边，替您干掉李园，先下手为强，同时也免除您的后顾之忧。"春申君听了，哈哈一笑，拍拍朱英的肩膀说："先生多虑了。我了解李园，他是个胆小、温和的人，我又一直对他那么好，他不会做出什么对不起我的事。"

过了十几天，楚考烈王死了。李园先到宫里，安排杀手埋伏在宫门内。春申君匆忙进宫，刚走进宫门，李园的杀手就一齐冲出，把他杀了。接着，李园又诛杀了春申君全家。

廉颇老当益壮

战国后期，秦国已成为七个诸侯国中最强大的一个，连续攻占了楚、魏、韩等国的大片国土。当时赵国因有几个良将守边，不断地抗击秦军的进犯，使得秦军想消灭赵国的野心多次落空。秦国认为赵国是它完成统一霸业的大障碍，发誓要攻下赵国。

公元前262年，秦国派左庶长王龁率领大军进攻赵国，一举攻下了赵国四座城池，翌年，秦又乘胜利之师去进攻赵国重镇长平。赵孝成王听到消息，忙派老将廉颇出兵阻击。

廉颇是一个有智有谋有勇的大将，他知道目前秦军气势正旺，不宜硬碰硬，便占据长平，坚守不战，以拖延时间来瓦解秦军。果然秦军多次猛攻均都未能奏效，兵员、粮草也都消耗甚大。弄得秦军主帅王龁焦躁不安，士兵们也军心涣散，对攻下长平失去了信心。

秦王知道不除掉廉颇，休想攻下赵国，便派人去赵国搞离间计，想使赵王撤换廉颇，派别的人去守边。

赵孝成王是一个昏庸无能的君王，他早就对廉颇不满。认为他坚守长平，不敢出战，是软弱无能、胆小无谋的表现，便撤换了廉颇，派书生赵括接替了廉颇。

廉颇知道君王中了秦国的离间计，一气之下，摔下战袍，到魏国去了。他对人说："赵括只是一个死读兵书的小娃娃，他怎么能率兵打仗？赵国的军队非断送在他手里不可！"

果然，赵括这个只会纸上谈兵的书生，到长平后，改变廉颇坚守不战的策略，与秦军正面交锋，结果被秦军打得大败，使得赵军四十万人马全部被断送，他自己也中箭而亡。廉颇听到这个消息，痛不欲生，号啕大哭了几天。赵孝成王这才后悔不该撤换廉颇，让赵军白白惨遭损失。

廉颇在魏国住着，心里还是一直怀念着赵国，为赵国的安危担心。他听说赵国好几次被秦军大败，心中闷闷不乐。有一天，忽然从赵国来了一位使者要见他。他高兴地把那个使者让进屋里，交谈起来。

原来，赵王也在想念廉颇，特地派使者到魏国看望这位老将，说如果他身体还健壮，准备再次让他统率军队。

使者说明来意，廉颇十分高兴，马上摆上酒饭，款待使者。这天，他的食欲特别好，吃了一斗米的干饭、十斤肉，还喝了酒。吃完饭，廉颇起身披甲戴盔，挥戈跃马在门前奔跑起来。他在马上拉开硬弓，表演了超人的骑射功夫。那样子，一点也不像一个上了年纪的老将。

练武已毕，廉颇拉着使者的手说：“你看，我的武功不差吧？你回去对大王说，我廉颇没有忘了报效赵国呀！”

廉颇说着，眼圈都红了，使者安慰说：

“老将军威风不减当年，我一定报告大王重用您。”

廉颇哪里知道，这个使者说的不是真心话。廉颇有个仇人叫郭开，郭开怕廉颇回来对自己不利，就事先买通了使者，叫他编了一套假话欺骗赵王。使者回来以后，昧着良心向赵王报告说：“老将军满面红光，吃得多喝得多，看上去倒是不错。可他毕竟老了，我在那儿待了一顿饭的工夫，就看他拉了三次屎。”

赵王听了，连连叹气摇头，往后就再也没提起过廉颇。

廉颇左等右等，总不见赵王派人来召见自己，知道自己报效赵国的愿望落空了。后来，楚王把他请去，给他优厚待遇，让他做将军。但是廉颇心中只装着赵国，无意为楚国效力，还期待着有朝一日能率领赵国将士抗御强敌。

廉颇的愿望始终没有能实现，最后带着满腔的忧国之愤，死在了楚国。

李牧却敌有方

李牧，出生于战国末年，是赵国的大将。在今山西襄汾县西的考村，有李牧墓。

战国末年，李牧被派往北部边疆，长期驻守雁门郡(今山西西北部)，防备匈奴的侵犯。在这里，他根据实际需要，设置官吏，并将当地全部租税收入作为军队的经费。这是赵王给他的特别权力。所以他的军队生活很好，每天都要宰杀好几头牛来给士兵吃。他教导士兵苦练骑马、射箭等作战技术，严密看守烽火台，同时派了许多探子，随时掌握敌情，做好迎战的准备。

他向军队发布了一条命令：“如果匈奴侵入边境，就赶紧把人马物资迅速运送回营，严加保护。若有人胆敢擅自出营拒敌，立即处斩！”

因此，匈奴每次入侵，他的军队总是守在营垒里，不与他们交战。

这样，过了几年，边区军民没有任何伤亡、损失。可是匈奴却认为李牧这样做是出于软弱害怕，甚至连赵国守边的士兵也开始抱怨自己的主将太胆怯了。赵王知道这些情况后，也责备李牧应该出兵应战，而不应守而不战，认为这是对匈奴侵边的纵容。但李牧却对此不以为然，一切照旧。赵王大怒，就把他调了回来，同时派别的将领代替他作戍边将军，李牧无奈，只好回到朝廷。

新将领一到任，就采取了与李牧完全不同的策略和方法。每次，匈奴兵刚一进犯，他就立即发兵应战，可是每一次战斗，都以赵军的失败而告终，结果边地的物资受到损失，人员伤亡也很严重。这样，匈奴更加猖獗，一而再，再而三地对边地发动侵扰，弄得边境人民无法正常地种田和畜牧。赵王经过这些惨痛教训，才认识到李牧当初策略的正确，才感到原来责备和撤换李牧是完全错误的，于是派人去请李牧。

李牧再三推托有病，关门谢绝。赵王知道他害的是心病，所以还是坚持让他出来带兵。

于是，李牧对赵王提出要求："大王一定要用我，我戍边的办法还是和从前一样的。您如果能答应这些，我才敢接受您的命令。"赵王答应了他的要求说："将在外，君命有所不受。寡人再也不干涉你戍边的事了。"

李牧复任以后，依然按照过去规定的那一套命令办事。匈奴入侵抢掠，他始终坚守不出战。李牧的部下，每天得赏而无用武之地，求战心切，都希望能与匈奴决一死战。

一晃就是几年光阴。李牧经过几年的养精蓄锐，看清了匈奴出没的规律，也积累了一套进攻匈奴的有效办法。他看到将士、军民都群情激愤，时机和条件都已成熟。

在这种情况下，李牧决定向匈奴开战。他精选了一千三百辆战车、一万五千匹战马、五万名可以冲锋陷阵、破敌擒将的敢死之士和十万名善射士兵，并把这些挑选出来的战士组织起来，进行严格的战斗训练。同时，他动员老百姓把所有的牧畜都赶出来放牧。

匈奴看到满山遍野的牛羊马匹，垂涎三尺，就派出一小股部队入境抢掠。李牧这次一反惯例，出兵迎击。刚一接战，就假装战败，并故意丢弃一些人马。匈奴单于认为赵国守军不堪一击，就率领大队人马入侵赵国。李牧诱敌深入，同时把军队分为两支，从两侧包抄敌人，以迅雷不及掩耳之势，杀得十余万匈奴骑兵人仰马翻，匈奴单于也仓皇逃命。

接着，李牧又率大军乘胜追击，消灭了匈奴邻近的一个小国，又打败了匈奴之东的游牧民族东胡，降服了北方另一小族林胡。匈奴经过这一次严重挫败，十多年不敢侵扰赵国的边境。

赵悼襄王元年，即公元前 244 年，大将军廉颇流亡到了魏国。赵国派李牧率军攻打燕国，一连攻克了武遂和方城。公元前 236 年，赵悼襄王卒，其子迁继位。赵王迁二年，即公元前 234 年，秦国派桓齮为将，带兵攻打赵国。赵军大败，赵将扈辄被杀于武城，赵军士兵被斩首十万。接着，赵国便以李牧为将军，在宜安向秦军反攻。李牧的军队英勇杀敌，大败秦军，赶走了秦将桓齮。李牧因功被封为武安君。

赵王迁四年，即两年以后，秦国又攻打赵国的番吾。李牧率兵击败了秦军，同时抵御当时已听命于秦国的韩、魏联军的入侵。

三年后，秦国派王翦率军再次攻打赵国。赵王令李牧和司马尚率兵抵御。秦国知道李牧和司马尚不好对付，就派人以重金贿赂了赵王的宠臣郭开。郭开在赵王面前诬告李牧和司马尚谋反。赵王偏听偏信，派赵葱和颜聚二将去代替李牧和司马尚。

李牧察知有诈，没有接受命令。赵王就派人乘李牧不备，逮捕并杀害了他。赵国丧失了大将军李牧，再也无力同强秦对垒。三个月后，秦将王翦向赵国发起猛攻，杀死了赵葱，俘虏了赵王迁和颜聚，赵国被秦所灭。

吕不韦扶植秦王

战国末年，有一个大商人叫吕不韦。有一次他到赵国的都城邯郸去做生意，碰见了秦国公子子楚。当时秦赵两国为了表示和好，互相交换王子王孙做人质，子楚就是秦国在赵国做人质的王孙。吕不韦认识了子楚以后，心里暗想："奇货可居呀！如果经营得好，这个人是有大利可图的。"

子楚是秦昭王的孙子。他的父亲是秦国太子安国君，可是安国君并不宠爱子楚的母亲夏姬，他就更是不被秦王看重了。秦国经常不守信用，派兵进犯赵国，赵国对秦国来的人质因此很是不恭。子楚不但贫困不堪，连安全都得不到保障。

吕不韦回到家里，还在琢磨这件事。他父亲问他在想什么，他没有回答，而是问道："您知道耕田的利润有多大吗？"

他父亲答道："年岁好的话，可以得到十倍的利润。"

吕不韦又问："贩卖珠宝呢？"

他父亲答道："运气好的话，可以得到百倍的利润。"

吕不韦再问："如果拥立一个国家的国君，那又能得利多少？"

他父亲答道："帮人取得天下，这中间的好处就难以计算了。"

吕不韦说："现在有一个能够获得难以计算的利润的机会，我要去试一试。假如可以成功，不但我自己发达，我的子孙后代也会跟着享受荣华富贵。"

他父亲问他怎么回事，他说道："秦国的王孙子楚，现在在赵国做人质，我想拥立他当秦的国君，这可是一件大买卖啊！"

吕不韦计议已定后就去见子楚，对他说道：“你是秦国的王孙，可是却生活得这么窘迫。我有办法光大你的门庭。”

子楚苦笑说：“先生不要取笑我了，你还是先去光大你自己的门庭吧。”

吕不韦笑着说：“我的门庭要在你之后才会得到光大呢。”

子楚听出吕不韦话里面有别的含义，赶忙请他上坐，两人交谈起来。

吕不韦说：“如今秦王已经很老了，您的父亲安国君很快就能当上秦王。安国君最宠爱华阳夫人，只有华阳夫人的儿子才能被立为嫡嗣，将来继承王位，可是华阳夫人却没有儿子。在你们兄弟二十多人中，您得不到父王的重视，现在还在赵国做人质，即使安国君当上了秦王，您也很难争过其他的兄弟而当上太子啊!”子楚说：“那该怎么呢?”吕不韦说：“要想不再做人质回到秦国，就必须有人在安国君和华阳夫人面前替您说好话。可是您现在穷，没有钱去买礼物给亲戚和其他宾客，这样也就没有人替您说话。我虽然也没什么钱，但我愿意拿出自己的钱财去秦国帮您打点一切，争取让安国君和华阳夫能立您为嫡嗣。”子楚听完，连忙磕头说：“先生的计策果能成功，我当上大王后，一定与你共同分享秦国一切。”

吕不韦拿出几百两黄金给子楚，作为日常开销，且叮嘱他要广泛结交朋友。又拿出几百两黄金买了许多昂贵的礼物，然后带上这些礼物去了秦国。

吕不韦通过华阳夫人的姐姐见到了华阳夫人，他带来的所有礼物都献给了她。他在和华阳夫人聊天的时候有意无意地提到了子楚，他说：“我在赵国做生意见过一个叫子楚的人，他非常有才能，而且很聪明，在赵国结交了许多朋友，大家都称赞他。听说他是秦国的公子，留在赵国做人质。”华阳夫人说：“是啊，他是夏姬的儿子。”吕不韦假装刚知道似的，说道：“哦，原来他是夏姬的儿子啊!”华阳夫人很奇怪，便问道：“难道你不知道吗?”吕不韦说：“还真没听他提起过。不过子楚倒是在话语中提到安国君和华阳夫人您，说非常思念你们，希望有一天能回到你们身边，侍奉两位。”华阳夫人听了非常感动。

吕不韦看见自己的计谋开始生效，心里也暗自高兴，同时他抓紧时机给华阳夫人的姐姐送去了许多珠宝，让她继续在华阳夫人面前帮他说话。华阳夫人的姐姐收了吕不韦的钱物，自然要帮吕不韦说话，她对华阳夫大说：“妹妹，你现在虽然很得安国君的宠爱，被立为正夫人，享受荣华富贵。可是有一天等你老了，不再年轻美丽，安国君还会像今天这样宠爱你吗？你又没有儿子，到那时你能去依靠谁呢？不如现在从安国君这么多儿子中挑一个既有才华又孝顺的儿子，收做养子，把他立为嫡嗣，将来继承王位。这样即使安国君死了以后，你还有人可以依靠，你的地位也就不会动摇。”华阳夫人听了认为很有道理，就问道：“那姐姐看谁最合适呢?”她姐姐趁机进一步说道：“子楚再合适不过了。她的母亲夏姬长期被安国君冷落，他的排行又在中间，将来按照顺序怎么也轮不到他做太子。何况他现在又在赵国做人质，日子过得十分艰苦，如果这时候你能立他为嫡嗣，无疑是帮他脱离苦海，他一定会非常感激你，以后也一定会好好孝顺你的。”华阳夫人被姐姐说得动了心，决定找机会在安国君面前推荐子楚。

这天，华阳夫人正在与安国君一同欣赏歌舞。看着看着，华阳夫人突然哭了起来，安国君不知道发生了什么事，关切地问道：“夫人这是怎么了？为什么如此伤心？”华阳夫人趁机说道：“我虽然有幸得到您的宠爱，可是却一直没能为您生下一个儿子。将来我老了也没有子女可以依靠，希望您能答应我立子楚为嫡嗣，这样将来也不会被人欺负了。”安国君实在是太宠爱华阳夫人了，他不忍心看见华阳夫人如此伤心，于是就答应了她的请求。

在吕不韦的帮助下，子楚回到秦国。子楚非常感激他，心想自己以后如果做了大王，一定要好好报答吕不韦。

子楚的父亲只当了一年的秦王就死了，很快子楚就当上了秦王，也就是庄襄王。他没有忘记自己的诺言，让吕不韦做了丞相，封他为文信侯，还赏给他许多土地和黄金。在秦国，没有人比吕不韦更能得到秦王的信任了。

吕不韦还广纳贤士，他的门客最多的时候达到三千人。他让他们每人都记录下来各自的见闻与学说，汇集起来，编成一书，该书分为八览、六论、十二纪，总共二十多万字。吕不韦认为这部书所记载的，包括了天地万物的道理、古往今来的故事，所以把它命名为《吕氏春秋》。

甘罗十二岁拜相

战国时期，七国争霸，各诸侯之间，时而联合，时而分裂，政治形势十分繁杂。

当时，秦国是七国之中最强大的国家，秦王嬴政为了扩大河间一带的地盘，进而吞并六国，采取“远交近攻”的策略，打破了燕国与赵国的联盟。燕国为了保全自己，放弃原来的联盟，转而与秦结盟，配合秦国攻打赵国。双方商定，燕国派太子丹去秦国做人质，秦国派张唐去燕国做宰相，以便帮助燕国攻打赵国。

可是，当张唐接到命令后，却迟迟不敢动身，认为此行凶多吉少。因为他曾做过秦国的大将，与赵国打了多年仗，赵王对他恨之入骨，早就悬赏要捉拿他了。而要去燕国，就必须经过赵国，那赵王肯定不会放过他。张唐有这个顾虑，所以不愿去燕国。他去找丞相吕不韦，请求另派别人前往。吕不韦虽说很不愿意，但也没法说服张唐，只好说与秦王商量之后再决定。

送走了张唐，吕不韦独自一人沉思，他知道，如果张唐不去燕国，那秦国与燕国的同盟便会解散，秦国也就无法得到河间之地了。他对张唐很不满，不由长叹了一声。

吕不韦手下有一个十二岁的门客，叫甘罗，是以前秦相甘茂的孙子。他人小智谋却高出一般人。他听见丞相的叹息，便走进屋里，问：

"相国，您为什么事而叹息呢？说出来或许我能为您分忧解愁。"

吕不韦望了望甘罗那张稚气未脱的脸，摇了摇头，默不作声。甘罗又问了一遍，吕不韦才漫不经心地将事情描述了一遍。

甘罗沉思了片刻，对吕不韦说："区区小事，相国何必认真生气。待小人前去劝说，管保张唐老头儿乖乖地上路。"

"你？"吕不韦看了看甘罗，颇有些生气地说："去！以我相国的身份都请不动他，你小孩子家怎么可能让他出发呢？别给我开玩笑。"

甘罗正色回答说："古书上说，项橐七岁就当了孔子的老师，而我甘罗已经十二岁了，比项橐还大五岁呢。相国还是让小人去试一试，要是请不动张唐老头儿，您再发火训人也不晚啊！"

吕不韦很赞赏甘罗的勇气，决定让他试一试。

于是，甘罗跑到张唐府上，见了张唐，单刀直入地对张唐说："将军您自认为和武安君白起相比，谁的功劳大？"

张唐很奇怪地回答说："武安君南挫强楚、北威燕赵，攻无不克、战无不胜，我没有他的功劳大，你为什么要问这个呢？"

甘罗不紧不慢地说："您再回答我，应侯范雎，在治理秦国上，与吕相国相比谁执法严厉？"

"应侯没有吕相国严厉。"张唐说。

"您是真知道吕相国严厉吗？"甘罗紧接着问道。

张唐回答说："是的"。

甘罗顿了一下，表情极为严肃地说："想当初，范雎想攻打赵国，白起不肯从命，范雎用计逼令白起在距咸阳七里的杜邮自刎身亡。现在吕相国让您去燕国，您却百般推托不肯成行，我看你的死期快到了，恐怕连葬身之处也难找呢！"

张唐听了这话，倒抽了一口凉气，越想越觉得有理，他万分感激地握着甘罗的手说："哎呀！没想到你人不大竟如此有见解。就按你小孩说的办吧！"说完，立即吩咐手下人打点车马、行装，准备出发。

甘罗完成了吕不韦深感棘手的任务，使吕不韦大为高兴，但甘罗认为事还未完，他对吕不韦说："请相国借五乘车给我，我替张唐去赵国游说一番，省得他在途中遭到危险。"

于是，吕不韦马上到王宫，对秦王说："我手下有个门客叫甘罗，年纪还很小，但他是名门望族之后，诸侯都听说过他。这一次张唐推托有病不想去燕国，我没能劝说得了他，但甘罗去说服他去了。现在他希望去游说赵国，大王不如派他作为我国使者前去，如何?"说完，又将甘罗如何劝说张唐的事一一讲给秦王听。

秦王听了这件事，对甘罗的才能很感诧异，当即召见他，一番询问之后，便决定派甘罗出使赵国。

赵襄王听说秦国使臣来到赵国，立即出城迎接，没想到秦使竟是个乳臭未干的小儿，很感惊奇。但他见甘罗仪表不俗，谈吐不凡，举止得体，问答有方，又不得不从心里佩服这个小使者。

进入城内，来到王宫，叙罢礼，落了座，甘罗对赵王说："不知大王有没有听说过燕太子丹入秦为质这件事。""听说了。"赵王不假思索地回答。"那么你听说张唐将军到燕国为相这件事吗?""也听说过。"赵王回答。"好!"甘罗说："燕太子丹入秦，表示燕国不愿欺骗秦国；张唐去燕国为相，表示秦不欺骗燕国。假如燕与秦坦诚相待，共同攻打赵国，那么赵国……"说到这儿，甘罗故意顿了顿，瞅了瞅赵王。

"那我们该怎么办?"赵王急切地问。

"我看大王不如割让五城，以让我国能够扩展河间一带，请求我国归还燕太子，然后以强赵去攻弱燕，取胜不是轻而易举的事吗?"

赵王听后，顿觉茅塞顿开，立即同意割让五城给秦国，同时请求秦国将太子丹送回燕国，然后发精兵攻燕，大破燕军，获得了上谷地区三十个城池，分给秦国十一个，从此秦国更加强大了。

年仅十二岁的甘罗靠他的机智和善辩，不辱使命。秦王嬴政拜他为上卿。

荆轲刺秦王

子楚死后，他的儿子即位，这就是秦王嬴政，他继承先帝的遗志，一心想统一中原，不断向各国进攻。他拆散了燕国和赵国的联盟，使燕国丢了好几座城池。

燕国的太子丹原来留在秦国当人质，他见秦王政决心兼并列国，又夺去了燕国的土地，就偷偷地逃回燕国。他恨透了秦国，一心要替燕国报仇。但他既不操练兵马，也不打算联络诸侯共同抗秦，却把燕国的命运寄托在刺客身上。他把家产全拿出来，找寻能刺秦王政的人。

后来，太子丹物色到了一个很有本领的勇士，名叫荆轲。他把荆轲收在门下当上宾，把自己的车马给荆轲坐，自己的饭食、衣服让荆轲一起享用。荆轲当然很感激太子丹。

公元前230年，秦国灭了韩国；过了两年，秦国大将王翦(音 jiǎn)占领了赵国都城邯郸，一直向北进军，逼近了燕国。

燕太子丹十分焦急，就去找荆轲。太子丹说："拿兵力去对付秦国，简直像拿鸡蛋去砸石头；要联合各国合纵抗秦，看来也办不到了。我想派一位勇士，打扮成使者去见秦王，挨近秦王身边，逼他退还诸侯的土地。秦王要是答应了最好，要是不答应，就把他刺死。您看行不行?"

荆轲说："行是行，但要挨近秦王身边，必定得先叫他相信我们是向他求和去的。听说秦王早想得到燕国最肥沃的土地督亢(今河北涿州一带)，还有秦国将军樊於期的人头，现在樊於期正流亡在燕国，秦王正在悬赏通缉他。我要是能拿着樊将军的头和督亢的地图去献给秦王，他一定会接见我。这样，我就可以对付他了。"

太子丹感到为难，说："督亢的地图好办。樊将军受秦国迫害来投奔我，我怎能忍心伤害他呢?"

荆轲知道太子丹心里不忍，就私下去找樊於期，跟樊於期说："我有一个主意，能帮助燕国解除祸患，还能替将军报仇，可就是说不出口。"

樊於期连忙说："什么主意，你快说啊!"

荆轲说："我决定去行刺，怕的就是见不到秦王的面。现在秦王正在悬赏通缉你，如果我能够带着你的头颅去献给他，他准能接见我。"

樊於期说："好，你就拿去吧!"说着，就拔出宝剑，自刎而死。

太子丹事前准备了一把锋利的匕首，让工匠用毒药煮炼过，谁只要被这把匕首刺出一滴血，就会立刻气绝身死。他把这把匕首送给荆轲，作为行刺的武器，又派了个年才十三岁的勇士秦舞阳，做荆轲的副手。

公元前227年，荆轲从燕国出发到咸阳去。太子丹和少数宾客穿上白衣白帽，到易水(今河北易县境)边送别。临行的时候，荆轲给大家唱了一首歌：

风萧萧兮易水寒，壮士一去兮不复还。

大家听了他悲壮的歌声，都伤心得流下眼泪。荆轲拉着秦舞阳跳上车，头也不回地走了。

荆轲到了咸阳。秦王政一听燕国派使者把樊於期的头颅和督亢的地图都送来了，十分高兴，就命令在咸阳宫接见荆轲。

朝见的仪式开始了。荆轲捧着装了樊於期头颅的盒子，秦舞阳捧着督亢的地图，一步步走上秦国朝堂的台阶。

秦舞阳一见秦国朝堂那副威严样子，不由得害怕得发起抖来。

秦王政左右的侍卫一见，吆喝了一声，说："使者怎么变了脸色？"

荆轲回头一瞧，果然见秦舞阳的脸又青又白，就赔笑对秦王说："粗野的人，从来没见过大王的威严，免不了有点害怕，请大王原谅。"

秦王政毕竟有点怀疑，对荆轲说："叫秦舞阳把地图给你，你一个人上来吧。"

荆轲从秦舞阳手里接过地图，捧着木匣上去，献给秦王政。秦王政打开木匣，果然是樊於期的头颅。秦王政又叫荆轲拿地图来。荆轲把一卷地图慢慢打开，到地图全都打开时，荆轲预先卷在地图里的一把匕首就露出来了。

秦王政一见，惊得跳了起来。

荆轲连忙抓起匕首，左手拉住秦王政的袖子，右手把匕首向秦王政胸口直扎过去。

秦王政使劲地向后一转身，把那只袖子挣断了。他跳过旁边的屏风，刚要往外跑。荆轲拿着匕首追了上来，秦王政一见跑不了，就绕着朝堂上的大铜柱子跑。荆轲紧追不舍。

两个人像走马灯似地绕着大柱直转悠。

旁边虽然有许多官员，但是都手无寸铁；台阶下的武士，按秦国的规矩，没有秦王的命令是不准上殿的，大家都急得六神无主，也没有人去召台阶下的武士。

官员中有个伺候秦王政的医生，急中生智，拿起手里的药袋对准荆轲扔了过去。荆轲用手一扬，那只药袋就飞到一边去了。

就在这一眨眼的工夫，秦王政往前一步，拔出宝剑，砍断了荆轲的左腿。

荆轲站立不住，倒在地上。他拿匕首直向秦王政扔过去。秦王政往右边只一闪，那把匕首就从他耳边飞过去，打在铜柱子上，"嘣"的一声，直迸火星儿。

秦王政见荆轲手里没有武器，又上前向荆轲砍了几剑。荆轲身上受了八处剑伤，自己知道已经失败，苦笑着说："我没有早下手，本来是想先逼你退还燕国的土地。"

这时候，侍从的武士已经一起赶上殿来，结果了荆轲的性命。台阶下的那个秦舞阳，也早就被武士们杀了。

李斯谏逐客

秦王政十年，即公元前 237 年，秦国势力已非常强大，各国客卿纷纷拥入秦国，以实现自己参与政事、加官进爵的梦想。他们当中不乏有才能的人。各国客卿的崛起，使秦国政治中形成了一股新锐势力，严重地威胁了秦国宗室大臣的权势。

这些无所事事，如同蠹虫一般，却养尊处优的宗室大臣，不能忍受那些锐气十足的新贵，便纷纷向秦王上书，先是列陈前时的实例，说韩国间谍郑国为秦修建水渠，其目的是阻挠秦的东征进程；然后，他们又提出：从其他国家来秦的人，其目的也都跟郑国差不多，大抵都是代他们的主子向秦王游说，或是做间谍，反正有百害而无一利。秦王听了他们的话，便下令驱逐在秦国的一切别国客卿。

在被驱逐的人当中，有个叫李斯的青年人。他是著名学者荀卿的学生、韩非的同学，为了实现做官参政的愿望，他入秦国当了吕不韦的舍人，眼下是秦王政的客卿。逐客令一出，李斯大为着急：对个人而言，这意味着他刚刚开始有了希望的宏图即将不得施展；对秦国而言，这将堵塞秦的富强之途，无助于秦的扩大发展。于是，他连夜给秦王写了一封信，劝谏他收回逐客令，这就是著名的《谏逐客书》。

《谏逐客书》一开头便指出：

“臣闻吏议逐客，窃以为过矣。”(我听说要驱逐客卿，我个人认为这是错误的举动。)

然后，他举出大量实例，说明秦国的强盛有赖于客卿的功劳。有虞的百里奚、宋的蹇叔、晋的丕豹、公孙枝、戎的由余五人对秦穆公的贡献；有商鞅变法在孝公时的成就；有张仪的计策对惠王的帮助；有范雎对昭王成帝业的决定之举，内容详实，说理透辟。

之后，他又用了大量类比、比喻来说明逐客的不当。他说，秦国宫殿中罗致的宝物，如昆山玉、随和宝石、太阿剑、纤离马等，哪一样是秦自己出产的？如果一定只用秦国产的东西，那大家的首饰、器皿都从哪里来？甚至后宫的美女从哪里来？就连大王每日所听的音乐，不也有很多都是别国的民歌吗？

在篇末，他指出，秦若想强盛，必须博采他国之长，包括宝物、美女，更要包括人才。“夫物不产于秦，可宝者多；士不产于秦，而愿忠者众。”(不产于秦的东西，有很多都是宝物；不产于秦的人才，也有很多对秦王忠心耿耿。)其中，“泰山不让土壤，故能成其大；河海不择细流，故能就其深”，已成为被人千古传诵的名联佳句。

李斯这封辞采丰富、说服力强的信到了秦王案头，秦王读后，立即心悦诚服，下令收回逐客令。从此秦王坚持改革开放，终于使各国人才都能在秦施展才华，使秦的事业生机勃勃。尤其是李斯，更是被秦王大加赏识，他也不负众望，在秦王统一中国的事业中起过重大作用，后来还做了秦的丞相，成为一代名臣。

秦始皇焚书坑儒

秦始皇统一六国，开创了前无古人的事业，颇为得意。

公元前 213 年，秦始皇在咸阳宫大宴群臣。在宴席上，当时最有知识的七十多名儒生肃然站立，集体向秦始皇致敬。其中仆射周青臣的颂词最让秦始皇高兴，他说：“想当年，我们秦国面积方圆不过千里，仰仗着您的天纵英明，一举统一了天下，现在所有的人都臣服在您的脚下。您把以前的诸侯国改置为郡县，派聪明能干的官员去管理。老百姓都安居乐业，再也不用担心战争的祸害。从古到今，没有人能与您的威德相比！”

周青臣的奉迎之词虽博得了秦始皇的欢心，却引起了一些儒生的反感。尤其是对推行郡县制的称颂，更让他们怒形于色。

淳于越是一个性急、耿直的人，周青臣的话音刚落，他便高声反驳道：“我听说商朝和周朝之所以能统治天下达千年之久，主要是因为这两个朝代都分封子弟和功臣作为辅佐。今天皇上虽然贵为天子，可子弟却是平常的老百姓，无权无势。如果有人图谋不轨，篡夺您的天下，有谁能来救您呢？您应该效法商朝和周朝的做法，只有这样才能长治久安、享国万年。推行郡县制本来是您的过失，周青臣不仅不直谏相劝，反而阿谀奉承，这不是忠臣的作为！”

秦始皇没有立刻表明自己的态度，他让所有的大臣都来评议周青臣和淳于越的争论。

丞相李斯说：“天下没有一律的统治模式。统治天下的人应该根据现实的变化来调整自己的统治策略。这样的道理书呆子们是永远都无法理解的。书呆子们只知道死记一些书上的教条，厚古薄今，胡说八道，老以为自己高明，对当今的政治指手画脚，妄加评论。一般的老百姓不辨事理，也跟着他们瞎起哄。这样下去，就会使君主威势下降，朋党之风渐渐形成，应当予以制止，并建议除了秦国历史、医药、占卜、种树的书外，其余所有的书统统烧掉。”

秦始皇同意了李斯的建议，并诏告天下：如有不遵从命令者，格杀勿论。

嗜书如命的儒生们对焚书之举痛心疾首，迫于秦始皇的淫威，谁也不敢公开表示不满，但私下里，他们往往聚在一起诅咒秦始皇，发泄自己的怨气。

秦始皇知道实情后，勃然大怒："我养着这么多的儒生，是为了让他们帮我治理天下。他们不但不理解我的心思，还一个劲儿地在背地里说我的坏话，太可恶了！我如果不给他们点颜色看看，天下就没有安宁的日子了。"

秦始皇下令搜捕对自己不满的儒生，强调要从严整治。各地的官员为了表现自己的忠心，不遗余力地搜捕，并对捕获的儒生严刑拷打，逼迫他们互相告发。弱不禁风的儒生们哪受得了这样的皮肉之苦，纷纷屈打成招。一时间受牵连的儒生达四百六十人之多。秦始皇命人在咸阳城外挖了一个大坑，将捕获的儒生统统给活埋了。

焚书坑儒，虽对秦朝在统一思想上起到一定的作用，但它也严重地摧残了中国的文化。

蒙恬兄弟遇害

秦王嬴政逐渐吞并了六国，统一了天下，并自称为"始皇帝"，也就是历史上的秦始皇。那时候，国家刚统一，天下并不十分太平。其中最让秦始皇烦心的是那些生活在北方的匈奴。

大将蒙恬受命去对付这些入侵者，他的威名让匈奴胆寒。可是匈奴擅长骑射，来去无踪，逐水草而居，虽然可以打败他们，却难以彻底解决边境问题。

这天蒙恬正坐在院中喝茶，他盯着高高的院墙看了半天，突然一拍脑门，说："办法不是现成的吗?"原来这个办法就是在边境上修筑一道长城。从西边的临洮(今甘肃岷县)一直修到东边的辽东，一共有一万多里长。高大的长城把敌人挡在外面，他们也就不那么容易进入中原了。蒙恬赶紧把这个想法告诉了秦始皇，秦始皇听后非常高兴，立刻派蒙恬负责此事。蒙恬一方面负责修筑长城，另一方面继续率领军队镇守边疆。

一眨眼，蒙恬在边境镇守已经快十年了。匈奴都害怕他，很少有人敢再来侵犯，边境安宁了许多，修筑长城的工作进展得也很顺利，秦始皇对此非常满意，经常在许多大臣面前夸奖蒙恬的才能，也开始奖赏他的家人。蒙恬还有个弟弟，叫蒙毅，也很受始皇的赏识，官至上卿。始皇外出时总要带着他，还让他和自己同坐一辆车；待在宫里的时候，总让蒙毅在自己身边侍奉自己。此时，蒙恬和蒙毅在秦国的地位是没有人能比得上的。

国家渐渐走上了正轨，秦始皇很想到各地去游览，看看属于自己的大好河山。于是就派蒙毅去开路，蒙毅开山填谷，修筑了一条长达一千八百里的驿道。路修得差不多时，秦始皇就病倒了，他派蒙毅到会稽山去祷告，希望神灵能让自己早日恢复健康。可是还没等到蒙毅回来，秦始皇病死在路上了。

随行的赵高和李斯一起密谋，想帮秦始皇的小儿子胡亥夺取皇位，于是修改了遗昭。为了达到这个目的，须害死秦始皇的大儿子扶苏，他们就给扶苏下了一道圣旨，让他自杀。同时也给蒙恬送去了同样的一道旨圣，因为扶苏与蒙恬的关系十分亲密，赵高怕蒙恬产生怀疑，如果他率领手下三十万大军帮助扶苏造反，那后果就不堪设想了。

果然，蒙恬根本就不相信使者送来的圣旨，坚决不肯自杀。蒙恬对扶苏说：“您是皇上的大儿子，很可能就是以后的皇帝，您怎么能这么轻易就自杀呢？这说不定是别人的阴谋，想害死您啊。我们还是再去问一问皇上，如果真是如此，到时候我们再死也不迟啊！”使者一见蒙恬产生了怀疑，就赶紧催促扶苏自杀，说这是皇上的命令，不能违抗。扶苏叹了口气说：“父亲要儿子死，做儿子的还有什么好问的呢？”说完就拔剑自杀了。

蒙恬连忙上前阻止，可还是晚了一步。蒙恬不甘心就这样冤死，趁人不备捡起地上的剑就向使者刺去，想杀出一条血路，冲出重围。可是使者早有准备，闪身避开了这一剑，并命令手下的人把蒙恬抓起来。蒙恬一个人势单力薄，最后还是被关了起来。

秦始皇死后，胡亥当上了皇帝，也就是秦二世。不久，蒙毅也从会稽山回来了。赵高一直和蒙家有仇，现在又掌握了国家大权，因此一心想要除掉蒙家的人。于是他趁机对胡亥说：“其实先帝很早就想立您为太子，让您继承皇位。可是蒙毅却在先帝面前说您没有足够的才能治理国家，不应该立您为太子。还说扶苏比您能干，他才适合做太子。”皇帝听了非常生气，把蒙毅也关进了大牢。蒙毅经不住严刑拷打，不久，就死在了狱中。

蒙毅死后，赵高又挑拨皇帝，让皇帝再杀了蒙恬。胡亥是个昏庸的皇帝，只知道吃喝玩乐，想都不想就按赵高的意思去做了。他派了个使者去见蒙恬。使者见到蒙恬后，就命令蒙恬说：“你做了太多的错事，你的弟弟现在又犯了重罪，已经被杀了。按照法律，牵连到你，你也应该自裁。”

蒙恬知道自己难免一死，就希望使者能帮他转达几句话给皇上。他说：“我们蒙家世世代代对秦国一片忠心，多次为国家立下大功，皇上怎么能怀疑我们呢？虽然我现在被关在这里，但我手下有三十多万士兵，如果想造反的话，现在也来得及。可是我并没有这样做，那是因为我对皇上仍是忠心耿耿啊！不知道皇上有没有听过周成王听信小人谗言错怪忠臣周公旦的故事。最终周成王知错能改，杀死了造谣的人，重新重用了周公旦。正因为周成王犯了错能够立即改正，所以国家才能昌盛。皇上不该听信小人的谗言，怀疑我们这些忠臣啊！希望皇上也能悬崖勒马，否则国家将会灭亡。”

使者无奈地说：“我是执行命令来杀你的，我可不敢把你的话说给皇上听。”蒙恬听了，长叹了一口气，然后服毒自杀了。

赵高小人得志

公元前210年，秦始皇巡视全国途中突然去世，李斯和赵高一伙假传遗诏，帮助秦始皇的小儿子胡亥继承皇位，这就是秦二世。为此，李斯、赵高等人深受秦二世宠幸。

秦二世平时不坐朝听政，每天深处禁宫，沉湎酒色，寻欢作乐。而赵高则在宫中侍奉左右，掌管事务，一切事情都由他说了算。丞相李斯见赵高目空一切，独断专行，渐渐对他不满。赵高得知后十分不悦，心中暗想：一山岂能容纳两虎？如不早作打算除掉李斯，来日李斯定会对自己不利。为了除掉李斯，他想了一个陷害李斯的办法。一天，赵高前去拜访李斯，对李斯说：“现在关东一带盗患猖獗，皇上不调兵前去进剿，反而增调服差役的人去修建阿房宫，还大肆搜集猎狗、良马这些无用的东西。我本想进谏，但考虑自己地位卑贱，就一直不敢劝谏。您是先帝时的大臣，为什么不去劝谏呢?”

李斯说：“是啊，我很早就想劝谏了。现在皇上不坐朝听政，总是深居内宫。我想求见他，他总是没有空闲，由于我要说的事事关重大，又不便请别人转达，所以我也一直未能如愿。”

赵高听完心中暗喜，不怀好意地说：“您如果真能劝谏皇上，等到皇上有空时我一定来通知您。”

过了些日子，一天秦二世与宫女饮酒作乐，玩意正浓。赵高见状，心想机会来了，便派人通知李斯，说现在皇上有空，可以进去奏事了。李斯闻讯，便连忙让人准备车马，径直来到宫门请求拜见二世。

二世闻听李斯有事前来奏报，心中不悦，不愿意接见。但李斯却固执己见，一再坚持求见。这恼怒了二世，大骂道：“朕平常有空，他不来。朕今天玩兴正浓，他却来奏事。难道是李斯认为我年少无知，还是认为我见识浅陋?”

赵高趁机进谗言说：“当初在沙丘为陛下皇位密谋时，丞相是参与了的。现在陛下安然登基，而丞相的地位并未因辅佐陛下而提高，丞相为此一直耿耿于怀。这次他前来进谏，恐怕是想借奏事之机要求割地称王吧。陛下您不问我，我原本是不敢说实话的。陛下有所不知，丞相的长子李由现做三川郡守，楚地反贼陈胜等人都是丞相家乡邻近县邑的子弟，因此他们才敢公然横行。反贼经过三川城下时，郡守李由任其来去，就是不肯出击围剿。另外，我还听说他们有书信往来，因为还未核实，所以我才不敢贸然禀告陛下。除此之外，我还听说丞相在宫廷之外，权力比陛下还大。”

二世听信了赵高的话，想惩办李斯，但又怕情况不实，就先派人调查三川郡守李由跟反贼暗中来往的事。

天下没有不透风的墙，加上李斯在朝中权势显赫，党羽耳目众多，因此李斯很快就得到了密报。为此，李斯就变被动为主动，连续上书揭发赵高说：“赵高专擅大权，权力可与陛下相比。陛下您现在若不将他除去，恐怕日后后患无穷啊。”

二世非但不听，反而批驳说：“这怎么会呢！赵高原来是宦官，他的地位是凭借自己的努力得来的，凭借忠诚得到升迁，依靠诚信保持地位，我确实认为他很贤能，而你却怀疑他，为什么呢？况且我不信赖赵高，又信赖谁呢！希望你不要再怀疑他了！”

二世原来就宠幸赵高，怕李斯杀了他，就私下里把李斯进谏的事告诉赵高。赵高听完说道：“丞相蓄谋已久，所担心的只有我赵高一人；我死以后，丞相就能学田常谋反篡位了。”

话分两头，再说秦朝到了末年，朝廷暴戾苛政，赋税徭役沉重，民不聊生。一时间老百姓纷纷揭竿而起，起义的军队越来越多，秦王朝为了维护统治，不停地征调关中士兵攻打起义军。左丞相冯去疾、右丞相李斯、将军冯劫见状就劝谏二世，暂时停建阿房宫，减轻徭役，缓解矛盾。

二世听后非常生气，就将冯去疾、李斯、冯劫等人打入大牢，交给掌管刑狱的官吏审理，调查他们还有没有其他罪过。冯去疾、冯劫二人无法忍受羞辱，就上吊自杀了，只剩下李斯一人。

二世将李斯交给赵高审理，查问李斯与儿子李由一起谋反的情况。为给李斯罗织罪名，赵高将李家的宗族、门客全部抓来，一一酷刑拷问。为获取李斯口供，赵高费尽心思，对李斯用尽酷刑，光提审拷打他就有一千多次。最后李斯忍受不了折磨，只好含冤认罪。

李斯之所以没有自杀，是因为他自恃辩才过人，天下无人堪比，况且他认为自己劳苦功高，并无谋反企图，想上书为自己辩说，希望二世醒悟，将他赦免。

于是李斯就从监狱中给二世上书，奏疏中历数了自己从政三十多年，如何重用人才，富国强兵，吞并六雄，平定天下，拓展秦朝疆土，统一天下文字、度量衡的功劳。

李斯的奏疏呈报上去后，被赵高私自扣留下来，他不屑一顾地说："囚犯怎能上书!"

接着，赵高又派他的门客十多人，伪装成御史、谒者、侍中，轮番讯问李斯。李斯为证明自己清白，就据实回答审问，结果受到了赵高更加残酷的折磨。后来二世派人验证李斯的口供，李斯以为还会跟前些日子一样，终于没敢再更改自己的口供。

等李斯在供词上签字画押后，赵高便马上将口供呈报给二世。二世看完高兴地说："如果没有赵高，我差一点被丞相出卖了。"

当二世派去调查李由的人到达三川郡时，李由已被起义军杀死了。使者回来后，正赶上李斯被关进监狱，于是赵高就编造谎言，罗织了一些李由与起义军通谋的罪名。

最后，二世决定叛处李斯等人腰斩。在行刑那天，在咸阳街头刑场，李斯对他的次子说："我想再和你牵着黄色的猎狗，一起出上蔡县的东门，去猎杀野兔，而今已是不可能的了!"说完父子二人相对而泣。

结果李斯被诛灭了三族，秦二世就让赵高接替李斯做了丞相。从此以后，赵高在朝中一手遮天，其权势炙手可热，内外政务均由他独断专行，二世成了一个名副其实的傀儡皇帝。

大泽乡起义

秦始皇为了抵抗匈奴，发兵三十万，征集了几十万民夫，建造长城；为了开发南方，动员了军民三十万。他又用七十万囚犯，动工建造一座巨大豪华的阿房(ē páng)宫。二世即位后，从各地征调了几十万囚犯和民夫，大规模修造秦始皇的陵墓。这座陵墓很大很深，把大量的铜熔化了灌下去铸地基，上面盖了石室、墓道和墓穴。二世又叫工匠在大坟里挖成江河湖海的样子，灌上了水银。然后把秦始皇葬在那里。

安葬完毕后，为了防备将来可能有人盗坟，还叫工匠在墓穴里装了杀人的设备，最后竟残酷地把所有造陵墓的工匠全都埋在墓道里，不让一个人出来。

始皇陵还没完工，二世和赵高又继续建造阿房宫。那时候，全中国人口不过二千万，前前后后被征发去筑长城、戍岭南、修阿房宫、造皇陵等劳役合起来差不多有二三百万人，耗费了不知多少人力财力，逼得百姓怨声载道。

公元前209年，阳城(今河南登封东南)的地方官派了两个军官，押着九百名民夫送到渔阳(今北京市密云西南)去防守。军官从这批壮丁当中挑了两个个儿大、能干的人当屯长，叫他们管理其他的人。这两个人一个叫陈胜(又名陈涉)，阳城人，是个给人当长工的；一个叫吴广(又名吴叔)，阳夏(今河南太康县)人，是个贫苦农民。

陈胜年轻时候，就是个有志气的人。他跟别的长工一块儿给地主种田，心里常常想，我年轻力壮，为什么这样成年累月地给别人做牛做马呢，总有一天，我也要干点大事业出来。

有一次，他跟伙伴们在田边休息，对伙伴们说："咱们将来富贵了，可别忘了老朋友啊!"

大伙儿听了好笑，说："你给人家卖力气种地，打哪儿来的富贵?"

陈胜叹口气，自言自语说："唉，燕雀怎么会懂得鸿雁的志向呢!"

陈胜和吴广本来不相识，后来当了民夫，碰在一块儿，同病相怜，很快就成了朋友。他们只怕误了日期，天天急着往北赶路。

他们赶到大泽乡(今安徽宿州东南)时，正碰上连天大雨，水淹了道路，没法通行。他们只好扎了营，停留下来，准备天一放晴再赶路。

秦朝的法令很严酷，被征发的民夫如果误了期，就要被杀头。大伙儿看看雨下个不停，急得真像热锅上的蚂蚁似的，不知道怎么办才好。

陈胜偷偷跟吴广商量："这儿离渔阳还有几千里，怎么也赶不上限期了，难道我们就白白地去送死吗?"

吴广说："那怎么行，不如咱们逃走吧。"陈胜说："逃走被抓回来是要处死的，起来造反争夺天下，顶多也是死，同样是死，不如起来造反，就是死了也比送死强。老百姓吃秦朝的苦也吃够了。听说二世是始皇帝的小儿子，本来就不该由他做皇帝，该登基的是太子扶苏，结果扶苏被害大家都同情他；还有，楚国的大将项燕，立过大功，大家都知道他是条好汉，现在也不知道是死了还是活着。要是咱们借着扶苏和项燕的名义，号召天下，楚地的人一定会来响应我们。"

吴广完全赞成陈胜的主张。为了让大伙儿相信，他们利用当时人们迷信鬼神，便想出了一些装神弄鬼的办法，以取得人们的信任。于是，他们拿了一块白绸条，用朱砂在上面写上"陈胜王"三个大字，把它塞在一条人家网起来的鱼的肚子里。民夫们买了鱼回去，剖开了鱼，发现了这块绸子上面的字，十分惊奇。

到了半夜，吴广又偷偷地跑到营房附近的一座破庙里，点起篝火，先装作狐狸叫，接着喊道："大楚兴，陈胜王。"全营的民夫听了，更是又惊又害怕。

第二天，大伙儿看到陈胜，都在背后点点戳戳地议论着这些奇怪的事，加上陈胜平日待人和气，就更加尊敬陈胜了。

有一天，两个军官喝醉了酒。吴广故意跑去激怒军官，跟他们说，反正误了期，还是让大家散伙回去吧。那军官果然大怒，拿起军棍责打吴广，还拔出宝剑来威吓他。吴广夺过剑来顺手砍倒了一个军官。陈胜也赶上去，把另一个军官杀了。

陈胜把民伕们召集起来说："男子汉大丈夫不能白白去送死，死也要死得有个名堂。王侯将相，难道是命里注定的吗！"

大伙儿一齐高喊说："对呀，我们听您的！"

陈胜叫弟兄们搭个台，做了一面大旗。旗上写了一个斗大的"楚"字。大伙对天盟誓，同心协力，推翻秦朝。他们公推陈胜、吴广为首领。九百条好汉一下子就把大泽乡占领了。临近的农民听到这个消息，都拿出粮食来慰劳他们，青年们纷纷拿着锄头、铁耙到营里来投军。人多了，没有刀枪和旗子，他们就砍了许多木棒做刀枪，削了竹子做旗杆。就这样，陈胜、吴广建立了历史上第一支著名的秦末农民起义军。

起义军很快打下了陈县(今河南淮阳)。陈胜召集陈县父老商量，大家说："将军替天下百姓报仇，征伐暴虐的秦国。这样大的功劳，应该称王。"

陈胜就这样被拥戴称王，国号称作"张楚"。

西汉

项羽破釜沉舟

秦朝末年，农民起义风起云涌。秦始皇死后，他的小儿子胡亥继位。他刚刚登上王位，就派大将章邯率领大军首先打败了陈胜、吴广的起义队伍，然后北渡黄河进攻赵国(这个赵国不是战国时代的赵国，而是新建立起来的一个政权)，很快就攻下了赵国都城邯郸，赵王逃到巨鹿(今河北平乡西南)。章邯派一支秦军把巨鹿包围起来，自己带领大军驻扎在巨鹿南面的棘原。他还在棘原和巨鹿之间修筑了一条粮道，给围城军队运送粮草。

赵国哪是秦国的对手？于是，赵王一面死守巨鹿，一面派使者前往楚国求援。这个楚国也和赵国一样，是在秦朝末年产生的一个新政权，在它的麾下有刘邦、项羽两支部队。

公元前 208 年，赵国的使者到楚国后，就直奔楚宫去见楚王，一五一十地哭诉秦将章邯攻打赵国的暴行。当时，楚王正想派人往西进攻咸阳。他身边有几个老臣暗地里对他说：“项羽性子太暴躁，杀人太多；刘邦倒是个忠厚人，不如派他去。”当时项羽正好在场，他怒火中烧，就对楚王说道：“我们应当马上发兵救赵，我愿去跟章邯拼个你死我活！”

楚王说：“将军愿往，再好不过。”楚怀王就派宋义为上将军，项羽为副将，带领二十万大军到巨鹿去救赵国。

但谁知宋义是个胆小之徒，楚国的兵马行至安阳(今山东省曹县)后，就安营扎寨，不再前进，一连四十六天一直按兵不动，不敢与秦军决战。项羽耐不住性子，去跟宋义说：“秦军包围了巨鹿，形势这样紧急，咱们赶快渡河过去，跟赵军里外夹击，一定能够打败秦军。”

宋义说：“我们还是等秦军和赵军决战以后再说。”他又对项羽说：“上阵跟敌人交锋，我比不上你；要说出谋划策，你就比不上我了。”

他还下了一道命令："将士中如有不服从指挥者，就按军法砍头！"

这道命令明明是针对项羽的，项羽气得要命。公元前207年十一月，北方已进入冬季，天气寒冷，这时又碰上大雨，加之楚营里军粮接济不上，兵士们受冻挨饿，都抱怨起来。

项羽说："现在军营里没有粮食，但上将军却按兵不动，自己饮酒作乐，这样不顾国家，不体谅兵士，哪里像个大将的样子。"一怒之下，他把宋义杀了。他提了宋义的头，对将士说："宋义背叛大王(指楚王)，我奉大王之命，已经把他处死了。"

将士们大多是项羽的老部下，宋义在将士中本来没有什么威望。大伙见项羽把他杀了，都表示愿意听从项羽指挥。

项羽把宋义被处死之事，派人报告了楚王。楚王虽然很不满，也只好封项羽为上将军。项羽就立即分兵派将，他让手下将领带领两万人马，渡过漳河去攻打秦将章邯。听说楚军要渡河，章邯派两员秦将司马欣和董翳带兵去拦阻。那两个秦将不是项羽部将黥布等人的对手，一交锋就打了败仗，急忙后退。于是黥布等人就顺利地渡过了漳河并牢固地占领了河的对岸，接着，项羽立即率领所有的军队都渡过河去。并命令将士，每人只带三天的干粮，把军队里做饭的锅全砸了，把渡河的船只全凿沉了。这就是成语"破釜沉舟"的来历，釜就是锅。他对将士说："成败在此一举，三天内必须将秦兵打败。这次咱们打仗，只准进，不准退；我们要和敌人血战到底，不获全胜，誓不收兵！"将士们看到锅砸了，船沉了，一点退路也没有，因此，就都抱着死战到底的决心和秦军拼杀起来。

项羽的决心和勇气，对将士起了很大的鼓舞作用。楚军把秦军包围起来，楚兵喊声震天，锐不可当，个个士气振奋，越打越勇，以一当十，以十当百。经过九次激烈战斗，活捉了领兵秦将章邯，其他的秦军将士有的被杀，有的逃走，围困巨鹿的秦军就这样瓦解了。

当时，各路将领来救赵国的有十几路人马，可是他们害怕秦军强大，都扎下营寨，不敢跟秦军交锋。这会儿，听到楚军震天动地的喊杀声，都挤在壁垒上看。这就是成语"作壁上观"的来历。他们瞧见楚军横冲直撞杀进秦营的情景，吓得伸着舌头，屏住了呼吸。等到项羽打垮了秦军，请他们到军营来相见的时候，他们都跪在地下爬着进去，连头也不敢抬起来。

大家颂扬项羽说："上将军的神威真了不起，自古到今没有第二个。我们情愿听从您的指挥。"打那时候起，项羽实际上成了各路反秦义军的首领。

刘邦赴鸿门宴

陈胜、吴广的起义不久就失败了，但他们引起的反秦斗争却是风起云涌、如火如荼。在这场斗争中，项羽、刘邦成为最重要的力量。

不久，秦军被各地的义军打得节节败退。当时诸将约定：谁先攻入咸阳，谁就受封为咸阳王。项羽兵力强盛，作战英勇，连破秦军，他歼灭的秦军最多，可是刘邦却乘虚先打下了咸阳。

项羽大怒，兴师向刘邦问罪。当时，项羽兵多将广，有四十万军队，号称百万之师，驻扎在鸿门；而刘邦只有十来万人，驻扎在灞上。两地之间的距离只有四十里。

范增知道项羽性格优柔寡断，为了坚定项羽剿灭刘邦的决心，范增故意用话刺激他："刘邦以前在山东时，贪财好色。现在占领咸阳后，一改以前的陋习。他这样做的目的是为了收买人心。这个人的野心不小啊，迟早我们都会成为他的手下。"好胜的项羽听后更是生气，恨不得立刻把刘邦撕成两半。

项羽手下有一个叫项伯的人，他是项羽的叔父。项伯和刘邦的谋士张良是生死之交，他怕项羽打败刘邦后连张良也不放过，连忙偷偷跑到刘邦的营中，告诉张良项羽即将攻打的消息，并劝说张良赶紧躲避，以免杀身之祸。张良说："刘邦一直对我不错，现在他有难，如果我离他而去，实在是不仁不义，我必须把这个消息告诉他。"刘邦知道后，大吃一惊，要求张良带他去见项伯。

刘邦见到项伯后，不断地奉承他，并一再要求和项伯结成儿女亲家。取得项伯的欢心后，刘邦装着委屈的样子说："我攻破咸阳后，不敢私自动一点东西，天天盼望项羽将军到来，以便把咸阳移交给他，现在却不料被他误会，我真感到痛心。希望你回去后把我的苦心转达给他。"

项伯连夜回到营中，把刘邦和他说的话全部向项羽说了一遍，并夸大了刘邦对项羽的敬畏之情，项羽的虚荣心得到了满足，火气去了不少。

第二天一大早，刘邦带着张良、樊哙等亲信来鸿门见项羽。项羽见刘邦态度谦恭有礼，怒气顿消，随即设宴款待刘邦。

在酒席上，范增不断地给项羽使眼色，暗示他早下令拿下刘邦，以绝后患。项羽装着不明白的样子毫无反应。范增急了，偷偷对坐在身旁的项庄说："刘邦这个人是我们最危险的敌人，今天如果不除去他，必成大患。项羽将军心地太善良，不忍心下手。现在只有靠你出手了。你等会儿要求给大家舞剑助兴，在舞剑时可寻机干掉刘邦。"

项庄一口应承。过了一会儿，项庄站起来说："今日项羽将军和刘邦将军饮酒，是一件高兴的事，可惜军中没有音乐伴奏。要不我来舞几路剑，给大家添添兴致。"说着便拔剑起舞，项伯见来者不善，也拔剑和项庄对舞，并时时以身体遮挡刘邦，使项庄无法按计行事。

张良一见情况不妙，偷偷跑出帐外，对担任警戒的樊哙说："情况紧急！项庄在里面舞起剑来。项庄舞剑，意在沛公(指刘邦)。"樊哙一听，不顾门卫的阻拦，强行进入帐内。

项羽一见樊哙一副想拼命的样子，不禁问道："你是干什么的?"张良说："他是刘将军的手下。"项羽说："是条好汉子，递给他一些酒和肉。"樊哙把手中的盾牌放在地上，席地而坐，旁若无人地大吃大嚼起来。一会儿，项羽又说："好汉，你能喝点酒吗?"樊哙一抹嘴巴，大声嚷道："死都不怕，还怕喝酒。秦王残暴不仁，天下人都起来反对他。刘将军进入咸阳后，把宫室仓库都严加看管，日夜等着你的到来。他的功劳可谓不小了，听说你不但不打算奖赏他，还听从小人之言，欲加害于他。你这样做和秦王有什么两样?"项羽一时不知如何回答，只好讪讪地请樊哙入座。不多久，刘邦借口上厕所离开了大帐，张良、樊哙跟了出去。

刘邦准备离开项羽的军营，可又觉得不辞而别不太妥当。樊哙嚷道："做大事的人不应讲究这些细枝末节。我们现在在人家的手中，还讲那么多干吗?"刘邦便和几个手下悄悄跑回去了。

张良在外面待了一会儿，他估计刘邦已返回了军营，便回到帐中，对项羽说："刘将军有点醉了，没法向你辞行，已先行离去，他走时特意留下了玉璧和玉斗各一对，玉璧送给将军您，玉斗送给范增将军，请你们笑纳。"

项羽没吱声，接过玉璧放在座位上。范增气得脸色发青，他把刘邦送给他的玉斗扔在地上，抽出剑不断地砍它，边砍边骂："唉，这样的人不值得为他卖力！将来夺得项羽天下的，必是刘邦，我们都要成为他的阶下之囚啊!"

刘邦就这样逃过一劫。

韩信敢出奇兵

刘邦逃回灞上不久，项羽就带兵进入咸阳，他住进秦王宫，可谓春风得意。

这时有人向他建议，秦朝皇帝把天下害苦了，现在应该惩治他们。项羽连声说好，便派人把秦王子婴杀掉。又有人建议说，秦朝的官僚贵族比秦王更坏，他们逼得百姓家破人亡，也应该杀掉，项羽听了认为有理，便派人把咸阳城里的所有官吏、贵族杀了。就这样，项羽杀了秦国皇室亲属八百人、文武官员四千人、贵族豪绅上万人，一时血雨腥风。项羽还放火烧了阿房宫，掳掠了许多金银财宝和美女，然后离开咸阳东归。

公元前206年2月，项羽自立为西楚霸王，建都于彭城(今江苏徐州)。然后又给一些起义将领和六国旧贵族封了王，秦朝的降将章邯、董翳、司马欣等人也被封了王，总共封了十八个王。刘邦被封为汉王。

刘邦被分封到汉中、巴蜀等地，在当时这里是偏远地区，他心里有怨言，但是不敢说。因为项羽有四十万大军，而自己的力量很弱小，所以刘邦强忍心中的不满，带着自己的军队到南郑(今陕西汉中东)去建都。这时刘邦已暗下决心，待自己兵力强大，再与项羽一决雌雄，最后取而代之。

张良为刘邦出谋划策，深受刘邦赏识，但如今秦王朝已灭，张良的任务已经完成，也该回韩国了。

张良临行前，对刘邦说："大王，今日一别，不知何日再能相见。你们再往前走，就是栈道了，你们可以走一段烧一段。这样追兵袭来，也追不上你们了，还可以迷惑霸王，让他放心，知道你没有再回来之意。然后，您抓紧时间，招兵买马，积草屯粮，扩充军队，等待时机成熟了，便可从另一条道路杀过来，消灭项羽，夺得天下。"

刘邦非常舍不得张良离开，便对张良说："但愿我们还有见面的机会，我随时欢迎你的到来。"二人洒泪而别。

刘邦十分尊敬张良，对张良的临行之计非常赞同，便命令士兵走一段烧一段栈道。士兵很不情愿，本来就不愿意背井离乡，一看又烧了栈道，以为是汉王不想再回来了呢。有的人思乡心切，半路之上，趁人不注意便开了小差。

刘邦的人马在险峻的蜀道上前进，真是饱经风霜，好不容易到了南郑。

汉王刘邦开始修建都城，他不想在这里长久居住，也不想动用大量劳动力，便只修了一个小宫殿，这一举措深受当地百姓的欢迎。他拜萧何为相，任曹参、樊哙等人为将军。

士兵们到了这里，吃的很不习惯，再加上思念家乡，所以人心很不稳，常常有人悄悄溜走。刘邦愁得吃不香、睡不着，总是打算采取点措施，可一时又没有什么好办法。

这时韩信从项羽那里历尽艰难险阻来到了汉中，本想在这里得到重用，实现自己的抱负，但迟迟得不到汉王的重视。

这一天夜晚，韩信仰望夜空中的月色，感怀自己不被重用，不能施展自己的抱负，决定悄悄离去。他刚走没多远，萧何就去看望他。一见韩信走了，萧何心急如焚，心想：若去报告汉王，恐怕韩信已经走远。所以他骑上一匹快马，乘着月色就去追韩信。

天快亮了，他发现了韩信。

萧何把马停下，对韩信说：“韩壮士，请留步，我有话对你说。”

韩信停住了马，回头一看，是丞相萧何，心里也很感动，心想：丞相肯定是追了一夜，才赶到这里的。韩信把马头调转过来。

萧何说道：“你这样不辞而别，对得起我这个朋友吗？我已经向汉王推荐你三次了，汉王这个人很有主见，他不轻易听别人的，但是他若发现你是个人才，会非常欣赏你的。你这样匆匆离去，怎么能让别人发现你的才能呢？还是和我一起回去吧。”

韩信觉得萧何诚心诚意，便答应了丞相，和他一道回来了。

这时，汉王正在着急。萧何走时，没有和刘邦打招呼，别人以为萧何也跑了呢，一夜都没有见到他的踪影，便去报告刘邦。刘邦一听很着急，萧何是自己的同乡，一起出生入死打天下，他跑了可怎么办呀？立即派人去追。

天色渐近黄昏，萧何和韩信才回到宫中。萧何忙去拜见汉王，汉王正在焦急地等待他的消息，一听说萧何回来了，便责备道：“别人跑了，我不怪，我如此重用你，你怎么连声招呼都不打就跑了呢？”

萧何看刘邦着急的样子，赶紧解释道：“请大王息怒。我是去追韩信了，因为时间紧，我怕他跑远了，所以才没有向大王请示，还请大王多多原谅！”

刘邦气仍不消，问道：“你去追谁？”

“韩信啊！”

刘邦一听说是追韩信，更来气了，“我十几名将军都逃跑了，你一个也没有追，一个无名小卒跑了，你却连招呼都不打就去追他，他有什么奇特之处，值得你去追呀？”

萧何见汉王有些生气，便不急不慢地继续解释说：“大王，我汉中正缺一员文韬武略的大将，其他逃跑的将军都没有这样的才能，唯独韩信文武精通，可以统率千军万马，帮助汉王大败项羽，夺得天下呀！如果大王想称霸天下，非得用韩信不可！”

刘邦很信任萧何，于是转怒为喜，答应接见韩信。

韩信见到刘邦，给他分析了天下形势，说道：“大王，现如今项羽在东方战事不断，他已派了主力在那里厮杀，我们可以借此良机从背后攻打他。虽然关中的雍王章邯、翟王董翳和塞王司马欣是项羽的忠实家犬，时刻监视着我们的行动；但我们可以‘明修栈道，暗度陈仓’，乘其不备，突出奇兵，打进关中，然后挥师攻打项羽。”

刘邦听后，非常高兴，觉得韩信果然是天下的奇才，他又想起张良临别时所说的计策，觉得韩信的办法非常有用。

汉王派人筑了一座高台，举行了隆重的典礼，拜韩信为大将军。

韩信当上了大将军，便派出一支老弱病残的队伍，去修复那些烧坏的栈道，让别人以为他要经过栈道，进攻关中。暗地里，他却率精锐部队，绕道陈仓，直指关中。

章邯得知汉军修复栈道的消息，心想：几百里的栈道，你一年也修不完。于是，他继续在宫中饮酒作乐，没有丝毫戒备。

这一天，韩信带兵到达关中。他对将士们说道："大家思乡心切，如果想和家人在一起，我们就应奋勇杀敌。打败了敌军，我们就可以在关中不走了。"将士们士气高昂，大兵直取章邯的都城。

这时，章邯还在后宫饮酒作乐。一听说汉军杀到，他开始还有些不信，后来一看大兵已到城下，才慌忙持枪上马，仓促迎战。但他的士兵没有丝毫准备，节节败退。最后，韩信一举攻下了咸阳，收复了三秦。

刘邦终于得到了关中，做起了真正的汉中王。

韩信也一战成名，成为刘邦得力的战将。

陈平计除范增

刘邦占领了关中，可把西楚霸王项羽气坏了。项羽原本打算发兵西攻刘邦，可是东边也出了事，齐国的田荣推掉了项羽所封的齐王，自立为王，情况比西边更严重。项羽只好先去对付齐国。

汉王刘邦趁项羽和齐国相持不下之机，一直向东推进，攻下了西楚霸王的都城彭城。项羽又不得不扔下齐国，赶回来在睢水上跟汉军交战。

汉军大败，掉在水里淹死的不知其数，被俘的也不少，汉王的父亲太公和妻子吕后也被楚军俘虏了。

汉王退到荥阳、成皋(都在今河南荥阳)一带，收集散兵。这时候，萧何从关中调来一支人马，韩信也带着军队来见汉王，汉军才重新振作起来。

汉王采取以攻为守的办法，一面守住荥阳，用少数兵力拖住项羽的军队；一面派韩信带领兵马，向北边收服魏国、燕国和赵国。

项羽的谋士范增劝项羽把荥阳迅速攻下来。汉王十分着急。他的谋士陈平便想出一条反间计，从内部瓦解楚军。

陈平派人混入楚营，散布谣言说钟离昧等人有功劳却得不到赏赐，就想与刘邦同谋，灭楚分地称王。

项羽一向多疑，听到这个消息，就信以为真，遂不与钟离昧等人商议军事，自己带兵把荥阳围得水泄不通，一连攻打了三天，见城中防卫森严，毫不动摇，也不能越雷池一步，项羽十分急躁。

张良等谋士又向刘邦献计，说："项羽攻城不下，正好派人去和他讲和，他肯定会答应，派人来讲条件，到时使用陈平之计，彻底离间他们之间的感情，就可解围了。"

"他如果不接受和谈怎么办?"刘邦怀疑地问。

张良说："项羽脾气暴躁，沉不住气，刚而不忍，连日攻城不下，心正焦急，使者一到，他必然接受。"

刘邦依计，派隋何往楚营游说。见了项羽，隋何厚礼甘言说了一通，说到刘邦被封为汉王，已经满足，不敢与项王分庭抗礼，愿意讲和，各守疆域，共保富贵，割荥阳以东为楚界，荥阳以西为汉界!

项羽想到刘邦势力日大，韩信又善于用兵，继续打下去，也不知道鹿死谁手，不如趁早讲和，休养生息，等候机会，便召范增等商量。

范增却反对这样做，他说："这是刘邦的缓兵之计，和谈不是本意，把战局拖住，专等韩信的救兵，才是真的。现在正可猛攻快打，把刘邦消灭了，再去对付韩信。"

项羽犹豫起来，又召见隋何，说："你暂且回城去，待我再考虑一下就通知你。"隋何吃了一惊，心知这必定是范增从中阻挠，破坏和谈，就对项羽说："在这个紧急关头，大王应自有主张，左右的话，恐有私弊，因为战胜也好，战败也好，别人一样可以不当楚官而当汉官，而大王您将怎么办？况且汉王尚未势穷力尽，韩信的几十万大军很快就会到来，内外夹攻，大王兵疲粮尽，那时进退不得，难道不后悔莫及吗？我替大王考虑，不如化干戈为玉帛。这样，不独汉王感恩戴德，老百姓也会讴歌陛下仁义呢！臣虽身在汉，实为楚臣，这些都是肺腑之言，望大王三思，不要被左右出卖了。"

项羽听了这番话，很是欢喜，说："你说得有理，就这样决定了，你先回去，我随后派人进城去讲和。"隋何回去把情况告诉刘邦，刘邦问陈平："楚使不日将来谈和，你用何计对付?"陈平附耳说如此如此，刘邦大喜，密令陈平去进行。

项羽不听范增的劝谏，派虞子期到城内谈判。虞子期进城后，听说刘邦大醉未起，便暂到宾馆安歇，派手下人去了汉营。使者看见张良和陈平两人亲自出来迎接，殷勤地把他邀进一间公馆里，好酒好肉招待，顺便问起范增的起居近况，大赞范增，并偷偷地问："亚父有什么吩咐?"楚使说："我是项王的使臣，不是亚父派来的。”张良、陈平两人一听，假装吃惊，说：“我们还以为你是亚父派来的呢！”便叫一名小校过来，把那人带到另一间小屋里，改以粗茶淡饭招待，张良、陈平二人也不知道哪儿去了。

那人得到了刘邦接见的消息，回来向虞子期报告，特别提到张、陈二人的话和态度，虞子期认为可疑，把这话藏在心里，整衣去见刘邦。可是刘邦还未梳洗，派人把他带到一间密室休息，等候接见。密室环境幽雅，设备齐全，那人奉陪了一会儿，托辞起身，说：“虞将军先坐一会儿，待我去看汉王梳洗好没有。”

虞子期转身看看书桌，见有许多秘密文件，他就过去翻看，见到一封范增写给刘邦的信，说是要里应外合，共破楚军。虞子期大惊，忙把信藏在身边，准备回去呈给项羽邀功。这时有人来报，说刘邦召见，把他带到刘邦那里。刘邦又重复了一下和谈的论调，愿与项羽分土而治。虞子期说：“项王已依尊命，只想欲与大王见面详谈，别无他意！”

刘邦说：“既然这样，先生请先回，等我商议好日期就去和项王见面。”虞子期回见项羽，传达了刘邦意见。又悄悄地密报在城内所见情况和张良、陈平的态度；又把偷回来的那封信呈给项羽。项羽看罢大怒，说：“老匹夫居然想出卖我？务必要查出实情，绝不饶恕！”范增知道了，在项羽面前力辩并无其事，说这都是陈平的反间计，挑拨离间。

可是不管怎么说，项羽都听不进去。范增大怒，向项羽辞行说：“天下事大致已定，大王您就自己看着处置吧，请让我将这副朽骨带回家乡！”项羽此时尚未醒悟，听任这位相随多年的忠诚谋士离去。范增走到半路上，背生恶疮，愤懑而亡。

范增一走，围城的楚军便松懈下来，最终被刘邦冲出了重围。

楚汉鸿沟为界

范增一死，楚营里再没人替霸王出主意，汉军受的压力也减轻了。汉王用少数兵力在荥阳、成皋一带牵制项羽的兵力，让韩信继续攻取北边、东边，又叫将军彭越在楚军后方截断楚军的粮道，使项羽的军队不得不来回作战。

楚汉双方就这样对峙了两年多。

公元前 203 年，项羽自己去攻打彭越，把手下将军曹咎留下来守住成皋，再三嘱咐他千万不要跟汉军交战。

汉王见项羽一走，就向曹咎挑战。一开始，曹咎说什么也不出来交战。汉王就叫兵士成天隔着汜(sì)水(流经荥阳西)朝着楚营辱骂。

一连骂了几天，曹咎实在沉不住气了，就决定渡过汜水，和汉军拼一死战。

楚军兵多船少，只好分批渡河。汉军趁楚兵刚渡过一半的时候，集中兵力，猛力攻击，把楚军的前军打败，后军也自乱阵脚，自相践踏，楚军大败。曹咎自知违反军令，无颜再见项羽，便在汜水边自杀身亡。

项羽在东边正打了胜仗，一听成皋失守，急忙赶到了西边对付汉王。在广武(今河南荥阳东北)地方，楚汉两军又对峙起来。

日子一久，楚军的粮食接应不上。项羽没法子，就把汉王的父亲绑了起来，放在宰猪的案上，派人大声吆喝：

“刘邦还不快投降，就把你父亲宰了。”

汉王知道项羽吓唬他，也大声回答说：“我跟你曾经结为兄弟，我的父亲也就是你的父亲。你要是把父亲杀了煮成肉羹，请分给一碗让我尝尝。”“分一杯羹”的典故就源于此。

项羽恨得咬牙切齿，真的想把太公杀了，又是项伯劝住了他。

项羽派使者跟汉王说：“现在天下闹得乱纷纷的，无非是你我两个人相持不下，你敢不敢出来跟我比个上下高低。”汉王要使者回话说：“我可以跟你斗智，不跟你比力气。”

项羽又叫汉王出来，在阵前对话。汉王当面数落项羽的十大罪状，说他不讲信义，杀害义帝，屠杀百姓等等。项羽听得发火了，用戟向前一指，后面的弓箭手一齐放起箭来。汉王赶快回马，胸口已经中了一箭，受了重伤。

他强忍住伤疼，故意弓着腰摸摸脚，骂着说：“贼人射中了我的脚趾。”

左右把汉王扶进了营帐。汉军听说汉王受伤，都着了慌。张良恐怕军心动摇，劝汉王勉强起来，到各军营巡视了一遍，大家才安定下来。

项羽听说汉王没有死，大失所望。接着，韩信在齐地大败楚军，楚军的运粮道又被彭越截断，粮草越来越少。

汉王趁项羽正在为难的时候，派人跟项羽讲和，要求把太公、吕后放回来，并且建议楚汉双方以鸿沟(今荥阳东南)为界，鸿沟以东归楚，鸿沟以西归汉。

项羽认为这样划定“楚河汉界”还不错，就同意了，放了太公、吕后，接着把自己的人马带回彭城。

其实，汉王这次讲和，只是一个缓兵之计。汉王用了张良、陈平的计策，不出两个月，组织了韩信、彭越、黥布三路人马一齐会合，由韩信统领，追击项羽。楚、汉双方一场最后决战就开始了。

霸王虽败犹荣

公元前202年，韩信布置十面埋伏，把项羽围困在垓(gāi)下(今安徽灵璧县东南)。项羽的人马少，粮食也快吃完了。他想带领一支人马冲杀出去，但是汉军和诸侯的人马把楚军包围得重重叠叠。项羽打退一批，又来一批；杀出一层，还有一层；这儿还没杀出去，那儿的汉兵又围了上来。

项羽没法突围，只好仍回到垓下大营，吩咐将士小心防守，准备瞅个机会再出战。

这天夜里，项羽进了营帐，愁眉不展。他身边有个宠爱的美人名叫虞姬，看见他闷闷不乐，陪伴他喝酒解闷。

夜幕降临了，只听得一阵阵西风吹得呼呼直响，风声里还夹着唱歌的声音。项羽仔细一听，歌声是由汉营里传出来的，唱的净是楚人的歌，唱的人还真不少。

项羽听到四面楚歌，不禁伤感，他失神似地说："完了！难道刘邦已经打下西楚了吗？怎么汉营里有这么多的楚人呢。"

项羽再也忍不住了，随口唱起一曲悲凉的《垓下歌》来：

力拔山兮气盖世，
时不利兮骓(zhuī)不逝。
骓不逝兮可奈何，
虞兮虞兮奈若何?

(这首歌的意思是：力气拔得一座山，气魄能压倒天下，可惜现在时运不利，乌骓马不肯跑。马儿不肯跑有什么办法？虞姬呀虞姬，我该如何将你安置?)

项羽一连唱了几遍，虞姬也跟着唱起来。霸王唱着唱着，禁不住流下了眼泪，旁边的侍从也都伤心得抬不起头。

当夜，项羽跨上乌骓马，带了八百子弟兵冲过汉营，马不停蹄地往前跑去，据说虞姬不愿拖累项羽拔剑自刎而死。到了天蒙蒙亮，汉军才发现项羽已经突围，连忙派了五千骑兵紧紧追赶。项羽一路奔跑，待到他渡过淮河时，跟着他的子弟只剩下一百多人了；又跑了一程，迷了路了。

项羽来到一个三岔路口，瞧见一个庄稼人，就向他问路。那个庄稼人知道他是霸王，不愿给他指路，哄骗他说："往左边走。"

项羽和一百多人往左跑下去，越跑越不对头，跑到后来，只见前面是一片

沼泽地带，连路都没有了。项羽这才知道是受了骗，赶快拉转马头，再绕出这个沼泽地，汉兵已经追上了。

项羽又往东南跑，一路上，随从的兵士死的死，伤的伤。到了东城(今安徽定远县东南)，再点了点人数，只有二十八个骑兵。但是汉军的几千名追兵却密密麻麻地围了上来。

项羽料想无法脱身，但是他仍旧不肯服输，对跟随他的兵士们说："我起兵到现在已经八年，经历过七十多次战斗，从来没打过一次败仗，才当上了天下霸王。今天在这里被围，这是天叫我灭亡，并不是我打不过他们啊!"

他把仅有的二十八人分为四队，对他们说："看我先斩他们一员大将，你们可以分四路跑开去，大家在东山下集合。"

说着，他猛喝一声，向汉军冲过去。汉兵抵挡不住，纷纷散开，当场被项羽杀死了一名汉将。

项羽到了东山下，那四队人马也到齐了。项羽又把他们分成三队，分三处把守。汉军也分兵三路，把楚军围住。项羽来往冲杀，又杀了汉军一名都尉和几百名兵士。最后，他又把三处人马会合在一起，点了一下人数，二十八名骑兵只损失了两名。

项羽对部下说："你们看怎么样?"

部下都说："大王说的一点不错。"

项羽杀出汉兵的包围，带着二十六个人一直往南跑去，到了乌江(今安徽和县东北)，恰巧乌江的亭长有一条小船停在岸边。

亭长劝项羽马上渡江，说："江东虽然小，可还有一千多里土地，几十万人口。大王过了江，还可以在那边称王。"

项羽苦笑了一下说："我在会稽郡起兵后，带了八千子弟渡江，到今天他们没有一个能回去，只有我一个人回到江东，即使江东父老同情我，立我为王，我还有什么脸再见他们呢?"

他把乌骓马送给了亭长，也叫兵士们都跳下马。他和二十六个兵士都拿着短刀，跟追上来的汉兵肉搏起来。他们杀了几百名汉兵，楚兵也一个个倒下。项羽受了十几处创伤，最后在乌江边拔剑自杀。

乌江水滚滚东流，似乎至今仍在诉说着项王的故事。

封侯的风波

西汉高帝六年(公元前201年)正月，汉高帝刘邦大封功臣。凡是在战斗中冲锋陷阵的将领，都按功劳大小接受封赏。张良足智多谋，却无显赫的战功，他被封为成信侯。

刘邦夸赞张良说："运筹帷幄之中，决胜千里之外，这就是子房的功劳。子房自己挑选齐地三万户作为封地！"

张良对封地做侯并无太大兴趣，他婉言推辞说："当年臣在下邳(pī)起兵时，有幸在留城同主上相识，这是天意，是上天送臣来辅佐陛下完成平定江山的大业。陛下采纳了臣的计谋，有时成功也只是侥幸。如果由臣选择封地，封在留城就足够了，臣哪有资格受赏三万户的大地方？"

刘邦遵从张良的意见，便封他为留侯。

群臣中，刘邦认为丞相萧何的功劳最大，封他为拜酂侯，让他享用食邑的户数最多。

许多将领不服气，他们停止了互相争吵，矛头一致对准萧何，吵吵嚷嚷地说："臣等披坚执锐，冲锋陷阵，出生入死，多的参加了上百场战役，少的也有几十次，攻陷城池，夺取地盘，功劳大小不等。而萧何毫无汗马功劳，只不过凭着一张嘴和一支笔空发议论，没有丢掉脑袋的危险，封赏却高出臣等许多，为什么？"

刘邦沉稳地问："诸君会打猎吗？"

群臣回答说："会呀。"

"知道猎狗吗？"

"当然知道。"

刘邦慢条斯理地说："打猎时，追杀野兽的是猎狗，而发现野兽踪迹、指示猎狗捕捉的是人。诸君的功劳只是获得野兽，就像猎狗一样。至于萧何，他发踪指示，功劳如同指挥猎狗的人。况且诸君只是单枪匹马随我作战，最多也就一家两三人，萧何带来了全宗族几十人，这样的功劳究竟是大还是小？"群臣听后无话可说。

汉高帝刘邦封赏了二十多名有功之臣，其余还未受封的人焦急不安，惦记着自己的功劳大小，互不服气，日夜争吵不休，封赏难以顺利进行。

这天，坐在洛阳南宫，刘邦放眼望去，见远处不少将领三五成群地聚集在沙地上，神情激动地低声交谈。他很纳闷，不解地问陪在身边的留侯张良："他们这么神神秘秘地说些什么？"

张良说："陛下不知道吗？他们在谋反。"

刘邦大吃一惊，忙问："什么？天下刚刚太平安定，他们为什么还要造反？"

张良解释道："陛下由布衣起兵，依靠他们才夺得天下。如今陛下做了天子，封赏的功臣都是同陛下关系密切、受陛下喜爱的人，杀掉的都是陛下平时切齿痛恨的仇人。现在军吏正在统计战功，但天下再大也分封不了所有的有功之士。他们害怕不可能全部封赏，又害怕陛下记恨他们平日的过失而杀了他们，所以聚在这儿准备造反呢。”

刘邦忧心忡忡地问：“怎么办才好呢?”

“群臣都知道主上平生最憎恨的人是谁?”

“该是雍齿了，我和他还有旧账没算呢。好几次他逼我陷入困境，让我蒙受奇耻大辱，我恨不得杀了他，只是念他功劳显著，不忍心下手。”

“那就先封雍齿，让群臣放心。群臣见陛下最痛恨的雍齿都能得到封赏，人心也就自然安定了。”

刘邦很欣赏张良的妙计，马上大开宴席，召集群臣开怀畅饮。酒席间宣布封雍齿为什邡侯，并命令丞相和御史们加快定功封赏的步伐。

酒宴结束后，群臣们都高兴地说：“连雍齿都能为侯，我们还担心什么呢?”

汉高帝刘邦封赏群臣后，又开始排列功臣的位次。群臣众口一致地说：“平阳侯曹参身经百战，身受七十多处创伤，攻城略地，斩将杀敌，不计其数，功劳最大，应该排在第一位。”

刘邦内心很想排萧何在首位，但上次已经不顾群臣的反对，多封萧何食邑，这次他感到不便再开口。“要是有人替我把话说出来就好了。”他想。

这时，关内侯鄂千秋发话了，他说：“曹参确实有野战略地的功劳，但那只是一时之功。楚汉抗争五年，主上多次失军亡众，逃跑的人不计其数，主上虽然没有诏令，萧何却源源不断地从关中补充兵员，使主上和军队陷入困境时能及时得到援救。楚汉在荥阳对峙多年，是萧何征收粮草，从水路千方百计地运至汉军。陛下几次失去山东，萧何却始终保全关中这个大后方，支援陛下，这是万世之功。少了一百个曹参，汉王室又能损失什么？仅靠他们，汉王室也不一定得定天下。绝对不能以一时之功盖过万世不灭的功勋！萧何应该排在第一位，曹参放第二位。”

刘邦正愁想不出理由呢，鄂千秋说出了他的心里话，他顺水推舟，兴奋地叫道：“很好！很好!”

于是，他把萧何列为第一，赐萧何可以佩剑穿鞋上殿，入朝时不必趋行。

刘邦又对群臣称赞鄂千秋说：“我听说‘进贤受上赏’，虽然萧何的功劳很高，也是由于鄂君的鼎力推荐才更明确的。”

就这样，鄂千秋也被刘邦加封为安平侯。

还有一次，在群臣聚宴时，汉高帝刘邦极力贬低儒生隋何说：“你不过是个腐儒而已。如今治理天下，留这些腐儒有什么用?”

隋何听了心中不安，他双膝跪地，谦恭地问："当年陛下领兵攻打彭城，楚王还未离开齐地，那时陛下凭着五万步兵和五千骑兵能攻取淮南吗？"

刘邦回答说："不能。"

"陛下派隋何领着二十人出使淮南，如陛下的心愿，一切进展顺利，说明隋何的功劳远远高过五万步兵和五千骑兵。但陛下却说隋何是无用的腐儒，治理天下怎么能用腐儒，这是为什么？"

"我正在计算隋君的功绩呢。"

刘邦开心地笑了，他马上任命隋何为护军中尉。

定都的争论

西汉高帝六年(公元前 201 年)，汉高帝刘邦立国后，建都洛阳。

齐人娄敬奉命西去戍守陇西，途经洛阳。听说刘邦正在洛阳，他解下车前牵引的横木，身穿羊裘，求见齐人虞将军说："臣想见主上说点儿事。"

虞将军答应了，但要他换上整洁的衣服。

娄敬说："臣身上是什么就穿着什么见主上，不用换别的衣服。"

虞将军拗不过娄敬，只好进宫禀告刘邦。刘邦爽快地答应了，并赏赐娄敬一同进餐。

闲聊了一会儿，刘邦转入正题，询问娄敬来意。

娄敬开门见山地说："陛下建都洛阳，是想与周王朝一比高下？"

刘邦点点头，说："不错。"

"陛下夺取天下的方式不同于周王朝。周的祖先积德行善十几代，周王朝兴盛时，天下太平，民众仰慕。及至王朝衰落，百姓背弃，不是周天子德行败坏，只是形势衰退。如今陛下领兵席卷蜀汉，平定三秦，激战之后，尸横遍野，哭声不绝，受伤的人还未复原，陛下就想赶超周王朝的盛世，臣私下觉得万万不该。"

"那依娄君看来，应定都何处？"

"都城应当建在关中。秦地背山面河，险峻的关塞是天然屏障，土地肥美，堪称天府之国。一旦发生紧急变故，百万之众进退自如，即使山东大乱，秦地也可保全。与人争斗，如果不能扼住他的喉咙，猛击他的后背，算不上全胜。陛下定都关中，便扼住了掌握天下的咽喉。"

刘邦犹豫不定。他征询群臣的意见。然而，群臣几乎都是崤(yáo)山以东的人，他们不愿意远离家乡，纷纷劝说刘邦留在洛阳。他们说："洛阳东有成皋，西有崤、渑(miǎn)，背靠黄河，面对伊、洛，地理位置优越，易守难攻。再说，周王朝建都洛阳，世代相袭数百年，秦王朝定都咸阳，不过两代而亡，可见关中不是好去处。”

刘邦听他们说得有理，但他心里仍不踏实。

留侯张良赞同娄敬的主张，他说：“不错，依靠这些天然的地理优势，洛阳确实坚固易守，但它的地盘太小，方圆可以迂回利用的面积不过几百里地。而且土地贫瘠，一旦四面受敌被围，很难摆脱困境，不是理想的用武之地。”

刘邦问：“那关中如何?”

“关中就不同了，左边有崤山和函谷关，右边有陇山和岷山，沃土千里，南接富饶的巴蜀，北靠广阔的牧场，三面地势险要可以轻易防守，只留东面稳稳地控制诸侯。只要诸侯安宁度日，黄河和渭河可以运输粮食，供应京都。一旦诸侯谋变，可以顺水而下，及时供给军队需要的粮草。这就是所谓的金城千里，天府之国。娄敬的建议很有道理。”

张良的一番话入情入理，使刘邦马上下定决心，迁都关中。

“娄敬是个奇才。”刘邦赞赏地说，“关中建都是他的功劳。娄就是刘啊。”

于是，他命娄敬改姓刘，任命他为郎中，封为奉春君。

贤相萧何

萧何是江苏沛县人，他才能出众，办事认真，曾当过沛县的功曹掾(相当于县长助理)。他和刘邦的私人关系不错。刘邦有几次触犯刑律，全赖萧何从中庇护才得平安。刘邦当亭长后，办事大大咧咧，经常出现漏洞，萧何每次都替他周旋，使他免去撤职查办的惩罚。有一次刘邦率领一批民夫到咸阳服徭役，刘邦的朋友一般都送给他三百钱作路费，而萧何一人却送给他五百钱。

萧何跟随刘邦在沛县起兵后，一直是刘邦最有力的辅佐之一。

公元前 206 年，刘邦率领大军攻入咸阳，将士们纷纷到秦朝的仓库里掠取钱财，只有萧何无动于衷，他一人进入秦丞相府、御史府，将秦朝的法律、政令、地图、档案等重要资料全部清点接收，并进行分门别类的清理，从而使刘邦知道天下的地理位置、人口多少、强弱分布等，为以后夺取天下打下了基础。

项羽进入咸阳后，不仅不遵守“先入关中者王之”的约定，反而把刘邦分封到偏僻穷困的巴、蜀、汉中一带为汉王。刘邦忍不下这口气，决定发动大军和项羽决一死战。萧何对他说：“虽然只是在汉中这样的穷地方为王，可这总比死要强得多啊!”刘邦说:“你说这话是什么意思?”萧何分析说:“现在我们和项羽相比，势力悬殊，你要去和他决战，这不是自取灭亡吗?俗话说，大丈夫能屈能伸，我劝你还是服从项羽的分配，先去汉中为王，然后招兵买马，不断地扩大自己的力量。只要卧薪尝胆，奋发图强，天下还能不是你的吗?”刘邦醒悟过来，迅速带领兵马来到汉中，并将周围的巴、蜀等地控制起来，此举为刘邦日后逐鹿中原赢得了一个有力的后方根据地。

刘邦进攻关中时，萧何留守汉中，他全力以赴，征集兵源，筹备粮饷，保证了刘邦在前线的作战需要。刘邦攻下关中后，东出函谷关，继续与天下诸侯争雄。而刚占领的关中正是疮痍满目，萧何又赶来进行了一系列的治理整顿，他辅佐太子刘盈，订立规章制度，建立宗庙、社稷、宫室，设立地方政权。可以这么说，刘邦率领将士在前方开拓疆土，功不可没，而对所夺的疆土进行治理巩固，却应归功于萧何。正是由于后方的巩固，军备物资的充足，刘邦才能一意向前，无后顾之忧。

萧何的军功得到了刘邦的肯定。刘邦称帝后，称萧何为开国第一功臣，不仅赏赐远重于别人，而且让萧何可以带剑上朝，免行参拜之礼，这是封建时代做臣子的最大荣誉和最高待遇。

萧何虽然得到刘邦的赏识，但他深知伴君如伴虎的道理，他时时警醒自己，做事一定要注意分寸，免得功高震主，惹来杀身之祸。

陈豨造反的时候，刘邦亲率大军前去镇压。刘邦走后不久，韩信在暗中准备谋反，萧何向吕后献计杀了韩信。刘邦听说此事后，派使者重赏萧何，并为他增派了五百名护卫。大家都为此事向萧何道贺。只有陈平不以为然，他对萧何说:“你可能要大祸临头了。皇上给你增派五百名护卫，表面上是对你的奖赏，其实不然，这五百名护卫实际上是要监视你。这大概是韩信谋反的事，使皇上对你产生了疑心，毕竟韩信是你引荐的啊。希望你不要接受皇上的封赏。为了向皇上表明你并无二心，你应该把你的全部家产都捐献出来，作为皇上征战的军饷。这样做你才会博得皇上的信赖。”萧何自己也明白刘邦委派护卫的真实用心，正在惴惴不安，听了陈平的话，赶紧照办。此举果然博得了刘邦的欢心。

不久，黥布谋反，刘邦再次出征。在打仗的时候，刘邦经常派人回长安了解萧何的所作所为。萧何并未察觉，仍一如既往地专心于治理国家。萧何的一个朋友不忍心萧何遭到不测，他对萧何说:“我真替你担心啊!你想一想，当年和皇上一起打天下的功臣，还有几人健在?你现在贵为相国，可谓人臣之极了。你当相国以来，处处为民着想，深得民心。得民心对于想夺取天下的人来说，是极为重要的;而对于有大功的臣子来说，却不见得是件好事。皇上现在在外对你放心不下，正是猜忌这一点。为了免除皇上的疑心，你应该买点良田，利用职权谋取些私利，显示你胸无大志，这虽有些扰民，但对你的安全却是至关重要的。”萧何依计而行。

不久，刘邦得胜还朝，不少百姓在路上向刘邦告状，说萧何强买强卖，霸占民宅。刘邦收下了这些状子，心里为有百姓说萧何的坏话而高兴。他见到萧何后，笑着说：“我不在的时候，相国可没少做利国利民的事啊!”他边说边把老百姓告萧何的状子全部递给萧何：“你自己去向老百姓们解释这些事吧。”这只是开玩笑而已，刘邦并没有责怪萧何。

萧何一辈子廉洁自律，为了避免功高震主，才不得不干些不利于民的事进行自污，想想真是可悲。伴君如伴虎，看看随刘邦一起打天下的功臣，有几个得到善终了呢?

张良全身而退

萧何、张良、韩信，他们号称“汉初三杰”，在西汉建立的过程中，都是很有贡献的人物。张良是韩国人，他的祖父和父亲，曾先后担任五代韩王的相国。公元前230年，韩为秦所灭。当时张良年纪轻，没有在韩国做过官。因为祖父和父亲累世为韩相，家里很富裕，到韩亡的时候，还有奴仆三百人。他的弟弟死了，也顾不得去安葬，他拿出全部家财寻觅有本领的人去刺杀秦王政，决心要替韩国报仇，这是因为他的祖父和父亲都曾担任过韩王的相国，深受韩王恩惠的缘故。

张良曾东往淮阳游学，学习当时通行的典章制度。在那里，他遇见了一位行侠仗义的隐士仓海君。由于仓海君的关系，张良认识了另一位勇猛有力的人，于是与他结为知己，谋划如何刺杀秦始皇。那位大力士准备了一个一百二十斤重的大铁锤作为奋击的武器。

公元前218年，始皇到东方巡视抵达阳武(今河南原阳)，张良和那位力士隐蔽在博浪沙(今河南原阳境)那个地方，当始皇车队经过的时候，他们进行突然袭击。因为判断有误，没有搞清始皇到底是坐在哪一辆车上，所以力士一锤打去，只是把一部随从的车辆打坏。始皇见有人胆敢在路上行刺，大发雷霆，立即下令追捕，但没有捉到。于是，命令全国各地大举搜索。形势非常紧张，到处有关卡盘查，张良只好改名换姓，逃到下邳躲藏起来。

有一天，张良无事，从从容容地信步来到下邳的一座桥上，碰上一个老者。那老者穿着短袍，一看就知道是个贫寒而没有地位的人。他走到张良所站的地方，恰巧把一只鞋子掉到桥下去了，他回头对张良说："孩子，下去给我把鞋子捡上来。"张良听了，感到很惊讶，他还从没有看见过这样傲慢无礼的人，当时真想痛骂他一顿，但看他年迈，就强忍怒火，下去帮他把鞋子捡了上来。那老者又说："帮我把鞋子穿上。"张良觉得既然为他捡了鞋子，就帮他穿上吧，于是跪在地上帮他穿鞋。那老者也不客气，伸着脚让他穿上了，然后笑着而去，连谢谢都没有讲一句。

张良极其惊异，世上竟有这样傲慢无礼的人，他本能地随着老头去的方向注视着。只见那老头走了一里多路，又转身回来，对张良说："孺子可教矣，过五天，刚天亮的时候，与我在这里会面。"张良于是感到更加诧异，很恭敬地行礼答道："好。"

过了五天，天刚亮，张良如约前往，但那老头已经先在那里坐着了。老头见张良来迟，生气地说："和长辈相约，你却后到，这是为什么?"那老头气冲冲地扬长而去，临走时对张良说："过五天再来见我，要早一点。"

五天后，鸡一叫，张良就去了，但又是那老头先到。那老头又生气地说："又来迟了，是什么原因?"和上次一样，又扬长而去，并对张良说："过五天再早一点来。"

五天后，张良还没有等到半夜就去了，过了不久，那老头来了，看见张良先到，高兴地说："应当是这样。"他拿出一册书来，对张良说："读好这本书就可以辅佐别人完成帝王的大业。今后十年，时局会有大的变动，十三年以后，你在济水以北可以见到我，谷城山(今山东东阿)下的黄石公就是我。"说完，飘然而去，再没有讲其他的话，以后也再没有出现过。

天亮，张良看那册书，原来是《太公兵法》，因而感到非常珍贵，经常研习苦读，一直读到滚瓜烂熟，对每句话的含义，都仔细地辨析，可以说是把它读通了。

张良生得文弱，状若妇人，既没有领兵进行过冲锋陷阵的战斗，也没有在后方做过支前工作，自然也就没有立过战功。但是他善于谋略，能运筹帷帐之中，决胜千里之外。在封功臣的时候，刘邦要他自己选择齐地三万户为封邑，张良却推让说："当初我在下邳起兵，后来在留县(今江苏沛县东南)遇到陛下，这是天意。陛下采用了我的一些建议，侥幸地偶然料得准而没有出差错，我能封在留县就足够了，不敢接受三万户这样大的地方。"于是，汉高祖刘邦就封他为留侯。

张良所学，多属黄老之术，加上为人疏散，不大计较名利，因而在辅佐刘邦定夺天下后，即有了隐退之意。加上目睹刘邦大肆诛杀功臣，特别是诛杀淮阴侯韩信后，张良很心寒；又见一些功臣与贵戚之间争权夺利，丑态百般，张良更是无意于官场政治了。在被迫帮吕后稳定孝惠太子之位后，张良几乎不再过问政治了。

张良曾说：“我凭三寸之滑舌，荣为今天皇帝的军师，以致功封万户侯，这已经是活在世上的人的荣华富贵之极限了。知足者常乐，能忍者自安。这些对我已经足够了，我还想追求什么呢?”

于是，张良开辟了一小片田地，自己也来学作耕稼，体验“五体俱勤”的自给自足生活，既可以遗忘尘世，还可以活络筋骨，修身养性，获得长寿。所以，任人怎么劝他也不愿出来过问政事，过着自耕自享的田园生活，神形完足，悠然自乐。世人更以此仰视张良，认为张良才是真君子。

刘邦死后，孝惠帝即位，太后吕雉掌权，政治更加黑暗，张良也就再也没有过问政治，全然隐退了。由于吕后是得张良之助定位太子才得以掌权执政的，心里格外感激张良，所以对张良优厚有加。吕后劝张良说，人生不过百年，不必像修行君子一样苦了自己。张良依然无意过问世事，吕后等也只好由他去了；当然不时还会派人去慰问、探望他。大约，吕后敬重的只有张良一人。

季布一诺千金

汉初将军季布，本为楚国人，少年时即任情行侠，闻名乡里，后来追随项羽，因勇武有力，又胆识过人，深为项羽器重，并委以重任。季布颇有军事才华，率军多次挫败汉王刘邦的军队，致使刘邦很痛恨他。数年后，刘邦击败了项羽，就急令悬赏搜捕季布，好在有朱家(侠客)和滕公斡旋说情，刘邦才赦免了他。

季布为人为臣都正直耿介，不为豪强所屈。他曾当吕后之面怒斥吕后同党、上将军樊哙；又曾于做河东太守时对汉文帝直言劝谏，都为人所传颂、敬重，叹为一代良臣。

季布曾有个老乡叫曹丘生，是一个行游四方的纵横辩士，喜欢用钱财去买通权贵，从而获得许多方便。为此，季布很看不起他，不愿与他往来。曹丘生有段时间与权贵赵淡等人往来密切，同时又同窦皇后外戚窦长君也交往频繁，季布知道后很不满意，因为季布与窦长君也是好朋友，季布不想自己的好朋友与小人交往，以免将来受小人牵连。因此，季布写信劝诫朋友窦长君说：“我早就听说曹丘生不是一个正直真诚之人，不值得您去与他交往。我是他老乡，我早就听说他人品不高，窦兄你要三思才是啊!”

有一天，曹丘生从外地行游回来，拜访了窦长君。二人聊天时突然说到了季布。因为曹丘生是楚人，因而很想去拜访一下这位闻名朝野的老乡，苦于无人引荐。当得知窦长君也与季布交情匪浅时，就央请窦长君给他写一封引荐的书信，让他去拜访季布。因为季布曾在窦长君面前贬斥过曹丘生，并表示出他对曹的厌恶之情，所以窦长君不想让朋友曹丘生去碰一鼻子灰，于是对曹丘生说：“老实说，季布对你的评价不高，他不喜欢你，大概也不愿见你。我劝你还是别去了，省得自讨没趣，到时下不了台！”

曹丘生执拗得很，一定要去，一味恳请窦长君帮忙引荐。窦长君在曹丘生的再三恳请之下只好替曹丘生写了一封引荐信，曹丘生这才欢天喜地地离去，准备拜访季布。

在曹丘生见季布之前，季布已收到窦长君的书信，他看完信后，很生窦长君的气。“这个窦长君，不仅不听我的忠告，继续与曹丘生往来，还介绍他来见我，实在是没有道理。”生气归生气，推荐信既已收了不见总是不好。于是，季布鼓着一肚子气等待曹丘生的到来，届时一定不会给他好看。

曹丘生可不管这些，有了窦长君的引荐，这天，他兴冲冲地来到季布府上。季布冷若冰霜，一脸鄙夷神色。曹丘生已经知道季布对自己有成见，也就不大往心里去，按礼节揖拜了一番。曹丘生见季布还没有好脸色，也感到有些难受，于是正了脸色对季布说：“将军您也大概听到我们家乡楚国有句谚语：‘得黄金百斤，不如得季布一诺’(即得到一百斤黄金还不如得到季布一句允诺)。可是，将军您真的就没有想过您为什么能在梁、楚大地有这么高的声誉吗？您是楚国人，我也是楚国人。我这么些年在外漂泊，一直以您为骄傲，到处替你宣扬，您才有这么高的声誉。难道我做得还不够吗？还是我究竟做错了什么，以致你对我有这么深的成见，对我拒而远之。这实在令我伤感寒心啊！”

季布听后非常震惊，也非常感动，原来曹丘生这么多年在外奔波，一直没忘传播我的声名，自己之所以有这么多人看重，原来是有这位老乡在各色人中间大力宣扬的结果。而自己却还唾弃他的为人，相形之下，自己倒显得小气了，于是，季布立即上前扶住曹丘生，诚恳地赔礼道歉致谢，并引曹丘生上座，以酒为贺，开怀畅饮。

季布深深明白：自己能有这么一天，曹丘生功不可没。季布热忱地挽留曹丘生在家住了几个月，每天待如贵宾。然曹丘生生性好游行走四方，故而执意要走。季布见挽留不住，只好给他一笔丰厚的礼物送他离去。从此，季布的声名传得更远更广。

始立朝仪

汉高帝刘邦登基后，完全废除了秦朝种种繁琐苛刻的礼仪法令。然而，他没想到，他的文武大臣多半来自平民，无视礼节，不懂规矩，饮酒争功，喧哗吵闹，酒足饭饱后往往还拔剑乱舞，在大殿的柱子上留下了一道道印痕，弄得刘邦心烦意乱。

博士叔孙通知道刘邦难以忍受这种乱糟糟的局面，便劝刘邦说："儒生无法建立战功，但可以治理天下。臣愿意去鲁地征召儒生，与臣的弟子共同制订朝规礼仪。"

刘邦没有信心，他迟疑地问："很难做吗?"

"礼仪是根据世事人情的变化制订的，所以夏、商、周的礼仪各有不同，都是依据前朝的礼仪有所增减。臣打算结合古礼和秦礼制订一套新的礼仪。"

"那就试试看吧，要简单易学。"

叔孙通马上前往鲁地征召儒生，不久他就召集了三十多位，只有两位儒生拒绝了，他们挖苦地说："叔孙公侍奉的君主不下十位，赢得荣华富贵靠的是曲意奉承。如今天下初定，死者尚未安葬，伤者还没痊愈，又要制订什么朝仪。要知道，礼乐需积百年德行方能兴盛，叔孙公的行为不合古道，我们是不会干的。叔孙公走吧，不要玷污了我们。"

叔孙通并不生气，他笑了笑说："真是些鄙儒，一点不懂世事变迁。"

他领着鲁地儒生返回长安后，加上刘邦身边的学者和他自己的一百多位弟子，找到一块野外空地，拉起长绳，扎结茅草表示尊卑位次，起劲地排练。

叔孙通当年追随刘邦时，脱掉长衫改穿短衣，他的一百多位弟子也随他投奔汉军。可令他们不解的是，叔孙通从不向刘邦引荐弟子，却专替那些壮士甚至干过盗贼的人说好话。弟子们满腹牢骚地说："跟随先生数年，却不引荐，专门推荐那些狡猾之人，这不知是什么意思?"

叔孙通好言解释道："汉王正箭石齐飞地争天下，诸生能出力动武吗？所以先推荐有能力斩将夺旗的壮士，诸生暂且耐心等待，我不会忘了你们的。"

现在，弟子们总算有了用武之地，他们跟随叔孙通卖力地演练礼仪。一个月后，叔孙通拜见刘邦说："请主上亲往观看。"刘邦目睹整个礼仪后，很满意地说："我能做到。"同时，他命令群臣也马上学习演练。西汉高帝七年(公元前200年)十月，长乐宫建成，各地诸侯云集。

天刚蒙蒙亮，兵器排列整齐，旌旗迎风飘扬，诸侯大臣们在谒者的引导下鱼贯进殿。威武庄重的卫兵围绕宫殿内外，排列在宫中的台阶两侧，功臣、诸侯和将领们面东伫立，文官丞相面西恭候。刘邦乘辇由寝宫上殿，百官持旗传呼清道，文武官员惶恐肃敬，依次趋前恭贺。

行礼完毕，宫中酒宴开场，御史巡视执法，发现谁不依礼节行事，立即请出宫门。陪侍的群臣一改往日的喧闹，敬畏地低着头，按照尊卑次序，挨个向刘邦敬酒祝寿。酒过九巡，谒者高声宣布："酒宴结束。"

朝拜仪式圆满结束，刘邦高兴地感叹道："我今天才体会到身为皇帝是多么尊贵啊!"

他当即任命叔孙通为太常，赏赐五百金。

叔孙通乘机说："诸弟子儒生跟随臣很久，与臣一同制订朝仪，希望陛下也能封赏他们。"

刘邦十分痛快地把他们都任命为郎。

叔孙通还把五百金全部分给儒生们。

儒生们得了官职，都高兴地说："叔孙通先生真是圣人，明白什么才是当今要务啊。"

白登山的险情

韩王信是战国时韩襄王的庶孙，身材高大威严，足有八尺五寸。他跟随刘邦多年，勇猛无畏。

公元前201年，匈奴骚扰北部边境，这里是韩王信的封地，因此他请求把自己的都城北迁到马邑(今山西朔州)，以便对匈奴的入侵能快速反应。刘邦同意了韩信的请求。

秋天，匈奴单于冒顿(mò dú)率领大军再度入侵，围困韩信。大兵压境，韩信唯恐抵御不过，暗地里数次派遣使者与匈奴交涉，谋求和解。刘邦及时发兵援救，击退了匈奴。刘邦得知韩信多次派使者出使匈奴，怀疑韩信存有异心，便派使者谴责韩信说："胡寇进攻马邑，君王的兵力难道不足以坚守城池吗？那是关系汉朝安危存亡的地方，所以朕才将它交给君王驻守。"

失去了刘邦的信任，迟早会遭灭顶之灾。韩信被吓坏了，为了避免刘邦的杀害，他干脆公开反叛刘邦，投降匈奴，拱手将马邑奉送给匈奴，而且还与匈奴合兵攻击太原。

韩王信叛汉惹恼了汉高帝刘邦。西汉高帝七年(公元前200年)冬天，他亲自率大军讨伐，大破韩信，斩杀了他的部将王喜，韩信败逃匈奴。

韩信的部下王黄等人纠集残兵部，与韩信和匈奴单于冒顿合谋共击汉军。匈奴的左右贤王率领一万余骑兵，会合王黄等人，屯兵广武以南，攻击晋阳，被汉军打垮。汉军乘胜追击节节败退的匈奴军队。

坐镇晋阳的刘邦听说冒顿驻扎代谷，便派使者出使匈奴，刺探匈奴的军情。使者回报说："匈奴只剩下老弱残兵和瘦瘠的马匹，不堪一击。"

连续派出的十几个使者都带回了相同的情报。刘邦半信半疑，他又派郎中刘敬再去探听虚实。

刘敬归来，提醒刘邦说："两军对垒，本应炫耀优势，掩盖短处。臣去匈奴时，却只见到瘦弱的老兵和疲老的马匹，其中一定有诈，他们是想麻痹对手，埋伏奇兵以取胜，臣认为不能轻易攻打匈奴。"

然而，在刘敬还没回来时，几十万汉军浩浩荡荡已经越过句(gōu)注山追击匈奴。刘敬的劝阻让刘邦大怒，骂道："你这个齐虏，靠着三寸不烂之舌混上官职，现在竟敢胡言乱语阻挡我的军队。"

说罢，他立刻下令给刘敬戴上刑具，押解到广武囚禁起来。

汉军迎着朔风北上。由于天寒地冻，士兵的手被冻得红肿麻木，抵达平城(今山西大同)时，许多士兵的手指都冻掉了。一天，刘邦出城巡视，登上白登山观察局势。不想，匈奴的骑兵从天而降，将他们团团围困。

面对重兵，强行突围困难重重。时间一天天过去，刘邦一行的粮草供应也日渐紧张，他连忙派人向冒顿的阏氏(yān zhī)奉送厚礼。

阏氏得到重金贿赂，便劝冒顿说："即使夺得汉地，也不能久居。况且两个君主也不应互相攻击对抗。"

第七天清早，浓重的大雾弥漫天地之间，几步开外便不见人影。匈奴骑兵稍稍后撤。汉军派人试探地来回走动，但匈奴却毫无察觉。

这是突围的好机会，护军中尉陈平对刘邦说："胡人的兵器全是弓矛，应该让士兵在强弩上安上两支利箭，箭头向外，以御匈奴骑兵的进击。同时，利用浓雾，慢慢地突出重围。"

汉军避开匈奴骑兵，悄悄潜回平城。不久，汉军援军也匆匆赶到，匈奴骑兵只得退却。

白登突围后，刘邦迅速赶回广武，赦免了刘敬，道歉说："我没有听从刘公的劝阻，才被困平城。我已经全部斩杀了那些胡说可以攻打匈奴的使者。"随即又封刘敬为关内侯。

刘邦亲征黥布

淮阴侯韩信被吕后设计诛杀之后，淮南王黥布心里非常害怕，担心自己也难逃厄运。等到梁王彭越也被刘邦诛杀，尸体被剁成肉酱，分赐给各地诸侯的时候，黥布见到刘邦使者送来的彭越肉酱，心中更加惶恐不安。于是他便暗中调集军队，准备待机谋反。

黥布有一个宠姬，一次因生病前去就医。负责为她看病的医生，刚好与中大夫贲赫住对门。于是贲赫乘机送厚重的礼物以讨好黥布的宠姬，并在医生家设宴陪宠姬喝酒。黥布得知后就怀疑贲赫与自己的女人私通，想拘捕贲赫。

贲赫听说后非常恐惧，就连夜离家出逃，一直逃到长安。到长安后，他就将黥布想要造反之事向朝廷告发。刘邦得悉后便急忙与相国萧何商量对策，萧何建议说："黥布应该不会做这样的事，恐怕是仇人妄图诬告他。我请求先把贲赫抓起来，再派人暗中查探黥布。"

再说黥布得知贲赫外逃到长安的事情后，担心他会说出自己的预谋，又见到朝廷使者探查出许多自己谋反的证据，知事已败露，于是他杀光贲赫全家，于汉高帝十一年(公元前196年)七月起兵造反。黥布造反的消息传到长安后，刘邦就赦免了贲赫，并任命他为将军。

刘邦召集众将商讨对策，原楚国的令尹薛公向刘邦进言说："黥布造反不足为怪。假如他采取上策，崤山之东便不再归大汉所有了；如果他采取中策，两方谁胜谁负还难以预料；如果他采取下策，那陛下就可以高枕无忧了。"

刘邦问他说："上策是什么?"

薛公回答说："向东夺取吴地，向西攻占楚地，吞并齐地，占领鲁地，然后给燕、赵两国送去檄文，让他们在本国坚守，那么崤山以东就不再归大汉所有了。"

刘邦又问："中策是什么?"

薛公答道："向东夺取吴地，向西攻占楚地，吞并韩地，占据魏地，控制敖仓的存粮，堵住成皋口通道，那么谁胜谁负就难以预料了。"

刘邦接着问："那用下策是什么?"

薛公答道："向东夺取吴地，向西攻占下蔡，然后把辎重送回越地，自己回到长沙，那么陛下就可以高枕无忧，大汉就没有危险了。"

刘邦又问薛公："那黥布会采取哪个计策?"

薛公说："一定会采取下策。"

刘邦接着又问："为什么他要舍弃上策、中策，反而采取下策呢?"

薛公回答说："黥布原来不过是在骊山上为秦始皇修陵墓的刑徒，他靠自己的努力才爬到今天的位置，这些都说明他只会顾及自身，而不顾及后代，不会为老百姓做长远的打算。所以说他一定会采取下策。"

刘邦听完薛公的话，非常高兴，于是就赏赐了薛公一千户食邑。

这个时候，刘邦正好生病，他原本想让太子替自己讨伐黥布。但是太子恐怕自己失利招来灾祸，便找到吕后请她为自己到刘邦面前求情。在吕后的一番哭诉下，刘邦只好放弃原先打算，决定亲自出征。

再说黥布刚造反时非常狂妄自信，他对手下的将领们说："皇上现在老了，养尊处优惯了，肯定不会御驾亲征。要是派其他将领，我只害怕韩信、彭越俩人，而现在他们都已死了，其他的人都不值得我担心。"黥布起兵后果然如薛公所料，向东进攻吴地的荆国。荆王刘贾战死后，黥布就收编了他的军队，渡过淮河攻打楚国。

镇守楚国的主将见黥布来犯，就把军队分为三支在徐县、僮县一带迎战，想靠相互策应来出奇制胜。但有人劝说楚国的主将说："黥布善于用兵，人们一向惧怕他。而且兵法上说：'诸侯在自己领土上作战，士兵容易逃散。'如今楚军分为三支，敌军只要打败其中一支，其余的就会逃跑，哪里还能互相援救呢!"楚将不听，果然军队被黥布攻破一支后，其他两支就自行溃败了。接着，黥布军队势如破竹，节节向西进犯。

到了第二年十月，黥布叛军在蕲西与刘邦军队相遇。眼见黥布军队十分精锐，刘邦就避其锋芒在庸城坚守。当看到黥布叛军布阵像当年项羽军队的布阵后，刘邦心里既厌恶，又高兴。他与黥布远远对望，大声对黥布说："你为什么要造反?"黥布回答说："想当皇帝而已!"刘邦随即一面怒声斥责他，一面采用当年对付项羽的战法进攻黥布。经过一番混战，黥布军队大败，黥布只好带领一百多人逃到长江以南。后来，刘邦的军队一路追击，全歼了黥布的残部。黥布也在逃亡途中被杀。

贯高舍身救主

公元前200年，汉高帝刘邦率兵北伐匈奴，结果在平城白登山被匈奴包围。后来，他采用陈平的计策成功突围后途经赵地返回长安。当时赵王张敖是刘邦的女婿，他见刘邦在此停留就亲自照料刘邦的生活饮食起居，从早到晚殷勤伺候，态度恭敬谦卑，礼节细致周到。但刘邦却粗鲁无礼，他对女婿不是训斥，就是怒骂，态度非常傲慢。

赵相贯高、大夫赵午等人跟随张敖的父亲张耳多年征战，年纪都在六十开外，然而豪气不减。他们看到眼里非常气愤，私下嘀咕说："我们赵王真是胆小怯弱。"于是他们鼓动张敖说，"天下豪杰群起之时，有才能的人先立为王。今天大王侍奉皇上非常恭敬，而皇上却傲慢无礼，干脆我们为大王出气，杀了他！"

张敖见状，急得把手指咬出了血，对他们说："诸君这么说就不对了。先父当初依赖皇上才得以复国，皇上的功德流传子孙万代，我怎么能有背叛之心呢？望诸君再也别说这种话了。"

贯高、赵午等人谢罪退出后，感慨万分地说："我们赵王是个贤能的长者，绝对不会背叛恩德。但我们不能忍受这种侮辱，皇上羞辱了我们赵王，是我们要杀他，为什么要连累大王呢？事成之后，成功了归大王，失败了我们自己承担责任。"

到了第二年，刘邦从东垣归来又途过赵地，在柏人县停留。贯高决定抓住这个机会，伺机行刺刘邦，于是他就在刘邦住处厕所的夹层中安排了刺客。

晚上，刘邦与随从在闲聊时，他问："这县叫什么？"

随从回答说："柏人县。"

刘邦一听大吃一惊说道："柏人，就是迫害人的意思。"说完他急忙率领部下离开了这不祥之地。为此贯高的行刺计划没有成功。

又过了一年，贯高的政敌向朝廷告发了他们刺杀刘邦的阴谋。刘邦闻讯大怒，立刻派人逮捕张敖、贯高等人。

张敖的部属听说到消息顿时乱作一团，惶惶不可终日，纷纷准备自杀。

贯高怒骂众人说："谁叫你们自杀了？大王并没有参与这事被逮捕，如果你们都死了，那谁来证明大王无辜？"

不久，张敖被装进囚车里，押送长安治罪。刘邦诏令张敖的群臣宾客，有谁胆敢跟随张敖进京，族灭全家。贯高等十多人对张敖忠心耿耿，就自发剃光头发，戴上枷锁，扮作张敖的家奴跟随进京。

朝廷开堂审讯张敖一案后，贯高受到了严刑拷问，他被皮鞭打得皮开肉绽，被烧红的铁条烙得遍体鳞伤，但他却一口咬定事情是自己做的，张敖不知情。

吕后不相信女婿会背叛，就几次试图劝说刘邦。她说："张敖是女儿的丈夫，不会做这样的事吧？"

刘邦气愤地说："张敖要是占据了天下，他还缺你的女儿吗？"

后来，刘邦得到官员审讯贯高的禀告后，赞叹道："真是壮士！谁和那壮士熟悉？私下里问问他就清楚了。”

中大夫泄公自告奋勇说：“我与贯高同乡，他在赵地很有名望，答应的事绝不会反悔。”

于是，泄公就到狱中去见贯高。两人交谈了一会儿，泄公问：“赵王是不是有刺杀皇上的计谋?”

贯高反问说：“谁不爱自己的父母妻儿呢？我就要被诛杀三族了，难道我会用亲人的性命去救赵王的性命吗？实在是因为大王没有谋反，全是我们的主意。”他原原本本地诉说了事情的真相。

泄公据实向刘邦禀告后，刘邦相信贯高说的是实话，就赦免了张敖。

刘邦敬佩贯高的为人，就托泄公转告他说：“张敖已经释放。”

贯高欣喜地问：“大王肯定没事了?”

泄公点点头说：“是的。”接着又告诉了他皇上很欣赏他。

贯高听后回答道：“我不自杀的原因就是要为大王申辩。现在大王释放了，我的使命也完成了，我死而无憾。身背谋杀之名，还有什么脸面再去伺候皇上呢？即使皇上开恩不杀，我也问心有愧。”说完，他就断颈自杀了。

后来，刘邦就将张敖降为宣平侯。对于假充家奴跟从张敖进京的张敖部下，刘邦非常敬重他们，就提拔他们或做了诸侯相，或当了郡守。

白马之盟

刘邦在和项羽争天下的时候，除了重用张良、萧何和韩信外，也得到了张耳、黥布、臧荼等人的大力协助。项羽实行割地分封时，这些人都被封为王，张耳是常山王，黥布是九江王，臧荼是燕王，在当时，他们的地位和汉王刘邦的地位是平等的。项羽性情粗暴，不断排挤他们；刘邦对他们则采用拉拢的手段，所以他们最终都投靠了刘邦。

刘邦做了汉朝皇帝，只好封这些有功之臣为王。这些人都封了王，韩信、彭越理所当然也得封王。韩信在楚汉战争未结束的时候封的是齐王，这时便改封为楚王，彭越被封为梁王。

汉高祖封这些异姓的功臣为王，是一种不得已的做法。他深知这些王很有能耐，害怕他们势力强大，会夺了他的江山。所以在封王后不久，他就开始寻找各种借口杀戮功臣，一个一个地来除掉这些异姓王。

汉高祖称帝后不久，就借口燕王臧荼谋反，亲自带兵征讨，俘虏了臧荼，改封自己的好朋友卢绾做燕王。第二年，他听说韩信收留了曾是项羽帐下的钟离眛时，联想到韩信的军事才能，便认为韩信有谋反的意图，便生了讨伐韩信之心。但回头一想，自己的兵不如韩信的兵精锐，将领又比不上韩信的将领勇猛，如果真要打起来，害怕自己不敌韩信。于是他用了个计谋，假装要去楚国的云梦泽游玩，带着自己亲信的部队来到韩信的封地，准备找机会发动突然袭击。结果，韩信果然上当。

就这样，刘邦一个一个地除掉了异姓王，从称帝后到去世前，先后把分封出去的七个异姓王消灭了六个。空出来的王位，改封自己的兄弟子侄去接替。为了巩固自己的统治地位，他只相信自己的子弟，不再相信那些为他立过汗马功劳的异姓王了。

高祖在活着的时候不但亲手铲除异姓王，而且在临死之前还郑重其事地立下遗嘱，规定不许封异姓人为王。他这个遗嘱，是在征讨淮南王黥布的时候吃了苦头，才作出来的。

他费了九牛二虎之力，才打败了黥布，平定了这次叛乱。但汉高祖也被黥布军队的乱箭射伤，从此一病不起。

第二年，也就是公元前 195 年，汉高祖知道自己已经不行了，就带着文武大臣到太庙里去宣誓，立下了不许封异姓人为王的遗嘱。汉高祖叫手下人牵来一匹白马，亲自主持了杀马宣誓的仪式。他举起一杯血酒起誓说：“我自起事以来，已经十二年了。当年跟着我打天下的英雄豪杰，都给了他们应有的封赏，我问心无愧。可是这些人当中，有的居功自傲，贪心不足，想来抢夺我刘家的天下。现在我在这里当着祖宗的灵位，立下一条不许违反的信条，希望大家发誓遵守：从今以后，凡不是刘姓的人，一概不许封王；没有功劳的人，一概不许封侯。谁违反这个盟约，天下人就共同讨伐他！”

汉高祖起誓完毕，把马血酒洒一半在地上，剩下的一半一仰头喝了下去。在场的人都照着他的样子，每人喝了马血酒，发誓永不违反这个盟约。

汉高祖杀马宣誓，是为了怕异姓王造反，抢夺他的天下，才想出来的所谓长久计策。可是吕雉，他的妻子，却是违反这个盟约的第一人。

萧规曹随

萧何和曹参早年都在沛县当官，后来又一块儿跟随刘邦起兵，两人关系本来不错。曹参是个将军，身经百战，立下赫赫战功，可在刘邦称帝后，他的官阶不如萧何，这使他和萧何的关系出现了裂痕。但萧何知道曹参是个治国的人才。

汉惠帝即位不久，相国萧何病重，汉惠帝亲自登门探望萧何，并问他谁可继任相国，萧何推荐了曹参。

萧何一死，汉惠帝马上任命曾参为相国，曹参继任后，采取了清静无为的办法，一切按照萧何已经规定的章程办事，并无新的举措。

有些大臣见到曹参一副无所事事的样子，十分着急，想帮他策划策划。可他们一到曹参的家里，曹参只是一个劲地劝他们饮酒，并让他们莫谈国事。

汉惠帝也对曹参的作为有些不满，他以为曹参这么做是居功自傲、倚老卖老。他找来曹参的儿子曹窋(kū)说："你回家的时候，找个机会问问你父亲，老皇帝刚去世，新皇帝还那么年轻，而他作为相国，却只知道天天饮酒，不问国事，像这样能治理好天下吗？但你不要说是我让你问他的。"

曹窋回家，把皇上教他说的话和曹参说了一遍。曹参大怒，把曹窋揍了一顿，说："你该干什么就干什么去，天下的大事还轮不到你来插嘴。"

曹窋挨了一顿揍，有苦说不出，只能向皇上诉委屈。汉惠帝听了他的话，更感到不高兴。第二天，曹参入朝，汉惠帝责怪他说："你何必要教训你儿子呢？他说的话是我让他说的。"

曹参一听此话，连忙请罪，接着又说："请问皇上，你和高祖比，谁更聪明一些？"

汉惠帝说："我哪能和高祖相比！"

曹参说："我和萧相国相比，谁更能干呢？"

汉惠帝迟疑了一会儿，说："你的才能好像比萧相国差一点。"

曹参说："皇上说的一点也不错。高祖和萧相国都是聪明过人的人，他们吸取了前朝兴衰的经验，为我们制定了一套完善的治国制度。我们只要遵此办理，不出差错就行了。现在天下太平不久，如果制度频繁更改，会造成人心混乱，这是治理国家的人忌讳的事。所以我宁愿让天下人认为我无能，也不愿沽名钓誉，扰乱百姓。"

汉惠帝这才明白了曹参的良苦用心。

曹参做了三年的相国，清静无为，没有给百姓增添丝毫的负担。老百姓很感激他，为他编了这样的一首歌：萧何制法，天衣无缝；曹参继任，守而不失。受惠于他的清静无为，百姓得到了安宁。

后世根据这件事总结了一个成语，就是"萧规曹随"。

田横五百士

秦朝末，齐国的田儋率领其兄弟及豪门子弟趁秦末大乱，杀了当地县令自立为王。田儋死后，其弟田荣继而为王，田荣战死后，田儋之子田广立为齐王(其时田横为相)，然后其部战败，随后田横收集残部仍自立为齐王。其间，可谓沧桑几变，历经风雨。

汉王刘邦曾派说客郦食其游说齐王田广和齐相田横联合抗楚。田广、田横同意倒向汉王刘邦。谁知，这时汉王大将韩信已经率大军奇袭了久攻不下的齐国重镇历下，加之韩信不知齐王已倒向了汉王，并派遣使者向汉王刘邦通报和缔约，所以韩信挥兵东进，直指齐都临淄。田广、田横见汉军兵临城下，非常气愤，以为汉军言而无信，被郦食其所出卖，因而恼羞成怒地烹杀了郦食其。然后，国破逃亡。齐国很快就被韩信、灌婴等汉将全部攻占了。

韩信等击破齐国后，齐相田横逃奔到淄博一带，并再次集聚残部自立为王，以图东山再起。于是，田横率军反攻汉军灌婴的部队，但被灌婴打得大败。不得已，田横只好再次逃亡，投靠了彭越。

梁王彭越一度中立，但又不坚定，一会儿倒向楚军，一会儿又倒向汉军。等到汉王刘邦最后灭了楚军，并翦灭了一部分诸侯，建立了汉帝国后，彭越仍旧被封为梁王，臣服于汉王朝。因而寄居在梁王彭越篱下的田横就非常担心。因为田横曾烹掉了刘邦的谋士郦食其，害怕有一天彭越会将他交给刘邦处置，从而遭到诛杀。田横恐惧不已，只好再次逃亡，率领下属追随者约五百人逃入海中，据岛自安。

但是，汉高祖刘邦听说田横率众逃到海中岛屿上去了，很为这件事忧心。就诏告天下说，田氏兄弟本来就是反秦平定齐地的有功之人，而且深得民心，齐地的贤人名士都乐意归附他们，如今他们躲入海岛，不招抚他们，恐怕皇帝落个遗贤在野的名声。于是，刘邦派使臣到岛上去宣布赦免田横等人的一切罪过，并召他们回汉朝做官，但田横害怕刘邦言而无信，很不放心，因而推辞说："我是有罪之人，曾经烹杀了陛下的使臣郦食其。而且，我听说郦食其的弟弟郦商已经是汉王朝的将军，并且很有贤名，深得皇帝信任和重用，我等很担心这些，所以不敢听从诏令随便返回朝廷。我们只求做一个普普通通的老百姓，长年生活在海岛上就够了。"

使者还报刘邦，刘邦听后很不满意，认为田横显然是在对抗自己，一定要收服田横才放心。于是就召来郦商，对他说："齐王田横他们将返陆归顺朝廷，但他们很担心你会因为你哥哥郦食其的事而报复他们，所以迟迟不敢来，现在，我命令，如你们有人敢伤害田横他们，我定将你夷灭三族!”这样，郦商自然只得答应以大局为重，不念私仇旧怨了。

然后，刘邦再派使者上岛宣旨，并向田横等人说明了汉朝为他考虑的一切措施政策，以解除田横等人的忧虑，还对他们说：“你们回来，功大的将被封王，功劳小的也可封侯!”最后又无不威胁地说，再不服从可要派兵上岛了。

事情已经到了这一步，田横知道，只有离岛归顺一条路可走。于是，田横带了两名随从，随使臣归朝听命。

当他们一行人走到尸乡(今河南偃师)，田横还是忧惧不已，而且离京城越近越感觉害怕，于是他就对使臣请求说：“不久，我们下等草民就要拜见天子了，这可得洗沐修饰一番，以示庄重，别污了陛下高贵的地方啊!”

使臣一听觉得很有道理，就决定稍作停留，洗沐修饰一番。田横趁使者不在时，对两名随从说：“当年我是和汉王刘邦并立称王的齐王，如今人家做了天子，而我却成了他的俘虏之臣，这种耻辱叫我很难忍受。而且，我烹掉了郦食其，现在又与他的弟弟郦商共事刘邦，即便他畏于天子之令不敢加害于我，而我又有什么颜面见他呢?刘邦狡诈得很，他招降我，不过是怕我们据岛自重，对他构成威胁，而他一定要让我离开海岛到朝廷以便于控制罢了，他只有见到我的人头才放心。现在这里离刘邦所在的洛阳不过三十里路，待会儿我割下自己的头颅你们拿去见刘邦时，一定还不至于腐烂，应当可以让刘邦看得清楚并相信我已死了，那样他一定会满意的。”

接着，还不等随从醒过神来，田横已经拔剑自刎了。使者和随从只好捧着田横的头去见刘邦。刘邦心里很高兴，嘴上却感叹不已：“啊，田氏三兄弟相继称王，不是贤德之人怎么能做到呢!”于是下令，以王侯的身份厚葬田横，还加派二千士兵营葬并护墓，同时，拜封田横两名亲随为侯。

不料，营葬完毕，两名已被封侯的随从立即在田横墓边自杀身亡。刘邦这次着实震惊不小，认为田氏兄弟果然善招揽才士，居然有人对他这样死心塌地。因此，刘邦赶紧派使臣到岛上去召还驻留的田横的追随者，然而使者很快回来报告说：“岛上的五百名田横亲信，一听说田横自杀了，也立即全体自杀，以表忠心报答田横。”

刘邦听了唏嘘感叹不已，他深感五百壮士的忠贞与义气，令褒奖并厚葬他们。

田横与五百壮士的美名就这样传下了。

凶残的吕后

刘邦称帝后，把他的结发妻子吕雉封为皇后。这个吕后虽说是女人家，但她喜欢钻营权术，善于计谋，心狠手辣。在巩固西汉初期刘氏王朝的过程中，她先后设计杀害了楚王韩信、梁王彭越等汉朝开国有功之臣，成为我国历史上一代有名的巾帼枭雄。

刘邦登基后，在众多妻子中，他最宠爱妃子戚夫人和他的儿子赵王刘如意。为此，吕后将如意母子视为肉中刺，眼中钉。戚夫人想立自己的儿子如意为太子，经常在刘邦面前哭诉，慢慢刘邦想废黜长子刘盈，改立如意为太子。大臣们听说后纷纷劝阻，都没有能说服刘邦。

朝廷里有一个御史大夫名叫周昌，他虽然口吃，但因敢于仗义执言而深得刘邦赏识。在朝廷上他极力争辩，反对刘邦改立太子。刘邦就让他陈述理由。

周昌当时非常生气，他结结巴巴地说道："我嘴里说不上来，但我认为此事期期不可！陛下想废太子，我就……就……就是不接受！"刘邦看他着急而又诚恳的样子，哈哈一乐，也就没有坚持再议换太子的事。当时议事时，吕后在东厢房侧耳偷听，退朝以后，她去见周昌，对他欠身致谢说："如果不是您，太子差点就要被废了。"这以后，刘邦封年仅十岁的如意为赵王。

公元前195年刘邦讨伐黥布归来，伤病加重，就更加想换太子。张良劝阻不被接受，就借口生病不再过问政务。

叔孙通劝谏刘邦说："从前晋献公因为宠爱骊姬，废黜太子，另立奚齐，结果晋国内乱了几十年，被天下人耻笑。秦朝因为没有及早确立扶苏为太子，使赵高得以用欺诈手段立胡亥为皇帝，使自己宗庙绝祀，这是陛下您亲眼所见的。如今太子仁爱孝顺，天下人都听说了。吕后又与陛下同甘共苦，艰难创业，又怎能相背弃？陛下一定要废黜嫡长子而立小儿子为太子的话，老臣愿血溅朝堂！"

刘邦回答说："你别这样，我只是开玩笑罢了！"

叔孙通接着说："太子是天下的根本，根本一旦动摇，天下也会震动。怎么能拿天下来开玩笑呢？"

当时大臣中坚决劝阻的人很多，刘邦明白群臣的心意都不向着如意，于是就没有再坚持改立如意为太子的主张。但是，刘邦担心自己死后，赵王年幼，不能自保，于是，他将如意托付给周昌，让他为赵国的相国，辅佐赵王。这以后，刘邦的病情日渐加重，没多久就去世了。接着十七岁的太子刘盈继位，帝号为汉惠帝，其母亲吕后被尊为皇太后。由于刘盈少不更事，朝中大权落入了太后吕雉的手中。刘邦死后不久，吕后就向戚夫人和刘如意痛下毒手。

一天吕后下令把戚夫人关进深巷里，剃掉头发，穿上囚服，让她一天到晚在那儿舂米。戚夫人受尽折磨羞辱，终日以泪洗面。接着，为了铲除刘如意，吕后又三次派人到赵国召如意回长安。当时周昌已任赵国国相，他听明使者的来意后，就对使者说："高帝生前把赵王托付给我。赵王年纪小，我听说吕太后怨恨戚夫人，想把赵王召回去一并杀掉，所以我不敢让赵王回长安去。而且赵王也病了，不能接受诏令。"吕后听到使者回报后，大为愤怒，先派人召回周昌。周昌到长安后，就派人再去召如意。

汉惠帝刘盈素来与如意感情深厚，得知吕后想杀害如意的消息后，十分担心，他就亲自去灞上迎接如意，将他接到宫中，想方设法保护如意。这以后惠帝终日与如意形影不离，就连吃饭睡觉都在一起，使得吕后想杀如意，始终找不到机会。

转眼到了第二年十二月份，一天惠帝一早出去打猎，见如意年纪幼小，睡得正香，所以就没有叫醒他和自己一同前去。吕太后一见机会来了，就立即派人用毒药将如意毒死了。待惠帝回到宫中时，如意已七窍流血，死在床上。

毒死如意后，吕后更加凶残，又下令砍断戚夫人的手脚，挖去眼珠，熏聋耳朵，灌下哑药，让她待在厕所里，称她为"人彘"。

过了几天，吕太后召惠帝来看"人彘"。惠帝见了，又惊又怕，询问后得知这就是戚夫人，于是就号啕大哭，回到宫中后就生了一场大病，足有一年多卧床不起。后来，他派人向吕太后请求说："这种事不是人做的。我作为太后您的儿子，实在没有能力再治理天下。"从此以后，惠帝就不再过问朝政，每天饮酒消愁。公元前188年，二十三岁的惠帝在郁闷中离开了人世。

忠诚的老臣

惠帝死后，吕后称制，排斥刘氏重臣，重用吕氏子侄。

这时候，张良的儿子张辟疆在朝廷里做侍中，他虽然只有十五岁，却看出吕后篡权的野心，就跑去对左丞相陈平说："皇帝没有成年的儿子，太后很害怕你们这些功臣。您现在去请求任命太后的侄子吕台、吕产、吕禄为将军，让他们掌握兵权，再请吕家其他的人进宫掌权，这样太后就放心了，你们也就没有什么危险了。"

陈平是忠于汉室的人，他明白张辟疆的意思，知道吕后早有野心，现在还

不是和她正面冲突的时候，最好还是顺着她的意思，等待时机。于是陈平听从张辟疆的建议，进宫把这个请求说了，她听后非常高兴

惠帝生前无子，吕后就让张皇后假装怀孕，过了一段时间，再抱来一个宫中美人生的婴儿，假称是皇后所生。这个婴儿就是少帝刘恭。吕后为了控制朝政，她违背刘邦订下的“非刘氏而王，天下共击之”的约定，将自己的子侄都封为王。

少帝刘恭，稍长，听说了自己的身世，知道自己不是皇后所生，自己的生母是被吕后害死的，就愤愤不平地说：“等我长大，一定要为我母亲报仇!”吕后听说后，就把少帝害死了，又找了个名叫刘弘的小孩来做皇帝，仍旧由她执掌朝政。

少帝刘弘即位的第四年，吕后病倒了。她怕自己死后吕家的人不保，就指派赵王吕禄为上将军，掌管都城北边的军队，指派梁王吕产掌管都城南边军队。她告诫吕产、吕禄说：“高帝生前曾和大臣订过盟约，‘不是刘姓的人称王，天下人共同讨伐他’。如今咱们吕家的人封了王，大臣们一定不服气。我死了以后，皇帝年纪幼小，大臣们恐怕会发动叛乱，你们千万要抓好兵权，守住皇宫。你们不必为我送丧，以防被人暗算。”说完，她就气绝身亡，遗嘱中指定梁王吕产担任相国，把吕禄的女儿配给少帝刘弘做皇后。

齐悼惠王刘肥的儿子朱虚侯刘章，是吕禄的女婿，他从妻子那里得知吕禄他们想要篡夺刘姓天下的阴谋，吕后一死，他赶快派人去告诉自己的哥哥齐哀王刘襄，叫他带兵征讨，消灭诸吕。齐哀王刘襄一边出兵，一边写信给各个诸侯王，控诉吕后一家的篡权行为，提议联兵杀掉诸吕。

吕产等听说齐哀王出兵打来，赶快派大将军灌婴带兵去阻击。灌婴带兵来到荥阳，心想：“吕氏一族控制住了关中地区，想要篡夺刘家的天下，我如果去打齐哀王，就等于帮了吕氏的忙，违背了高祖的盟约。”于是他在荥阳屯兵不动，并且同齐哀王订了密约，准备一起除掉诸吕。这样他们就在东面对诸吕形成了强大的军事压力。

在京城，赵王吕禄、梁王吕产控制住了北军、南军，并且大量起用吕家的人，排挤朝廷上的大臣，准备全部篡夺刘姓的天下。太尉周勃也被他们篡夺了军权，不让他指挥军队。周勃跑去和丞相陈平商量除掉诸吕的办法。他们听说曲周侯郦商老病在家，他的儿子郦寄和吕禄是好朋友，于是就派人把郦商软禁起来，叫郦寄去劝说吕禄，让吕禄交出兵权，让吕产交出相印，各自回到自己的封地上去，并且告诉他们，这样做，齐哀王派出的军队就会退兵，大家就都能过太平日子。

吕禄相信郦寄的话，害怕遭到齐哀王和灌婴联军的进攻，准备把兵权交给

太尉周勃。他派人去报告吕产和吕家其他的人，征求他们的意见。他们有的说这样做有利，有的说这样做不利，互相争执不下，一时决定不下来。

曹参的儿子曹窋(zhú)，在朝廷里担任御史大夫，能够知道吕产他们的动静。有一天，吕产的亲信贾寿从齐地回来，把灌婴和齐哀王等人联合的消息告诉了吕产，并出谋说："你早先不到自己的封地上去，现在虽然想去，已经来不及了。当今之计，最要紧的是赶快占领皇宫，控制皇帝，以便利用皇帝的名义发号施令，来对付那一帮反对你们的人。"曹窋探听到了吕产和贾寿的密谋，赶快跑去向陈平和周勃报告。

周勃一方面从襄平侯纪通那里弄到了进入北军的符节(传达命令的凭证)，一方面叫郦寄和刘揭去警告吕禄，叫他交出兵权，否则，就要大祸临头。吕禄不得已交出了大印，到自己的封地上去了。周勃拿了符节和大印，进了北军，立即下命令说："现在吕家想要篡夺刘家的天下，你们愿意跟着吕家的，脱下右臂的袖子；愿意帮助刘家的，脱下左臂的袖子!"将士们本来就不同意吕家篡权的行为，如今听到周勃的命令，都脱掉了左臂的袖子，表示愿意跟着太尉去消灭诸吕，维护刘姓的江山。这样，北军全部被接收过来了。

可是吕产还把持着南军的大权不肯撒手。丞相陈平叫朱虚侯刘章去帮助太尉周勃。周勃命令刘章守住军门，命令平阳侯曹窋去告诉守卫皇宫的武官，不许相国吕产进入宫门。吕产不知道吕禄已经交出北军的军权，冒冒失失地想冲进未央宫去劫持皇帝，发动叛乱。可是他走到东门，东门的卫兵挡住了他；走到西门，西门的卫兵也不许他进去，他只好在皇宫的庭院里往来徘徊，思考下一步如何行动。

平阳侯曹窋看到吕产的狼狈相，赶快去报告太尉周勃，周勃命令朱虚侯刘章说："你赶快进宫去，保卫住皇帝，逮捕吕产!"刘章请求拨给他士兵，周勃给了他一千精兵。

傍晚时分，刘章率领一千精兵来到未央宫，向吕产发动攻击。吕产匆匆忙忙地逃到郎中府的厕所里去躲藏，结果还是被搜出来杀了。刘章完成任务以后，到北军向太尉周勃告捷。周勃向刘章祝贺，对刘章说："你立了一大功。我最担心的是吕产，因为他比吕禄更难对付，如今他已被诛杀，天下就得以太平了。"

第二天，周勃和其他的将军、大臣们商量之后，派军队到吕禄的封地上逮捕了吕禄，也把他杀了。接着，又到各地去搜捕吕氏一族的人，不论男女老少，全都杀掉。

吕后执政前前后后十六年，经过老臣周勃、陈平等人的努力，政权重又回到刘家手里。老臣们一商量，决定立高祖的儿子代王刘恒为帝。他就是历史上有名的汉文帝。

张释之公平断案

张释之，是西汉文帝时的廷尉(全国最高司法长官)。他不畏权势，依法办事，公平断案，得到后来人们的称赞。

他在担任公车令的时候，太子和梁王兄弟两人同坐一辆车入朝，到司马门而不下车。司马门是宫廷的外门。当时有禁令，凡是出入殿门和司马门的都得下车步行，违反规定的，罚金四两。公车令是掌管廷殿和司马门的，于是，张释之毫不客气地追了上去，禁止他们前进，同时把此事告到皇帝那里。薄太后听到孙儿违法，就去责问文帝，文帝取下皇冠向母后承认错误，说："是我管教他们不严。"薄太后于是派使者拿了诏令去赦免太子和梁王不遵守制度的罪过，这样，他们才进入了殿门。

张释之担任廷尉以后，曾碰上两个棘手的案件，这两个案件文帝都曾亲自干预。

有一天，文帝外出，走到中渭桥，突然有一个人从桥下走出来，正碰上文帝坐的车子，驾车的马受惊，文帝在车内也吓了一跳。文帝很生气，派随从的骑兵侍卫把那个人捉住，交给廷尉衙门办罪。

张释之受理了这个案件，就进行审问。那人说："我是从长安县来的，走到这里的时候，听到禁止路人通行的传呼，说是车驾将至，于是我就躲在桥下。过了好久，我以为皇上已经过去了，便从桥下出来，想不到却恰巧碰上皇上坐的车子，所以我马上转身就逃走，想不到惊吓了驾车的马。"廷尉问得口供，根据罪行，依法处以罚金四两。

张释之把这个判决上报给文帝，文帝很不满意，气愤地说："这个人惊吓了我的马，幸亏我的马驯良，假使换了别的马，不就要翻车伤我么？而你，仅仅只判处罚金了事，这怎么行！"

张释之说："法律，是天子您和天下百姓共同所有的。现在依法律只能是这样判处，假若要再加重些，这样的法律在人民中就没有信用了。当他使陛下受惊的那个时候，您如果派人立刻把他杀掉也就罢了，现在既然交给了廷尉，廷尉是最高执法的人，应当公平执行法律，为天下大小官吏示范。如果一旦有了偏私和不公平，那其他大小官吏在执行法律的时候，都可以任意轻重了。这样的话，百姓还有什么容身之地呢？希望陛下仔细考虑一下。"

文帝听了，很久没有作声，之后说："你定的罪是适当的。"

又有一次，有一个人偷了汉高祖庙中神座前供设的玉环。破案后，文帝怒不可遏，立即命令交给廷尉判罪。张释之依照法律规定，援引盗取宗庙内供应物件的罪名，上奏文帝，说这个人应当判死刑。

文帝看了判决书，大发脾气，说："这个人罪大恶极，竟敢盗窃我先帝庙中的器物，我所以交廷尉审判，是打算把他定族诛之罪。你现在只依据法律处置，这不是我所要恭敬承奉宗庙的本意。"

张释之摘下头上的乌纱帽，磕头请罪，他说："依法处断，这样已到最高限度了。即使罪名相等的，然而也要看危害的程度来分别高下轻重。如今他因盗窃宗庙器物便要族诛，那么万一有人冒犯长陵(高祖刘邦陵墓)，那你又怎样去加重处罚他呢?"

文帝当时没有作声。过了很久，文帝与太后谈到这件事，他们认为廷尉的判决是正确的，才表示同意照此执行。

张释之由于能够公平断案，执法不阿，受到天下人的称赞。

贾谊英年早逝

贾谊是汉初有名的文学家、政论家，他才学出众，却不受重用，后因谗言遭贬，英年早逝，其遭遇令人叹息。

贾谊是洛阳人，十八岁时，他写的诗赋、文章就闻名全郡。当时的河南郡守非常喜爱贾谊的文才，就把他召到自己门下，待遇非常优厚。后来郡守被文帝召到朝廷，任为廷尉，他马上又向皇帝推荐了贾谊。贾谊在皇上面前对答如流，才华非凡，文帝很欣赏，就任他为博士。这时贾谊刚刚二十出头而已。

尽管年轻，贾谊却在朝廷中表现出非凡的才学见解。每当君臣商议国家大事时，一些提倡明哲保身的老臣们经常顾左右而言他，说不出有用的话，使得皇上很生气。只有贾谊分析得很透彻，把道理讲得很充分，其他大臣都点头称是，皇帝也非常满意，一年之内就把他越级提拔为太中大夫。但这却引起了其他大臣的不满和妒忌。

贾谊凭着年轻，再加上没有受过挫折，一点也不在乎这些不满的目光。他继续对皇帝述说他对政治的看法，希望在这个英明帝王的支持下，实现他建功立业的抱负。贾谊认为，现在天下已经安定，国家渐渐繁荣，应当更定历法，大兴礼乐，修正一些法令制度，使朝廷的统治更加巩固。当时的文帝刚刚即位，不愿意马上更改上一代皇帝留下的法令，因此对贾谊的这些建议并没有被完全采纳。不过，文帝仍然对贾谊很重用信任，他接受了贾谊提出的"防止诸侯王叛乱"的建议，让一些留住都城的诸侯王都回到了自己封地。不久，皇帝和群臣商量，要把贾谊提拔到公卿大臣的位置。这下使一些朝中老臣更加不满了。于是当时几个已经封侯的朝廷重臣跑到皇上跟前说贾谊的不是，说贾谊好出风头，想把事情搞乱，以便趁乱揽权。不明真相的皇帝尽管对贾谊的才华很欣赏，但还是渐渐疏远了贾谊。不久，就把他调到了长沙担任长沙王吴芮的老师。

这是贾谊人生道路上遇到的第一个挫折，因此他很伤心，很悲观，又想到长沙恶劣的环境，简直要自杀。在经过湘江的时候，他不禁想起了也是有志难伸的屈原，心中感慨万千，就作了一篇赋来哀吊屈原，并借此抒自己的愤懑。这就是著名的《吊屈原赋》。在这首赋里，他借怀念屈原为自己的遭遇鸣不平，他把诽谤他的人比作猫头鹰、蝼蚁，把自己比为凤凰、巨鲸，在对这些小人感到愤恨的同时，也为皇帝的不理解、不信任感到悲伤。

贾谊在长沙待了三四年。在这三四年中，他敏感而脆弱的心灵时常觉得自己命不长久，因此一直很消极，有一点不好的事情，他都觉得这是厄运的征兆，因而总是郁郁寡欢。有一天，一只猫头鹰飞到贾谊房里，落在他的座位旁边。当时的人把猫头鹰称为“鹏鸟”。贾谊看见这只象征不幸的动物，马上悲哀得想大哭一场。他提笔作了一篇《鹏鸟赋》，赋的内容流露出万分的伤感。他问鹏鸟，什么时候他的命将会结束？鹏鸟不能说话，只是示意他说，人的命运无常，无论是死是生，都要从容地对待。这分明是贾谊自知命不长久来安慰自己的话。

后来，文帝想念贾谊，又把他召回京城。可是，这时的文帝因其统治已经稳固，早已不再对贾谊的政治才华感兴趣。他和贾谊谈论到大半夜，竟然一直说的是求神问卜的内容。唐代著名诗人李商隐曾就这件事写过一首诗《贾生》：“宣室求贤访逐臣，贾生才调更无伦。可怜夜半虚前席，不问苍生问鬼神。”多么可惜呀！

后来，贾谊就国家的分封问题陆续提出过一些建议，并写成《治安策》上书朝廷。他认为诸侯势力过大，会对朝廷产生不好的影响，建议稍加削减。可惜的是，文帝并没有采纳。结果后来，七国叛乱，证实了贾谊的推测。从这一点也可以看出，贾谊具有很高的政治敏感度，能对历史经验进行总结，并提出合理的解决办法。假如文帝或其后的皇帝能对此加以注意，也许叛乱就不会产生。

失去政治作用的贾谊被任为梁怀王刘揖的老师，教授刘揖读书。虽然刘揖很得文帝喜爱，但只做一个皇子的老师，对贾谊来说，不免有些大材小用，因此他并不十分开心。几年以后，梁怀王不慎从马上摔下来死了，连后代也没有留下。本来就很悲观的贾谊为这件事一直耿耿于怀，认为是自己这个老师没当好，才发生这样不幸的事。他几乎天天哭泣，一年后就因伤心过度而死去，死时只有三十三岁。

贾谊有才华，有抱负，却缺少宽大的胸怀，因而不仅没能实现自己的政治理想，反而连生命都过早地失去了。也许是因为他的内心过于纤细敏感了吧。

汉文帝与冯唐

汉文帝时，有个叫冯唐的人，他的祖上是赵国人。到他父亲时，将家迁到了代国(今山西大同一带)，汉朝建立以后，又搬到安陵(今陕西咸阳境)。冯唐被人们称为孝子，在汉文帝的时候，被推举为职位不高的中郎署长，当时他已有八十多岁了。

有一天，文帝乘车经过郎署，看见冯唐，顺便问他："老人家，你怎么样还在做郎官啊？老家在什么地方？"冯唐告诉他，自己是代国人。文帝做皇帝以前，就在代国做王，文帝一听冯唐竟是自己的老乡，就来了兴趣，说："我住在代地的时候，我的属下时常跟我说起赵国将军李齐的事迹，尤其是在大战巨鹿城下的一段故事，给我留下深刻印象，每每在吃饭的时候，我就想到了这件事。老人家，你也知道这个人吗？"

冯唐回答说："李齐虽然了不起，但是还比不上廉颇、李牧这两位将军。"文帝问："那是为什么呢？"冯唐说："臣的祖父在赵国的时候，担任官率将(官名，百人之长)，和李牧很要好；臣的父亲原来是代国的丞相，和赵国将军李齐很要好，所以我知道他们的为人。"

文帝听冯唐说到廉颇、李牧的为人，非常高兴，拍拍大腿说："唉！我就得不到廉颇、李牧做我的将军，如果有这样的大将，我还要担心匈奴吗！"

冯唐说："恕愚臣直言，现在就是有廉颇、李牧，陛下也不一定能用他们。"文帝生气了，立即起身回宫。

过了不久，文帝把冯唐叫了去，责备他说："你为什么当众侮辱我，难道没有适当的机会，在人少空闲的时候再讲吗？"冯唐表示歉意，说："我是一个粗鲁的人，不知道什么是忌讳。"

正在这个时候，匈奴又大规模入侵西北，杀了当地官员。文帝感到非常忧虑，于是，忍不住又去把冯唐找来问："你怎么知道我就不能用廉颇、李牧呢？"

冯唐回答说："臣听说古时候帝王派遣大将出征，都恭敬地远送，并亲自推着车轮，对他说：'国门以内的事，归我来管；国门以外的事，都由将军你决定。'所有军功封爵奖赏，全都由将军做主，回来再向帝王报告。这是事实，并不是虚假之言。臣的祖父说，李牧做赵国的将军，驻守边防，军中有榷市(做买卖的地方)，军市收的租税，全都由他自己动用，犒劳士兵。如何赏赐都由他决定，中央不从中干涉，把任务直接委托他，付以全权，当然同时也要求他完成任务。所以李牧才能够充分发挥他的才能，他派出经过挑选的战车一千三百辆，擅长射箭的骑士一万三千人，英勇善战的士兵十万，于是，北面赶跑了匈奴单于，打垮了东胡，消灭了澹林(当时代国北边的民族)；西面抑制了强大的秦国，南面支持了韩国和魏国。这个时候，赵国差不多可以称霸中原了。后来，碰上赵迁继位做了赵王，昏庸无能，听信郭开造谣说李牧准备反叛，终于把李牧杀了，任命颜聚替代他，结果是军队被打垮，士兵都逃散，赵王也被秦国活捉，赵国也被秦国灭掉。

“如今臣私下听到，魏尚做云中郡守，他把军市收的租税，完全用来犒劳士兵；把自己应得的俸禄也拿了出来，每五天必宰杀一次牛，犒劳指挥部里的宾客以及属下的军官和门下的舍人。由于他治军得法，所以匈奴躲得远远的，不敢接近云中军队控制的地区。敌虏曾经一度入侵，魏尚带领了车骑迎头痛击，斩杀甚众。士兵们本来都是普普通通的老百姓，是耕田种地的人，出来从军，哪里知道官府内部往来的文书和军中编制的花名册呢？他们只是整天努力作战，杀敌人，捉俘虏，向上级报告战功。而官府，只要看到所报的事状有一言半语不相合，办案的官吏便引用法规条文来进行制裁。奖赏得不到，而官员根据的法规却一定得照办。臣很愚蠢，总觉得陛下立法太严明，赏得太轻，罚得太重。且说云中郡守魏尚，由于报告战功的文书和核实的情况不符，少了六颗首级，这就算犯了罪，陛下把他交付有关部门审判，革掉了他的封爵，判处他一年徒刑。从这件事上可以看出来，陛下纵然得到廉颇、李牧，也是不能用他们的。臣实在愚蠢，触犯了忌讳，该死！该死！”

文帝听冯唐说得有理，很高兴，当天就命令冯唐拿了符节去赦免了魏尚，恢复他原来的官职，仍旧为云中郡守；同时，又任命冯唐为车骑都尉。

文帝很赏识冯唐，无奈冯唐已经八十多岁了，廉颇老矣。所以后人常引以为憾。唐代诗人王勃在《滕王阁序》中有“冯唐易老，李广难封”的句子，抒发的就是这种感叹。

周亚夫平乱

周亚夫，是周勃的儿子，以善于用兵、治军谨严而闻名。他作为绛侯周勃的继承人而被封为条侯。

公元前158年，匈奴结集了重兵大规模地进犯北部边境。文帝任命宗正(负责皇族事务的长官，为九卿之一)刘礼为将军，驻军灞上，任命祝兹侯徐厉为将军，驻军棘门(今陕西咸阳县东北)，任命河内郡郡守周亚夫为将军，驻军细柳(今陕西咸阳西南)，命令他们分别守卫京城长安附近的三个战略据点，防备匈奴的进攻。

有一次，文帝亲自去慰劳军队。来到灞上和棘门的军营时，劳军的车驾都是长驱直入，没人前来阻拦，将军以下的军官都骑着马迎进送出。后来，文帝来到细柳军营，这里的情况却完全不一样：军官和士兵都披着铠甲，手里拿着擦得雪亮的刀枪，张弓搭箭，真是戒备森严。文帝的先行官吏来到营门，门卫不让他们进去。那些先行官吏说："皇上就要到了！"守卫营门的都尉说："将军有令，在军中只服从将军的命令。"

过了一会，文帝的车驾到了，也照样被挡在营门外不让进去。于是，文帝派使者拿了符节进营向将军周亚夫传达诏令："皇上要进军营慰劳将士。"这时，周亚夫才下令打开营门，放车驾进来。进去的时候，守卫营门的军官郑重地对文帝的随从人员说："将军有规定，军营内，车马不许奔跑。"文帝听了，只好吩咐放松马的缰绳，慢慢地走着。

文帝来到中军营帐，只见将军周亚夫穿着全副军装，手执兵器，威风凛凛地站在那里。他见了文帝，只是拱手表示欢迎，他说："军装在身，例不下拜。请允许我以军礼朝见皇上。"文帝听了，大为震动，脸上立刻显得严肃起来，就靠在车前的横木上答礼，同时又派人上前致意："皇上慰劳将军！"劳军仪式完毕，文帝离开军营。

出了细柳军营门，随从的官员都感到皇帝受到了轻慢，可是文帝却赞叹地说："啊！这才是真正的将军。前些时候，我看到灞上和棘门两处的队伍，就像小孩子们在做游戏！如果敌人来偷袭，俘虏他们的将军也是很容易的。至于亚夫，敌人能够轻易侵犯他吗?"连连称赞了好长时间。过了一个多月，情况好转，这三路大军都撤除了，文帝就任命周亚夫为中尉，负责京城的治安。因此，后来人们就把纪律严明的军营称为"细柳营"。

文帝很赏识周亚夫，临终的时候，嘱咐太子刘启："假如国家遇到紧急事变，周亚夫确实是能够统率军队，担当重任的人。"文帝去世，刘启继位，称为景帝。景帝任命周亚夫为车骑将军。

公元前154年，吴、楚等七个诸侯国联兵发动叛乱。这次叛乱的规模相当大，主谋和首领是吴王刘濞，他倚仗吴国地方辽阔，拥有五十三城，而且还具有冶铜、铸钱、煮盐等优越条件，早已蓄谋夺取皇位。

景帝派遣周亚夫率军东进平叛。行前，周亚夫向景帝请求说："楚军彪悍轻捷，难于和他们正面争锋。我们可以暂时把梁国舍弃给吴国，然后断绝敌军的粮道，这样才可以制服它。”景帝同意他的这个计划。

周亚夫将部队集结在荥阳。当时，吴军正在攻打梁国，梁国非常危急，请周亚夫派兵救援。但周亚夫却领兵向东北进发，在昌邑(今山东金乡县西北)深沟高垒，修筑起坚固的防御阵地，准备坚守。梁国天天派使者去请求发兵，周亚夫按照既定的策略，没有同意。梁王为此上书景帝，景帝派使者去给周亚夫下达命令，要他率兵救梁。周亚夫没有听从帝命，仍然坚守营垒不肯发兵。但是，他派弓高侯韩颓当率领轻装骑兵去断绝吴、楚军队的粮道。吴军缺乏粮食，士兵饥饿，多次挑战，想尽快与汉军决战，但周亚夫始终不予理睬。

有一天夜间，军中发生惊乱，有些人相互攻击，乱作一团，甚至闹到了周亚夫的营帐旁边，周亚夫仍镇定如一，睡在床上起都没有起来。过了一会，这种惊乱便安定了下来，又恢复了平静。后来，吴军把部队调到汉军营垒的东南角，周亚夫却在营垒的西北角加强戒备。不久，吴国的精锐部队果然扑到西北角发起猛攻，可是，无论如何也打不进去。吴军因为饥饿不能久战，不得不引军撤退。周亚夫于是立即派精锐部队追击，把吴军打得大败。

吴王刘濞丢弃了自己的军队，带着几千名将士逃到长江以南的丹徒进行防守。周亚夫在乘胜追击中，全部俘虏了吴国的将士，并悬赏黄金千斤捉拿吴王。一个多月后，越地的人杀了吴王，割下他的头前来报告请赏。

由于周亚夫善于用兵，治军严谨，前后只三个月，就平定了吴、楚七国的叛乱，再一次维护了西汉王朝的集中统一，使诸侯王的势力受到致命的打击。从此以后，诸侯王国实际上变成了和中央直接统辖的郡一级的地方单位。

周亚夫之死

平定七国之乱以后，汉景帝刘启任命太尉周亚夫为丞相。由于周亚夫功勋卓著，因而，刘启对他格外器重。但刘启废黜太子刘荣时，周亚夫极力争辩，坚决反对，刘启固执己见，不听劝阻，从此疏远了周亚夫。梁王刘武因为周亚夫平叛七国之乱时按兵不动，也常常在窦太后面前说他的坏话。

一天，窦太后对刘启说：“皇后的哥哥王信应该封侯。”

刘启不同意，他说：“南皮侯是太后的侄儿，章武侯是太后的弟弟，先帝都没有封他们为侯，臣即位后才封侯。王信也不能封侯。”

“做皇帝的都应根据当时的情形做决断，不必完全相同。窦长君在世时没能封侯，他死后才封了他的儿子彭祖，对这事我一直很后悔。赶快封了王信吧!”窦太后坚持说。

“那我同周丞相商量一下。”刘启无奈地说。

周亚夫也不赞成封侯，他说：“高皇帝约定：‘非刘氏不得王，非有功不得侯。不如约，天下共击之。’王信虽然是皇后的兄弟，但毫无功劳可言，封他为侯就违反了高皇帝的约定。”

刘启无言以对，只得作罢。

没多久，匈奴王徐卢等五人投降汉朝，刘启打算封他们为侯，鼓励后来者归降。

周亚夫极力阻止说：“他们背叛自己的君主投降陛下，陛下如果封他们为侯，将来又怎么责备不忠的人臣呢?”

刘启不耐烦地说：“丞相说得太没道理。”

他还是坚持封徐卢等人为侯。周亚夫见自己的意见不被采纳，便称病不朝。后来刘启就罢免了他的丞相职务。

丞相周亚夫免职后，闲居家中。一天，汉景帝刘启在宫中召见周亚夫，赏赐他食物。

周亚夫坐在饭桌边，摆在他面前的是一大块没有切细的肉，也没有筷子。他心中愤愤不平，回头让桌边的侍从送上食筷。

刘启笑着问：“莫非周君还不满意吗?”

周亚夫赶紧脱下帽子，叩头谢罪。

刘启说：“起来吧。”

周亚夫站起身，快步退出门外。看着周亚夫远去的背影，刘启担忧地自语：“这样的人不能担任少主的臣下。”

西汉景帝后元二年(公元前 142 年)，周亚夫的儿子为父亲预备丧葬用品，向工官购买了五百件盔甲盾牌。他催逼紧迫，又不给工钱，佣工便上书控告他盗卖皇家禁器，反叛朝廷。这事也连累了周亚夫，周亚夫气愤地要自尽，被夫人所阻止。

刘启下令交狱吏处理。

狱吏一条条地列数周亚夫的罪状，周亚夫保持沉默，一言不发。刘启气得大骂：“不需供词，照样可以杀你。”他马上将周亚夫交廷尉处治。廷尉慢条斯理地问道：“周君是不是想造反啦?”周亚夫说：“臣买的都是殉葬的器具，怎么是造反呢?”“周君即使活着不造反，也想在地下造反。”廷尉强词夺理，并不断折磨侮辱他。

周亚夫心中怒气难平，干脆不再开口。他一连几天滴水不进，五天后，吐血而死。

邹阳救梁王

邹阳曾与严忌、枚乘等人一起在吴王刘濞那里任职。

过了一段时间，刘濞的儿子在与皇太子下棋时，被皇太子用棋盘打死，刘濞对这件事心怀怨恨，称病不入朝，私下里阴谋反叛，邹阳就上书劝谏，但刘濞不听。

当时，汉景帝刘启的弟弟梁王刘武地位尊贵，势力很大，而且以爱才闻名。邹阳、枚乘、严忌知道刘濞不会听从他们的劝告，就都离开了刘濞，投奔了刘武。

刘武是景帝刘启的同母弟弟，很受窦太后的宠爱，窦太后希望景帝将来能把皇位传给刘武，而刘武也很希望能这样。可遭到袁盎等大臣的坚决反对，认为这是天下大乱的隐患。刘武听说后很生气，便派刺客把袁盎杀了。此前，邹阳曾加以劝阻，认为不能那样做，但刘武不听，仍我行我素。而今，事情败露，刘武怕自己被杀，才仔细思考了邹阳说过的话，很诚恳地感谢他，送给他千金，让他想办法在景帝那里求得解脱。邹阳平素知道齐国有位王先生，已经八十多岁了，很有奇谋，就前去见他，对他说了这件事，以求解救之法。

王先生说："难啊！皇上有了怨恨，想实行诛杀，是很难解脱的。以太后的尊贵，骨肉的亲情，还不能阻止，何况是臣下呢？"

邹阳不死心，他要去各地请高人指教。王先生说："先生走吧，回来的时候，请经过我这儿，然后再西回。"

邹阳出行了一个多月，没能讨到计策，回程经过王先生那里，对王先生说："我将西回，该怎么办呢？"

王先生说："我先头想献上愚计，但又觉得不成熟，自以为浅薄寡陋不敢说出来。如果先生回去，一定去见见王长君。"

邹阳听了这话，心里一下就明白了，说："遵命。"

邹阳向王先生告辞后，径直去了长安，拜见王长君。王长君是王美人的哥哥，后来被封为盖侯。邹阳在王长君那里逗留了好几天，趁着空闲对王长君说："臣不是无缘无故来拜见长君的，臣自不量力，有件事事关您的吉凶，所以特来告诉您。"

王长君听说心中暗惊，谦恭地说："愿闻其详。"

邹阳说："臣私下里听说长君的妹妹在后宫很受宠爱，天下没有人能和她相比，而长君的行迹多不合常理。如今为了袁盎的事，皇上穷追不舍，梁王害怕被杀。如果梁王被杀，太后忧伤泣血，无处发泄，必然会将满腔愤恨迁怒于您。臣担心您的处境危如累卵，私下里很为足下担忧。”

王长君害怕地说：“那该怎么办？”

邹阳说：“如果长君能对主上说说，不要追究梁王的事，长君必定会与太后结下牢固的关系。太后感谢长君，长君的妹妹在太后宫和帝宫都会受到宠爱，地位就会像金城一样牢固。长君有存亡继绝的功劳，必定功德广布天下，留名后世。希望长君好好想一想。”

王长君说：“好。”

王长君抽空进宫为梁王向景帝求情，内史韩安国也为此事去见了长公主刘嫖。景帝见这么多人为刘武说情，况且刘武是自己的同母兄弟，自幼感情甚好，也就不再追究此事，不了了之了。

辕固刺猪

汉景帝刘启时，齐人儒生辕固是博士。有一次他和另一位黄生在刘启面前争论。

黄生说：“商汤和周武王取得天下，不能说是受命于天，只能算是弑君。”

辕固说：“不对。夏桀和商纣暴虐淫乱，天下人心归汤、武，汤、武和天下一心，去诛灭桀、纣，桀、纣的百姓不替他们效力而归附汤、武，汤、武不得已而立为君主。不是受命于天又是什么呢？”

黄生说：“帽子虽然破旧，还得戴在头上；鞋子即使很新，也只能穿在脚上。为什么呢？因为上下是有区别的。桀、纣虽然无道，但他们仍然是君主；汤、武尽管圣明，他们却是臣子。君主的行为有过失，臣下不能义正词严地进行匡正，以便使天子得到尊重，反而责备他们，加以诛杀，取而代之，南面称王，这不是弑君又是什么呢？”

辕固说：“按照先生所说，那么高帝取代秦朝做了天子，岂不错了吗？”

刘启见他们两个争得难解难分，又涉及高帝，就说：“吃肉不吃马肝，不能算不知肉味。讨论学问的人不谈论汤、武受命，也不能说是愚蠢。”意思是马肝有毒，因此人们不敢吃，汤、武受命的论题犯忌，还是不说为好。

经过刘启这么一说，两个人才停止争论。从此以后，学者们没有谁再敢讨论汤、武是受命于天还是弑君篡位的问题。

窦太后喜欢读《老子》，有一次她召见辕固，问《老子》书中的问题。辕固不屑一顾地说：“这是家里人说的闲言碎语罢了。”

窦太后生气地说：“哪里去找像司空管理刑徒那样急功近利的儒家著作呢?”

说罢，她就把辕固罚到猪圈里，让他去刺猪。

汉景帝刘启知道这是窦太后一气之下作出的决定，而辕固只是说话直率了点，罪不当诛，他就让人给辕固准备了一把锋利的剑。辕固下圈刺猪，正刺中猪的心脏，只刺了一下，那头猪就应手而倒。

窦太后无话可说，没有办法再怪罪于他。过了一段时间，刘启认为辕固廉洁正直，就任命他做清河王刘乘的太傅。

淮南王谋反

刘安是淮南王刘长的儿子，刘长在被汉文帝流放途中去世后，他就继任了淮南王。刘安从小喜欢读书弹琴，不喜欢驰马游猎。长大后，他对父亲刘长之死心怀怨恨，便暗中笼络人才，安抚封地的百姓，使自己在当时享有很高的声望。后来，眼见自己势力渐渐壮大，就想叛逆朝廷，只是苦于没有机会。公元前154年，以吴王刘濞为首的七个藩王起兵反叛，当时吴王派使者到淮南动员刘安响应。刘安想亲自出兵，可他的丞相却建议他不要亲自率兵前往。刘安采纳了他的建议，就让丞相率领军队起兵。可是他的丞相只是守护城池，根本不听刘濞的指挥。后来汉景帝派兵平定了七国之乱后，刘安才因此得以保全。

公元前141年，景帝死，太子刘彻(汉武帝)嗣位，刘安去长安朝见。他和当时的太尉田蚡(fén)关系很好，田蚡在灞上迎接他时，对他说：“如今皇上没有太子，大王您是高帝的亲孙子，又施行仁义，天下没有不知道的。假如皇帝哪天驾崩，除了大王谁还有可能做皇帝呢?”刘安听了非常高兴，就重重地赏赐了田蚡，并暗地里结交宾客，笼络百姓，伺机反叛。

公元前135年的一天，天上突然出现了彗星，刘安一时感到怪异。有人就对他说：“先前吴王起兵的时候，彗星也出现了，光芒只有几尺长，结果还是流血千里。如今的彗星尾长贯天，天下一定会发生巨大的战乱。”为此，刘安就以为天下将发生变乱，诸侯将要纷争，于是就加紧军事准备，积蓄金钱并网罗各地的人才，蓄意反叛。

刘安的女儿刘陵既聪明又有口才，刘安很喜欢她，常常给她很多金钱，让她在长安交结汉武帝刘彻左右的人，以便窥伺动静。刘安的王后荼很得刘安的宠爱，荼生的儿子刘迁被刘安立为太子，他娶了王太后的外孙女为妃。刘安担心谋反的迹象被太子妃察觉并泄露，就和刘迁谋划，让他故意疏远她。后来，太子妃见自己受到了冷落，就请求回娘家。刘安趁势上书谢罪将她送了回去。

公元前124年，淮南王太子刘迁喜好剑术，自认为无人能敌，听说郎中雷被剑术高明，就想和他比试比试。在比试中，尽管雷被一再退让，但结果还是失手误击中了刘迁。为此，刘迁很生气，雷被也很害怕。当时正好朝廷和匈奴交战，很多人都要求参战，雷被怕自己受到刘迁报复，就要求去抗击匈奴。刘迁因一箭之仇，就多次向刘安说雷被的坏话。结果刘安听信谗言，就免了他的官。雷被心中愤愤不平，逃到长安，上书替自己辩白。汉武帝下诏就把这件事交给廷尉和河南郡共同处理。刘安因不愿交出儿子，因此受到牵连。朝廷公卿都想要治刘安的罪，刘安害怕，就想发兵造反。当时刘迁给刘安献计，建议如果朝廷派使者来抓他们，就把来使杀死，然后再起兵。刘安采纳了儿子的建议。

由于武帝最终没同意公卿的意见，只是派人去询问雷被遭斥责的事，所以刘安也就没有起兵反叛。

后来，武帝为了封住大臣的口，只是根据调查结果，削去了刘安两个县的封地。事后，刘安非常感伤地说："我施行仁义，却被削地，寡人觉得很可耻。"从此他更想造反，便经常与部下研究军事部署。

有一天，刘安召见谋士伍被，与他商议谋反的计划。伍被听说后很不赞同，极力劝谏。

刘安勃然大怒，就派人将伍被的父母囚禁了起来。三个月后，刘安再次召伍被为他出谋划策。伍被声泪俱下地劝说道："当年秦朝暴虐无道，民怨沸腾，多数人想起来反抗。高皇帝把握时机，趁秦朝土崩瓦解的机会举兵起义，终于成就帝王大业。如今大王只见到高皇帝得天下容易，却看不到七国之乱的教训。吴王的败亡，就是因为他逆天行事，不合时宜。大王的军队还不如当时七国的军队强，何况现在天下的形势却比七国之乱时安定一万倍。大王如果不听臣的劝告，马上就会丢掉王位，落个一败涂地的下场。"刘安听后，泪流满面，暂时就打消了谋反的念头。

刘安有个庶出的儿子叫刘不害，因他和王后都不喜欢这个儿子，所以他就没按当时诸侯为子封侯的惯例，对此，刘不害的儿子刘建心中愤愤不平。为了达到害死叔父刘迁，让自己父亲取而代之的目的，刘建就暗中和别人勾结。刘迁知道之后，就多次关押刘建并加以笞打，刘建更是怀恨在心。为此，他让好友上书武帝，告发爷爷刘安、叔父刘迁加害自己的事。刘彻接到奏章后，就派使者去淮南王封地调查。刘安听说后，怕他吐露密谋叛乱的事，一时非常恐惧，又想抢先发难，举兵叛乱。接着他再一次与谋士伍被商议谋反。他先试探地问："中郎认为当初吴王造反，是对还是不对？"

伍被斩钉截铁地回答说："不对。臣听说吴王后来悔之莫及，希望大王不要重蹈吴王的覆辙。"

刘安冷冷地说："吴王哪里懂得什么叫造反！朝廷的将领每天经过成皋的有四十多人，如今我截断成皋要道，占据三川的险要之地，征召崤山以东的军队，这样举事，大家都认为有九成把握，偏偏伍公说有祸无福，这是为什么？"

于是伍被分析了当时诸侯无异心、百姓无怨气不利于起兵的形势，接着他建议刘安要想让诸侯和百姓造反，只能想办法激怒这些人。具体是：伪造丞相、御史奏章，赦免那些犯重罪的人，再派全副武装的士兵，把犯重罪的人及拥有五十万以上家产的人全部迁到地广人稀地方。同时，再伪造诏狱书，一面逮捕诸侯太子的宠臣，一面派辩士到处去煽动，这样造成百姓怨恨、诸侯恐惧的局面。

刘安接受了伍被的建议，便有条不紊的开始行动起来。

再说刘彻派来的使者将刘建披露的有关情况调查清楚后，就一五一十禀报给武帝。武帝听后大怒，就派人去抓刘迁。刘安得到消息，心急如焚，就和刘迁一起密谋对策。父了二人商量来，商量去不知如何是好。最后，刘迁考虑到自己所犯的不过是谋杀使者的罪，只要自己一死，就没有人证了，所以他建议自己被抓，好保护父亲。刘安此时还没真正下定决心起兵谋反，被逼无奈只好同意了刘迁的意见。

后来，伍被向使者主动自首，把参与刘安谋反的情况都说了出来。接着使者连忙派兵将刘迁、王后及与刘安一道谋反的宾客都抓了起来。过了不久，武帝又派大臣手持符节前来惩治刘安。刘安闻讯，只好自刎而死。

最后武帝将王后、刘迁及其他参与谋反的人都处死了，并从此废除了淮南封地，改为九江郡。

朱买臣发迹

会(kuài)稽太守朱买臣没有做官以前，家里很穷，他就喜欢读书，一点儿也不考虑添置家产的事。为了糊口，他经常出去打柴卖，挑着柴担走在路上，嘴里还念念有词，背诵他读过的书。他的妻子跟着他，觉得很难为情，多次阻止他，让他不要在路上大声背书。可朱买臣不听，越说他背得越带劲儿。妻子羞愧难当，一怒之下，请求离开朱买臣，不跟他过了。

朱买臣嬉皮笑脸地对妻子说："我五十岁时一定会富贵，如今已经四十多了，你苦熬了这么久，等我富贵了一定会报答你的功劳。"

妻子生气地说："像你这样，迟早饿死在沟里，怎么能富贵?"

朱买臣留不住妻子，只好写了休书，听任妻子离去。

后来，朱买臣一个人挑着柴、嘴里吟诵着走过一片墓地，碰见已经改嫁的前妻和她的丈夫正在上坟。前妻看见朱买臣又冷又饿，感到很心酸，就叫住他，给他酒饭吃。

过了几年，朱买臣跟着郡里的官吏送货到长安，碰到很有权势的同乡严助，严助就向汉武帝刘彻推荐了朱买臣。刘彻召见朱买臣时，朱买臣讲《春秋》，谈《楚辞》，出口成章，刘彻听了很高兴，觉得这个人有学问，就任命他为中大夫。

又过了一段时间，东越屡次发生变乱，朱买臣为刘彻出谋献策，认为东越王从前驻守在泉山，一个人把守险要之地，一千人也攻不上去。听说现在他已经向南迁移到离山五百里的沼泽地带，如果发兵走水路，直接占领泉州的山峰，再向南进军，就可以消灭东越。刘彻采纳了他的建议，任命朱买臣为会稽太守，诏令他回郡里准备船只、粮草、兵器，等到出征的诏书一到，就向东越进军。

刘彻还对朱买臣说："富贵后不回故乡，就如同穿着华丽的衣服在夜晚行走，现在你已身为会稽郡太守，应该回乡看看啊?"

朱买臣叩头谢恩。

朱买臣回到会稽郡后，穿上过去的旧衣服，怀里揣着太守的印绶，步行到了官邸。会稽郡的一群官吏正在喝酒，没人看朱买臣一眼。朱买臣走进屋里，与过去相识的官邸看门人一起吃饭，吃饱喝足了，才亮出拴着太守印的绶带。看门人感到奇怪，凑上前去，从朱买臣的破衣服里拉出绶带，看到绶带上拴的竟然是会稽太守的大印。看门人大吃一惊，连忙跑出去告诉当值的官吏。那些人都喝醉了，听说破衣烂衫的穷光蛋朱买臣带着太守的印信，大声说："太荒唐了!"看门人说："你们自己来瞧瞧。"有个过去一向看不起朱买臣的熟人进屋一看，急忙跑出去说："真是太守的印信!"在座的人都大惊失色，赶忙禀告守丞，这群官吏推推搡搡地在中庭排好队列，拜见新太守。朱买臣不慌不忙地从屋里走了出来。

过了一会儿，长安驿站的官吏乘着四匹马拉的车来接朱买臣，于是朱买臣坐着马车走了。

会稽郡的官员听说新太守就要到了，派百姓出来修治道路，县里的官吏也一起出来迎送，前呼后拥，路上挤了一百多辆车。车队进入朱买臣的故乡时，朱买臣看到他的前妻和丈夫也在修路，就停下车，命令后面的车载上他们夫妻俩，到了太守的官邸，把他们安置在庭园里，招待他们吃喝。

过了一个月，朱买臣的前妻心里很不是滋味，就上吊自杀了。朱买臣给前妻的丈夫一些钱，让他安葬妻子。他又召见了所有过去对他有恩惠、给过他饮食的人，一一报答了他们。

马邑诱敌战

汉文帝、汉景帝两代都采取休养生息的政策，六十多年内，除了短时期的七国叛乱，没有发生过大的战争。因此，社会的经济得到恢复和发展。据说，到了景帝的后期，国家仓库里的钱不知道积了多少万，串钱的绳子都烂断了；粮仓里的粮食多得吃不完，一年年地堆积上去，都溢到露天的地上来了，有的甚至霉腐了。历史上把这段时期称为“文景之治”。

但是，强盛的汉朝却常常受到北方匈奴的威胁。从汉高祖在白登受包围以后，汉朝对匈奴一直采取“和亲”政策。这种“和亲”，实际上是一种妥协，不但要把汉朝皇室的女儿嫁给匈奴单于，每年还得送给匈奴许多财物。即使这样做，匈奴贵族还是经常侵犯中原，杀害百姓，掠夺粮食和牛羊，使北方地区不得安宁。

汉景帝死后，即位的汉武帝刘彻是个雄心勃勃的皇帝，一心要想改变这种屈辱的地位。

公元前 135 年，匈奴的单于又派使者来要求和亲，汉武帝要大臣们议论一下。将军王恢说：“过去朝廷同匈奴和亲，匈奴老是不守盟约，侵犯边界，我们应该发兵打击他们一下才好。”

许多大臣都反对王恢的建议，汉武帝自己觉得没有把握，只好暂时答应与匈奴和亲。

过了两年，马邑地方有个大商人聂壹来找王恢，说：“匈奴在边界经常侵犯，总是一个祸根。现在趁刚跟他们和亲的机会，把匈奴引进来，我们来一个伏击，准能打个大胜仗。”

王恢问他：“你有什么办法能把匈奴引进来?”

聂壹说：“我经常在边界上做买卖，匈奴人都认识我。我可以借做买卖为由，假装把马邑献给单于。单于贪图马邑的货物，一定会来。我们把大军埋伏在附近地方，只要等单于一到马邑，将军就可以截断他们的后路，活捉单于。”

王恢把聂壹的主意告诉汉武帝。汉武帝决心采用聂壹的计策，派王恢、韩安国、公孙贺、李广等将军带领三十万人马埋伏在马邑旁边的山谷里。其中，王恢的任务是率领三万人马从侧翼攻击匈奴的辎重粮草。

聂壹故意逃到匈奴，跟单于说："我有办法混进马邑，杀死那里的官吏，这样可以稳稳当当拿下马邑。"

单于听了很高兴，但是仍不放心，他先派几个心腹跟聂壹一起到马邑去，只等聂壹真的把官吏杀了，再发兵进去。

聂壹回到马邑，按照事前和王恢商量好的办法，杀了几个已经定了死罪的犯人，把他们的头挂在城头上，骗匈奴使者去看，说这就是马邑县官的脑袋。

匈奴使者见了人头，信以为真，立刻回去报告单于。

单于亲自带领十万骑兵去接管马邑，到了离马邑大约一百多里地的武州地方(今山西左云县)，只见草原上放着许多牲口，却没放牲口的人。单于一边走，一边犯了疑。这时候，他见到前面有一座烽火台，就决心打下这座亭堡，问个明白。

他们打下烽火台，抓住里面的一个校尉。单于威胁他说："你把情况老实告诉我！要是说半句谎话，我马上把你的头砍了。"

那校尉吓得要命，就把汉兵布置的埋伏全都告诉了单于。

单于一听，大吃一惊，赶快命令全军撤退。出了武州地界，他才喘口气说："幸亏我抓到一个守将。真是好险哪。"

匈奴军队没有进入包围圈就撤退了，埋伏在马邑的汉军没能得手。这时王恢的三万人马本来是埋伏在半路，准备攻击匈奴辎重部队的，但他考虑自己只有三万人马，现在匈奴有十万之众，难以取胜，就放走了他们。

汉武帝见诱敌战没有成功，很是生气。他责怪王恢出了个馊主意，并且放弃了出击的机会，要将他斩首。王恢辩解说："我没有出击，固然有罪，但我保存了大汉三万将士的生命啊。"武帝没听他的辩解，命人将他斩首。

飞将军李广

在文帝、景帝期间，匈奴人又不时在边界骚扰，为了抵御匈奴，汉朝涌现了一批抗击匈奴的名将。右北平太守李广就是其中杰出的一位。

李广身材高大，手臂修长，擅长骑射，打起仗来行踪飘忽不定，行动敏捷。匈奴人与他交战时间长了，都很怕他，称他为"汉朝的飞将军"。

公元前129年，匈奴派兵进犯上谷(今河北怀来)。汉武帝派卫青、公孙敖、公孙贺、李广四名将军带领人马分头出击。

在四名将军中，要数李广年纪最大，资格最老。李广在汉文帝时就做了将军。汉景帝的时候，他跟周亚夫一起平定七国之乱，立过大功。后来，汉景帝又派他去做上郡(治所在今陕西榆林东南)太守。

有一次，匈奴进犯上郡，李广带着一百个骑兵去追赶三个匈奴射手，追了几十里地才追上。他射死了其中的两个，活捉了一个，正准备回营时，远远望见有几千名匈奴骑兵赶了上来。

李广手下的兵士突然碰到那么多匈奴兵，不由得都惊慌起来。李广对他们说："我们离开大营还有几十里地。如果现在往回跑，匈奴兵追上来，我们就完了。不如干脆停下来，匈奴兵以为咱们是来引诱他们的，一定不敢来攻击我们。"

接着，李广下令前进，在离开匈奴阵地仅仅两里的地方停了下来，命令兵士一齐下马，把马鞍全卸下来，就地休息。

兵士们都发急了，说："匈奴兵马这么多，又这么近，要是他们打过来，怎么办?"

李广说："我们这样做，表示不走，使敌人相信我们是诱骗他们的。"

匈奴的将领看到李广这样布置，真的有点害怕。他们远远地观察汉军动静，不敢上来。

这时候，匈奴阵地上有一个骑白马的将军，走出来巡视队伍。李广突然带着十几名骑兵翻身上马，飞驰过去，一箭把他射死，然后再回到原地，下马躺在地上休息。

匈奴兵越看越怀疑。天黑下来，他们认定汉军一定有埋伏，怕汉军半夜袭击他们，就连夜全部逃回去。到了天亮，李广一瞧，山上已没匈奴兵，才带着一百多名骑兵安然回到大营。

这一回，汉武帝派了四路人马去抵抗匈奴。匈奴单于探明了汉兵的情况，知道四名将军中最难对付的是李广，就把大部分兵力集中在雁门，沿路布置好埋伏，命令部下活捉李广。匈奴兵多势盛，经过一场激烈的战斗，李广的人马被打散，李广自己也受了伤，被匈奴兵俘虏。

匈奴兵看李广受了重伤，把他放在用绳子织成的吊床里，用两匹马驮着，送到单于的大营去。

李广躺在那张吊床上动也不动，真的像死了似的。大约走了十几里地，他偷偷地瞅准旁边一个匈奴兵骑的一匹好马，使劲一挣扎，猛地跳上马，夺了弓箭，把那匈奴兵推下马去，调过马头拼命往南飞奔。

匈奴派了几百名骑兵追赶。李广一面使劲夹住马肚子，催马快跑，一面回转身来，拈弓搭箭，一连射死了几个追在前面的匈奴兵。匈奴兵眼看赶不上李广，只好眼睁睁地让他跑了。

李广虽然脱了险，但是因为他损兵折将，被判了死罪。汉朝有一条规矩，罪人可以拿钱赎罪。李广缴了一笔钱，总算赎了罪，回家做了平民。

过了不久，匈奴又在边境骚扰，汉武帝重新起用李广，担任右北平太守。

多少年来，李广一直在北方防守。因为李广行动快，箭法精，忽来忽去，叫人摸不准他的路子，李广做了右北平太守后，匈奴人害怕飞将军，不敢进犯。

右北平一带没有匈奴兵进犯，可是常有老虎出来伤害人。李广只要听说哪儿有老虎，总是亲自去射杀。

据说，有一次，李广回来晚了，天色朦胧，他和随从一面走，一面提防着老虎，忽然瞧见前面山脚下草丛里蹲着一只斑斓猛虎。他连忙拿起弓箭，使尽全力射了过去。凭他百发百中的箭法，自然射中了。

手下的兵士见他射中老虎，拿着刀枪跑上去捉虎。他们走近一瞧，全愣了，原来中箭的不是老虎，竟是一块大石头，而且这支箭陷得很深，几个人想拔也拔不出来。大伙儿真是又惊奇，又佩服。

李广过去一看，自己也纳闷起来，石头怎么能射得进去呢？他回到原来的地方，对准那块石头又射了几箭，箭碰到石头，只迸出火星儿，却再也射不进去了。但就是凭这一箭，人们都传说飞将军李广的箭能射穿石头。

李广的一生，大都投入了抗击匈奴的事业。他身经大小七十几次战斗，由于他英勇善战，成为匈奴单于心目中可怕的劲敌。但是李广的一生不太走运，他虽然功高，却一直没能封侯，这也许和他性格过于耿介有关吧。

张汤之死

御史大夫张汤很受武帝的重用，他曾经和太中大夫赵禹一起编定律令，并且几次代行丞相事。他生病时，武帝亲往探视，可见他深得武帝的宠信。但是，他做御史大夫的第七年，竟被投进监狱，最后自杀身亡。

御史中丞李文和张汤有嫌隙，他一直想从文书中寻找可以伤害张汤的东西，但没有得逞。张汤与御史鲁谒居交往甚密。鲁谒居很替张汤鸣不平，就让人告发李文所做的奸诈之事。这个案子交给张汤审理，张汤将李文处死。然而，当刘彻问张汤李文案的缘由时，张汤故作惊讶地说："大概是李文以前的熟人怨恨他吧。"

不久，鲁谒居生病，张汤亲自去探望，并亲自为鲁谒居按摩脚。那时，赵国以冶铁铸铁业为主。赵王刘彭祖常因为冶铁的事引起诉讼。张汤常常抨击他，他就千方百计寻找张汤的隐私。鲁谒居曾经追究过刘彭祖，刘彭祖也恨他。于是刘彭祖就上书告发说："张汤是大臣，鲁谒居生病的时候，他却为鲁谒居按摩脚，臣怀疑他们策划重大的阴谋。"这个案子下交廷尉处治。

不久，鲁谒居病死了。他的弟弟却被牵连入狱。这一天，张汤来审讯其他囚犯，见到鲁谒居的弟弟，他想暗中帮助鲁谒居的弟弟，就装作不认识的样子。鲁谒居的弟弟不知道他的心思，以为他是隔岸观火，就怨恨他。于是，他就让人上书告发张汤和鲁谒居合谋陷害李文。案子交给御史中丞减宣处理。减宣和张汤有嫌隙，得到这个案子后，正好借机报复，以泄私愤，所以对陷害李文一案，穷追不舍。

正巧这时，有人盗窃汉文帝刘恒陵园中殉葬的钱币。武帝非常气愤。丞相庄青翟上朝，和张汤约定好了一起向刘彻谢罪。到了刘彻面前，张汤考虑到庄青翟一年四季都到陵园中巡查，却没有发现盗贼，当然应该谢罪，而他又没跟庄青翟一起去，根本不用谢罪，因此他就没有谢罪。庄青翟谢罪之后，刘彻就让张汤来审理这件事。张汤想在行文中用"见知故纵"这样的词语，指责庄青翟明知有人盗窃陵园中的钱，却故意放纵不管。因此庄青翟非常憎恶张汤。

庄青翟的三个长史朱买臣、王朝、边通都受过张汤排挤或蔑视，因此也想陷害他。他们合谋以后，对庄青翟说："当时张汤约好了和丞相一起谢罪，不久又出卖了丞相。如今又要用文帝陵园的事弹劾丞相，这是想取代丞相。我们知道张汤的隐私。"

他们派捕吏逮捕并审问张汤的宾客、商人田信等人，然后他们扬言，张汤每次想要上奏的内容，田信事先知道；田信囤积货物致富，与张汤共同分享等等，并把这些材料都禀报武帝。

武帝问张汤说："我所做的事，商人却往往先知道了，他们就乘机囤积更多的东西，像是有人事先告诉了他们似的。"

张汤却故作镇定，又假装惊讶地说："难道有人泄露吗？"

减宣把鲁谒居一案的审理结果向武帝禀报后，武帝果然以为张汤心怀诡诈，当面欺君，就派使者去责问张汤。张汤不服。武帝又派廷尉赵禹去责问张汤。

赵禹责备张汤说："张君怎么不知本分呢？张君审理的案子杀了多少人？今天人家说的有关张君的事都有依据，天子把张君关在监狱里，是想让张君自己设计脱身，为什么还要频繁地对簿公堂呢？"

张汤就给武帝写信谢罪说："汤无尺寸之功，只是起步于刀笔吏，有幸得到陛下的重用，致使名列三公。臣无法塞责。然而陷害臣的人，其实就是朱买臣、王朝、边通三个长史。"写完后，他就自杀了。

张汤死后，他的家产价值不过五百金，都是所得的俸禄和赏赐，没有其他的产业。张汤的兄弟和儿子们想要厚葬张汤，张汤的母亲说："张汤只是一个大臣，被恶言诬陷而死，怎能厚葬呢!"就用牛车载着尸体，只有棺材没有外椁。

武帝听到这种情况，颇有感慨，说："不是这样的母亲，就不能生出这样的儿子。"他认为张汤蒙冤而死，就将三位长史都处死，承相庄青翟也被迫自杀。

骨鲠之臣汲黯

汲黯是汉武帝时期的名臣，他为人刚正不阿，耿介孤傲，坚持原则，在当时颇受人们敬畏。

汲黯是一个爱民的好官。有一次，河内(今河南武陟)发生大火灾，烧坏千余户人家，汉武帝派汲黯去察看灾情。他奉命前往河内，发现火灾是由于一户人家不慎失火所引起的，损失并不大，但却发现沿途农民苦于连年水旱灾害，缺吃少穿，四处逃亡，情况十分严重，于是他没有向朝廷请示，便私自矫命，打开河内仓库赈济灾民，灾民们十分感激。回到长安后他向汉武帝说明原委，请求处分。汉武帝并没有怪罪汲黯的擅自违命，反而极为赞赏他的贤德和果断，当即拜他为荥阳令，后又改为中大夫。

汲黯过于坚持原则，有时候也让武帝下不来台。有一次，匈奴浑邪王率众投降，汉武帝好大喜功，在长安征集两万匹马前去迎降。可是由于连年对匈奴用兵，府库空虚，长安令无法拿出那么钱来买马，只好向农民赊欠买马。农民却不太情愿，纷纷将马藏了起来，这样长安令没能如期交差。武帝大怒，要杀长安令，当时没有人敢阻拦。汲黯却勇敢地站出来，直言道："要杀就杀我吧，杀了长安令老百姓也还是交不出马来。浑邪王降汉，让沿途各县迎接就行了，大可不必劳师动众，骚扰天下百姓。再说，浑邪王降汉固然是好事，但对匈奴来说是背叛，我们不应该大事宣扬。"

汉武帝听了，觉得有理，只好放了长安令。

浑邪王降汉以后，匈奴部落和中原进行以货易货的贸易。由于汉胡交易风俗不同，难免产生一些误会和磨擦。汉武帝一心想安抚匈奴人，就下令以匈奴人的习惯为准，凡触犯者皆处以死罪。当时，总共有五百多个中原商人犯了死罪。

汲黯听说后，又去见汉武帝，他说："匈奴连年侵犯边境，烧杀掳掠，我朝发兵还击，战争旷日持久，劳民伤财。陛下本应该将战争中的掳获全部奖赏给阵亡将士家属，或许能平息一下人们对战争的不满和对匈奴人的仇视。如今

浑邪王前来投降，纵使优待俘虏，也不应倾国库之财宝，夺国人之奉养，过于纵容匈奴。何况长安远离胡地，本地商人怎能知道匈奴的习惯呢？我认为对本地商人的处分过于严厉了，请陛下三思!”

汉武帝听后很生气，说：“我好久没有听见你说话了，今天你又来胡说八道!”不久武帝就借故将汲黯免职。

汲黯是一个骨鲠之臣，不喜欢向武帝说奉承话。有一次，汉武帝向群臣大谈自己想如何广布仁义，如何遍施恩惠，群臣皆俯首称颂，让武帝颇为自得。汲黯却冷言相讽，道：“陛下内心装满私欲，又怎么能够效法尧舜，实行仁政德治呢?”

汉武帝一听，恼羞成怒，拂袖退朝。公卿大臣们吓得胆战心惊，都替汲黯捏了一把汗。有的大臣指责汲黯放肆，忤逆皇帝，汲黯坦然地反驳说：“天子设置辅弼之臣，难道是为了用来阿谀奉承，从而陷天子于不仁不义之地吗？身在其位则谋其政，否则，只图明哲保身，而尸禄其位，岂不有辱当今的圣朝?”汉武帝退朝后，忿忿不已，对左右亲近的人说：“太过分了，汲黯太过分了!”

但是汉武帝还是很敬畏汲黯的。他对其他大臣都比较随便，可以在床边接待大将军卫青，也可以光着脑袋宴请丞相公孙弘，但接见汲黯时，则非整肃一下仪容不可。有一次汲黯上前奏事，武帝没戴皇冠，急忙躲入帷帐中，让人代为回答。

对于一些重臣贵戚，汲黯也常是与之抗礼，畅所欲言，不怕得罪人。如张汤，是武帝幸臣，汲黯却素来瞧不起他，曾在武帝面前质问张汤，说：“你身为正卿，上不能褒扬先帝伟业丰功，下不能正天下之邪心；既无安国之术，又乏富民之方；你擅改先帝规矩，妄立繁法苛律，扰民乱邦，罪大恶极！若不悬崖勒马，必将断子绝孙。”汲黯常常与张汤进行激烈的争辩，他崇尚道家，力主简要，而张汤出身狱吏，务求严苛，咬文嚼字，使汲黯很为恼火：“常说刀笔之吏不可任公卿，果然不错，张汤为政，一定会使天下鸡犬不宁，人人自危!”

大将军卫青功高位尊，他的姐姐是汉武帝的宠妃，众人对他十分敬畏。而汲黯倨傲不屈，见面只行大臣间的鞠躬礼。有人劝他应该识时务，屈就着点，汲黯傲然地说：“大将军固然尊贵，众人屈膝叩拜，但如果他有了一个平等待人，屈尊待士的美名，从而那不是更能增加他的威望了吗?”卫青听说以后，更加敬重汲黯，经常向他请教问题。

汲黯耿直坦率，经常仗义执言，所以树立了不少政敌。他一直得不到重用，经常被贬官免职，最后终老于淮阳。

汉武帝求仙

西汉武帝元鼎四年(公元前 113 年)六月，汾阴有人发现大鼎，献给朝廷，汉武帝刘彻把大鼎保存在甘泉宫。秋天，刘彻巡幸雍地，将在那里举行祭天仪式。齐地方士公孙卿求见刘彻的侍臣，对他们说："主上今年得到宝鼎，冬季十一月初一清晨又是冬至，这种情况和黄帝时期一样。"然后，他献上一份简牍，上面写道："黄帝得到宝鼎，这一年十一月初一清晨为冬至，过了三百八十年，黄帝成仙升天。"

武帝闻讯，喜出望外，立即召见公孙卿。公孙卿神秘地说："简牍是申公给我的。申公对我说：'汉朝的兴盛可以和黄帝时期媲美，汉朝的圣人就在高皇帝的孙子或曾孙中间。宝鼎的出现，标志着与神相沟通。黄帝在祭祀神灵的明庭迎接神灵，当今主上的明庭就是甘泉宫。'"

武帝急忙问道："黄帝是怎么成仙的?"

公孙卿信口开河地说："申公跟我说：'当初黄帝在首山开采铜矿，在荆山铸造宝鼎。宝鼎铸成以后，天上飞来一条龙来迎接黄帝。黄帝攀着龙须骑上龙背，群臣和后宫妃嫔七十多人都随着黄帝一同登天成仙。'"

武帝听了，不禁叹息说："唉，要是我也能学黄帝的样子，抛弃妻子儿女就像脱鞋一样容易!"

于是，他任命公孙卿为郎官，派他到太室山等候天神的降临。

元鼎六年(公元前 111 年)，公孙卿在河南等候神仙降临。不久，他声称在缑(hóu)氏城上看到神仙的脚印。

武帝亲自到缑氏城看神仙的脚印。他问公孙卿："你说的是真话吗?你可不要效法文成和五利!"(文成和五利指的是两名被武帝杀掉的方士。)

公孙卿回答说："神仙并不求人主，而是人主求神仙。如果求神的道路不宽广，神仙就不会来。神仙一类的事，听起来似乎荒唐，只要诚心诚意地求仙，持之以恒，总是能求得到的。"

武帝信以为真，他让各郡和诸侯王在其封地内扩建道路，修缮宫观和名山的神祠，准备迎接皇帝的驾临。

不久，武帝到嵩山祭祀中岳太室，随从官员在山下听到一种奇怪的声音，那声音好像是连呼三声"万岁"。武帝认为山里有神，马上命令祠官扩建太室祭祀，禁止百姓上山砍伐树木，还把山下三百户作为供奉太室的封邑。

接着，武帝东巡海上，祭祀八位神仙。齐地的方士成群结队地来拜见武帝，都说蓬莱岛上有神仙。武帝求仙心切，让人准备许多船只，命令几千方士出海寻找蓬莱神仙。

公孙卿手持符节，先往名山等候神仙降临。他到达蓬莱，立即返回禀告说："我在夜里看到一个巨人，有好几丈高。等我跑过去的时候，却又不见了。巨人留下的脚印非常大，很像禽兽的蹄印。"

武帝赶来一看，果然有一个挺大的脚印。武帝将信将疑。这时群臣中有人说："我看到一位老翁牵着一条狗，只说了一句'我想见天子'，就再也不见了。"

听到老翁的事情后，武帝才认定他们确实遇见过神仙。于是，他就留宿海边，为方士调来大批驿马车辆，派他们四处寻找神仙踪迹。一时间，寻仙的人数以千计。

武帝准备亲自乘船到海上去寻找蓬莱神仙。群臣一齐劝谏，但是，谁的话他也听不进去。这时，中郎东方朔对武帝说："与神仙相遇，是一种巧合，不能强求。要是有道术，不愁遇不到；如果没有道术，就是到了蓬莱仙境，遇到神仙，又有什么用？陛下还是回去吧，只要安安静静地住在宫中，神仙有灵，自然会降临。"

武帝觉得东方朔说得有理，这才打消出海的念头，返回长安。武帝这次出巡，花费大量钱财，行程近两万里，也没有见着神仙。但他仍然把希望寄托在公孙卿等方士身上，让他们继续四处求仙。几年过去了，除了公孙卿偶然发现"神仙的脚印"外，都一无所获。

晚年的武帝这才对求仙的事渐感失望。公元前 89 年，他对求仙的事追悔莫及。他对大臣们说："我以前太愚蠢了，受了方士的欺骗。天下怎么会有神仙呢！这全是方士胡说八道。"随后，他就把等候神仙降临的方士全部遣散，一心一意地安排自己的后事。

酷吏与宠臣

汉朝时，有几位酷吏很有特色，在这里说一说他们的故事。

郅都本是汉文帝身边的中郎将(侍卫)，后又侍奉汉景帝，他性情刚烈，常常敢于直谏，在朝堂上和大臣当面顶撞。

有一次，郅都陪汉景帝去打猎，景帝宠爱的一位美人贾姬去厕所时，突然厕所里闯进了一只野猪！把贾姬吓得哇哇大叫！

景帝忙示意身边的郅都去救贾姬，可郅都一动也不动，景帝便自己抓起一根长矛，想冲进去杀野猪，救美人。郅都见状，忙上前跪下道："死了一个美人，再找一个美人就算了，天底下还少得了像贾姬这样的美人吗？就算您不把自己当回事，难道您把天下、太后都忘了吗？"

景帝听得有理，便没有再上前，一会儿，野猪自己也跑了，美人安然无恙。太后听说了这件事，认为郅都很忠心，重赏了他。

郅都为人勇气十足，力大过人，而且为官清正，不畏权贵。当时的丞相周亚夫势力很大，非常孤傲，而郅都见到了他，只是作一个揖就完事了。他执法严酷，就是皇亲国戚也毫不畏惧，所以，不论是皇族，还是百官，都怕他三分，见了他都不敢正眼相看，并送他一个外号叫"苍鹰"，以示他的个性犀利凶狠。他不收受礼物，不接受求情，不拆家信，常常说："蒙皇上信任，给咱们官做，咱们应当以死报答皇上，哪儿还管得着妻子儿女呀！"

当时，济南有一家恶霸，全族有三百多家，雄霸一方，地方官都治不了他们，汉景帝就派郅都前去做济南太守，郅都一到任，就杀了这一族首恶的全家，其他族人都吓得战战兢兢。郅都在济南做了一年多的太守，治安状况为之一新。

后来，郅都又被派到边关做太守。匈奴人也听说过郅都的名号，一听说他来守边，都把兵马撤离了边境，一直到郅都死去，都不敢再回来。匈奴人做了一个郅都的木偶人，让兵将们用箭来射，竟没有一箭射中的，他们惧怕郅都竟到了这等地步！

汉初名臣张汤，在他小的时候就显露出才能。一次，他做官的父亲出外公干，留张汤看家。家中闹老鼠，把家里的肉给偷吃了，张汤的父亲回家，发现肉不见了，以为是张汤偷吃的，不问青红皂白，就把张汤揍了一顿。

小张汤无辜挨打，非常委屈，决心把老鼠给抓出来，洗清冤枉。他发现了老鼠洞口，便一直挖下去，抓住了偷吃肉的老鼠和吃剩的肉，就学着官儿审案的样子，拷打老鼠，照老鼠的"口供"写成"诉状"，又交给"有关部门"审讯，最后，又宣布"判决书"，历数老鼠的"罪名"，把老鼠和所偷的肉陈列在堂下，"处死"了老鼠。

张汤的父亲知道错怪了儿子，不大好意思。他把张汤审老鼠的"口供"、"审讯记录"、"判决书"拿过来一看，措词老练，无懈可击，简直像出自一个老吏的手笔。张汤的父亲大为惊异，感觉到自己的儿子将来一定会有出息，从此就着重教导张汤。张汤长大后，也成了一位著名的酷吏。汉武帝时，张汤先后担任廷尉（主管司法，九卿之一）、御史大夫（主管鉴察百官，位列三公）。

王温舒也是西汉时一位著名的酷吏。一次，他刚到某地做官，就在当地挑选出了十几个凶狠的小吏做衙役。王温舒首先掌握了这些人平时的劣迹或重罪，再让他们去抓捕盗贼，只要办事得力，就算他有天大的罪，也绝不追究；要是他办事不力，就不但按他先前的罪名杀了他，还要杀了他的全家。他的属下因此极为卖命，盗贼也因此不敢再在他的地盘作案。当地便有了治安不错的名声，王温舒也因此而得到升迁。

王温舒到了新任所，还和先前一样去招揽手下，把辖地之内的有名恶霸全都抓了起来，被株连的达上千家，罪大的杀全家，罪小的也大多被处死，家产全部抄没充公。王温舒在当地杀人之多，血流成河，延续十几里。先前，当地治安混乱，他到任只有三个月，一桩案件也没有了。

有的罪犯潜逃到了其他州县，王温舒也决不放过。他派人去缉拿他们，等捉到了罪犯，押解回来后，已经到春天了，而当时的法律规定，只有秋冬两季才能够处决人犯，王温舒便跺着脚叫道："唉，要是冬天再长一个月，我就什么事儿都办妥了！"

邓通，是汉文帝时的宠臣，他本来没有什么能耐，只是个给汉文帝撑船的船夫。一次，汉文帝做梦，梦见他要上天，可怎么也不上去，这个时候有一个穿黄衣服的船夫从后面推了他一把，他就飞上去了。他一看那个船夫，衣服后面有个洞。

汉文帝梦醒之后，就四处找这个梦中的船夫，一次他看见了邓通，正好邓通的衣服后面有个洞，和梦中见到的一模一样。文帝非常高兴，从此开始宠信邓通。汉文帝赏赐了邓通数以百万计的金钱，很高的官爵，还经常到他家去玩。可是邓通实在没有什么其他的本事，也不能为汉文帝推荐贤能、出谋划策，只能靠着献媚而讨文帝的欢心。汉文帝赐给了邓通一座铜山，让他自己铸钱使用。一时间，"邓氏钱"遍布天下，邓通也成了天下有名的富户。后世的人们便把邓通作为拥有巨大财富的人的代名词。

有一次，汉文帝长了个毒疮，邓通就常常用嘴来为他吸脓。汉文帝有一天不大高兴，问邓通道："这天底下谁最爱我啊？"邓通答道："那当然是太子了！"于是汉文帝等太子来探病时，就让他也用嘴来为自己吸脓。太子虽勉强吸了，但面有难色，后来听说邓通常常这样为文帝吸脓，便又惭愧又恼怒，从此便与邓通结下了深怨。

汉文帝死后，太子即位，就是汉景帝。景帝为了泄愤，便罢免了邓通的官职。没多久，景帝又追究他私下里自己铸钱的事情，没收了他全部的财产。邓通最后穷困而死。

汉武帝时，还有一个叫韩嫣的人。汉武帝还没有做皇帝的时候，韩嫣为他伴读，关系就很好。汉武帝当了皇帝之后，更加宠信韩嫣了，和汉文帝宠信邓通相似。

有一次，汉武帝的哥哥江都王来京见驾，汉武帝让他跟着自己去打猎。汉武帝还没有起程，让韩嫣先去开道。韩嫣就坐着车，带着百余人，浩浩荡荡，去猎场打前站。江都王远远看到，以为是汉武帝来了，就跑在道旁叩见。韩嫣却大摇大摆疾驰而过，和江都王连个招呼都没打。江都王得知内情，极为生气，就跑到皇太后那里去哭诉。皇太后因此对韩嫣极为嫌恶，后来，她借口韩嫣淫乱后宫，要把他给杀了。汉武帝为韩嫣求情，皇太后不准，终于杀了韩嫣。

韩嫣虽然一时显贵，毕竟只是一个臣子，他竟然仗着汉武帝宠信他，在其他主子面前摆架子，自然会引来杀身之祸。

李陵降匈奴

李陵是名将李广的孙子，少年英勇，尤其擅长射箭，为人谦让有礼，仁爱下士，很受人们敬重。汉武帝见其颇有李广遗风，就封他为骑都尉，让他率五千士兵驻守酒泉张掖一带。

后来，汉武帝又派将军李广利出兵酒泉，下令李陵押解辎重，随军北上。李陵不愿跟在别人后面，就赶到长安，向汉武帝禀报说："我的部下都是英勇善战的精兵，养精蓄锐多时。我情愿独当一面，分击匈奴。"汉武帝有点生气地说："你不愿跟从李广利将军么？我已发兵完毕，没有多余的兵卒给你了。"李陵奋然道："臣愿以少击众，只率部下五千人，就可以直捣匈奴!"汉武帝为他的勇气所动，终于答应，并命令路博德听从李陵指挥。

可是，路博德的资历比李陵深，羞于听命，于是上书汉武帝，说现在正值秋季，匈奴马肥，不可轻易出战，不如等到明年春天，再与李陵分兵行动。汉武帝还以为是李陵中途后悔了，暗使路博德上书，大为生气，下诏把他训斥了一通。正好匈奴人入侵西河，汉武帝下令路博德把守西河要道，派李陵赴东浚稽山，侦察敌情。

李陵得令，立即发兵行动，途中没有遇上一个匈奴兵，只是将山川地形，绘制成图，派骑兵李步乐呈送朝廷，并申诉前时的冤屈。汉武帝大喜，认为自己用人得当，并封李步乐在朝中做了郎官。

当李陵遣走李步乐，自己也准备收兵返回的时候，突然被匈奴单于率三万大军包围。李陵急忙以军为营，列队布阵，前边将士手持枪戟盾牌，后边弓箭手引弓待发。等敌人临近，李陵一声令下，弓弩齐发，匈奴兵立刻倒下一大片，其余的回头就跑。李陵又下令擂起战鼓，将士们一跃而起，奋勇追击，又杀死了几千名敌人。匈奴单于并不罢休，又召集了八万骑兵追堵李陵。李陵且战且走，又杀死了三千多名敌人。匈奴兵仗着人多，紧追不舍，到了一片长满芦苇的沼泽地中，匈奴兵四处放火，想烧死汉兵。李陵索性叫士兵先点燃芦苇，以阻止火势。就这样好不容易走出沼泽，进入南山中。单于也驱马赶来，率兵轮番攻打。李陵拼死再战，转战于树林间，又杀了几千名匈奴兵。

单于见汉兵精悍凶猛，以一当十，围追了这么多天，不能消灭他们，又见他们不南退，不由疑惑起来，以为他们是汉朝派的精兵，诱使他们到汉匈边界处一举歼灭。他想撤兵，却怕为人所轻视，堂堂一国君主，统率十万军马，竟然对付不了几千汉兵，这叫他日后如何发号施令？正在左右为难之际，汉军出现了一个内奸，意外地解脱了他。这个内奸叫管敢，是个侦察敌情的探子，因为被上司责骂，怀恨在心，就投降了单于，说李陵死伤很多，后援无望，弓矢将尽，只要加紧攻击，肯定会把汉军全部消灭掉。单于大喜，打起精神，组织人马，轮番攻打李陵，箭如雨下，并让将士大喊："李陵快快投降！"

李陵连日战斗，损失惨重，人马也剩下不多，且又多数带伤，弓箭全部用完了，情况万分危急。但李陵和所有将士毫不畏惧。他取下车辐，持在手中作为武器，与匈奴兵展开肉搏战，边战边退，进入一条狭谷。匈奴兵立即封锁退路，并登上四面山崖，往下丢石头，李陵等人被死死困在山谷中。

黄昏后，李陵换上便衣，对左右将士说："你们待在原地，我一个人去偷袭单于！"但是刚一出营，便见周围都是敌兵，自知无法杀出，返身长叹道："此次定要败死此地了！"有个将士劝慰李陵说："将军以少击多，威震匈奴，眼下天命不遂，何不暂寻生路，将来总有回去的希望。试想浞野侯曾为匈奴所俘获，后来返回，天子仍然厚待，何况将军？"李陵摇头道："如何说这种丧气的话，我若不战死阵前，怎算是英雄？"于是命令毁旗砸车，并埋掉所有珍宝财物，悲壮地说："我军若各人再有十几枝箭，还能突围出去，现在手里没有武器，用什么战斗？一到天亮，恐怕全要遭毒手。现在只有各自逃生，或者可以逃回去见到天子，禀报军情。"说完，命令每个人带两升干粮，一片冰，各寻生路，约定好了会合地点。到半夜时，李陵一马当先，冒死杀出谷口，但没走多远，又被追上重重围住。李陵只剩十几个人在身边，不由向南流涕，道："臣此生再无面目见陛下了！"就投降了匈奴。他手下的士兵大都战死沙场，只有四百多人逃了回去，报告守边将帅，边将急忙派人飞奏朝廷。当时都不知道李陵的消息，全认为他战死了。

当李陵投降的消息传来时，朝廷一片哗然，汉武帝大怒，并迁怒于李步乐，李步乐惶恐自杀。汉武帝又下令将李陵全家逮捕入狱。公卿大臣们纷纷谴责李陵，只有太史令司马迁挺身为李陵辩护，触怒了汉武帝，下令处以宫刑。后来，汉武帝又派李广利与公孙敖再次出征匈奴，并希望他们迎回李陵。公孙敖出兵不利，无法回报，就捏造谎言，说李陵帮匈奴统兵，他不敢进击。汉武帝信以为真，立即诛杀李陵全家。

李陵投降，原出无奈，并没卖身投靠，他准备一有机会，就归汉朝。不料见汉武帝如此绝情，族灭全家，就死了回汉的心，娶了匈奴女子，生儿育女，做起匈奴臣民来。不过李陵毕竟出于无奈，心里常闷闷不乐。

苏武出使被扣押后，他被派去以身说教，劝苏武投降，被苏武大义凛然地断然拒绝，羞愧得无地自容，叹息道："您真是位义士，我和卫律可说是罪恶滔天了!"因此常在暗中帮助苏武。苏武荣归汉朝时，李陵设宴饯行，伤感地举杯祝贺道："如今您荣归家乡，定会扬名于匈奴，显功于汉室，载誉于青史，古往今来没有谁会超过您的。我虽然念念不忘手刃单于，报效汉朝，可亲人已没，我还能顾惜什么？只能怀恨而终了。希望您能体谅我的悲伤！异域荒远之人，向您永别了!"言罢，起身歌舞，自吟道："经万里兮度沙漠，为君将兮击匈奴。路穷绝兮矢刃摧，士众灭兮名已毁。老母已死，虽欲报恩将何归?"

李陵就这样在匈奴度过余生，直至终老。

司马迁著《史记》

司马迁，字子长，生于公元前135年，夏阳(今陕西韩城)人。他出生在一个书香门第的家庭里，其父司马谈在朝中担任太史令，对历史和先秦诸子都有深刻的研究。司马迁小的时候，父亲就对他充满期望，希望儿子能够继承父亲的事业，所以家教很严。司马迁十岁的时候，就能诵读《左传》、《国语》、《尚书》等历史古籍，在历史学和文学两方面打下了坚实的基础。

司马迁读书，遇到疑难问题，总要反复思考，探究根底。他还喜欢寻访名胜古迹。从二十岁那年起，司马迁到全国各地去游历，往南，他到了江淮流域，最远到过会稽(今浙江绍兴市)。据传说他特意到留有禹穴的地方进行了考察。往北，司马迁渡过了汶水、泗水，到过春秋战国时代的齐国、鲁国的首都，实地考察了孔子、孟子当年给学生讲学的遗迹。

每到一地，凡是古代历史记载或传说中出名的地方，司马迁都要亲自考察游览，访问当地的老年人。他听说战国时代秦国蜀郡太守李冰修建了都江堰，能防洪和灌溉，就特地跑到四川，爬上岷山眺望，到都江堰的离堆上去踏勘。他听说秦灭魏的时候，曾引黄河水去淹魏国首都大梁城，就特地跑到大梁，观察了城墙上当年被水淹过的痕迹，向老年人询问水淹大梁的惨状。他听说屈原怀才不遇，自沉汨罗江而死，就特地跑到长沙，在汨罗江畔凭吊了这位伟大的爱国诗人。经过数次大规模的游历和考察，司马迁开阔了眼界，增长了知识，锻炼了观察事物的能力，积累了大量的原始资料，为写《史记》打下了基础。

司马迁三十六岁那年，父亲司马谈因病去世，父亲生前编写的一本历史书便搁下了。他临死时，拉着儿子的手再三嘱咐说："汉朝兴起以后，海内又统一了，上面有贤明的君主，下面有众多的忠义之士。他们的事迹都很丰富感人，我们做太史令的，如果不能把他们的业绩记载下来，就是失职。我死之后，你一定要继承我的事业，把书写完。"司马迁流着眼泪，连连点头，接受父亲的嘱咐。

公元前108年，司马迁接替父亲做太史令，这时候他接触到了各种宫廷文书档案，知识更加丰富了，搜集到的材料也更加广泛。公元前104年，他继承其父的遗志，开始着手编写《史记》。

正在司马迁专心写《史记》的时候，不幸的事降临到他的头上，这是他四十八岁那年。司马迁的好朋友李陵，被派去征讨匈奴。由于孤军深入，粮尽援绝，被匈奴包围俘虏了，当时有人传说李陵投降了匈奴。汉武帝一生气，把他的全家都杀了。司马迁对李陵比较了解，就在汉武帝面前替李陵辩白了几句，因此，触犯了汉武帝，汉武帝便治了他的罪，按当时的法律规定，是可以用钱赎罪的，但司马迁家里没有钱，最终受了腐刑的处罚，腐刑是使人丧失生殖能力的处罚，虽然不危及生命，但却让人蒙受巨大的耻辱。

受刑以后的司马迁，在人格上受到了沉重的打击，内心十分悲痛，他几次想到了自杀，可是一想到父亲的遗愿还没有实现，又不甘心这样死去。他决心坚强地活下去，把那部历史书写完。从此，他利用已经搜集到的材料，夜以继日地发愤著书。

经过不懈的努力，在五十三岁那年，司马迁终于写成了我国一部不朽的历史巨著《史记》。这部书叙述了上起黄帝，下迄汉武帝三千年来政治、军事、经济、文化等方面的历史，全书共一百三十卷，有五十二万多字。其中包括本纪十二卷，记载帝王的事迹；表十卷，用列表的方式记载大事和重要人物，补充本纪；书八卷，记载重要的典章制度，天文现象，政治设施和社会经济生活；世家三十卷，记载诸侯王和孔子、陈胜等特殊重要人物的事迹；列传七十卷，记载重要人物，少数民族和邻国的历史。其中最重要的是本纪和列传，因此后人称它为纪传体史书。自从《史记》首创了这种纪传体以后，中国历代的正史，即通常所说的二十四史，基本上都是以《史记》作榜样，采用纪传体这种形式来写的。

司马迁著的《史记》不仅内容确信可靠，是一部了不起的历史巨著，而且文字生动优美，人物写得栩栩如生，因此也是一部了不起的文学著作。鲁迅称赞《史记》是“史家之绝唱，无韵之离骚”。

卫太子冤死

汉武帝刘彻二十九岁时，卫皇后为他生得一子，取名刘据。因是第一个儿子，武帝视刘据如掌上明珠，百般疼爱。刘据七岁时就被武帝册立为太子。后来刘据慢慢长大了，因其性情温和，做事谨慎，与武帝的性格相差很远，再加上武帝宠爱的几个夫人先后都生了儿子，因此，武帝对卫皇后和刘据的宠爱逐渐淡薄。

每次巡游各地时，武帝就把朝政交给刘据处理。刘据因为人厚道，讨厌酷吏，那些不受武帝重用的酷吏便想法诋毁他。大将军卫青死后，这些大臣认为刘据已经失去靠山，就千方百计寻找他的过错。当时，武帝和儿子关系已经疏远，连卫皇后也很难与他见面，这样一来，那些想陷害刘据的大臣也就有了可乘之机。

公元前 92 年冬天，阳陵人朱安世告发丞相公孙贺的儿子公孙敬声与阳石公主私通，还在去甘泉宫的御道下面埋木头人诅咒皇帝。因受到此案牵连，阳石公主、诸邑公主和卫皇后的侄子卫伉(kàng)等人全被诛杀。这时，大臣江充一向嫉恨刘据，他见武帝老矣，害怕将来刘据杀他，便乘机对武帝进谗言说，皇上生病都是因为巫蛊作怪。于是武帝就派江充当使者整治巫蛊，还派苏文等人协助江充调查，让韩说、章赣协助调查。

江充利用这个机会，让巫师挖地找偶人，逮捕夜里祭祠诅咒武帝的人，还把酒洒在地下，制造祠祭现场，用这种方法诬陷他人。对被捕的人，他们用烧红的铁条烫、夹，强迫人们认罪。一时间，百姓彼此揭发，互相诬告，官吏动不动就给人安上大逆不道的罪名，因巫蛊案被处死的前后有几万人。

当时，武帝年事已高，时常有病，他总是怀疑周围的人在用巫蛊诅咒他，一听到什么风声，就穷追不舍，没有人敢为被冤屈的人申诉。江充了解这种情况，深知武帝的心理，就对武帝说宫里有蛊气。于是他领着一伙人闯进宫廷禁地，到处挖掘木头人。先从后宫那些不受武帝宠幸的妃嫔住处查起，接着搜到卫皇后那里，连武帝的御座下面也给挖了。就这样一直挖到太子宫里，挖到了一个桐木人。

事发时，武帝正在外地避暑，卫皇后和刘据母子都在长安。听说这事，刘据很害怕，就找少傅石德商量对策。石德担心自己受牵连也被杀头，就劝刘据说："前丞相父子俩、两位公主以及卫伉都因为巫蛊案被杀了，现在他们挖到了木头人，也不知道是原来就有的还是他们栽赃放进去的，自己根本说不清楚。依我看，太子可以声称奉诏令逮捕江充等人入狱，追究他们的罪行。况且皇上病在甘泉宫，皇后和太子派人去问候都不给通报，也不知皇上现在的生死。奸臣如此嚣张，难道太子就不想想秦朝扶苏的事吗？"

刘据想不出办法证明自己无罪，被逼得走投无路，只好采纳了石德的建议。公元前91年七月，刘据派门客冒充皇帝的使者，逮捕了江充等人。韩说怀疑使者是假的，不肯接受诏书，被刘据的门客当场杀死。却说章赣受伤后逃到了甘泉宫武帝那里。

刘据派舍人无且(jū)连夜赶到未央宫将情况禀报卫皇后，并调集宫里的车马运载射手，打开武器库取出兵器，集合了长乐宫的卫士，向文武百官通告江充谋反。最后，刘据杀死了江充。接着，刘据以武帝在甘泉宫病重，怀疑奸臣想乘机叛乱为名，派人去抓丞相刘屈氂(máo)等人，刘屈氂闻讯慌忙逃跑到武帝那里。临走时，连丞相的印绶都丢了。

再说武帝听说刘据起兵后，勃然大怒，当即命令刘屈氂征调附近军队去征讨刘据。与此同时，刘据在长安派使者假传圣旨放出狱中囚犯，让石德和门客张光等人统领。又派长安囚徒如侯持符节去征调长安附近的胡人骑兵。见胡兵不听自己号令，刘据又命人让其他将领发兵，但其他将领只是按兵不动。

刘据无奈，只好驱赶长安市民，把他们武装起来，凑了几万人，到长乐宫西门外与刘屈氂的军队交战。双方混战了五天，死伤数万人，一时街上血流成河。由于长安城里百姓都流传说太子要造反，因此大多数人都不肯追随刘据。后来，刘屈氂的军队越聚越多，刘据寡不敌众，被打得大败，只能从南城门出逃。守城门军官田仁因不愿杀害太子，就放刘据和他的两个儿子出了城。最后，刘屈氂的军队攻占了长安。

武帝听到消息后，就派人携带废黜皇后的圣旨，去收卫皇后的印玺和绶带，卫皇听说后就自杀了。私放刘据出城的门吏田仁和跟随刘据闯过宫门的宾客被酷刑处死，那些跟随刘据策划发动兵变的人都以谋反罪被灭族。其他参加谋反的人，全部被流放到敦煌。

再说刘据逃出长安二十多天后，到了湖县一个百姓家里。主人很穷，只能靠卖草鞋来供养刘据和他的两个儿子。为了不再连累这户人家，刘据就派人去找当地一个有钱的熟人，没想到走漏了风声。官兵们闻讯而至，就把刘据包围在百姓的屋里。眼见自己无法逃脱，刘据就上吊自杀了，他的两个儿子接着也遇害了。

事情平息后，武帝派人调查此案，才知道所谓的巫蛊案件大多与事实不符，是江充在里面捣鬼。武帝一怒之下，就杀了江充全家，并把帮凶苏文绑在渭桥上烧死。真相大白后，武帝明白太子是无辜的，太子起兵只是因为害怕，并没有其他想法，于是他追悔莫及。后来，武帝就命人在湖县盖了一座思子宫，建了一座归来望思台，以此寄托自己对儿子的追思。人们听说这件事后，无不为此感到悲哀。

天马之战

大宛是西汉时期西域的一个小国，这里盛产汗血马。自张骞出使西域后，大宛就与西汉建立了友好关系。

一次汉武帝的使者从西域归来禀报说："大宛有好马，大宛王毋寡把它们藏在贰师城，不肯献给汉使。"由于汉武帝刘彻十分喜爱大宛的汗血马，并将它称之为"天马"，所以听到这个消息后，他就派人用金子铸成马，到大宛去换取天马。

汉朝使者来到大宛，将来意告诉国王毋寡，国王想交换又舍不得，不想交换又怕得罪汉朝，一时间犹豫不定，于是国王就召集群臣商议此事。大臣们议论纷纷，有人愤愤地说："贰师的马是大宛的宝马，怎么能交给别人呢!"有人则说："我们不要怕汉朝，汉朝距离我们千里迢迢，要经过高山、大河、沙漠才能到这里。况且，沿途有的地方没有水草，有的地方容易迷路，汉朝根本不可能派大军进攻我们。"

于是，大宛国王毋寡拒绝了汉朝的要求。汉使非常恼火，一气之下，就用铁锤砸毁金马，怒气冲冲地回国了。

使者走后，大宛贵族认为汉使砸毁金马的行为是对他们的侮辱，于是就让东边的郁成王半路拦截汉使。后来，郁成王杀死汉使，并抢走了他们的财物。

消息传到长安，武帝闻讯，勃然大怒，就与大臣们商量此事。以前出使过大宛的姚定汉对武帝说："大宛的兵力薄弱，陛下只要派三千人马，多带些弓箭，准能把大宛打下来。"

武帝对他的话毫不怀疑，因为浞(zhuó)野侯赵破奴当年曾带七百骑兵攻打楼兰，就生擒楼兰王。当时，武帝正想找机会封宠姬李夫人的家人为侯，于是就任命李夫人的哥哥李广利为贰师将军，带领六千骑兵和几万步兵，讨伐大宛。

公元前104年，李广利率军西征。当大军穿过盐泽以后，沿途小国都据城自守，不肯向汉军提供粮草。因长途奔袭，不服水土，加上汉军缺乏粮草供应，汉军沿途死伤不少。当汉军到达大宛东部的郁成时，只剩下几千人，将士们疲惫不堪。双方一交战，汉军伤亡惨重。李广利见状焦急万分，就和部将商议说："连一个小小的郁成都攻不下来，还怎么进攻大宛的国都呢?"

于是，李广利引兵撤到敦煌，派人向武帝奏报："因为路途遥远，缺乏给养，困难重重，将士们虽然英勇作战，但饥饿难忍，兵力单薄，难以攻下大宛。希望暂且罢兵，等调集大军后再发起进攻。"

听到禀报，武帝大怒。他立即派使臣到玉门关阻止李广利，并且下令："有胆敢退入玉门关者，立即斩首。"李广利吓得只好滞留在敦煌。

武帝正想征调大军再去攻打大宛时，匈奴又开始侵扰边境。大臣们都希望武帝放弃大宛，集中兵力对付匈奴。武帝却固执己见，认为堂堂汉朝天子发兵征伐弱小的大宛，如果半途而废，就会遭到西域大夏、乌孙等小国的耻笑，更无法得到大宛的宝马。于是，武帝决心继续征调大军讨伐大宛，一年多的时间，派到敦煌的援兵有六万多人，还有三万匹马、十万头牛以及数以万计的驴、骆驼。当时，在敦煌囤积的粮草、弓箭多得难以数清，从各地调来的校尉军官就有五十多人。同时，为巩固西北边防，武帝又增调十八万戍卒守卫酒泉、张掖等地。另外，为了在攻破大宛后挑选好马，武帝还特地任命两名熟悉马性的人担任执马校尉和驱马校尉。

公元前102年，李广利再次出征。沿途各部族见汉军威武雄壮，纷纷主动开城迎接，提供饮食。到了第二年，大宛贵族发生内乱，他们立毋寡的弟弟为大宛王。大宛王为了和汉朝修好，就派儿子到汉朝充当人质，并约定每年向汉朝进贡两匹天马。

李广利之死

公元前90年，匈奴大举入侵汉朝边境，杀害百姓，抢掠粮食和牛羊，使北方地区不得安定。于是汉武帝刘彻就派贰师将军李广利率精兵七万从五原出塞，抗击匈奴。

李广利动身的时候，丞相刘屈氂送他到渭桥。李广利在他耳边悄声说："希望你早一点奏请主上立昌邑王为太子，昌邑王继位，你也就无忧无虑了。"

刘屈氂随即满口答应。昌邑王是李广利妹妹李夫人的儿子，李广利的女儿又是刘屈氂的儿媳妇，所以两人都希望立昌邑王为太子。不料，他们的秘密被郭穰(ráng)探知，他立即向武帝禀告："丞相夫人诅咒主上，丞相还和贰师将军一起祈祷神灵，想立昌邑王为帝。"

武帝听后大怒，立刻将刘屈氂交给廷尉审理。不久，刘屈氂和他的夫人都被处死。李广利的妻子和儿女也被捕入狱。

当时李广利正在出兵途中，听到消息后，吓得浑身直冒冷汗。一位因避罪而从军的幕僚胡亚夫劝他说："将军如果能打个大胜仗，还有将功折罪的希望。要不然，匆匆忙忙地回去，恐怕凶多吉少。"

李广利没办法只好硬着头皮，率军继续北进到郅(zhì)居水畔。然而，四处不见匈奴兵的踪影。接着，李广利就让护军带领两万骑兵渡过郅居水。汉军刚上岸，就与匈奴左贤王、左大将率领的两万骑兵遭遇。双方激战一天，汉军杀死匈奴左大将，匈奴骑兵伤亡惨重。

汉军长史看出李广利为了营救自己的妻子儿女，不顾全军的危险，一心想自己建功，怕这样打下去会失败的。于是，他串通其他将领，准备把李广利抓起来。不料，事情败露，长史被斩首。李广利率兵退到燕然山。

匈奴单于狐鹿姑见汉军疲惫不堪，便亲自率领五万骑兵拦截李广利。一场血战，双方打得难解难分。当天夜里，匈奴在汉军营垒前挖了一道深沟，然后在汉军背后发起猛攻。结果汉军大乱，李广利只好投降。为了安抚他，狐鹿姑还把自己的女儿嫁给了他。武帝听说后，将李广利满门抄斩。

再说李广利投靠匈奴后，非常受单于狐鹿姑的赏识。为此，丁灵王卫律心里十分忌恨他。一天碰巧狐鹿姑的母亲病了，卫律便买通巫师，陷害李广利。巫师对狐鹿姑说："过世的老单于发火了，他托我传话说：'这个南蛮子三番五次地侵犯我们。我曾经发过誓，如果生擒李广利，一定要用他来祭祀天地。你们为什么不用他来祭祀呢?'"

狐鹿姑听信了巫师的话，就把李广利抓了起来，把他当做祭祀品杀了头。临死前，李广利气得大骂："我死后，变做厉鬼也要消灭匈奴!"不久，雨雪连降数月，匈奴的人畜病亡严重，庄稼也欠收，狐鹿姑害怕是李广利鬼魂作祟，连忙为他立祠祭拜。

桑弘羊整顿财政

经过汉初七十多年休养生息的政策，到武帝登位时，国家经济繁荣，百姓安居乐业。但是，武帝长期用兵，消耗极大。为了挽救财政危机，维持西汉王朝的统治，汉武帝开始招聘并重用一些有经济头脑的人。在他身边做了二十多年侍中(皇帝身边的侍从大臣)的桑弘羊，因此登上了政治舞台。

桑弘羊出生在洛阳一个大商人家庭里。洛阳人经商成风，他们的计算与理财能力，其他地方的人是不能相比的。在这种大环境、小环境的双重熏陶下，桑弘羊从小就显露出一个经营家基本的天赋——计算。别人用工具，而他却会心算，不仅算得快，而且全面、系统。可是，从他十三岁进入宫廷，却一直没有机会施展自己的才能。所以，武帝恢复经济的愿望刚露出一点苗头，桑弘羊就抓住时机，向武帝陈述了他一系列的想法及建议。武帝这才发现，身边居然有这样一位大能人，不禁高兴万分，马上让人按桑弘羊的建议实施改革措施。公元前 119 年，初步的改革开始了。

桑弘羊所做的第一件事是发行白鹿皮币和白金币。白鹿皮币是用白鹿皮做成的，大约一尺见方，周围画上彩色的花纹，每张价值四十万钱。白鹿皮币不是真正的货币，它只是朝廷和统治阶级内部相互交换的一种货币形式，用它可以兑换钱财。真正的货币是白金币，由银锡合金制成，分为三千钱、五百钱和三百钱三种面值。白金币的发行是为了打击商人势力。谁知由于白金币的币值定得过高，引起了大规模的私铸、偷铸现象，反而给国家财政带来巨大的破坏。终于，这项制度只实行了四年就被废除了。

在发行新币的同时，又实行算缗、告缗的政策。算缗是向富商、高利贷者、手工业作坊主征收财产税和所得税，以增加国库的收入；告缗则是针对不如实汇报财产的商人，一旦发现，便罚他守边疆一年，并没收全部财产。而告发者则可以获得被罚人的一半财产。这项改革实施后，告缗之风骤起，“杨可告缗遍天下，中家以上大抵皆遇告”。这样做，既抑制了一部分豪强和大商人的非法牟利，又增加了国家收入。

第三件事便是实行盐铁业的官营。在汉朝政治影响下，国家对盐铁的经商是不加限制的，因而一些靠煮盐冶铁发家的商人，个个腰缠万贯。桑弘羊认为这极大地影响了国家的经济收入，坚决主张实行盐铁的国有及专卖政策，并提议让专门的盐铁商来负责这件事。于是山东的大盐商东郭咸阳和河南的冶铁商孔仅被破格提升为大农丞，分管盐铁的工作。经过他们三人的共同努力，国家终于基本实现了盐铁的专营。这不仅使中央的集权统治有所加强，而且大大增加了西汉的财政收入。

汉武帝看到这些政策对国家经济十分有利，非常高兴。公元前 115 年，他提升孔仅为大农令(管理钱粮的财政部门最高长官)，桑弘羊接替孔仅为大农丞(大农令的副官)。在做大农丞期间，桑弘羊又做了三件大事。

首先是发动了一次更大规模的告缗运动。原来，算缗令颁布后，一些商人和高利贷者为了维护自身利益，隐藏财产，不肯向朝廷如实呈报，影响了这项政策的执行。桑弘羊在汉武帝的批准下，派遣许多官吏到各地严厉地贯彻“告缗法”，没收了不可尽数的财物、土地及奴婢，对富商们进行了一次暴风骤雨式的大扫荡。

其次是统一币制，将铸币权集中到中央，使用新的五铢钱，旧时的货币一律作废。汉初以来，货币制度一直比较混乱。前几次的改革不仅没起到好的作用，反而使社会经济动荡不安。桑弘羊一面禁止郡国私自铸钱，一面统一货币，将铸币权收归中央。这次改革取得了巨大的成功，从此汉朝有了较为健全的货币制度，社会也渐渐稳定繁荣起来。这种货币因盗制不易，流通方便，一直沿用到三国时期。

第三项革新措施是试办均输。以前，各郡国每年都要向中央进贡货物。由于路途遥远、商人从中牟利等因素，不仅使进贡的货物容易受到损坏，还增加了郡国的负担，对朝廷也没有什么好处。桑弘羊灵活地运用了商人从事贩运的经验，创办了均输法。它的具体办法是：各个郡国把应上缴的贡物，连同它的运费加在一起，按照当地的市价，折合为一定数量的当地土特产品，就地交给均输官。均输官再将这些土产，一部分上贡给朝廷，其余的就由均输官运往缺乏这些东西的地区，进行出售。这一措施，既可以免除以上的种种缺点，又使西汉王朝在土产品的辗转贸易中获得了巨额的利润，有力地保证了汉武帝对外用兵时的经费开支。

前110年，孔仅由于不专心为汉朝工作，被撤去了一切职务。功劳显著的桑弘羊被提升为治粟都尉，并代理大农令的职责。这时的桑弘羊已经是全国财政的第一把手了。独掌财权后，桑弘羊继续以前的财政革新，不仅加大力度对盐铁专卖进行整顿，还全面推广均输政策，使全国出现一片繁荣的景象，老百姓不用增加赋税，国库收入却逐年增加。除此之外，桑弘羊又发展了两项新的政策。

一是推行平准，即平抑物价。由大农令设置一个“平准”机构，将国家和长安所有的物资都储存在这个机构里。当长安市场上某种商品价格过高时，平准官就以低价抛售；如果某种商品价格下降，平准官就进行收购。通过这样的方式，使物价能够保持在一个比较稳定的水平上，同时也打击了一部分商人的投机倒把活动，对国家的统治是极为有利的。

二是实行酒类专卖。同盐铁官营一样，这也是一项保障国家收入的政策。使汉王朝在财政上获得了丰厚的收益。

种种措施，使桑弘羊替武帝搜集了大量钱财，也暂时缓和了西汉王朝的财政危机。公元前104年，汉武帝将大农令改名为大司农，下属部门更加健全。

公元前100年，桑弘羊被正式任命为大司农，他的职权比以前的大农令更为扩大。

桑弘羊权重一时，武帝死时，他和霍光一起担负托孤重任，辅佐昭帝。他为汉王朝做出了极大的贡献。

大儒董仲舒

董仲舒是西汉时期著名的思想家和大学问家，他对儒学思想做了进一步的发展，提出了"罢黜百家，独尊儒术"等大一统思想，使儒学从此成为西汉乃至后来封建王朝的统治思想。

他年轻时勤奋好学，喜欢钻研《春秋》。他居家讲学，门下弟子众多，许多人甚至与他未曾谋过面，只能从他的弟子那里接受学问。在讲学的同时，他潜心研究学问，相传三年间他不曾去过自家的花园游玩，其专心治学的程度可想而知。由于他进退举止合乎礼仪，弟子们非常尊敬他，纷纷效法。到了汉景帝时期，他被朝廷任命为博士。汉武帝即位后，他又被任命为江都相，侍奉汉武帝的兄长——江都王刘非。刘非骄纵勇猛，非常不注意礼仪。董仲舒侍奉他后，就耐心地以礼仪匡正刘非的行为，相处久了，刘非对他非常敬重。

一天刘非与董仲舒闲谈，他就对董仲舒说："越王勾践与大夫泄庸、文种和范蠡谋划讨伐吴国，消灭了吴国。孔子称殷有三仁，寡人也认为越有三仁。桓公向管仲商讨疑问，寡人向董君求教问题。"

董仲舒听完谦虚地回答说："我资质愚笨，不足以给大王解答大问。相传当年鲁君问柳下惠：'我想讨伐齐国，怎么样？'柳下惠说：'不好。'回来后他忧心地说：'征讨之事鲁君不问仁人，为什么要问我呢？'只是询问就如此羞愧，更何况是用计进攻吴国！这么说来，越国无一仁人。仁人本该正其义不谋其利，明其道不计其功。所以孔子门前，五尺孩童羞称五伯，因为他们先行诈谋而后才讲仁义，在君子门前无法称贤。其实五伯比其他诸侯贤能，但同三王相比，就如同用石头和美玉相比。"

刘非听完赞赏地叫道："说得好。"

董仲舒在治国时，善于用《春秋》中的灾变推断天地阴阳变化，所以他求雨，总是关闭南门，禁止烟火，开放北门，用水洒人。停雨的方法正好相反。这种做法推行到全境后，每次都非常灵验。

有一次，辽东高庙、长陵高园先后发生火灾，董仲舒就居家著书，分析失火的预兆。当时他写完草稿，还没有呈给汉武帝。这时有个嫉妒他才能的人，就偷了他的书稿上奏。汉武帝当即召集诸儒生讨论此书。董仲舒的弟子吕步舒因不知道此书是自己老师所写，就极力贬低此书。于是董仲舒因此事获罪下狱，差一点就被斩首了，后来多亏汉武帝又及时下诏赦免了他的罪过。从这以后，董仲舒再也不敢乱言灾异之说了。

董仲舒为人正直廉洁，敢于直言。当时，丞相公孙弘研究《春秋》的功底不如董仲舒深厚，但由于他善于迎合世事，官至公卿。董仲舒认为公孙弘是阿谀奉承之徒，引起公孙弘的忌恨。胶西王刘端是汉武帝的兄长，他残暴凶狠，屡屡迫害手下官员。为了报复董仲舒，公孙弘就建议汉武帝让董仲舒做胶西王的丞相。汉武帝就答应了他的请求。

刘端早就知道董仲舒是贤能的大儒，于是他对董仲舒礼敬有加。但董仲舒唯恐时间一久，容易获罪，便托病辞官回家。董仲舒先后做过两地的丞相，都是侍奉骄纵的诸侯王，这期间他数次据理进谏，以正身率下，深受人们的敬仰。

辞官回家后，董仲舒终日专心治学著书，不过问家务事。一旦朝廷有大事，朝廷总是派使者与廷尉张汤前往他家求教，每次他都提出明确的策略。

董仲舒年老去世后，他的子孙们都精通学术，先后做了大官。

狂人东方朔

汉武帝即位后，十分重视招揽人才，为此他专门建立起了一套人才选拔制度。他在位期间连续大规模征召才能之士，令官吏陪同入京，沿途供给食宿。到京后，他亲自召见，被看中的授予官职。各方面突出人才的涌现，成为汉武帝时期鼎盛局面出现的一个重要原因。

东方朔原是齐地的一名儒生，由于他博学好古，通经术数，便成为被地方举荐的人才。他到长安时，随身携带了三千多块竹简，需要两个公车令一起扛，才能举得起。武帝读完他的竹简就花费了两个月的时间。武帝见东方朔很有才能，就留他在自己身边。武帝经常与他谈话，每一次都谈得很高兴。

武帝非常赏识东方朔，经常赐给东方朔酒饭。每次他吃过饭后，总是把剩下的肉都揣在怀里带回家，结果连衣服都弄脏了。当武帝赐他绢帛时，他也都肩挑手举地往家拿。后来，他用赏赐得到的钱和绢帛娶长安的美女做媳妇，通常是娶一年就打发走，再换一个新媳妇。武帝左右的侍臣见他处事如此疯癫，就给他取了个叫“狂人”的外号。

一次武帝听说这事，就问他身边的侍臣：“假如让东方朔担任一定的职务，不做这些疯疯癫癫的事，你们怎能赶得上他呢?”众人无言以对。

还有一次，东方朔在宫里正走着，有个郎官拦住他，告诉他说：“人们都认为先生你是狂人。”

东方朔听后，摇头晃脑、得意洋洋地说：“像东方朔这样的人，就是在朝廷里避世的人！古代的人只不过在深山中避世罢了。”那位郎官听了很是吃惊。

东方朔喜欢饮酒，时常醉酒后就坐在地下唱道：“我在宫廷里避世就好，何必要到深山之中茅屋之下去避世呢!”

有一次，武帝在宫中闲来无事，他叫人在盆子下面扣了一只壁虎，让宫中那些卜占的人来猜。过了好半天，那些占卜的人一个个都没猜中。

待诏东方朔在一旁见状就对武帝说：“臣曾经学过《易》，请让臣猜猜看。”武帝答应了他的请求。

只见东方朔用占卜的蓍(shì)草排列成卦，口中念念有词，稍微掐算了一会儿，他说道：“臣以为那个东西像龙又没有角，把它叫作蛇吧，它又有脚。它善于在壁上攀援，臣觉得它不是壁虎就是蜥蜴。”

刘彻见东方朔猜中，拍手叫好，就立即赏给他十四帛。接着，刘彻又让他猜别的东西，结果都被东方朔猜中。

当时一个叫郭舍人的侍从也在旁边，他见东方朔连连猜中很不服气，说道：“东方朔太狂妄，只不过是侥幸猜中罢了，并不是真懂术数。臣愿意让他再猜一次，假如他猜得中，就打臣一百板；不能猜中，臣将得到赏赐的帛。”

于是他就把挂在树上的菟丝子扣在盆里，让东方朔猜。东方朔想了一想说：“是用来垫盆的草垫子。”郭舍人幸灾乐祸地说：“果然东方朔猜不中。”

东方朔却争辩着说：“生肉叫做脍，干肉叫做脯；附在树上叫菟丝子，扣在盆下是草垫子。”

武帝见东方朔说得有理，就让人用板子打郭舍人。郭舍人受不了，痛得嗷嗷直叫。

东方朔就取笑他说：“口无毛，声嗷嗷，尻益高。”笑他这嘴上无毛的小子，被打得嗷嗷直叫，臀部撅得越来越高。

郭舍人又气又恨，向武帝告状说：“东方朔擅自诋毁天子的从官，应当斩首。”

武帝就问东方朔：“为什么诋毁他?”东方朔说：“臣并不敢诋毁他，只是和他打隐语罢了。”

武帝就问：“这几句隐语都是什么意思?”

东方朔不慌不忙地回答说：“口无毛指的是狗洞。声嗷嗷，是鸟哺育它们的幼子的声音；尻益高，是仙鹤低头啄食的样子。”

郭舍人还是不服，两人又争辩了一番，最后还是东方朔取胜。武帝见东方朔思维敏捷，对答如流，非常赏识他的才能，就任命他做了常侍郎，从此以后东方朔就受到了武帝的宠幸。

还有一次，是在夏天，武帝下令赏赐酒肉给在身边侍奉自己官员。大家都来齐了，当时只有太官丞还没来。左等右等，还不见太官丞的身影，常侍郎东方朔有些等得不耐烦了，于是就独自拔出剑来割肉，并对其他人说："伏天肉搁不住，我们应早些带回家，请接受赏赐。"于是他就私自割下一块肉揣着回家去了。事后太官丞就向武帝禀报了这件事。

第二天，东方朔入朝，武帝问他："昨天赐肉，先生没等到诏令，却用剑割了肉回家，这是为什么呢?"

东方朔连忙脱帽，叩头谢罪。

武帝见状笑着说："先生起来，你检讨自己的错误吧。"

东方朔就振振有词说道："东方朔啊！东方朔啊！你接受赏赐不待诏令，这是多么无礼呀！你拔剑割肉，是何等壮举！割肉又不贪多，是多么廉洁呀！将肉带回家送给妻子，又是多么的仁义啊!"

武帝听完，哈哈大笑，说道："让你检讨，你反倒自夸起来了!"

武帝龙颜大悦，又赐给东方朔一石酒、一百斤肉，东方朔回家以后又交给了妻子。

苏武牧羊

匈奴自从给卫青、霍去病打败以后，双方有好几年没有打仗。匈奴虽然口头上表示要跟汉朝和好，实际上还是随时想进犯中原。

匈奴的单于一次次派使者来求和，可是汉朝的使者到匈奴去回访时，有的却被他们扣留了。为此，汉朝也扣留了一些匈奴使者。

公元前 100 年，汉武帝正想出兵攻打匈奴，匈奴派使者来求和了，还把汉朝的使者都放了回来。汉武帝为了答复匈奴的善意表示，派中郎将苏武拿着旌节，带着副手张胜和随员常惠，出使匈奴。

苏武到了匈奴，送回扣留的使者，送上礼物。苏武正等单于写个回信让他回去，没想到就在这个时候，出了一件意外的事。

苏武没到匈奴之前，有个汉人叫卫律，在出使匈奴后投降了匈奴。单于特别重用他，封他为王。

卫律有一个部下叫做虞常，对卫律很不满意。他跟苏武的副手张胜原来是朋友，就暗地跟张胜商量，想杀了卫律，劫持单于的母亲，逃回中原去。

张胜表示同情，没想到虞常的计划没成功，反而被匈奴人逮住了。单于大怒，叫卫律审问虞常，还要查问出同谋的人来。

苏武本来不知道这件事。到了这时候，张胜怕受到牵连，才告诉苏武。

苏武说："事情已经到这个地步，一定会牵连到我。如果让人家审问以后再死，这不是给朝廷丢脸吗?"说罢，就拔出刀来要自杀。张胜和随员常惠眼快，夺去他手里的刀，把他劝住了。

虞常受尽种种刑罚，只承认跟张胜是朋友，说过话，拼死也不承认跟他同谋。

卫律向单于报告。单于大怒，想杀死苏武，被大臣劝阻了，单于又叫卫律去逼迫苏武投降。

苏武一听卫律叫他投降，就说："我是汉朝的使者，如果违背了使命，丧失了气节，活下去还有什么脸见人。"又拔出刀来向脖子抹去。

卫律慌忙把他抱住，苏武的脖子已受了重伤，昏了过去。

卫律赶快叫人抢救，苏武才慢慢苏醒过来。

单于觉得苏武是个有气节的好汉，十分钦佩他。等苏武伤痊愈了，单于又想逼苏武投降。

单于派卫律审问虞常，让苏武在旁边听着。卫律先把虞常定了死罪，杀了；接着，又举剑威胁张胜，张胜贪生怕死，投降了。

卫律对苏武说："你的副手有罪，你也得连坐。"

苏武说："我既没有跟他同谋，又不是他的亲属，为什么要连坐?"

卫律又举起剑威胁苏武，苏武不动声色。卫律没法，只好把举起的剑放下来，劝苏武说："我也是不得已才投降匈奴的，单于待我好，封我为王，给我几万名的部下和满山的牛羊，享尽富贵荣华。先生如果能够投降匈奴，明天也跟我一样，何必白白送掉性命呢?"

苏武怒气冲冲地站起来，说："卫律！你是汉人的儿子，做了汉朝的臣下。你忘恩负义，背叛了父母，背叛了朝廷，厚颜无耻地做了叛臣，还有什么脸来和我说话。我决不会投降，怎么逼我也没有用。"

卫律碰了一鼻子灰回去，向单于报告。单于把苏武关在地窖里，不给他吃的喝的，想用长期折磨的办法，逼他屈服。

这时候正是寒冬季节，外面下着鹅毛大雪。苏武忍饥挨饿，渴了，就捧了一把雪止渴；饿了，扯了一些皮带、羊皮片啃着充饥。几天过去了，苏武居然没有饿死。

单于见折磨他没用，把他送到北海(今贝加尔湖)边去放羊，与他的部下常惠分隔开来，不许他们通消息，还对苏武说："等公羊生了小羊，才放你回去。"公羊怎么会生小羊呢，这不过是说要长期监禁他罢了。

苏武到了北海，身边没有一个随从，唯一和他作伴的是那根代表朝廷的旌节。匈奴不给口粮，他就掘野鼠洞里的草根充饥。日子一久，旌节上的穗子全掉了。

一直到了公元前85年，匈奴的单于死了，匈奴发生内乱，分成了三个国家。新单于没有力量再跟汉朝打仗，又派遣使者与汉朝求和。这时，汉武帝已死去，他的儿子汉昭帝即位。汉昭帝派使者到匈奴去，要单于放回苏武，匈奴谎称苏武已经死了。使者信以为真，就没有再提此事。

第二次，汉使者又到匈奴去，苏武的随从常惠还在匈奴。他买通匈奴人，私下和汉使者见面，把苏武在北海牧羊的情况告诉了使者。使者见了单于，严厉责备他说："匈奴既然存心同汉朝和好，不应该欺骗汉朝。我们皇上在御花园射下一只大雁，雁脚上拴着一条绸子，上面写着苏武还活着，你怎么说他死了呢?"

单于听了，吓了一大跳。他还以为真的是苏武的忠义感动了飞鸟，连大雁也替他送消息呢。他连忙向使者道歉说："苏武确实是活着，我们把他放回去就是了。"

苏武出使的时候，才四十岁。在匈奴受了十九年的折磨，胡须、头发全白了。回到长安的那天，长安的人民都出来迎接他。他们瞧见白胡须、白头发的苏武手里拿着光杆子的旌节，没有一个不受感动的，说他真是个有气节的大丈夫。

老臣霍光的结局

公元前87年，汉武帝得病死了。即位的汉昭帝年仅八岁。按照汉武帝死前的嘱咐，由大将军霍光等人来辅助他。

霍光掌握了朝廷大权，帮助汉昭帝继续采取休养生息的政策，减轻税收，减少劳役，把国家大事管理得很好。

但是朝廷中有几个大臣却把霍光看作眼中钉，非把他除去不可。

左将军上官桀想把他六岁的孙女，嫁给汉昭帝做皇后，霍光没有同意。后来，上官桀靠汉昭帝的姐姐盖长公主的帮助，让孙女当上了皇后。上官桀和他的儿子上官安想封盖长公主的一个身边人做侯，霍光无论如何也不答应。

上官桀父子、盖长公主都把霍光看作眼中钉，他们勾结了燕王刘旦，想方设法要陷害霍光。

汉昭帝十四岁那年，有一次，霍光检阅了御林军(皇帝的禁卫军)，后来又把一名校尉调到他的大将军府里。上官桀他们就抓住这两件事，假造了一封燕王的奏章，派一个心腹冒充燕王的使者，送给汉昭帝。

那封信上大意说：大将军霍光检阅御林军的时候，坐的车马跟皇上坐的一样。他还自作主张，调用校尉。这里面一定有阴谋。我愿意离开自己的封地，回到京城来保卫皇上，免得坏人作乱。

汉昭帝接到那份奏章，看了又看，把它搁在一边。

第二天霍光要进宫朝见，听到燕王刘旦上书告发他的消息，吓得他不敢进宫。

汉昭帝吩咐内侍召霍光进来。霍光一进去，就摘下帽子，伏在地上请罪。

汉昭帝说："大将军尽管戴好帽子，我知道有人存心陷害你。"

霍光磕了个头说："陛下是怎么知道的?"

汉昭帝说："这不是很清楚吗?大将军检阅御林军是在长安附近，调用校尉还是最近的事，一共不到十天。燕王远在北方，怎么能知道这些事?就算知道了，马上写奏章送来，还来不及赶到这儿。再说，大将军如果真的要叛乱，也用不着靠调一个校尉。这明明是有人想陷害大将军，燕王的奏章是假造的。"

霍光和别的大臣听了，没有一个不佩服少年汉昭帝的聪明。

汉昭帝把脸一沉，对大臣们说："你们得把那个送假奏章的人抓来查问。"

上官桀怕昭帝追查得紧，他们的阴谋要露馅，就对汉昭帝说："这种小事情，陛下就不必再追究了。"

打这时起，汉昭帝就怀疑起上官桀这一伙人来。

上官桀等并不就此罢休，他们偷偷地商量好，由盖长公主出面，请霍光喝酒。他们布置好埋伏，准备在霍光赴宴的时候刺死他，又派人通知燕王刘旦，叫他到京师来。

上官桀还打算在杀了霍光之后再废去昭帝，由他自己来做皇帝。没想到有人早把这个秘密泄露了出去，让霍光知道了。

霍光连忙报告汉昭帝。汉昭帝命令丞相田千秋火速发兵，把上官桀一伙统统逮起来处死。

公元前74年，年仅二十一岁的汉昭帝就得病去世，他没有孩子。霍光听了别人的意见，把汉武帝的一个孙子——昌邑王刘贺立为皇帝。刘贺原是个浪荡子，他从昌邑(今山东巨野东南)带来了二百多个亲信，天天跟他们一起吃喝玩乐，即位才二十七天，就做了一千多件不该做的事，把皇宫闹得乌烟瘴气。

霍光和大臣们一商量，联名上书，请皇太后下诏，把刘贺废了，另立汉武帝的曾孙刘询为帝，这就是汉宣帝。

霍光长期把持朝政，渐渐形成势力，霍氏家族独断专行，骄横无比。这时，有一个叫徐福的茂陵人就预言："霍氏一定会灭亡的。奢侈无度，就会傲慢不逊；傲慢不逊，就会冒犯主上；冒犯主上，就是大逆不道。霍氏这个样子又居人之上，一定会惹天怒遭人怨的。霍氏家族长期把持朝政，为非作歹，怨恨他们的人太多了。天下之人都怨恨他们，而他们又做出大逆不道的事，怎么可能不灭亡呢?"

为此，徐福专门上书朝廷说："霍氏权势强盛，陛下既然厚爱他们，就应当想法约束他们，不要让他们发展到灭亡的地步!"一连三次上书，朝廷都没有理会徐福。

公元前66年，霍氏家族谋反被朝廷诛杀，一些曾经告发过霍氏的人都受到了封赏，而徐福却没有受到丝毫赏赐。有人对此鸣不平，就上书汉宣帝说："我听说，有一位客人到主人家拜访，看见主人家的烟囱是直的，旁边又堆着柴火，就对主人说：'烟囱应改成弯的，还要把柴火搬远点，不然会发生火灾!'主人没有理会。

"不久，主人家果然失火，邻居们一起抢救，才把火扑灭。主人杀牛摆酒，感谢邻居。在救火中烧伤的被请到上座，其余的人就按出力大小依次就座，却没有请那位建议他改烟囱移柴火的人。

"有人对主人说：'当初要是听了那位客人的劝告，就不用杀牛摆酒，根本就不会有火灾。现在论功酬谢，建议改烟囱、移柴火的人没有功劳，救火时被烧得焦头烂额的人才是上宾吗?'主人于是醒悟，将那位客人请来。

"茂陵人徐福曾经多次上书，说霍氏会作乱，应当预先防范。如果陛下接受徐福的建议，就不需要划出土地分封列侯；臣下也不会谋反，遭受被诛灭的大祸。

"现在事情过去了，告发的人都受封赏，却只有徐福未获奖励。希望陛下明察，奖赏他'徙薪曲突'的远见，让他位居于那些'焦头烂额'之人的上面!"

汉宣帝看到这份奏折后，深明其意，就下旨将十匹绸缎赏赐给徐福，后来又任命徐福做了郎官。

龚遂教化百姓

西汉宣帝刘询即位以后，渤海附近郡县闹饥荒，灾民们纷纷起来造反，太守无法控制局面。宣帝想挑选一名能够治理渤海的人，丞相和御史都推荐原昌邑王郎中令龚遂，宣帝便任命龚遂为渤海太守，并召见了他。

龚遂身材矮小，相貌平庸，当时已经七十多岁了。宣帝一见他，感到与自己所听说的不相符，心里有点儿轻视他，就问龚遂："龚君上任以后，准备用什么方法平息郡中的盗贼呢?"

龚遂回答说："海滨地区远离京师，没有受过圣人的教化，那里的百姓挨饿受冻，官员却不体恤他们，所以逼得陛下的子民偷了陛下的兵器在池塘里戏耍罢了。现在陛下打算派臣去镇压呢，还是安抚呢?"

宣帝听了龚遂的回答很高兴，说："选用贤良，本来就是为了安抚百姓。"

龚遂说："臣听说治理作乱的百姓就像整理乱绳，不能着急，要慢慢来，然后才能得到治理。希望丞相、御史不要用老规矩约束臣，使臣能见机行事。"

宣帝答应了龚遂的请求，又额外赏赐给他黄金，安排车辆送他出发。

龚遂到达渤海郡界后，郡里听说新太守到了，派军队去迎接他。龚遂让军队都回去，随即命令所属各县将追捕盗贼的官吏全部撤回，凡是拿着农具的都算良民，官吏不得追究，拿着兵器的才算盗贼。龚遂孤身一人乘车到了官府，郡中一片安宁，造反的灾民们也都解散了。渤海还有很多结伙打劫的人，听到龚遂的命令，立即解散，丢掉兵器拿起了农具。于是渤海郡的盗贼全部平息，百姓安居乐业。龚遂又开仓救济贫民，选用品行优良的官员安抚管理百姓。

龚遂看到渤海地方风俗奢侈，人们喜欢经商，不愿务农，就以身作则，厉行节俭，鼓励百姓务农种桑，规定每人种一棵榆树、一百株薤、五十根葱、一畦韭菜，每家养两口母猪、五只鸡。看到百姓有佩带刀剑的，就让他们卖了剑买牛，卖了刀买犊，还开玩笑地说："为什么把牛带在身上呢?"

龚遂规定春夏两季必须到田里耕作，秋冬两季又督促百姓收割，还让家家户户多储存果实之类。由于龚遂的不懈努力，郡中都有了积蓄，官吏百姓都很殷实富足，刑狱诉讼案件也没有了。

王昭君出塞

汉宣帝在位时，匈奴内部动乱不断，分为五支，其中一支在呼韩邪单于的带领下，投降了汉朝。

汉宣帝当然很高兴，公元前 51 年，呼韩邪单于要来长安朝见皇帝。汉宣帝送给他一套很好的衣帽、一颗金子做成的大印、一辆头等的马车，此外，还赏赐他很多的金银财宝、绫罗绸缎。

呼韩邪单于穿戴打扮好，坐着新马车，跟着汉朝使者来到了长安。汉宣帝用高于诸侯王的礼仪接待他，亲自出城迎接，文武大臣、各部落的酋长、各地的诸侯王以及老百姓多得数不清。当汉宣帝和呼韩邪单于登上渭桥，成千上万的人一齐高呼“万岁”。呼韩邪从来没有见到过这么大的场面，简直都惊呆了。汉宣帝请呼韩邪单于参加为他专门举办的宴会，他们两个互相敬酒祝福，关系非常融洽。

一个月后，呼韩邪单于恋恋不舍地回去了。汉宣帝派出一万六千名骑兵护送他，并给匈奴送去许多粮食。

郅支单于一看汉朝皇帝对呼韩邪这么好，很是嫉妒。但是，他想：自己虽然打得过呼韩邪，但是汉朝力量大，汉朝一旦帮助呼韩邪，那自己就不是他的对手了，不如乖乖地向汉朝臣服。于是，他表示愿意同汉朝和好，主动地向西搬迁。

汉元帝竟宁元年(公元前 33 年)，呼韩邪单于又要求到长安来。原来，呼韩邪想和汉朝结亲，好使两国关系越来越友好。元帝心想：这次和亲，和前朝可不同，这对双方都有好处。于是，答应了呼韩邪单于的请求，他命令手下随从：“你们到宫中去挑选一个又美丽又能干的宫女，如果她愿意嫁给匈奴单于，我就把她当做公主一样看待!”

宫中有许多宫女，她们个个都很漂亮，但大都是被强迫选入宫的。在宫中，她们整年整月见不着自己的亲人，有的连皇帝也见不着，都想早点从皇宫中出去，过上自由自在的生活。现在，面对和亲的机会，虽然能够出去，但却要到很远很冷的北方，人生地不熟的，生活习惯又不同，所以，她们又很不情愿。

这时候，有一个名叫王嫱的站了出来，说她愿意嫁给匈奴单于。王嫱又叫王昭君，是湖北秭归人(今湖北西部)，她能歌善舞，人又漂亮，又有才华，刚被选入皇宫不久，还没见到汉元帝。她想：和匈奴单于成亲，这可不只是她一个人的事，自己生活好不好是小事，汉朝和匈奴的友好才是大事。

汉元帝命人教王昭君说匈奴话，给她讲匈奴的风俗习惯，还教她学习琵琶，王昭君学得非常认真，琵琶弹得连鸟儿都不舍得飞走。

到了成婚的那一天，呼韩邪单于像汉人新郎官一样，亲自来迎娶新娘。他轻轻地揭下王昭君的红盖头，不禁看呆了：真是太美了！草原上没有一朵花儿能比得上她！汉元帝给的那份嫁妆也令人吃惊：金银无数，单是丝绸就有一万八千匹！呼韩邪高兴得连嘴都合不拢了。汉元帝也很高兴，他想：只要匈奴不再侵略，那就行了。

新郎新娘要回匈奴了，元帝和文武大臣来为他们送行。长安城内的老百姓也都向王昭君高喊：“一路平安!”王昭君激动得哭了，她看到一张张熟悉的笑脸，就好像都是自己的亲人一样，是啊，她以后就不会再回来了，也再见不到亲人了！但是，她觉得自己为了国家安定、人民幸福也多少尽了一份力，她要力争使汉匈两个民族永远友好，想到这，一种自豪感又涌上心头。

她抱起了琵琶，弹出了一首动听的曲子。这首曲子表达了她既高兴又忧伤的心情。后人把它称作《昭君怨》。由于有人又尊称王昭君为汉明妃，所以《昭君怨》又被叫做《明妃曲》，一直流传到今天。

王昭君来到匈奴以后，把带来的先进知识和生产技术传给了当地的人民。她帮助呼韩邪单于改变匈奴族以前单一的游牧生活，不再整日骑在马背上，到处游荡。从那以后，匈奴人发展了自己的农业生产，学会使用中原先进的农具，使自己的粮食有了保障，生活也稳定下来。

王昭君还建议呼韩邪改革匈奴人的一些落后的风俗习惯，学习汉族的文化。在王昭君的大力帮助下，呼韩邪单于使匈奴族又繁荣起来，人口增多了，牛羊也到处可见。

呼韩邪单于非常喜欢王昭君，两人在一起生活得很好，并没有因为习惯不同而产生矛盾，夫妻俩很少吵架。第二年，王昭君生了一个儿子，可把呼韩邪乐坏了，整天抱着儿子，给他取名叫伊屠智牙师，长大以后被封为匈奴的右日逐王。

匈奴有一个老风俗，新的单于要娶老单于的王妃为妻。就这样，当呼韩邪死后，王昭君又嫁给了新单于复株累若鞮，她又生了两个女儿，分别叫做须卜居次云、当于居次。

在匈奴时间长了，虽然过得很好，王昭君还是很想家，她多想回到家乡，再见一见父母兄弟呀！可是，作为匈奴单于的王妃，出塞以后，是不能再回去了。王昭君经常梦到自己回到了家乡，和家乡人们一起唱歌、生活。

王昭君是个很爱国的女子。她经常派人送信回来，询问中原的情况，还送些特产给汉朝皇帝。当然，汉朝皇帝也不时地送一些贵重物品给匈奴单于。六十多年了，双方一直是这样友好地相处，和平地生活，再也没有打过仗，这里面有王昭君很大的功劳！

王昭君年纪大了，在临死前，她告诉自己的儿子和女儿一定要和汉朝友好，要他们在她死后，把她埋在归化(今内蒙古自治区呼和浩特市)郊外，坟墓一定要向南建造，好让她永远望着自己的家乡。

她去世后，被埋在一块水土很好的朝阳山坡上，她的墓被叫做“昭君墓”。本来，那个地方靠近沙漠，很少有青草，可是昭君墓却始终长满了青草，所以，昭君墓又叫做“青冢”。

王昭君已成为民族团结的象征。

赵飞燕得宠

汉成帝刘骜迷恋女色，不思朝政，西汉的国势开始衰落。

成帝刚即位时，宠爱班婕妤。班婕妤是一个颇识大体的女子，经常劝谏成帝做一个好国君。比如有一次，成帝在后宫游玩，想与班婕妤同乘一辆车，班婕妤却推辞说："观看古代的图画，可以发现，圣明的君主身边都有著名的大臣，夏、商、周的末代昏君身边才有宠妾，如今陛下想让妾同车，不就近似末代昏君了吗？"

成帝闻言，觉得她说得入情入理，就没有那样做。

王太后听说了这件事后，也高兴地直夸班婕妤："古有樊姬，今有班婕妤啊。"

可是，自从成帝遇到了赵飞燕姐妹以后，就渐渐疏远班婕妤了。

有一次，汉成帝刘骜微服出行，来到阳阿(ē)公主家。他见公主家的舞女赵飞燕姿色艳丽、楚楚动人，就十分喜欢，并把她带进宫中，让她日夜侍奉自己。后来，赵飞燕的妹妹也被召进宫，姐妹俩宛如出水芙蓉，看见的人无不目瞪口呆。

成帝将赵飞燕姐妹俩都封为婕妤，对她们宠爱有加。许皇后和班婕妤却因此失宠。为保住自己的地位，赵飞燕就向成帝进谗言说，许皇后与班婕妤串通一气，用妖术诅咒后宫得宠的美人，甚至连主上也不放过。成帝听信谗言后，勃然大怒，立即下令废黜许皇后，把她迁到昭台宫，处死许皇后的姐姐，其他亲属全都驱逐回原籍。

接着，成帝又派人审讯班婕妤。班婕妤据理辩解说："死生有命，富贵在天。我克己修身都没能享福，要是走歪门邪道，必有恶报。如果鬼神有知，绝不会听信小人的胡言；如果鬼神无知，向鬼神诅咒别人又起什么作用？所以，用妖术诅咒的事，我绝不会做的。"

成帝觉得她说得有道理，就赦免了她。为了避祸，班婕妤后来就索性要求到长信宫侍奉王太后。成帝答应了她的请求。

时间长了，成帝想封赵飞燕为皇后，但王太后嫌她出身微贱，就不同意。王太后姐姐的儿子淳于长时任侍中，他就帮助成帝反复劝说王太后。一年后，王太后才默许了此事。成帝还把赵飞燕的父亲封为成阳侯。

谏议大夫刘辅听说封后的事后，无比愤慨，便冒死上书说："陛下纵情声色，倾心迷恋贱女，想让这样的女子做国母，既不畏于天，又不愧于人，真是糊涂啊！俗话说：‘腐木不可以为柱，人婢不可以为主。’上天和百姓都不赞成的事情，必然是有祸无福，这种路人皆知的道理，朝廷大臣竟无人敢说一句话。臣为此痛心，不敢不冒死劝谏。”

成帝读了奏章，气得暴跳如雷，立即派侍御史逮捕刘辅，并将他关押进监狱。不久，成帝固执己见正式封赵飞燕为皇后。过了几年，成帝移情别恋，开始宠爱赵飞燕的妹妹，而对赵飞燕的宠爱稍有衰减。于是赵飞燕的妹妹就被封为昭仪，住在昭阳宫。

为了生个儿子，赵飞燕经常与侍郎、宫奴私通。宫中不时有风言风语传到成帝的耳中，成帝对此起了疑心。为了掩饰姐姐的丑行，赵昭仪经常在成帝面前哭哭啼啼地说：“我姐姐性格刚烈，如果被人诬陷，我们赵家就要绝种了。”成帝信以为真，凡是揭露赵飞燕奸情的人，都被他处死。从此以后，赵飞燕更加肆无忌惮、恣意宣淫，然而始终没有生育。

由于成帝昏聩无能，又迷恋飞燕姐妹不能自拔，终日沉湎酒色，不问朝政，汉王朝近二百年的基业已开始动摇了。

王莽沽名钓誉

西汉朝到了汉成帝在位时，已到了没落的边缘。朝廷的大权已基本掌握在皇太后或皇后亲戚的手中。汉成帝的母亲有八个兄弟，除了一个叫王曼的早死之外，其他的都被封了侯，其中最大的王凤还被封为大将军。太后怜惜王曼早逝，就将他的遗孀供养在东宫。王曼膝下有一子叫王莽，谁能想到，这个王莽就是将来篡夺汉王朝的人呢？

王莽字巨君，他很善钻营，城府极深，表面上，为人谦恭俭朴，勤奋好学，学识渊博，像个读书人。他侍奉母亲和寡居的嫂嫂，抚养兄长的孤儿，十分周到。他在外面结交俊杰之士，在内侍奉各位伯父叔父，以礼相待，委曲求全，取得人们的好感和信任。

大将军王凤在朝中权位显赫，王莽深知伯父的地位，平时对他毕恭毕敬，竭力奉承。一次王凤生病，一连几个月王莽不离左右，好生侍奉，喂药必先尝一口，睡觉也顾不上脱衣服，孝顺伯父如同对待自己的父亲一样。为此，他深受王凤的喜爱和信任。后来，王凤因年老体衰，一病不起，在临终前王凤专门恳请太后和汉成帝多多照顾王莽，于是王莽不久就当上了黄门郎，很快又被升为射声校尉。

王莽为了抬高自己的社会声望，他极力结交当时的名士，所以，他的叔父和当时的一些名士纷纷替王莽说好话，成帝听得多了，就渐渐认为王莽很贤能，越发赏识起王莽来。此后几年，王莽的官位越高，他反而越谦恭。他仗义疏财，周济天下落魄之士，注意招揽人才，为此结交了很多将相公卿和士大夫。不但当时在位的官员推荐他，连普通的老百姓也到处谈论他，他的名望和声誉越来越高，甚至都盖过了他的伯父、叔父。一次王莽私下收买了一个婢女，堂兄弟中有人听说后问起此事，王莽就为自己开脱说："后将军朱博没有儿子，我听算命先生说这女子有生儿子的面相，所以我为朱将军买下她。"当天他就把婢女送给了朱博。就是靠这些手腕王莽来为自己一点一滴博取名声，逐步为自己日后发迹打下了雄厚的基础。

公元前 8 年，汉成帝因为王莽揭发奸臣，就夸奖他忠诚正直。这时王莽叔父大司马王根就乘机推荐他接替自己，得到了成帝的恩准，于是王莽做上了大司马，当时他才三十八岁。

王莽继四位伯父、叔父之后成为朝中辅政大臣，为了让自己的声誉超过前人，他更加勤奋努力，不知疲倦。为此，他任用天下有用的人才当官，将皇帝封赏给他的土地用来供养名士，自己却更加俭朴。

有一次，王莽的母亲生病，朝中公卿列侯纷纷派夫人前去探视，王莽妻子出来迎接，因穿着俭朴，来访的人还以为她是王府的奴婢，问了之后，才知是王莽夫人。王莽就是这样，很善于掩饰野心，他的威望越来越高了。

王莽称帝

公元前 7 年，汉成帝死后，不出十年，西汉王朝先后换了汉哀帝和平帝两个皇帝。公元前 1 年，汉哀帝突然驾崩，太皇太后召来时任新都侯的王莽，让他辅佐大司马董贤办理丧事。王莽接旨后，积极怂恿尚书弹劾董贤，随即以太后诏书罢免了董贤，逼得董贤自杀。

为找到接任大司马的人选，太皇太后专门下诏让朝中公卿举荐。由于王莽从前当过大司马一职，加上名声又好，所以满朝文武都极力举荐王莽。当时朝中只有前将军何武、左将军公孙禄两人，认为像王莽这样的外戚专权会危害汉室江山，所以坚决反对。为此，两人各自举荐对方为大司马。最后太皇太后还是决定任命王莽为大司马，主管尚书事务。汉平帝即位时只有九岁，因年纪幼小，少不更事，太皇太后便临朝听政。名义上太皇太后说了算，实际上王莽把持朝中大权。

王莽当上大司马后，就利用外戚的权力，在宫廷内外结党营私，排除异己。因为当时的大司徒孔光是著名的儒家学者，先后辅佐过三位君主，在朝中地位极高，他就极力结交讨好孔光，并举荐孔光的女婿担任侍中、奉车都尉一职。

在拉拢朝中重臣的同时，为了给自己专权扫清障碍，对自己平时不喜欢的人，王莽就千方百计牵强附会，罗织罪名，并假借孔光之手进行弹劾，达到打击陷害别人的目的。在他一手操纵下，曾反对他担任大司马一职的何武、公孙禄两人都被免去官职。

从此以后，凡是依附顺从王莽的人就会平步青云，反之，那些与王莽作对的人就会祸从天降，家破人亡。在王莽的一手栽培下，王舜、王邑、甄邯、刘秀等一批受到王莽喜欢的人，几乎把持了朝廷的司法、行政、军事等大权。

王莽不愧是一代枭雄，他谨慎严肃，处事圆滑，城府极深，在朝中议事时从不直接言明，只要向党羽稍微暗示一下，众党羽就会按照他的意思奏事。当党羽按他的意思奏事时，王莽却假装推辞。就这样，王莽上迷惑太后，下骗取朝中同僚的信任。

大司空彭宣因为看不惯王莽专权，就以年老体衰，经常生病为名辞去官职，告老回乡。

对此，王莽十分怨恨，故意不赐给他黄金、车马。彭宣回乡后，没几年就去世了。

眼看王莽的权势日益强盛，大司徒孔光很是忧惧，不知该怎么办，于是上书告老还乡。王莽乘机对太后说，皇帝年纪还小，应该给他设师傅，调任孔光为皇帝的太傅，位居四辅，兼任给事中，负责宫里的护卫、供养，兼管宫中官署门户与皇帝日常衣食起居。

公元1年，有些吹捧王莽的人都说王莽是安定汉朝的大功臣，建议太皇太后下诏为王莽封侯，于是太皇太后就任命王莽为太傅，参与四辅之事，封号“安汉公”，并加封采邑两万八千户。王莽假意再三推让，最后拒绝了封地，只接受了封号。

随着太皇太后年岁日高，逐步厌倦政事之机，王莽的野心也逐渐膨胀。于是他就暗示公卿上书说，过去的规矩是按照官吏的功绩，逐级提升到两千石。各州刺史所推荐的秀才和才能突出的官吏，很多都不称职，应该让他们去谒见安汉公。另外，太皇太后年老，不合适再亲自过问这些小事了。在众公卿的逼迫下，太皇太后只得下诏规定，从今以后只有封爵的事才禀告自己，其他事务全都由安汉公和四辅决定。新任命的州牧、两千石官员以及秀才担任官吏，直接由安汉公王莽负责考核。

于是，王莽挨个接见了这些人，施以恩德，赠送厚礼，极力拉拢。对那些不迎合自己的人，他极力压制打击。为了使自己的地位更加牢靠，他还把自己的女儿立为皇后，于是他成了平帝的岳父。他估量自己的基础已经巩固，便自封为“宰衡太傅大司马”，造明堂，议九锡。这样一来，王莽的权力几乎和皇帝一样了。公元5年，王莽毒死平帝，立了一个年仅两岁的宗室子弟孺子婴为皇太子，王莽由“宰衡”进一步成为“假皇帝”。公元8年，王莽逼宫迫使太皇太后交出玉玺，正式即位称帝，改国号为“新”，从此结束了西汉210年的统治。

东汉

昆阳大战

王莽篡夺西汉天下以后，为了巩固统治，实行“改制”。但他的改制很不成功，加重了下层百姓的负担，使社会局面更混乱了。这时候，各地爆发了农民起义，尤其以绿林、赤眉起义的声势最大。

公元23年，绿林军各路将领拥立西汉王室刘玄为帝，建元“更始”，恢复了汉朝国号，这就是更始帝。不久，刘玄拜王凤为上公，刘縯(yǎn)为大司徒，刘秀为太常偏将军。刘玄让王凤、刘秀等进攻昆阳(今河南叶县)，让刘縯围攻宛城。很快，王凤、刘秀就占领昆阳，接着又攻下临近的定陵(今河南舞阳县东北)、郾(yǎn)县等地，以保障汉军主力围攻宛城。

当时新朝皇帝王莽见农民起义已成燎原之势，急得坐卧不安，马上派司空王邑和司徒王寻一起发兵平定山东地区。王莽还从各地征召通晓兵法的人为军官，任用身高八尺，体大十围的巨毋霸为将军，又驱赶很多虎、豹、犀、象等猛兽以助军威。王邑抵达洛阳后，很快聚集各州郡的兵马四十二万人，号称百万，浩浩荡荡杀向昆阳，妄图一举歼灭义军，扼杀新建立的“更始”政权。五月，王邑在颍川会合，声势更加壮大。

驻守昆阳的汉军只有八九千人。当时，双方力量的对比非常悬殊，莽军旗帜蔽野，钲鼓之声闻数百里。汉军一些的将领见敌人来势凶猛，难以抵挡，纷纷退到昆阳城。许多人惦记着妻子儿女，主张放弃昆阳，化整为零，各自为战。刘秀劝阻说：“分散兵力只能被各个击破。宛城还没有攻克，不能前来救援。如果昆阳失守，其他地方都会被敌人占领。大敌当前，我们怎么能只惦念妻子财物临阵退缩呢！”

将领们听了，不满地说：“刘将军怎么敢这么教训我们？”

刘秀哈哈大笑，起身便走。这时，探马回来说：“敌军已经推进到城北，队伍长达几百里，只见一路烟尘滚滚，望不到队尾。”

将领们一向看不起刘秀，如今到了紧急关头，才互相议论说：“看来还得请刘将军出谋划策。”

经过商议，大家一致认为，由于当时城里只有八九千人，就让王凤和廷尉大将军王常守卫昆阳，派刘秀带领五威将军李轶等十三人，乘着夜色，冲出南门，到附近去征集援军。

昆阳城虽小，却很坚固，易守难攻。王莽的军队已经有十万军队抵达昆阳城下后，把昆阳围得水泄不通。严尤向王邑献策说：“昆阳虽小，却很坚固，难以攻破。现在刘玄正在围攻宛城，我们应当派主力去消灭他。把他打败了，昆阳就可以不攻自破。”

王邑说：“我以前围攻翟义，就是因为没有活捉他而受到责备。我要首先踏平昆阳，踩着叛贼的血迹前歌后舞，难道不痛快吗?”于是倾全力兵围昆阳，一时间小小的昆阳城就这样被围了几十重，城外旌旗蔽野，尘埃遮天，鼓声响彻云霄。

为了攻城，王莽军队制造了一座座高大的楼车，在楼车上向城内射箭，时箭如雨下，连城里出门打水的人都要顶着门板，抵挡飞箭。接着王莽军队用战车撞城门，还挖掘地道打进城里。但是由于昆阳守军众志成城严密防守，城池始终也没被王莽军队攻下来。王凤等乞求投降，但王邑、王寻根本不理睬，自以为大功指日可成，趾高气扬，不可一世。严尤建议说：“我们应当让城内被困的敌军逃出去，这样就会使围攻宛城的贼人害怕。”王邑不听。

再说刘秀杀出重围，到达郾县、定陵后，想要把那里的汉军都调往昆阳。但有些将领们贪恋财物，想分出一部分军队留守。刘秀见状劝阻说：“昆阳的财宝比这里要多得多。如果被敌人打败，脑袋都掉了，还要什么财物!”

到了六月，一日，刘秀和各路军队一同向昆阳进发。他亲自带领一千多步兵和骑兵做前锋，在离敌军四五里处摆开阵势。王寻、王邑一见汉军援兵到来，就立即派出几千人来迎战。刘秀一马当先，手起刀落，连斩几十个敌人。将领们见了，都竖起大拇指，高兴地说：“刘将军平时见到小股敌军都胆怯，如今面临强敌反倒英勇无比，太奇怪了！我们还愣什么，快冲向前去，助他一臂之力!”

刘秀越战越勇，敌军吓得连连退却。各路汉军一齐冲进去，杀死一千多敌人。汉军打了胜仗，胆气更壮，人人奋勇当先，以一当百。刘秀亲自率领三千敢死队从城西攻击王莽军队的主将营垒。王寻、王邑没把汉军放在眼里，亲自带领一万多人摆开阵势，下令其他各营不得擅动，他们要独自同汉军交战。汉军锐不可当，一下子就冲乱了敌人的阵脚。汉军乘机击溃敌军，斩杀王寻。

昆阳城中的汉军见援军已到，都击鼓呐喊地冲杀出来。汉军里应外合，杀声震天动地。王莽军队听说主将被杀，吓得惊慌失措，四下奔逃，自相践踏，沿路尸体枕藉，蔓延一百多里到处是王莽军兵的尸体。这时候，天空突然狂风大作，电闪雷鸣，屋瓦被风刮得乱飞，倾盆大雨下个不停。河溃水暴涨，呼啸而来。王莽军队携带的猛兽都吓得瑟瑟发抖，士兵竞相逃命，掉进水中溺死的不计其数，连河水都被堵塞了。王邑、严尤、陈茂等骑马踩着尸体渡河逃走。

汉军大获全胜，缴获了敌军抛下的全部辎重。一时间战利品堆积如山，接连搬运了几个月。对运不走的，最后只能就地烧掉。

昆阳之战，是中国历史上有名的以少胜多的著名范例。经过昆阳大战，汉军消灭了王莽的主力部队。不久，汉军又攻入长安，杀死了王莽。

公元25年，刘秀归并或扫除了其他起义力量，重新建立汉朝，称光武皇帝，建元建武，定都洛阳，史称东汉。

盖延两战睢阳

后汉刘氏家族的人为了争夺皇位，同宗操戈，相互残杀。先是刘玄杀了刘缜，刘盆子又杀了刘玄，刘秀又将刘盆子降服。刘秀打败赤眉军后，只剩下刘永的势力可以与刘秀抗衡了。

刘永也是皇族成员，因此也打着汉朝的旗号招兵买马，他的根据地在今河南省东部、安徽省北部、山东省南部一带，定都睢阳(今河南商丘)。

公元26年，汉光武皇帝刘秀决定派虎牙大将军盖延率领三万精兵讨伐。

盖延大军非常勇猛，而且军纪严明。盖延对手下将领和士兵说道："不许骚扰百姓生活，违令者斩!"因此大军所到之处，都受到了百姓的热烈欢迎。大军势如破竹，一路占领了襄邑、麻乡，最后将睢阳团团围住。

盖延大军在睢阳城下安营扎寨，刘永可吓坏了。这些年，他虽然不断积蓄力量，加强军队训练，但毕竟兵力不足，无法与刘秀抗衡。但他又不甘心束手就擒，便召来群臣商议如何破敌。

一位大臣对刘永说："陛下，据探马来报，盖延所率的将领中，有一个叫苏茂的人，原本是刘玄的部将，后来刘玄被杀，他才投靠了刘秀。但他对刘秀甚为不满，刘秀也一直没有重用他。我们不如利用这一点，劝降苏茂。"

刘永也觉得大敌当前，这倒是一条妙计，于是派人去劝降苏茂。

刘永的一员大将掩护着几个说客去见苏茂，向苏茂陈述利弊，并许诺说如果他投降，刘永不仅重赏，而且封他做王。苏茂本来对刘秀就有不满，这次派他出征，心里虽然十分不快，但也不敢违抗，所以刘永的大臣们一说，苏茂便立刻答应了，并且商议好，三更天带领军队前去投降，可以里应外合，共同攻打盖延大军。

三更时节，苏茂带领自己手下的士兵，在汉军中开了杀戒，而刘永也派人从城中出击。盖延大军一时大乱，还没攻打睢阳城，就死伤无数。

大将盖延气得肺都要炸了，他破口大骂苏茂，可苏茂早已逃到了睢阳城中。盖延不愧为一员大将，有着丰富的作战经验。他认真分析了一下当前形势，冷静下来，便决定死困睢阳。

小小的睢阳，被盖延大军整整困了三个月，城中的粮草已经所剩无几，外边没有救兵，更不会运进粮草。

城中的将士一片怨声，百姓更是叫苦不迭。足智多谋的盖延以为出击的时刻到了。

他命士兵们三更造饭，四更出击。盖延先派人悄悄地来到睢阳城下，又命人运来一批梯子，挑选了一批精兵良将，命他们悄悄爬上城墙。

刘永的守城士兵正在大睡，因为自从盖延大军来到睢阳边境，一直未曾开战。开始之时，守城的士兵还日夜巡逻，到了后来，渐渐地放松了警惕；再后来，士兵吃不饱饭，有的就有怨气，所以一到半夜，守城的士兵都躲在小屋里去睡觉了。

盖延派的人没费吹灰之力就顺利地爬上了城墙，拉掉铁栓，大开城门。盖延一看城门大开，立即带领着大军直入睢阳城。而这时，刘永的部队都还在睡梦之中。

结果刘永的人马死伤无数。刘永一看大势不好，慌忙从城中带着家属和护卫逃了出来，借着天黑才躲过了盖延的追杀。盖延很快就占领了睢阳城。

但是盖延并没有停下来，而是乘胜攻击。由于军队士气正旺，所以很快又占领了薛县、萧县、彭城、浦郡等地。盖延下令：不许伤及百姓！刘永的许多士兵一看盖延如此爱民，便纷纷投降。盖延非常善待俘虏，不但不歧视他们，反而派人给他们准备了一顿饱饭。

盖延虽然大获全胜，但没有捉到反贼苏茂，心里仍不痛快。后来，盖延听说苏茂正率领刘永的残兵败将赶往谯县，于是他亲自率兵追杀苏茂。

两军经过一场血战。由于盖延的军队英勇善战，而苏茂率领的军队早已丧失了战斗力，没过多久，苏茂率领的将士就逃的逃、亡的亡。苏茂在部下的掩护下，突出了重围，逃跑了。

刘秀委任新太守做睢阳城的地方官。但过了一年，这个地方官又投靠了刘永，刘永又重新入城，重整兵马，想东山再起。

刘秀大怒，又派大将盖延再次前去攻打睢阳城。盖延率大军仍是只围不攻。三个月后，城中士兵饿死无数，刘永只好冒险突围，但被其部下庆吾一刀砍下了首级，刘永的军队一见主将战死就四处奔逃。盖延再次占领了睢阳城。

刘永的儿子刘纡死里逃生，一口气逃到了垂惠，在那里自立梁王。苏茂也带领残兵赶到了那里，辅佐梁王。刘秀非常信任的平狄将军也起兵叛乱，投靠了梁王。

刘秀闻讯大怒，派大将盖延去攻打梁王刘纡。而此时，梁王正派庞萌围攻桃乡，盖延又奉命改道攻打庞萌的军队。

盖延在桃乡远处安营扎寨，而不攻打庞萌的军队。庞萌围攻桃乡二十余日，伤亡惨重，而且粮草也不充足了。他刚想带兵撤走，却被盖延从外包围，双方展开了激战。而桃乡城里的将士，也迅速出来攻击。庞萌大军里外受敌，被打得丢盔弃甲，人仰马翻。和庞萌一起围攻桃乡的苏茂一看败势已定，便带着庞萌，扔下士兵逃了出来。

苏茂、庞萌逃出来之后，直接跑到了昌虑。刘纡还有几万人马在那里驻扎。

盖延挥师前进，攻打昌虑。盖延一看地势，发现通往昌虑只有一条出口，就是建阳县。此地地势险要，盖延便把军队驻扎在那里，以逸待劳，等着刘纡的人马在此经过。由于昌虑缺少粮草，刘纡决定带领着那几万人马从建阳撤出去。

而这时，盖延的大军早已做好了准备。当刘纡的人马刚一走到建阳县，盖延立即指挥人马袭击刘纡的军队。刘纡的军队没有防备，被打得晕头转向，纷纷逃亡。

刘纡见主力已被消灭，便打算拼命杀出一条血路，可是盖延的人马越聚越多。盖延的军队将刘纡团团围住，最后刘纡死在乱剑之下。

严子陵无意仕途

会稽余姚人严光，字子陵。他年轻时曾是汉光武帝刘秀的同窗，有很高的名望。刘秀称帝后，派人寻找严子陵，请他入仕。

严于陵看到汉光武帝夺得天下，知道定会封他做官，可他生来厌恶官场，不愿意享受朝廷俸禄。于是，他隐姓埋名，在齐县境内富春山(在浙江省桐庐县西)中过起了隐士的生活，一天到晚，忘情于山水之中，垂钓于溪水之畔，悠游自在，怡然自得。

有一天，有人在富春山认出严子陵，把此事报告了县令。

齐县县令上书光武帝："有一个人，身披着羊皮大衣，在富春山溪水边钓鱼，此人很像严子陵。"

汉光武帝立即命官吏备好车马，装上优厚俸禄，想把严子陵请出富春山，然而官车去了又回，均无所收获。这天，官吏又一次来到富春山，严子陵说："你们认错人了，我只是普通打鱼人。"使者不管他怎么解释，硬是把他推进了官车，快马加鞭，送他到了京城。严子陵住进了汉光武帝特意为他安排的房子，每日饭菜相当可口，数十名仆人为他效劳，然而对于这些他却不屑一顾。

侯霸与严子陵也是旧时好友。此时的侯霸已今非昔比，他做了汉朝的大司徒。侯霸听说严子陵已到皇宫，就让下臣侯子道给严子陵送去一封书信，表示对严子陵的问候。侯子道一见严子陵，便恭恭敬敬地把信递了过去。此刻，严子陵正斜倚在床上，听到是大司徒侯霸派人送信，仍然面无喜色。接过信，大概看了一下，便放在了桌子上。侯子道以为严子陵因为侯霸没有亲自看望而不愉快，忙又说："大司徒本想亲自迎接您，因为公事繁忙，一刻也脱不开身，晚上，他一定抽空登门拜访，请严先生写个回信儿，也好让我有个交待。"

严子陵想了片刻，命仆人拿出笔墨，他说，让侯子道写。信中写道："君房(侯霸字君房)先生，现在你做了汉朝大司徒，位列三公，这很好。如果你帮助君王为人民做了好事，大家都高兴，如果你只知道奉承君王，而不顾人民死活，终将身首异处，生命难保。"他说到这儿停了下来，侯子道请他再说些什么，严子陵没有吭气，侯子道讨了个没趣回到了侯霸那里。

侯霸听完侯子道的话，面有怒色，觉得严子陵不把他这个大司徒放在眼里。于是把严子陵的一番话，报告了汉光武帝，谁知汉光武帝却说："我了解他，就这倔脾气。"

当天，汉光武帝去看望严子陵，皇帝亲自登门，这可是件大事，得出门远迎。可严子陵根本不理，躺在床上养神。汉光武帝进来后，看到他这副情景，并不恼火，走过去用手轻轻地拍了拍严子陵的肚子，亲切地说："老同学，你难道不念旧情，帮我一把吗?"严子陵说："人各有志，你为什么一定要逼我做官呢?"汉光武帝听后长长地叹了口气失望地走了。

有一晚，汉光武帝与严子陵叙旧。汉光武帝问："子陵啊，你看我比从前怎么样?""有点儿进步。"严子陵回答道。那晚，两人睡在一起，严子陵故意大声打呼噜，并把腿压在汉光武帝身上，汉光武帝毫不介意。第二天，一夜未回的汉光武帝，轻描淡写的对仆人说："别害怕，我只是和严子陵在一起。"

汉光武帝封严子陵为谏议大夫，他不肯上任，仍旧回到富春山中过他的隐士生活，种种地，钓钓鱼。富春山边有条富春江，江上有个台子，据说是当年严子陵钓鱼的地方，称为“严子陵钓台”。

公元41年(建武十七年)，汉光武帝又召严子陵入宫，严子陵拒绝了。

严子陵终于死在家里，享年八十岁。刘秀闻讯，伤感惋惜良久。

南征北战的马援

公元41年，交趾女子徵(zhēng)侧、徵贰姐妹聚众造反，得到九真、日南、合浦等地蛮夷部落的响应。叛军先后攻占了岭南六十多座县城，徵侧自立为王，一时间轰动天下。

汉光武帝刘秀得到消息后，就命令大将马援等人率军去南征交趾。

马援率军沿海边向南进军，逢山开道，遇水架桥，长途跋涉一千多里。因不适应南方气候，路途中有不少将士得病死去。到了第二年春天，大军抵达浪泊，开始与敌人交战，一举击溃敌人，杀敌数千，被俘投降的有一万多人。马援率军继续追击徵侧，直达禁溪。他连续出击，彻底击溃敌人，徵侧等四散奔逃。不久，徵侧、徵贰被抓获斩首。

为嘉奖马援，汉光武帝就封他为新息侯。马援闻讯后，就杀牛备酒，犒赏全军。

随后，马援率大小楼船两千多艘，战士两万多人，再次进击九真地区，剿灭徵侧的余党都羊等人。从无功县到居风县，一路追杀，消灭敌人五千多人，最后岭南地区全都平定了。

为安定刚收复的地区，经禀报朝廷，马援将西于县分为封溪、望海二县，并组织人力修治城垣，挖河造渠，兴修水利。另外，他还把南越地区与汉朝律法有出入的十余条律法奏明朝廷，并向越人重新申明原有的制度，对他们加以约束。从此以后，南越地区一直奉行着马援确定的秩序。到了公元44年秋天，马援见这里百姓安居乐业，社会安定，就率大军凯旋回朝了。

公元44年九月，马援平定交趾叛乱返回洛阳后，平陵人孟冀前往迎接，并劝他以后在家好好休养。

马援感慨地说：“现在匈奴和乌桓还在侵扰北部边境，我正要向皇上请战。男儿应该战死沙场，用马革裹尸，运回家乡安葬，怎么能在家跟儿女过日子呢?”

公元48年七月，武陵蛮人作乱，出兵攻打临沅。朝廷派武威将军刘尚征讨，结果全军覆没。马援当时已六十二岁，听到此事他请求挂帅出征。汉光武帝刘秀见他年事已高，没有答应。马援却拍着胸脯，不服气地说："谁说臣老了！臣还能身穿铠甲，骑马驰骋。"

刘秀让他试一试。马援果真跨上战马，雄赳赳地来回跑了一趟。刘秀笑着说："好一位精神抖擞的老翁！"

于是，刘秀派马援统领马武、耿舒等人，率领四万大军攻打五溪。大军出发时，马援对送行的友人杜愔(yīn)说："我老了，总担心不能马革裹尸，今天终于遂愿，死也瞑目了。怕只怕那些权贵子弟在皇上面前搬弄是非，这些真叫我放心不下呀。"

当然马援所说的话不是空穴来风，而是有所指的。原来，一次马援患病，刘秀的女婿梁松前去探望。梁松在床下拜见，马援却没有还礼，梁松对此很不高兴。梁松走后，儿子们不解地问马援："梁松是皇帝的女婿，文武百官没有不惧怕他的，为什么父亲对他这么冷淡?"马援笑笑说；"我是他父亲的朋友，他身份虽然显贵，怎能不讲辈分呢?"。后来，因梁松仗势骄横，马援批评过他，梁松就由此忌恨上了马援，并寻机报复。

马援进军五溪途中适逢酷暑，军中瘟疫流行，不少士兵都死去了。耿舒就此向朝廷进谗言告说马援指挥不当。刘秀随后就派梁松去责问马援，并兼任监军。

梁松到达军中时，马援也因染上瘟疫病逝了。但梁松不肯罢休，依然乘机诬陷他。他上奏朝廷说马援去南方打仗时如何搜刮大量财物。刘秀听信谗言后大怒，就降旨废黜了马援的爵位，并追查他的"罪行"。

马援的妻子儿女听说后十分恐惧，不敢将马援的棺柩运回祖坟，只是草草地葬在城西。一时间连马援的宾客旧友，也没有一个人敢上门吊唁。安葬完马援，他的妻子就用草绳把自己捆绑起来，到皇宫门口请罪。刘秀把梁松的奏章拿给他们看，马援的妻子才知道马援遭人诬陷。于是，马援的家人前后六次上书，为马援鸣冤。前任云阳县县令朱勃也上书为马援申冤，指出马援为朝廷效力二十二年，南征北战，终于马革裹尸，了却平生的抱负。这样的功臣，死后遗体居然不能归葬祖坟。死者不能自我表白，活人不敢替他辩护，令人痛心。他要求让朝廷大臣评议马援的是非功过，决定是否恢复爵位，使天下人不至于失望。

后来，刘秀看了马援的妻子和朱勃的奏章，了解了事情的真相，恢复了马援的爵位，严惩了诬告他的人，并允许把马援的灵柩运回祖坟重新安葬。

董宣不畏豪强

光武帝刘秀统一全国后，实行休养生息的政策，希望国家经济尽快地恢复起来。当时，地方豪强势力很大，他们买卖人口，大搞土地兼并，不守国法。不过，严格执法的董宣不畏权势，对他们敢于按律法办。

董宣，字少平，陈留郡圉县(今河南开封东南)人。他自从当官以来，无论做什么都按法令办事，因此接连被提升，一直做了北海国(治所在今山东潍坊)相。上任后，他任命当地大族公孙丹为副手，辅佐他做一些日常事务。

公孙丹新建了一座住宅，他找来占卜的人想问问吉凶。占卜的人围着他的房子转了一圈，脸色阴沉地说："这个宅子不适合居住，要是搬进去，您家一定会死人。"公孙丹一听着了急，心想："刚盖好的房子，却不能住人，我岂不是白花了钱?"便问道："有没有化解的办法呢?"占卜的人沉思一会儿，摇摇头说："恐怕不好办。"公孙丹认为是需要他花钱，便爽快地说："有什么要求，您直说就行了!"占卜的人这才告诉他，需要一个死人尸体，先在宅子里停几天消灾，然后才能搬进去住。公孙丹鬼迷心窍，凭着有钱有势，竟然大白天杀了个过路的行人，把尸体搬进新宅，企图借此消除灾祸。

被杀的那个人的家人，哭哭啼啼找到董宣，要他抓捕凶手，替他们申冤。董宣调查一番后，立即逮捕了公孙丹父子，并杀了他们。谁知，公孙家族却集合了三十多人，拿着兵器，气势汹汹地到北海相府闹事。董宣生气地把他们全部抓了起来，又怕他们出狱后再找官府闹事，便命令下属水丘岑把这些人全部杀掉。这个案件惊动了朝廷，董宣由于杀人太多，被传唤到京师受审，水丘岑也被牵连了进来。

经过一番审讯，董宣和水丘岑都被判处死刑，关在大牢里。在死囚牢里，董宣还像往常那样，泰然自若地从早到晚诵读诗文，一点惧怕的样子都没有。到了处决的那一天，以前曾做过他下属的官吏给他送来了饭食，谁知董宣怒气冲冲地说："我一生从没吃过别人送的东西，何必临死时败坏我的名节呢?"说完，一口东西也没吃，就登上刑车被押走了。

就在刀已架上董宣的脖子，准备行刑的时候，光武帝派人骑着快马，赶到刑场，赦免了董宣。董宣对派来的使者说："水丘岑是听我的吩咐才去杀人的，即使有罪，也应该由我来负责，与水丘岑无关，请您告诉皇上杀我抵罪，放了他吧!"光武帝听到使者的汇报，又了解了一下事情的真相，认为董宣严格执法但用刑过重，就把董宣贬为怀县县令，同时赦免了水丘岑。

董宣的严格执法，不仅只针对一般的罪犯，有时碰到势力强大的人犯了罪，他也一样毫不留情面。

光武帝有个姐姐叫湖阳公主，也是一个出名的地方豪强。有一次，她的一个奴仆在外面杀了人，躲进公主府，不敢出来。可是公主为了摆架子，有时竟然在出门时，让这个杀人犯陪同。董宣知道后，便一天天在公主经常路过的地方等候。这一天，湖阳公主又坐着马车出来了，跟着她的正是那个杀人犯。董宣看清楚后，就带着人冲到湖阳公主车前，让她把罪犯交给他。湖阳公主火了，大声斥责董宣，说他太无礼了。董宣不仅没被公主的气势吓倒，反而拿出宝剑，往地上一划，也大声地责备公主的不是。他叫手下人把那个杀人犯强拉下车来，宣布了罪状，当场就杀了。

湖阳公主哭哭啼啼地跑到光武帝那里，向他哭诉这件事。光武帝一听也很生气，立刻传董宣进宫，吩咐侍卫拿着鞭子，要当面打死他，替姐姐出气。董宣到了宫里，先向光武帝叩了头，说："在打死我之前，请允许我说一句话！"光武帝生气地说："你还有什么话好说！"董宣抬起头回答道："皇上凭着崇高的德行，恢复了汉朝的天下，如今却纵容手下杀人，这样下去，怎么治理国家？用不着打我，我自己死！"说完就把头狠狠地向就近的柱子上撞，一下子血流满面。光武帝急忙命令左右把他拉住，说："我饶你不死，只是你得向公主赔礼磕头。"谁知，即使几个侍卫按着董宣的头，强迫他向公主赔罪，董宣也用两手死撑着地，坚决不肯叩这个头。光武帝十分佩服董宣，就把他放走了。

湖阳公主一肚子气，却没办法发泄。她对光武帝说："你当初只是平民的时候，就收藏过一些犯死罪的人，而官吏也不敢到我们家里来抓人。如今，你已贵为天子，却连一个县令都制服不了吗？"光武帝笑着说："天子不能和平民一样啊！"

后来，光武帝赏赐了董宣三十万钱，董宣却一分不留地全部分给了县里的衙役属吏们，从此，董宣更加严格的打击那些为非作歹的人，使一些人对他又怕又敬。而老百姓却欢快地唱道："因为有个董少平，不闻击鼓叫冤声。"他们称他是"强项令"（硬脖子的县令），没有一个不佩服他的勇气的。

董宣死的时候，光武帝派人到他家中吊唁，只见董宣的尸体只裹着一层破布，连个棺材都没有。光武帝听到使者的回话，十分伤感地说："董宣死后，我才真正知道他是如此廉洁啊。"命人按照古代大夫的葬礼安葬了他，并任董宣的儿子做了郎中。

举案齐眉

东汉时期的梁鸿，是一位名士，他不贪恋富贵，与妻子相敬如宾，举案齐眉的故事广为流传，成为夫妻恩爱的楷模。

梁鸿，字伯鸾，扶风人，幼年丧父，家道贫寒。后来到太学学习，读书十分刻苦，博览群书，融会贯通。学成之后，在上林苑中放猪。

有一次他不小心失火，火势波及别的人家。梁鸿就主动上门赔偿。然而，他把自己所有的猪都赔给了对方，那家的主人还认为不够。梁鸿说："我再也没有其他财物了。我愿意做工抵债。"主人答应了。于是梁鸿就在他家做工。他从早到晚，毫不懈怠。邻居的几位老者看到这种情况，深感梁鸿是个不一般的人，就一起去责备那家的主人，认为他做得太过分了，并且称赞梁鸿是位长者。那位主人也开始敬重梁鸿，并且把那些猪全都还给了他。梁鸿不要，离开上林苑便回归乡里。

许多人都很敬重梁鸿的人品，争着想把自己的女儿嫁给他，梁鸿一个一个地都回绝了，一直没有娶妻。同县孟家有一个女儿，身体肥胖，容貌丑陋，面色黝黑，可是力气很大，能把石臼举起来。由于她过于挑剔，三十岁了还没选好配偶。父母问她："你到底要嫁给什么样的人呢?"孟女回答说："我要嫁给德行文才像梁伯鸾那样的人。"这话传到梁鸿的耳朵里，他立刻下聘礼，求娶孟女为妻。

孟女自然十分高兴，让家里人准备陪嫁，都是布衣、麻鞋等家常衣着和耕种、纺织的种种工具。等到出嫁那天，才盛装打扮走进梁家。婚后七天，梁鸿不和孟氏讲话。孟氏感到奇怪，又感到委屈，就跪在床下说："妾听说夫子重气节操守，曾经回绝过许多女子的求婚。妾也是婚事屡遭挫折，几个男子提亲都没有答应。如今被夫子选中，却不知什么地方有所得罪?"

梁鸿说："我所求的妻子是穿粗布衣服、能吃苦的人，这样的人才能和我一起隐居山林之中。现在你身上穿着精美的丝绸衣服，脸上浓施粉黛，这种样子正是我不愿看到的，所以感到失望。"

孟氏说："妾只是试探一下夫子的好恶，观察一下夫子的志向。既然如此，妾当换装。其实，妾早就备下了隐居的服装。"

于是，她把头发梳成椎髻，穿上粗布衣服，开始操持家务劳作。

梁鸿一看，颇为高兴，称赞道："这才真正是梁鸿的妻子，这才真正是梁鸿的妻子，这是能侍奉我与我偕老的人。"

说罢，他给妻子取名叫孟光，字德曜。

住了一段时间，孟光对梁鸿说："过去时常听夫子讲想隐居山林以躲避祸害，现在怎么也不提此事了？莫非是想低头俯就，出世为官吗？"

梁鸿说："你说得不错，我梁鸿怎能出世为官呢！"

就这样，夫妻一起进入霸陵山隐居，耕田纺织、读书弹琴，日子过得闲适而有情趣。梁鸿在隐居期间，仰慕前代高士，为商山四皓以来的二十四隐者作颂。

后来，梁鸿又东出函谷关，过京都洛阳，他目睹宫苑的盛大和百姓的困苦，深有所感，作《五噫歌》：

陟彼北邙兮，噫！顾览帝京兮，噫！

宫室崔嵬兮，噫！人之劬劳兮，噫！

辽辽未央兮，噫！

汉章帝听说这首诗之后，认为这是在发牢骚，抨击朝廷，很不高兴，下令捉拿梁鸿。可是梁鸿夫妻避开了。为减少麻烦，梁鸿更名改姓，和妻儿居住在齐鲁地区。不久，又避居吴地，投奔一个富庶之家，过着男耕女织的生活。每当梁鸿回家时，孟光总是托着放有饭菜的盘子，托得跟眉毛齐平，恭敬地送到梁鸿面前，以示对丈夫的尊敬，而梁鸿也很有礼貌地用双手去接。他们这种夫妻相互敬爱传为佳话。成语"举案齐眉"即由此而来，意指夫妻恩爱，相敬如宾。

寒朗谏止冤狱

汉明帝刘庄的兄长刘英被封为楚王后，在楚地大量招纳游士，又让方士作金龟、玉鹤，在上面刻上预言刘英要做皇帝的符瑞文字。东汉明帝永平十三年(公元 70 年)，有个叫燕广的人告发刘英和渔阳人王平、颜忠等人伪造符命，图谋叛逆。朝廷经过核实，证据确凿，奏请将刘英处以死刑。刘庄不忍对兄弟加刑，就废黜刘英的王爵，把他流放到丹阳泾县。刘英一到泾县，便畏罪自杀。

随后朝廷派专人清查此案，大肆抓捕与案情有关的人，严加拷问，穷究不舍。有人为了免祸，就假造供词，诬陷他人。受到牵连的人，上至皇亲国戚、诸侯王，下至州郡豪杰和各级官吏。被杀头、流放的人数以千计，还有几千人关在各地监狱中。

侍御史寒朗与三府的掾属一同审理这桩案件。在审问案犯颜忠和王平时，他们的供词牵连到隧乡侯耿建、朗陵侯臧信、护泽侯邓鲤和曲城侯刘建。然而，耿建等人都说不认识颜忠和王平。刘庄大怒，审案的官吏惶恐不安，就把受牵连的所有人都抓了起来，没有谁敢替他们申辩。寒朗感到其中必有冤情，就进一步核实证据，让颜忠和王平描述耿建等人的容貌，他们却说不上来。后来虽然也描述了一番，与耿建等人的特征根本不符。寒朗心知颜忠和王平一定是诬告，就上书刘庄，说耿建等人无罪，并由此怀疑其他受牵连的人可能大多如此。

刘庄把寒朗召进宫，问道："耿建等人既然是这样的情况，颜忠和王平为什么指控他们呢?"

寒朗回答说："颜忠和王平自知所犯罪行严重，因此就想多攀扯些人，以减轻他们的罪过。"

刘庄又问："既然如此，为什么不早说这四个侯与此案无关，以致拖到现在，非要等到这个案件都审完了才说呢?"

寒朗说："臣虽然经过反复核查，确实了解清楚耿建等人与此案无关，但是唯恐其他人或许还会揭发他们的奸情，所以想再观察观察，因此没敢立刻向朝廷反映臣的看法。"

刘庄气愤地斥骂道："身为官吏竟敢如此首鼠两端！把他拿下!"

卫兵刚要把寒朗拉下去，寒朗大声喊道："让臣说完这句话再去死。小臣不敢欺君，只是想帮助国家而已。"

刘庄厉声问道："还有谁与你一起写这封奏章?"

寒朗说："臣自知必然灭族，不敢多牵连其他的人，只是希望陛下了解一下真实情况而已。臣看到办案的官吏，全都说案犯罪大恶极，做臣子的应该共同声讨，为他们开脱就不如把他们都关进来，这样以后不会有麻烦。所以审问一个案犯就会牵扯出十个人，审问十个案犯就会牵扯出一百人。公卿朝会时，陛下询问案件的处理是否恰当，众人都跪下回答道，过去的制度是犯大罪就要株连九族，现在陛下施以大恩，只惩罚罪犯自己而没有株连，实在是天下人的大幸。可是等到他们回到家中，口中虽然什么也不说，却都仰天长叹，谁心里都明白其中很多人是冤枉的，只是没有人敢违逆陛下而说出不同意见。臣如今把这些话都说出来了，即使立刻就死也没有什么可后悔的了。"

刘庄听完这番话，气才稍稍消了一些，没有责罚寒朗。

两天以后，刘庄亲自到洛阳的监狱审问罪犯，释放了一千余人。马皇后也认为楚王之案已经失控，她乘机劝说刘庄，刘庄这才醒悟过来，深感忧虑不安。

专横的窦宪

东汉的好多皇帝都很短命，所以便有许多小孩子皇帝，但他们决断不了政事，因此便形成了一个太后临朝执掌大权的传统。

公元88年，汉章帝病死，和帝继位，尊章帝的皇后窦氏为皇太后。和帝才十岁，窦太后临朝。因而，窦太后的哥哥窦宪便执掌了大权。这样，外戚的势力强大了起来。

这个窦宪，身材不高，可是脸大脖子粗，长得十分威武。他的颧骨底下长了条横肉，这横肉上下一抖动，谁见了都害怕。窦宪一掌权，便横行开了。

当年汉武帝费了很大的劲儿才把煮盐和冶铁的利益从豪强的手里夺过来，加强了中央集权统治。而窦宪掌权后第一件事却是废除了禁止私人煮盐和冶铁的法令，实际上，这也是窦太后的主意。她把盐铁的利益让给国内的大族和豪强们，是为了自己执政能得到他们的支持。这样一来，窦家的政权就能稳固了。窦宪的几个兄弟都做了大官，窦家一门的威风谁都比不上，窦宪的胆子因此也越来越大了。

窦宪为了稳住自己的大权，什么事都敢干。公元88年，汉章帝驾崩。汉和帝的伯父、都乡侯刘畅来到京师为先帝吊孝。刘畅毕竟是皇室成员，窦太后要办丈夫的丧事有时也与他商量，就把他召进宫里好几次。可窦宪多疑，他怕自己的妹妹重用刘畅，分了他的大权，便派刺客把刘畅暗杀了。窦太后一听到堂兄竟被人杀害，大为恼火，便吩咐窦宪去捉拿凶手，追查主使的人。这不是叫凶手捉拿凶手吗？窦宪就把杀人的大罪诬在了刘畅的兄弟刘刚身上，借口是他们兄弟不和，自相残杀。窦太后竟然信以为真，还派御史和青州刺史去查办在自己封地青州的刘刚。可世上终有明眼人。尚书韩毅上书给窦太后，说刘畅在京师遇害，而刘刚远在青州，应在京师捉拿凶手才是正理，如舍近求远，恐给奸臣暗笑。窦宪料到韩毅疑心到了自己身上，就立即请太后责备韩毅。窦太后偏听偏信，便斥责了说公道话的韩毅，但韩毅仍坚持己见。这样，韩家这一世族便与外戚窦宪结下怨恨。后来，太尉何敞亲自出马调查此案，“纸里包不住火”，最后水落石出，窦宪无法抵赖。恰在这时，匈奴内乱需汉派兵平定，窦宪怕保不住命，便要求太后让他去攻打匈奴，算赎他的死罪。究竟是太后的哥哥，虽有人反对，窦太后还是下诏封窦宪为车骑将军，发兵北伐。刘畅就这么稀里糊涂白死了。

“狗改不了吃屎。”当了车骑将军的窦宪威风又抖了起来。他一面叫他兄弟替他在洛阳大兴土木，建造将军府；一面派人拿着书信给尚书仆射郅寿，嘱咐他照顾他的家属。郅寿倒是个硬汉，他不但不愿包庇窦宪，还上书告发他的罪恶。窦太后仍偏袒他的兄长，最后郅寿被逼得自杀身亡。对此，三公九卿纷纷鸣不平，联名上书要求太后别让窦宪带兵。而窦太后把他们的奏章搁在一边，还是派她哥哥发兵去攻打匈奴。

北匈奴已经衰落了，不能抵抗汉兵。窦宪在稽落山打败了匈奴。汉军离开边塞三千多里，追匈奴兵直追到燕然山，这窦宪得意洋洋地还叫中护军班固写了一篇颂扬他功德的文章刻在山上呢。窦宪得胜还朝，比以前更加威风了。太后又拜他为大将军，还赏给他两万户的封地，叫他带着副将邓叠驻扎在凉州。从此，窦氏兄弟更加得势，窦宪的三个兄弟也都封了侯，他们的子弟、女婿、伯伯、叔叔、娘舅、外甥和他们的门客、心腹，都有封赏，其权势炙手可热。

窦宪等人有了如此势力，便更加横行无忌。几乎到了“顺之者兴，逆之者亡”的地步。各地的刺史、郡守、县令大多出自窦氏家族的门下。他们贪污勒索，贿赂公行，无恶不作。尚书仆射乐恢揭发了几个向窦家行贿而得官的人，上书批评窦宪。窦太后还算客气，只是把他的奏章搁在一边，但批准了乐恢告老还乡的请求。而窦宪却暗地里派人逼乐恢喝毒药自尽。

窦家兄弟把持朝政，独断专行，朝中大臣慑于他们的威势，都要看他们的脸色行事。这使得他们更加贪得无厌，为所欲为，百姓苦不堪言。

窦宪在窦太后的庇护下，甚至纠集力量，伺机造反。

这时，汉和帝一天天长大成熟起来。他看到窦宪他们依仗权势，祸国殃民，把国家弄得一团糟，非常痛心。现在又看到窦宪他们竟伺机造反，便暗地里组织起了自己的力量，依靠宦官郑众和几个得力的忠臣，等待时机，准备一举诛灭窦宪一党。

公元92年，汉和帝召窦宪从凉州回到京师洛阳，对窦宪一党来了个一网打尽，汉和帝念及窦太后养育之恩，没判窦宪兄弟斩刑，但令他们自杀。

班固著《汉书》

班固，字孟坚，东汉扶风安陵人。他九岁便能做文，诵读诗赋；成年以后，更是博览群书，对九流百家之言都有研究。他学无常师，不注重章句，只要求掌握文章的主旨。班固为人宽厚，并不因自己的才能出众而傲视别人，因此儒生们都很仰慕他。

东汉明帝永平初年(公元 58 年)，东平王刘苍任骠骑将军，辅佐朝政，开东阁聘请贤才。当时班固刚刚二十岁，就向刘苍上书，盛赞当世名儒桓梁、晋冯、李育、郭基、王雍、殷肃等人，希望他予以重用。刘苍接受了他的意见。

班固的父亲班彪去世以后，班固返回故里，继续撰写班彪所著的《史记后传》，被人告发私改国史，被捕下狱。他的弟弟班超上书为他辩解，汉明帝刘庄又看过了他所著的书，很赏识他，就赦免了他，并任命他为兰台令史(俸禄百石的小官)，与陈宗、尹敏、孟巽一起撰成《世祖本纪》。班固又转迁为郎，负责典校秘书，其间他写成列传、载记等二十八篇。刘庄看后非常满意，就让他完成他先前所著的史书。

班固历时二十余年，在东汉章帝建初年间基本修成《汉书》，记事起自西汉高帝刘邦元年(公元前 206 年)，终于王莽新朝地皇四年(公元 23 年)，有纪、表、志、传共一百篇，开创了纪传体断代史的体系。这部记载西汉历史的著作，在当时就受到人们的重视，学者争相传诵。

班固任郎以后，得到刘庄的信任与亲近，为报知遇之恩，班固也忠心尽职。当时京师洛阳已经建造起宏伟的宫殿，修筑起坚固的城池，但很多人仍然希望迁都长安。于是班固仿效前代司马相如、东方朔等人的做法，写了《两都赋》献给刘庄，颂扬京都洛阳，批驳那些主张迁都者的言论。

公元 76 年汉章帝即位以后，由于他雅好文章，班固更加受到恩宠。章帝多次召班固入宫侍读，有时班固一连几天被留宿宫中。章帝每次出巡，班固就敬献赋颂；朝廷中讨论朝政大事，也常让他参加，发表意见。但是班固对他和父亲班彪前后两代官位最高不过为郎，总有生不逢时的感慨，曾作《答宾戏》来自我解嘲。后来班固升任玄武司马。章帝召集诸儒在白虎观讨论五经异同，班固奉命撰集其事，纂成《白虎通义》。班固在朝臣讨论对西域和匈奴的政策时，也都发表过自己的意见。

东汉和帝永元元年(公元 89 年)，班固随大将军窦宪远征匈奴，任中护军，参与谋议。窦宪大败匈奴，班固为他撰写了著名的燕然山铭文，在燕然山上刻石纪功。永元四年(公元 92 年)，窦宪获罪自杀，班固受牵连被免官。又因班固不约束教育他的几个儿子，任凭他们不法胡为，与洛阳县县令种兢结下积怨。种兢这时乘机罗织罪名进行报复，将班固逮捕入狱。当年班固死在狱中。享年六十一岁。

班超投笔从戎

唐代诗人杨炯抱着建功立业的想法，写下了“宁为百夫长，不做一书生”的豪迈诗句，激励自己拿起刀枪，征服西北边塞的敌人。其实，早在东汉，就有这样一位投笔从戎的书生，为平定西域，保证中原的稳定做出了巨大的贡献，他就是班超。

班超字仲升，是东汉著名历史学家班固的弟弟，他父亲班彪、妹妹班昭也是那时有名的史学家，班昭和班固一起完成了《汉书》的创作。出生在这样一个书香世家，班超却表现出与他们不同的志趣。他身材高大，仪表堂堂，为人不拘小节，而且非常能吃苦耐劳。他虽然饱览群书，但并不满足于书本知识的获得，总是想把所学的东西用来建功立业。

当班固在家乡接受父亲的遗命续修《汉书》时，有人上书汉明帝，诬告班固私自修改国史，毁谤朝政。明帝下令逮捕班固，把他关进了监狱。班超马上赶到洛阳，求见明帝，说明情况后，请求代兄坐牢。明帝了解了真相，又为班超的一片诚心而感动，不仅释放了班固，还委任班超为兰台令史。兰台令史官职很低，也没有什么实权，只是负责抄写文书而已。在这种情况下，班超不仅感到有志难伸，而且还觉得非常无聊。

就在班超抄写文书期间，匈奴在东汉边境烧杀抢掠，给边境上的人民生活带来巨大的灾难。听到这种情形，正在抄写文书的班超把笔往地上一扔，气愤地拍着案台，大声感慨说：“大丈夫没有其他抱负，只愿像傅介子、张骞那样立功边地，封侯归乡，怎么能在纸笔中消磨一生!”傅介子和张骞都是因出使西域立下大功而被封侯的人，是西汉赫赫有名的大臣。这样大的志愿对一个只是抄写文书的人来说，未免太不切实际了，因此班超遭到同事的耻笑，说他在做梦。然而，班超凭着自己的才干和努力的争取，终于在三十一岁时，得到了一个假司马的军职，跟随大将军窦固出击匈奴，并立下大功，载誉归来。明帝和窦固都看到了班超的军事才能，因而在当年，明帝就派遣了班超和郭恂率领三十六人出使西域。班超终于有机会可以实现多年的愿望了。

在出使西域的过程中，班超以他高超的外交手段和智勇双全的政治才能，先后招抚了鄯善、于阗，并帮助疏勒人赶走了龟兹，使他们摆脱了被龟兹控制的命运。在短短一年内，班超就继张骞之后再次打通了汉朝通往西域各国的道路，使汉朝与西域南面诸国的联系也有所加强。后来，窦固、耿秉又出兵降服了不肯归附的车师国，东汉王朝得以重新设置西域都护，并派兵驻扎在那里，

防御匈奴的侵扰。

班超帮助疏勒人立了自己的王，有了独立的政权，在当地以少量的士兵，打退了龟兹一次次的进攻。可是毕竟危险重重，刚登位的汉章帝担心班超孤立无援，便下诏让他回朝。谁知消息一传出，疏勒都尉因为担心疏勒又将被龟兹灭亡而拔刀自杀，希望以自己的死来挽留班超，全国上下也一片恐慌。一些手下不顾往日的威严，大声哭泣，抱住班超所骑的马腿不肯放。看到这种情况，班超十分感动，更坚定了实现凌云壮志的信心：他一定要在有生之年，帮助东汉实现各民族的完全统一。于是他上书章帝，要求留下，章帝收回了诏令。班超这一待就是三十多年。

经过多年奋战，班超凭着卓越的军事才能和一贯"不入虎穴，焉得虎子"的勇气，先后征服了莎车、月氏，收降了龟兹和姑墨，诛杀了顽固抵抗的焉耆王和尉黎王，使西域五十多个小国全部归附东汉王朝，统一的多民族国家重新得到巩固。由于班超的非凡表现，他先被任命为西域都护，又于公元 95 年被封定远侯，食邑千户。

班超在西域生活了三十一年，他不仅得到了朝廷的充分信任，西域各国对他也非常敬佩，他几次想回归中原，都被当地人死死挽留。直到公元 100 年，年近七旬的班超因年老多病思念故土才正式上书皇帝，要求东归。公元 102 年八月，班超回到洛阳，被授为射声校尉。可是，由于积劳成疾，他再也无法享受这些他早就应该享受的荣耀了。一个月后，班超病逝，享年七十一岁。

班超以一介书生，在万里西域立下赫赫战功，成就了封侯的雄伟志愿。他当年以傅介子、张骞为楷模，而今，他在历史上创建的功绩，丝毫不比前二人逊色。

杜根忍死待时

"望门投止思张俭，忍死须臾待杜根。"这是"戊戌变法"中牺牲的谭嗣同写的狱中诗。诗中的杜根是谁？他就是东汉时冒死进谏的杜根。

东汉时，汉安帝年幼，朝廷由邓太后把持。后来安帝长大了，邓太后仍不想放权。

一天早朝，郎中杜根奏道："太后夙兴夜寐，使我大汉蒸蒸日上，只是陛下已经长大，望太后将朝权交与陛下执掌。"

邓太后最忌别人提这事，可是杜根偏偏捅了这个马蜂窝。不少大臣面露赞许之色，另一名郎官随即出班跪下，也要太后交出朝权。这可把邓太后气得脸色煞白，大怒道："如此说来，是孤没把国家治理好？"

杜根认准了死理，仍然坚持自己的主张道："太后圣明，功高盖世，只是礼制如此，臣下不得不言。"

邓太后火冒三丈，命人拿来两个白绢口袋，将他俩装在袋中，当场就在殿上活活打死。

邓太后打死了他俩怒气未消，让人把他俩抬出去暴尸城外。哪知杜根没死透，在荒野里又醒了过来。

他睁开眼睛一看，四周荒凉，旁边有具尸体，正是他的同僚。他猛地回想起是怎么回事，浑身打了个哆嗦。

杜根刚想挣扎着爬起来，忽然看到有人到尸体旁来查看，他连忙闭上眼睛，一动也不敢动。

那时正值夏季，成群的苍蝇在他身旁"嗡嗡"乱飞，到了第二天，他只觉得身上又痛又痒。忽然，他觉得有条软软的虫子在脸上爬，不一会儿竟爬到眼睫毛上，他听到看尸人的脚步声渐渐走远，眯起眼睛一看，天哪，原来是条蛆虫！杜根强忍着恶心，又将眼睛闭上。

第三天，伤口已经痛得麻木了，只觉得许多条蛆在他浑身上下乱爬，有时爬到他的嘴唇上，耳朵里，弄得他心里直发怵。

第三天天黑后，看守尸体的人终于离去。他用尽了浑身的力气挣扎了几次，都没能站起来。杜根使劲翻过身，挣扎着往远处爬，爬了好一会儿，麻木的筋骨才渐渐有了知觉。

杜根终于站起来，摇摇晃晃地往前走。到了河边，浑身脱力的杜根忍着剧痛洗净身子，不禁觉得精神一爽。他不敢在京城附近停留，咬紧牙关直往远处走去。

第四天一早，邓太后派人将两具腐尸埋葬，埋尸人到了那儿一看，大吃一惊，昨晚分明是两具尸体，今早怎么只剩下一具？是不是有人偷偷地把尸体抬走了，埋到了别处？大家仔细一看，地上有爬动的痕迹。众人断定杜根没死，一定是乘夜逃走了。

邓太后得到了这个消息，连忙派人四处搜寻，找了好多天，没找到杜根的踪影。她又派人到杜根的亲朋好友家搜查，依然找不到他。邓太后命人四处张贴告示，悬赏捉拿叛逆杜根，如果有人将他隐匿，诛杀全家。几个月过去了，居然没找到一点儿线索。

几个月之后，宜城（今湖北宜城南）的一家酒店前来了一个乞丐，他就是逃亡在外的杜根。

这时候，有人给酒店主人送来一车货，卸在店门前。店主是个老汉，正愁没人帮忙，看到衣衫褴褛的杜根，便喊他帮忙搬东西。杜根干得十分卖力，不一会儿就把店门口的东西搬完，店主见他干活勤快，有心留他做伙计。

杜根当然愿意。就这样，杜根在那家酒店整整地干了十五载。

后来，安帝亲政，诛杀邓氏家族。他身边的人都称道杜根的忠诚，正是杜根当年坚持让安帝亲政啊。安帝以为杜根已经死了，就下诏布告天下，安抚并任用他的子孙。

杜根听说后，这才敢出头露面，说明自己的真实身份。

杜根被官府用驿车送到京城，朝中的旧日同僚见了他莫不落泪。

"杜大人，这些年隐居在何处?"尚书陈忠问道。

杜根道："下官逃至宜城，在一家小酒店里当伙计。"

一位与杜根有深交的官员说："杜大人，当年为何不到敝府躲藏，要去吃那种大苦?"

杜根叹了口气说："当年太后严令捉拿下官，下官不能只为自己而使亲朋受株连。倘若逃至贵府，一旦被朝廷查出，下官一死事小，仁兄及全家也难以逃脱性命。下官思量再三，决心宁可自己被捉拿，也不使亲朋好友受累，故而流亡在外十余载，不与亲朋通音信。"

尚书陈忠感叹道："当年杜大人冒死向太后进谏，天下之人都钦佩您的高义；逃脱后不使亲朋受累，更是义薄云天!"

在场的官员听了，一齐点头称是。

第二天，汉安帝召见了他，授予他侍御史的官职。

梁冀受诛

梁冀，字伯卓，妹妹是东汉顺帝的皇后，父亲梁商是东汉王朝的大将军。梁商死后，顺帝就任梁冀为大将军。梁冀从小就放荡不羁，任了将军后更加横行霸道，稍不如意，就把人杀死。

汉安三年(144 年)，顺帝死，两岁的刘炳继位，是为孝冲皇帝。梁冀的妹妹梁纳以皇太后临朝，梁家独揽了朝政大权。翌年，刘炳又死了，梁冀便扶持勃海王刘鸿之子年仅八岁的刘缵为皇帝，即汉质帝。质帝虽然年纪很小，人却十分聪明，他知道梁冀向来骄横霸道，在一次朝会上当着大臣的面，指着梁冀说："这是个跋扈将军。"梁冀听到后，心里充满仇恨，心想：这孩子这么厉害，长大后还能有我的好！就让手下人在进献给质帝的饼子里下了毒，质帝吃后，感到疼痛难忍，就让人召见太尉李固。李固急忙赶来问怎么回事。质帝忍着疼痛说："刚才吃了蒸饼，现在感到肚子闷，口干，喝点水也许能活。"一直站在旁边看着的梁冀赶忙阻止说："不能喝，喝了水恐怕会吐。"梁冀话还没说完，质帝便倒在地上，打了几个滚而亡。质帝被毒死后，梁冀又立刘志为帝，称孝桓皇帝。

大将军梁冀的妻子孙寿有几分姿色，喜欢打扮得妖里妖气，眉毛描得又弯又细，涂脂抹粉，故意弄得眼角像有泪痕，走起路来腰肢忸怩作态，像是弱不禁风的样子，并装出一脸巧笑，用这些媚态来诱惑男人。孙寿生性嫉妒狠毒，能辖制梁冀，梁冀对她是又宠又怕。

当初，梁冀的父亲梁商献给汉顺帝刘保一个名叫友通期的美女，后来友通期犯了一点过失，刘保把她还给梁商。梁商不敢把她留在家，就把她嫁了出去。梁冀却派人把她偷回来。那时正逢梁商去世，梁冀名为服孝，却在城西另置房舍与友通期暗中同居。孙寿知道了，就趁梁冀外出，带了许多家奴把友通期抢回家，剪去头发，刮破面容，痛打一顿，还想向朝廷告发。梁冀十分恐惧，赶紧向孙寿的母亲磕头求情。孙母出面调停，孙寿只得作罢。但梁冀仍和友通期私通，生了个儿子，取名伯玉，偷偷藏着，不敢让人看见。孙寿还是知道了，就指使儿子梁胤把友氏一家统统杀掉。梁冀怕孙寿再害梁伯玉，常把他藏在夹壁墙里。

梁冀宠爱一个叫秦宫的监奴，让他当了太仓令，可以出入孙寿的住所。孙寿见秦宫一来，就把身边的侍者打发开，推说有事情要和秦宫商量，乘机和他私通。秦宫同时受到梁冀夫妇二人的宠爱，威权大震，连朝廷的刺史和太守赴任，都要前去拜见，向他辞行。

梁冀又按照孙寿的意图，把梁家许多在位当权的人免职，名义上表示谦让，实际是乘机提拔孙家的亲属。借孙家的名而担任侍中、卿、校尉、郡守和长吏的有十多人，这些人都是贪得无厌、凶暴荒淫之徒。他们各自派遣亲信把当地的殷实富户登记入册，然后罗织罪名，关进监牢，严刑拷打，叫他们出钱赎罪，出钱少的就被处死或流放。

有个叫士孙奋的扶风人，家里很有钱，但生性吝啬，梁冀把自己的一车一马送给他，然后向他借五千万钱，士孙奋畏惧梁冀的权威，勉强给了三千万。梁冀大怒，就向当地官府控告说士孙奋的母亲是他家看守的奴婢，偷了白珠十斛(hú)、紫金千斤逃走，把士孙奋兄弟逮问害死在狱中，将他们的上亿家财全部没收。当时上缴朝廷的贡品，都要先把最好的送给梁冀，然后把次一等的留朝廷。官吏和百姓带着钱财到梁家求官请罪的，一路上络绎不绝。梁冀又派门客出境，交结外国，多方搜求珍稀物品；还到各地找歌女童仆。派出的人仗势横行，奸污强夺良家妇女，殴打地方官吏和役卒，所到之处无不怨声载道。

梁冀还大修府邸，孙寿也在街对面大修宅院，竞相炫耀华丽奢侈：厅堂卧室门户相通，房屋冬暖夏凉，柱头、墙壁和门窗都镂金描彩，绘上云气仙境；楼台亭阁回环连接，水道蜿蜒，两岸有石砌的护栏，凌空架起飞桥；金玉珠玑和外国的珍奇异宝堆满仓库，连西域的汗血名马都弄来了；又大造园林，挖土筑山，仿照东西崤山，弄成十里九坡的样子，其中森林茂密，溪涧险绝，就像自然天成的一样，珍禽驯兽在园中飞来走去。

梁冀和孙寿一起坐着镶上金银的辇车，张着饰有羽毛的伞盖，在园内到处游观，身后跟随着成群的歌伎，一路吹奏乐曲，放声欢歌，有时夜以继日，纵情娱乐。宾客到门，都要先向守门人送礼行贿，门人积聚的钱财多达千金。梁冀不断向外扩展园林，规模就像皇帝的禁苑一样，包容了山林沼泽、丘陵荒野，极其宏大。

梁冀又在洛阳城西建造了一座兔苑，方圆有数十里，征调所属各县的民夫去修建亭台楼阁，费了几年的时间才完成。然后向各地发出文告调来活兔，在身上打上标记，放在园中。如果有人伤害了这些兔子，就要遭受酷刑，甚至被处死。有个西域商人不知道禁令，误杀了一只兔子，梁冀下令追查，受牵连被杀的有十几人。梁冀的两个弟弟私自派人到上党地区打猎，梁冀知道后就把他们的宾客抓起来，一下子杀了三十多人，没有一个活着回去的。

梁冀在城西也建造了房舍，专门收容那些为非作歹的逃亡罪犯；有时把无辜百姓抓去，充当奴婢，人数多达数千人，还把这些人称为“自卖人”。

这对夫妻竞相夸奢，把东汉朝廷搞得乌烟瘴气，一片黑暗。

后来，桓帝也感到梁冀权势太大，作恶太多，准备除掉他。桓帝没有实权，他只能依靠身边的宦官。公元159年的一天，桓帝在宦官的帮助下，突然宣布逮捕梁冀，收回大将军印绶。梁冀夫妇没有准备，畏罪服毒自杀，梁氏中外宗亲皆下狱处死。梁冀死后，百姓们都欢呼雀跃，敲锣打鼓表示庆祝。

宦官之乱

公元167年，东汉桓帝去世，身后无子。大将军窦武决定拥立汉章帝的玄孙十二岁的刘宏为帝。因刘宏年幼，窦武的女儿窦太后主持朝政。她把大小政事都交给太傅陈蕃处理。陈蕃和窦武同心协力辅佐朝政，他们把当时著名的贤士李膺、杜密、尹勋、刘瑜等人，都征召到朝廷，委以重任。人们都欢喜异常，期望由此出现一个太平盛世。

刘宏的乳母赵娆和一群女尚书日夜守候在窦太后身边，她们和中常侍(宦官)曹节、王甫等串通一气，极力讨窦太后的欢心。窦太后把他们当做亲信，有求必应，不时地给他们封赏。陈蕃、窦武深感忧虑。陈蕃悄悄地对窦武说："曹节、王甫等人，从先帝时就操纵国家大权，扰乱天下，不除掉他们，将后患无穷。"

窦武点头称是。于是，窦武便和尚书令尹勋等人商议，准备诛杀宦官。

东汉灵帝建宁元年(公元168年)五月发生日食。陈蕃乘机对窦武说："蕃已年近八旬，别无所求，只想帮助大将军铲除祸害。现在正好借日食的机会，废黜宦官，来消除天象灾异。"

窦武表示同意。他禀告窦太后说："按照旧制，宦官只在宫内供职，如今却让他们参[illegible]朝政。他们的家人子弟，无恶不作，搅得民怨沸腾。应当把他们全部杀死。"

窦太后大吃一惊，连忙说："宦官历代都有，只应当诛杀有罪的，怎能一概废弃?"

中常侍管霸狡诈阴险，作恶多端，窦武决定先拿他开刀。他奏请窦太后，逮捕管霸及中常侍苏康等人，都处以死刑。然后，他又多次请求诛杀曹节等人，窦太后没有批准。

八月，太白星出现在西方。侍中刘瑜上书窦太后，说这种现象对将相不利，因为有奸人在主上身旁。同时又给窦武、陈蕃写信，让他们当机立断。窦武、陈蕃准备采取行动，他们任命朱寓为司隶校尉，刘祐为河南尹，虞祁为洛阳县县令。窦武奏请将黄门令魏彪免官，任命自己的亲信小黄门山冰接替。窦武让山冰弹劾长乐尚书郑飒，把郑飒押送到北寺监狱审问。陈蕃对窦武说："这些为非作歹的宦官，抓住就应当场杀死，还审什么!"窦武不听，派山冰、尹勋、侍御史祝王晋共同审讯郑飒，供词牵连到曹节、王甫。尹勋、山冰立即上奏，请求逮捕曹节等人。

九月初七，窦武在家休假，负责主管奏章的宦官把消息透露给长乐五官史朱瑀。朱瑀拆阅窦武的奏章后，破口大骂："宦官中作恶的人应当诛杀，可是我们又有什么罪过，非得斩尽杀绝!"接着，他故意大声喊叫："陈蕃、窦武上书太后要废帝，这是大逆不道!"

他连夜召集宦官中身体健壮而又亲信可靠的共普、张亮等十七人，合谋诛杀窦武等人。曹节首先采取行动，他急忙禀报刘宏说："外面情况紧急，请陛下快到德阳前殿!"

说罢，他带着刘宏就跑，并把宫门关闭。随后，曹节召来尚书台官员，用刀逼着他们起草诏书，任命王甫为黄门令，持符节前往北寺监狱，逮捕尹勋、山冰。

山冰怀疑诏书是假的，拒不受诏。王甫杀死山冰和尹勋，放出郑飒。回宫后，他又劫持窦太后，夺取皇帝的印玺。他派中谒者守卫南宫，切断通往北宫的复道，又派郑飒持符节逮捕窦武等人。

窦武拒不受诏，跑到步兵校尉军营，和他的侄子、步兵校尉窦绍一起射杀使者。窦武召集了几千名北军五校尉营将士，下令说："宦官谋反，有功者封侯重赏。"

陈蕃听说有变，立即带领他的部属和门生八十多人，手持刀剑，冲进承明门，一直来到尚书台门前。他挽起袖子，大声质问："明明是黄门反叛，为什么诬蔑大将军？"

王甫正好从里面出来，听到陈蕃的呼喊，怒气冲冲地说："窦武有什么功劳，一门三人同时封侯？窦府整日饮酒作乐，挥霍无度，这不是无道又是什么？你身为宰辅大臣，为什么要勾结叛贼？"

说罢，他命令武士逮捕陈蕃。陈蕃拔剑怒斥王甫，武士们吓得不敢上前。王甫气急败坏，喝令武士将陈蕃等人团团围住。陈蕃终因寡不敌众，被捕入狱。当天，他就被杀害。

宦官围攻窦武，连连失利。这时，护匈奴中郎将张奂被召回洛阳。曹节认为张奂刚到京师，不明内情，便假传圣旨，派他和行车骑将军周靖带领五校尉营留下的将士去讨伐窦武。拂晓时，王甫带领一千多虎贲武士和羽林军，与张奂会合。很快，他们抵达宫廷正门，和窦武对阵。王甫的兵力越来越多，他让士兵向窦武的军队大声喊话："窦武谋反，你们都是皇帝的禁军，应当保卫皇宫，为什么要追随叛逆？先降者有赏！"

北军五校尉营的官兵虽然拥护窦武，但他们害怕宦官，听到喊话，军心涣散，从清晨到早饭时，几乎全部归降王甫。窦武、窦绍拼死突围，王甫紧追不舍。他们走投无路，只好拔剑自刎。

宦官把窦武、窦绍的头颅悬挂在洛阳都亭示众，又大肆搜捕窦武的亲族、宾客和亲戚，全部处死。窦太后被迁到南宫，窦武的家属全都流放到日南。从三公九卿以下，凡是陈蕃、窦武举荐的官员，以及他们的门徒和过去的部属，全部免职，不准再做官。

宦官大获全胜，弹冠相庆；士大夫则垂头丧气。

张奂升任大司农，因功封侯。当他发觉中了曹节等人的奸计后，懊悔不已。

张俭望门投止

东汉桓帝、灵帝在位时，宦官把持朝政，十分猖獗。一些有正义感的官员和文人联合起来，制造声势，抨击宦官集团。这些人被宦官集团称为“党人”，大加迫害，很多高官和名士都被处死。史称“党锢之祸”。

东汉灵帝建宁二年(公元169年)十月，汉灵帝刘宏下诏，再次搜捕党人。东部督邮张俭是朝廷通缉的要犯，他被迫东躲西藏，每当望见人家门户，就去投奔，请求收容。世人敬重张俭的声名和德行，冒着家破人亡的危险，保护着他。

张俭逃到东莱郡李笃家里，外黄县县令毛钦闻讯，带兵前来搜捕。李笃请毛钦就座后，镇定自若地说：“张俭名闻天下，逃亡并非他的罪过。即使张俭可以抓到，难道明公真的抓他吗?”

毛钦当即起身，拍着李笃的肩膀说：“从前蘧伯玉耻于独做君子，足下怎能一个人占有好名声?”

李笃微微一笑，说：“现在就和明公分享，明公已经获得了一半。”

毛钦感叹不已，告辞而去。

张俭和鲁国人孔褒是旧友，当他去投奔孔褒时，刚巧孔褒不在家。孔褒的弟弟孔融年仅十六岁，自作主张将张俭藏匿在家。不料，走漏了风声。鲁国相带兵抓张俭时，张俭逃跑了，孔褒、孔融却被逮捕入狱。审讯的官吏不知兄弟俩哪一个应当定罪，孔融抢先说：“人是我藏的，应当由我抵罪。”

孔褒也争着说：“张俭是来投奔我的，罪责该由我承当，与我弟弟没有关系。”

官吏讯问他们的母亲，她斩钉截铁地说：“我是一家之主，应当办我的罪。”

母子三人争相赴死，弄得官吏无法判决，只好上报朝廷。刘宏下诏，将孔褒处死。

就这样，张俭四处逃亡，因为窝藏和收容他而被官府诛杀的有十多人，被牵连遭到逮捕和审讯的几乎遍及全国。这些人的亲属，也被斩杀，所在郡县因此而残破不堪，但没有一个人出卖他。直到解除党禁，张俭才返回故乡，后来又被朝廷任命为卫尉。张俭去世时，享年八十四岁。

黄巾大起义

天气酷热，已经有几个月没有下雨了。因为没有雨水的滋润，土地裂开可怕的口子，田地里庄稼稀稀落落，干枯得毫无生气。

住在巨鹿(今河北省平乡县西南)的张角、张宝、张梁三兄弟正忙着用仅有的一点水浇灌庄稼，这时天边出现了一小朵黄云，张宝兴奋地叫了起来："来雨了!"人们立刻停下了手中的活，还有人从家里跑了出来，大家都在盯着那朵正在飘近的黄云，还有人把自己家的水缸搬到院子里准备贮存这金子般的雨水。那片云很低，而且移动的速度很快，从云中还发出一种低沉的嗡嗡声。接着太阳变得昏暗了，那云竟像一块大布一样从天空中罩了下来。

张角大喊："蝗虫!"话还没说完，有几只蝗虫已经飞到他的嘴里。田地上、树上、房上都密密麻麻的扑满了蝗虫。人们哭喊着，扑向自己家的庄稼。一个多时辰后，蝗虫飞走了，庄稼地成了一片荒漠，树上的叶子全光了，只剩下光秃的树干，田野里连一根草也不剩。张角、张宝、张梁三兄弟无可奈何呆立在地头。庄稼没有了，可官府还催逼着交租纳粮，农民都没有活路了。

这时皇帝正在深宫里大摆宴席，一盘盘的山珍海味流水一样的端上去，乐师们在演奏着歌颂皇帝的音乐，还有几个宫女在翩翩起舞。这时正是东汉末年，皇帝昏庸，宦官们把持着朝政，对那些敢于反抗他们的太学生大肆捕杀。当官的残酷剥削着底层的人民，只要有钱就可以向朝廷买官做，多花钱就做大官，少花钱就做小官，做官后再去敲诈老百姓，加上天灾不断，真是民不聊生。

被逼得走投无路的张角三兄弟感到只有起来反抗才是唯一的生路。张角会治病，而且为穷人治病从不收钱，很受穷人们的敬重。他利用给人治病的机会联合了一大批人，创立了一门宗教叫"太平道"，主张要建立一个人人有饭吃、有衣穿，彼此和睦相处的太平世界。他收了很多弟子，并且派他的兄弟张宝与张梁到各地传道。十年过去了，"太平道"传遍了天下，各地的教徒发展到了数十万。皇帝和大臣整天忙着吃喝玩乐，谁都没有看到这股潜在的危险。

张角把全国的教徒分为三十六方。大方有一万多人，小方有六七千人，每方都有一个首领，张角是总指挥。他们约定在公元184年(甲子年)共同起义，并提出口号"苍天已死，黄天当立，岁在甲子，天下大吉"。"苍天"指的是东汉王朝，"黄天"指的是太平道起义军。他们还预定在这一年的三月五日，八个州同时举事。

正当起义即将爆发的时候，起义军内部出现了叛徒，向朝廷告了密。朝廷马上在京城洛阳进行大肆收捕，一千多起义者惨遭杀害。总指挥张角立刻下令提前起义。他自称天公将军，弟弟张宝是地公将军，张梁是人公将军，全国各郡县的教徒拿起刀枪，仿佛一捆捆被点燃的干柴，顷刻之间，便形成燎原之势。起义者头缠黄巾作为标志，所以被称做“黄巾军”。他们杀贪官，劫牢狱，解救那些被关押的穷苦人；打开粮仓，把粮食发给饥饿的人民。起义的火焰迅速蔓延全国，皇帝和大臣们这时才如梦方醒，十分惊慌。他们急忙调兵遣将，派皇甫嵩率军进攻起义军，还没有打就被起义军团团包围，被围困在长社。

可是皇甫嵩非常狡猾，他看出起义军虽然勇敢，但缺少战争经验。起义军的营寨都是木头搭砌的，于是他想出了用火攻的办法。夜晚来临，战斗了一天的起义军都疲倦得沉沉入睡了，忽然营寨各处着起了大火。营外喊杀声震天，皇甫嵩的军队冲进了黄巾军的大营。黄巾军的战士们有的还没来得及抽出刀剑就已经倒在血泊中。余下的战士奋勇抵抗，但终因寡不敌众纷纷战死。这一次，狡猾的皇甫嵩取得了胜利。

而在北方黄巾军的总指挥张角却节节胜利，打败了东汉的大将卢植和董卓。皇帝马上派皇甫嵩前去增援。张角派弟弟张梁迎战皇甫嵩，张梁英勇善战，打得皇甫嵩一败再败，后来关起营门竟不敢出战。

正当黄巾军胜利在望之际，总指挥张角不幸病故。因为哥哥的去世，张梁沉浸在悲痛中，放松了对敌人的戒备。皇甫嵩借此机会偷袭黄巾军。这时黄巾军正在为他们的首领张角举行葬礼，大营中哭声一片。皇甫嵩的军队突然闯进营寨，他们见人就杀，霎时间刀光闪闪，血流成河。一批批黄巾军倒下了，最后张梁也英勇战死。还有一些战士不愿投降，跳河自杀。

战斗结束了，皇甫嵩想捉拿起义军首领张角，但张角已死，他命人把张角的坟刨开，撬开棺材，砍下张角的头，送往朝廷请赏。如今只剩下张宝率领的一支黄巾军还在抵抗，但因人单势孤，最后也被皇甫嵩消灭了。

轰轰烈烈的黄巾大起义失败了，但却沉重地打击了东汉王朝的统治。那些征讨黄巾军的将领仗着自己手里有军队，再不愿听从皇帝的指挥，他们割据一方拥兵自立，成为势力大小不等的军阀。东汉政权就像一座老房子，经过黄巾起义这次狂风暴雨已经摇摇欲坠。

董卓洗劫洛阳

黄巾起义失败后，东汉王朝已处在风雨飘摇之中，皇帝的命令一出京城就成了一张废纸，没有人真心听从朝廷的调遣。西凉刺史叫董卓，他身材魁梧，生性残忍，跟当地的羌族人关系很好，在镇压黄巾起义的战争中，立了些功，成了割据西北的地方军阀。他向往着京城中的荣华富贵，但苦于没有机会。

一天董卓正在军营中饮酒作乐，忽然接到从京城来的一封信，原来是大将军何进的亲笔信。何进是当今何太后的亲戚，他和掌权的宦官们矛盾很深，想让董卓率兵入京除掉宦官，以达到借刀杀人的目的。这个消息正中董卓的下怀，他于是召集了三千人组成精锐部队，昼夜兼程奔赴洛阳。

不料何进的行动被他的对手宦官们得知，于是，他们先发制人，假造了一封何太后的书信，请何进进宫饮宴。何进信以为真，一进宫门就被几十名事先埋伏好的卫士砍倒在地。何进的部下袁绍得知何进被杀，率兵冲入皇宫，将杀害何进的宦官全部处死，算是替何进报了仇。这时，朝廷大乱，相互杀戮，皇帝被吓得胆战心惊，躲在深宫里不敢出来。

公元189年，野心勃勃的董卓也带着他的三千精锐部队赶到了洛阳。为了虚张声势，他要了一个花招：白天他率着军队耀武扬威的进城，晚上趁着别人睡觉的时候，他把城里的军队偷偷地运出去，第二天，再耀武扬威的进城。如此几日，给人一种错觉，好像董卓有几十万军队开进了洛阳。朝中很多大官被他吓唬住了，就都纷纷投靠他，这样，董卓将所有大权独揽一身。后来，他竟然想废除不懂事的小皇帝，另立一个合乎自己心意的皇帝。

他找来了袁绍商量这件事，袁绍在朝中也很有权力，他的很多亲戚朋友都身居要职，董卓对他也是畏惧三分。

见了袁绍，董卓先是试探着说："我觉得当今皇帝没什么能力，我想立他的弟弟陈留王刘协为新皇帝，你看怎么样?"袁绍明白董卓的心意，心中气愤，回答说："现在的皇帝并没有什么过错，您刚进洛阳就要把他废掉，我想大臣和老百姓是不会服气的。"董卓不耐烦了："我让谁活，谁就能活；我让谁死，谁就得死。"他抚摩着自己的宝剑威胁袁绍："您是不是怀疑我的剑不够锋利?"袁绍针锋相对，愤慨地说："您的剑锋利，我的剑更锋利!"两人的会谈不欢而散。

袁绍连夜率领他的弟弟袁术和他的部下离开了洛阳。袁绍一走，董卓去掉了自己的眼中钉，第二天就宣布废少帝为弘农王，立陈留王刘协为新皇帝——也就是后来的汉献帝。

董卓自封为相国，他本来就凶恶残暴，这下手里有了生杀大权就更加横行霸道起来。有一次，洛阳城外举办庙会，四乡八镇的男女老少都来赶集，车水马龙非常热闹。董卓突然率兵包围了庙会，不由分说把手无寸铁的男子都杀了，把掠夺来的妇女和财物当做俘虏和战利品装满一辆辆牛车，敲锣打鼓地回到洛阳。夸口自己的军队多么英勇，打了一个大胜仗凯旋归来。

董卓的残暴激起了天下人的公愤。逃出洛阳的袁绍兄弟联络各地的将领，组成一支讨伐董卓的联军，他们推举袁绍为首领，有几十万人马，浩浩荡荡向洛阳进军。

董卓手下有个大将叫吕布，非常英勇，阻挡住了联军的进攻，但董卓觉得还是有些不放心，他想把都城从洛阳迁到长安，以避免被联军围攻。公元 190 年二月，董卓胁迫献帝及朝中大臣迁都长安。离开洛阳时，把上百年的东汉宫殿一把火烧光，宫殿中的金银财宝被抢掠一空。而且，他还杀京师富室，没其财物，悉驱百姓西迁。

很多老百姓不愿意背井离乡离开洛阳，董卓就命令军队向押送犯人一样强迫他们前往长安，并将他们的家夷为平地，让他们无家可归没有退路。洛阳千年古都顿时火焰冲天，成了一片瓦砾，老百姓的哭声昼夜不息。

迁都长安之后，董卓仍牢牢控制着大权，他自认为有恩于皇帝，毫不羞耻的让皇帝称自己为“尚父”，朝中的大臣没有一个敢于起来反抗他。袁绍所率领的联军虽然号称几十万，但彼此不和睦，各存异心，都想保存自己的实力，谁都不想真刀真枪的和董卓交战。等到军队的粮食吃光了，大家再也没有心思讨伐董卓，就自动解散了。董卓从此更加飞扬跋扈，以为天下没有人再敢与他为敌。

董卓为了巩固其统治，寻欢作乐，他在长安附近为自己建了一座新城，称作堳坞，城墙十分坚固，城中贮存了几十年都吃不完的粮食，还有不计其数的黄金白银。董卓得意洋洋地声称：“如果我做了皇帝，凭此可以雄居天下，若做不成，守着这座城足以安度晚年。”董卓的贪欲永无止境，他破坏了汉时流行的五铢钱，以小钱代之，造成物价飞涨，黎民百姓又蒙受了一次灾难。加上兵祸连年，关中二三年间，人烟稀少，田地荒芜，繁华的西京也成了“白骨露于野，千里无鸡鸣”的荒凉之地。

曹操陈留起兵

曹操，字孟德，小名阿瞒，沛国谯郡(今安徽亳州)人。祖父曹腾，以宦官历仕安、顺、质、桓四帝，封曹亭侯。父亲曹嵩，是曹腾养子，不知为何家之子。曹操祖辈世居高位，在政治上、经济上颇有势力。

二十岁那年，曹操被任命为管理洛阳北部治安的官员，虽然官不大，但他做得很认真，一上任就命令部下特制了几十根五色大棒，悬挂在府门前并发出命令：如果有人犯法，无论他地位多高，都要用五色大棒加以责打。当时中常侍蹇硕在朝中很有权力，他的叔叔仰仗他的势力在洛阳城里横行霸道，没人敢管。有一次蹇硕的叔叔在曹操管辖的地区闹事，触犯了曹操的禁令，曹操不由分说命人把他抓了起来。蹇硕的叔叔大喊大叫，说要告诉自己的侄子……但他话没说完已被按倒在地，五色大棒雨点般落到他的屁股上，这个罪大恶极的家伙连痛带怕，不一会儿便死了。老百姓听说曹操打死了蹇硕的叔叔都拍手称快，夸他是一个铁面无私的好官。

曹操也因此得罪了蹇硕，被调离京城洛阳，去前线攻打黄巾军。在战场上他立了功，升了官，又被调回了洛阳。这时在朝中掌权的正是董卓，董卓看曹操很有能力，就想拉拢他，任命他为骁骑校尉，好让他为自己卖命。但董卓生性残暴，滥杀无辜，曹操看出他早晚要垮台，所以不愿替他做事，但怕董卓报复，就逃离了洛阳，来到了陈留(今河南省陈留)，在当地招兵买马，得到了很多大财主的资助。他的同族兄弟曹洪和夏侯惇也带人来投奔他。曹操组建了一只五千多人的军队，由他亲自统领操练。

这时已天下大乱，各州各郡的官员都在招兵买马抢着扩充自己的地盘，全国形成了几十个大大小小的军阀，其中属袁绍的势力最大。公元190年初，为了讨伐董卓，各路军队集合在一起组成联军，推举袁绍做首领，曹操也率自己的部队参加了联军。曹操主张团结大家的力量一鼓作气消灭董卓，可是别的将领都想保存自己的实力，害怕与董卓作战。没有办法，曹操只得一个人率领他的五千多人的军队，向董卓发起进攻。但他却犯了孤军深入的错误。这时董卓早有戒备，派手下大将徐荣率领一只精锐的部队迎击曹操。

曹操的军队刚刚组建，没有战斗经验，一见到狂风暴雨般射来的羽箭就慌了，纷纷掉转马头仓皇逃窜。曹操挥舞着令旗，呼喊叫骂，但都无济于事。徐荣的士兵越逼越近，潮水般涌来，慌乱中一箭正中曹操的肩头，曹操受伤翻身落马。徐荣见曹操落马，高喊着："活捉曹操，重重有赏!"几名士兵如狼似虎地扑向曹操。这时曹操的兄弟曹洪挥舞着大刀飞马赶来，他砍倒了几名士兵，救起曹操，杀开了一条血路。多亏兄弟曹洪拼死救护，曹操才没有当了董卓的俘虏。

他率领着自己的残兵败将回到联军营寨，这时袁绍正和其他的将领在帐中饮酒作乐，目睹此情此景曹操难以遏制心中的愤怒，大声责备他们："你们这些懦弱自私的人，辜负了天下老百姓对你们的希望!"说完就率领自己的军队离开了联军。

公元192年，青州黄巾军进攻兖州，杀了刺史刘岱。曹操亲自率兵去增援，经过一场激烈的战斗，曹操打败了黄巾军，俘士卒三十余万，收其精锐，编为军队，号称“青州军”，成为曹军的骨干。公元196年，汉献帝在杨奉、董承等人的保护下，逃离长安，回到了洛阳。洛阳已是一片废墟，皇帝就住在临时搭建的草棚里，每天派大臣出去挖野菜充饥。

曹操知道了这件事，和手下的谋士商量：“如果把皇帝接到我们这里，就可以‘挟天子以令诸侯’。”于是曹操立即派人把皇帝接到许昌，并改许昌为临时的都城，曹操还自封为大将军。

曹操的军队越来越多了，粮食就成了一个大问题，不吃饱饭，士兵怎么去打仗。由于连年战火，农村的田地都荒芜了，没人耕种，曹操就颁布了屯田令，鼓励农民去开荒耕种粮食，并给他们以奖励和保护。曹操还下达命令：不管任何人损坏了庄稼都要严惩不贷。

恰巧有一次，曹操率兵出征，一只斑鸠从田地里扑刺刺的飞起，掠过曹操的马头，战马受惊长嘶一声奔向路旁的庄稼地，马背上的曹操怎么拉缰绳都不管用，结果一大片庄稼被马踏倒了。曹操立即跳下马，对执法的军官说：“我损坏了庄稼，请依法严厉的处罚我。”军官说：“您是军队的统帅，怎么能受处罚呢?”曹操严厉地说：“我定的法令，我当然要首先遵守。”见军官们迟迟不肯下手，曹操拔出腰刀，一刀割下了自己的一缕头发说：“先以发代头！等我率军胜利归来再处罚我!”

几年过去了，曹操的粮仓里装满了粮食，士兵们因为能吃饱饭，作战都很勇敢，四面八方的老百姓也纷纷来投奔他。从此他有了自己的地盘，势力不断壮大，成为可以和袁绍相抗衡的势力。

白门楼斩吕布

吕布杀死董卓之后，王允被害，吕布出逃，全国陷入一片战乱中，东汉王朝已是名存实亡。各地官僚、豪强乘机争夺地盘，形成了大大小小的割据势力。当时，势力较大的有冀州(今河北中部、南部)的袁绍，幽州(今河北东部北部)的公孙瓒，杨州(今长州下游与淮河下游间)的袁术，荆州(今湖北、湖南)的刘表，徐州(今江苏北部)的吕布、兖州(今山东西南部)的曹操等等。

公元198年，吕布与自称天子的袁术联合，派兵进攻豫州牧刘备。刘备被击溃，他连忙向曹操求救，曹操派将军夏侯惇(dūn)率军援救刘备，结果被打得大败。后来，曹操亲自率军进攻吕布，进抵下邳(pī)(今江苏邳县南)。他给吕布写信，向他分析形势，陈说利害。吕布见曹军势力强大，十分恐惧，打算投降。

但他的部下陈宫坚决不同意，他劝吕布说："曹操远道而来，势必不能坚持很久。将军如果率领步兵、骑兵到城外驻扎，我率领剩下的军队守卫城池，如果曹操进攻将军，我就领兵从他们的背后进攻；如果曹军攻城，则将军在城外援救。这样，用不了一个月，曹军的军粮吃完，我们再大举进攻，就可以打败敌人。"

吕布认为他说得对，就准备留陈宫与高顺守城，自己率领骑兵切断曹军的运粮通道。

回家后，吕布的妻子听说此事，就对吕布说："陈宫与高顺一向不和，将军一出城，万一他们俩闹起内讧，谁要是打开城门投降了曹操，将军以后在哪里立足呢？况且曹操以前对待陈宫，就像父母对待怀里的婴儿一样，可陈宫还是丢下曹操来归附我们；你待陈宫不如曹操待他那么好，就把全城交给他，把妻儿老小丢在这里，孤身一人率军远出，如果一旦发生变故，我哪里还能再做你的妻子呢?"吕布看到妻子悲伤的样子，就心软了。他改变原来的计划，偷偷派下属官员许汜、王楷向袁术求救。

袁术曾和吕布订下儿女婚姻，后来吕布与曹操联合，又拒绝了这桩婚事。如今袁术见吕布向自己求援，本想袖手旁观，但经不起吕布的说客许汜、王楷多方游说，于是他让军队做好准备，造出要援救吕布的声势。

为讨好袁术，吕布计划夜里将女儿送出城，交于袁术。结果与曹军遭遇，经过短兵相接，仍然无法通过，吕布只好又退回城里。

再说曹操挖掘壕沟包围下邳城，过了很久也没能攻下，眼见士兵疲惫不堪，曹操打算撤军。谋士荀攸、郭嘉闻听后，就劝曹操乘吕布锐气还没有恢复，陈宫的策略还没有决定，迅速发动猛攻，一举消灭吕布。

曹操认为说得对，就命令曹军开凿沟渠，引来沂水、泗水灌城。

过了一个多月，吕布见情况一天比一天危急，就登上城墙对曹军说："你们不要这样逼我，我要向曹公自首。"陈宫在一旁听到吕布这样说，就极力劝阻他。

一天吕布的部将侯成丢失了他的宝马，幸好不久后又找了回来，将领们一起送礼向他道贺。侯成把礼物里的酒肉分出一份，献给吕布。谁知吕布不但不授，反而斥责侯成违反戒酒令，预谋算计自己。对此侯成又气又怕，不久就率部下捉住陈宫、高顺等人向曹操投降。吕布听到消息悔恨不已，自知已到了山穷水尽的地步，于是他登上白门楼，命令手下砍下自己的脑袋，然后投降曹操。手下们不忍心下手，吕布就自己下楼向曹操投降。

曹操本是个心胸狭窄之人，尽管很仰慕吕布的才能，想使用他，但是又怕吕布日后背叛他，自己落得像丁原和董卓一样的下场，于是就下令处死了吕布。

官渡之战

黄河浊浪滔天，奔腾的河水夹带着泥沙流向大海。伫立在岸边的袁绍心情仿佛黄河水一样混乱、愤怒。对岸就是他的死敌曹操。曹操胁持皇帝，势力越来越大，最近他又打败了刘备，下一个对手当然就是他袁绍了。俗话说，先下手为强，不能等着挨打，这次袁绍不顾手下谋士的反对，亲自率领十万军队，决心与曹操决一死战。

公元200年，袁绍挑选精兵十万，战马万匹，南下攻曹。他令大将颜良为先锋，率部渡过黄河，进攻白马(今河南省滑县)。颜良是袁绍手下最勇猛的大将，他立即率军渡过黄河，杀向白马。白马城小兵少，颜良一到，就把城池团团包围，发起猛烈的进攻。

此刻，曹操正和手下的谋士商量对策，他接到战报后，决定来个声东击西。他不去增援白马，却率领军队奔向延津(今河南延津西北)，假装要在那里渡河，袭击袁绍的后方。袁绍果然中了计，他连忙派自己的主力去堵截曹操。这时，曹操突然率领一只精锐的骑兵杀回白马。正在攻打白马的颜良措手不及，被曹操打得落花流水，颜良也在乱军中送了命。等袁绍发觉上了当，曹操早已带领着得胜的军队撤走了。

袁绍大为震怒，发誓一定为大将颜良报仇雪恨。马上命令另一员大将文丑率兵渡过黄河追击曹操。谋士们劝他要冷静从事，可袁绍哪能听得进去。文丑的军队日夜兼程追赶着撤退的曹操，士兵们又饿又累，这时候前方出现了一条峡谷，两边悬崖高耸，树木参天，士兵们一拥而入，发现很多被遗弃的帐篷、牛马还有一桶桶的美酒。他们以为是曹操撤退时慌忙间丢下的，就一窝蜂扑上去，你抢我夺。正混乱间，突然两旁的树林里冲出无数骑兵，只见刀光闪闪、箭如飞蝗，文丑的军队还没来得及上马，就纷纷被砍倒在地。原来曹操早已在这里设下了埋伏，还故意丢下许多东西麻痹敌人。这一仗曹操消灭了文丑和他的军队，取得了一场大胜利。

袁绍两战两败，损失了两员得力的大将和一万多精锐的军队，他恨不得把曹操抓来撕个粉碎。这一次他亲自率军渡过黄河，在官渡(今河南中牟)前扎下营寨。官渡是许昌的门户，官渡如果丢失，许昌就不保。曹操率领他的部下紧闭城门，监守在城墙上，袁绍的军队架着云梯日夜攻打，可总是一次次地被打退，鲜血染红了护城河。

见官渡如此坚固，袁绍想出了一条计策。他在官渡城外的几座土山上修建了高高的箭楼，然后派弓箭手登上箭楼，由于居高临下，城里的一切都看得很清楚，弓箭手是箭无虚发，射得曹操的士兵白天只能躲在房子里。曹操赶忙召集谋士商量对策。一个谋士建议制造发石机，摧毁土山上的箭楼。很快，发石机被造了出来，它像一个个巨大的弹弓将数十斤的巨石弹射出去，打得土山上袁绍的弓箭手头破血流，抱头鼠窜，再也不敢登上箭楼向官渡城里射箭了。袁绍一计不成又想了一个办法，他派士兵连夜挖地道，想挖到城里来个里应外合，可又被曹操发觉了，曹操命令部下在城墙下挖了一条深沟，并将沟里注满了水，结果袁绍这条计策也落了空。

两军相持了一段日子，彼此互有胜负，官渡虽然还在曹操的手中，可他的军粮越来越少，再支撑一段日子就要弹尽粮绝了。这时袁绍手下的谋士许攸看出了曹操的破绽，他向袁绍建议：曹操的粮食不多了，我们应该借此机会派一支军队绕过官渡袭击许昌，切断他的运输线。没有了粮食，不用打，饿也把曹操饿死在官渡了。袁绍因为许攸是曹操的同乡没有采纳他的建议，还把他臭骂了一顿哄了出去，许攸又羞又气就决定投降曹操。

官渡城中曹操正坐在军营里发愁，忽然有人进来禀报：“袁绍手下的谋士许攸前来求见。”曹操听后从床上一跃而起，没来得及穿鞋，光着脚跑出去迎接许攸，感激地说：“您来了，胜利也就来到了！”两个人坐下，许攸向曹操询问：“请问您营中的军粮还够吃多长时间？”曹操故作镇定地回答：“半年没问题。”许攸哈哈大笑：“请您说实话。”曹操回答说：“不瞒您，只够吃三个月了。”许攸不高兴地站起来一边往外面走一边说：“我是真心来投奔您的，您干吗欺骗我，难道不信任我吗？”曹操连忙拉住许攸，一个劲地道歉：“对不起，请先生原谅。我军中的粮食只够吃十天的了，请您帮我想个办法！”

许攸重新坐下，他告诉曹操：“袁绍的军粮都囤积在乌巢，离官渡只有四十里。看守的将领叫淳于琼，这个人爱喝酒，没什么真本事。如果派兵烧了他的粮库，袁绍就会不战自败。”曹操重谢了许攸，马上挑选了几千精兵，亲自率领奔向乌巢。他们化装成袁绍的士兵，打着袁绍的旗帜，混过了几道关卡，乌巢的守将淳于琼喝得大醉，躺在帐篷里鼾声如雷。这时曹操率领他的部下已摸进了乌巢的粮库，他们呐喊一声放起火来。霎时间火光冲天，袁绍十万大军的军粮被烧得精光。

袁绍的士兵看到乌巢起火，军心动摇，再也没有心思作战了，他手下的大将张郃、高览率领一部分军队投降了曹操。从乌巢回师的曹操，同官渡城内的部队两下夹击，一鼓作气打败了袁绍，十万大军死的死，逃的逃，所剩无几。曹操乘胜追击，占领了河北，袁绍又气愤又羞愧，吐血而死。

官渡之战是历史上以少胜多的著名战役之一。这次战役对曹操统一北方起了决定性的作用。公元 207 年，曹操扫除了袁绍的残余势力，统一了北方，完成了他多年来的宿愿。在凯旋的路上，他登上了渤海边的碣石山，写下了著名的诗篇《观沧海》。诗中表达了曹操统一北方后的豪迈心情。

观沧海

东临碣石，以观沧海。
水何澹澹，山岛竦峙。
树木丛生，百草丰茂。
秋风萧瑟，洪波涌起。
日月之行，若出其中。
星汉灿烂，若出其里。
幸甚至哉！歌以咏志。

三国

“小霸王”孙策

正当曹操和袁绍在官渡激战正酣之际，江东一股新生的力量正在悄悄地崛起，这股力量的领袖人物就是孙策。

孙策的父亲孙坚曾任长沙太守，当年跟随袁绍一起去讨伐董卓，孙坚率军队首先冲进洛阳，在打扫战场时，他从一口井里捞起了一个朱红色的小匣子，匣子用金链锁着，孙坚很好奇打开匣子，里面装着一方用美玉雕刻而成的印章，印章上刻着五条盘旋的金龙，原来这就是历代皇帝用来签发圣旨的玉玺。孙坚觉得这是个好兆头，就私自把玉玺藏了起来。第二天跟袁绍请了病假，带领着手下人返回了江东。袁绍得知孙坚私藏了玉玺，心中怀恨，派人在路上设下埋伏，暗杀了孙坚。

那时孙策才十七岁，他决心继承父亲的事业，但自己年纪小，经验少，又势单力薄，只好委曲求全暂时投靠在袁术手下。在一次次的战斗中，孙策不断地磨练自己，几年之后，他成长为一名英勇无畏的年轻将领。由于他打仗勇敢好像当年的楚霸王项羽，所以大家都称他为“小霸王”孙策。

袁术表面上很喜欢他，总惋惜地对别人说：“如果我有一个像孙策一样的儿子，就算死了也不遗憾。”但孙策并不是他的儿子，因此袁术心里总是防备着他，怕他羽毛丰满了，就不听从自己的调遣。袁术总是不愿意拨给孙策太多的兵马，一次，孙策的舅舅在安徽遭到刘繇的围攻，孙策想向袁术借一支军队。开始袁术不肯借，怕孙策一去不回，后来孙策拿出他父亲在洛阳得到的玉玺，说可以作为抵押。袁术做梦都想当皇帝，见了玉玺乐得心花怒放，马上借给孙策几千军队。

孙策有了自己的军队，仿佛飞出了牢笼的小鸟，他一路上招兵买马，跟从他的人越来越多。他小时候有个朋友叫周瑜，善于用兵打仗，此时也率领着一支军队来投奔他。孙策的军队纪律严明，不侵害百姓，很得人心，他打败了刘繇，并且攻下了吴郡(今江苏苏州)和会稽郡(今浙江绍兴)。转眼间，长江下游的江东地区就成了孙策的天下，他再也不愿意回到袁术那里去了。

孙策巩固了自己在江东的地位，把眼光放到了北方，这时北方的曹操和袁绍正在官渡进行决战。孙策想率军渡过长江，趁曹操不备偷袭许昌，把皇帝抢到自己手里。这时候出了一个意外：这个消息被一个叫许贡的人偷偷泄露给了曹操，孙策痛恨许贡，杀了他和他的全家，只有几名仆人和门客侥幸逃跑了，他们发誓要为许贡报仇。

一次孙策上山打猎，一只被射伤的鹿窜入树林深处，孙策策马飞奔，孤身一个人追入树林，这时树后闪出几名手持刀剑的刺客，一拥而上朝孙策乱砍乱刺。孙策挥剑砍倒了几人，但因为事先没有准备，加上对方人多，自己脸上挨了一剑，仰面摔下马，这时他手下的卫士匆匆赶到，抓住了刺客，原来是许贡的仆人和门客。

孙策伤得很重，一病不起，请了很多医生都不管用。孙策知道自己活不了多久，他把弟弟孙权叫到病床前，悲伤地说："我快要死了，以后江东的事业就要靠你了，我们有长江天险，又有这么多的文臣武将，一定能干出一番轰轰烈烈的大事业。要论阵前杀敌、舞刀弄枪，你不如我；可要论治理国家笼络人才，我不如你，希望你能把父亲和哥哥辛辛苦苦创造的事业发扬光大，如果遇到困难，就请教张昭和周瑜，他们会帮助你的。"说完，不久就咽了气，死时才二十六岁。

孙权见哥哥死了，扑倒在地，放声大哭。旁边的张昭忙劝说他不要沉浸在悲痛中，还有那么多国家大事需要处理。于是孙权收住眼泪，来到大堂上，向手下人传达了孙策的遗命。孙权平常就很会和人交往，手下人喜欢他的宽容温和，听说他成为江东新的领袖，大家心里都很高兴。

孙策的死讯传到岳阳，周瑜非常悲痛，他和孙策从小一齐长大，情同手足。他一路快马加鞭，奔回吴郡。孙权见周瑜来了，心中更踏实了。他对周瑜说："我哥哥让我要经常向您请教，您来了，我就放心了。"周瑜忙回答："我只会上阵打仗，怕辜负了您的期望。我向您推荐一人，此人叫做鲁肃，善于谋划大事。"不几日，鲁肃来拜见孙权，两人谈论天下大事，鲁肃说得深刻而精辟，正合孙权的心意。孙权问鲁肃："现在皇帝被曹操胁持着，我该怎样做才能为皇帝分忧呢?"鲁肃回答说："汉朝的江山就要完了，我们应该巩固自己的势力，依靠长江，静观天下的变化，时机一旦成熟，您可以自己当皇帝。"孙权听后大喜，重赏了鲁肃。

公元202年，曹操听说孙权接替孙策统领了江东，就派人向孙权提议：要把孙权的儿子送到许昌作为人质，以表明孙权对皇帝的忠心。孙权和手下的大臣商议，张昭胆子小，主张把孩子送到曹操那儿，以免曹操疑心。但周瑜强烈反对，他激动地陈述："如果把孩子送到许昌，我们就成了曹操的附庸，如果不听他的，他就要用孩子的生命作为威胁的筹码。那时我们该多么被动。"孙权听从了周瑜的劝告拒绝了曹操的要求。曹操因此怀恨在心，他想：等我统一北方后，一定率军南下消灭孙权。

这时候，孙权已占据了长江中下游的大部分地区，四面八方的人都纷纷前来投奔他。他正积蓄着力量，准备迎接来自北方的挑战。

刘备三顾茅庐

荆州的将军府中张灯结彩，大厅里酒香扑鼻，荆州长官刘表正在设宴款待远道而来的刘备。自从袁绍被曹操打败了之后，刘备带领着关羽、张飞逃到了南方，投靠在刘表的门下。刘表让他去镇守新野县，一晃已经几年了。刘表待刘备很好，二人以兄弟相称，这次刘表又把刘备召到荆州想和他叙叙旧。几杯酒下肚，刘备不禁有些伤感，他抚摸着自己的大腿，看着自己有些发胖、不再那么敏捷的身体，不禁流下了眼泪。刘表问他为什么，他叹息着说："想当年我四处征战，天天生活在马背上，身体健壮，身手敏捷，如今养尊处优的生活，让我长胖了，变得臃肿笨拙了，而时间如流水，我的事业还没能开始，这一切怎么能不让我伤心！"

刘备回到了新野，想到自己虽然有关羽、张飞这样的勇将扶持，可缺少一个能出谋划策、善于治理国家的帮手。这时他打听到有个叫司马徽的人很有见识，就去登门拜访。他向司马徽请教怎样开创自己的事业，司马徽微笑着回答："当今天下，卧龙凤雏可谓是天下俊杰，您只要得到其中的一人就可以成就大事。"刘备赶忙询问："卧龙凤雏是什么人，现在住在哪里？"司马徽说："卧龙就是诸葛亮，凤雏就是庞统，两人都是善于行军打仗、治理国家的大贤士。"刘备把司马徽的话牢牢地记在心里，回到新野后四处打探二人的下落。

有一天一个相貌英俊的读书人来拜见刘备，那人谈吐高雅，说起天下大事条条是道，刘备激动地问："您就是卧龙先生吧？"那人说："不，我叫徐庶，卧龙诸葛亮先生是我的好朋友，我的才华与他比起来就好比萤火虫和太阳相比一样。"刘备接着问："您知道诸葛亮先生住在哪儿吗？"

徐庶回答："诸葛亮先生住在襄阳城外的卧龙岗。"

原来，诸葛亮字孔明，道号卧龙，祖籍琅琊阳都(今山东省沂水县南)。他少年丧父，跟着叔叔来到了襄阳，后来叔叔也去世了。他就定居在隆中(今湖北省襄阳西北)的卧龙岗，每日读书种田。诸葛亮勤奋好学，对于治理天下有自己独到的见解。他经常自比为管仲和乐毅，管仲曾辅佐齐桓公成为春秋时期的霸主，乐毅曾帮助燕昭王打败了强大的齐国，两人都是古时著名的英雄豪杰。诸葛亮虽然满腹经纶，却不愿轻易出来做官，他要辅佐的是能够真正礼贤下士又胸怀大志的人，这样的人太少了。

公元207年，刘备准备了贵重的礼物，轻车简从，只带着关羽、张飞风尘仆仆地来到了隆中。只见群山环抱，山清水秀，如诗似画，景物幽雅，几个农人正在田里辛勤的劳作，刘备跳下马向他们打听："诸葛亮先生住在哪里?"他们遥指远方的一带青山，"诸葛先生就在那边的卧龙岗下。"刘备和关张二人牵着马，一路走去。

只见那山蜿蜒盘旋，仿佛似一条就要腾空而去的巨龙，山脚下，松柏掩映中有几间茅草屋，偶尔传来几声犬吠，更加衬托出周围的幽静恬淡。刘备掸了掸身上的尘土，走上前轻轻叩门，门吱呀的一声开了，里面闪出一名眉清目秀的小书童，询问道："请问先生您找谁?"刘备连忙抱拳施礼，"卧龙先生是否在家，我是新野县的刘备，今日前来拜见。"小书童眨了眨眼，打量着刘备，"对不起，我家先生出门了。""卧龙先生什么时候回来?"刘备焦急地追问，"不知道，大概十天半个月左右。"说完小书童转身进去，吱呀一声关上了屋门。

刘备在门前呆站了片刻，张飞上前拉了拉刘备的衣角，"走吧，大哥，我们今天算白跑一趟!"三个人垂头丧气地走在回新野的路上，关羽和张飞一边走一边抱怨，"诸葛亮也不见得有什么能耐，大哥没必要亲自跑来，下回派个手下人把他接到新野县就完了。"刘备连忙摇头，"不行，不行，对待贤士应该谦恭有礼，我不亲自来怎能表达我求贤若渴的心情。"

半个月过去了，刘备准备了更贵重的礼物，带着关张二人再次来到隆中，卧龙岗下依旧是松柏掩映。刘备轻叩屋门，这次出来的是一个年轻的读书人，刘备连忙上前鞠躬，"您一定是卧龙先生吧，我是新野县的刘备，今天总算见到您了!"那人连忙还礼，"很抱歉您认错人了，我是诸葛亮的弟弟，我哥哥出门了还没回来。"旁边的张飞不耐烦了，"他到底去哪儿了？害得我们白跑了两次!"刘备赶忙摆手制止张飞，对诸葛亮的弟弟说："那我下次再来，请您转告卧龙先生，我对他慕名已久，想登门向他当面求教，请他能够答应。"又吃了一个闭门羹，关羽张飞抱怨的更加厉害了，"诸葛亮怎么这么大架子，他有点太不识抬举了！下次我们率领一支军马来把他抓去，看他还推三阻四!"刘备说："你们真是胡闹！你们难道没听过周文王请姜子牙的故事吗？周文王不辞辛苦亲自拜见姜子牙请他出山，结果后来姜子牙帮助他和他的儿子打败了商纣王，你们刚受了这点委屈就满肚子牢骚，这能成就我们的事业吗?”

又过了些日子，刘关张三人再次出现在隆中，地里干活的农人都认识他们了，这是他们第三次来拜访诸葛亮。其实诸葛亮一直在家里，他是在考验刘备是否真的能够礼贤下士。

草庐门打开了，还是第一次那个眉清目秀的小书童，他笑盈盈的向刘备鞠躬，“卧龙先生今天在家，不过他在睡午觉。”刘备说：“那先不要惊动先生，我在外面等着。”刘关张三人站在松树下，一个多时辰过去了，小书童出来，“先生醒了，请您进去呢。”

刘备走进屋门，只见书桌旁坐着一人，头戴纶巾，手中摇着一把鹅毛大扇，神态从容，目光炯炯。刘备连忙上前施礼，诸葛亮也抱歉地站起身，说：“让您白跑了两次，实在对不住，您这样看中我，我心里非常感激。”两人一见如故，坐下来畅谈天下大事。

诸葛亮摇着扇子，不急不慢地缓缓说道：“当今天下曹操统一了北方，手下有一百万军队，并且挟持天子，号令天下，他占有天时；孙权割据江东，土地辽阔，百姓安定，手下有一大批杰出的文臣武将，并且依仗着长江天险，他占有地利；而您要仁慈的对待百姓，顺应他们的要求，就可以占有人和。现在荆州的刘表庸庸碌碌，他根本守不住这块地方。您有皇族血统，加上人心归附，应该占据荆州接任他的统治，益州号称‘天府之国’，加上地势险要、人民富足，那是您成就事业的最好地方。您占有了这两个地方，就可以和北边的曹操、东边的孙权相抗衡，然后联合孙权抗击曹操，三分天下的局面就可以形成了。”刘备双手一拍，“听先生一席话，胜读十年书，您能不能跟我出山，干一番轰轰烈烈的大事业?”诸葛亮说：“您这么看中我，我怎么还能再推辞呢!”

于是诸葛亮跟随刘备回到新野，作了刘备的军师。刘备常称自己得到了诸葛亮后如鱼得水，刘备的事业从此有了新的转机，势力越来越大了。

周瑜火烧赤壁

公元208年九月，滚滚长江奔向天际。这时汉大丞相曹操伫立在江边，他思潮汹涌，眼前千万只战船威武雄壮、排列有序，旗帜和桅杆密集如森林，刀矛枪剑映着日光寒气逼人，这是他庞大的水军。数年来他统一了北方，这次，率数十万大军南下，意在消灭割据在南方的刘备和孙权，完成自己统一天下的大业。他出师以来势如破竹，先是荆州的刘琮不战而降，接着又在当阳击溃了刘备。现在只有江对面的孙权还能负隅顽抗，不过他想，凭着他的声势只需要一纸书信就可迫使孙权乖乖地来投降。

此刻在长江边上的夏口(今湖北省武汉市)，刚被曹军打败的刘备正在为自己的军师诸葛亮送行，原来诸葛亮要去江东劝说孙权一起抗曹。诸葛亮博学多才、聪慧过人，他看到了曹军的弱点，相信只要孙刘两家联手就能打败不可一世的曹操。

在柴桑(今江西九江市西南)东吴的将军府中，孙权正焦急地踱来踱去，曹操大兵压境，形势严重，他正不知该何去何从，这时有人禀报刘备的军师诸葛亮拜见。孙权的眼睛一亮，连忙请入。

两人互致仰慕之情以后，诸葛亮就开门见山地说："现在曹操占领了荆州，下一个进攻目标就是东吴了，将军要是抵抗就应下定决心，不然就趁早投降，再犹豫不决就大祸临头了。"孙权冷冷地反问："那么，你家刘将军为什么不投降曹操?"诸葛亮慷慨地说："刘将军是汉氏宗亲，他胸怀大志，怎么能动不动就投降敌人呢?"果然孙权中了诸葛亮的激将法，愤怒地拍案而起："江东土地辽阔，人民富足，加上十万精兵，我决不能把这一切白白奉送给敌人。况且刘将军刚刚战败，抵抗曹操只能靠我了!"诸葛亮说："您尽管放心，刘将军虽然败了一仗，但还有水陆军两万。曹军虽然人多，从北方一路打到南方，已十分疲弊，犹如强弩之末，况且北方的军队不擅长水战，新占领的地方人心浮动，只要我们两家同心协力，一定可以打败曹操!"听了诸葛亮的这番分析孙权心里的一块石头落了地，立即在将军府召开军事会议。

东吴的文臣武将齐聚一堂商讨作战计划。这时候恰巧曹操派人送来了战书，信中威吓说："我奉了皇帝的旨意，率军南征，一路上战无不胜，如今在长江北岸陈兵八十万。将军是否敢与我决一死战?"众人看了都有些胆战心惊。张昭是东吴资格最老的谋士，他迫不及待地说："曹军人多势大，又假借着皇帝的旨意，我们本来仰仗的是长江天险，但如今人家占了荆州，又有那么多的战船，我看这个天险也不大靠得住，不如早早投降皆大欢喜的好。"张昭这一开头，很多人都跟着响应，只有鲁肃沉默不语。

听了众人的话，孙权非常沮丧走出了会议厅，这时鲁肃跟了出来，孙权问他："你觉得众人说的怎样?"鲁肃诚恳地说："我们是您的部下，投降了，马上可以升官发财，而您不行，您是东吴的最高统治者，东吴完了，曹操能轻易放过您吗?""你说的对，"孙权握住鲁肃的手，"这话说到我心里去了，那些人贪生怕死真让我失望。"鲁肃接着说："赶快把在鄱阳湖的水军都督周瑜召回来，共商抗曹大计。"

回到柴桑的周瑜，在军事会议上慷慨陈词，力主与曹操决战，他和诸葛亮的分析一样，认为"北方军队不善水战，而且水土不服，士兵容易生病，兵再多也没有用。”周瑜接着分析：“曹操军队号称有八十万，实际上只有二十多万，而且有一部分是荆州的降兵，他们疑虑重重，军心涣散。只要您给我五万精兵，我保证一定能打败曹操。”孙权听了周瑜的话更加坚定了自己的决心，他挥剑斫落了桌子的一角，宣称：“谁要是再说投降的话，就跟这桌子一样的下场。”

第二天，周瑜被任命为东吴的水军都督，领兵进军赤壁(今湖北武昌县西)，和曹操的军队隔江对峙。果然曹军士兵水土不服，很多人拉肚子、中伤寒。而且北方人不习水性，长江上风大浪高，战船颠簸摇晃很厉害，士兵们整天呕吐，哪还有力气打仗？后来曹操想了一个办法：把战船用铁链连在一起，仿佛一个大的平台，士兵们可以在上面骑马奔驰。这种连环战船平稳的就像陆地一样，也再没有人晕船了。

周瑜的部下黄盖看到这种情况，向周瑜建议：“要打败曹操不能硬拼，得用巧计。如今他们把船都连在一起，如果我们用火攻，他们的水军将无处可逃。”可是怎样接近曹操的水军呢？于是黄盖给曹操写了封信：谎称自己见东吴大势已去，想率领部分战船前来投降。曹操以为自己的强大吓破了东吴军队的胆，对黄盖的假投降深信不疑，还定好了具体的日期迎接黄盖。黄盖准备了十艘大船，船上装满了浸着油的干草和枯枝，上面蒙着布，船头插着投降的旗帜。

十一月的一天，江上刮起了东南风，夜晚降临，黄盖的船队乘风破浪驶向曹操的水军营寨。曹军听说黄盖来降，都拥挤着伫立在船头观看。黄盖的船队越来越近。突然船上火光冲天，投降的船变成了火船，借着迅猛的东南风撞进了水寨。由于曹军的船都连在一起，火势迅速蔓延开来，火光映红了江水，烟雾弥漫遮蔽了星月。士兵们有的跳入水中，但北方人大都不会游泳，被淹死的人不计其数。周瑜、刘备的军队水陆并进，猛烈攻击。战鼓声、呐喊声惊天动地，仿佛决了口的江水，曹操的军队再也无力抵抗，全线败退。几十万人死的死、逃的逃，损失大半。曹操的胡子被烧焦了，象征着权力和尊严的大红袍也被烧了几个破洞，率领着残兵败将从华容道逃回许昌。

赤壁之战是孙权和刘备以少胜多取得了决定性的胜利。从此，孙权巩固了他在江东的统治，刘备占领了四川，他们与北方的曹操三足鼎立，三国的局面开始形成。

七步成诗的曹植

曹操的儿子曹植，文才出众，天赋极高，他是“建安七子”之一，颇负盛名。

曹操很喜欢曹植，想把他立为太子，将来继承自己的事业。曹植的哥哥曹丕对太子的位置也图谋已久，但曹丕不如曹植有才气，他就想别的办法讨父亲曹操的欢心。一次曹操出征，儿子们为他送行，曹植触景生情一挥而就写成了一篇歌颂曹操功德的文章，洋洋洒洒足有几万字。曹丕没有这个本事，他不写文章也不说什么歌功颂德的话，只是站在旁边默不作声地流眼泪。曹操问他为什么难过，曹丕吞吞吐吐地说："您要打仗去了，我不能在身边照顾您，心里很悲伤。"听了这话，曹操很感动，觉得比起曹植来，曹丕更加忠厚诚实。

还有一次，曹操想试一试曹植的能力，准备派他去前线。曹丕听说这件事，就假惺惺地带着很多美酒佳肴到曹植那儿，他知道曹植最爱喝酒，就一杯又一杯的劝曹植多喝，终于把曹植灌得酩酊大醉，人事不省。等曹操的使者来传达命令的时候，曹植已经躺在床上醉成了一摊泥，任凭旁人怎么拉扯喊叫都不能把他叫醒。因为这件事，曹操对曹植很失望，觉得他生活不检点，容易喝酒误事，从此对曹植不再那么宠爱了。曹丕继续火上浇油，暗地里散播谣言，声称曹植很多文章都是别人代写的。

曹植本身也不拘小节，想干什么就干什么。有一次，他在王宫里乘着车马游玩，后来觉得不尽兴，就私自打开宫门大呼小叫地跑到了街上，触犯了王宫的法令，曹操对此非常不满。加上曹丕花钱买通了曹操身边的人，他们总是为曹丕说好话，终于让曹操下定决心立曹丕为太子。曹丕凭着自己的诡诈战胜了才华出众天真任性的曹植。

公元 220 年，曹操死后，曹丕如愿以偿地坐上了魏王的宝座。但他并没有就此放过曹植。他召见曹植前来为曹操奔丧，曹植正和手下人高歌狂饮，对于曹丕的传唤，不加理睬，曹丕非常恼怒，就派卫士拿着锁链，冲入曹植家中，不由分说，把他捆绑起来，带到曹丕的宫殿上。曹丕想除掉曹植，斩草除根。这事不料被他母亲卞氏知道了，她哭哭啼啼跑到宫殿上，说："曹植是你的亲兄弟，纵然有些过错，也不应该处死他。"

曹丕不敢违抗母亲的话，况且就这么杀了曹植，天下人也不会服气；可不杀曹植，又怕留下后患。猛然间，他想起了一个好办法。他把曹植叫到面前，当着文武官员的面，训斥他："你犯了死罪，但我不忍心骨肉相残，让旁人笑话。可如果轻易地饶了你，人家会说我有意袒护你。这样吧，都说你能出口成章，我想这不过是谣传，今天就试一试，我命令你在七步之内作一首诗歌，主题是写你我兄弟关系的，但不能提到兄弟二字。如果做得出，就免你一死；如写不出来，就别怪我无情了。"

曹植缓缓地站起身，旁边的文武官员鸦雀无声，都暗暗替曹植捏了把汗，走七步路，只一刹那的事，能在如此短暂的时间内写一首诗歌，真是太难为人了。曹植看了看高坐在王位上的哥哥，想着我和你本是亲兄弟，为了争夺王位，你竟要置我于死地。他迈开步子，每走一步就高声诵读一句，七步还没有走完，诗已写成：

煮豆燃豆萁，豆在釜中泣。

本是同根生，相煎何太急？

在场的人无不为曹植敏捷的才思而深深地折服，曹丕也惭愧地低下了头。凭借自己真实的才干，曹植被赦免了，回到了自己的封地。

曹丕不甘心只当个王，他要作名副其实的皇帝。于是他派手下人，向皇帝说明了自己的意思。建安25年(公元220年)十月汉献帝下旨将皇位禅让给曹丕，曹丕还假意推脱，汉献帝连下了三道旨，曹丕才答应接受皇位，改元黄初，称魏文帝。二百多年的东汉王朝宣告结束。

蔡文姬归汉

蔡文姬，名琰，陈留圉(今河南杞县)人，生于公元174年。她的父亲蔡邕是东汉有名的学者，蔡文姬从小受到父亲的培养，博学多才，对文学、音乐的造诣很深。

有一次，父亲在黑夜里弹琴，忽然，“嘣”的一声根弦断了。文姬正在一旁静听，说是第二根弦断了。父亲以为她是偶然猜中，又故意把一根弦弄断，问是哪根弦。文姬立即回答是第四根弦。女儿的辨音能力使父亲又惊又喜，从此更把她视若掌上明珠。

然而，这颗“明珠”，生逢汉末乱世，一生坎坷。

董卓当权的时候，一面拼命镇压那些反对他的人，一面又拉拢一些有名气的人到朝廷里做官，蔡邕就是他重点拉拢的对象。蔡邕虽然知道董卓是个大奸臣，但还是感谢他对自己的重用。董卓死时，他忍不住表示叹息同情，被司徒王允关进监狱。

文姬结婚不久，丈夫就死了。她回到父亲身边，恰逢父亲又被判了死刑，请求完成续修《汉书》的遗愿也未被批准。父亲死后，董卓的两个部将打进长安，朝廷中有人招来匈奴兵抗御。后来，孤苦伶仃的文姬在战乱中又同大批难民一起被南匈奴掠去，被迫嫁给了匈奴的左贤王。她留居匈奴十二年，生了两个孩子。

这时曹操已经统一了北方，生产有所发展，百姓的生活也比较安定。在这个基础上，曹操努力提倡文化。他搜罗各方面的人才，也想到了自己好朋友蔡邕的女儿文姬，决定派人带着礼物出使匈奴，把蔡文姬赎回来。

汉献帝建安十三年(208 年)，曹操派去的使者到了匈奴。使者拜见了左贤王和蔡文姬，陈述了曹操想要迎接蔡文姬回汉朝的要求，并且向左贤王赠送了丰厚的礼物。蔡文姬听了，又是高兴，又是悲伤。高兴的是她很快就能回到自己日思夜想的故乡了，悲伤的是将要离别丈夫和在匈奴出生的儿女。此情此景，真让她左右为难。经过再三考虑，她还是决定返回故乡去。

回到中原，蔡家只剩下她一个女子。她与屯田都尉董祀结了婚，董祀对她关怀备至。哪知时隔不久，董祀犯了法，被曹操的手下人判处死罪，眼看快要执行了。

蔡文姬为了挽救丈夫的性命，急急忙忙跑到魏王府里去求情。恰逢曹操举行宴会。朝廷里的一些公卿大臣、名流学士，都聚集在魏王府里。

蔡文姬被带了进来。当时正是数九寒天，只见蔡文姬蓬头垢面，赤着双脚，一进来就跪在曹操面前，替她丈夫请罪。她的嗓音清脆，话又说得十分伤心。座上有好些原来是蔡邕的朋友，看到他女儿的伤心劲儿，又想起蔡邕，感动得连鼻子也发酸了。

曹操听完了她的申诉很同情，只是觉得判罪的文书已经发出去了，不由得陷入沉思。

蔡文姬苦苦央告说："大王马房里的马成千上万，手下的武士多得像树林，只要您派出一个武士，一匹快马，把文书追回，董祀就有救了。"

在座的许多人都帮蔡文姬求情。曹操就亲自批了赦免令，派骑兵追上去宣布免了董祀的死罪。见文姬穿得单薄，又送给她一顶头巾和一双鞋袜，让她穿戴起来。

曹操想起蔡邕有很多藏书文稿，如果整理出来，就是一笔很好的财富，便向蔡文姬问起此事。文姬说："父亲留给我的藏书有四千多卷，在战乱逃荒的时候全部丢失了，不过我还记得四百多卷。只要有纸和笔，就可以写出来。"

后来，蔡文姬便在家中将父亲蔡邕的作品一一整理出来，交给了曹操。

生活初安，文姬回忆起自己的坎坷经历，更加痛定思痛：难忘那战乱的岁月，千万具尸体横七竖八地躺在长安、洛阳两京的大路旁；难忘自己同众多难民被掳到荒凉的异域，语言不通，生活不惯，曾几次想死去了事，只是因考虑到父亲的遗作已经散失，只有自己可以整理，才忍辱活了下来；特别使她心酸的是离开南匈奴的帐篷归汉时，儿子呼唤着妈妈，那生离死别的情景使她心碎！患难半生的她虽然衰老了容颜，然而却无损于她的文学才华。她将胸中郁结的满腔悲愤和人民在战乱中所遭受的痛苦凝成一首抒情长诗，这就是著名的

《悲愤诗》。

郭嘉屡出奇计

郭嘉字奉孝，颍川阳翟人。他少年时就胸有大志，并且很有远见。他见天下将要大乱，自二十岁左右就隐居匿迹等待时机，同时秘密结交豪杰。许多见识高超的人对郭嘉出众的才干都非常赞叹。

当时，曹操的心腹谋士死了，身边没有人能替代，荀彧就推荐了郭嘉，曹操召见了他，并向他询问天下大事以及攻打袁绍有无胜利把握等。郭嘉胸有成竹，侃侃而谈，从道义、用人、执法、用兵、决策等十个方面分析袁绍必败之理。曹操大喜，并说："能助我成大业的，一定是这个人。"

公元198年九月，曹操采纳郭嘉的谋略进攻吕布，曹军首战便攻破了吕布的重镇——彭城，俘获了彭城相侯楷，接着又攻至下邳，在下邳城郊和前来迎战的吕布交锋，打败了吕布的骁将成廉。吕布见势不妙，死守下邳城。曹军乘胜围城。夜晚，天昏地暗，郭嘉对曹操说："我们可以在北门少置兵力，故意让吕布知晓，他必定会从此门突围求援，然后在半路埋伏兵力，杀他个片甲不回。"曹操连声叫好，按郭嘉的谋划去布置。吕布果然从北门杀出，率千余骑向袁术求救，到半路上被数倍曹军围困，幸亏吕布一杆方天画戟天下无敌，突出重围，只身逃回下邳，从此不敢再出城应战。

曹操久攻不下，便想退军。郭嘉等人竭力劝说曹操继续攻城，郭嘉分析说："吕布虽然骁勇，但没有智谋。他现在三战皆败，锐气已衰竭了，三军以将为主，主将没有锐气，则士兵更无斗志。另外，吕布虽有陈宫作谋士，但吕布刚愎自用，加上陈宫主意一向来得慢，如今正好乘吕布锐气未恢复，陈宫主意没有拿定之时，进军急攻。"

到了秋天，阴雨连绵，泗水、沂水都涨满了，郭嘉看到这一情况，就劝曹操亲自率军攻城，自己带一小队人马掘开河堤，引泗河、沂河水灌城，顿时，河水滔滔而下，下邳成了一座水中孤岛。吕布无奈投降，被曹操所杀。

征乌桓是曹操平定北方的最后一场大战。郭嘉在平定乌桓的战役中，更是胆识超人，神机妙算，大建功勋。

乌桓是古代居住在我国北方的一个少数民族。东汉末年，居住在辽西、辽东、右北平的乌桓民族，趁内地战乱之机，不断兴兵向内地骚扰，而北方各路割据者都想利用乌桓作为混战中兼并对手的资本。袁尚兵败后逃入乌桓，企图依靠乌桓的力量卷土重来，恢复袁氏在河北的势力。

公元207年，曹操准备率军北征乌桓。曹军众将都以为袁尚只不过是小角色，不足畏惧；而且大军进攻乌桓，后方空虚，刘备必然会鼓动刘表派军攻许都。在众口一词的反对声中，曹操犹豫了。郭嘉独具慧眼，极力劝曹操出兵。他认为，乌桓距离中原很远，对曹军的远征必然毫无防备，攻其不备，必然会大获全胜。郭嘉继续向曹操分析："袁绍长期统治黄河以北，积极拉拢乌桓贵族，河北官吏、名士久受袁绍恩惠。只要袁氏的后人还在，对冀州地区就有潜在的威胁。现在我们刚攻占青、徐、幽、并四州，还没有站稳脚跟，就丢开四州去南征，袁尚必然会借乌桓的兵力卷土重来，那样的话，青、冀诸州恐怕就不再是我们的了。"最后针对大家怕刘表偷袭的心理，郭嘉再次凭超人的洞察力说服诸将："刘表只不过是个坐着论道的人，他知道自己驾驭不了刘备，委派重任怕约束不了他，委派轻任又怕刘备不给他卖力。这就决定了刘表的偷袭实现不了，我们虽倾力远征，曹公也不必担心刘表。"

曹操听了郭嘉的分析之后，坚定了进攻乌桓的决心，便迅速率军出征。大军行至易县，郭嘉又建议说："兵贵神速。现在我们千里奔袭敌人，携带的辎重太多，影响行军速度，如果敌人探听到消息，必然会严加防备，我们就很难获胜。不如留下辎重，轻装抄小路前进，乘其不备而袭取。"曹操决定采纳这一险计，率兵出卢龙塞，直逼柳城(今辽宁朝阳南)。乌桓单于发觉时，曹军距柳城仅一百多里，仓猝之间拼凑了数万骑兵与曹军交锋，结果大败，曹操彻底肃清了袁氏的残余势力。

从柳城返军途中，郭嘉不幸患病，病情迅速加重，曹操不断派人去探视，不久，郭嘉病死。曹操悲痛万分，亲自到灵堂去吊丧，仰天痛啸："奉孝病逝，犹如砍我一臂啊！"郭嘉去世时才三十七岁。

建安十三年(公元208年)，曹操和孙、刘联军大战于赤壁，遭火攻后，大败而回，路上曾感慨地说："郭奉孝如果还活着，一定不会使我遭此惨败。"

曹操怒杀杨修

曹操进兵汉中，杨修作为行军主簿随大军出发。

曹操在汉中驻兵好几个月，想要前进，又被马超阻挡住；想收兵回中原，又怕被蜀兵耻笑，心中犹豫不决。正在为难时，亲兵给他端进来一碗鸡汤，曹操看见碗里的鸡肋，心里不由生出几分感慨。正要喝汤，夏侯惇走进营帐问道："今天晚上的口令是什么？"曹操随口答道"鸡肋！"夏侯惇向众将传令，今天夜里的口令是“鸡肋”。于是大家回答口令时，都说“鸡肋”。主簿杨修听到了“鸡肋”两个字，便让跟随他的士兵收拾行李，准备回家。别的营中士兵看见了，也纷纷效仿，收拾兵器、铠甲，准备好撤军事宜。

有人赶快去向夏侯惇报告，夏侯惇大吃一惊，就派人把杨修请到自己的帐中问道：“你为什么要收拾行装?”杨修得意地对夏侯惇说：“从今天夜里的口令来看，便能断定曹公不过几天就要退兵了。鸡肋嘛，吃起来没有肉，丢了吧，还有点味道，太可惜。现在进兵不能取胜，退兵又怕蜀兵耻笑，待在这儿又没有什么好处，等到曹公真正想退兵时，免得临行慌乱，丢三落四，所以先收拾行装。”夏侯惇拍着杨修的肩膀说：“您真是曹公的知己啊!”于是也回去收拾行装去了，夏侯惇这么一行动，全军的士兵几乎都开始准备撤军。

当天晚上，曹操心烦意乱，睡不着觉，就手提钢斧绕着营寨悄悄地察看。见士兵们都在收拾兵器、粮草，急忙回到自己帐中，派人找来夏侯惇问道：“你怎么敢私自下令退兵?”夏侯惇说：“主簿杨修猜出了大王要退兵的意图，告诉了我。”曹操又派人把杨修召来，问他怎么知道自己要退兵?杨修就把对夏侯惇说的话又重复了一遍。曹操大怒：“你好大的胆子，居然敢散布谣言，扰乱军心!”喝令武士将杨修推出去斩了，又把脑袋挂在辕门外示众。

原来杨修这个人仗着自己才华出众，不受约束，行为狂放，几次得罪了曹操。

曹操曾经下令建造一座花园。造成后，曹操亲自前来观看，看完不说好也不说坏，拿起笔在门上写了一个“活”字就走了。大家都莫名其妙，不知曹操到底是什么意思。杨修知道后，对监造花园的人说：“‘门’里面一个‘活’字，就是‘阔’呀，丞相可能是嫌园门建得太阔了。”于是监造花园的人又召来工匠，重新修筑了一座园门，又请曹操来观看，曹操非常高兴，问道：“谁猜出了我的用意?”身边的大臣说：“是杨修。”曹操嘴上虽然连连称赞杨修聪明，心里却暗暗忌妒。

还有一次，塞北的少数民族为了表示对曹操的尊重，送来了一盒酥。曹操就在盒子上写了“一合酥”三个字，然后把它放在桌子上。杨修来求见曹操，曹操不在，杨修进入房中，看见桌子上的盒子，就打开分给大家吃掉了。曹操回来以后，问杨修为什么私自分掉那一盒酥。杨修道：“盒子上写着‘一合酥’，拆开来看就是‘一人一口酥’，我只是执行了丞相您的命令啊。”曹操脸上虽挂着笑容，其实内心却已开始讨厌他这种自作聪明的人。

曹操疑心很重，老是怕别人谋害自己，常常吩咐身边的人说：“我梦中喜欢杀人，只要我睡着了，你们千万不要靠近我。”有一天，曹操假装睡着了，把被子踢落在地上，侍奉他的人看见了，急忙走过去捡起来，要给他盖上。曹操跳起来拔剑杀了这个人，又蒙头大睡。第二天醒来，假装吃惊地问："昨天谁杀了我的侍卫?"其他的侍卫都说："被丞相梦里杀掉了。"曹操一副追悔莫及的样子，传令厚葬这个人，又给他的家属许多钱。只有杨修知道事情的真相，在埋葬那个侍卫时，杨修指着棺材说："恐怕丞相不在梦里，而是你在梦里吧。"曹操后来听人讲了这件事，更加讨厌杨修了。

真正触动曹操杀机的，却是因为杨修卷入了太子位角逐的纠纷中，曹操见杨修介入他的家事，当然非常气愤。

曹操的儿子曹植，喜欢杨修的才能，常常邀请他到家里谈论逸闻趣事，整夜都不休息。曹操和众位大臣商议，想立曹植为太子。曹丕听说了，就密请吴质到他府商量对策，又怕被人发觉，就让吴质藏在一个大筐里，上面放些布匹，别人问起，就说是布匹，用马车把吴质拉进了曹丕府中。正好杨修看见了吴质从筐里爬出来。他和曹植是好朋友，当然希望曹植能当太子，于是，就跑去向曹操告密。曹操派人去曹丕府检查，曹丕慌忙告诉了吴质。吴质说："不用担心，明天用大筐装上布匹拉到府里来，迷惑一下他们。"第二天，曹丕就派人按吴质所说的话去做了。曹操派的人检查了几次，发现全是布匹，就回去把情况报告了曹操。曹操怀疑杨修陷害曹丕，更加厌恶他了。

可惜杨修一点也没有觉察到，照旧帮曹植夺太子位。曹操想试试曹丕、曹植两人的才能。曹操让他们出邺城去办事，暗中却吩咐门官，不要放他们出去。曹丕先到城门下，门官挡住了他，曹丕只好返回去了。曹植却先向杨修去讨主意，杨修说："你奉父亲的命令出城，有人阻拦，杀掉他就行了。"曹植认为杨修的话很对，就准备好马车，带领几名亲兵出发了，到了城门口，门官照样拦住了他。曹植喝道："我奉父王命令出城，谁敢阻拦!"说完下令将门官杀了，出城而去。曹操听说了这件事，认为曹植比曹丕办事果决。后来有人告诉曹操说："这都是杨修教给曹植的。"曹操非常不高兴，从此不太喜欢曹植。

杨修还替曹植作了许多关于治国、用兵问题的答案，让曹植背熟，每当曹操问曹植这些问题时，曹植都对答如流，曹操不禁起了疑心。后来曹丕买通了曹植身边的人，让曹植的仆人偷偷来告诉曹操，那些答案全是杨修教给曹植的。曹操听了大怒："这狗东西，居然敢骗我!"那时已有了杀杨修的意思，现在只不过把扰乱军心作个借口罢了。

杨修死时，才三十四岁，正是年富力强的年龄，却因才误身，为奸诈多疑的曹操所杀，实在令人叹惜。

庞统英年早逝

庞统，字士元，号“凤雏”，他才华出众，与“卧龙”诸葛亮并称于世。

庞统早年很不得志，没有机会施展抱负，只好到大街上摆摊测字，替人算命，以此维生。

后来，庞统遇见了诸葛亮，诸葛亮知道他有治国之才，劝他为刘备效力，并给他一封推荐信让他带着。初见刘备，庞统没有拿出诸葛亮的信。刘备把他当成了一个普通的求职者，给他了一个耒阳县令的小官。

庞统到了县里，仍不改老毛病，整天只谈论大谋大略，对于公事不闻不问。到任百余天，从没有升过堂。刘备听说了这件事，就派张飞到耒阳县去免掉庞统的官。

张飞到耒阳，庞统醉眼蒙眬地问：“张将军有什么事吗?”张飞大喝：“您到任百日，案件积累如山，却不闻不问，我是奉命来治你罪的。”庞统听完，哈哈一笑，说：“将军息怒，看我来处理这些小事。”说着就命令衙役去准备升堂，自己也穿好官服和张飞一起来到公堂。

这时衙外告状的人足有一百多人，在堂上跪了黑压压的一大片。庞统一拍惊堂木，大喝：“你们有什么冤情，快点诉来，老爷为你们明冤。”只见那些人你一言我一语，争先恐后的诉说起来，大堂上嗡嗡一片，张飞听得耳根子发麻，也没有听清一句话。庞统却左手一支笔，右手一支笔，双管齐下，字如龙飞凤舞，不到半天工夫，一百多件案子处理完毕。件件清清楚楚，告状的双方都心服口服。

张飞见了庞统这样的本事，不由得目瞪口呆，再也没有提治罪的事就走了。

张飞回报了庞统日断百案的奇事。正好，诸葛亮也回到了荆州，在刘备面前盛赞庞统才略过人。刘备便召见庞统，向他道歉。庞统这才取出了诸葛亮的推荐信，刘备说：“先生要是早取出军师的信，就不会让我委屈您的大才了。”随后，就让庞统做了诸葛亮的副手，做自己军国大事的特别顾问。

刘璋迎请刘备到益州去，刘备就让诸葛亮镇守荆州，自己和庞统一起到了益州。刘璋与刘备相会于涪城。庞统劝刘备：“在相会的宴会上，趁机杀死刘璋，就可以一举坐镇益州。”刘备有点顾虑，认为初来乍到，恩威信誉还都没有，这样做不妥。刘璋回成都后，刘备为刘璋征讨汉中的张鲁。庞统又进计刘备：“暗选精兵，昼夜急驰，直袭成都。刘璋懦弱，又没有什么准备，大军一到，一举成功，这是上策。诱刘璋的名将杨怀、高沛参加宴会，趁便囚禁，夺其部下，这是中策。退回白帝城，与荆州相接应，慢慢找机会，这是下策。”刘备认为上策太急，下策太缓，采用了中策，斩杀了杨怀、高沛，准备挥师成都。

刘备设宴庆功，饮酒作乐，对庞统不无得意地说：“今日宴会，真是开心啊。”庞统却冷冷地说：“征伐他人之国视为快乐，这可不是仁人用兵。”刘备借酒装疯，怒问：“周武王伐纣，天下响应，难道不是仁人之兵吗？你说的不对，应该快点下去！”庞统退出宴席。不一会儿，刘备就后悔自己失礼于庞统，请庞统回到宴席上。庞统吃喝自如，跟没发生什么事一样，也不向刘备谢罪。刘备沉不住气了，问道：“刚才争论，是谁的错？”庞统回答：“君臣都有错。”两人相视大笑。

可惜庞统在一次作战中死了，死时年仅三十六岁，真是令人惋惜。

东吴名将吕蒙

东吴名将吕蒙，少年时家境贫困，没有条件读书。但他作战英勇，屡立战功。

有一次，他跟随姐夫邓当攻打山越人，小小年纪的他竟一马当先，冲在最前面，山越人见他来势汹汹，顿时乱了阵脚。于是，他们趁机发动攻势，把山越人打得一败涂地。事后，有人把吕蒙勇战山越人的情况报告了孙策，孙策十分赏识吕蒙的志气和勇敢。

孙权继位后，就提升吕蒙做平北都尉。建安十三年(公元208年)，孙权派吕蒙为先锋，亲自攻打黄祖，以报杀父之仇。黄祖派他的部将水军都督陈就前来迎战。陈就用绳索把战船连成一片，屯在江口。孙权的兵船刚一靠近，陈就命令士兵射箭，打退了东吴军的进攻。吕蒙琢磨出这次失败的原因，就选派了一百多条小船，让士兵手执钢刀，身披铠甲，冒着箭矢，冲到战船旁边，砍断绳索，自己带领士兵从后面掩杀过来。陈就见东吴军攻势凶猛，就弃船上岸。吕蒙紧追不放，追到跟前，手起刀落，砍死了陈就。东吴军乘胜攻城，黄祖弃城逃跑，被孙权的部将冯则一箭射于马下，一刀砍死。孙权报了父仇，就班师回东吴，提升吕蒙做了横野中郎将。

吕蒙从小没有机会读书，识字不多。他带兵镇守一方，每向孙权报告军情时，只能口传，不能书写，很不方便。一天，孙权对吕蒙和蒋钦说：“你们从十五六岁开始，一年到头打仗，没有时间读书，现在做了将军，就得多读些书呀。”吕蒙说：“军务实在太忙，哪里顾得上读书。”孙权说：“我不是要你做一个博古通今的大学问家，只要你粗略地多看看书，多了解一些事情，能够拿历史作为借鉴就行了。你说忙不过来，难道还有我忙吗？我常常抽空读书，觉得读书有许多好处。”孙权还用汉光武帝刘秀在军事紧张的时候仍然手不释卷的故事鼓励吕蒙好好读书。

在孙权的启发和鼓励下，吕蒙开始发奋读书。他读《孙子兵法》、《六韬》，也读《左传》、《论语》等。一有空闲，他总是拿着书，聚精会神地阅读，从前人的著作中汲取知识和营养，从中得到教诲，后来竟达到了博览群书的地步。

鲁肃做都督的时候，仍然以老眼光来看待吕蒙，以为吕蒙只是一个文化水平不高的武将。有一次，鲁肃路过吕蒙的驻防地区，同吕蒙谈话。吕蒙问鲁肃：“您肩负重任，对于相邻的敌将关羽，您做了哪些防止突然袭击的部署？”鲁肃说：“这个，我还没考虑过！”吕蒙就向鲁肃陈述了敌我的形势，提了五点建议。鲁肃听了非常佩服，赞扬吕蒙见识非凡，认为吕蒙已是一个文武双全的人才。鲁肃走到吕蒙跟前，拍拍吕蒙的后背说：“真是聪明一世，糊涂一时，吕兄进展如斯，我还蒙在鼓里，先前总以为你只有勇武，不想，听君一席话，茅塞顿开，原来吕兄也是满腹经纶之人，可笑愚弟走了眼。”

吕蒙一笑说：“士别三日，理当另眼相看，况且你我之别，远非三日，如何知我有多大变化，今日一叙，老弟你可不能再用老眼光来看我了。”

打那以后，鲁肃与吕蒙成了好朋友。不久吕蒙又接替鲁肃统率东吴的军队，成为一代名将。

关羽大意失荆州

关羽，是家喻户晓的三国名将。“过五关斩六将”的故事，几乎无人不知。但是，由于他的骄傲，终于败走麦城，为孙权手下所擒，后被杀。

孙、刘联兵大败曹军后，关羽领兵驻扎在荆州，与曹操的军队对峙。

公元219年，刘备自立为汉中王，分封了五虎将：前将军关羽，右将军张飞，左将军马超，后将军黄忠，翊(yì)将军赵云。

关羽对黄忠与自己同列五虎将之一，心里老大不高兴，他要在疆场上大发虎威，显示自己不愧为五虎将之首，也让老黄忠感到惭愧。

这一年秋天，关羽率领荆州大军，向驻守在樊城的曹仁发起进攻。樊城虽小，却是战略要地。曹操怕有闪失，忙派于禁、庞德率领七队人马火速增援。他俩到了樊城后，曹仁让他俩领兵驻扎在樊城城外的北面，以便内外呼应。

八月里，秋雨连绵，弄得关羽愁眉不展。且不去说道路泥泞不利于作战，城内有曹仁，城外又有于禁、庞德，关羽处于腹背受敌的境地。

没想到老天爷帮了关羽的大忙。没过几天，河水泛滥，樊城城外的洪水上涨深达数丈。于禁、庞德率领的七队人马驻在低处，洪水一来，淹死无数，剩下的人马只好转移到高处避水。如此一来，洪水隔断了城内、城外的联系，于禁、庞德成了瓮中之鳖。

关羽见状大喜，立即率军乘船向于禁、庞德发起攻击。于禁逃又无处逃，打又打不过，只好向关羽投降。庞德胆气过人，独自站在大堤上手挽强弓拼死力战，从清晨战至午后，他的箭支用尽，终于被俘，因不肯投降而被关羽斩杀。

于禁投降、庞德被杀、七队人马全军覆没的消息如同一声炸雷，惊得曹操坐立不安，江东的孙权也深受震动。

一时间，附近的许多地方官纷纷向关羽投降，甚至许都以南的一些官员也暗中与关羽商谈投降事宜。

关羽得到于禁的数万官兵后，粮草不继，便派兵夺取孙权储存在附近的粮食，供应自己的部队。孙权闻讯后大怒，派兵时时骚扰关羽。

孙权对荆州垂涎已久，趁机写信给曹操，请求允许他讨伐关羽，为曹操效力，同时请求曹操不要把消息泄露出去，使关羽有所防备。

曹操就此事向大臣们征询意见，许多人都赞成为孙权保密。董昭却说："我们明里可以答应为孙权保密，暗中须将消息透露出去。关羽知道了孙权上表的内容，一定会撤除樊城之围，这样做还可以激化孙权和关羽的矛盾，我们可以坐收渔利。"曹操同意他的看法，暗地里将孙权将要攻打众关羽的消息散布出去，同时命徐晃立即率领人马援救樊城。

被围的曹军得到知援兵将至，孙权也将攻打关羽，士气倍增。关羽得到消息也暗暗吃惊，对是否撤去对樊城的包围犹豫不决。这时徐晃领兵赶到，设计击败了关羽军。

孙权得到曹操的应允，委派吕蒙为主帅，准备向关羽大举进攻。吕蒙说服孙权起用年轻将领陆逊与关羽周旋，然后他借口有病将兵权交给这位年轻将领。

关羽闻报由年轻后生陆逊接替吕蒙，认为陆逊不足挂齿，心中麻痹起来。陆逊来个顺水推舟，派人给关羽送去一封措词恭谦的信，关羽看了来信，更不把陆逊放在眼中，他放心大胆地将后方的军队调来，增援攻打徐晃、曹仁的部队。

关羽将后方的部队调走，荆州防务空虚。孙权闻报后大喜，亲自率领大军开赴前线。他让吕蒙为前部，悄悄向荆州方向移动。吕蒙将精兵伪装成商人，分几批渡过长江，来到荆州地域，神不知鬼不觉地拿下沿江岗楼，致使荆州的警戒完全失灵。关羽对东吴军已经到来之事，竟然一无所知。

关羽领兵在外，屡屡催促驻守在江陵、公安的糜芳和傅士仁供应军需物资。军需物资往往未能全部运到，关羽为此大怒。糜芳、傅士仁生怕关羽惩罚自己，对关羽产生了二心。

吕蒙乘机施出了离间计。他写信给傅士仁，向他分析利害得失，傅士仁考虑了一番，便向东吴投降。吕蒙带着傅士仁到江陵，要他向糜芳劝降，糜芳怕关羽回来后责罚自己，便也开城投降。

关羽得知荆州一带失守，大吃一惊，连忙点齐人马，向南撤退，他想夺回失去的城池，挽回自己一手造成的败局。

关羽一面南撤，一面连连派出使者与吕蒙会见。吕蒙对关羽的使者都予热情接待，并允许他们在城里自由活动。将士的家属有的向使者询问亲人情况，有的托使者带信。使者返回后，将士们向使者询问家中情况，得知一切平安，将士们都无心恋战，完全丧失了斗志。

正在此时，孙权抵达江陵，荆州的文武官员全部归附。这时关羽陷入了困境，前有东吴大军，后有曹操军队，前进不得，后退也不成。

吕蒙、陆逊见攻击的时机已到，率部迎头攻击。一边是养精蓄锐之师，一边是疲惫不堪、军心动摇之旅，一经交锋，关羽军立即溃败。

关羽看看身边的将士，只剩下几百人，连突围逃走都困难，哪里还能再收复荆州！关羽长叹一声，说："我关羽称雄一世，没料到落到今日这种地步！"

他的儿子关平轻轻地说："天无绝人之路。眼下之计，是否找个地方歇息一下再说？"

关羽略一思索，说："先往麦城（今湖北当阳东南），再作计议。"关羽一行刚进麦城，吕蒙便率大军赶到，把麦城层层包围。

纵横一世的关羽并没有气馁，他一面设法突围，一面期盼救兵赶到。一连几天过去了，望眼欲穿的官兵们连一个援兵的人影也没见到。

孙权派人去劝降，关羽假装答应下来。关羽趁东吴军疏忽之机，率众突出了麦城。孙权估计关羽会突围逃跑，事前已命朱然、潘璋切断了通往西川的道路，并在路上挖好陷阱，只等关羽自投罗网。

关羽突出麦城后，不敢走大路，只拣崎岖不平的险路走。这时候，跟随他的只有关平和十几个骑兵。他们没跑出几十里，朱然、潘璋领兵挡住了去路。关羽拍马上前，准备再拼杀，哪知战马才跑出几步，就"轰隆"一声连人带马掉进陷阱。关平连忙来救，也落入另一个陷阱。

朱然、潘璋命人将关羽、关平五花大绑捆好，押赴大营送到吕蒙面前。吕蒙把关羽押到孙权面前，孙权好言劝降，招来的却是关羽一顿臭骂。他见关羽不肯屈服，便将关羽关押起来。

孙权觉得留着关羽是个后患，就将他在荆州斩首。

荆州一带落入孙权之手，除去了关羽这一大患。刘备僻处蜀中，实力大损。三国之间的矛盾冲突，也变得更复杂激烈了。

刘备兵败夷陵

关羽被杀的消息传到蜀中，刘备悲痛万分。自从相识以来，刘备、关羽、张飞亲逾手足。关羽对刘备忠心耿耿，为刘备创立西蜀立下了赫赫战功，如今关羽被杀，怎能使他不悲痛！刘备感到伤心的另一个原因，是荆州的丧失。荆州地区不仅土地肥沃，物产丰富，也是军事上的要冲之地。从荆州北上可以攻打魏国，东下可以攻打吴国，荆州落入东吴的手中，对刘备也是一个极大的打击。所以刘备发誓要消灭东吴，为关羽报仇。

五虎将之一的赵云劝刘备道："我们主要的敌人是曹操，而不是孙权。如果消灭了魏国，东吴自然会来归顺。现在曹操刚死，曹丕夺取了帝位，我们正好利用这个机会顺应民心，号召天下豪杰讨伐曹贼，而不应将曹魏搁置一旁，先跟东吴交锋。"刘备报仇心切，对赵云的话一句也听不进，决意亲自领兵攻打东吴。

公元221年，刘备命张飞率领一万精兵从阆(làng)中(今四川阆中西)出发，到江州(今四川重庆)与大军会师。

张飞作战勇猛，但是性情暴躁，常常鞭打部下。张飞与关羽同甘共苦多年，情深谊长，这次出兵为关羽报仇，他的心情十分激动。他对部下要求更加严格，稍有错处便严加惩处。就在部队出发前夕，部将张达、范强刺杀了张飞，提着他的脑袋投奔了孙权。

刘备闻报张飞遇难，抑制不了自己的惊骇。他愈加愤怒，调集了几十万大军向东吴进攻。

孙权夺取荆州后，吴蜀的边境西移至巫山附近。刘备派吴班、冯习为先锋，率领四万大军向东攻去，自己领兵紧随其后。吴班、冯习率领大军翻山越岭，在巫县(今湖北巴东)打败吴军。他俩乘胜追击，一直攻到秭(zǐ)归(今湖北秭归)附近。

消息传到孙权那里，朝廷上下一片震动。孙权曾一再派人向刘备讲和，都遭到刘备拒绝。蜀军大兵压境，孙权不得不起兵应战。那时候，吕蒙已经病逝，孙权起用了年轻将领陆逊为大都督，统率五万人马抵御蜀军。

冯习、张南领兵长驱直入，大有一举荡平东吴之势。到了夷陵(今湖北宜昌东南)，吴军不再后撤。两军扎下大营，遥遥相对。蜀军兵营相连，建有数十座营垒。蜀军以冯习为大都督，以张南为先锋，随时准备与吴军一决雌雄。吴军虽然停止了退却，但却不与士气正旺的蜀军正面交锋，而是采取深沟高垒，紧守关隘，避免与蜀军决战。

蜀军的另一支部队，抵达猇(xiāo)亭以南的夷道(今湖北宜昌西)，把孙权的侄儿孙桓层层包围。

吴军将领纷纷请战，陆逊坚决不同意。他对部将说："刘备亲自领兵东下，士气高昂，兵锋所及，锐不可当。我们若去攻打，必然要遭巨大伤亡，如果失败了，我军主力难以保全。眼下只宜坚守，观察变化，捕捉到战机之后，才能大举进行反击。"

有些将领主张援救孙桓，陆逊也不同意，说："夷道城池坚固，储粮充足，孙桓一向爱护士卒，上下同心，夷道一定能守住。"

吴军不少将领久经沙场，对陆逊的做法很不满意，他们嘴上没说什么，但都认为陆逊惧怕蜀军。

刘备企图一举歼灭吴军的有生力量，无奈陆逊坚守不出。刘备为了激怒吴军，天天派兵到陆逊的大营前骂阵，可是陆逊就是置之不理。

刘备见激将法不起作用，企图引诱吴军出阵。他派吴班率领几千人在吴军阵前的平地上扎营，不断地向吴军挑衅；他又派八千精兵埋伏在山谷里，准备接应吴班军，只要吴军一出动，伏兵立即从山谷杀出去。

众将按捺不住，又到陆逊那里去请战，陆逊还是不同意出战，众将也无可奈何。

刘备见这一招不灵，只得把山后的伏兵调出，开赴到陆逊大营的正面，继续挑战。吴军众将见附近山谷中有伏兵开出，未免心惊，暗中庆幸没去攻击吴班，否则就中了刘备的诡计。从此以后，众将对陆逊才稍稍心服。

双方对峙了七八个月，蜀军一直找不到机会与吴军决战，时间一长，蜀军的锐气渐消。天气也一天天热起来，长江边暑气难当，蜀军官兵叫苦不迭，希望能到凉爽的地方扎营。

刘备欲战不能，撤退又于心不甘。他命令驻扎在山谷中的大军来到谷外，命水面上的军队移驻陆地，大军在深山密林中休整，准备秋后再向吴军大举进攻。

原先陆逊顾忌的是蜀军士气盛，江面、山谷中都有蜀兵，现在战局发生了变化，这正是与敌人决战的好机会。

陆逊传下命令：准备向蜀军发起攻击。众将无不诧异，纷纷说道："要是攻击蜀军，应在敌军刚进入困境时发起。现在敌人深入国境已有五六百里，在险要之处都做好了防备，现在发动攻击，这怎么行!"

陆逊向众人解释道："刘备饱经沧桑，对付他必须小心在意。他刚发动进攻时思虑周详，我们无法进行反击。刘备长时间找不到我军漏洞，已经无计可施，内心焦躁，难免有所疏忽。再说蜀军官兵驻扎时间已久，士气已衰。我们应该抓住这大好时机，击溃蜀军。"

他先派出小股部队进行试探性进攻，结果大败而归。众将领叹息道："唉，这真是白白作出牺牲。"陆逊却从这次进攻中摸到了蜀军的虚实，想出了破敌之计。

一天傍晚，东南风刮得正急。陆逊命令每个士兵携带一束干草，向蜀军大营发起冲击。吴军官兵憋了半年多的恶气一下子迸发出来，奋不顾身地向前冲去。官兵们点燃干草，顺风放起火来，不消片刻，连在一起的四十多座蜀军营寨陷入一片火海之中。蜀军官兵被烧得焦头烂额，像发了疯一样向没火的地方逃窜。吴军大发神威，猛虎般地向敌人扑去。蜀兵只顾逃命，哪里还能抵挡吴军的攻击!

经过一阵猛烈的冲杀，漫山遍野都是蜀军官兵的尸体，连大将张南、冯习都没能逃脱，做了刀下之鬼。

在众将的保护下，刘备逃到马鞍山(今湖北宜昌北)上。他匆匆命令残兵败将布防，企图挽回败局。陆逊命令各路大军从四面八方掩杀上去，与蜀军进行短兵相接的搏斗，蜀军已无退路，只得奋起抵抗。经过一番激烈战斗，蜀军的防线被撕开一道缺口，这下子蜀军全线崩溃，官兵们一个个没命地冲下山向西逃窜。

刘备策马拼命地逃，吴军骑兵紧紧地追。掩护刘备的官兵纷纷落马，情况越来越危急。逃至一个驿站，防守的蜀军赶紧把战袍、器仗等堆在刘备逃过去的山路上，然后点起了火，这才挡住了吴国的追兵。刘备马不停蹄地逃到白帝城，总算松了一口气，看看跟随着逃出的人马，已经寥寥无几。

夷陵一战，蜀军损失极为惨重，伤亡、逃散的人马达几十万，车、船、器仗、军需物资全部丢弃。

刘备既痛心又惭愧，无颜返回成都。到了第二年，他郁闷地病死在白帝城。

刘巴恃才傲物

刘备在新野驻兵时，荆州许多名士都追随他。江北的名士都涌到了江南，而江南的大才子刘巴反而到江北投降了曹操。

刘备从此非常恨刘巴。赤壁之战后，曹操派刘巴到江南去坚守城池，抗拒刘备。刘巴坦率地对曹操说："刘备的目的是荆州，江南是守不住的。"曹操固执地说："如果刘备攻打江南，我派大军做你的后盾。"刘巴明知江南守不住，但他还是听从了曹操的命令，到了零陵去策反。刘巴如此效命曹操，更加引起刘备的忿恨。

刘巴到了江南，正如他所料，刘备、诸葛亮已站稳了脚跟，他前进不得，后退不能。当诸葛亮劝他投降时，刘巴就写信给诸葛亮，表示自己绝不投降。他在信上说："我冒尽艰险，来到自己的乡土，我没有能力打动这些民众，但是我绝不改变初衷，即使把性命交给大海，也不回头看一下荆州。"诸葛亮回信挽留，劝说刘巴："刘备英才盖世，人人都归附他，天命可知，你为什么还犹豫呢?"刘巴回答说："我奉曹公之命南下，没有完成使命已是失职，至少应当回去销差。你们不借道，我也不要求，你们别劝我投降。"就这样，刘巴想回回不成，就改姓为张，投奔了刘璋。刘璋非常高兴，只要有什么大事，都向他请教。

公元 211 年，刘璋听信张松、法正等人的话，引荆州的刘备到四川，讨伐张鲁。刘巴劝阻刘璋，他说："刘备是人杰，不可久为人下，他入蜀，一定会成为国家的大害，不能让他进入四川。"昏庸的刘璋不听。刘备到四川后，刘璋替他补充兵源，接济粮饷，刘巴再次劝说："迎刘备入蜀已错了一步，再让他讨张鲁，等于是放虎归山。"等到刘备兵临城下，刘璋追悔莫及，只好出城投降。这时，只有刘巴、黄权两个人闭门不出。刘备的将士愤怒不已，要去杀这两个人。刘备连忙下令："敢杀刘巴者，我诛他三族。"刘巴这才向刘备赔礼，表示归附，刘备对他立即加以重用，任为左将军。

刘备围攻成都，为了鼓励士气，曾许下诺言，打破城池，一切府库财物都分给士兵。等成都打破以后，士兵大抢财物，刘璋的储积，一扫而空。平定以后，军用不足，刘备十分忧虑。刘巴说："这事好办，赶快铸造一些大钱，一枚面值一百文。再把货物定出价格，开放市场，那些被士兵抢去的财物都会从市场上收回来。"刘备照办了，数月之间，府库又充实了。连诸葛亮都称赞说："出谋划策，我是比不上刘巴的。"

张飞喜欢和士大夫交朋友，他十分敬仰刘巴的名声，就去刘巴家里做客。刘不理睬他，一句话都不说，张飞很生气。诸葛亮知道后，劝说刘巴："张飞虽然是一个武人，可他很敬慕你；再说，当今正是用人之际，文的武的都是主公需要的人才，你就不能放一放架子吗?"刘巴吼答说："堂堂大丈夫，当结交四海英雄，岂能和一个大兵说话!"刘备听到后，气愤地说："我想定天下，才容纳各种人才，刘巴竟来捣乱，他本来就心在曹营，岂是帮我打天下的。"言语之间，露出了杀机。话一出口，又觉不妥，就解嘲说："刘巴才智过人，当然只有我刘备才能驾驭他，难怪他不服张飞。"

刘备准备当皇帝时，刘巴和益州雍茂劝说刘备："曹丕称帝，中原的人未必服他，他们正要来蜀中投靠大王，兴复汉室，如果你也称帝，他们会失望的。"刘备听了这话，大倒胃口。他碍于刘巴的名气，就宽容了他。而雍茂就没有那幸运了，刘备找了个借口把他杀了。从此以后，就没有人来投效刘备了。

后来，刘备再也没有重用过刘巴，只让他起草一些文诰、策命之类的东西。

诸葛亮七擒孟获

瞿塘峡是三峡中最险峻的峡谷，两边的峭壁相距只有几十米，崖壁像刀削过的一样，直插云霄；浩浩荡荡的长江咆哮着奔腾入谷，一排排的巨浪撞击着江中的礁石，粉碎成无数水沫，散落空中。白帝城坐落于瞿塘峡的谷口，蜀汉皇帝刘备的临时行宫就设在这里。此刻的刘备失魂落魄地望着脚下的江水，他的几十万军队就如同浪花一样被撞得粉碎。想到自己打了一辈子的仗，如今竟然败在一个刚出道的年轻人手下，真是又惭愧又愤怒，刘备病倒了。他整日在行宫里唉声叹气，一会儿想到自己的失败，一会儿又想起了关羽和张飞，想到和二人打天下的岁月，一晃已经过去了几十年，自己再也见不到他们了。公元223年四月，刘备知道自己的日子不多了，就派人到成都召来了诸葛亮。刘备让诸葛亮坐在他的床旁，抚摸着他的脊背，感慨地说："我真后悔不听从你的劝告，落到了今天这个下场。你的才华胜过曹丕十倍，你一定能完成恢复汉朝江山的事业。我的儿子刘禅没有什么本事，他如果不成器，你就自己作蜀汉的皇帝。"诸葛亮慌忙跪倒在地，磕头出血，恳切地说："您放心，我一定竭尽全力辅佐太子，直到我生命结束的那一天。"刘备终于安心地闭上了眼睛，死的时候六十三岁。

刘备的儿子刘禅继承了皇位，历史上称他为后主。诸葛亮不忘刘备的嘱托，一心一意地辅佐刘禅。这时候，南中的部落首领孟获见到蜀汉刚刚换了皇帝，打了败仗，元气大伤，就乘机起来造反。他率领十多万军队向蜀汉大举进攻。形势紧迫，诸葛亮只好亲自出征讨伐孟获。他手下的参谋马谡年轻有为，向诸葛亮提出建议："孟获的部落出于偏远地区，即使我们暂时打败了他们，等我们一撤军，他们还会重新造反。所以我看关键要征服他们的心，团结他们，使他们成为我们永远的朋友。"诸葛亮非常赞成马谡的看法。

五月的云南已经很炎热了，茂密的树林中潜伏着无数毒蛇猛兽，加上成群的蚊子吸食人血，环境十分恶劣。诸葛亮在泸水（金沙江）边与孟获的军队相遇。只见孟获披着犀牛皮做的盔甲，骑着一头白色的大象，手提大刀，威风凛凛。双方一交战，诸葛亮佯装失败，率军慌忙后撤，孟获见大名鼎鼎的诸葛亮竟然败在自己手里，一时间高兴得昏了头，催促军队奋勇向前。不料中了诸葛亮的埋伏，一头栽下大象，当了诸葛亮的俘虏。孟获被五花大绑地压到诸葛亮面前。诸葛亮连忙命人为他松绑，问他是否愿意投降。孟获很不服气，觉得自己全是出于不小心，才偶然失败。诸葛亮于是放了他，让他回去好好准备再来交战。

结果，没过多少日子，诸葛亮略施小计，又抓住了孟获。诸葛亮问他："这次你服不服?"孟获还是不以为然，他觉得诸葛亮靠的是施展诡计胜了他，要是真刀真枪地干，他绝不会输。诸葛亮见他不服，就第二次放了他。

这回孟获学乖了。他在泸水南岸筑起坚固的营寨，躲在里面，就是不出战。他想，蜀军远道而来，只要拖下去，等他们粮食吃光了，自然会不战而退的。泸水又宽又急，诸葛亮派人到上游水浅的地方渡河，没有想到士兵一下水就纷纷晕倒在水中。诸葛亮急忙找来当地人询问，才知道，原来这里天气热，水中有毒气，必须在晚上凉爽的时候渡河才可以。诸葛亮于是命令军队白天休息，等到夜里刮起了凉风，士兵们趟着河水登上对岸。

孟获以为诸葛亮不知道泸水的秘密，还在营寨里蒙头大睡呢。此时诸葛亮的军队已悄悄摸到了孟获的营寨外，一声呐喊，蜀军冲入孟获的军营，孟获还没来得及穿上衣服，就又当了俘虏。诸葛亮问他："你已经第三次被我所抓获，你还不服气吗?"孟获狡辩着："你趁我睡觉的时候，偷袭我的营寨，也算不得什么英雄好汉。"诸葛亮见他仍然不服，又放了他。

这回孟获率领着他的手下人逃到了一个大山洞里。通往这个山洞的道路非常难走，而且一路上干旱缺水，只有一口泉水叫做"哑泉"，谁不小心喝了，就立刻变成哑巴。诸葛亮打听到了孟获躲藏的地方，就率领军队追击而来。道路崎岖，旁边是深不见底的山涧，走了很远的路，竟然找不到可以喝的水，士兵们渴的嘴唇都裂了。忽然，前面出现了一口泉水，大家一拥而上，咕嘟咕嘟地

喝了起来。没有想到，刚喝完水的人都张口结舌不会说话了。大家马上把这个消息报告给诸葛亮。诸葛亮知道一定是水中有毒。他找到了当地人仔细询问，得知附近住着一位老人，整日在山中采药，善于为人治病解毒。诸葛亮立刻起身去拜访老人，并说自己到南中四郡绝对不是来欺压百姓的，自己真心要和当地人做朋友。老人为诸葛亮的至诚所感动，交给诸葛亮自己配置的草药。中毒的士兵们吃了草药都恢复了健康。把草药掺入泉水，泉水就失去了毒性。解除了干渴，士兵斗志高昂，很快就到了孟获藏身的洞口。孟获本以为哑泉至少要让诸葛亮的军队损失大半，剩下的渴也渴死在路上。等到他被押到诸葛亮面前，才发现自己又成了诸葛亮的俘虏。

这是孟获第四次被诸葛亮放走了，他吸取了前几次的教训，对付用兵如神的诸葛亮绝不能采用一般的办法。他命令手下人到深山里抓来很多毒蛇猛兽，偷偷地在营寨里训练它们，他相信这是他战胜诸葛亮的秘密法宝。过了些日子，孟获带着人向诸葛亮叫阵，两边的军队列好阵势，只见孟获一摆手中的令旗，从他的身后突然冲出很多野兽，有舞动长鼻子的大象，有张着血盆大口的豹子、恶狼，还有很多吐着芯子的大蟒蛇，蜀军哪见过这个阵势，一下子慌了，纷纷调头逃跑，这一仗孟获大获全胜。

孟获心里别提有多高兴，他盘算着下一次一定要活捉诸葛亮，以雪自己几番被擒的耻辱。诸葛亮回到营寨，手下的将领都垂头丧气的，大家只知道和人作战，却不知怎样对付这些毒蛇猛兽。还是诸葛亮足智多谋，他提醒大家说："你们小时候一定玩过舞龙灯的游戏吧?"大家莫名其妙，不知道诸葛亮是什么意思，于是诸葛亮命令手下的士兵穿着兽皮，脸上涂着油彩装扮成狰狞可怖的怪兽的样子，而且每人手里都拿着一只长长的火炬。

第二天孟获带着他的毒蛇猛兽排好了阵势，诸葛亮的军队刚刚出营，那些饥饿的毒蛇猛兽就扑了上来。只见诸葛亮不慌不忙，也是把令旗一摆，身后冲出无数张牙舞爪的怪兽，手里高举着熊熊燃烧的火炬，他们大喊大叫着冲向孟获的军队，毒蛇猛兽都最害怕火，一见无数吐着火的怪兽向着自己扑来，转身就逃，这下孟获的军队可就遭了殃，被大象踩死的，被毒蛇咬伤的不计其数。蜀军乘机冲了上去，又一次俘虏了孟获。

就这样，诸葛亮一次次地抓住孟获，又一次次地放了他。到了第七次的时候，诸葛亮刚说要放他，孟获实在感到太惭愧了，他跪倒在地，哽咽着说："从古至今，没有谁对待敌人像您这样仁慈的，我从心里服气了。我保证永远不反了。我们整个部落都感激您的宽容。"诸葛亮不是用刀枪，而是用仁慈宽容征服了孟获的心。从此蜀汉的后方安宁稳固，使得诸葛亮能专心对付北方的曹魏政权。

马谡失街亭

诸葛亮平定南中之后，又经过两年准备，公元227年冬天，就带领大军驻守汉中。因为汉中接近魏、蜀的边界，在那里可以随时找机会进攻魏国。

离开成都的时候，他给后主刘禅上了一道奏章，要后主不要满足于现状，妄自菲薄，要亲近贤臣，疏远小人，并且表示他决心担负起兴复汉朝的责任。这道奏章就是历史上有名的《前出师表》。

过了年，诸葛亮采用声东击西的办法，传出消息，要攻打郿城（今陕西眉县），并且派大将赵云带领一支人马，进驻箕谷（今陕西褒城北），装出要攻打郿城的样子。魏军得到情报，果然把主要兵力调去守郿城。诸葛亮趁魏军来不及防备，亲自率领大军，突然从西路扑向祁山（今甘肃礼县东）。

蜀军经过诸葛亮几年严格训练，阵容整齐，号令严明，士气十分旺盛。自从刘备死后，蜀汉多年没有动静，魏国毫无防备，这次蜀军突然袭击祁山，守在祁山的魏军抵挡不了，纷纷败退。蜀军乘胜进军，祁山北面天水、南安、安定三个郡的守将都背叛魏国，派人向诸葛亮求降。

那时候，魏文帝曹丕已经病死。魏国朝廷文武官员听到蜀汉大举进攻，都惊慌失措。刚刚即位的魏明帝曹叡（音 ruì）比较镇静，立刻派张郃带领五万人马赶到祁山去抵抗，还亲自到长安去督战。

诸葛亮到了祁山，决定派出一支人马去占领街亭（今甘肃庄浪东南），作为据点。让谁来带领这支人马呢？当时他身边还有几个身经百战的老将，可是他都没有用，单单看中参军马谡。

马谡这个人确是读了不少兵书，平时很喜欢谈论军事。诸葛亮找他商量起打仗的事来，他就谈个没完，也出过一些好主意。因此诸葛亮很信任他。但是刘备在世的时候，却看出马谡做事不大踏实。他在生前特地叮嘱诸葛亮，说："马谡这个人言过其实，不能派他干大事，还得好好考察一下。"但是诸葛亮没有把这番话放在心上。这一回，他派马谡当先锋，王平做副将。

马谡和王平带领人马到了街亭，张郃的魏军也正从东面开过来。马谡看了地形，对王平说："这一带地形险要，街亭旁边有座山，正好在山上扎营，布置埋伏。"

王平提醒他说："丞相临走的时候嘱咐过，要坚守城池，稳扎营垒。在山上扎营太冒险。"

马谡没有打仗的经验，自以为熟读兵书，根本不听王平的劝告，坚持要在山上扎营。王平一再劝马谡没有用，只好央求马谡拨给他一千人马，让他在山下临近的地方驻扎。

张郃率领魏军赶到街亭，看到马谡放弃现成的城池不守，却把人马驻扎在山上，暗暗高兴，马上吩咐手下将士，在山下筑好营垒，把马谡扎营的那座山围困起来。

马谡几次命令兵士冲下山去，但是由于张郃坚守住营垒，蜀军没法攻破，反而被魏军乱箭射死了不少人。

魏军切断了山上的水源。蜀军在山上断了水，连饭都做不成，时间一长，自己先乱了起来。张郃看准时机，发起总攻。蜀军兵士纷纷逃散，马谡要禁也禁不了，最后，只好自己杀出重围，往西逃跑。

王平带领一千人马，稳守营盘。他得知马谡失败，就叫兵士拼命打鼓，装出进攻的样子。张郃怀疑蜀军有埋伏，不敢逼近他们。王平整理好队伍，不慌不忙地向后撤退，不但一千人马一个也没损失，还收容了不少马谡手下的散兵。

街亭失守，蜀军失去了重要的据点，又丧失了不少人马。诸葛亮为了避免遭受更大损失，决定把人马全部撤退到汉中。

诸葛亮回到汉中，经过详细查问，知道街亭失守完全是由于马谡违反了他的作战部署。马谡也承认了他的过错。诸葛亮按照军法，对马谡定了死罪。

马谡自己知道免不了一死，在监狱里给诸葛亮写了封信，说："丞相平日待我像待自己的儿子一样，我也把丞相当作自己父亲。这次我犯了死罪，希望我死以后，丞相能够像舜杀了鲧还用禹一样，对待我的儿子，我死了也没牵挂了。"

诸葛亮杀了马谡，想起他和马谡平时的情谊，心里十分难过，流下了眼泪。以后，他真的把马谡的儿子照顾得很好。

诸葛亮认为王平在街亭曾经劝阻过马谡，在退兵的时候，又用计保全了人马，立了功，应该受奖励，就把王平提拔为参军，让他统率五部兵马。

诸葛亮对将士们说："这次出兵失败，固然是因为马谡违反军令。可是我用人不当，也应该负责。"他就上了一份奏章给刘禅，请求把他的官职降低三级。

刘禅接到奏章，不知该怎么办才好。有个大臣说："既然丞相有这个意见，就依着他吧。"刘禅就下诏把诸葛亮降级为右将军，仍旧以丞相身份行事。

由于诸葛亮赏罚分明，以身作则，蜀军将士都很感动。大家把这次失败当做教训，士气更加旺盛。这年冬天，诸葛亮又带兵杀出散关（今陕西宝鸡西南），包围了陈仓（今宝鸡东），杀了一个魏将；第二年春天，又出兵收复武都

（今甘肃成县）、阴平（今甘肃文易西北）两个郡。后主刘禅认为诸葛亮立了功，下了一道诏书，恢复诸葛亮的丞相职位。

诸葛亮出师未捷

诸葛亮平定南中地区，稳固后方。他依法治国，励精图治，努力积蓄力量，准备实现刘备恢复汉室山河的宏愿。从公元 228 年开始，他四出祁山，但每次都无功而返。到了公元 231 年，诸葛亮第五次出祁山，围困曹魏将军贾嗣、魏平等人的部队，攻打天水。魏明帝曹叡听说后，就派大将军司马懿率领车骑将军张郃、后将军费曜（yào）、征蜀护军戴陵、雍州刺史郭淮等人讨伐诸葛亮。

张郃劝司马懿分出一部分军队驻扎在雍县、郿（méi）县，作为后军。司马懿说："要是前军能独自抵挡敌人，将军的话是对的。要是抵挡不了，军队却又分为前后两部分，这就是当年西楚的三军之所以被黥布擒获的原因。"他没有采纳张郃的意见。

诸葛亮听说魏军将到，就亲自指挥汉军收割上邽（guī）的麦子。将领们都很害怕，司马懿说："诸葛亮顾虑多，决断少，他必定安营自固，然后才动手割麦。我们能争取到两天的时间，只要行动快点，足够了。"于是，魏军昼夜兼程，轻装前进。诸葛亮闻讯，连忙退兵。司马懿高兴地说："我们日夜兼程，十分疲劳，精通兵法的人是不会放过这样的军队的。诸葛亮却不敢占据渭河，这就好对付了。"

他率军进驻汉阳，与诸葛亮对峙。接着，司马懿派出部将引诱汉军。双方刚交战，诸葛亮又指挥军队退却。魏军追击到祁山，诸葛亮就屯兵卤城，占据南北二山，并切断水路，设立重围。司马懿随后命令军队向汉军发起攻击，诸葛亮见状连忙逃跑。魏军则紧追不舍，一时间俘获斩杀了数以万计的汉军。

见到汉军溃败，魏军上下一片欢庆。这时军师杜袭、督军薛悌（tì）都说来年麦熟季节，诸葛亮还会入侵，陇右缺粮，应当在冬天预先运粮过去。司马懿笑着说："诸葛亮兵出祁山，屡遭挫折，即使以后还出兵，肯定不再攻城，而是寻求野战的机会。这样，他肯定把目标放在陇东，而不在陇西。诸葛亮每次出兵都恨粮少，回去必然积蓄粮草。我估计，庄稼没有三熟，他不会动兵。"

果然，到了第三年，诸葛亮又率领十几万大军穿过斜谷，在郿县的渭河南安营扎寨。曹叡连忙派征蜀护军秦郎率步兵、骑兵两万，增援司马懿。等众将领兵会师后，司马懿对将领们说："诸葛亮要是胆大的话，必定会抢占武功，顺着山势向东进军，这样长安就要受到很大的军事压力。要是他西上五丈原的话，那么各军就安然无恙了。”

诸葛亮接受以前北伐粮草不济的教训，果然西进五丈原，由士兵开垦荒地，解决军粮问题。接着，他想北渡渭河。司马懿知道诸葛亮的意图后，就派兵增援阳遂，加强那里的防御力量。援军与诸葛亮在积石相遇，他们逼近五丈原，与汉军交战。诸葛亮无法前进，只好退守五丈原。

曹叡认为诸葛亮远道而来，必定想速战速决，就命令司马懿坚守阵地，静待其变。诸葛亮多次挑战，司马懿就是不理睬。诸葛亮派人送来妇女的服饰，羞辱司马懿。司马懿大怒，上书朝廷，请求出战。曹叡不同意，并派使节来制止魏军出兵。

不久，诸葛亮派使者来。司马懿有意不提军事，反而问起诸葛亮的起居情况。他说：“诸葛公起居如何?”

使者说：“丞相每天都起早贪黑地忙碌。”

司马懿问：“诸葛亮一天吃多少米?”

使者回答说：“丞相饭量不大，一天只吃三四升。”

司马懿又问：“他什么事都亲自过问?”

使者回答说：“凡二十杖以上的责罚都要丞相亲自审批。”

使者走后，司马懿对别人叹息道：“诸葛孔明这样食少事杂，怎能久在人世?”

后主刘禅得到诸葛亮生病的消息，赶快派大臣李福到五丈原来慰问。李福跟诸葛亮谈了一些军国大事，就走了。

过了几天，李福返了回来。他看到诸葛亮病势转重，哭了起来。诸葛亮睁开眼睛，对李福说：“我懂得您回来想问些什么。您所要问的人，我看就是蒋琬吧。”

李福说：“丞相说的是。皇上正要我问丞相，万一身子不好，由谁来继任您的工作。那么请问蒋琬之后，谁可以继任呢?”

诸葛亮说：“可以由费祎(yī)接替。”

李福还想再问下去，诸葛亮闭上眼睛不回答了。公元234年八月，这个年纪才五十四岁的蜀汉丞相终因劳累成疾，病死在军营里。

按照诸葛亮生前的嘱咐，蜀军将领没有把他去世的消息透露出去。他们把尸体裹着放在车里，布置各路人马有秩序地撤退。

司马懿得告消息，立即出兵追击。蜀将姜维见形势危急，按着诸葛亮生前的吩咐让杨仪掉转旗帜，鸣响战鼓，摆出要进攻魏军的样子。司马懿见状，怕诸葛亮诈死，也不进逼。

过了一天，魏军来到汉军原先的营垒查看虚实，得到大批的地图、书籍和粮草。司马懿这才意识到诸葛亮已经死了，他赞叹地说："真是天下奇才!"有部将认为诸葛亮不一定死了，司马懿则说："军事家所看重的军书密计、兵马粮草都抛弃了，就像人扔掉五脏一样，还能活吗？应当马上追击!"

这时汉军离开五丈原已久，虽然魏军急驰追赶，还是没有追上汉军。后来，当地百姓为此编了一个谚语："死诸葛吓走活仲达。"司马懿听到后也不生气，只是笑着说："我能算计他活着时候的事，却无法算计他死后的事。"

司马懿平辽东

辽东太守公孙渊向魏国投降后，仍然独霸一方，根本不把魏明帝曹叡放在眼里。后来，公孙渊勾结北方的鲜卑贵族，反叛魏国。曹叡见势，就急忙从长安调回司马懿，让他率领大军去讨伐辽东的叛乱。

司马懿回京后，曹叡问他："您认为公孙渊会用什么计策迎战？"

司马懿回答说："对公孙渊来说，弃城而逃是上策，拒守辽东是中策，死守襄平是下策。"

曹叡又问："您看他会采用哪一种策略?"

司马懿自信地说："公孙渊认为我军孤军远征，不能持久。所以，他一定先在辽河抵抗，然后退守襄平。"

曹叡接着问："您往返需要多久？"

司马懿回答说："去百日，回百日，攻百日，中间休息共六十日，一年足够了。"

公元238年，司马懿率领大军北上。公孙渊听到消息，吓得魂不附体，他马上派使者再次向东吴称臣求救。可孙权只是派兵前往辽东边界观望。

不久，司马懿大军抵达辽东，公孙渊派步兵和骑兵几万人驻守辽隧(今辽宁省海城一带)，企图阻止魏军。

司马懿洞察了公孙渊的意图后，就指挥军队从南面佯攻，吸引公孙渊的精锐部队，然后他暗中渡过辽河，沉舟船、烧桥梁，依傍辽河修筑长围，继而又向北挺进，直扑襄平。公孙渊发现魏军北上，顿时慌了手脚，马上出兵截击，结果被司马懿杀得大败。之后，魏军包围了襄平。

当时正值初秋时节，大雨如注，辽河暴涨，魏军的运粮船队可以从辽口直抵城下。然而，大雨接连下了一个多月还不停，平地水深数尺。魏军将士十分害怕，想把营垒移到高地去。司马懿传令军中："有敢说迁营者，斩!"

城里的敌人见魏军被水围住，便和从前一样，放人们出城砍柴放牧。魏军将领要求抓出城的人，司马懿不准。这样，出城砍柴、放牧的人越来越多。司马懿的部将陈珪(guī)不知司马懿葫芦里装的什么药，就问司马懿："先前攻打上庸，八支军队同时出发，日夜兼程，只用了十六天就攻下新城，斩了孟达。这次我们远道而来，反而这么悠闲自在，我不明白是什么道理。"

司马懿微微一笑，说："那一次，孟达兵马少，但粮草可以支撑一年。我们的兵马比孟达多四倍，但粮草连一个月也支持不了，不速战能行吗？如今是敌众我寡，敌饥我饱，何况天下大雨，强攻难以奏效。我们不怕攻不下城，就怕贼人逃走。我们的包围还没有最后完成，要是抢掠他们的牛马，袭击樵夫，不就逼着他们逃走吗？我们故意示弱，就是为了让他们安心地留下。他们越守，形势对他们越不利。"

过了些日子，大雨终于停下来。一时间晴空万里，天蓝如洗，阳光变得格外明媚。司马懿见时机已到，就立即下令合拢包围圈。接着他又让士兵在城下高堆土山，深挖地道，并用盾牌、楼车、钩梯、冲车日夜攻城，魏军士兵向城中射去的箭和投掷的礌(léi)石密集如雨。又过了些日子，公孙渊的粮草渐渐耗尽，陷入了困境。这时守城的士兵们耐不住饥饿，竟自相残杀，以人肉为食。

不久，公孙渊见走投无路，只好派相国王建、御史大夫柳甫出城，请求司马懿解围退兵。

可司马懿二话没说就杀死使臣，发布檄文痛斥公孙渊的罪行，严令他立即放下武器。

接着，公孙渊派侍中卫演去商定投降日期，并许诺把他的儿子送去做人质。

司马懿见到卫演后嘲讽道："作战有五条原则，能战就战，不能战就守，不能守就跑，跑不了就投降，不投降就死。公孙渊不愿亲自请降，那就是决心去死，还送什么人质！"

几天后，襄平被司马懿攻破。公孙渊又领兵向东南方向逃去，可魏军在后面紧追不舍，一直追到梁水岸边，公孙渊才被杀死。接着，司马懿一鼓作气，率领大军乘胜追击，一举消灭了公孙渊的残余势力。至此，辽东四郡全部得到了平定。

蒋琬治国有方

蒋琬是诸葛亮的后继者，在蜀汉政权的中后期，起着相当重要的作用。

刘备占据益州后，任命蒋琬为广都县令。对于县令这芝麻官，蒋琬感到非常屈才，自己的聪明才智没有用武之地。于是他天天喝酒，从来不理政事。

有一次，刘备出巡到了广都，蒋琬正喝得烂醉如泥，无法前往迎接。刘备到了县衙一看，许多人跪在门前，等候大老爷升堂。见了这种情景，刘备火冒三丈，下令把蒋琬立即处死。诸葛亮听到了这个消息以后非常着急，立即快马赶来，面见刘备，为蒋琬求情。他说："蒋琬是国家的栋梁之才，并不是那种只能做管理方圆百里的县令的人才。再说，他也没有犯什么大的过错，主公还是放了他吧。"于是，刘备赦免了蒋琬。

没过多久，蒋琬被调任到什邡做县令，他一改以前的作风，尽心理政，受到当地老百姓的称赞。

这段时期，蒋琬做了一个梦，看见一头牛在他门前，身上血流如注。他找占梦先生赵直圆梦，赵直告诉他，这是个大吉大利的梦，说他将来要当三公丞相的，劝他好自为之。

刘备当了汉中王以后，真的把蒋琬调任京师成都，让他做了尚书郎。后来刘禅继承了皇位，诸葛亮辅佐他。诸葛亮知道刘禅庸碌无能，一切大小事情都得自己亲自处理，因而起用蒋琬为自己的副手，先后任丞相府参军、长史等官职。

诸葛亮在临死之前，上书给刘禅："我如果死了，国家大事适合托付于蒋琬。"刘禅遵照诸葛亮的嘱托，任蒋琬为尚书令、大将军，封安阳亭侯。

诸葛亮在伐魏前线病死后，外有强敌压境，内有杨仪、魏延不和，朝野笼罩着一种惶恐不安的气氛。蒋琬刚居相位，一举一动都会给国事带来影响。面对这种复杂的局面，蒋琬胸有成竹，镇定自如。他既不因丞相之死而悲悲切切，不知所措；也不因为掌握了大权而喜于形色，轻举妄动。他沉着冷静，有条不紊地处理国家大事，和平日没有什么两样。属下看到蒋琬这样临危不乱，稳重谨慎，无不叹服。刘禅也更加尊重他，升蒋琬为大司马，总揽国家大权。

对于蒋琬的提升和显赫的地位，不是所有的人都心服口服。担任东曹掾的杨戏，向来沉默寡言，性格高傲内向。蒋琬每次找他商议公事，他不是躲在家里不见，就是置之不理，一副清高孤傲的样子，弄得蒋琬十分难堪。

见此情景，就有人向蒋琬进言说："您每次和杨戏议事，他都不理不睬，这样傲慢无礼，分明是看不起大人，您就教训他一下吧。"蒋琬听了，并不生气，而是心平气和地解释说："人的心各有不同，就好像人的面孔各有不同一样，如果一个人口是心非，当面一套，背后一套，这种卑劣行为，连古人都看不起。我了解杨戏，他不是那种口是心非的人，所以我们在一起议事时，他不愿违心地同意，如果公开表示反对，又显得我的意见不对，影响我的威信，所以他只好沉默不语，这样做正是他认为最恰当的办法。"蒋琬这一番体谅他人的谈话，后来传入杨戏耳中，杨戏非常感动，与蒋琬的关系缓和了许多。

督农官杨敏是个自高自大的人，他只服诸葛亮一个人。蒋琬当了大司马后，他经常在别人面前说："蒋琬处理问题平庸，工作没有一点起色，远不如诸葛丞相。"有人把这些话传给了蒋琬。蒋琬听后非常坦然地说："我的才干的确比不上诸葛丞相，别人这么说又有什么关系呢?"

蒋琬认为，诸葛亮的北伐路线多经过山区，道路崎岖，军粮难以接应。他制定了从水路东下，用船只运粮的计划。

姜维北伐时，蒋琬就派杨敏从水路运粮。谁知道杨敏根本不把蒋琬的命令当一回事，玩忽职守；而姜维也因为军粮缺乏，差一点全军覆没。蒋琬非常生气，把杨敏革职，关在狱中，后主刘禅知道这件事后，下旨处死杨敏，株连三族，许多人都认为杨敏必死无疑。

正在处理公务的蒋琬听说了这件事，急忙进宫，他对后主刘禅说："杨敏犯了军法，应当治罪；但他当督农时，工作很出色，现在正是用人之际，不应杀他，再说，杨敏犯法，他的家人并没罪过，我们不能因为一个人有过失就株连全家啊，请圣上三思。"刘禅想了想，就赦免了杨敏的家人，对杨敏也从轻发落，只把他流放到南疆。

蒋琬又张罗了几次北伐，但都因为蜀国力量太弱小，没有结果。惨淡经营十几年后，蒋琬于公元 243 年病逝成都。蒋琬死后，由费祎任大将军录尚书事，接替他的职务。

蒋琬严于律己，宽以待人，受到蜀国上下的尊重。人们也因他才智超群，治国有方，与诸葛亮、费祎、董允合称为"四相"，又被誉为"四英"。

刘禅乐不思蜀

诸葛亮死后，蜀汉后主荒废朝政，宠信宦官，国势渐渐衰弱下去，曹魏也趁机南下进攻蜀汉。到了公元 263 年冬天，曹魏大将邓艾直逼蜀汉都城成都。蜀人做梦也没有想到魏军这么快就打过来了，根本没做守城的准备。汉后主刘禅吓得六神无主，连忙召集群臣商量对策。有人认为蜀汉和东吴是友好邻邦，应该投奔东吴；也有人说南中七郡地势险要，易守难攻，建议撤到南中去。而大臣谯周却认为最安全的办法就是投降，他说："陛下要向东吴称臣，等将来曹魏吞并了东吴，还得向曹魏称臣。同样是称臣，丢一回脸总比丢两回脸强。至于逃到南中，兵临城下，还来得及吗?"

大臣们都觉得谯周的主意不错，可刘禅不甘心就这么丢了皇位，还想逃到南中去。谯周接着又上书说："南中是蛮夷的地方，他们当初是被诸葛丞相用武力逼迫才归顺的，战乱波及那里，他们非反叛不可。"刘禅见无计可施，无奈之下为了保命，只好派张绍等人手捧玉玺向邓艾投降。

刘禅的儿子、北地王刘谌非常有骨气，听说后很气愤，他对刘禅说："就算真是大祸临头，我们父子君臣也应该背水一战，共同为保卫社稷而死。不然，将来还有什么脸面去见先帝?"说完，他就跑到刘备的庙里大哭了一场。回到家里，刘谌先杀死妻子儿女，然后横剑自杀。

再说张绍等人捧着蜀汉的玉玺见到了邓艾，邓艾大喜，马上给刘禅写信，表示接纳投降。接着，邓艾率军来到成都北门外。刘禅命人打开城门，亲自带着太子、诸王以及文武大臣六十多人，反绑着自己的双手，拉着棺木向邓艾投降。邓艾代表魏元帝曹奂替刘禅松了绑，并派人焚烧了棺木，正式受降。从此，持续了四十二年的蜀汉王朝就此灭亡了。

蜀汉灭亡以后，当时已掌握魏国大权的司马昭对汉后主刘禅留在成都很不放心，于是他派人将刘禅全家接到洛阳。公元264年三月，为笼络人心，稳定对蜀地的统治，司马昭就以魏元帝的名义封刘禅为安乐公，还把他的子孙及蜀汉原有的五十多名大臣封了侯。一天，晋王司马昭大摆酒宴，款待刘禅和他的旧臣。席间，司马昭特地叫人为刘禅表演蜀汉歌舞，想试探试探他的反应。蜀汉的众多旧臣看了表演，想到往昔的情景，个个不免黯然神伤，只有刘禅没有丝毫感觉，高兴得又说又笑。司马昭看在眼里喜在心里，他对身边的贾充说："一个人要是无情无义到了这种地步，就算诸葛亮在世也无法辅佐他，何况姜维呢!"

又过了些日子，司马昭故意问刘禅说："你还想不想蜀地?"

刘禅回答道："此间乐，不思蜀。"

后来，原蜀汉秘书令郤(xì)正私下对刘禅说："如果晋王再问起这样的事，你要一边哭一边说：'祖先的坟墓都远在蜀地，我没法尽孝，常常望着西边暗自伤悲，没有一天不想念的。'然后闭上眼睛就行了。"刘禅点了点头。

过了不久，司马昭果然又问刘禅说："你还想念蜀地吗?"刘禅想起郤正的叮嘱，就按照他教的那样说了一遍，末了又紧闭双眼，装作要哭的样子。司马昭听了一愣，问他："你说得怎么那么像郤正的话。"

刘禅惊讶地睁开眼，傻乎乎地盯着司马昭说："就是他教我的，晋王怎么知道?"

旁边的人听了都忍不住哈哈大笑。从这时起，司马昭才知道刘禅实在不成器，是无药可救的了，不会对自己构成威胁，也就没有想杀害他。

司马懿诛曹爽

公元240年，魏明帝曹叡病重，当时太子曹芳只有八岁。他派人去请大将军司马懿和武卫将军曹爽，准备托孤。

司马懿、曹爽见皇帝向他们托孤，连忙跪下，齐声说道："臣蒙陛下重爱，感激不尽，一定不负陛下的重托，死而后已。"

曹叡嘱托完毕，两人怀着复杂的心情退出皇宫。

不几天，曹叡驾崩，太子曹芳即位，尊皇后为皇太后，加封司马懿、曹爽为侍中，共同执掌朝廷大权。曹爽、司马懿各领着三千人马，轮流护卫皇宫，不敢松懈。

曹爽是皇室宗族，是魏武帝曹操的侄孙、小皇帝曹芳的父辈，自从掌握大权后，野心勃勃，要独揽大权。但司马懿是三朝元老，功劳高，有威望，而且谋略过人，在朝廷中有相当大的势力，因此，曹爽还不敢公开与司马懿斗。他表面上仍然对司马懿很恭敬，有事也经常向司马懿请教，可是背地里却利用手中的权力，任用亲信，罢黜与自己政见不合的人，想借此孤立司马懿，然后再伺机夺权。司马懿早把曹爽的举动看在眼里，但表面上仍然装糊涂；后来，干脆谎称自己年迈有病，不上朝参与政事。

司马懿称病不问朝政，这正中曹爽心意，他乐得独揽大权。于是他在朝廷上大力扶植党羽，排斥异己，骄奢淫逸，吃穿服用，一切都和皇帝一样，成天与亲信们在一块饮酒作乐，甚至私自留用皇宫中的宫女在自己府中做歌伎。

曹爽虽然独揽朝廷大权，可他对司马懿仍然放心不下。司马懿虽然自称年老多病，不问朝政，可他老奸巨猾，处事谨慎，谁知他是真有病还是假有病?

河南尹李胜讨好曹爽，得到曹爽的信任，曹爽就把李胜召到京城，任命他为荆州刺史；李胜临去上任时，曹爽安排李胜以探望为名，到司马懿府中去探听虚实。

李胜来到司马懿府门，向守门人说明来意。不一会，司马懿的两个儿子司马昭和司马师迎了出来，把李胜接到府中，各自谦让着坐下，宾主互相说了一些客套话。李胜对司马昭兄弟说："李某有幸受朝廷恩典，升任荆州刺史，即将赴任，感念太傅昔日对我的栽培，今天特意来看望太傅。"

司马昭说："家父年迈，卧病在床，一般情况下是不接见外人的。李大人荣任荆州刺史，前来看望，非同一般，待我禀告家父一声。"说罢，司马昭让司马师陪着李胜，自己去见司马懿。

很快司马昭就转了回来，对李胜说："烦请李大人屈尊到家父寝所一见。"说着司马昭在前带路，李胜在后跟随，穿过一个回廊，来到后院，走进正房的外室坐下等待。过了好一会，才见司马懿衣冠不整，不断地喘息着，由两个侍女一左一右地架着，从内室慢慢走出。

李胜慌忙站起身来，向司马懿行礼问安。司马昭对李胜说："李大人免礼罢，家父身体难支，还要更衣。"

旁边走过一个侍女，用盘子端着一套衣袍来到司马懿面前，请司马懿更衣。司马懿颤颤巍巍地伸手去拿衣服，刚拿起衣服，他的手无力地往下一垂，衣服掉在了地上。侍女赶忙拾起衣服，帮司马懿穿上，两个侍女搀扶着，小心地让司马懿半躺着坐在躺椅里。

司马懿喘息了一会，慢慢地抬起右手，用手指指自己的嘴，上气不接下气地说："粥，粥。"

一个侍女连忙出去，端着一碗粥来到司马懿面前，司马懿颤抖地用手去接，可他的手抖动得太厉害，最终还是拿不住碗。侍女只好端碗送到司马懿的唇边，用汤匙一小口一小口地把粥送进司马懿口中。司马懿的嘴慢慢地蠕动着，粥不断地从嘴角流出来，流到下巴的胡须上，又顺着胡须滴落在他的衣襟上。

喝着喝着，司马懿突然咳嗽起来，嘴里的粥喷了出来，不仅喷到他自己身上，还喷了喂粥的侍女一身。侍女放下手中的碗，拿过毛巾给司马懿擦身上的粥。司马懿叹了一口气，闭上眼睛。

李胜看见司马懿这副样子，就走上前去，对司马懿说："太傅，大家都说您的中风病复发了，没想到您的身体竟这样糟，我们真替您担心！"

司马懿慢慢地睁开眼睛，气喘吁吁地说："我老了，又患病在身，活不多久了。我不放心的是我的两个儿子，你今天来，我很高兴。我以后就把两个儿子托付给你了。"说着说着，眼中流下泪来。

李胜连忙解释说："太傅不必伤心，我们都盼着您早日康复呢。我马上要到荆州赴任，今天特意来拜望您，向您辞行。"

司马懿故意装糊涂，说："什么？你要去并州上任，并州靠近胡人，你去了要很好地加强戒备，防止胡人入侵。"

李胜见司马懿年老耳聋，听不清他的话，就重复说："太傅，我不是去并州，是去荆州。"司马懿听了，故意对李胜说："你刚去过并州？"

司马昭凑上前去，大声对司马懿说："父亲，李大人不是去并州，而是去荆州。"

"哦，是去荆州，那更好了。唉，我人老了，耳聋眼花，不中用了！"司马懿对李胜说。

李胜认为司马懿确实老病无用了，就站起身来，对司马懿告辞说："太傅多保重，您的身体会好起来的，以后有机会进京，我会再来拜望您的。"说完就离开了太傅府。

李胜见到曹爽，高兴地说："司马懿人虽活着，却只有一息尚存，已经老病衰竭，离死不远，不值得您忧虑了。"

曹爽听了，心中大喜，当即把李胜留在府中，饮酒庆祝。从此以后，曹爽根本就不把司马懿放在心上了，更加独断专行。

公元248年春，按照惯例，曹魏皇帝宗族要去祭扫高平陵，曹芳起驾，曹爽、曹羲等兄弟全部随驾同行，一行人耀武扬威，浩浩荡荡开出了洛阳城。

等曹爽他们出城不久，司马懿就精神抖擞地带领着司马昭、司马师披挂上马，率领着精锐士兵占领了洛阳各城门与皇宫，把洛阳城四门紧闭，不准人随便出入。然后假传皇太后的诏令，废曹爽为平民，并派人把诏令送到皇帝曹芳那里。

曹爽得到了司马懿兵变的消息，大吃一惊，不知所措，就把皇帝的车驾留在伊水南岸，命令士兵修筑防御工事，以防止司马懿的进攻。

桓范没有随曹爽同行，留在城中，见城中有变，就骑上一匹快马，飞奔洛阳城南门，来到南门，城门已经关闭，由一个将领带着士兵把守着。

桓范下马走上前去，见守门的将领是自己曾经提拔过的官吏司蕃，他心中生计，把手中的版牒朝司蕃亮了亮说："我奉诏前往见皇帝，请你快点开门！"

司蕃对桓范说："桓大人，太傅有命令，没有他的许可，任何人不得出城。您有诏书，先给我看看吧。"

桓范听了大声呵斥道："你难道不是我过去提拔的官吏吗？怎么敢这样对待我？快放我出城，否则，别怪我不客气！"

司蕃见桓范动怒，不敢阻拦，就开了城门，放桓范出去。

司马懿得知桓范出城的消息，也没有责怪司蕃，他对蒋济说："曹爽的智囊去了。"

蒋济说："桓范确实很有智谋，可曹爽就像劣马贪恋马房的草料一样，只会顾恋自己的家室而不愿做长远打算，所以他是不会采纳桓范的建议的。"

司马懿点了点头，笑着说："你说得对，谁胜谁负，过不了多久就会见分晓了。"

桓范来到曹营，见了大将军曹爽，对曹爽说："司马懿父子发动兵变，关闭了洛阳城门，他们是要置大将军于死地啊。如今洛阳难回，最好的办法就是挟持天子到许昌，借天子的名义召集天下兵马，讨伐司马懿。"

曹爽摇了摇头，犹豫不决地说：“那样做恐怕不行吧，司马懿父子精明狡猾，势力强大，我们不是他们的对手。”

桓范见曹爽没有主见，就转身对旁边的曹羲说：“如今只有这一条路可行，你们为什么还犹疑不定呢？当断不断，必有后患，难道司马懿会放过你们吗？普通百姓有一人被劫做人质，人们还希望他能存活，何况你们与天子在一起，挟天子以号令天下，谁敢不从？”

曹羲看了看桓范，沉默不语。

桓范急了，又流着眼泪对曹爽说：“大将军，你不能再犹豫了，否则我们都会成为司马懿父子的刀下之鬼啊！”

曹爽仍然不说话，像热锅上的蚂蚁，在屋里来回走动着。

桓范一直苦苦劝说着曹爽兄弟，可是从傍晚一直劝到深夜，曹爽仍然下不了决心。

雄鸡报晓，已经是五更天了。桓范、曹爽等彻夜未眠。曹爽突然停住脚步，把佩刀往地上一扔，对桓范说：“即使投降司马懿，我仍然不失为富贵人家！”

桓范见曹爽竟做出投降的决定，对着曹爽喊道：“大将军，您不能这样做，您会后悔的！”

“你不要多说了，我的主意已定。”曹爽对桓范说。

桓范大哭起来，说：“想不到像曹子丹这样的伟人，却生下你们这一群无能的兄弟！没想到我今日受你们的牵连也要诛灭九族了！”就这样边说边哭，悲痛地走了出去。

曹爽带领着部下，乖乖地向司马懿投降了，司马懿喜出望外，想不到曹爽就这么轻易地屈服了。他下令免去曹爽的官职，废为庶民。

曹爽以为这样自己就可以像平民百姓一样过平安的生活了，其实他想错了。公元249年正月，司马懿就唆使亲信告发曹爽谋反，下令把曹爽兄弟及其亲信桓范、何晏等人抓起来砍了头，并灭掉了三族。

孙皓暴虐无道

在西晋刚建立的时候，三国中只剩下衰败的东吴政权了。公元264年七月，东吴景帝孙休去世，乌程侯孙皓即位，成为东吴的最后一个皇帝。

刚即位的时候，孙皓发下优抚诏书，体恤臣民百姓，打开仓库，赈济贫困，放出宫女许配给没有妻子的人，就连养在御苑里的飞禽也都放归山林。当时百姓交口称赞，认为他是个明君。可是等孙皓控制大权以后，他就大兴土木，建造宫殿，尽情享乐，变得粗暴骄横，惨无人道，朝廷上下对他大失所望。

东吴散骑常侍王蕃是一位相貌不凡、中正耿直的人，他向来不会看人脸色、顺从别人的意思行事，孙皓对此很不高兴。一次，孙皓大宴群臣，王蕃喝醉了酒趴着起不来。孙皓怀疑他是故意装出来的，就用车子把他送出去。过了一会，又召他回来。这时，王蕃容貌举止又恢复庄严，行走自如。孙皓大怒，喝令侍卫杀了王蕃，然后让侍卫投掷王蕃的头颅，并装成老虎和狼的样子啃咬，把头颅咬碎。

中书令贺邵中风后不能说话，要求请假离职休息。孙皓认为其中有诈，就把他抓起来关到酒窖里，严刑拷打，最后把铁锯烧红，锯下贺邵的头颅。

又有一次，孙皓宠妾的差人在集市上抢夺百姓的财物，司市中郎将陈声就将这些人绳之以法。孙皓宠妾听说后就向孙皓哭诉。孙皓勃然大怒，就借口其他事情，用烧红的铁锯割下陈声的头颅，并扔到四望山下。

除了残暴无比，孙皓还是一个好色之徒。为此他派人走遍各个州郡，挑选将吏家的女儿，凡是俸禄为二千石的大臣家里的女儿，每年都要申报姓名年龄，到十五六岁时要经过一次检选，没有被选中的才可以出嫁。最后，在后宫的女子达到几千人，但孙皓仍然不满足，继续令人挑选新人入宫。

一次，孙皓要建昭明宫，他就下诏要求凡是俸禄在二千石以下的官员，都要亲自到山里去督促砍伐木材。后来，他又大规模地开辟打猎场，修筑楼台，工程耗费数以亿万计。朝中大臣见状屡次劝谏，但孙皓一概听不进去。

另外，孙皓还是个嫉贤妒能的人。他见中书令张尚思维敏捷，善于辩论，才华横溢，就非常嫉妒他。一次，孙皓问张尚："朕喝酒可以与谁相比?"张尚说："陛下有百觚的酒量。"本来张尚是想借孔子能饮酒百觚的典故，拿孙皓与孔子相比。谁知孙皓听了后大怒，说："你明知孔子没有做君王，居然拿朕跟他相比!"于是就把张尚抓了起来。由于当时朝中有一百多位大臣替张尚求情，张尚才得以免死，被送到建安去造船。不久以后，孙皓还是把他杀了。

到了公元 279 年，西晋水军兵临建业城下，孙皓眼见自己到了山穷水尽的地步，就让人反绑双手，抬着棺材，到西晋军营投降。后来，孙皓被送到洛阳。晋武帝司马炎在殿前平台接见孙皓时对他说："我设这个座位等你已经等很久了。"孙皓回答说："我在南方，也设了这样的座位等待陛下。"贾充接着对孙皓说："听说你在南方，挖人眼，剥人皮，这是哪一级的刑法?"孙皓面无愧色地回答道："为人臣子，作奸犯上，就要给他施这样的刑罚。"贾充听后一言不发，很是惭愧。

陆抗巧夺西陵

陆抗是东吴霸业的缔造者孙策的外孙，东吴后期的著名将领。公元273年九月，东吴西陵督步阐向晋朝投降。当时陆抗任镇军大将军，正好管辖西陵，于是他就马上派将军左奕、吾彦等前去讨伐。

为策应步阐，晋武帝司马炎派当时的荆州刺史杨肇前往西陵，派车骑将军羊祜率领步兵进攻江陵，同时又派巴东监军徐胤率领水军攻打建平。看到这种形势，陆抗命令西陵各军设立严密的包围圈，从赤溪一直到故市，以起到内困步阐、外御晋军的目的。

陆抗不分昼夜地催促各军加紧修建包围工事，就好像敌人已经到来似的，各部队都觉得很辛苦。有的将领就劝谏陆抗说："现在应该乘着三军的锐气，迅速进攻步阐，在晋的救兵来到前，一定可以攻克西陵，何必去做修建工事，让士兵和百姓都觉得疲惫？"

陆抗回答说："西陵城所处的地势已经够稳固了，粮食又很充足，况且所具有的防御设施、器具，都是我早先在西陵任职时所准备的，现在反过来攻打它，不可能很快攻下。如果等晋兵到来而我们还没有攻下来，那时里外受敌，靠什么抵御?"

为了让众人心服口服，陆抗就让部下去试着攻打西陵，果然没有成功。这时部下才明白陆抗的苦心。当包围圈的工事都准备好的时候，羊祜的五万军队也正好到了江陵。

当陆抗决定亲自率领部队去攻打西陵时，将领们都认为陆抗不应该离开江陵。陆抗解释说："江陵城防坚固，兵员充足，没有什么可担忧的。就算敌人打下江陵，破坏了城防，他们也一定守不住，我们的损失不会很大。如果晋兵占领了西陵，那么南山众多夷族都会骚动，麻烦就难以估量了!"于是他就去了西陵。

江陵以北道路平坦开阔，极易受到袭击，陆抗为阻挡敌人的侵犯和内部的叛乱，早年曾命令江陵督张咸兴建造大坝阻断水流，把平地淹没。当晋军入侵江陵后，羊祜想借大坝拦水以船运送粮草，就故意扬言要凿破大坝好让步兵通过。

陆抗听到这个消息，就让张咸立刻破坏大坝。将领们都迷惑不解，多次谏阻也没有用。结果羊祜到了当阳，听说大坝已毁，只好改用车子运粮，耗费了许多时间与力气。

这年十一月，杨肇率军到达西陵。陆抗就命令公安督孙遵沿着南岸抵御羊祜，水军督留虑抵御徐胤，陆抗则亲自率领大军凭借长堤与杨肇对峙。这时东吴将军朱乔的部下都督俞赞叛逃到杨肇那里，陆抗听说后，担心俞赞将吴军里夷兵防守薄弱的情况告诉杨肇，于是当夜更换夷兵，全都用精兵把守。

第二天，杨肇果然攻打原先夷兵防守的地方。陆抗下令反击，弓箭与石块像下雨一样袭来，杨肇的部下死伤惨重。转眼到了十二月份，杨肇见无计可施，便想乘夜撤兵。陆抗想追击，但又深知自己的兵力不足以分成两路，怕步阐军队在一旁乘机偷袭，于是他就命令手下只擂鼓威吓敌人，做出要追赶的样子。杨肇的部下不知是计，果然恐惧不安，全都丢盔解甲轻装而逃。

接着陆抗派精锐骑兵乘胜追击，杨肇的军队大败而逃。羊祜等人得知情况后，不敢在西陵久留，就也率领军队撤退了。于是，陆抗顺利攻克了西陵，抓获了步阐等几十名谋反的将领，全都给以诛灭三族的处罚，对几万名士兵，他则上书皇帝请求赦免。

当陆抗大获全胜，凯旋而归时，面对众多官员和百姓的欢迎，他脸上丝毫没有骄傲的表情，那种谦虚平淡的神情与平时没有两样。回朝后，东吴皇帝孙皓为表彰他，加封陆抗为都护。

羊祜以德服人

羊祜是晋武帝司马炎时期的重臣，在晋朝建国的过程中发挥过重要作用。他胆识过人，为人正直，很受司马炎的赏识。公元269年二月，为消灭东吴政权，司马炎任命羊祜掌管荆州各项军事，镇守襄阳；任命卫瓘统领青州各项军事，镇守临淄；任命司马伯统领徐州各项军事，镇守下邳。

羊祜赴任后，广施仁政，很受江汉一带百姓的爱戴。在与东吴的战斗中，他的军队抓获了大量的东吴俘虏，对待这些人，他宽怀仁厚，非常善待他们。对于那些不愿继续当兵的，只要他们愿意回家，他就为他们发放盘缠，让他们顺利回乡。

为满足军队的粮饷供给需求，羊祜特意调集部分守城士兵，在城外开荒种地。在他的努力下，士兵们开垦了八百多顷农田，完全实现了军队粮食的自给。他刚到任时，军中存粮不足百日；到了后期，积累的粮食足够军队吃上十年。在军中，羊祜从不穿铠甲，经常只穿着宽松轻薄的衣服。在他居住的地方，贴身侍卫也不过十几人。

公元272年九月，东吴西陵督步阐向晋朝投降。羊祜奉命前去接应他，由于没有成功，被贬为平南将军。

回来以后，他实行修明德信的策略，感化东吴人，积极促使他们归顺，收到了良好的效果。

每次与东吴交战，他都事先与对方约好开战日期，从不作突然袭击，对此，他的一些部下很有微词。为防止这些人进献诡计，每次军事部署时，他都想方设法事先灌醉他们，使他们不能说话。每次羊祜的军队行军进入东吴境内，割取路边的谷子充作军粮时，他都要求手下准确记下数量，以便送回等值的绢帛补偿谷子的主人。每次他与部下一起在长江、沔水一带打猎时，他从不越界到东吴。如果赶上猎物先被吴人打伤，然后被晋兵得到时，他都要求兵丁送还吴人。通过这些事情，羊祜很好地塑造了晋国的形象，使东吴边境的老百姓心悦诚服。

在羊祜与东吴大将陆抗在边境陈兵对峙的那些日子里，由于双方主将彼此钦佩，因此二人常常派使者互相来往。陆抗送给羊祜美酒时，羊祜喝起来从不怀疑。陆抗赶上有病了，向羊祜求药，羊祜总是派人及时送去，陆抗服用时也从不犹豫。见到这种情况，陆抗的部下很是担心，常劝他防备为好，但陆抗却总是笑着说："羊祜怎么会用毒杀人呢?"东吴皇帝孙皓听说羊祜与陆抗在晋吴边境修好的事情后，很是震惊，就责问陆抗。陆抗辩解说："一邑一乡都讲信义，更何况我们大国呢？如果我不这样做，岂不是彰显了羊祜的美德，成全了他的美名。"

羊祜刚正不阿，不徇私情，从不攀龙附凤、任人唯亲。荀勖、冯忱等朝中权贵都不喜欢他。羊祜的堂外甥王衍，也没有因为有口才而得到羊祜的栽培提携。一次，在晋军攻打江陵的时候，王衍的堂兄王戎因违犯军法，差点被羊祜杀头。因此，王衍、王戎两兄弟都很怨恨羊祜，并经常私下诋毁他。当时的人为此编了谚语说："二王当国，羊公无德。"

公元278年六月，羊祜因操劳过度得了重病，眼见自己时日无多，抱负未能实现，他就请求入朝觐见司马炎。到了晋都后，司马炎特地让他乘坐车子上殿，并免了他朝拜的礼节直接落座。羊枯向司马炎谈了攻取东吴、统一天下的设想，司马炎大加赞赏。

考虑到羊祜病重，不方便一次次进宫，司马炎就派中书令张华专程去羊祜那里详细询问计策。羊祜说："东吴国主孙皓暴虐到了极点，惹得天怒人怨，人心尽失，现在是我们攻吴的最佳时机，可以不战而胜。如果孙皓不幸死了，吴人再立一个贤明的君主，那么即使我们拥有百万大军，我们也无法消灭吴国!"

张华听后非常赞同他的话。羊祜接着说："成就我理想的人，就是你啊!"

司马炎接受了羊祜的建议，决定派他率领军队去攻吴。羊枯知道后，就对司马炎说："攻取东吴不一定要我去，而攻取之后，就要烦劳皇上您亲自考虑了。功名我不敢要求，但如果事情成功，要委派官吏前去治理时，我希望皇上慎重选择合适的人选。"

这年十一月，羊祜因病去世。司马炎听到消息后，哭得十分哀伤，那一天，天寒地冻，眼泪流到胡须上都结成了冰。荆州的百姓听说羊祜去世，自发罢市，街巷里哭声一片；就连东吴戍边的士兵闻听此事也没有不掉眼泪的。

由于羊祜生前喜欢到岘山游玩，襄阳人为了纪念他，就在岘山上为他建庙立碑。每逢凭吊时节，百姓就去祭祀他，人群络绎不绝。凡是到此的人，只要见到那块记载羊祜生前事迹的石碑，莫不为羊祜的生平而动容，没有不落泪的，所以后来人们把这块石碑称作“堕泪碑”。

三路大军灭东吴

公元263年，司马昭灭了蜀汉，不久就病死了。他的儿子司马炎把挂名的魏元帝曹奂废了，自己做了皇帝，建立了晋朝，这就是晋武帝。从公元265年到316年，晋朝的国都在洛阳，后来在长安，历史上把这个朝代称为西晋。

西晋建立的时候，三国中唯一留下来的东吴早已衰落了。东吴最后一个皇帝孙皓是残暴出了名的。他大修宫殿、尽情享乐不算，还用剥脸皮、挖眼睛等惨无人道的刑罚镇压百姓，上上下下都把他恨透了。

公元280年，司马炎派大将军杜预从中路向江陵进兵，安东将军王浑从东路向横江进兵，王濬(jùn)则率领水军从西路向秭归进发。

王濬是个有能耐的将军。他早就作了伐吴的准备，在益州督造大批战船。这种战船很大，能容纳两千多人。船上还造了城墙、城楼，人站在上面，可以四面瞭望，所以也称作楼船。

为了不让东吴发觉，造船是秘密进行的。但是日子一久，难免有许多削下的碎木片掉在江里。木片顺水漂流，一直漂到东吴的地界。东吴有个太守吾彦，发现了这一情况，连忙向吴主孙皓报告，说：“这些木片一定是晋军造船时劈下来的。晋军在上游造船，看来是要进攻我国，我们要早作防守的准备。”

可是孙皓满不在乎地说：“怕什么！我不去打他，他们还敢来侵犯我！”

吾彦没有办法，但是觉得不防备总不放心。他想出一个办法，在江面险要的地方打了不少大木桩，钉上大铁链，把大江拦腰截住，又把一丈多长的铁锥立在水下，好像无数的暗礁，使晋国水军没法通过。

过了年，打中路的杜预和打东路的王浑两路人马都节节胜利，只有王濬的水军，到了秭归，因为楼船被铁链和铁锥阻拦，不能前进。王濬也真有办法，他吩咐晋兵造了几十只很大的木筏，每个木筏上面放着一些草人，披上盔甲，手拿刀枪，又派几个水性好的兵士带领这一队木筏随流而下。这些木筏碰到铁锥，那些铁锥的尖头就扎在木筏子底下，被木筏扫掉了。

还有那一条条拦在江面的铁链怎么办呢？王濬又在木筏上架起一个个很大的火炬，这些火炬里都灌足了麻油，一点就着。他让这些装着大火炬的木筏驶在战船前面，遇到铁链，就点燃火炬烧起熊熊大火，时间一长，那些铁链都被烧断了。

王濬的水军扫除了水底下的铁锥和江面上的铁链，大队战船顺利地打进东吴地界，很快就和杜预中路的大军会师。

由陆路进攻的杜预大军也取得大胜，攻下了江陵。有人主张暂时休整一下再打，杜预说："现在我军军威大振，乘胜前进，势如破竹。"他竭力支持王濬带领水军直扑东吴国都城建业。

这时候，东路王浑率领的晋军也逼近了建业。孙皓派丞相张悌率领三万吴兵渡江去迎战，被晋军全部消灭。

王濬的楼船顺流东下，声势浩大。吴主孙皓这才着了慌，派将军张象带领水军一万人去抵抗。张象的将士一看，满江都是王濬的战船，无数的旌旗迎风飘扬，连天空也给遮住了。东吴水军长期没有训练，看到晋军这个来势，吓得没有打就投降了。

有一个东吴将军陶濬，正在这时候去找孙皓。孙皓问他水军的消息，这个陶濬是个糊涂虫，他说："益州下来的水军情况我知道，他们的船都小得很。陛下只要给我两万水兵，把大号的战船用上，准能够把晋军打败。"

孙皓马上封他为大将，把节杖交给他，叫他指挥水军。陶濬向将士下了命令，第二天一早就出发跟晋军作战。但是将士可不像陶濬那样糊涂，不愿送死，当天晚上，就逃得一干二净。

王濬的水军几乎没有遇到抵抗，一帆风顺地到了建业。建业附近一百里江面，全是晋军的战船，王濬率领水军将士八万人上岸，在雷鸣般的鼓噪声中进了建业城。

孙皓眼见已到了山穷水尽的地步，只得派使者给晋军送去投降书。没过几天，孙皓就让人反绑自己的双手，用车载着一口棺木，率领文武群臣到王濬军营前投降。王濬替孙皓解开绳索，烧毁棺木，接收了吴国的地图。

投降后，孙皓被司马炎派人接到晋都洛阳，赐封为归命侯。从此，晋朝结束了三国分立的局面，统一了全国。五年后，孙皓死在洛阳。

司马炎卖官

晋武帝司马炎统一了天下，结束了东汉末年以来约一百年的分裂割据局面，这在历史上是有一定功绩的。但是他还有另一方面，就是生活十分奢侈腐化。他为祖宗修建了一座富丽堂皇的太庙，建筑材料用的是荆山上采来的木材、华山上采来的石料；正殿上的十二根柱子用铜铸成，外面镂刻出各种各样的花纹，再涂上黄金，点缀上大大小小的明珠。晋武帝修建太庙的目的，表面上看是孝敬祖宗，其实是为他自己铺张浪费开路。修好太庙以后，他就为自己修建了豪华的宫殿，搜罗了一万多名年轻美貌的宫女来服侍他。这一万多名宫女，光是每天胭脂粉的费用，就是一笔很大的开销。

皇帝带头过奢侈腐化的生活，大臣们也就纷纷跟着他学。太尉何曾家里的门帘、帐子、车篷，全用上等的丝绸做成。他家厨房里做出来的饭食十分讲究，每天的伙食花费一万钱，还说没有可以下筷子的地方。何曾的儿子何劭比父亲更奢侈，他每天的伙食费要花两万钱，天天都吃山珍海味。他的衣服，单、夹、皮、绵做了好几大箱，新的压旧的，就是一天换上两三件，一年到头也穿不上一遍；有些衣服做好以后压在箱子底下，一次也没有穿过，等到想穿的时候，拿出来一看，已经被蛀虫咬破，就当废物扔掉。

司马炎还包庇高级士族，让他们胡作非为。刘友、山涛、司马睦、武陔四人，倚仗自己的势力，各人都私自霸占了一大片属于官家的稻田。有个叫李熹的人实在看不下去，就告发了他们。司马炎接到控告的文书，了解到山涛、司马睦、武陔三人都是高级士族，权势很大，名气很大，不敢得罪他们，就拿地位较低的刘友开刀。他下诏书说：“有人控告山涛等三人私占官家稻田，经过派人调查，查明是刘友干的坏事。刘友侵夺百姓，欺骗朝廷上做官的士族，应当判处死罪，以警告那些为非作恶的人。山涛等三人可以不问罪。”皇帝包庇高级士族，高级士族也就更加横行霸道、胡作非为了。

西晋初年，司马炎还规定了一个制度，凡是做大官的人，他的亲属可以沾光，免交租税和免服徭役，这叫做荫庇制度。官做得越大，荫庇的范围越广，可以荫庇九族；品级低一点的官，也能荫庇三族。三族是指父亲这一族、本人这一族和儿子这一族。九族就是上起高祖、下到玄孙了。但是这也只不过是名义上的规定，其实有些与高官毫无关系的人，只要给高官送些贿赂，被高官认作亲属，他也能得到荫庇。

司马炎为了搜刮钱财，采用东汉的办法，规定可以用钱买取官爵，官爵的价钱根据地位高低、职位肥瘦来标定。不过东汉卖官所得的钱归国库，而西晋卖官得来的钱不交给国库，全都归皇帝司马炎所有，供他个人挥霍浪费。

以司马炎为首的西晋统治集团这样腐朽，引起了一些正直人士的极大不满，他们勇敢地跟豪门大户作斗争，并且直言不讳地向司马炎提意见。司隶校尉刘毅，就是这样的一位正直人士。

刘毅是汉朝宗室的后代，早年在平阳太守杜恕那里做过功曹。功曹是帮助太守管理记功、用人等等具体事情的办事人员。刘毅做功曹很认真，他对太守属下的官吏一个个进行考核，把那些光吃饭不管事的闲散人员一百多人全都给开除了。他这样做，使得老百姓很满意。大家都在传说："我们只听说有个刘功曹，没有听说有个杜太守。"后来刘毅被调任司隶校尉，负责京城的治安工作。他到任不久，很快就把京城治理得井井有条，各行各业全都走上了正轨。

刘毅做司隶校尉的时候，经常跟着晋武帝司马炎出去搞祭祀等活动。有一次，祭祀的仪式结束以后，司马炎问刘毅："拿我跟汉朝的皇帝比，你看我比得上哪一个?"刘毅想了一想说，"我看陛下跟桓帝、灵帝差不多。"

司马炎满心希望别人说他像汉高祖或汉光武帝，没有想到刘毅居然说他跟桓帝、灵帝差不多。那桓帝、灵帝是东汉王朝已经到了穷途末路时候的皇帝，他们在政治上没有什么作为，光知道卖官、增税、大修宫室等。这样的比方怎能使司马炎满意呢？他很不高兴地说："我的道德虽然比不上古代的圣人，可是我一心想做一个贤明的君主。我又平定了东吴，统一了天下。你拿我跟东汉的桓帝、灵帝相比，这未免有些不够恰当吧!"

刘毅看了看司马炎，毫无顾忌地说："桓帝、灵帝卖官，得来的钱放在国库里。陛下也卖官，卖官得来的钱却归您私人。从这一点看来，陛下实在连桓帝、灵帝还不如哩!"

刘毅的话刺中了司马炎的要害，司马炎只好哈哈大笑，替自己找个台阶，说："桓帝、灵帝的时候，恐怕听不到这种直率的意见；如今有你这样的正直之臣，敢于直言不讳，看起来我跟桓帝、灵帝还是不同啊!"

刘毅如此大胆，让大家为他捏把汗。幸亏司马炎一向赏识他，知道他的脾气就是如此，才没有治他的罪。

石崇、王恺比富

晋武帝统一全国后，志满意得，逐渐失去了创业时的进取精神，完全沉湎在荒淫生活里。在他提倡下，朝廷里的大臣把摆阔气当做体面的事。

在京都洛阳，当时有三个出名的大富豪：一个是掌管禁卫军的中护军羊琇，一个是晋武帝的舅父、后将军王恺，还有一个是散骑常侍石崇。

羊琇、王恺都是外戚，他们的权势比石崇大，但是在豪富方面却比不上石崇。石崇的钱到底有多少，谁也说不清。这许多钱是哪儿来的呢？原来石崇当过几年荆州刺史，在这期间，他除了加紧搜刮民脂民膏之外，还干过肮脏的抢劫勾当。有些外国的使臣或商人经过荆州地面，石崇就派部下敲诈勒索，甚至像江洋大盗一样，公开杀人劫货。这样，他就掠夺了无数的钱财、珠宝，成了当时最大的富豪。

石崇到了洛阳，一听说王恺的豪富很出名，有心跟他比一比。他听说王家洗锅子用饴(yí)糖水，就命令他家厨房用蜡烛当柴火烧。这件事一传开，人家都说石崇家比王恺家阔气。

王恺为了炫耀自己富有，又在家门前的大路两旁，夹道四十里用紫丝编成屏障。谁要上王恺家，都要经过这四十里紫丝屏障。这个奢华的装饰，把洛阳城轰动了。

石崇存心压倒王恺。他用比紫丝贵重的彩缎，铺设了五十里屏障，比王恺的屏障更长、更豪华。

王恺又输了一着。但是他还不甘心罢休，向他的外甥晋武帝请求帮忙。晋武帝觉得这样的比赛挺有趣，就把宫里收藏的一株两尺多高的珊瑚树赐给王恺，好让王恺在众人面前夸耀一番。

有了皇帝帮忙，王恺比阔气的劲头更大了。他特地请石崇和一批官员上他家吃饭。

宴席上，王恺得意地对大家说："我家有一件罕见的珊瑚，请大家观赏一番怎么样?"

大家当然都想看一看。王恺命令侍女把珊瑚树捧了出来。那株珊瑚有两尺高，长得枝条匀称，色泽粉红鲜艳。大家看了赞不绝口，都说真是一件罕见的宝贝。

只有石崇在一边冷笑。他看到案头正好有一支铁如意(一种传统工艺品)，顺手抓起，朝着大珊瑚树正中。一砸，"哐啷"一声，珊瑚被砸碎了。

周围的官员们都大惊失色。主人王恺更是满脸通红，气急败坏地责问石崇："你……你这是干什么!"

石崇嬉皮笑脸地说："您用不着生气，我还您就是了。"

王恺又是痛心，又是生气，连声说："好，好，你还我来。"

石崇立刻叫他的随从回家去，把他家的珊瑚树统统搬来让王恺挑选。

不一会，一群随从回来，搬来了几十株珊瑚树。这些珊瑚中，三四尺高的就有六七株，大的竟比王恺的高出一倍，且株株条干挺秀，光彩夺目。至于像王恺家那样的珊瑚，那就更多了。

周围的人都看呆了。王恺这才知道石崇家的财富比他不知多出多少倍，也只好认输。

这场比阔气的闹剧就这样结束了。石崇的豪富就在洛阳出了名。当时有一个大臣傅咸，上了一道奏章给晋武帝。他说，这种严重的奢侈浪费，比天灾还要严重；现在这样比阔气、比奢侈，不但不被责罚，反而被认为是荣耀的事，这样下去怎么了得?

晋武帝看了奏章，根本不理睬。他跟石崇、王恺一样，一面加紧搜刮民财，一面穷奢极侈。西晋王朝一开始就这样腐败，这就注定要发生大乱，成为一个短命政权。

嵇绍拼死救主

晋武帝时，嵇康的儿子嵇绍被委任为秘书丞。每当他走在洛阳街头时，人们都认为他气宇轩昂，如同鹤立于鸡群之中。后来他几次升迁，官至汝阴太守。尚书左仆射裴頠很赏识他，常常说，假使让嵇绍做吏部尚书，天下的人才都不会无用武之地了。

晋惠帝元康初年，嵇绍官居给事黄门侍郎。当时外戚侍中贾谧年少受宠，不少大臣都想方设法巴结他。他有意与嵇绍交友，嵇绍对他却反应冷淡。等到贾谧因罪受诛时，许多人被株连判罪，嵇绍倒因冷淡贾谧而得以加官晋爵。

公元 301 年，赵王司马伦除掉干预朝政、滥杀无辜的贾南风皇后，篡夺了帝位，以尊惠帝为太上皇为幌子，把他囚禁在金墉城。直到齐王司马冏，成都王司马颖、河间王司马颙等兴兵诛杀了司马伦一伙，惠帝才重新坐上了皇帝的宝座。

嵇绍当时任侍中官职，他对惠帝忠心耿耿，并且曾上书劝谏惠帝不要忘记金墉之耻。而司马冏因为帮助惠帝夺回帝位有功，被委任为大司马辅佐朝政。

可司马冏在掌握了权力后，却大兴土木，修建宅第。嵇绍看到他的作法，便劝他谨慎一些，凡事要三思而后行，不要玷污助帝复位的功劳，忘记刀兵相见的危险。司马冏虽然对嵇绍谦逊有礼，却没有按照他说的做。果不然，第二年他就被长沙王司马乂所杀。

公元 303 年，河间王司马颙、成都王司马颖又兴兵征讨掌权的长沙王司马乂。司马乂被东海王司马越囚禁于金墉，不久又被司马乂的部将张方杀死，于是，朝中大权便落入了成都王司马颖的手中。当时，司马颖已经官至丞相，与他狼狈为奸的河间王司马颙又奏请惠帝立司马颖为皇太弟。惠帝慑于二人的势力，只好下诏同意。司马乂率军抵抗他们时，曾委任嵇绍都督六军，司马乂一垮台，嵇绍也就随之被废为平民。

公元 304 年，惠帝不甘心作丞相司马颖、太宰司马颙的玩偶，诏命东海王司马越等讨伐司马颖，并且御驾亲征。到了安阳，惠帝的北征军的人数已有十余万。惠帝还恢复了嵇绍的官职爵位，诏征他随军助战。嵇绍一接到诏命，便立即赶往惠帝驻驾的地方复命。

临行前，侍中秦准问他："你今天要去的地方极为危险，为防万一，应该备匹好马。你准备了吗?"嵇绍义正词严地说道："陛下大驾亲征，以正伐逆，按理来说不会发生战斗。如果发生战事，陛下大军失败，作为臣子的还有节操在，要好马干什么!"

当他赶到惠帝所在的地方时，惠帝的军队已被司马颖的部将石超击溃了。百官、侍卫纷纷逃窜，无心顾及惠帝，只有嵇绍一人，死死守护在惠帝身旁。敌军箭如飞蝗，一直射到惠帝的龙辇上，惠帝的脸颊上也连中了三箭，幸亏嵇绍以死相救才未丧命，但嵇绍本人却死在了惠帝身旁，鲜血溅在惠帝的御袍上。

战事平息后，侍从想洗去惠帝衣服上的斑斑血迹，惠帝却制止道："衣服上是嵇侍中的血啊！留着它，不要洗掉!"因为他想到在晋室宗亲争夺权力的血战中，唯独嵇绍对自己忠心耿耿、以死效命，怎么舍得洗去嵇绍的碧血呢?

陈寿著《三国志》

陈寿是西晋时期的著名史学家，《三国志》就是他编著的。少年时代的陈寿就很好学，拜同郡名士谯周为师；长大后，在蜀国做官，担任观阁令史职务。宦官黄皓专权期间，大臣们都阿谀奉承追随他，单单陈寿不屈从，所以常常受到排挤甚至被罢免官职。直到蜀灭亡后，陈寿还长期得不到任用。

西晋的司空张华喜爱陈寿的才华，他认为陈寿虽然于旧事有些牵连，但从情理上不应该受到贬废不用的待遇。因此，举荐陈寿为孝廉，担任著作郎的副职；不久又派任他为阳平(今山东境内)县令。在这期间，陈寿编完《蜀相诸葛亮集》，上奏给朝廷，于是被提升为著作郎，同时兼本郡的中正(魏晋南北朝时期，负责评定士族内部品第的官员，是为中正)。以后，陈寿又撰有关魏吴蜀历史的《三国志》，共六十五卷。

当时，人们都称赞陈寿善于著述历史，有优秀的治史才能。官员夏侯湛当时正在著《魏书》，看见陈寿的《三国志》后，觉得自己写得太差了，便把自己写的撕掉了。司空张华非常欣赏《三国志》，他对陈寿说："以后《晋书》也应当交给你写。"由此可见那时的人们对陈寿治史的推崇。

但是也有人不以为然，提出丁仪、丁廙兄弟是魏朝时期著名的人士，他们也很有才能。陈寿却对他们的儿子说："你们可以送我一万斗米，我自当为你们父亲立个好传。"丁氏兄弟的后人没有送米，因此，陈寿竟不给他们立传。此外，还有人说："陈寿的父亲是蜀国马谡的参军。街亭失守，马谡为诸葛亮所杀。陈寿的父亲因牵累，也被诸葛亮处以髡刑(一种剃去头发的处罚)。同时由于诸葛亮的次子诸葛瞻也很轻视陈寿，所以，陈寿在为诸葛氏父子写的传记中说：诸葛亮既无大将谋划指挥的长处，又没有临阵应敌的才能；诸葛瞻只恃一手好字画，装腔作势，名不副实。”因此，人们又批评陈寿无良史之德。

司空张华准备推荐他任中书郎。大臣荀勖因为忌妒张华而迁怒陈寿，于是暗示吏部将陈寿调任长广(治今山东莱阳东)太守。陈寿借口母亲年老，不去就职。大将军杜预将去镇守长广地区，为此再次向朝廷推荐陈寿。杜预认为：根据陈寿的才干，适宜授任黄门侍郎之类的散官。因此，皇帝授予陈寿著史的侍御史职务。不久，陈寿又因母亲去世，辞官在家服丧。他的母亲死前有遗嘱，说死后要葬于洛阳。陈寿依据母亲的遗愿，将母亲葬于洛阳。谁知为此陈寿又遭到人们非议，说他不尊崇礼义，未将母亲归葬故乡，结果陈寿竟被免官。

起初，陈寿的老师谯周曾对他说：“你必定会以才学著称于世，然而在仕途上却会一再遭遇挫折。这并非你的不幸，只要你好自为之。”陈寿一生的经历，的确都应验了老师的预言。过了几年，朝廷虽然又起用陈寿任太子中庶子，但陈寿没有接受。

西晋惠帝元康七年(公元297年)，陈寿病死，享年六十五岁。一些大臣上奏皇帝，说：“昔日汉武帝曾下诏说，‘司马相如病重，可以派人把他的著述都送到朝廷来。’使者拿到司马相如的遗作，看到上面谈到祭祀天地的事情，汉武帝看后很推崇。因此，我们援例推荐著史侍御史陈寿著的《三国志》。这本书语词之间惩恶扬善，正确评价王朝统治的得失，有益于教化百姓；虽然辞藻上没有司马相如的华丽，但在内涵上却胜过司马相如。因此希望皇帝能把它采纳存录下来。”

惠帝接受了这个奏请，下令河南郡尹和洛阳县令派人到陈寿家抄写《三国志》。陈寿还撰写过《古国志》五十卷、《益都耆旧传》十卷和其他史章，都流传于后世，泽被百代。

风神俊雅的卫玠

卫玠字叔宝，他的风度、神情非常秀美奇特。五岁的时候，他的祖父卫瓘说：“这孩子不同凡响，可惜我已近暮年，恐怕不能看着他长大成人了！”

童年的卫玠经常乘着羊车行于街头，大家看见了都以为是玉人，因此惹得全城的人都来看。骠骑将军王济是卫玠的舅舅，英俊爽朗，风姿照人，每次见到卫玠，都赞叹说："卫玠就好像珠玉，他在我的身边，我觉得自己长得很丑。"他还曾经对人说："和卫玠一同出游，就好像明珠闪耀身旁，清朗照人，熠熠发光。"

卫玠长大后，喜欢清谈玄理。后来，因为体弱多病，他的母亲认为话多劳神，老是禁止他讲谈。每到良辰佳日，亲友们偶尔也请他讲上一两句，听到了他的话后，大家无不赞叹他说理透彻精微。当时有一个人，叫王澄，是琅邪人士，字平子，他的名气很大，很少推崇佩服别人。但是，每当他听到卫玠清谈，总是赞叹不已，为之倾倒。所以当时人都说："卫玠谈道，平子绝倒。"其实，王澄、王玄和王济都很有名气，可是三人都在卫玠之下，于是人们就说："王家三子，不如卫家一儿。"卫玠的岳父乐广，大名鼎鼎，人们都说这翁婿二人是"岳父冰清，女婿玉润"。

当时的朝廷多次征召卫玠去做官，卫玠都推辞不去。又过了很久，他才去做了太傅西阁祭酒，后又做官为太子洗马。他的哥哥卫璪则做了散骑侍郎，在朝廷服侍怀帝。当时，卫玠认为天下可能要大乱，想移家到南方去。他的母亲说："我不能丢下璪儿离开这里。"卫玠百般劝解说服母亲，他的母亲为了家族着想，就流着泪答应了。临别时，卫玠对哥哥说："报恩于国君、父母、师长，是人们最看重的三件事。现在，可以说到了为君献身的时候了，请哥哥自己保重。"于是他陪母亲坐车到了江夏。

卫玠的妻子很早就去世了。征南将军山简见了卫玠，很敬重佩服。山简说："从前，戴良嫁女，只看重有才能的人，不问贵贱。卫家是权贵门户、有声望的人家，那就更具备资格了！"于是把女儿嫁给了卫玠。

不久，卫玠到了豫章(今江西南昌)。那时，大将军王敦镇守豫章，他的长史谢鲲从前就很敬重卫玠，两人见面后都很高兴，整日清谈。王敦对谢鲲说："从前，王弼在中原讲出洪钟般振聋发聩的高论；现在，卫玠又在江东谈出玉磬般悦人耳目的言谈，那种清淡玄理的传统，断绝多年后又重新得到了发扬光大。没想到永嘉年间，我在你这里，又听到正始时候的那种清谈话语，真是高兴！王澄如果在这里，一定又会佩服得五体投地！"卫玠曾认为："别人如果有做不好的时候，可以据情宽容；如果不是有意相害，就可以用道理说服。"所以，卫玠一生从不轻易显露出高兴或发怒的神色。

卫玠认为王敦豪爽不羁，喜欢凌众傲物，恐怕不能成为国家忠臣，于是就请求到建邺(今江苏南京)去。建邺的人们听说他容貌俊美，出来看他的人围得水泄不通。卫玠终于劳累成病，于永嘉六年(公元312年)去世，死时才二十七岁。人们都说卫玠是被看死的。卫玠死后被葬在南昌，他死时，谢鲲哭得非常悲痛。有人问谢鲲："您有什么忧虑吗？为什么哭得如此伤心？"谢鲲回答："栋梁之才去世了，我实在无法抑制哀伤！"咸和（公元326—334年）年间，卫玠的墓迁到江宁。迁墓前，当时的丞相王导发表文告说："卫玠明日改葬，此君是风雅名流，受到天下人的仰慕。大家可备治薄祭，以表达我们对故友的怀念。"

后来，刘惔和谢尚一起评论中原人物，有人问："杜乂可以和卫玠相比吗？"谢尚回答："哪能相比？他们的层次差得太多了！"刘惔又说："杜乂只是外表清丽，而卫玠却是风神清丽。"可见当时有见识的人是多么看重卫玠啊！

东海王的覆灭

晋朝的八王之乱，以东海王司马越的胜利而告终。但他倒行逆施，也没能坚持多久。

自从惠帝死后，东海王司马越让皇太弟司马炽即位，是为怀帝。那怀帝可与惠帝不同，他不但是个健全的人，而且有自己的头脑，颇懂治国安邦之道，又懂得汲取教训。虽然是司马越拥立他为皇帝，可司马炽深知，自己只不过是司马越的傀儡，是他手中的一粒棋子。要摆脱这种地位，他必须培植自己的力量，伺机除掉司马越。

司马越根本没把怀帝放在眼里。他自封为丞相之后，便坐镇许昌，后来又移师荥阳，遥控身居洛阳的怀帝。他认为怀帝是自己的掌中之物，还能有什么作为呢？不料怀帝趁他不在洛阳之机，培植了一大批心腹，主要有：散骑常侍王延、尚书何绥、太史令高堂冲、中书令缪播、太仆卿缪胤。他们见怀帝是个人物，便同心同德扶持他。有了他们的支持，怀帝的羽翼逐渐丰满，但是消息很快传到司马越耳中，这下可惹恼了他。

永嘉三年三月的一天，东海王率大军气势汹汹回到洛阳。他身佩利剑直闯皇宫，对怀帝说，缪播等人谋反，应当立即处死。怀帝极力否认此事，东海王见他如此，便火了，派部将把皇宫团团围住，硬逼怀帝召集大臣上殿。怀帝无奈，只得照办。

缪播、缪胤等大臣刚一露面，东海王便命人将他们捆起来，然后让怀帝降旨处斩。怀帝一言不发，默默地反抗。一时相持不下，朝上气氛非常紧张。满朝文武大部分是东海王的党羽，有少数不是，但此刻唯求自保，哪里还敢吱声。良久，东海王突然大声吼道："王景听令：命你将这些乱臣押赴刑场处决，不得有误！"说完，离开金殿，扬长而去。

怀帝身为皇帝，却无力庇护自己这几个忠心耿耿的大臣，只能听凭东海王摆布，一时气极，潸然泪下。他走到大臣们面前，一一抚摸手臂，君臣顿时哭成一片。那王景不管这些，遵东海王之令，将这些大臣押下殿去杀了。

这些被杀的大臣，大多都正直而又有才干，特别是缪播、缪胤还是对东海王有功之人。他们曾冒着生命危险到河间王司马颙那里巧施离间计，使河间王杀了统兵大将张方，东海王才得以不费吹灰之力取得胜利。而此刻他竟不念旧情，翻脸不认人，将二人诛杀。由于他一贯实行“顺我者昌，逆我者亡”的政策，看谁不顺眼，即刻杀之，并且凌驾于皇帝之上，致使满朝文武心怀不满。

而此时，有一股力量正在迅速崛起，时刻威胁着西晋的安全。那就是原在成都王部下为官的刘渊。永嘉二年十月，刘渊在蒲子城称帝，国号大汉。东海王司马越只顾在朝廷内部争权夺利，控制怀帝，丝毫没有注意到刘渊的动向。而刘渊却一直虎视眈眈窥视着司马越，窥视着西晋王朝。他听说司马越倒行逆施，滥杀无辜，致使上下怨声载道，心中窃喜，觉得晋朝离灭亡不远了。于是任刘景为灭晋大将军，率领大军向洛阳逼近，又派大将石勒进攻巨鹿(今河北平乡西南)、常山(今河北正定南部)。

不料刘景非常残忍，所到之处，奸淫烧杀，无恶不作。汉主刘渊是个有仁心的人，闻之大怒，立刻罢免了刘景的大将军之职，让儿子刘聪接任。

石勒大军捷报频传，刘渊闻之大喜。但他最终也没有看到汉军灭了西晋。汉河端二年(公元 310 年)，这位做了四年汉王、三年皇帝的汉主突然患病，不治身亡。太子刘和继位，但不久便死于同室操戈。重兵在握的大司徒刘聪继位，改元光兴。

晋怀帝听说刘聪来伐，有心抵抗又苦于没有掌兵实权，便命人请东海王来商量。那东海王早就听说刘聪、石勒大军所向披靡，锐不可当，他可不愿为了一个怀帝而丧失自己的实力。于是对怀帝说，自己要带大军出洛阳讨伐石勒、刘聪。怀帝知道他想带兵逃走，根本不想与晋朝江山共存亡，但仍苦苦挽留。东海王才不理他这一套，径自带着许多大臣和十万精兵走了，丢下了怀帝和一座空城。

东海王司马越走后，晋廷乱成一片。有些奸佞小人乘机挟持怀帝，在皇宫里胡作非为，抢劫钱财，奸淫宫女，甚至连武帝的女儿广平公主也不放过。怀帝被人囚禁，手中无兵，敢怒不敢言。

石勒得知晋廷情况，加快征讨步伐，先后攻下江夏、许昌，直逼洛阳。晋廷一片恐慌。怀帝忙命河北诸镇援助洛阳。青州都督苟晞得知朝中情况，立即起兵，先讨伐东海王。经过连日激战，杀掉了囚禁怀帝的东海王亲信刘曾、程廷，吓跑了潘滔。

永嘉五年三月，荀晞率兵直捣东海王的驻地项县。此时东海王已陷入绝境，一面是荀晞，一面是石勒，两支劲旅对他形成夹击之势。东海王看不到希望，又急又怕，忧虑成疾，竟一命呜呼了。

他的手下王衍派人送东海王的尸体回东海国，路遇石勒大军。石勒痛恨东海王，觉得晋廷大乱、生灵涂炭，都是此人过错，生不得活擒，死也要惩处。于是命人将东海王的尸体焚烧，然后将骨灰扬掉。以此惩戒后人。

至此，西晋八王之乱随着最后一个藩王——东海王司马越的覆灭宣告彻底结束。

东 晋

祖逖闻鸡起舞

祖逖(tì)(公元266—321)，东晋名将。东晋流亡政府组织起来后，忙着巩固在江南的地盘，根本就没有心思出师北伐，收复中原。可是，也有一些有识之士不甘心忍受国家分裂的局面，他们决心收复失地。其中，祖逖就是杰出的一个。公元313年，祖逖率领私人武装渡江北伐，得到各地人民响应，收复黄河以南地区，北伐形势大好。然而东晋内部迭起纠纷，派人压制他，祖逖最后忧愤病死。

祖逖年轻的时候，和刘琨(kūn)是很要好的朋友。他们哥俩谈起国家大事，总是慷慨激昂，义愤满怀。而且，他们经常谈论到深更半夜还意犹未尽，于是俩人就睡在一张床上。

一天，祖逖和刘琨睡得正香，半夜里公鸡第一次打鸣，把祖逖惊醒了。祖逖往窗外一瞧，天边挂着一轮残月，东方还没有发白。祖逖用脚踢踢刘琨。刘琨醒来揉揉眼睛，问是怎么回事。祖逖说：“你听听，这鸡叫得多么激越昂扬，那是在叫人发愤图强啊!”他们俩十分兴奋，热血沸腾，再也睡不着了，就披衣起床，拔剑起舞，苦练武艺，准备将来好为国效力。这就是成语“闻鸡起舞”的来历。

在匈奴贵族刘渊、刘聪驰骋北方，攻下洛阳的时候，祖逖也和别人一样，带着家属、亲戚、朋友，离开北方，一起逃难到江南。刚刚组织起流亡政府的司马睿，派祖逖做了个小官，没有一点军事实权，最多只能提提建议。

祖逖暂时住在京口(今江苏省镇江市)。为了早日恢复中原，他招募了许多有胆有识的壮士，跟他一起操练武艺。没过多长时间，他的勇士们已经可以奔赴疆场，为国杀敌了。

祖逖觐见晋元帝司马睿，劝道：“陛下，前朝大乱，起因在于皇室内部自相

残杀，给胡人可乘之机。结果，他们起兵扰乱中原，北方人民从此陷入水深火热之中。现如今，只要您下令出兵，派我北伐，那么北方人民一定会群起响应，国家的耻辱也就可以洗雪了。”

晋元帝虽然没有北伐的决心，但祖逖这番义正词严的要求，是没有理由拒绝的。他只得派祖逖做奋威将军，兼任豫州刺史，给了一千人的给养和三千匹布，让祖逖自己去招兵买马，准备北伐。

祖逖率领自己训练的一百多个勇士，准备渡江北伐。出发那天，流亡江南的许多人前来送行，他们祝祖逖早日收复中原。中原收复了，他们也好回到家乡过安定的生活。

勇士们乘船出发了。祖逖一身戎装，雄赳赳气昂昂，屹立在船头。船到江心，江水如箭，祖逖豪兴大发，他拔出宝剑，猛击船桨，当众宣誓：“我祖逖如果不能肃清占领中原的敌人，决不再渡长江。”他这铿锵有力的誓词，在碧波浩淼的江面上久久回荡。这就是著名的“击楫中流”的故事。

到了淮阴，他们停下来一面制造兵器，一面招兵买马，聚集了两千多人马，就向北进发了。祖逖一刻也没有忘记自己的誓言，他勇敢地跟敌人展开斗争。江北的乡亲们听说祖逖收复失地来了，都十分高兴。他们给祖逖送粮运草，还打探敌人的军情，提供给祖逖。这样，在人民的支持下，没用几年的工夫，祖逖就收复了长江以北黄河以南的大部分领土。

在北方一直坚持战斗的刘琨，听到老朋友祖逖北伐胜利的好消息不断传来，很高兴，说：“我每天枕戈待旦，就是一心要消灭敌人。现在，祖逖跑到我前面去了。”

当时，北方最强大的势力是羯(jié)族人的石勒建立的后赵军政府。祖逖领兵继续北进，在黄河边上跟石勒展开了激烈战斗。很快，祖逖用兵如神，接连打了好几次胜仗。

祖逖虽然是个大将军，生活却十分俭朴，他常常用节省下来的钱，帮助部下解决困难。他还很能争取人心，那些曾经为后赵做过事的人，他总是放手任用，从不怀疑他们。那些人因此都很感激祖逖，一遇到后赵军队有什么动静，就赶紧向祖逖报告，使祖逖能及早准备，迎头痛击敌人。

祖逖为了收复中原，不辞辛劳。老百姓看在眼里，都真心拥护他。老人们在一起聊天的时候，个个竖起大拇指赞扬祖逖，甚至有人说：“我们都快入土了，对生活也不敢抱什么期望了。想不到在沦陷区还遇到了祖逖这样的官，真是难得啊！现在就是让我们马上死了，也不会有任何遗憾了。”

祖逖一面操练士兵，一面扩大兵马，准备继续北便伐，收复黄河以北的国土。谁知祖逖的节节胜利，引起了东晋统治集团的猜忌。晋元帝怕祖逖势力太大了不好控制，就派了个南方人叫戴渊的，做征西将军，掌管北方六州的军务，做祖逖的顶头上司。戴渊名望很高，可见识浅短，是个小肚鸡肠的人。祖逖辛辛苦苦收复的失地，现在全归戴渊一个人管，他又处处压制祖逖，不给祖逖好日子过。祖逖看到东晋政府这样待自己，感到恢复中原是没有指望了。

不久，祖逖听说他的好友刘琨在幽州被鲜卑人段匹磾杀害了，又听说司马睿跟王敦正在明争暗斗，心里又是忧虑，又是气愤。

公元321年九月，祖逖在忧愤中病死了。

祖逖虽然没有完成恢复中原的大业，但他那中流击楫的英雄豪情，却一直激励着人们发愤图强。

陶侃搬砖励志

公元316年，匈奴军队攻陷长安，俘虏了晋帝，西晋宣告灭亡。

西晋灭亡以后，司马睿在建康(今江苏南京)重建政权，史称东晋，他就是晋元帝。司马睿也曾任用祖逖等人北伐，以图收复中原，但由于东晋政治腐败，内部权力斗争复杂，北伐力量不足，没有成功。

祖逖死后，东晋王朝内乱不断。晋元帝眼见王氏势力越来越强大，便首先在军事上分散王敦的权力。王敦心怀野心，此时更加不满，在晋元帝和他的儿子晋明帝时先后两次发动兵变。第一次攻进建康，杀了一批反对他的大臣；第二次进攻失败，自己病死。到晋成帝时，又一位镇将苏峻起兵，杀进建康。正在朝廷束手无策的时候，荆州刺史陶侃出兵，经过两年的战斗，平定了苏峻的叛乱。

陶侃原是王敦的部下，担任荆州刺史后，有人妒忌他，在王敦面前说他坏话，王敦几次生出要杀陶侃的念头。陶侃知道，如果自己逃走，王敦一定会下决心杀了自己。他竟主动去见王敦，满不在乎地说："犹犹豫豫不成大事，你早一点决断吧!"王敦听了陶侃的话，果然决定不杀他，而把他调到广州。那时候，广州还是偏僻的地区，调到广州实际上是降了他的职。

陶侃胸怀大志，性情豁达。到广州后，每天早晨起床，都把一百块砖头从书房搬到屋外；到了晚上，又一叠叠把砖头运到屋里。人们奇怪地问他，他严肃地说："我虽然身在南方，但心里还想要收复中原。如果闲散惯了，将来国家需要我的时候，怎么能担当重任呢。所以，我每天借这个练练筋骨。"王敦兵变失败病死，东晋王朝把陶侃提升为征西大将军，仍兼荆州刺史。官虽然做得大了，可陶侃还是十分小心谨慎，衙门里大大小小的事情，都要亲自认真检查，从不放松。他常常以大禹为榜样，认为人活着要对国家有贡献，死了要留下好名誉，才有价值。

平时，陶侃厌恶清谈浮华，勉励部下爱惜一分一秒的时间。听说部下有些官吏吃酒赌博，耽误公事，他吩咐收缴那些官吏的酒器和赌具，一股脑儿都扔到江里。大家见陶侃如此严肃，都吓得不敢再去赌博喝酒了。

有一次，陶侃到郊外去视察，看见一个路人随手摘下一把没有成熟的稻穗，拿在手里玩弄。陶侃问他为什么要拔稻子，那个路人只好实说是顺手拔一点玩玩。陶侃听了，勃然大怒说："你自己不耕种，还要无缘无故毁坏人家的庄稼，真是岂有此理!"说罢，就命令兵士把那人捆绑起来，狠狠地鞭打了一顿，才把他放了。

人们听到刺史这样保护庄稼，爱护百姓，种田更勤快了。荆州地方就渐渐富裕起来。

荆州在长江边上，平时，官府造船，常常留下许多木屑和竹头，陶侃吩咐把这些废品都收藏在仓库里。有一次新春时节，路上积雪融化，地面又湿又滑，陶侃就吩咐管事的官吏，把仓库里的木屑拿出来铺地。后来，东晋出兵攻打武汉，水军造船缺少竹钉，陶侃又叫人把收藏起来的竹头拿出来给兵士去做造船用的竹钉。

到这时候，大家才知道陶侃收集木屑竹头的用处，都佩服他考虑得周到。

陶侃前前后后带了四十一年的兵。在他管辖的地方，执法严明，社会秩序安定，老百姓都拥护他。

石勒八骑起家

灭亡西晋的汉国皇帝刘聪死了以后，他手下的大将刘曜和石勒各霸一方，称王称帝。刘曜建都长安，改汉国为赵国。他建国比石勒早一年，历史上叫做前赵。石勒建都襄国(今河北省邢台市)，也自称赵王。他建国比刘曜晚一年，历史上叫做后赵。

后赵的石勒是羯族人。他原先住在上党武乡(今山西省武乡北)，家里很穷，给人家做佣工度日。十四岁那年，他跟本地商人到洛阳去贩卖货物，后来，又在人家的田庄里干活。晋惠帝末年，并州刺史司马腾大量抓捕少数民族人民，把捉来的人两个一组套在一个木枷里，卖到山东、河北的地主家里去做奴隶。石勒也被捉住，卖到茌(chí)平(今山东省茌平县)的师姓地主家里做农奴。那年，他只有二十岁。

石勒智勇双全，擅长骑射。主人怕他鼓动农奴造反，就把他释放了。石勒离开主人家以后，没法生活，只好去做短工；不料在做工的时候又被乱军捉走了。后来，他从乱军中逃了出来，邀集了王阳等七人，骑着马，到处流窜，靠抢劫度日。因为他们是八个人，都骑着马，所以号称“八骑”。没过多久，又有郭敖等十个人加入他们的行列，这个集团就增加为十八骑。石勒以这十八骑为骨干，再招集一些逃亡在外的人，成立了一支武装队伍。他带着这支队伍到处烧杀抢劫，破坏生产。当时人们都把他们叫做“胡蝗”。“胡”是汉族人对少数民族的通称，意思是把石勒他们比作害庄稼的蝗虫，大家都很痛恨他们，到处有人反对他们。

后来，石勒投靠刘渊，成了刘渊手下的一员大将。刘渊死后，他跟刘聪东征西讨，攻下了洛阳，为刘聪的汉国立下了汗马功劳。刘聪死后，他做了后赵的国王，开始采用汉族士人张宾的建议，改变作风，注意政治、经济、文化各方面的建设。他在首都襄国设立太学，请士人做教师，选官员的子弟三百人入太学读书，培养统治人才；还规定了租赋，精简了法令，并且提倡佛教，进行思想上的统治。

给石勒出谋划策的张宾，自比张良，把石勒当作汉高祖来辅佐。后赵国的许多政策和制度，都是张宾帮助拟定的。石勒认为张宾的功劳很大，封他为“右侯”。

为了更多地拉拢士族，石勒给手下的将领规定：凡是捉到读书人，不许随便杀害，必须送到都城，由他自己处理。石勒的侄子石虎，是个杀人成性、非常残暴的家伙。他有一次出兵作战，俘获了做过西晋官吏的低级士族三百家，但是也不敢杀害，而是根据石勒的命令，把这些士族送到了都城。石勒马上派出专人去管理这些士族，成立了一个“君子营”，把愿意投降他的人提拔起来做官。石勒还命令部下和州郡官吏，每年给他推荐有文才和有武艺的人，给他们官做。

石勒能虚心听取读书人的意见。有一次，廷尉续咸知道石勒要在邺城大兴土木，建筑宫殿，供自己享乐，就连忙上书，恳切地说明了这样做的危害性，要求不要劳民伤财。开始，石勒火冒三丈，大发脾气说：“不杀死这个老贼，我的宫殿是建不成的!”他马上下令把续咸抓起来。中书令徐光劝阻说：“陛下是一个很聪明的人，平日常说要效法尧、舜，如果不接受忠臣的意见，岂不成了夏桀、商纣这样的暴君？续咸的话，能听的就听，不能听的也就算了，怎么能够因为人家说了几句正直的话，就把人家杀了呢?”石勒听了这番话很受感动，叹了一口气说：“做君王的也是不能独断专行啊!”他看了大家一眼，接着替自己找个台阶下，微笑着说：“我难道不知道续咸的话是忠言？说要杀他，只是跟他开个玩笑，吓唬吓唬他罢了！说实在的，稍稍有点钱的人，都要买地建宅，何况我这个得了天下的人，建筑宫殿又有什么不可以的呢？现在我听了续咸的话，明白了更多的道理，我接受他的意见，不动工了。”事后，石勒还奖给续咸一百匹绢，五十石稻谷。这样一来，大小官员就都敢直言劝谏了。

石勒有了这群士族做参谋，再加上他勇敢善战，就成了当时一支无敌的力量。

石勒是有一定才能的，他对自己的认识也比较客观。有一次，他问一位大臣：“我可以和过去的哪一个皇帝相比呢？”那位大臣说，“陛下可以比得上汉高祖。”石勒说：“你说得过分了。人哪能自己不知道自己呢？我可比不上汉高祖，只配做他的部下，要是遇上汉光武帝，我就要和他比试比试，看谁能争霸中原。”

石勒还有很多忌讳，他禁止人家说他是胡人，甚至不许人家说“胡”字，凡是带有“胡”字的音，也得改过。例如，现在我们吃的芝麻烧饼，因为最早是从西域传进来的，在晋朝以前一直叫做“胡饼”。石勒统治后赵的时候，规定不许再叫“胡饼”，改叫“搏炉饼”，后来又改叫“麻饼”。

晋成帝咸和四年(公元 329 年)，石勒终于消灭刘曜建立的前赵国，统一了黄河中下游的大部分地方，他自己也由赵王改称为皇帝。第二年，石勒的后赵又和东晋政府商定以淮水为界，各不相犯，初次形成了南北方和平相处的局面。

前赵是怎么灭亡的？我们下一个故事就要讲到。

刘曜醉酒亡国

东晋成帝时，发生了苏峻叛乱，后赵石勒趁机而入，攻占了司、豫、青、徐、兖诸州。以后，他又派部将石池深入前赵境内，攻城略地，掠走人口三万户，牲畜百万头。

崎岖的山路上，妇女在流泪，孩子在哭号，老人不住地叹气，青壮年们怒目而视，被俘的民众在后赵士兵刀枪的逼迫下，跌跌撞撞，缓缓而行。牛在跑，马在奔，羊在窜，后赵士兵东跑西赶，花尽力气将牲畜拢在一起，驱赶着前进。后赵军队押着俘虏，赶着牲畜，一天下来，只走了二三十里。

前赵皇帝刘曜，闻报石池入境掳掠，立即派刘岳为先锋，率众追赶。刘岳领兵兼程行进，在雁门附近赶上了石池的人马。

刘岳领兵冲来，牲畜受了惊吓，一下子炸了群，发疯似地乱窜；被俘的民众趁机逃跑，呐喊声此起彼伏。一时间，人喊马嘶，石池军队禁不住牲畜、俘虏的冲撞，片刻之间成了散兵。石池手舞利剑竭力嘶喊，试图禁约四下溃散的士兵。正在他手足无措、心慌意乱时，刘岳拍马冲到，只见手起刀落，石池脑袋被劈开，跌于马下。部众见主将身亡，斗志尽失，慌不择路地四下溃逃。刘岳大获全胜，将被掠的人众、牲畜全部截回。

消息传到长安，刘曜大喜，立即命人传令给刘岳，引兵继续向洛阳攻去。洛阳守将石生得到消息，连忙派人到襄国，向石勒报告。石勒立即点齐四万人马，派石虎率领大军前去援救。

刘岳打了胜仗，洋洋得意，认为后赵军不堪一击，领兵缓缓而行。石虎的援兵到了洛阳，刘岳的军队还在半路哩。

石生和石虎见面之后立即商量退兵之计。石生道："刘岳在雁门取胜后，不把我军放在眼里，防备必然松懈。再说他们远道而来，疲惫不堪，抵挡不住猛烈攻击。洛阳以西地势险要，正好设下埋伏，待敌人到来时突然出击，定能一鼓克敌。"石虎觉得石生说得有理，立即与石生领兵前往，等待敌人钻进包围圈。

那天傍晚，石虎、石生刚把伏兵布置好，刘岳军队三三两两、不成行列地来到了。刘岳看看天色已晚，官兵们又瘫软无力，下令安营扎寨，好好休息一夜，明日向洛阳攻击。

士兵们正在埋锅做饭，忽闻四下里战鼓轰响，霎时间，伏军四下涌出，漫山遍野飞奔而来。刘岳军毫无防备，匆忙间排不成队形，被冲得七零八落，失去了指挥。石勒军奋力砍杀，只杀得前赵军尸横遍野。刘岳知道无法挽回败局，率领残兵败将突围而去。刘岳率领左右奔跑多时，方才逃到石梁镇。他命部下驻扎休息，并着手整顿残军。渐渐汇拢起来的败军还有一万多人，他赶快进行部署，做好防卫。这里才部署好，石虎追兵赶到。石虎见刘岳已布置好防卫圈，便指挥大军将小镇团团围住，准备将刘岳军困死。

刘曜闻报刘岳兵败被困，着实吃了一惊，他立即率领五万人马前去营救。到了洛阳附近的金谷，他传令安营。到了半夜时分，四处有人高喊："石虎兵到!"夜深人静，喊声此起彼伏，令人心惊。刘曜哪里知道，这是奸细弄鬼。

这下子可炸了营，数万人在黑暗中惊起奔窜，到处乱糟糟的，根本不知道敌人在哪里。刘曜弄不清实情，只好随大队人马后退。第二天夜半，又有人喊"石虎兵到"，官兵们又是仓皇后撤，几天下来，弄得刘曜人马溃不成军。刘曜百般无奈，只得将大军撤回。

刘曜的援兵撤走后，刘岳军便成了瓮中之鳖。石虎下令猛攻石梁镇，一下子将它攻克。刘岳和几十名将领被俘，被押往襄国，被俘的一万多名士兵全部被活埋。

时隔不久，石勒又命石虎领兵四万，再次向前赵发起进攻。石虎军所向披靡，一直攻到蒲坂关(今陕西大荔境内)。告急文书雪片般飞往长安。

刘曜正为上次莫名其妙地败退懊丧不已，闻报敌人又来进犯，怒不可遏。有人劝他坚守莫出，他根本听不进。兵马点齐后，他领兵渡过黄河，援救蒲坂关。

石虎见刘曜领兵来救，撤下对蒲坂关的包围，前来堵截。两军排好阵势，双方主帅在部将簇拥下骑马相对而立。两人先是互骂，然后便挥军上来厮杀。两军实力相当，打得难分难解。

忽然，石虎军背后尘土飞扬。原来，蒲坂关守将刘述见援兵已到，于是领兵从后面掩杀过来。石虎腹背受敌，死伤大半，他见大势已去，扔下辎重向朝歌(今河南淇县)逃去。

刘曜击败石虎大军，趾高气扬，他领兵继续南下，浩浩荡荡向洛阳开去。洛阳守将一面派人向石勒报警，一面加强防守，全力抵御。刘曜军一连几次发动强攻，都没能将洛阳攻下。

石勒闻警十分焦急，立即召来文武大臣商量计策。众人各抒主张，莫衷一是。最后由石勒作出决定，立即驰援洛阳。

当时正是严冬，刺骨的寒风呼呼地吹，漫天的大雪飞舞。石勒领兵到了黄河边，急得直跺脚：黄河河面上结了一层冰，渡船无法行驶，军队过不了河。正在石勒一筹莫展时，天气忽然转暖，冰雪迅速融化。石勒以手加额，口中念念有词："天助我也，此番必灭刘曜！"

再说刘曜，一辈子做事没有长性，有时心血来潮，也会发奋苦干一番，热乎劲一过，依然醉生梦死。目前战事正紧，刘曜却在大帐内左拥右抱，终日饮酒作乐；须警戒的地方不警戒，该设防的地方不设防，把打仗当做儿戏一般。

石勒领兵顺利通过成皋关，心中的一块石头才算落地。他满脸得意之色，对左右说："刘曜真是昏庸透顶！要是他移兵成皋关，据险拒我，此为上策；若是依洛水为营，以水相阻，那是下策；像他那样坐镇洛阳城下，便是无策了！"

第二天黎明，石勒军向刘曜军发起进攻。刘曜醉酒未醒，匆匆披甲上马。他只觉得头晕脑涨，疑是酒力未足，命人拿酒来，牛饮般一连灌下几大斗。

石勒军能征善战，士气又盛，顿时将刘曜军击溃。刘曜已是烂醉如泥，一会儿闯向东，一会儿奔向西，左右侍从随着他窜来窜去。

石勒的部将石堪见刘曜摇摇晃晃骑在马上东逃西窜，取下弓，搭上箭，连连射去。刘曜的坐骑中箭，一下子跌进石渠；刘曜身中数箭，在泥浆中乱滚。

石堪拍马赶来，命人用挠钩将刘曜勾起，捆个结结实实。

回到洛阳，石勒要刘曜招降他儿子刘熙，刘曜坚决不从。公元328年十一月，刘曜为石勒所杀。第二年八月，石虎将刘熙俘获。

自刘渊称汉王，到刘熙被俘，前后共二十六年。至此，前赵为石勒所灭。

石虎心似虎狼

石勒的侄子石虎，生性残暴，杀人如麻，是一个薄情寡恩的人。

当初，石勒称帝，封石虎为中山王、尚书令。可是石虎并不满意，大发雷霆说："我给石勒立下了汗马功劳，他却不把大单于的位子给我，气死我了。"等石勒一病死，石虎就废掉太子，自称后赵天王，还立自己的儿子石邃为太子。

石虎当上皇帝后，只顾寻欢作乐，把政事全部交给太子石邃。石邃也是个残暴的家伙，他经常把美姬杀掉，把头颅洗干净放在盘子上让大臣们传着看。更令人啼笑皆非的是，石邃有时把认为应该汇报的事告诉石虎，石虎竟气愤地说："这点小事还值得告诉我！"有时不告诉，石虎又暴跳如雷，说："为什么不向我汇报！"举起鞭子就打，平均每月都要把石邃打上两三次。石邃无法忍受，带着五百名骑兵到了冀州，准备发动叛乱。走了几里路，骑兵不愿跟着他去送死，纷纷逃走了。石邃见大势已去，只得回到宫中，石虎一见石邃，不由分说，举起鞭子就打，还边打边骂，骂够打累之后，就把他软禁在东宫里。过了几天，石虎气消了，就把石邃放了出来。石邃一句话都不说，扬长而去，石虎喊都喊不住。石虎气昏了，立即宣布把他废为庶子。当天夜里，又把石邃和他的妃子、儿女共二十多人全部杀掉，塞到棺材里抬出去胡乱埋掉了。

过了不久，石虎静极思动，调动兵马进攻鲜卑王段辽。段辽手下的官吏贪生怕死，纷纷投降。段辽十分震惊，率领着妻子儿女向密云山逃命。石虎派兵一口气追到密云山，活捉了段辽的母亲、妻子。段辽自知无路可逃，只得投降。

为了进行西征和东征，石虎征用了五十万人制造武器，十七万人制造战船。石虎还不放心，常化装到各地监督民工。这时，青州有人说，济南平陵城北有一只石头老虎一夜之间居然移到了城东南的善石沟。石虎听后激动地说："石虎，分明就是指我，自北向南移说明天意要我平定江南！"可是石虎总是雷声大，雨点小，每次只是派出小规模的军队东征西掠，没有一次成功的。石虎虽然身为皇帝，官库里堆满了金帛珠玉，可是他还是不满足，经常做些盗墓贼的勾当。邯郸城外有一座赵简子的坟墓，石虎下令挖掘。挖墓者挖到了含水层，什么东西都没有发现。石虎心不死，下令用绞车汲水，汲了一个多月还是没汲干，只好停止了。

石虎听了一个和尚的胡言乱语后，便命令征发男女十多万人修筑园苑。大臣们反复劝谏，石虎铁了心，说："即使苑墙在早上建成，晚上倒坍，我也不后悔!"他命令点起蜡烛夜里继续干。这时，狂风裹着暴雨，吹灭了蜡烛，石虎又命令工匠们摸着黑干。大雨过后，几万人丧失生命。

在石虎眼里，几万人的性命根本不算什么。他让太子石宣到名山大川为他祈福。石宣带着十八万大军浩浩荡荡地出发了。石虎一个劲地对大臣夸赞石宣。后来，石虎又让儿子石韬为他求福。石韬为了显示自己的地位，出行的排场也很大，丝毫不亚于石宣。这可气坏了石宣，他等到石韬建宫殿时，派人杀死了工匠，搬去了梁柱。石韬明知道是石宣干的，痛骂了他一顿，毫不示弱，反而扩充了宫殿的规模。石宣这下可动杀心了，指使亲信在深夜里杀死了石韬。

石虎见石宣在送葬的时候一点都不悲痛，反而满脸笑容，就怀疑是石宣杀了石韬。后来他弄清的确是石宣干的，就把石宣骗进宫来关起来。不久，石虎在邺城北部堆起干柴，让石宣的亲信分别拽着石宣的头发，扯着石宣的舌头，把石宣拖到了干柴上面。石宣魂飞魄散，频频呼喊"饶命"。石虎硬起心肠，不答理他。他又派人把石宣的手脚砍断，挖出眼睛和肠子，然后点燃了干柴，把石宣给活活烧死了。石虎还是觉得不解恨，又下令把石宣的妻子儿女通通杀掉。石宣的小儿子才九岁，抱着石虎的腿，哇哇大哭。石虎动了怜悯之心，把他抱了起来，可是刽子手硬是把他抢去杀掉。旁边的人都哭出声来了。

石虎杀了石宣后不久就得了一场重病。他快死的时候，什么都看不见，神智也不清楚，挣扎了几天就归西了。

不可一世的王敦

东晋时，琅邪王氏家族权力很大。从西晋初年开始，王戎即很受司马炎的信任。王衍是王戎的堂弟，在西晋后期成为主管朝政的大臣，与东海王司马越平起平坐。王衍还将自己的弟兄王澄、王敦等分别任命为荆州刺史和青州刺史。后来王衍被石勒杀死，王澄、王敦还在荆州、青州，没有遇害，成了东晋元帝司马睿的重臣。东晋时扶司马睿当皇帝最有功劳的是王导，王导与王敦等人也是叔伯弟兄，所以在东晋朝，王氏家族地位最高。时称"王与马共天下"。

王敦是个极其残忍凶狠的人。当年，大贵族王恺、石崇互相斗富，经常把朝中有权有势的大官请到家中赴宴。王恺设宴时，让家中的女艺人吹笛助兴，只要有一点走调，王恺便将吹笛人杀掉。客人们对王恺动不动就杀人很不安，而王敦却毫不在乎。石崇设宴，让家中的美女劝酒，客人不喝，就杀掉劝酒的美女。王导虽然不会喝酒，也勉强喝下去，而王敦却不干，他不想喝就不喝，看着石崇连杀了三个美女。王导实在看不下去，责备王敦，说他太固执，而王敦却冷漠地说："他杀他家的人，跟你我有什么关系？"

王澄是王敦的哥哥，从小就经常教训王敦，王敦也非常怕他，但也暗暗怀恨这个哥哥。当王澄在荆州被打败逃到王敦处避难时，王敦就不怎么尊重他了，王澄还想摆出架子来教训王敦，王敦一气之下，就把王澄和他的卫兵全部杀了。

当司马睿正式称帝以后，王敦在江南的声望越来越大，他为平定流民起义立了大功，一直被提升到大将军的位置。当时，王导在东晋都城执政，王敦在长江中上游总管兵权，王氏弟兄权力太重，老百姓都唱出了"王与马，共天下"的民谣。司马睿想控制一下王氏弟兄的权力，便任用刘隗、刁协、戴渊、周顗(yǐ)等人为亲信。王敦不满，上表给司马睿，要求重用王导，司马睿不但不予理睬，还在军事上逐渐分散王敦的权力。王敦更加不满了，终于在公元322年(晋元帝永昌元年)发动兵变。

王敦从武昌发兵，王敦的死党沈充从吴兴(今浙江吴兴一带)起兵响应，南北同时向建康进攻。王敦的发兵理由是翦除皇帝司马睿身边的奸臣，这奸臣就是刘隗。他还给晋元帝写了一封奏章，说刘隗强占国家的财产，不会治理国家，弄得老百姓生活很穷苦等等。

晋元帝司马睿见王敦造反，非常气愤，立即让刘隗、戴渊守卫京城，任命王导、戴渊、周顗等人领兵防御王敦，又命令右将军周札专门守卫石头城(石头城故址在今江苏南京清凉山，是当时的军事重镇)。王敦领兵来到石头城下，用部将杜弘的建议，猛攻石头城，城中守将周札坚持不住，率兵投降，王敦的士兵基本上没有伤亡，便占领了石头城。石头城一攻破，建康就很难保卫，周顗、刘隗等人本来就不会打仗，士兵们与王敦的军队一接触就四散奔逃，溃不成军。王导这时候也不愿出去和王敦作战，只说自己士兵战败。晋元帝司马睿急得坐卧不安，只得把刘隗、刁协找来，流着泪对他们说："你俩赶快逃命吧，王敦是一定要杀了你俩的！"刁协和刘隗这才领着家里的人出城逃命去了。

王敦占据了石头城，晋元帝的士兵失去了战斗力，眼看着只能任王敦宰割了。可王敦还不想背一个造反的名声，他装成一副忠臣的面孔，派人对晋元帝说自己起兵是迫不得已，只要杀掉皇帝身边的几个奸臣就行了。晋元帝司马睿无可奈何，只得发下诏书，说王敦不但无罪，而且有功，给他加封为丞相，封武昌郡公。诏书到达时，王敦坚决推辞，不受加封，但也不听元帝退兵的命令，在石头城驻下来，也不去朝见皇帝。

这次兵变后，王敦实际上掌握了东晋的军事、政治的全部权力，把和他政见不合的人杀死的杀死、免官的免官，还任用了一批个人的亲信、死党，然后，才再次领兵回到武昌镇守。从此，晋元帝父子都对王敦恨之入骨。

“伯仁由我而死”

周颉，字伯仁，汝南(在今河南省)人，在西晋动乱期间跟随晋元帝司马睿渡江，他的兄弟周嵩、周谟也都一道渡江南下，在司马睿部下任职。司马睿当皇帝后. 周颉被任命为吏部尚书，深得司马睿的信任。

周颉为人非常豪放直爽，敢说真话，而且不怕权势，王导和周颉的私人关系很好。传说，周颉身体很胖，肚皮很大，夏天时候，王导和周颉一起袒胸露腹地乘凉，王导把头枕在周颉的膝盖上，手摸着周的肚皮，开玩笑说：“你这肚皮这么肥大，里面装着什么东西?”周颉很轻松地说：“这里面什么也没有，不过能装下像你这样的人二三百个!”这种话如果不是老朋友之间是不会说出来的，王导听了，开怀一乐。

后来，王敦、王导弟兄俩的权力越来越大，而且王敦的性格很暴躁，别人都不敢说他，而周颉却敢于对王敦、王导弟兄进行批评。司马睿便逐渐地把国家大事的决定权交给周颉等人，疏远了王敦、王导弟兄。王敦首先沉不住气，常在背后说周颉的坏话，王导也慢慢地对周颉有点忌恨起来。

当王敦从武昌发兵进攻建康时，王导和王氏家族人都住在建康，王敦喊出除掉刘隗的口号，刘隗也在建康请求司马睿早日杀掉王氏家族中的人，但司马睿认为王导还是比较忠诚的，没有对王氏家族进行诛杀。王导见王敦造反，吓得吃不下饭、睡不着觉，领着堂兄弟王邃等人，每天到宫中请罪。周颉上朝时，经过王导一家人的面前，王导大声呼喊道：“伯仁，我家一百多口人，全靠您照顾!”周颉听到王导的喊声，就像没听到一样，昂着头走过去。

但是，当周颉和晋元帝司马睿谈论起王敦、王导弟兄的事情时，周颉极力为王导开脱，说王导是忠诚的，他不仅扶助皇帝在江东站稳脚跟，而且不愿和王敦一同造反，将来王导也是国家的有用人才。司马睿觉得周颉说得很对，没有治王导一家的罪。周颉和司马睿往往一谈就是半天，周颉退朝时，王导仍然领着家族弟兄在宫门外等候，隔老远就喊：“伯仁，伯仁。”希望周颉能停下来和自己讲一下宫中的情况。可是周顗仍然像进宫时那样，一句话也不说，却故意大声地和自己同行的人开玩笑说："今年要杀掉那些造反的贼臣，夺过黄金印来!"

王导见周顗对自己不理不睬，皇帝又始终不表明态度，认为周顗一定在皇帝面前说了自己的坏话，心里暗暗痛恨周顗。实际上，王导不知道，周顗不但在司马睿面前为王导辩护，回到家中以后，又特地写了一封书信，为王导说情。这样，司马睿不但没怪罪王导，还亲自接见了王导，并委任王导为前锋大都督，和戴渊、周顗等人一起发兵防御王敦，王导根本不知道这是周顗救了自己。

不久，王敦攻破石头城，司马睿被迫下诏，说王敦不但无罪，而且有功，进一步加封，任凭王敦如何处置朝中的大臣。王敦最担心也最痛恨的就是周顗、戴渊二人，便向自己的堂弟王导征求意见。王敦问："周顗、戴渊二人，名望极高，大江南北都非常推重他们，依你看，是不是应该任命为朝廷重臣?"

王导对王敦的提问不作回答。王敦又问道："那是不是应该把他俩的官品降到令仆一级呢?"王导仍然不作声。王敦再问道："既然不能用，那就早点一起杀掉，免得将来造成祸害!"王导仍然默不作声。

王敦见王导一直不发话，便认为是同意杀掉周顗和戴渊二人，立即派出兵士，把周顗和戴渊逮捕。

周顗被绑赴刑场，经过皇家祖庙时，大声疾呼："贼臣王敦，坏了国家社稷，乱杀忠臣，神鬼有灵验的话，早点杀了王敦这个贼子!"士兵们用兵器打周顗的嘴，牙打掉了，周顗仍然继续叫骂。

周顗死后，王导主持国政。一次，王导清点大臣们给皇帝上奏的书表，见到了周顗援救自己的奏章，这才知道自己错怪了周顗，周顗的死，完全是自己态度不明朗而造成的。他手里拿着周顗的表章，痛哭流涕地说："我虽没杀伯仁，但伯仁由我而死。九泉之下，我永远对不起这样一个好朋友了!"后来，王导的这句名言便在历史上流传了下来。

王敦之死

自从王敦兵变把持政权后，晋元帝司马睿的几个心腹忠臣死的死、逃的逃，司马睿的心情非常压抑，又气又怒，在公元322年病死。太子司马绍继位，这就是东晋的明帝。

司马睿还留下遗嘱，让王导辅助太子执政。

明帝比他父亲更有胆略，很勇敢，据说他从小就很聪明，有一次，他父亲问他：“你说长安和太阳相比，哪个更远些?”司马绍回答说：“长安近些。”父亲问：“为什么?”司马绍答：“只听人说从长安来，没听人说从日边来!”司马睿认为儿子很聪明，想让儿子表现一下，便在许多大臣面前再次问他同样的问题，认为他肯定还像那天一样回答。哪知道司马绍却说：“日近!”司马睿很惊讶，问：“为什么?”司马绍回答说：“抬头就能看到太阳，却看不到长安，所以知道太阳近。”司马睿非常满意，大臣们也啧啧赞赏。晋明帝即位后，不满意王敦的专横，便一步步地做准备工作，起用郗鉴为尚书令，作为心腹依靠力量，和郗鉴秘密策划怎样灭掉王敦。

王敦早就对司马绍不满意。当年司马睿立司马绍为太子时，他就坚决反对，没反对得了。后来王敦发动兵变，还想找个借口杀掉太子司马绍，只因大家一致反对，才没有做成。现在司马绍当了皇帝，王敦更不放心，心想干脆灭掉晋国，自己当皇帝。便和自己的死党沈充、钱凤等人商量怎样起兵，也在积极准备。王敦从武昌移到姑熟镇守，实际上也是为将来再次发动兵变打下基础，因为姑熟到建康很近。

晋明帝也知道了王敦的阴谋，准备立即发兵，但对王敦兵营情形不清楚，便改换了服装，只带几个随从，偷偷地到王敦大营中来侦察军事部署情况。王敦正在营中午睡，忽听有人报告说：“有几个人骑着马在营垒中走来走去。”并描述了其中一个领头的相貌，王敦大惊说：“这一定是司马绍，快追!”当王敦的人马追出去后，司马绍已经走掉了。

王敦在积极准备起兵的时候，忽然得了病，而且病势一天天地沉重起来。钱凤来商量起兵的事情，问应该采取什么办法。王敦因为自己病重，不怎么有信心了，便说出了三种选择：“第一：如果我病死的话，你们大家将军队解散，归降朝廷，保全性命，这是上计；第二：退驻武昌，按时向朝廷进贡，拥兵自保，这是中计；第三：乘我还活着，发兵顺江而下，说不定能取胜，但假如兵败而死，那这就是下计了。”钱凤出来和同伙们商量王敦提的三计，他认为王敦的三计中，第三个计是上计，应该立即发兵东下，凭自己的庞大的军事实力，一定能胜。大家都同意钱凤的意见，便发信给沈充，约定同时起兵。

这时，晋明帝司马绍也做好了准备工作，他任命王导为大都督，丹阳尹温峤为中垒将军，与右将军卞敦共守石头城；以光禄勋应詹为护军将军，都督朱雀桥南诸军事；以郗鉴行卫将军督从驾诸军事，以庾亮领左卫将军，卞壶行中军将军；又调兖州刺史刘遐、临淮太守苏峻、徐州刺史王邃、豫州刺史祖约等进京护卫，正式发诏讨伐王敦。

王敦一面给朝廷上表，要求除掉温峤，想重演过去讨伐刘隗的故伎；一面命堂兄王含为主帅，与钱凤、邓岳、周抚等人率领水陆大兵五万，向秦淮河南岸进攻，却被苏峻、刘遐的大兵打败。王敦在重病中听说王含兵败，还大骂这个堂兄不中用，准备自己带病出任主帅，但还没起床，便倒下去死了。

王敦一死，晋军大振。沈充、钱凤接连战败，并在战斗中被杀。王含、王应父子二人逃到荆州投奔荆州刺史王舒。王舒虽然也是王氏家族人，但他不支持王敦。当王含父子俩来到荆州时，王舒将王含、王应沉在江中淹死。到这时，王敦叛乱终于被彻底扫平。

大野心家桓温

荆州刺史一职，因其治所地处要冲，东晋朝廷一直委派朝廷显要担任。公元345年，荆州刺史庾翼去世，朝廷几经争论，调徐州刺史桓温担任荆州刺史。

桓温本有野心，被任为荆州刺史后，更是踌躇满志，他想以军事上的胜利进一步提高自己的威望，以利于达到自己篡权的目的。

那时候，蜀地成汉政权多变故，国势衰颓。公元346年，桓温率军攻打成汉。朝中许多大臣认为蜀地道路艰险，桓温兵力不足且又深入敌后，这一仗凶多吉少，哪知桓温仅用了五个月的时间，就荡平蜀地，攻陷成都，成汉政权灭亡。

这一辉煌胜利，使桓温的威名震动朝野。他想进一步树威，几次上书要求北伐。朝廷怕他北伐成功兵权更重，对他的要求不予理睬。朝廷先后派褚裒(póu)、殷浩领兵北伐，都以失败告终。桓温乘机上表弹劾殷浩，结果殷浩被罢免。桓温将朝中障碍除去后，再也没有人能阻止他领兵北伐。

公元354年春，桓温率领四万人马，水陆并进，讨伐前秦苻健。苻健闻讯后忙派太子苻苌、丞相苻洪、淮南王苻生领兵五万前去抵御。

且说淮南王苻生，自幼瞎了一只眼，却异常勇悍狂悖。他的祖父苻洪不喜欢他，有次指着他的瞎眼向左右开玩笑："听说瞎儿只有一只眼流泪，不知是否如此？"苻生听了这话，立即拔出佩刀刺向瞎目，指着淌下来的滴滴鲜血对祖父说："这不是瞎眼流下的眼泪么！"众人见了，无不惊骇。苻生成年后力大无穷，能与猛兽格斗，击刺骑射，无一不精。

这次两军相遇，苻生一马当先向晋军冲去，两名晋将截住他厮杀，都被他劈于马下。他左冲右突，如入无人之境，晋军前队人马抵挡不住，纷纷溃退。桓温见来将勇猛，忙将弓弩手调上前，只听一声令下，箭如飞蝗飞入敌阵。苻生毫不畏惧，用刀拨箭，依然猛冲，忽然听到身后一声惨叫，太子苻苌身中两箭落马。苻生回马救起太子，且战且退。晋军乘胜追击，直抵灞上。

苻健见大军败回，吃惊不小，连忙紧闭城门，坚守不出。关中百姓深受鼓舞，纷纷前来劳军，长安附近的郡县全都归附了晋廷。

晋军驻扎在灞上，日子一久，军粮不继。桓温本打算麦子成熟时派兵抢收，补充军粮。苻生早已料及，派兵将没有成熟的麦子全部割光。桓温的军粮越来越少，只得下令退兵。

公元356年，晋廷命桓温讨伐反叛的羌人首领姚襄。姚襄反叛晋廷后，他的部将一齐劝他北还。姚襄依从了部下的意见，攻占了许昌，随后又攻打洛阳。

洛阳守将周成，本是魏国降将，以后又背叛了东晋朝廷。周成见羌人来势凶猛，坚守不出。姚襄闻报桓温领兵来攻打他，连忙撤除对洛阳的包围，驻扎在伊水北岸，与晋军隔河相对。

姚襄知道晋军勇猛，觉得只有使诈才能击退晋军。他派使者过河对桓温说：“我家主公闻得大将军亲自领兵前来，自知不敌，愿意归降。望大将军渡过伊水，接受我军投降。”

桓温怎会上当，只是冷冷地对使者说：“姚襄准备投降，只管领兵过河来见我，我要是领兵过河，那便是征讨。要是他不来投降，过几天我就渡河扫除叛逆!”姚襄听了使者回报，知道桓温已识破他半渡而击的计谋，只好命令全军作好戒备，准备迎击晋军。

渡河作战那天，桓温亲自披挂上阵，晋军兵多将广，一下子就击溃了姚襄军。姚襄急忙率领残军，向平阳逃窜。晋军一直挺进到洛阳城下。叛将周成见晋军声势浩大，不敢抵抗，打开城门向桓温投降。

收复了洛阳，桓温志得意满。他带着大批随从祭拜了先帝陵墓，派人修葺故宫，然后留下部分官兵驻守，自己率领大军班师。这年十月，桓温上书朝廷，请求还都洛阳。朝中臣子大多认为目前局势不稳，不宜迁回故都，等到时机成熟之后，再迁回洛阳也不迟。由于众多官员的反对，迁都之事未成。

公元365年，前燕攻克洛阳，洛阳终于得而复失。

经过两次北伐，桓温的野心越来越大。他为了在朝廷进一步树威，于公元369年夏初统率五万大军，从姑孰出发，向北讨伐前燕。

六月间，大军到达金乡(今山东金乡)。这年夏季气候干旱，水位低，航道涩滞，运输给养十分困难，大军无法北进。参军郗超建议先在黄河、济水一带驻军，屯积粮草，等到来年再进攻。桓温想速战速决，连连摇头。郗超道："若想速战速决，不如直攻邺城，一决胜负。"桓温又认为此举过于冒险，没有采纳。

桓温思考再三，派毛虎领兵在巨野开凿了一条三百里长的河道，引汶水入清水。桓温领兵从清水乘船到黄河，连败前燕军，士气大振。

前燕主慕容玮闻报大惊，忙命慕容厉领兵两万前去抵御。晋军士气正盛，杀得前燕军大败而逃。慕容厉差点儿丢了性命，匹马奔还。

告急文书不断飞向邺城，吓得慕容玮六神无主。朝中大臣见晋军来势凶猛，大多主张迁都。车骑大将军慕容垂热血沸腾，痛斥了主张逃跑的臣子，自愿领兵抵御晋军。慕容玮本来心慌意乱，听了慕容垂的话顿时定下心来，命他领兵五万前去御敌。他又派使者到前秦，请求发兵援救，前秦主为了共同的利益，派兵两万前去救援。

桓温领兵驻扎在枋头(今河南浚县淇门渡)，由于水位降低，河道接近干涸，军粮告急。慕容垂领兵到了枋头附近，扎下营寨按兵不动。他对部下说："晋军运粮困难，希望速战速决。我们先不出战，待他粮草耗尽再出击!"

晋军粮草日益减少，军心开始动摇，接着听说前秦军前来援燕，官兵难免恐惧。桓温知道取胜无望，下令烧掉所有舰船，丢下器仗，改由陆路撤回江东。

桓温久经沙场，知道撤军时最易遭受袭击，他留下一支部队埋伏好，准备伏击敌人的追兵。埋伏的部队守候了两天两夜，不见有敌人来追，此时大队人马已经远离，便急忙赶上大部队向南撤退。

谁知到了第五天夜里，慕容垂率领八千精兵杀入晋军大营。晋军多日劳累，疲乏不堪；又因离开战场已远，放松了警惕，顿时被燕军击溃。桓温带着残军且战且退，冷不防援燕的前秦军斜刺里杀到，把晋军杀得七零八落、溃不成军。

晋军回到姑孰，五万人马只剩下一万多，桓温的第三次北伐最后以惨败告终。

北伐兵败后，桓温决定废立晋帝重树威信。公元371年，桓温废去晋帝司马奕，另立司马昱(yù)为帝，他就是晋简文帝。

第二年，简文帝病重，临死前留下遗诏，让太子司马曜继位。桓温本以为简文帝会将帝位让给自己，听到这个消息十分失望，一怒之下领兵进入建康。

桓温进京后发觉士族大臣对自己不服，一时倒也不敢轻举妄动，经过再三思虑，决定将称帝之事逐步进行，不宜过速。

他上表朝廷，要求加九锡。这事非同小可，是改朝换代的前奏。吏部尚书谢安见桓温年老多病，便故意拖延办理，九个月以后，不可一世的桓温终于去世。

桓温死后，谢安广施仁政，发展生产，安定人心。他又整顿朝纲，使得上下同心。经过一段时间的努力，东晋朝廷渐渐强大起来，局势又趋稳定。

王猛扪虱谈天下

王猛，字景略，北海剧县(今山东寿光南)人，以卖畚箕为生。他自幼博读兵书，志向远大，但他耿介拔俗，恃才放旷，不肯迎合世人，行为谈吐常有些怪异，因此不为凡俗之流所赏识。

晋穆帝永和十年(公元 354 年)，桓温伐关中时，曾于灞上驻军。王猛听说后，就前去拜访他。当时王猛身披短袄，鬓发蓬乱，看起来貌不惊人，还有些寒酸。王猛一边与桓温交谈，一边在短袄上捉虱子，捉住便把虱子捏死，其神态颇为自得。

桓温见此奇人，心中暗暗称异，不敢怠慢。他问王猛：“我奉天子之命进驻关中，替百姓除害，为何关中豪杰无人来见我？”

王猛答道：“将军行军千里，深入敌境，到了离长安仅隔咫尺之地，却又屯兵不动了，大家看不透你的心思，所以没有人来欢迎你。”

王猛的话，正说中桓温的心思。因为桓温是个野心家，他出师北伐，并不像祖逖那样真正是为了恢复中原，而是为了捞取政治资本，所以他到了灞上就停止前进了。他打的算盘是：如果真的消灭前秦，打下长安，司马氏的东晋朝廷就会派人来接收物产富饶的关中，而他桓温最多只能捞得个空头的威名，倒不如屯兵灞上，作出可进可退的姿态，以便伸手向东晋朝廷要权、要钱、要粮、要兵，倒可得到实际的好处。东晋朝廷也害怕桓温这一手，所以一再阻止桓温继续北伐，几次叫他回师南下。

桓温觉得王猛很有谋略，有心重用他，可是王猛没有下决心跟随桓温，便留在北方了。

公元 357 年，前秦的东海王苻坚经人举荐找到了王猛，交谈之后，甚是赏识他的才华。苻坚得到了王猛，就像当年刘备得到了诸葛亮，他立刻成为苻坚的主要谋臣。这年六月，苻坚杀前秦主苻生而自立，任王猛为中书侍郎，掌管机要。此后，王猛历任京兆尹、吏部尚书、司隶校尉、尚书令、录尚书事、都督中外诸军事等要职。

王猛身居高位，得到苻坚的信任，引起了一些官员的妒忌。一天，曾跟随苻坚征战立下汗马功劳的樊世见到王猛，呵斥他说："我辈辛勤耕耘，你这乡下野人却来坐享其成!"王猛面无表情地慢慢说："不但要你耕耘，你还要给我烧熟了端来。"樊世闻言大怒，扬言要切下王猛的狗头挂在长安城门口。

又有一次，樊世和王猛二人在苻坚的面前吵了起来，王猛虽少言语，但他那轻视的态度、冷冷的眼神和农民般的举止却引起了樊世的无比愤怒。樊世以粗陋之辞大骂王猛，令苻坚失色动容。苻坚于是认定樊世倚功欺人，将其斩首于马厩。

苻坚皇后强氏之弟强德是个无赖，常干些强抢民女之类的事，横行京城。王猛刚被任命为京兆尹，便下令逮捕强德，将一纸请求处决强德的呈文送至苻坚面前。苻坚还未及批复，他这边已将强德处死。数月之间，氏族权贵被杀被刑的已有二十余人。他们从此闻王猛名而色变，王猛抑制贵族势力的一系列举措也得以顺利推行。

为什么王猛以一介草民，得到了苻坚的如此信任和重用？因为王猛打击氏族权贵、抑制贵族中的保守势力，正是在加强苻坚的中央集权地位，巩固君主的统治。而那些有功的贵族往往居功自傲，还时时有势力膨胀、觊觎皇位的兆头。王猛既顺应了苻坚之意，又以他的卓越才能使前秦的封建化程度大大提高。

王猛抑制氏族贵族势力的手段是加强法治，使原先贵族们享有的特权纷纷丧失。苻坚即位之初，始平(今陕西兴平东南)多氏族贵族，苻坚便任王猛为始平县令。王猛刚到任，便不由分说鞭死了一名不法的官吏，使得贵族们纷纷上书苻坚，要求惩治这大胆的野夫。苻坚亲自审问王猛："为政以德化为先，为什么刚到任便杀戮多人?"王猛答道："治太平之国要用礼，治混乱之邦要用法。"苻坚听后点头，接受了王猛的法治主张。

王猛前后任相职十六年，死于前秦建元十一年(375 年)。在王猛的治理下，前秦政治清明，任用人才，奖励农桑，兵强国富，战无不克，境内升平，国家大治。据《晋书》记载，当时关中一带秩序安好，百姓丰乐，自长安至各州，沿途种植槐树柳树，每隔二十里有亭舍，供行人休息，隔四十里有驿站，供行人住宿，沿路还有商品贸易。

王猛日日夜夜为前秦的国事操劳，终于积劳成疾，一病不起。苻坚见王猛病重，十分难过，经常亲自去看望他。王猛临死之前，苻坚问他以后的国家大事怎么办。王猛说："东晋虽然偏处江南一角，但是它以华夏的正统作为号召，民心还是归向它的。我死了以后，您千万不要急着去打东晋，而是应当先把自己的国家治理好，作长远的打算。"说完，他就死了，那年他五十一岁。

苻坚牢记王猛的话，励精图治，同时努力发展军事，于王猛去世后一年统一了黄河流域。

谢安东山再起

公元383年八月，苻坚亲自带领八十余万大军从长安出发。向南的大路上，烟尘滚滚，步兵、骑兵，再加上车辆、马匹、辎重，队伍浩浩荡荡，差不多有千里长。

过了一个月，苻坚主力到达项城(今河南沈丘南)，益州的水军也沿江东下，黄河北边来的人马也到了彭城(今江苏徐州市)，从东到西一万多里长的战线上，前秦水陆两路进军，向江南逼近。

这个消息传到建康，晋孝武帝和京城的文武官员都着了慌。晋朝军民都不愿让江南陷落在前秦手里，大家都盼望宰相谢安拿主意。

谢安是陈郡阳夏(今河南太康)人，出身士族，年轻的时候，跟王羲之是好朋友，经常在会稽东山游览山水，吟诗谈文。他在当时的士大夫阶层中名望很大，大家都认为他是个挺有才干的人，但是他宁愿隐居在东山，不愿做官。有人推举他做官，他上任一个多月，就不想干了。当时在士大夫中间流传着一句话："谢安不出来做官，叫百姓怎么办?"

到了四十多岁的时候，他才重新出来做官。因为谢安长期隐居在东山，所以后来把像他重新出来做官这样的事称为"东山再起"。

苻坚强大起来以后，东晋的北面边境经常遭到秦兵的骚扰。朝廷想找一个文武全才的将军去防守边境。谢安把自己的侄儿谢玄推荐给晋孝武帝。晋孝武帝把谢玄封为将军，镇守广陵(今江苏扬州市)，掌管江北的各路人马。

谢玄也是个军事人才，他到了广陵以后，就招兵买马，扩大武装。当时有一批从北方逃难到东晋来的人，纷纷应征。他们中间有个彭城人叫刘牢之，从小练得一身武艺，打仗特别勇猛，谢玄派他担任参军，叫他带领一支精锐的人马。这支人马经过谢玄和刘牢之的严格训练，成为百战百胜的军队。由于这支军队经常驻扎在京口(今江苏镇江市)，京口又叫"北府"，所以把它叫做"北府兵"。

这一回，苻坚率领百万大军进攻东晋，谢安决定自己坐镇建康，派弟弟谢石担任征讨大都督，谢玄担任前锋都督，带领八万军队前往江北抗击秦兵，又派将军胡彬带领水军五千到寿阳(今安徽寿县)去配合作战。

谢玄手下的北府兵虽然勇猛，但是前秦的兵力比东晋大十倍，谢玄心里到底有点紧张。出发之前，谢玄特地到谢安家去告别，请示一下这个仗怎么打法。

哪儿知道，谢安听了像没事一样，轻描淡写地回答说："我已经有安排了。"

谢玄心里想，谢安也许还会嘱咐些什么话。等了老半天，谢安还是不开腔。

谢玄回到家里，心里总不大踏实。隔了一天，又请他的朋友张玄去看谢安，托他向谢安探问一下。

谢安一见到张玄，也不跟他谈什么军事，马上邀请他到他山里一座宅院去。到了那里，还有许多名士先到了。张玄要想问，也没有机会。

谢安请张玄陪他一起下围棋，还跟张玄开玩笑，说要拿这座宅院做赌注，比一个输赢。张玄是个好棋手，平常跟谢安下棋，他总是赢的。但是这一天，张玄根本没心思下棋，勉强应付，当然输了。

下完了棋，谢安又请大伙儿一起赏玩山景，整整游玩了一天，到天黑才回家。

这天晚上，他把谢石、谢玄等将领，都召集到自己家里，把每个人的任务一件件、一桩桩交代得很清楚。大家看到谢安这样镇定自若，也增强了信心，高高兴兴地回到军营去了。

那时候，桓冲在荆州听到形势危急，专门拨出三千名精兵到建康来保卫京城。谢安对派来的将士说："我这儿已经安排好了，你们还是回去加强西面的防守吧!"

将士回到荆州告诉桓冲，桓冲很担心，他对将士说："谢公的气度确实叫人钦佩，但是不懂得打仗。眼看敌人就要到了，他还那样悠闲自在，兵力那么少，又派一些没经验的年轻人去指挥。我看我们准要遭难了。"

大敌当前，谢安仍谈笑风生，气定神闲，这种大家风范，也是魏晋风度的典型特征。

淝水之战

谢安派出的将领胡彬，率领水军沿着淮河向寿阳进发。在路上，他得知寿阳已经被前秦军的前锋苻融攻破。胡彬只好退到硖石(今安徽凤台西南)，扎下营来，等待与谢石、谢玄的大军会合。

苻融占领寿阳以后，又派部将梁成率领五万人马进攻洛涧(今安徽淮南东)，截断了胡彬水军的后路。晋军被围困起来，军粮一天天减少，情况十分危急。

胡彬派出兵士偷偷送信给谢石告急，说："现在敌人来势很猛，我军粮食快完，恐怕没法跟大军会合了。"

送信的晋兵偷越秦军阵地的时候，被秦兵捉住，这封告急信落在苻融手里，苻融立刻派快马到项城去告诉苻坚。

苻坚一连得到秦军前锋的捷报，更加骄傲起来。他把大军留在项城，亲自率领八千骑兵赶到寿阳，恨不得一口气把晋军吞掉。

他到了寿阳，跟苻融一商量，认为晋军已经不堪一击，就派了一个使者到晋军大营去劝降。

那个派出的使者不是别人，恰恰是前几年在襄阳坚决抵抗过秦军、后来被俘虏的朱序。

朱序被俘以后，虽然被苻坚收用，在秦国当个尚书，但是心里还是向着晋朝。他到晋营见了谢石、谢玄，像见了亲人一样高兴，不但没按照苻坚的嘱咐劝降，反而向谢石提供了秦军的情报。他说："这次苻坚发动了百万人马攻打晋国，如果全部人马一集中，恐怕晋军没法抵挡。现在趁他们人马还没到齐的时候，你们赶快发起进攻，打败他们的前锋，挫伤他们的士气，就可以击溃秦军了。"

朱序走了以后，谢石再三考虑，认为寿阳的秦军兵力很强，没有把握打胜，还是坚守为好。谢安的儿子谢琰劝说谢石听朱序的话，尽快出兵。

谢石、谢玄经过一番商议，就派北府兵的名将刘牢之率领精兵五千人，先对洛涧的秦军发起突然袭击。这支北府兵果然名不虚传，他们像插了翅膀的猛虎一样，强渡洛涧，个个勇猛非凡。守在洛涧的秦军，不是北府兵的对手，勉强抵挡一阵，败了下来，秦将梁成被晋军杀了。秦兵争先恐后渡过淮河逃走，大部分掉在水里淹死。

洛涧大捷，大大鼓舞了晋军的士气。谢石、谢玄一面命令刘牢之继续援救硖石，一面亲自指挥大军，乘胜前进，直到淝水(今淝河，在安徽寿县南)东岸，把人马驻扎在八公山边，和驻扎寿阳的秦军隔岸对峙。

苻坚派出朱序劝降以后，正在洋洋得意，等待晋军的投降，突然听到洛涧失守，像头上挨了一闷棍一样，有点沉不住气。他要苻融陪着他到寿阳城楼上去看看对岸形势。

苻坚在城楼上一眼望去，只见对岸晋军一座座的营帐排列得整整齐齐，手持刀枪的晋兵来往巡逻，阵容严整威武。再往远处看，对面八公山上，隐隐约约不知道有多少晋兵。其实，八公山上并没有晋兵，不过是苻坚心虚眼花，把八公山上的草木都看作晋兵了(文言是“草木皆兵”)。

苻坚有点害怕了，他转过头对苻融说：“这确实是强大的敌人啊！怎么能说他们弱呢?”

打那以后，苻坚命令秦兵严密防守。晋军没能渡过淝水，谢石、谢玄十分着急，如果拖延下去，只怕各路秦军到齐，对晋军不利。

谢玄派人给苻坚送去一封信，说：“你们带了大军深入晋国的土地，现在却在淝水边摆下阵势，按兵不动，这难道是想打仗吗？如果你们能把阵地稍稍往后撤一点，腾出一块地方，让我军渡过淝水，双方就在战场上比一比输赢。这才算有胆量呢!”

苻坚一想，要是不答应后撤，不是承认我们害怕晋军吗？他马上召集秦军将领，说：“他们要我们让出一块阵地，我们就撤吧。等他们正在渡河的时候，我们派骑兵冲上去，保管能把他们消灭。”

谢石、谢玄得到苻坚答应后撤的回音，迅速整好人马，准备渡河进攻。

约定渡河的时刻到来了，苻坚一声令下，苻融就指挥秦军后撤。他们本来想撤出一个阵地就回过头来总攻，没料到许多秦兵一半由于厌恶战争，一半由于害怕晋军，一听到后撤的命令，撒腿就跑，再也不想停下来了。

谢玄率领八千多骑兵，趁势飞快渡过淝水，向秦军猛攻。

这时候，朱序在秦军阵后叫喊起来：“秦兵败了！秦兵败了!”后面的兵士不知道前面的情况，只看到前面的秦军往后奔跑，也转过身跟着边叫嚷，边逃跑。

苻融气急败坏地挥舞着剑，想压住阵脚，但秦兵像潮水般地往后涌来，哪里压得住。一群乱兵冲来，把苻融的战马冲倒了。

苻融挣扎着想起来，晋兵已经从后面赶上来，把他一刀砍了。主将一死，秦兵更是像脱了缰绳的惊马一样，四处乱奔。

阵后的苻坚看到情况不妙，只好骑上一匹马拼命逃走，不料一支流箭飞来，正好射中他的肩膀。苻坚顾不得疼痛，继续催马狂奔，一直逃到淮北才喘了口气。

晋军乘胜追击，秦兵没命地溃逃，被挤倒的、踩死的兵士，满山遍野都是。那些逃脱的兵士，一路上听到风声和空中的鹤鸣声(文言是“风声鹤唳”)，也当作东晋追兵的喊杀声，吓得不敢停下来。

谢石、谢玄收复了寿阳，派飞马往建康送捷报。

这一天，谢安正跟一个客人在家里下棋，他看完了谢石送来的捷报，不露声色，随手把捷报放在床上，照样下棋。

客人知道是前方送来的战报，忍不住问谢安说："战事情况怎么样？"

谢安慢吞吞地说："孩子们到底把秦人打败了。"

客人听了，高兴得不想再下棋，想赶快把这个好消息告诉别人，就告别走了。

谢安送走客人，回到内宅去，他的兴奋心情再也按捺不住，跨过门槛的时候，踉踉跄跄的，把脚上的木屐也碰断了。

经过这场大战，强大的前秦大伤元气。苻坚逃到洛阳，收拾残兵败将，只剩下十几万。但是慕容垂的兵力却丝毫没受到损失。不出王猛所料，鲜卑族的慕容垂和羌族的姚苌终于背叛了前秦，各自建立了新的国家——后燕和后秦，苻坚本人也被姚苌杀了。

刘裕受禅称帝

刘裕原本是个出身贫苦的小军官，随着在镇压农民起义、北伐灭燕和后秦的战争中建立一个又一个功勋，他逐渐掌握了东晋的实权。

公元418年六月，晋安帝封刘裕为宋公。第二年正月，他又加封刘裕为宋王。不久，晋安帝去世，晋恭帝继位。眼看自己势力一天天壮大，刘裕就做起了皇帝梦，想废掉晋恭帝取而代之。为了冠冕堂皇地迈出这一步，他感到难以启齿，为此左思右想，茶饭不思。

一天，他终于想出了一条妙计，想通过部下推举的形式达到做皇帝的目的。于是他特地摆下酒席，宴请自己的部属。席间，他不紧不慢地说："自从桓玄篡位，帝位就已经转移了。是我首倡大义，复兴晋王朝。多少年来，我南征北战，出生入死，平定四海，功成业著，才有了现在尊贵的待遇。如今，我已经是垂暮之年……常言说：'物忌盛满。'我的地位这样尊贵，恐怕不会永远安宁吧。我很想奉还爵位，回京都养老。诸位以为如何？"然而，他的部属并不明白他说这番话的目的，以为他只是炫耀炫耀自己的辉煌历史罢了，因此大家纷纷举杯，争先恐后地为他歌功颂德。刘裕大失所望，却又无可奈何。

不过，他的话还是引起一个人的注意。这个人就是中书令傅亮。在回家的路上，他反复琢磨刘裕那番话的意思，"回京都养老……"他沉吟着。突然，他一拍大腿，笑了起来，"宋王用心良苦啊！"他长叹一声，马上返回刘裕的王宫。

这时，天色已晚，宫门紧闭。正在灯下冥思苦想的刘裕听到仆役禀告"中书令傅亮求见"，顿时眉头一展。他知道傅亮博学多才，不是凡庸之辈。像傅亮这样的人，对时事一定洞若观火。于是，他迫不及待地让人把傅亮带进来。

一见面，刘裕就笑容可掬地说："你一定有什么好消息吧？"

傅亮说："不，我是来辞行的。"

“你要去哪儿?”刘裕疑惑地盯着他。

傅亮笑了笑，缓缓地说：“我暂且回京都一趟。”

刘裕心头豁然一亮，马上站起来，急切地问：“你想带多少人去?”

傅亮说：“些许小事，有几十个人就够了。”

说罢，傅亮便与刘裕告辞，星夜赶回京都建康。原来，傅亮正是为刘裕着想，这次进京就是想帮助刘裕取得帝位。他首先派人把皇宫内外控制起来，然后觐见晋恭帝，强迫他把宋王刘裕调回京都，辅佐朝政。等刘裕一到建康，傅亮马上就逼晋恭帝退位。晋恭帝此时已是无计可施，只好俯首听命，他眼含热泪，写下了自愿退位、由刘裕接替自己的诏书。公元420年六月，刘裕正式接受晋恭帝的禅位，改国号为宋，成为刘宋王朝的第一代皇帝，这就是宋武帝。至此，在东南偏安一隅，维持了一百零四年的东晋王朝寿终正寝了。

刘义符不务正业

刘裕死了，太子刘义符继位。他整日不理朝政，朝政大权渐渐把持到中书监尚书令傅亮、司空徐羡之、领军将军谢晦手中。

刘义符是个不务正业、喜怒无常之人，做了皇帝更是惟我独尊，想干什么就干什么，行为举止荒唐至极。

刘义符自己觉得玩腻了，便从宫外又找来一些胡作非为的少年陪他玩。这些人都是市井无赖，什么阴险的损招都使得出来。一天，一个恶少见刘义符闲暇无聊，便卑躬屈膝地走到他面前，小声说：“皇上，我听人说商朝时候有个漂亮的美女叫妲己，纣王非常喜欢她。但她很不开心，纣王就命人给妲己设‘虿盆’玩，一下就把妲己逗笑了。我想这‘虿盆’一定非常有趣。我们也试试?”刘义符一听，小眼睛一转，立刻拍手道：“好，我们今天就玩‘虿盆’!”

他们在紫云殿前设了一个巨大的铜缸，又令人捉来毒蛇、蝎子等五毒虫无数投入缸中，最后又从死囚牢里提出一个大汉，剥光衣服，丢进缸中。是人哪受得了五种毒虫在身上乱咬乱爬呢?这大汉又痛又怕，悲呼欲绝，而这帮恶少却围在缸边又跳又笑，无比开心。不一会儿，这大汉就连惊带吓，加上身中剧毒，气绝身亡。刘义符便又命人丢进去一个老头儿……如此几次三番，弄得紫云殿上鬼哭狼嚎，那声音无比凄厉，闻听之人无不动容变色！大臣们知道此事后忧心忡忡，但均知小皇帝喜怒无常，也不敢相劝。

又一天中午，刘义符在紫云殿上假寐，忽然一块漆皮掉下来，正好落在他的眼皮上。他一下就蹦了起来，满肚子火儿无处可泄，便命内侍敲响了景阳钟。

这景阳钟可不是随便乱敲的，群臣一听景阳钟响，以为出了什么大事，三步并作两步跑上金銮宝殿。到了金銮殿上一看，只见小皇帝刘义符正气定神闲地坐在龙椅上，不时还捏捏鼻子，挖挖耳朵。大臣们面面相觑，不知道这小皇帝又要耍什么新花样。

刘义符见大臣们都急急而来，那无名之火，早已泄了一半，便阴阳怪气地说道："掐指算来，朕登基已四月有余，可现如今仍住在破破烂烂的紫云殿里。"说到这儿，他环视了一下满朝文武，见无人搭话，忽然就生气地接着说道，"那哪是人住的地方?！朕现在住在紫云殿里整日寝食难安，噩梦连连。而你们却都住在华美的府院，只知自己享受，置朕的大宋江山于不顾。我今限你们三个月之内，拆掉紫云殿重建，至少要比现在的大四倍！"说毕，好像长出了一口恶气，靠在龙椅上闭目养神。

众大臣一听，皆知他不定又从哪儿冒出这么一个主意，此时一派胡言乱语，用不了多久又该改章程了，可是又不敢轻易出言相劝。正都犹疑不定，只见一人走出朝列，众人不禁都松了一口气。出来之人正是中书监尚书令傅亮。他对刘义符说道："现在国库空虚，北方战事不断，不如过几年，国库富足，再大兴土木不迟！"话音刚落，徐羡之、谢晦也站出来，支持傅亮的意见。

刘义符听罢，心里蹿火。正在此时，不知是谁在这静悄悄的金銮殿上放了一个响屁，刘义符一听，气极而笑，道："谁如此大胆，在金銮殿上放狗屁！给我斩了！"

文武大臣一听这很不像话，但无可奈何，纷纷跪地，请皇上开恩。刘义符眼睛翻了翻，然后指着傅亮、徐羡之、谢晦三人说："留着你们的狗头也行，来人！脱下他们的裤子，用手绢将他们的屁眼给我堵上！"

众大臣一听，更不像话了，但又哭笑不得，只有仍然跪在地上为三位大臣求情。刘义符见满朝文武替三人求情，自知不能做到了，便伸伸懒腰道："算了，饶你们这一回。但明天都得给我拆紫云殿去，不去还得斩！"

散朝以后，三位大臣憋了一肚子火，便聚集在傅亮家中，商量来商量去，不由商量出一条计策：干脆一不做二不休，废了他！让刘裕的小儿子继位。

于是三人开始总结刘义符的罪状。这非常容易，俯拾皆是。他们把那罪大恶极的条目写清楚了，准备奏请张太后。正在此时，家人送进一件公文，展开一看是庐陵王刘义真(刘裕的二儿子)写来的，内容大意是指责三位大臣擅权欺君，识相的就拨出重银修建庐陵王府，否则就要不客气。三位大臣看罢，肺都要气炸了，又恨又怒，一致决定，连刘义真一块废掉。

刘义符与刘义真哥俩矛盾极深。傅亮等人便欲假刘义符之手先废刘义真。

第二天，他便来找刘义符，但是左找也找不见，右找也找不见。正当傅亮走到神武门不想再找，想先回府再做打算的时候，忽然看见前面宫门不远处的宫场府下非常热闹。他心里起疑，走到近睛一看，不由得大怒。只见眼前做买的做卖的，人来人往，俨然是一个集市。这还了得！谁竟敢把皇宫当集市？他再定睛一看，皇帝刘义符竟在那里卖豆腐。皇帝主持宫市，学习引车卖浆之流，这不是亡国之兆吗？不过很快傅亮就平静下来，心想：这是天要灭你，你这皇帝还能当多久！他也不问刘义符别的，递上废庐陵王奏陈书让刘义符过目。刘义符有些不耐烦地说："这事你负责办就行了！"

傅亮一听，也不搭话儿，到后宫找到刘义符最宠幸的司马皇后传了皇上口谕，要过传国玉玺，盖上玉印，当即就派人去寿阳将刘义真废为庶人，押往新安(今江苏省万安西北)，途中又密令将其勒死。下一步，就准备废刘义符。

机会很快就来了。一天，傅亮听说皇上从华林园打猎回来去了天渊池边，登舟夜饮，并在舟中留宿。他立即于次日清晨带人将刘义符押回紫云殿，当堂宣读废帝诏书，然后解往吴郡(今江苏省苏州市)。

还没到目的地，傅亮就暗中派人把刘义符射死。在南北朝时期，政权像走马灯似地变换，弑君、夺位的事情太平常了。

刘义隆自毁长城

檀道济是刘宋王朝的开国元勋。他精于谋略，善于用兵，功勋卓著，在朝中享有很高威望。

公元 429 年，宋文帝刘义隆派征南大将军檀道济率兵北伐。二十几天内，檀道济与北魏交战三十多次，打得北魏节节败退。刘宋大军乘胜前进，直抵历城。

然而就在檀道济志得意满的时候，北魏将领叔孙建瞅准机会率领一支轻骑兵截断了宋军的粮道，烧毁了刘宋的粮草。檀道济一下子陷入困境，无法继续前进，只好从历城撤退。

在撤退的路上，宋军中有一个逃兵投奔了北魏，把檀道济因为粮草匮乏而撤军的情况告诉了魏军。北魏大军闻讯立即追赶上来。一时间，远远望去，只见魏军来的方向烟尘滚滚。刘宋大军笼罩在一片惶恐的气氛之中。

一天晚上，宋军大营灯火通明，檀道济带领一些士兵用升、斗量沙子，装进粮袋里，还让他们用筹码计数，并大声唱念。粮袋装满沙子后，再把军营里剩余的粮食拿出来，覆盖在沙子上。北魏的探子夜里听到宋军唱念筹码的声音，到天亮再一看，发现刘宋营内粮食堆积如山，便连忙回去禀报。由于魏军以为那个逃兵是故意欺骗他们的，就把他杀了。

北魏追兵虽然不敢轻举妄动，但他们的骑兵从四面八方围拢过来，险情还是没有排除。檀道济让官兵们都身披铠甲，他自己穿一身白色的衣服，坐在马车上，然后命令队伍整齐有序地缓缓后撤。北魏人都知道檀道济用兵神出鬼没，一看他这副样子，不知他在搞什么把戏，根本不敢追击。最后，檀道济依靠自己的镇静和智谋，保全了军队，使刘宋大军终于安全地返回。这以后，北魏军队好长时间也没再敢轻易进犯宋朝。

檀道济以善于用兵著称一时，而且他的左右心腹也都是身经百战的勇将，如司空参军薛彤和高进之，世人称他们俩是关羽、张飞。檀道济的儿子们很有才气，在朝廷内外颇有影响。正因为这样，刘义隆对檀道济一直很不放心。

公元435年，刘义隆身患重病，他担心自己死后，檀道济控制朝政，就下令召檀道济入朝。当时檀道济的妻子很害怕，对他说："自古以来，大将功高震主，会被帝王猜忌。现在朝廷无事召你，恐怕大祸临头了。"檀道济虽然有所顾虑，却又无可奈何。来到京都后，刘义隆把他留了几个月，直到第二年二月，刘义隆的病情稍微好转，才放他回去。

到檀道济在秦淮河上了船，还没来得及出发时，刘义隆的病又发作了。刘义隆的弟弟刘义康假借刘义隆的名义把檀道济追了回来，并对外宣称，檀道济趁皇帝有病的机会，企图谋反，就下令把檀道济和他的儿子们全部处死。薛彤、高进之等檀道济的部属也都惨遭杀害。

临刑时，檀道济悲愤地说："知道吗？你们是在自毁长城！"

檀道济被杀后，消息很快传到了北魏，当时北魏的文武官员一时间欣喜若狂。他们庆幸地说："檀道济一死，刘宋就不值得担忧啦。"果然，善于用兵的檀道济一死，不久北魏就趁机南下进犯刘宋了。

后来刘义隆见到北魏军肆意横行，而朝中又缺乏栋梁之材时，才后悔错杀了檀道济。统治者心胸狭窄，目光短浅，国运怎么可能长久呢？

江湛急流勇退

南朝宋文帝刘义隆的弟弟刘义康在哥哥即位不久曾一度辉煌，他几乎总揽了朝中大权，威势无比，并且掌握着选拔地方官员的权力。于是，举国上下，怀着做官梦的，纷纷前来拜访他，送钱送礼，走后门之风甚嚣尘上。他的门前，车水马龙，络绎不绝，热闹非凡。

时间一长，刘义康便有了奇思异想，认为接替哥哥做皇上的就是自己，天下许多人也这样认为。于是，奉承巴结刘义康的人越来越多。这种现象不能不引起南朝宋文帝刘义隆的反感和高度警惕。刘义康无疑成为他的一个严重威胁，刘义隆便时刻等待时机除掉刘义康。

当时，江湛在刘义康手下做主簿(将帅重臣的幕僚长官)。如果刘义康以后真能当上皇帝，那江湛也可以弄个尚书之类的要职当当。但是他看出了刘义康野心勃勃，锋芒毕露，以后肯定不会有好下场。因此，当时人们都急相攀附刘义康这一"高枝"，以展翅飞翔、升官发财时，他却急流勇退，从刘义康的身边离开，要求到武陵去当一名不起眼的小官。

刘义康一开始不想放江湛走，但在他一再恳求下，最后只好答应了他。由此，刘义康开始对江湛产生了反感情绪。

武陵在江州境内，属江州刺史管辖。当时檀道济是江州的刺史。他看到江湛有一个女儿，貌若天仙，才华出众，便想和江湛结为儿女亲家。

在当时，檀道济还是个实权人物，谁要是能攀上他，实在是一件极为不易又很荣耀的事情。檀道济也很自信，以为江湛攀上自己这个亲家，是求之不得的，不会不答应。但是，善于深思远虑的江湛早就看出来，檀道济不会长久的，所以断然拒绝了这门婚事。即使有人劝他说，檀道济是他的顶头上司，惹不起的，可他仍不改变自己的主意。

江湛拒绝了檀道济提出的婚事，使檀道济有点下不了台，而且觉得自己既然已经提出，就非要达到目的不可。但是求婚的事情总不便来硬的，于是就拜托刘义康说媒。

刘义康觉得这不过是一句话的事，便一口答应了。他写了一封信派人送给江湛，以为会马到成功。谁知道，江湛见是刘义康说媒，拒绝之辞更加坚决，根本没有回旋的余地。刘义康非常生气，对江湛更为不满，不少人都替他捏了一把汗。江湛自己却若无其事，心里暗自高兴。

时间不久，檀道济和刘义康相继被杀，以前巴结讨好他们的人也受到牵连，不杀即贬，下场都很悲惨。而江湛却我行我素，相安无恙。

在上昏下乱的时代，保持清醒的头脑，眼光长远一点，才能全身免祸啊。

范晔造反不成

范晔是南朝刘宋时期人，学识渊博，精通经史，文章绝伦，是当时公认的天下奇才。我国著名的历史著作《后汉书》正是出自他的手笔。范晔恃才傲物，

胸怀大志，一心想在政治上大展宏图。宋文帝刘义隆在位时期，范晔因才华横溢，担任太子詹事。

当时朝中有位大臣叫孔熙先，早些年他父亲因犯法被抓，后来在宋文帝的弟弟彭城王刘义康的庇护下，他的父亲才免了牢狱之灾。为此，他对彭城王刘义康感恩戴德，衷心支持刘义康篡夺皇位。

孔熙先见范晔有远大抱负，有才能，且地位特殊，因此，极力拉拢范晔一起辅佐彭城王刘义康篡夺皇位。

为了达到目的，孔熙先首先通过范晔的外甥结识了范晔，然后经常和范晔一起赌博，每次都故意输给范晔。当两个人关系密切了以后，孔熙先就开始诱导范晔，他说："范先生，你看彭城王……这人怎么样？"

范晔闻言沉默不语，因为他知道孔熙先虽有纵横天下的才气和抱负，但为人比较轻率，因此，不敢贸然倾吐衷肠。

孔熙先故意装出漫不经心的样子说："彭城王罢了官，落了难，天下人都为他鸣不平。谁不知道彭城王英明果断……虎落平川呀！不过，我最近观察天象，主上必定死于非命。"

范晔听后吃了一惊，他盯着孔熙先问："当真？"

孔熙先连忙说道："我怎敢欺骗范先生呢！彭城王做天子只是早晚的事，我们只要举举手，就可以坐收美名。"

范晔疑惑的问："是吗？不过……"

孔熙先打断范晔的话，接着说："不是我恭维先生，提起您的名字，天下谁人不知，谁人不晓？现在朝廷中有人嫉妒中伤先生，皇上又相信他们，您争得过他们吗？"

范晔听后，一时低头不语。

孔熙先看出他动心了，也知道由于他在家里不孝敬母亲，宋文帝刘义隆很看不起他，便进一步煽动说："范先生世代清白，可皇上拿范先生当猪狗，不允许范家同皇室结亲，范先生为什么还要为他卖命？"

范晔的脸微微一红。虽然他内心已经跃跃欲试，但还是下不了决心，因为他过去曾是刘义康的下属，得罪过刘义康。

孔熙先看出他的心事，笑着说："范先生不必过虑。彭城王让范先生的外甥做了官，这意思范先生还不明白吗？"

两个人谈话以后不久，范晔的外甥果然捎过话来，说彭城王已向范晔表示歉意。

于是，范晔造反的决心下定了。

不久，他和孔熙先、丹阳尹徐湛之等人经过策划，决定由他伪造一封刘义康给徐湛之的信，命令徐湛之杀死皇帝身边的坏人，然后用这封信去鼓动他们的同伙造反。

这一天，刘义隆外出赴宴，担任刘义隆贴身侍卫的许曜刚好是范晔的同伙。范晔决定利用这个机会杀死刘义隆。然而，在宴会上，范晔吓得直发抖，连头也不敢抬起来。好容易鼓起勇气抬头一看，却见许曜微微拔出佩刀，向他使眼色。他心一慌，又低下头去。就这样，千载难逢的良机被白白地错过。

徐湛之见事情没有成功，害怕事情败露，就抢先向刘义隆揭发了造反的阴谋，并交出有关文件和参加叛乱的人员的名单。刘义隆马上下令搜捕。范晔和孔熙先以及他们的同伙被一网打尽，很快又被全部处死。

在狱中，范晔写了一首诗，诗中说："虽无嵇生琴，庶同夏侯色。"意思是说自己虽然不能像嵇康那样在被杀前要张琴弹，却能像夏侯玄那样临刑时面不改色。这首诗被传出后，一时间成为当时人的笑柄。

崔浩遭忌恨

北魏的崔浩是"三朝元老"，因为他博学多才，几位皇帝都很看重他。北魏道武帝拓跋珪在位时，崔浩负责为皇帝起草文件、命令等重要事务。北魏明元帝拓跋嗣时，崔浩因为和皇上的师生之情，受到了格外的尊重和宠爱。北魏太武帝拓跋焘即位后，由于受人妒忌和谗害，崔浩一度被罢官而隐退。但是朝廷上错综复杂的棘手问题又迫使太武帝把他请了回去，重新委以重任。

崔浩从小就喜欢文学，对于经学、历史、天文以及诸子百家的学说，几乎样样精通，当时没有人能和他相比。由于出身名门望族，学问又渊博精深，他自命不凡，言谈中常常流露出骄傲情绪。俗话说，树大招风。像崔浩这样一个博学自矜的名士，自然会招来好多人的注意，特别是鲜卑贵族，更妒忌他，巴不得他栽跟头，等着看他的笑话。崔浩心里也明白这一点，他知道鲜卑人同汉人之间存在民族隔阂，如果触犯了鲜卑贵族的民族感情，后果将是不堪设想的。所以他对鲜卑贵族特别小心谨慎，尤其是在皇帝面前，说话做事都是三思而后行，费了不少心思。

崔浩经常帮助别人写一些墓志铭之类的诔文。有一次，有个名叫冯汉彊的人死了，他的家属请崔浩写墓志铭。崔浩一听死者的名字，就警觉起来。"彊"为"强"的古写，"汉彊"连在一起，便成了"汉族强大"这个意思，这在鲜卑人那里是犯忌讳的，千万不能这么写。怎么办呢？崔浩想了个主意，他把"汉"字写成了"代"字。这样，"冯汉彊"便变成了"冯代彊"。"代"字含意双关，既表示

“汉”字不能和“疆”字连在一起，必须用代替的字，又巧妙地点出了北魏原有的国名——代国。“代疆”不就是“代国强盛”的意思吗？鲜卑人看了自然很高兴。崔浩也就躲过了一场风险。

可是，智者千虑，必有一失。崔浩虽然小心谨慎，有时也难免出差错，犯忌讳。有一次，著名的士族王慧龙从江南来到北方。王、谢是东晋士族中最高贵的门第，崔浩的弟弟因为羡慕王氏门第高贵，把女儿许配给王慧龙。但当时有人说王慧龙不是真正的王门子弟。崔浩根据自己研究族谱所得到的知识，知道太原王氏门中世世代代都长酒糟鼻子。王慧龙的鼻子很大，凭这一特征就可以断定王慧龙是真正的王门子弟。于是他便高兴地说：“王慧龙是真正的王门子弟，是一个地地道道的贵种!”谁知这句话却惹恼了鲜卑贵族。

在鲜卑人的国家里，只有鲜卑人才称得上是贵种，王慧龙怎么能够算贵种呢？他们说崔浩故意贬低鲜卑贵族，于是有人暗中告了崔浩一状。北魏太武帝一听也火了，立即召见了崔浩，大加训斥。崔浩自知无意失言，只得承认错误。

又有一次，崔浩作为随军谋士，跟着亲征的明元帝拓跋嗣去攻打南朝。回师途中，崔浩和北魏明元帝一起来到西河。他们站在高山上，俯视滚滚而去的黄河，崔浩不禁见景生情，遂大发感慨，与旁边的人谈论起历史来。他说：“秦始皇、汉武帝犯有同样的错误，他们废除封建，建立郡县，都是不对的。”

崔浩这句话并无什么言外之意，但引起了鲜卑贵族的疑心。秦始皇、汉武帝和北魏一样，统一了黄河流域，这怎么说是错误呢？废除封建，建立郡县，是为了保障国家的统一，又怎么会不对呢？鲜卑贵族认为崔浩表面上说的是秦始皇、汉武帝，实际上说的是北魏皇帝，是鼓动汉族人搞割据，不听北魏皇帝的指挥，这可是杀身之罪呀。当时北魏明元帝虽没有责备崔浩，但在鲜卑贵族的心里却暗暗地记上了这笔账。

崔浩晚年的时候，奉命编北魏国史。他主张写历史应根据事实直截了当地写，一是一，二是二，不能夸大，不能缩小，不能隐晦，不能渲染，讲求真实。崔浩把鲜卑族过去发展的历史原原本本地写了出来，并刻在石碑上，竖立在都城平城郊外的大路边。

鲜卑贵族一看，气得浑身发抖。因为崔浩将鲜卑族怎样落后，贵族间怎么争权夺利全都写在上边。不是明摆着揭老底、骂祖宗吗？鲜卑贵族们联合起来，添油加醋地到北魏太武帝那里告状。太武帝一听，怒发冲冠，想到此时北魏政权已经巩固，像崔浩这样的谋士用处不大了，因此决定拿崔浩来开刀，把他处死。

行刑那天，崔浩被装在一辆囚车里，由几十名士兵押赴刑场。这位为北魏三代皇帝忠心耿耿效力五十余年的崔浩，面如死灰，两眼发直，情景凄惨。到刑场，几十名士兵轮流着向囚车撒尿，淋得崔浩浑身满脸，臊臭不堪。崔浩在受到惨无人道的侮辱之后，才被杀掉，三朝元老竟然落得一个这样的下场。崔浩全家和亲属朋友也受到了株连。

高允刚正不阿

北魏太武帝拓跋焘即位以后，便下令组织人编写历史著作《国记》。其成员除了崔浩以外，还有高允等人。司徒崔浩遵从太武帝“务从实录”的指示，以鲜明直露的文笔把北魏历代帝王的生平事略真实地刻在巨大的石碑上，公然立在路旁。拓跋焘大为震惊，以为是崔浩等人在存心揭露祖先和自己的丑恶面目，便下令逮捕了崔浩和所有参与撰写《国记》的人。

高允不同意崔浩刻立石碑的做法，他曾对人说：“这样做，崔公会招来麻烦，我们也在所难免。”但他照样也在被捕之列。

高允曾经给太子拓跋晃授过课，太子有意保护他，召他进宫过夜，次日带他一起去朝见拓跋焘。

到了宫门口，太子对高允说：“一会儿见到皇上，凡事都听我来安排。如果皇上问话，你只要依我的话回答就是了。”

高允当时还不知道崔浩在夜间被捕，问太子道：“出了什么事？”

太子说：“入宫以后，你自然会知道。”

见到拓跋焘，太子抢先说道：“高允平生谨小慎微，地位又很低下，一切都是由崔浩决定的，请陛下免除高允一死。”

拓跋焘便问高允：“《国记》都是崔浩写的？”

高允如实回答道：“其中的《太祖记》是著作郎邓渊写的，《先帝记》、《今记》为崔浩同臣共同所写。但崔浩其他事情很多，这方面只是总管，具体的撰写，实际上臣多于崔浩。”

拓跋焘听后大怒：“这么说来，高允之罪超过了崔浩，怎能饶他一死！”

太子又惊又怕，赶紧替高允开脱责任，说：“皇上天威严厉，高允一时吓糊涂了，语无伦次。刚才臣问他，他说都是崔浩写的。”

拓跋焘又问高允：“真是太子所说的那样吗？”

高允答道：“臣罪当灭族，但不敢说假话，太子因臣讲授已久，可怜臣，想留臣一条活命。刚才太子不曾问臣，臣没有说过那样的话，不敢装糊涂。”

拓跋焘听了，望着视死如归的高允，大为惊异，对太子说：“高允坦白正直，一般人根本做不到。他临死不易辞，说明可靠；为臣不欺君，说明忠良。”当场免除了高允的罪责，以作为对他的奖励。

然后拓跋焘命令高允起草通知，诛崔浩及其下属和一般办事人员、奴仆，共一百二十人，都灭五族。高允久久不执笔写。拓跋焘多次派人催促，高允请求朝见。

见到拓跋焘，高允说：“崔浩如果有其他更大的罪，臣不敢贸然过问；如果是刻石冒犯，罪不当死。”

拓跋焘立时大怒，命武士将他捆绑起来，一同斩首示众。多亏太子再三请求，拓跋焘才饶恕了他。不久将崔浩斩首，诛杀五族；其余仅杀本人。高允虽然没有能救崔浩一命，却救了其他数千口人的性命。

事后，太子责备高允说：“一个人应该知道机变。我想救你，编了许多谎话，你却不按我说的来，激怒了皇上。每想到这些，心里还有一丝余悸呢。”

高允说：“历史就得真实地记录下帝王的功过善恶，作为后来者的借鉴。这样，君王才会注意自己的言行举止。崔浩刻立石碑，固然轻率，但他并没有违反尊重历史真实的原则。我和他并没有什么两样。我非常感激您的救命之恩，但是我却不能违背事实去解脱自己。那样的话，还不如去死！”

太子吃惊之余赞叹不已。从此，他对高允的人品就更加敬重了。

元嘉宋魏大战

南朝宋元嘉年间，北魏和刘宋长期征战。北魏拓跋焘雄心勃勃，宋文帝刘义隆比起他的前任刘义符来，也颇有起色。南北争夺十分厉害。

元嘉二十七年，拓跋焘亲自率领十万大军，南下攻宋，悬瓠(hú)城(今河南汝南)首当其冲。悬瓠的宋军不到一千人，拓跋焘认为攻克悬瓠是易如反掌之事。

事出拓跋焘的意料，宋将陈宪率领军民拼死守城。魏兵登上云梯攀登城墙，城头上滚木檑石雨点般砸下，云梯上的魏兵非死即伤，还没有爬上云梯的忙不迭地向后逃去。

十万大军居然不能一举攻克不满一千官兵驻守的悬瓠，岂不要贻笑于天下？拓跋焘命令大军日夜攻城，务必拔掉这颗硬钉子。

魏军建造了许多楼车，弓弩手站在楼车上向城中发射羽箭。悬瓠城中矢如雨下，军民们只得身背门板行走。魏军还在冲车的一头甩出大铁钩，将城墙的砖石勾住，然后用冲车拖曳大铁钩，准备把城墙拖倒。

陈宪见情况危急，动员军民在城墙内又筑起一道城墙，墙外再加上一层木栅栏，加强防御。魏军费了九牛二虎之力才将南面的城墙扯倒，看到里面还有一层城墙，惊得目瞪口呆。

拓跋焘怒不可遏，指挥大军拼命攻城。陈宪身先士卒，站在墙头猛击企图攀城的魏军。城墙下的尸体越堆越高，几乎跟新筑的城墙一般齐，魏军官兵踏着尸体登上城头，与宋军官兵进行肉搏。宋军毕竟占了防守之利，击退了魏军浪潮般的攻击。宋军将士越战越勇，魏军官兵越来越沮丧。

四十二天过去了，悬瓠固若金汤，屹立在魏军的层层包围中。这时宋军的援兵已到，拓跋焘只得望洋兴叹，引兵而退。这一仗，魏军损失了七万多人，守城的宋军也阵亡了一大半。

魏军撤退以后，宋文帝调兵遣将，准备北伐。

他下令兵分两路向北进攻：由王玄谟率领主力进攻滑台(今河南滑县东)，柳元景、薛安都领兵向西北挺进。

柳元景、薛安都率领的宋军锐不可当，势如破竹，攻克了弘农(今河南三门峡西南)后一鼓作气向陕县攻去。

这时候，宋军的粮草不够充裕，柳元景让薛安都等先行攻城，自己到后方去催促军粮。

陕城险峻坚固，易守难攻，宋军屡次发动进攻，未能将陕城攻克。

北魏大将张是连提闻报陕城危急，率领两万人马翻过崤山前来援救。北魏骑兵勇猛彪悍，宋军各路人马抵挡不住敌人的进攻。薛安都勃然大怒，扔下头盔，脱下铠甲，穿着无袖的红汗衫，怒喝着单枪匹马冲入魏军阵中。薛安都连挑数将落马，吓得魏军官兵连连躲闪。魏军向薛安都射箭，居然一支都没射中。宋军官兵见主将如此勇猛，深受鼓舞，一个个呐喊着，向敌人冲杀过去。这阵厮杀，直打得天昏地暗，日色无光。傍晚时分，宋将鲁元保领兵赶来，立即投入了战斗。本来两军打得难分难解，宋军的援兵一到，魏军纷纷溃退。这时天已渐黑，宋军也鸣锣收兵。

夜半时分，柳元景派来的两千骑兵到达城南，薛安都大喜，决心在第二天击溃魏兵。

天亮以后，薛安都等在城南列好阵，等待敌人出城厮杀。不一会儿，城门洞开，魏兵呐喊着潮水般涌了出来。

两军刚一交战，两千援兵骑着战马风驰电掣般从斜刺里冲了过来。只见旌旗招展、战鼓震天，魏军吓得魂飞魄散。张是连提连斩数名逃兵，才将阵脚稳了下来。

薛安都一马当先，直向敌人扑去，他冲向哪里，哪里的魏兵就像见了猛虎一般纷纷逃避，逃不及的敌将硬着头皮应战，纷纷落马。奋战了半天，他的身上数处受伤，鲜血顺着他的手臂往下淌，在肘部凝成一团血块。

突然间，薛安都的长矛在刺敌时折断。他将半截矛柄往地上一扔，向身边的兵士喝道："拿矛来!"兵士将长矛递上，他接过长矛继续奋战。

这一仗从太阳出山直打到太阳落山，北魏兵支持不住，终于溃败。张是连提拍马想逃，被薛安都一枪挑于马下。主将一死，魏兵失去了指挥，四处逃散。宋军紧追不舍，斩杀无数，有两千多魏兵没能逃脱，做了宋军的俘虏。

攻占了陕县后，宋军直逼潼关，潼关守将娄须弃城而逃，宋军兵不血刃地将它占领。

进攻滑台的宋军主力战事却不顺利，主将王玄谟不善用兵，却又刚愎自用，不肯接受部将的正确意见。初围滑台时，部将见城中茅屋很多，建议发射火箭展开火攻，贪图城中财物的王玄谟自信一定能攻克滑台，不肯采纳部将的建议。等到城中军民挖好地洞、撤除了屋顶上的茅草，想用火攻也攻不成了。

拓跋焘闻知滑台被围，亲自领兵前来救援。他先派人潜入滑台，登上城头观察宋军的虚实。前来侦察的人弄清情况后又溜出滑台城，把看到的一切向拓跋焘作了详细报告。

拓跋焘了解详情后，立即命令大军抢渡黄河。魏军过河便擂起战鼓向宋军猛冲。宋军抵挡不住，连连溃退。王玄谟稳不住大军的阵脚，跟着败军往后逃。拓跋焘指挥大军穷追猛打，王玄谟率领的主力全军覆没。

拓跋焘指挥大军乘胜前进，一下子将彭城层层包围。魏军奋力攻城，遇上宋军的顽强抵抗。拓跋焘生怕重蹈攻打悬瓠失利的覆辙，领兵绕开彭城南下。到了盱眙(xū yí)城下，又遭到宋军的奋力抵御，拓跋焘又率军绕开盱眙，直抵长江北岸的瓜步(今江苏六合)。

宋文帝立即命令军队封锁长江，加强江防。拓跋焘面对滔滔江水，一筹莫展。前有长江天堑阻拦，后有宋兵坚守城池，万一腹背受敌，连个退路都没有。他思索再三，下令撤军返回北方。

撤军的途中，魏军又经过盱眙。拓跋焘依恃自己兵力强大，派使者到盱眙城中向宋将臧质索要美酒劳军。

臧质让人在酒坛里灌了一坛子尿，让使者带了回去。拓跋焘见到酒坛，心里好不高兴，以为臧质毕竟害怕自己，不敢不给。拓跋焘美滋滋地拍开泥封，一股腥臊气直冲脑门，他忙不迭地捂住鼻子，还是忍不住地打了几个喷嚏。怒不可遏的拓跋焘觉得遭受了奇耻大辱，下令全力攻打盱眙城，他决心生擒臧质，将他碎尸万段以解心头之恨。

盱眙城的宋军早已做好了御敌的准备，击退了魏兵一次次的进攻。三十天下来，魏兵的尸体在城墙下堆得几乎跟城墙一样高，魏军仍然没能将盱眙攻克。

看来刘宋的实力不可小视，现在还无法吞下它，拓跋焘只好领兵恨恨而回。

刘子业的荒唐事

公元464年五月，南朝宋孝武帝刘骏因病去世。他去世的当天，太子刘子业在群臣的簇拥下，举行了登基仪式。由于刘骏刚刚去世，仪式显得不那么隆重，反而带点哀伤的气氛。吏部尚书蔡兴宗亲奉玺绶，这位刘宋前废帝刘子业傲慢地将玺绶接在手中，脸上毫无悲戚之色。蔡兴宗见状，心中不由一沉。仪式结束后，蔡兴宗不无忧虑地说："当年鲁襄公死去的时候，继位的昭公不知道哀伤，叔孙穆知道他不能得到善终。看今天的情形，国家的祸患也已经不远了。"

刘子业和父亲刘骏的感情并不是很好。一次，刘子业给刘骏写信，字迹有些潦草，刘骏很不满意，狠狠地责备了他一顿："你怎么连字也写不好？听说你平素懈怠，脾气也暴躁，这样怎么当太子？"后来，刘骏一度想废掉刘子业，在大臣极力劝阻下才打消了这个念头。这一举动致使刘子业始终对父亲耿耿于怀。

刘子业即位后，下令在太庙画诸祖考画像。画好后，他亲自前去观看。在刘裕的画像前，他驻足细细观赏，翘起大拇指赞叹说："好一位大英雄！"又指着文帝刘义隆的画像说："这位也不错，可惜末年被儿子砍了头去，不得善终。"等到他看到刘骏的画像，很不高兴，脸一沉，说："为什么不给他画上酒糟鼻？"并令人马上补画上去。

对父亲如此不恭敬，对母亲也好不到哪里去。太后病重，派人请他去，刘子业居然说："我听说病人那里鬼多，我怎么能到那种地方去。"太后听到禀报后，勃然大怒，气喘吁吁地说："快拿刀来把我的肚子剖开，我怎么生下这样的混账儿子！"

刘子业的生活也十分荒唐。他的后宫里有个女人被称为"谢夫人"，实际上是他的姑姑，也是宁朔将军何迈的妻子。刘子业见她长得漂亮，就偷偷地纳于后宫。可是他又不想引起别人的非议，把宫中婢女的尸体送往何府安葬，并谎称何迈的妻子已经死了。这一招移花接木其实并不高明，也没有瞒过何迈。何迈遭此奇耻大辱，咽不下这口气，就在府中蓄养武士，准备趁刘子业出巡的时候把他杀掉。可是事情很快就败露了，刘子业亲自带人把何迈给杀了。

他的凶残，使朝中大臣惶惶不可终日，敢怒不敢言。为了防止大臣谋反，刘子业用美女、金钱收买了宗越、谭金、童太一、沈攸之等一批将领，让他们做自己的爪牙。为了防止他的叔父们在外面作乱，他就把他们全部集中在建康，拘禁在皇宫里，每天轻则羞辱，重则鞭打，对他们百般折磨。

在他的叔父中，湘东王刘彧(yù)、建安王刘休仁、山阳王刘休祐个个长得膘肥体壮，刘子业就把他们三个人装在竹笼里，称重量。刘彧最重，刘子业就称他“猪王”，刘休仁和刘休祐分别被称为“杀王”和“贼王”。为了折磨他的叔父，刘子业还在地上挖一个大坑，里面灌满泥水，坑边放一个木槽，槽里盛着拌有泔脚的饭菜。然后，他把刘彧的衣服剥光，让他在泥坑里像猪一样爬来爬去，并直接用嘴在槽里吃饭。这样折磨他的叔叔们还不满足，只要听到他们稍有怨言，他就要杀了他们。多亏叔叔中刘休仁生性诙谐，经常用说笑的办法讨好刘子业，这才使三个人得以苟延残喘。

公元465年十一月，少府刘曚的妾临产，年仅十七岁的刘子业急于立太子，就把刘曚的妾接到后宫生产。偏偏这时，刘彧说话不慎，触怒了刘子业。刘子业让人把他的衣服剥光，捆住手脚，穿上木杠，像猪一样抬起来，然后交给负责皇帝膳食的太官，吩咐道：“抬走！今天杀猪！”

在一旁的刘休仁急忙抢上一步，跪倒在地哀求说：“启奏陛下，这头猪还不该死！”

刘子业怒气冲冲地问他：“为什么?”

刘休仁惊惶失措地说：“因为皇太子还没有出生。”

刘子业又问：“什么意思?”

刘休仁连忙说：“臣以为等皇太子出生后，再杀猪，掏出猪下水，做几道下酒菜，庆贺庆贺也不迟。”

刘子业听完，禁不住扑哧一声乐了，于是就没杀刘彧，将他关了起来。第二天又将他放了。

过了不久，刘曚的妾生了个儿子，刘子业马上宣布这个婴儿是皇子。

由于刘子业的倒行逆施，上至朝中大臣，下到卫兵、侍从，越来越多的人对他恨得咬牙切齿。俗话说，善有善报，恶有恶报，不是不报，时候未到。就在他滥施淫威的时候，刘彧的部下准备杀死刘子业。

就在这时，民间突然传出了湘州要出天子的说法，刘子业听后心中很不痛快，认为湘东王刘彧就是传说中的未来天子。于是，为根除祸患，他决定杀死湘东王，然后南巡荆州、湘州，震慑那一带的官员百姓。

在这以前，一天刘子业在华林园竹林堂游玩，他让宫女们赤身露体地相互追逐，有一个宫女不肯脱衣服，被他杀了。夜里他梦见一个女子在竹林堂对他说："法师！你大逆不道，活不到明年麦熟季节。"于是，他找出一个和梦中女子相似的宫女杀了。夜里他又梦见那女子说："法师！我已经向上天告发你！"当时，他从梦中吓醒时，已是大汗淋漓。接着，他请来巫师，巫师说是竹林堂闹鬼。于是他当天下午就亲自到竹林堂检查巫师祛鬼的准备工作。与往常不同，他只让刘休仁和刘休祐跟随他，却把刘彧一个人留在秘书省。刘彧预感到情况不妙。

与此同时，刘彧部下已准备好当夜动手。到了晚上，刘子业屏退所有的侍从和卫兵，和几百个女巫和宫女在竹林堂射鬼。射鬼活动完毕，乐师刚要奏乐，刘彧的部下就持刀冲了进来。刘子业一见这种情景，吓出一身冷汗，想择路而逃，却无奈脚下不听使唤，最后被反叛的人杀死了。后来，刘彧的部下对闻声赶来的皇宫卫兵大喊："湘东王承太后懿旨，铲除暴君，现已平定！谁敢作乱，格杀勿论！"刘子业的卫兵听言也不敢再做反抗了。

事态平息后，刘休仁连忙跑到秘书省，把刘彧连拖带拽领到宫殿，让他登上皇帝的宝座。因为当时事情太急，刘彧把鞋跑丢了都不知道。

几天以后，这个被刘子业称为"猪王"的湘东王刘彧就正式登基做了皇帝。这就是刘宋朝的第六任皇帝——宋明帝。

王广之宽以待人

南朝宋明帝刘彧统治时期，国内极不安定，各地叛乱纷起。合肥等地在皇上刚登基不久就发动了叛乱，视朝廷的命令如儿戏。刘彧决定派辅国将军刘勔前往合肥，平定叛乱。刘勔率军攻城数日，城没拿下来，自己先损失了不少士兵。刘勔大为吃惊，忙召集大小将领商议对策。

但是，大家面面相觑，哑口无言。忽然，将佐中站出一个人来，朗声对刘勔说："将军若能把坐骑让给在下，在下愿以性命担保，即刻攻克合肥！"大家回头一看，原来是骑兵队长王广之。在到会的将领中，他只是个微不足道的下级官员。

刘勔还没有来得及回答，一个名叫皇甫肃的文官站了起来，声色俱厉地呵斥道："王广之真不知天高地厚，竟敢夺将军的战马，按罪当斩！"

皇甫肃这么一句话，说得堂下的卫士个个紧按剑柄，举目齐望着刘勔，等待他下达执行的命令，气氛十分紧张。

刘勔摆了摆手，笑了几声，稍许缓和了一下会场的气氛，说道："东汉末年，各路诸侯聚集讨伐董卓，被董卓的大将华雄阻挡在汜水关下，连斩联军将军数员，联军前进不得。后来关羽不怕官位低贱，挺身而出，果然斩了华雄，扫除了路障。现在看王广之的气概，也一定能够成功的!”刘勔当即吩咐人把自己心爱的战马牵来，叫王广之骑用。

王广之领命后，骑着刘勔的战马，不到三天，便攻下了合肥。

刘勔特别高兴，就把那匹马送给了王广之，并提拔他做将军。

此时，王广之才对皇甫肃说：“辅国将军当时要听了你的话，杀了我事小，平叛又该等到何年何月呢？你不识人才，竟然到了这样的地步!”皇甫肃也十分羞愧，连赔不是。

刘勔死后，皇甫肃便投靠了王广之。王广之不仅不计前嫌，而且将具有高深学问的皇甫肃推荐给皇帝。不久，皇甫肃就担任了东海太守。

小皇帝刘准禅位

公元 477 年，宋顺帝刘准即位，成为刘宋王朝的最后一位皇帝。因刘准是个年幼无知的小孩子，所以朝中的大权逐渐旁落，被掌握宋朝禁卫军的萧道成把持。到了公元 479 年三月，宋顺帝封萧道成为齐公。没过多久，萧道成又被封为齐王。至此，刘宋王朝的实权完全控制在萧道成一个人手里，刘宋王朝的灭亡已近在咫尺了。

到了四月，宋顺帝刘准被迫下诏退位，把皇位禅让给齐王萧道成。萧道成改国号为齐，他就是齐高帝。

在禅位仪式举行那天，十三岁的小皇帝刘准因惧怕这种宏大的场面，就独自躲在了宫中佛像的宝盖下面。这时中领军王敬则领兵进入皇宫，准备用轿子来接刘准。皇太后见状，连忙带着宦官去找刘准，把整个宫中都找遍了，才发现小皇帝躲藏的地方。后来，众人连哄带劝，费了不少工夫，才把哭哭啼啼的刘准从宝盖下弄出来。

刘准见了被卫兵簇拥着的王敬则，浑身直打哆嗦，结结巴巴地问：“你们……你们要杀我吗?”。

王敬则不怀好意地笑了笑说：“不杀，只是让你换个宫殿住。”

刘准眨眨眼睛问：“为什么要这样呢?”

王敬则狡黠地笑着说：“为什么？也不为什么，以前你们家取代晋朝司马氏时，也是这样。”

刘准无奈地说：“但愿我今后不再出生在帝王家。”

此时，宫里的人听到刘准说的话，都情不自禁地哭了起来。这时王敬则心里也不免涌起一阵阵的酸楚。

刘准突然拍了拍王敬则的手说："王将军，我真的没事吗?"

王敬则安慰他说："没事"。

刘准接着带着孩子气说："要是我真的没事，我就送东西给你。"

王敬则故意问："送什么呀?"

刘准回答道："十万钱。"

王敬则听完只是含糊答道："好吧……"

接着，王敬则把刘准送到朝廷大殿参加禅位典礼。典礼一结束，刘准便乘上车要回东宫住。当时许多大臣围着车，抓住车帮子不放。

刘准突然问："怎么今天没有器乐演奏?"

大家都低着头，没人回答。这时几朝老臣王琨抓住车帮子，放声大哭说："人们都为长寿高兴，我却为长寿悲哀……就因为我没有及早地死去，才多次目睹这种悲剧……"

王琨的话感染了大家，许多人放声大哭，泪如雨下。刘准看到这种情景，感到莫名其妙。因为幼小的皇帝刘准根本就不知道亡国到底意味着什么。

萧道成训子

宋明帝刘彧死后，其子刘昱做了皇帝。可是好景不长，皇室中又跳出许多人想推翻他，谋求篡夺皇位，刘昱在大将萧道成的大力帮助下，开始清除自己的敌人。

刘昱害怕还会有人密谋争夺皇位，便向自家人大开杀戒，除掉了好多皇室成员，岂不知这倒给大将萧道成夺取皇位排除了阻碍，创造了条件。就在刘昱十五岁那年乞巧节(农历的七月七日)晚上，萧道成派心腹把他杀死。史书上把他称作刘宋后废帝，也和刘子业一样不被承认是一个正式的皇帝。

刘昱被杀，皇位空缺，谁又来当皇帝呢?老谋深算的萧道成和大臣王敬则等立即召集群臣商讨此事。会上，皇族刘彦节和士族袁粲，对萧道成等人的行为非常不满，但是心中害怕对方势力强，没有敢公开发表意见，只是稍稍迟疑了一下，萧道成便翘起胡须，瞪着眼睛逼视他们。萧道成的帮凶王敬则此时站在萧道成身旁，拔出明晃晃的刀，恶煞煞地大声叫嚷道："天下所有的事情都该归萧公来管，谁要是敢说半个不字，我就要他的命!"

这萧道成经世事多，颇有心计。他虽然想当皇帝，又觉得为时尚早，有名不正言不顺的顾忌，于是，便演出了一场“禅让”的把戏。他先让刘宋后废帝的弟弟刘准做了皇帝，然后自己从骠骑大将军逐步加封为太尉、太傅、相国、齐公，将军政大权独揽在手；并于公元479年的四月，派王敬则带领兵士冲进皇宫，强迫刘准参加禅位典礼，把玉玺交给了自己。刘宋王朝就这样完结了，萧道成做了南齐的开国皇帝。

萧道成目睹了刘宋政权的兴衰，总结出两条训诫：一是皇室骨肉不能相互残杀，否则，会削弱自己的力量，加速灭亡；二是从刘宋孝武帝起，皇帝生活奢侈腐化，加重了人民的负担，引起了人民的强烈不满。于是，他从巩固自己的统治出发，在制定治国方针时，特别注意提倡节俭和教育子孙加强团结。

萧道成厉行节俭，以身作则。皇帝的礼服上在过去常常佩带一种叫“玉介导”的装饰品，据说是用来避邪的。萧道成却认为玉制品装饰，正是产生奢侈、堕落的根源，叫人打碎“玉介导”，命令不许再用；他还下令把后宫用金、铜做的器物和栏杆、门槛等东西，改换为铁的；把内殿悬挂的绣花绫罗帐，改为黄纱帐；宫女们一律改穿朴素的紫色鞋子，就是銮驾上华盖的镶金装饰品也去掉了。他常常对大臣们说：“让我治理天下十年，当使黄金与泥土同价。”萧道成为保住萧姓天下，一再教育子孙要互相亲爱，紧密团结。可惜他只做了四年皇帝就死去了。

萧道成临死之前，把太子萧赜叫到床前，再三地嘱咐他：

“刘宋皇族如果不是骨肉相互残杀，我们萧家哪能得天下？我死了以后，你一定要多加爱护兄弟子侄。他们有过错，可以严加管教，但千万不可乱杀无辜，这是我们萧家的一条规矩。不仅你自己要遵守，还要把它传给子子孙孙，永远不能忘记。”

萧道成的规矩在其子南齐武帝萧赜手里起了很大的作用。他既保持了节俭之风，又恪守兄长之义，在位十一年间，国家还算安康太平。

萧赜死后，刘宋后期的一幕幕悲剧又重新出现在萧氏的皇室内外，他们抛弃了南齐高帝萧道成的训诫。终于，公元502年，萧衍夺权，改国号为梁，南齐的统治就此结束。

孝文帝改革

公元493年秋，尘土飞扬，三十万大军浩浩荡荡开进洛阳，部队的主帅，不是文官，也不是武将，而是北魏的孝文帝拓跋宏。

此时他全副武装骑着战马，是一位将军的形象。他带着文武大臣察看了洛阳城古代宫殿的旧址，那里已是一片荒芜。孝文帝感慨万千。过去东周、东汉、曹、魏、西晋几代王朝都在这里建都，它是沟通东部和西部以及黄河南北的交通要道，地理位置十分重要，这是几个王朝在这里建都的主要原因。孝文帝心里也是这么想的。当年曹操为了统一北方，在洛阳“挟天子以令诸侯”，注重发展农业生产，自己的力量逐渐壮大。他没能统一中国，但统一了北方，为西晋统一中国打下了坚实的基础。这里是汉族文明的发祥地，必须在这里定都。

孝文帝率君臣看完洛阳宫殿遗址，便挥了挥手，下令大军向南挺进，攻打南朝。文武大臣见皇帝此举，都吓呆了。他们一齐跪倒，哀求皇帝：不要打南朝，先帝太武帝拓跋焘南征刘宋王朝，那种战败而归的悲惨景象真叫我们心惊肉跳，唯恐这次南征，准备不充分，当兵的水土不服，南朝以逸待劳，我们要白白送死，重蹈先帝旧辙。这关系到我们鲜卑朝廷和百姓生死存亡的大事，且不要草率从事。孝文帝听完便说：“你们说的也有道理，事关重大，既然你们不肯南下，我也不怪罪你们，但有一个条件，你们必须听我的话，我要把都城从平城迁到洛阳，在这里养精蓄锐，待时机成熟再攻打南朝，统一中国。”大臣忙说：“只要您停止大军南下，我们都赞同迁都洛阳。”说完，全军都欢欣鼓舞，高呼“万岁”。

孝文帝心里暗笑，说“我的目的达到了”。事情本是这样的，孝文帝是鲜卑族皇帝，博学多才，政治抱负远大，总想统一中国。他深知自己的民族地盘小，文化落后，没有经济实力，要想实现自己的愿望，必须使北魏富强起来。出路只有一条：就是要甩掉民族偏见的陋习，接受汉民族的文明，把鲜卑族和汉族联合起来，融合在一起，才能国力强盛，统一中国。其中，第一步计划就是迁都洛阳。他知道会遭到很多保守派的反对，平城有他们的土地和财产，他们留恋原有的生活方式，故土难离，关系到自身的重大利益，他们不会同意的，这才设下了一条带兵南下声东击西的迁都妙计。

迁都洛阳的事并不是一促而蹴的，孝文帝派重臣去做那些守旧势力的工作，甚至自己还亲自回平城去做他们的思想工作，这才说服他们。可是万没想到，孝文帝的皇太子元恂却与守旧的鲜卑贵族勾结，借出游的机会，逃回平城，拥兵自立，搞分裂活动。孝文帝闻知此事，立刻派人把元恂抓起来，痛打一顿。为了免除后患，他废太子为平民，并将其毒死。这就是孝文帝为了实现国家统一迁都洛阳而大义灭亲的事迹。

迁都洛阳以后，孝文帝进行了大刀阔斧的改革。首先是发展经济，利用汉人的先进生产技术，发展农业生产，颁布均田令，规定全国人口，不论是男的还是女的，也不分是鲜卑族、汉族还是其他民族，每人都分得相同数量的土地。这样使得原来没有土地或土地少的人都得到了应有数量的土地，该种粮的种粮，该种麻的种麻，人们的生产和极极性高了，生产的粮食大大增多，国库更加充实了。

接着，孝文帝令鲜卑族人学说汉话，学习汉族文化。他认为，只有鲜卑族会说汉话，才能与汉族人达到充分的沟通；只有学习汉族文字，才能真正了解汉族先进文明，促进北方经济文化的发展。

孝文帝还下令鲜卑族采用汉姓。他带头把自己的姓氏拓跋改为元，自己的姓名叫元宏。很多鲜卑贵族都改了汉姓，互相见面时都以汉族的姓名称呼对方，他们觉得很方便很自然。在改用汉姓的同时，他还鼓励鲜卑贵族与汉族大地主通婚，自己带头娶了汉族妃子，他的公主也嫁给了汉族大姓。他还让人改穿汉族的服装。

孝文帝迁都和实行汉化的一系列措施，一改鲜卑族落后的习俗，采用汉族先进的技术文化和生活方式，使鲜卑族能够和汉族、其他少数民族和睦地生活在一起，使黄河流域的各民族逐渐融合起来，使北方的形势气象一新。北魏孝文帝为中国北方民族的融合和黄河流域经济文化的发展做出了巨大贡献，是中华民族一位杰出的政治家。

梁武帝舍身佛寺

齐朝末年，雍州刺史萧衍率军攻下建康。他改国号为梁，改年号为天监。他从天监元年(公元 502 年)至太清三年(公元 549 年)，共当了四十八年的皇帝，是南朝在位时间最长、也是历史上有名的皇帝之一。他死后，被尊为武帝，即梁武帝。

即位之初，梁武帝可以说是一个比较开明和有作为的皇帝。他一即位，就大刀阔斧地整治社会和发展经济。立国之初，国家各级机构混乱，官吏好坏不分。梁武帝就派人到各地巡察，罢黜贪官，选用良吏，同时还对在职官吏的官职进行调整，文官分为十八班，武官分为二十四班，以便升转回旋。为了稳定社会生活，梁武帝又加强整顿社会治安，下诏制定了比《齐律》更完备的《梁律》，确定刑律二十篇，每刑有十五等，定刑二千五百二十九条。由于《梁律》条文具体详细，朝廷有据可依，便于对罪犯定罪量刑，使社会上犯罪现象大为减少。《梁律》在当时对稳定社会治安确实起了不少作用。后来，隋、唐定的《开皇律》和《永徽律》，都参考了它的条文。

为了恢复生产、发展经济，梁武帝下令在全国实行籍田制度，规定无论是皇帝，还是皇亲国戚，或者是朝廷大官和地方官僚，每人必须耕垦一定数量的耕田。他自己经常躬耕籍田，还号召农民尽力耕种，不要荒废田地。那些有地种不完的人，要把多余的土地让出来，否则就依法论处。为了使贫困的农民有能力耕田，梁武帝还多次减免租赋，至于因战乱而逃亡他乡又回来复业的农民，可以免除五年租税和徭役。经过一段时间的发展后，梁朝一度出现了国泰民安的小康局面。这个局面一直维持到太清初年(公元 548 年)，长达四十多年。

梁武帝私人生活极俭朴，尤其是到了晚年的时候，他每日只吃一餐，吃的是粗米饭，喝的是豆浆，而且不喝酒。他虽身为皇帝，但穿的是麻布做的衣袍，用的是木棉做的土帐，一顶帽子要戴三年，一条被要盖两年。他平常不听音乐，除非遇到宗庙祭祀或大型宴会。他手不释卷，《史记》、《汉书》及诸子百家都读过不止一遍。至于处理朝政，他更是孜孜不倦，即使是冬天，他还是经常四更天起来秉烛处理文牍。

梁武帝本来有道家思想，后来却改信佛教。由于缫丝要杀死众多蚕的生命，因此，他不穿丝绸的衣服。每当朝廷要判处一些罪犯的死刑，他就好多天表现出不高兴的神情。他在全国大力提倡信佛，还花了许多钱造佛像，建寺塔。“南朝四百八十寺，多少楼台烟雨中”，京城内外寺院一座连着一座，崇楼峻阁，高台宝塔，耸入云天。当时，全国人口大约五百万，建康城里的僧尼就多达十万。佛教的烟火弥漫着南北，佛寺随处点缀着河山和城镇。

梁武帝经常到当时最大的寺庙同泰寺去念经和讲法，几乎是一有空闲就去，每次去总要带些钱财施舍给庙里。大通元年(公元 527 年)三月，有一天，他又到同泰寺去讲经，突然异想天开，要把自己施舍给寺里。这一下可把整个朝廷的官员吓坏了，因为国家不能一日无君啊！但无论公卿大臣们谁去劝说，梁武帝都不愿意回宫，还说我既然已舍身，就把自己交给了寺庙，由不得自己了。最后还是由朝廷和公卿大臣们集了一亿钱给同泰寺，才算把他赎了回来。

而自此以后，梁武帝每逢改元换年号，便去舍身一次。他先后于大通元年(公元 527 年)、大同元年(公元 535 年)、太清元年(公元 547 年)三次舍身给同泰寺，每次都是由国家拿出一大笔钱把他从庙里赎出来的。梁武帝佞佛的结果，便是在全国范围内产生了一批寺院地主，他们有田有地，强迫农民耕种，成为依靠朝廷和劳动人民养活的寄生虫。整个国家因此被搞得一片混乱。

昭明太子之死

爱好古典文学的人都知道《昭明文选》，这部书收集了南北朝以前的优秀诗文，因选编极精而流传甚广。这部书的编者就是梁朝太子萧统。

萧统才华出众，而且生性仁厚。但他却因为宫廷纷争受到父亲萧衍的猜疑，不久含冤而死。英年早逝，令人惋惜。

且说有一天，萧衍身体有些不适，便在养心殿稍事休息。正在此时，忽然见一个小太监在养心殿外探头探脑。萧衍厉声喝道："你贼眉鼠眼地在看什么，难道要谋害朕不成?"岂料那小太监一下扑进来跪在萧衍面前道："不，不是我要害皇上，是，是有人要害皇上。"

萧衍闻言大惊，知道一定有什么情况，忙问道："是谁？是谁要害朕?!"

小太监哆哆嗦嗦道："是，是太子!"

"什么？你胡说！来人，将他推出去斩了!"萧衍怎么也不相信太子萧统要害自己。

萧统自幼贤德聪颖，幼读《孝经》、《论语》，五岁习《诗经》，十岁通晓经义，吟诗赋词，出口成诵，十五岁便可帮助萧衍管理朝政，可谓萧衍的得力助手。萧衍称帝那年就立他为太子，对他疼爱有加，喜爱异常。况且太子生性仁厚，竟至不食肉，怎么可能加害于萧衍呢。故此小太监一说萧统要害自己，萧衍大怒，要将其斩首。

小太监一听要斩自己，吓得乱喊乱叫道："我说的句句是实，不信陛下到临云殿内的杨树下派人去挖，定能挖出蜡鹅。太子曾命道士作法咒陛下早死。不信陛下想想，近几月是否身体感到不适?"

萧衍本不信，可这最后一句话正中他的心坎。他想："自己在养心殿养病没几个人知道，莫非——"这样转念一想便命人将小太监抓回细问。

小太监见萧衍不杀他了，松了一口气，眼珠转了转，又对萧衍说道："陛下，宁信其有，不信其无。您一定要保重龙体，说出来您别生气。太子近几日常领一帮人在紫云殿聚会，鬼鬼祟祟，不知在干些什么。"

萧衍一听，竟有一半信了那小太监，顿时大怒，带上几个人就直奔紫云殿而去。到那一看，果然见太子与一帮人在那里聚会，显然是在商量什么，见自己到来还一脸的慌张。他不由得怒气冲冲地道："逆子，等我找到证据，绝不与你善罢甘休。"

难道这萧统真的存心篡位吗？要不他怎么会与那么多人聚在紫云殿呢？原来，太子非常爱惜人才。一天他看到著名文学评论家刘勰写的《文心雕龙》手稿，爱不释手，惊叹此人才华，立即召见，二人一见如故，言语投机，从《文心雕龙》一直谈到太子主持编纂的《文选》。刘勰为之提了许多意见和建议，太子萧统非常高兴。第二天，他又请了许多文人雅士一一介绍给刘勰认识，大家畅所欲言，就像老朋友一般。以后他们就经常在一起谈论《诗》、《书》，研究治国安邦之道。当时刘勰心里还想：梁朝有这样一位太子，将来一定会国泰民安。要说弑君篡位之心，太子萧统可一点也没有。今日相聚紫云殿，也不过是在商议为《文选》作序之事。几人正兴致勃勃地谈论，忽闻皇上来了，太子慌忙出迎。又见皇上怒气冲冲，还说什么与自己“决不善罢甘休”，一时愣在那里，不知发生了什么事。

正在这时，一个小太监手托一只蜡鹅慌慌张张跑进来，跪下对萧衍道：“陛下，果然发现了这个。”旁边的太子萧统一看，不由得魂飞魄散。他知道这是遭人诬陷，可心里越急越说不清。想到自己平时宽以待人，竟遭此暗算，就算跳进黄河也洗刷不清，不由得一阵天旋地转，昏厥过去。

那害太子萧统的人到底是谁呢？此人正是那个到皇帝萧衍面前告密的小太监。他原是太子身边亲近的人，太子母亲病故不久，太子要给母亲做“生忌”，提前要一太监值宿一夜，太子便让这个小太监去。不料他竟不负责任，胡乱混到半夜便跑去和宫女鬼混，正巧被太子巡视时撞见。要是别人不杀也得严惩，太子宽厚，没有治他罪，只是不如从前亲近了。哪知这小太监不识好歹，不思图报，反而怀恨在心。他探听得皇上身体不适，便跑去密告太子请道士作法，埋蜡鹅咒皇上早死，密谋夺权篡位。

萧衍哪知这些，见太子昏过去，还以为他是做贼心虚，也不理睬，拂袖而去。回到寝宫，萧衍越想越伤心，越想越生气，一怒之下，竟下令将太子身边所有道士全杀了。

太子萧统闻听，连呼冤枉，从此一病不起。满朝文武都认为太子仁爱宽厚，忽然传出他要弑君篡位，深感蹊跷，便纷纷上奏，请皇上萧衍明察，以防铸成大错。萧衍一听有理，又闻太子病重，心中甚是不安，忙命人尽快查明此事。可是等真相终于大白，太子萧统也已病入膏肓，无药可治。

萧衍痛失太子，又悔又恨。讣告传出，举国震惊，全国百姓都为失去这样一位智信仁爱的太子而感到无限的悲痛。

当天夜里，萧衍翻阅太子萧统编纂的《文选》，含泪提笔，在扉页上写下《昭明文选》四字。并决定明天降旨，追封太子萧统为昭明太子。

第二天早朝，刘勰向皇帝请求离开皇宫，并谢绝了皇帝萧衍的一再挽留，去定觉寺当了和尚。他觉得：他曾引为知己的太子萧统死得实在太冤枉。血浓于水的父子亲情尚不能避免这罪恶的宫廷权力斗争，那这红尘之中还有什么值得留恋的呢？

“山中宰相”陶弘景

陶弘景是南朝齐梁时的一个大学者，对天文、历算、地理、药学无所不精。他早年在萧齐做过左卫殿中将军，后来辞官去茅山隐居。梁朝时候，武帝萧衍请他出山，他不肯。武帝没办法，只好一遇重要大事就去商讨，他因此被人们称为“山中宰相”。

陶弘景从小就有钻研精神，不尽信古书。《诗经》里有这样的说法：蜾蠃（一种寄生蜂）这种小虫，只有雄虫，没有雌虫。它们怎么繁殖后代呢？它飞到菜地里，把一种名叫螟蛉的幼虫衔回自己的窝里，对它念念有词：“快点变成我！快点变成我！”不多久，螟蛉果然就变成了和蜾蠃一模一样的，成了蜾蠃的儿子。《诗经》是这么说的，一代代传下来，人们也就信以为真，甚至还把领养来的儿子叫做“螟蛉子”。

有一次，陶弘景读到《诗经》里关于蜾蠃的诗句，觉得不可相信。恰巧有个朋友来拜访，就谈起了这个问题。朋友说：“您是一本活书，无所不知。您给我讲一讲蜾蠃养螟蛉子究竟是怎么一回事？”这下子可难住了陶弘景，一时间回答不上来，只好说：“这个问题我还没有研究过，等我查查书再告诉你吧。”

陶弘景查了不少书，可是不论是古代的还是当时的，全都是一样的说法。陶弘景想，这些书尽是我抄你，你抄我，查书是查不出结果的。我何不亲自去观察一下。

陶弘景经过自己的细心观察，终于弄清楚了蜾蠃衔螟蛉的真相。原来蜾蠃也有自己的后代，它衔螟铃只是为了给自己的后代当食物。它用尾巴上的针把螟蛉刺得半死，衔回窝里，等自己产的卵孵化出幼虫来，幼虫就把螟蛉当做食物。

等到那位朋友再来拜访时，陶弘景把螟蛉变蜾蠃的秘密详细地告诉了他。后来，大家都知道了，也就不相信原来那个传说了。

陶弘景用这样的科学态度，对中药进行了认真的研究。汉代时，有人写了一部药学专著《神农本草经》。这部书记载了三百六十五种药，并把这些药分成上品、中品和下品。上品的药无毒，有强身和补养的功效；中品的药有些毒性，既有治病的功效，又有补养身体的功效；下品的药毒性大些，主要是用来治病的。这里所说的“毒性”，并不是指对人的身体有毒，而是指治疗疾病的作用。这种分类方法比较粗糙，也会不恰当，容易出差错。汉代到南北朝已经有几百年了，这部书有些落后了。陶弘景搜集了《神农本草经》上没有记载的新药三百六十五种，连同以前的药共七百三十种，写成了一部新的药书，叫做《神农本草经集注》。

在这部书里，陶弘景不再根据上中下三品的方法分类，而是根据药物的天然属性来分类。他把中药分为玉石、草木、虫鱼、禽兽、果菜、米实和有名未用七大类，在每一种药下面，注明了各自的药性，是热药还是凉药，可以治疗哪些疾病，等等。人们在翻阅这本书时，就可以很方便地查到自己所需要的药物，十分方便。

陶弘景在研究过程中，潜心摸索，创造出了一种叫“诸病通用药”的分类法，也就是把药物按病分类。这种方法简单明了，易于操作，一直沿用到现在。

陶弘景研究中药并不是关在屋子里闭门造车，而是背起行囊，拿着药锄，到野外去实地考察。他十分注意收集民间的验方，认为这是劳动人民长期生活实践的积累，是有很强的实用性。有一次，他走累了，找了个村庄休息下来。村里有个人的小便不通，十分痛苦，村里的长者找来一些牵牛子，碾成粉末，和着水给那个人服下去。过了一会儿，那个人的小便畅通了，人也舒服了许多。陶弘景见状十分惊奇，就拿出笔墨记在本子上：牵牛子能利小便。在陶弘景的著作里，不少地方都反映了劳动人民的成果。所以说，陶弘景是一位脚踏实地、深入民间的科学家。陶弘景也因此取得了高于同时代人的成就。

陶弘景不仅是一位科学家，也是一位文学家。他写的诗、词、赋、论文辞典雅，在当时很有名气。他还善于书法，草书、隶书无一不精。

足智多谋的高欢

北魏末年，晋阳的尔朱兆听到父亲天柱大将军尔朱荣被北魏孝武帝处死的消息，匆匆赶回京师，依仗着自己强大的部队和势力攻进皇宫，另立了新君，像他父亲一样重掌大权。尔朱兆控制朝纲后，专横跋扈，自己给自己加官进爵，自封为王。

尔朱兆的下属晋州刺史高欢，是一个富有雄才大略的人，尔朱兆很嫉妒他。两人的心里都明白，一山不容二虎，两人共事不会太长久。高欢想施展才华，干一番惊天动地的大事业，所以总是想方设法摆脱尔朱兆的牵制。

在此之前，葛荣曾割据一方，同尔朱兆的父亲尔朱荣戈马相对。葛荣起义失败后，部下二十余万人被流放到晋州，受尽侮辱欺凌，生计难以维持，多次发动起义，都遭到了尔朱荣的残酷镇压。但起义仍然不断发生，一下子难以平息。尔朱兆对此焦虑不安，又找不到良策，就问高欢怎么办。

高欢脱身离开尔朱兆的想法酝酿已久，只是苦于没有机会实现，现在真是天赐良机。于是，他趁机说道：

“这么多的人反叛朝廷，理当斩尽杀绝，但是目前不可能全部杀掉，只有派一名大王信任的人前去平叛，统帅他们，有犯罪的只杀头领，这样叛乱才能很快平息。”

高欢的话正说中了尔朱兆的心怀，他说：

“说得非常好！那么，谁可以胜任呢？”

这时，尔朱兆的一名亲信贺拔允恰好也在座，他是一个糊涂虫，不知道其中的曲折事由，竟连声说道：

“高欢在晋州多年，在当地深得人心，如果让他去，一定可以胜此重任！”

这话说到高欢的心坎上，顿时他满身轻松，但一琢磨，又觉得不妥。于是他忽然跳了起来，怒不可遏，一连几拳打在贺拔允的嘴上，一个门牙都被打落下来，满嘴是血。高欢边打边骂道：

“想当初天柱大将军活着，你我之流像鹰犬一样对待主人，总是匍匐在地听从他的指示。如今天下事全由大王作主，大王还没有说话，你倒越位发起言来！”又回过头来，对尔朱兆说：“这样不知上下的人，要他有什么用处？还不如早一点杀掉。”

尔朱兆本来不放心高欢，打算另派人去，现在看他这样，以为是忠于自己，当即毫不犹豫地把军权交给了高欢，派遣他前往晋州收编葛荣的流散部队。高欢大喜，又怕尔朱兆反悔，于是立即告别了尔朱兆，召集部将，宣布道：“受大王的委派，所有部队都听从我的指挥。请立即集合！”将士们向来不喜欢尔朱兆，愿意接受高欢的调遣，都按时到指定地点集合。尔朱兆的长史慕容绍宗劝尔朱兆说：“如今天下大乱，许多人心怀二心。高欢本来就雄才盖世，现在又手握强兵，远离大王，这好比蛟龙遇到了云雨，正是施展其本事的时候，以后就难控制了。”

尔朱兆曾经和高欢拜为兄弟，因此说道：“我与他曾烧香发过誓，有什么可忧虑的？”

慕容绍宗说：“亲兄弟都有互相残杀不可信的，结拜兄弟又算什么！”

高欢早已料到自己走后，一定会有人向尔朱兆进谗言，因此预先给尔朱兆左右的人好多金钱，请他们多加关照。此时，他们都向尔朱兆说慕容绍宗与高欢原来不和，所以才说高欢的坏话。尔朱兆就信以为真，把绍宗监禁起来，督促高欢及早出发。

高欢求之不得，走到半路，碰见尔朱荣的妻子从洛阳来，带有良马三百匹，高欢全部夺为己有。听到消息后，尔朱兆才知道高欢另有他图，连忙把慕

容绍宗从狱中放出来，询问计策。

绍宗说："现在还不晚，高欢仍掌握在大王手中。"他劝尔朱兆立即去追。

尔朱兆追到漳水，适逢水涨，冲坏了桥梁，没有办法渡过河，就指着河对岸的高欢责备他不该夺取良马。高欢说道："借三百匹良马，没有其他打算，只不过是为了作战的需要罢了。大王竟然听信谗言，亲自策马来追。如今我不过河向大王请罪，主要是因为这边的部队会发生叛乱。"

尔朱兆这时仍把高欢的话当真，怨自己听信谗言猜疑好人，于是把刀扔在地下，说："将军如果能这样，我又有什么可忧虑的!"当即杀了一匹白马，和高欢再次发誓，永结兄弟互不背叛。原来，尔朱兆在河对岸听了高欢的一番话后，觉得有道理，他一再声称自己也没有其他的意思，并单独涉过漳水，向高欢解释误会。尔朱兆拔下佩刀，递给高欢，伸长脖子叫高欢砍。高欢不接刀，却哭着说："自从天柱大将军死后，除了大王，我高欢还能依赖谁呢？我愿为大王效犬马之劳。如今有人挑拨离间，大王竟忍心说出这样的话，我高欢以后还怎么做人呢!"

当晚，尔朱兆就住在高欢营中，高欢的部下抱怨他引狼入室，说："将军既然不准备长久在他手下谋事，就应当趁他递刀之机一刀杀了他，免生后患!"同时在帐外埋伏了数百名壮士，打算夜间杀掉尔朱兆。

高欢制止了他们，解释说："现在如果杀了他，其党羽肯定会聚结起来报仇的，而我们马瘦兵疲，鸡蛋碰石头，不是对手。如果有人乘虚而入，则危害更大，不如暂且放过他。他虽然勇猛，但是毫无智谋，以后要除掉，问题不大。"

至此，大家才知道了高欢不杀尔朱兆的原因，佩服他的卓识远见。

次日，尔朱兆返回到自己的军营，摆了酒宴，请高欢去。高欢也想去，他的心腹反复陈述其中利害。为了防止发生意外，最后，高欢接受了这个建议，派人婉言谢绝了尔朱兆的盛情邀请。尔朱兆这个时候才恍然大悟，原来高欢和自己不是一路人呀。但他已无可奈何，只好回晋阳去了。

就这样，高欢运用智谋一步步摆脱了尔朱兆的控制，自己独立掌握兵权，兵精粮广后，反过来又吞掉了尔朱兆，把持了东魏政权。

苏绰的治国良策

北魏末期，政治越来越腐败，边镇暴动此起彼伏，北魏政权摇摇欲坠，朝廷大权被控制在边镇将领的手中。公元 534 年，边镇重将高欢立魏孝文帝元宏的曾孙元善见为皇帝。他就是东魏孝静帝，都城后迁到邺城。

宇文泰曾是边镇起义将领葛荣手下大将，葛荣起义失败后投降了北魏朝廷。后来，他靠镇压关陇起义起家，势力逐渐强大起来，名声越来越大。于是宇文泰立孝文帝的一个孙子元宝炬做皇帝，就是西魏文帝，首都在长安。这样，北魏分裂为东魏和西魏两个政权。

西魏的政权掌握在宇文泰手中。西魏地狭人少，经济文化都比较落后，时时都有被东魏吞并的可能。宇文泰为发展壮大西魏的力量，千方百计寻找能安邦济边的人才，极力加强与汉族地主的联系，任用汉人做官，推广汉族先进文化，着手进行政治改革。

有一天，同僚周惠达求见宇文泰，向宇文泰推荐一个人才。他说："这个人叫苏绰，是汉族名士。他学识渊博，才智过人，上可知天文，下可通地理，而且品德高尚，为官清廉。凭他的才能，做一朝丞相，再适合不过了。"

宇文泰听周惠达这么一说，非常高兴，心想：若苏绰真像周惠达所说的那样，那么西魏强大就指日可待了。于是他立即召见了苏绰，并提升他为著作郎。

有一次，宇文泰和很多官员到长安西汉旧苑去游历，宇文泰向这些人问了许多问题。他问王昭君出塞是汉朝哪个皇帝时期的事，有人说是汉文帝时期的事，只有苏绰说是汉和帝时期的事。他又问汉武帝时期司马迁入狱受刑是由什么原因引起的，这个问题把那些人问得无言以对。苏绰说："李陵出使匈奴，被俘后受降，汉武帝为此在盛怒之下要斩李陵全家。而司马迁分析了李陵被俘时的处境，认为以李陵的人格与性格，他不会投降的，但当时敌我力量相差悬殊，死拼只有全军覆没，暂时投降是为了保存力量，等待时机与汉军里应外合，再打匈奴。司马迁之述很有道理，但汉武帝说司马迁是为李陵辩护，就将他下狱行刑了。"

宇文泰听完苏绰从容不迫地回答，高兴得无意行游了，决定回府后与他继续长谈。那天，他们两人一夜未睡，苏绰从春秋五霸讲到战国七雄；从秦始皇统一中国，讲到汉武帝时期西汉的强盛；从孔子的儒家思想讲到朝非子的法家主张。这些治国之道，宇文泰很少听说过，因此越听越爱听。他心中暗想：这正是我寻求的济世之能臣。他悔恨自己没有早一点重用他。

不久，宇文泰向西魏文帝提议，任命苏绰为大行台左丞，其地位和丞相是一样的。紧接着，苏绰又被授予大行台度支尚书(主管财政的官员)和司农卿(主管农业的官员)的官职。

苏绰看到宇文泰和皇帝对自己如此重用，便根据西魏的现实状况开始制订富国强民的措施。这些措施被称作“六条诏书”。

苏绰治理国家重在用人。不能只看门第，还要看人的能力，这是苏绰最重要的主张。他说：“曹操之所以能统一北方，是与他重用人才分不开的。他曾三次颁布唯才是举令，使很多有才能的人都为他所用。北魏之所以分裂，与实行士族制度有直接关系。根据士族制度，不管有没有才能，只要出身于士族，就可以当大官，享厚禄；而庶族出身的人即使有才能也当不上高官，俸禄低。这样，就产生了士族和庶族之间的矛盾。这种矛盾激化，导致了北魏边镇暴动和起义。”

苏绰还认为，不要随便让农民服徭役，要给他们更多的时间去耕地、去织布；农民有吃不了的粮食，穿不完的衣服，社会才能稳定，国家收入也就增多了。

同时，苏绰还强调：“要根据财产的多少平均负担徭役和赋税，不能把这种负担全部加在百姓身上。”这种措施限制了士族地主和庶族地主倚靠特权逃避赋税和徭役，从而减轻了农民的负担，提高了农民生产的积极性，有利于发展农业生产。

这六条诏书颁布后，上到皇帝，下到文武大臣、地方官吏，都要知道这六条诏书的内容，而且会背诵。有一次，西魏文帝根据宇文泰的提议，把文武大臣召集到一起，让他们挨个背六条诏书。其中有两个大臣没背下来，当即宣布官降两级。后来宇文泰还规定把六条诏书作为考核官吏政绩、增减俸禄的标准。

正因为宇文泰对六条诏书如此重视，使之作为治国准则很快推行，西魏的经济迅速发展起来，国力也大大增强，很快就超过了东魏。

苏绰生活俭朴，爱民如子。他经常告诫家人，在生活上不要铺张浪费，我们只要吃得饱、穿得暖就行，不要追求奢侈享乐。只有人民有饭吃，有衣穿，我们才能高兴；如果人民四处流浪，我们能吃得下，睡得好吗？

苏绰为了国家日夜操劳，不幸病逝，那时他才四十九岁。宇文泰按照他的遗嘱将他的遗体送回故乡武功安葬。灵车启程时，宇文泰带着文武大臣，在苏绰的灵车前放声大哭，长安城里的百姓闻讯都赶来挥泪送别。

商鞅变法使秦国强大起来，为秦始皇统一中国奠定了的重要的基础。苏绰的政治改革使西魏走上了富强之路，为取代西魏的北周再度统一中国做出了重要贡献。

高纬大笑失天下

公元550年，大将高洋取代了东魏，建立北齐；公元557年，大将宇文觉取代了西魏，建立北周。

北周建国后，四处扩张，不断发动战争，而且连连得手。公元576年，它再次讨伐北齐，很快占领了北齐高氏的巢穴——晋阳。北齐皇帝高纬大惊失色，连夜逃回邺城，企图负隅顽抗，垂死挣扎。

高纬发布命令，重金招兵买马，但是人马来了，他却吝惜自己的钱财，舍不得给将士。大臣们都心急火燎地劝他，事已如此，钱又有什么用呢？要是失信于人，因小失大，恐怕性命都保不住，还说得上其他吗？高纬硬是不答应。

北周兵临城下，形势危急。大将斛律孝卿建议高纬犒军，并事先准备了训话的稿子，还再三叮咛说："陛下讲演时，最好痛哭流涕，以激发将士们的斗志。"高纬答应了，反复地背诵演说稿，默记丁心里。

高纬在位十二年，平日寻欢作乐，不理朝事，何曾干过这种事情？好在斛律孝卿事先已教过他，用什么样的语气，怎样装出威严而庄重的样子。斛律孝卿集合好将士，请高纬检阅。他装模作样地从队伍前面走过，然后站定，发表演说。他先干咳了两声，正要开口时，不知怎么，背得烂熟的演说辞竟全部忘记了，想了半天，一句也想不起来。将士们都奇怪地望着他，大臣们也干莫明其妙，不知所措。忽然他大笑起来，直笑得前仰后合，半天也收不住，引得左右的人也都莫名其妙地笑了起来，或苦笑，或嘲笑，滑稽至极。本来很严肃、很庄重的阅兵气氛一扫而空。将士们对皇帝高纬的儿戏态度很气愤，大家说："皇上自己都不着急，我们还急什么呢？"

斛律孝卿本想借此机会激发将士们的斗志，振奋精神，共同誓死保卫邺城；谁知高纬一阵大笑，使一切都付诸东流，军心涣散，一点战斗力也没有了。

于是，北周轻而易举地攻下了邺城，高纬自然也难逃阶下囚的厄运。就这样，北周统一了北方。

侯景之乱

公元547年三月的一天早上，梁武帝萧衍接到东魏大将侯景送来的一封书信，他打开信一看，高兴得哈哈大笑，说道："好，好，好！这和我梦中所见情景是一样的，正合我意，这回我的领土扩大了，力量壮大了。”说完，他急忙召集文武大臣上朝商议此事。

梁武帝先把侯景信的内容向大臣们说了一遍，然后征求大家意见。宰相谢举说：“侯景是羯族人，听说这个人野心勃勃，他是高欢手下的大将，与掌握东魏实权的高澄不和，投降西魏，西魏不收留他。这次他投奔我主，而我朝与东魏刚刚和好，如果接纳他们的叛臣，是否会得罪东魏，同时也怕养虎为患吧？”

梁武帝说：“不会。今年正月，我曾梦见魏军的军官们纷纷向我献地投降。如此看来，我的梦变成了现实，这是天赐良机，我们不能放过。侯景带兵降梁，一则我朝增添一员大将，壮大我的力量；二则他知道东魏的实情，对于我朝收复北方领土，统一全国，他还能献计献力。”就这样，梁武帝接受了侯景的投降，同时还任命侯景为大将军，封为河南王，负责管理中原地区的军政大事。这就为梁朝的灭亡埋下了祸根。

梁武帝派侄子萧渊明带兵前去接应侯景，萧渊明因长途跋涉，人困马乏，对地理形势不了解，又没有打仗的经验，因此在途中就遇到了东魏大军，被东魏打败，本人被俘。紧接着，东魏军又打败了侯景，侯景带残兵败将逃亡。高澄为了挑起侯景和梁武帝的矛盾，让萧渊明写信给梁武帝，表示东魏愿意与梁朝修百年之好，不兴战事，只要梁朝交出叛将侯景，东魏将马上把萧渊明送回梁朝。

梁武帝此时只顾亲情，不顾大局，无视群臣反对，一意与东魏言和。侯景听到梁武帝要拿他换回侄儿的消息，立刻反目，他说：“如今我灭不了东魏，倾覆梁朝是不成问题的。”于是他破釜沉舟，开始率兵南下，攻打梁朝。由于梁武帝多年信奉佛教，不问军事，军队里的官兵也大都信佛，没有战斗力，他们抵挡不住凶猛的羯族人的进攻，节节败退。侯景的军队很快打到了长江北岸。

梁武帝派六儿子萧纶带兵征讨侯景，派侄子萧正德守卫长江南岸，保卫首都建康。萧正德早有夺取帝位的野心，于是他趁机与侯景联络，做他的内应，攻下建康后，他想做皇帝。侯景知道萧正德的野心后，也答应了他提出的条件。于是，二人互相勾结，长江这道天然屏障，也就失去了它应有的作用。萧正德夜里准备了许多船只，这些船只首尾相连。这样，侯景的军队全部渡过长江，冲进建康。

梁武帝令太子萧纲防御敌人。萧纲仍被蒙在鼓里，又命令萧正德守宣阳门。萧正德打开宣阳门，迎接侯景入城。侯景军队近万人，战马数百匹，人喧马叫，蜂拥而入。建康城从东到西分三部分，而梁武帝住在中间的台城里。侯景派兵把三个城分割包围，他们彼此不能相顾，而且重点火攻台城。一时间，战鼓雷鸣，火焰冲天，台城守将单侃(kǎn)见台城起火，马上令士兵运水，救火，火被扑灭。侯景入城心切，又命士兵用斧头劈砍城门，企图破门而入。羊侃命令弓箭手射箭。万箭齐发，砍门的士兵纷纷倒下，侯景见无法入城，只好暂时撤走。

侯景不堪失败，夜里组织队伍持灯笼火把，再次进攻台城。他们占领了东宫，士兵连抢带杀。萧纲忙派人火烧东宫，侯景在一片慌乱冲逃出东宫，结果，宫里的历代图书文物几乎都被烧毁。

侯景见攻不下台城，便派人前去劝降，对羊侃说："只要你打开城门让我们进去，我们不但不杀你，还提升你为太尉(掌管朝中军政大权的官职)；如果不开城门，待我们进去后，全城人的性命都保不住。"羊侃回答说："侯景是个阶下囚，自己的性命都难保了，让我们投降，别想。"

羊侃软的不吃，硬的不怕，侯景只有一个办法，久困台城。让台城与外部隔绝，等里面的粮食全部吃完，他们会主动献城，否则，将全被饿死。侯景怕台城外的老百姓接应城内官兵，便把他们的粮食都给抢光，还让他们服兵役，在台城的外围筑了两座土山。民兵们忍着饥饿，挑着沉重的泥土，连累带饿，死了很多人，死后就被扔在山上。有的担不动土，就被士兵活活杀死，作为泥土往山上堆，台城外的居民死了将近大半，堆在山上，高出台城城墙。

羊侃也在城里堆筑土山，但是城内人少，粮食也将吃光了，他们的土山堆得很慢。双方在土山上交战。后来，因为下了几天大雨，城内的土山被冲塌。侯景的军队万箭齐发。在弓箭的保护下，他的士兵越过城墙，进城打开了城门，冲进台城。羊侃率军拼命抵抗，但由于城内粮食已绝，士兵们饿得很难坚持战斗，坚守四个多月的台城终于失陷了。

侯景的士兵像猛兽一样大肆屠杀，侯景命令先杀死萧正德，他认为，连养育他多年的叔叔都能出卖，这样的人留他何用。紧接着又闯入皇宫，抓住梁武帝，把他软禁起来，直到被活活地饿死。梁武帝临死之前才醒悟到他做的是一场噩梦，他后悔当初为什么没有听谢举等大臣的劝告。

梁武帝死后，侯景拥立萧纲做傀儡皇帝，即简文帝。侯景自封为宇宙大将军、丞相，掌管军政大权。后来梁武帝的第七子萧绎联合大将王僧辩、陈霸先，在江陵(今湖北江陵)起兵与侯景作战。公元552年，陈霸先、王僧辩率领的军队收复建康。侯景战败逃走，在逃走的路上为部将所杀，他的尸体被运回建康，扔在街头。一场暴乱就此结束。

陈霸先抗齐

公元552年，萧绎在江陵登基，即历史上的南梁元帝。他对朝廷内的人事做了较大的变动。南梁元帝任命陈霸先为大司空，掌管监察、法律，兼任扬州刺史，镇守京口；任命王僧辩为太尉，负责全国军事，镇守建康石头城。二人分掌大权，成为国家的栋梁和支柱。

萧绎做了皇帝，他的兄弟萧纪、萧纶和侄子萧詧(chá)也来争夺皇位，互相残杀。萧詧不惜引狼入室，向西魏寻求支援。西魏早想灭掉南梁，趁机兵下江南。公元555年，在西魏的协助下，萧詧攻下江陵，杀死萧绎，自封为梁王。西魏军队在江陵目空一切，飞扬跋扈，无恶不作，抢劫府库中的珍宝，掳走数万人做奴婢。而后把江陵这座城交给了萧詧去管理。第二年，萧詧自称皇帝，历史上叫后梁。

江陵被西魏攻下以后，平定侯景之乱的陈霸先、王僧辩不承认萧詧为皇帝，在建康立萧绎的儿子萧方智做了皇帝，即南梁敬帝。这时北齐派兵送被东魏俘虏的贞阳侯萧渊明到南梁做皇帝。王僧辩是个反复无常的人，他从个人利益出发答应了北齐的要求，接回萧渊明，立他做皇帝，废掉了南梁敬帝。

陈霸先对王僧辩的这种做法十分不满，曾三番五次劝说王僧辩，可王僧辩执意不听。于是陈霸先和部将侯安都等起兵进攻建康，决心除掉王僧辩这个出卖国家利益的奸贼。

侯安都率领军队很快攻到了建康，打败了王僧辩的军队，冲进城去。王僧辩忽然听到城外有人杀来，不禁大吃一惊。此时，侯安都的人马已冲到他面前。王僧辩手下的将士死命保护他向南门出逃，不料陈霸先的军队已经从南门杀奔而来。王僧辩走投无路，束手就擒，当晚就被陈霸先杀了。紧接着，陈霸先又杀死了萧渊明，复立萧方智为帝。

王僧辩死后，其党羽继续跟北齐勾结，乘陈霸先出兵义举(今江苏、浙江两省的太湖西岸地区)平定叛乱之机，偷袭建康，占领了军事要地石头城。与此同时，北齐派兵五千从采石渡江，占领了姑孰(今安徽省当涂县)，控制了建康的西南门户。陈霸先得知消息后，连夜赶回建康，派兵乘夜黑袭击了长江北岸的北齐军，火烧北齐运粮船，然后包围了石头城，将城中的水源切断。北齐军为摆脱困境，被迫向陈霸先求和。陈霸先明知这是北齐的诡计，但由于建康防守力量薄弱、粮食供应困难的原因，同意了讲和。他告诫部属说：“北齐人这次求和是迫于无奈。他们反复无常，不讲信用，很可能会背弃和约，卷土重来，我们应该做好准备。”

和约达成后，陈霸先一面清除王僧辩的残余势力，巩固后方；一面派兵驻扎在淮河沿岸的方山一带，防御北齐的入侵。

没过多久，北齐果然背信弃义，撕毁和约，又来入侵，并且占领了江南的一些地方。因为陈霸先早有准备，将士英勇作战，北齐军始终不能逼近建康。建康的百姓积极支持陈霸先抗北齐，用荷叶包饭，夹了鸭肉，争相送到前线慰劳杀敌将士。北齐军所到之处都受到江南人民的坚决反抗，没有房子住，军粮又接济不上，只好住在泥泞的野草地里，靠打家劫舍维持生命。就这样，陈霸先终于打败了北齐的军队，保卫了四季如春的富饶的江南。

陈霸先的威望在抗齐战争中得到了很大的提高。因为他不平凡的功勋，南梁敬帝特封他为陈国公，从此便可总揽朝政大权。

陈叔宝兄弟争位

公元557年，梁朝大将陈霸先废掉梁敬帝萧方智，自己称帝，改国号为陈，他就是陈武帝。他在位只有三年，就死去了。由于他的儿子死得都很早，他的侄子陈倩继承他的帝位，就是陈文帝。陈文帝在即位的第七年病倒了。临终前，他嘱咐二弟陈顼说：“我儿子伯宗年纪小，又柔弱，难成大事。我死以后，把皇位传给你，以免皇室内乱，不利于国家安定。”

陈顼早有称帝的野心，然而哥哥当着众人之面，像刘备托孤于诸葛亮一样，致使他极力掩饰自己的虚伪。他一边哭泣，一边对哥哥说：“你尽管放心，我一定像诸葛亮那样，尽心尽力地辅佐我的侄儿。”陈文帝非常感动，他紧紧握着陈顼的手，不久就闭上了眼睛。

陈文帝死后，陈顼大权在握，简直就是太上皇。一年后，他违背了自己的诺言，废掉侄儿伯宗，自己当了皇帝，他就是陈宣帝。

在他称帝的十四年后，他的儿子陈叔陵、陈叔宝在他的灵前演出了惊心动魄的一幕。陈叔陵是陈宣帝的次子，他知道长兄叔宝已被立为太子，父亲去世后，哥哥当然继承皇位。为了争夺皇位，他在父亲断气时，喊管理医药的人拿剑进来。管理医药的人误以为他要给皇帝举行送终仪式，结果拿来了一把木剑。叔陵杀不了哥哥叔宝，气得暴跳如雷。

陈叔陵很早就有篡夺帝位的野心。他被封为始兴郡王，都督江州（今江西九江）、郢州（今湖北武汉）、晋州（今安徽潜山）三州的军事。他在那里招兵买马，训练军队，为将来夺取帝位作准备。然而，他对手下非常苛刻，从不顾手下的疾苦，谁要是有一点过错，都要施以重罚。这样，没有人愿意为他做事，当地的百姓困苦不堪，人们背地里唾骂他。

陈叔宝没有什么才能，被立为太子以后，对陈宣帝十分孝顺，陈宣帝病重期间，他经常守在父亲的床前，问寒问暖。叔陵为了实现自己的野心，也学着哥哥的样子，天天来父亲床前探视。只要父亲咽气，他就想马上杀死哥哥叔宝，夺取帝位。

陈宣帝遗体入殓的那天，陈叔宝号啕大哭，陈叔陵趁哥哥不备，突然起身，操刀向陈叔宝的头部砍去，陈叔宝当即昏倒在地，幸亏宣帝的柳皇后和叔宝的奶娘吴氏拼命相救，叔宝才免于一死，醒后逃走。他们的四弟叔坚野心勃勃，被封为长沙王，独霸一方。他看见二哥叔陵不想放过大哥，就抓住叔陵，去向太子叔宝请功。没想到，叔陵趁他不注意的时候逃跑了。

陈叔陵的势力在始兴，建康城里都是父亲和哥哥叔宝的势力。叔陵本来可以逃出京城，但是由于求成心切，就逃到东府城，那里有他的几个部下。他派人将东府城全部封锁，为了壮大自己的力量，他打开监狱，把犯人放出来，让他们拿起武器，与自己一道对付叔宝。这些人不明真相，任凭叔陵差遣。叔陵披甲来到东府城的西城楼，对着下边喊："谁要是加入我的队伍，我即位后，将给你们封官加爵，王公大臣辅佐我，我要给他官升几级。"城中的百姓都知道他为人残忍狠毒，不体贴下人，因此没有一个百姓跟随他。

陈叔宝躲在皇宫里养伤，大事都委托给陈叔坚。叔宝告诉叔坚要见机行事。叔坚看到二哥孤军作战，成不了气候，只要杀了二哥叔陵，将来朝中大权就会落到自己手里。于是他命令右卫将军萧摩诃带领五千人马围攻东府城。

叔陵知道萧摩诃善于指挥作战，自己将少兵寡，于是托人给萧摩诃送礼，想诱降他，并说："太子叔宝软弱无能，难挑国家重担，如果你能助我一臂之力。打败太子，我做了皇帝，一定拜你为右丞相，金钱、美女和豪宅应有尽有。"萧摩诃将计就计，答应了陈叔陵的要求。他带领两千人去投奔陈叔陵，叔陵信以为真，令戴温打开城门迎接萧摩诃。萧摩诃一进城门，他的手下就包围了戴温等人，把他们捉住后，斩去首级。戴温的手下见主将被斩首，都献城投降。

陈叔陵有多一半人背叛了自己，剩下的几百人怎能抵挡萧摩诃的几千人马，于是他为了保存生命，带着这些人从东城门逃走。萧摩诃派人报告陈叔坚，陈叔坚怕留下后患，便让萧摩诃快速追赶陈叔陵。叔陵自知陈国不是他的藏身之地，于是要逃到北周避难。如果北周能与他联手，他还有东山再起的机会。他正做着美梦，萧摩诃率领一千精骑绕道赶到了叔陵的前面，截住叔陵，叔陵吓得目瞪口呆。萧摩诃当场杀死陈叔陵，一场争夺皇位的风波，就这样告一段落。

陈叔宝见叔陵已死，叔坚又顺从自己，于是就继承了皇帝位，也就是有名的无道昏君陈后主。陈后主整天在后宫里与王妃宫女们饮酒作乐，让她们给他弹琴扇扇，还强迫她们跳裸体舞。他从来都没有想过上朝的事，朝中大事都交四弟叔坚办理。他不知道朝中大臣有多少，甚至连谁是文臣、谁是武臣都分不清；他没过问过天下贫苦的百姓，不知道陈国的疆域有多大；他待在后宫，不知道春夏与秋冬。

陈朝朝政一天比一天腐败，地方官吏效仿朝中文武官员，只顾敲诈百姓，作威作福。南朝的百姓都在死亡线上挣扎。此时，北周的外戚隋国公杨坚，夺取政权，改国号为隋，他就是隋文帝。隋文帝是位卓有成就的开国皇帝，他在位期间，隋朝的国力比以前任何一个朝代都强盛。

公元 589 年，隋文帝派兵打败陈后主的军队，陈灭亡，南北朝对峙的局面结束，分裂了二百六十多年的中国重新统一。

隋

隋文帝统一全国

隋文帝杨坚，伪称自己是弘农郡华阴(今陕西华阴)人。因为杨氏是从汉朝以来直到魏晋南北朝时期的名门望族，所以杨坚攀附称自己为东汉杨震的第十四世孙。在西魏时期，杨坚的父亲杨忠便和独孤信一起投靠了权臣宇文泰。此后，杨忠因为屡建功勋，而且帮助宇文觉建立了北周政权，所以官爵升至柱国，封隋国公。

杨坚出生时也有许多传说。史载，杨坚的母亲吕氏，在西魏大统七年(541年)六月的一天夜里，生杨坚于冯翊般若寺(在今陕西高陵)，当时紫气满院。

杨坚十四岁时，被京兆尹薛善征用为功曹。十五岁时，因为功勋被授为散骑常侍、车骑大将军、仪同三司，封成纪县公。十六岁，升任骠骑大将军，加官开府。周太祖见后叹道："此儿风骨，不像是燕赵一带人!"明帝继位，晋封大兴郡公。明帝曾派善于相面者赵昭看他，赵昭伪称："不过做个柱国罢了。"之后偷偷地对杨坚说："公应为天下君主，但要经过大诛杀才能平定天下。请牢记我的话。"

宇文护掌政后，特别忌恨杨坚，多次要陷害他，因大将军侯伏、侯寿等人的救护而免于难。其后，杨坚继承父爵为隋国公。武帝宇文邕立杨坚的长女为皇太子妃后，更加礼遇和器重杨坚。齐王宇文宪对武帝说："杨坚相貌不凡，臣每次看到他，都手足无措。恐怕他不会甘为人下，请早日剪除他。"武帝说："他只能为将而已。"内史王轨急切地对武帝说："皇太子不会成为国家贤君，杨坚貌有反相。"武帝不高兴，说："如果天命注定此人篡逆，我们又能怎样呢?"杨坚听到这些话后很恐惧，从此便韬光养晦、深自隐匿，以免引起别人的猜疑和注意。

北国建德(572—578年)年间，杨坚率水师三万，在河桥(今河南孟津东北黄河上)战胜齐军。次年，他随武帝灭齐，晋升柱国。

不久，杨坚转任亳州(今安徽亳州)总管。宣帝即位后，因为杨坚是皇后之父，就征任他为上柱国、大司马。宣帝每次外出巡幸，都委任他留守京师。当时宣帝制定、颁行《刑经圣制》，法律严峻刻薄。杨坚认为法令繁多，非教化之道，极力劝谏，未被采纳。

杨坚地位和声望日益显赫，宣帝对此颇为疑忌。宣帝有四个宠妃，都立为皇后，诸家争风吃醋，屡屡相互毁谤。宣帝常忿然对杨皇后说："我一定要灭你家族。"然后召见杨坚，并命令左右道："如其神色失常，当即处死。"杨坚到后，从容自若，于是作罢。

北周大象二年(580年)五月，宣帝任命杨坚为扬州(今江苏扬州)总管。杨坚将要赴任时，突患足疾，未能成行。不久，宣帝驾崩。杨坚等人并没有立即公布消息，而是趁机用假诏书夺取了军政大权以及京城部队的指挥权。等一切准备就绪后，这才发布了皇帝去世的消息，辅佐小皇帝即位。周氏诸王有在藩国的，杨坚唯恐他们生变，就借故把他们召还京师。

六月，诸王均到达长安。相州(今河南安阳)总管尉迟迥自认为是重臣宿将，心中不服，遂在东部举兵。赵、魏之士，从者如流，十五日之内，已达十多万。加上宇文胄在荥州(今河南荥阳西北)、石愻在建州(今广东郁南东南)、席毗在沛郡(今江苏沛县)、席叉罗在兖州(今山东兖州)，都举兵响应尉迟迥。尉迟迥又送其子为人质请陈朝援助。杨坚命上柱国、郧国公韦孝宽迎战。雍州牧、毕王宇文贤及赵、陈等五王，在得知宣帝病逝的消息之前，杨坚便用假诏书将他们召回到长安，然后收缴了他们的兵权和印信。杨坚拘捕宇文贤斩首，不追究赵王等人的罪行，诏令五王可剑履上殿，入朝不趋，以稳其心。

韦孝宽在相州战胜尉迟迥，传首阙下，余党一一消灭。

起初，尉迟迥叛乱时，郧州(今山西稷山西南)总管司马消难举兵响应，淮南(今安徽寿县)州县多归附。杨坚命襄州(今湖北襄樊)总管王谊讨伐，司马消难奔逃至陈。荆(今湖北江陵)、郢(今湖北武昌)蛮族乘危叛乱，杨坚命亳州总管贺若谊征讨平定。在这之前，上柱国王谦为益州(今四川成都)总管，他看到幼主在位，由杨坚辅佐，就发动巴(今四川巴中)、蜀民众，以救亡扶危为借口反对杨坚。杨坚正致力于平定东土、山南，未来得及讨伐。王谦进兵屯据剑阁(即剑门关)，攻陷始州(今四川剑阁)。这时，杨坚命行军元帅、上柱国梁睿率军讨伐，打败王谦，传首阙下。巴、蜀地势险要，人好作乱，于是梁睿毁坏剑阁通路，立碑铭垂诫后人。在京五王阴谋反叛，日甚一日，杨坚携带酒肴造访赵王府第，想观其所为。赵王埋伏下甲士宴请杨坚，杨坚差一点遭暗算，幸亏元胄护卫，才幸免于难。于是诛杀赵王招、越王盛。五个王见自己无法与杨坚抗衡，便秘密联系在外的另一个王起兵，但不久便被杨坚打败。宗室势力被消除后，杨坚的皇帝之路平坦了许多。

十一月，杨坚为除后患，处死了代王宇文达。

北周大定元年(581 年)二月，杨坚用了一个前人使用过的体面形式——禅让，得到帝位。他让人替周静帝写好退位禅让诏书，然后送到自己的王府。杨坚假意推辞，最后才接受了大家的意见，穿上皇帝登基礼服，登上心仪已久的宝座。这时的杨坚刚四十岁。

杨坚从相府着常服入宫，在临光殿举行即帝位的仪式。这一天，宣布大赦，改元为开皇。隋朝建立了。

赵绰依法办事

隋文帝统一全国以后，采取了各种巩固统治的措施，像改革官制、兵制，建立科举制度，选用办事能力强的官员，严办贪官污吏等。经过他的一番整顿改革，政局稳定，社会经济出现了繁荣的景象。

隋文帝还派人修订刑律，废除了一些残酷的刑罚。这本来是件好事，但是隋文帝本人就不完全按照这个刑律办事，往往一时气愤，不顾刑律规定，随便下令杀人。

这种情形，使大理寺(管理司法的机构)的官员很为难。大理少卿赵绰觉得维护刑律是他的责任，常常跟隋文帝顶撞起来。

隋文帝曾经下令禁止使用不合标准的钱币。有一次，大兴(隋朝的都城名，今陕西西安市)大街上有人拿次币换好币，被人发现了，捉到衙门里。隋文帝听说有人竟敢违犯他下的禁令，一气之下，就下令把换钱的两个人统统砍头。

赵绰接到命令，赶忙进宫求见隋文帝。他对隋文帝说："这两个人犯了禁令，按刑律只能打板子，不该处死。"

隋文帝不耐烦地说："这是我下的命令，不干你的事。"

赵绰说："陛下不嫌我愚笨，叫我充当大理官员。现在遇到不依刑律杀人的情况，怎么能说跟我没关系呢?"

隋文帝气冲冲地说："你想撼动大树吗？撼不动你就走开吧!"

赵绰说："我只是想劝说陛下改变主意，谈不上想撼动大树。"

隋文帝又说："你想触犯天子的威严吗?"

赵绰不管隋文帝怎样威吓，还是坚持自己的意见。隋文帝怎样骂他赶他，他也不走。隋文帝没法，很不高兴地进内宫去了。

后来，由于别的官员也上奏章谏阻，隋文帝终于取消了杀人的命令。

又有一次，官员辛亶(dǎn)被人告发搞不法的左道活动。隋文帝又命令大理把辛亶处死。

赵绰上朝对隋文帝说："辛亶没有死罪，我不能接受这个命令。"

隋文帝气得浑身发抖，说："你想救辛亶，就没有你自己的命。"说着，喝令左右侍从把赵绰拉下殿去。

赵绰面不改色，说："陛下可以杀我，但是不该杀辛亶。"

左右侍从真的把赵绰扭下朝堂，剥了他的官服，摘掉他的官帽，准备处斩。这时候，隋文帝也想到杀赵绰太没道理，就派人跟赵绰说："你还有什么话说?"

赵绰跪在地上，挺直了腰说："臣一心执法，不怕死。"

隋文帝并不真想杀赵绰，磨蹭了一阵子，气也平了。他想赵绰能忠实执法，毕竟是有利于他的统治的，就把赵绰放了。过了一天，杨坚还派人慰问了赵绰。

在大理寺官署里，有一个官员名叫来旷，听说隋文帝对赵绰不满意，想迎合隋文帝，就背着赵绰给隋文帝上了一道奏章，认为大理衙门执法太宽。隋文帝看了奏章，认为来旷说得很中肯，就把他提升了官职。

来旷自以为受到皇帝的赏识，就昧着良心，诬告赵绰徇私舞弊，把不该赦免的犯人放了。

隋文帝虽然嫌赵绰办事不顺他的心，但是对来旷的上告，却有点怀疑。他派亲信官员去调查，根本没有这回事。隋文帝弄清真相，勃然大怒，立刻下令把来旷处死。

隋文帝把这个案子交给赵绰办，认为这一回来旷诬告的是赵绰，赵绰不会不同意。哪儿知道赵绰还是说："来旷有罪，但是不该判斩。"

隋文帝很不高兴，袖子一甩，就退朝往内宫去了。

赵绰在后面大声嚷着说："来旷的事，臣就不说了。不过臣还有别的要紧事，请求面奏。"

隋文帝信以为真，就答应让赵绰进内宫。

隋文帝问赵绰有什么事。赵绰说："我有三条大罪，请陛下发落。第一，臣身为大理少卿，没有把下面的官吏管好，使来旷触犯刑律；第二，来旷不该处死，臣不能据理力争；第三，臣请求进宫，本来没有什么事，只是因为心里着急，才欺骗了陛下。"

隋文帝听到最后几句话，禁不住哑然失笑。旁边独孤皇后(独孤是姓)在座，也很赏识赵绰的正直，并命令左右赐给赵绰两杯酒。隋文帝也同意赦免来旷死刑，改判革职流放。

杨素功高遭忌

杨素是隋朝的开国功臣，更是炀帝杨广的贴身重臣，在中国的历史上是个毁誉参半、很有争议的人物。

杨素字处道，他自幼胸怀磊落，志向远大，不拘小节。他的才能不为多数人所了解，唯有从祖杨宽惊异他的才能，常常对子孙们说："处道出类拔萃，是个特殊的人才啊。"杨素后来与安定的牛弘志同道合，两人酷爱学习，研讨经典精义，不断有所贯通和发挥。他善写文章，工于草书和隶书，十分留意占卜之术。

开始，北周大冢宰宇文护用杨素做中外记室，又转礼曹，加大都督衔。周武帝即位，亲理朝政，又拜杨素为车骑大将军、仪同三司，从此逐渐被重用。武帝命他起草诏书，他常常落笔一挥而就，文辞和内容都很精彩，武帝十分赞赏，对他说："只要勤勉做事，就不愁得不到富贵。"杨素应声答道："只恐怕富贵逼我，我却无心追求富贵呀!"

在平定北齐的战役中，杨素请求率领部下作为先锋，武帝答应了他，并赐给他手杖一根，说："我想大张旗鼓地驱赶齐军，所以把这件东西赐给你，希望你能够替我完成。"杨素跟随齐王宇文宪与齐军在河阴大战得胜，又与宇文宪一起攻克晋州，率军队驻扎在鸡楼原。北齐君主率大军迎战，宇文宪害怕，夜里仓皇逃跑，被齐兵追赶，他的部下四散逃走。杨素与骁勇将领十余人奋力苦战，宇文宪才幸免于难。北齐平定后，杨素被加授开府职衔，改封为成安县公。

隋文帝杨坚任北周的丞相时，杨素与他交情很深。杨坚很器重他，命他做汴州刺史。到了洛阳，恰逢尉迟迥叛乱，道路受阻，杨素无法东进。杨坚派杨素为大将军，率军进攻宇文胄。杨素将他击败，被调任为徐州总管，位至柱国，并被封为清河郡公。他的弟弟杨岳被封为临贞公。

到了隋文帝即位，杨素被封为上柱国，官至御史大夫。他的妻子郑氏性情偏狭凶悍，杨素对此十分愤怒，说："我如果做了皇帝，你一定没资格做皇后。"郑氏一怒之下，将他的话报告给了文帝，文帝非常恼怒和震惊，就把杨素免职了。

隋文帝图谋取得江南，杨素多次向他进呈攻取南陈的建议。不久，文帝就授他为信州总管，派他讨陈。杨素率部在夜间发动了进攻，俘虏了许多陈军，安抚后全部释放。隋军秋毫不犯，深受陈人欢迎。杨素率领水军顺江东下，战舰船只密密麻麻，覆盖了江面，军旗遮日蔽天。

南陈的南康内史吕仲肃领军驻扎在岐亭，把守着江峡。杨素与刘仁恩登上江岸一起进发，将陈军打得大败，吕仲肃仅保全性命。南陈后主又派人来镇守，都因为惧怕隋军而逃之夭夭。巴陵以东再没有人敢坚守阵地。湘州刺史、岳阳王陈叔慎干脆请求投降。杨素来到汉口，与大军会合后才返师。因此，杨素被授予荆州总管，进爵为郢国公。他对隋文帝说："这里有个地方名叫胜母，曾子都不去。叛逆王谊过去封在郢地，我不愿与他封在同一个地方。"于是，改封他为越国公。不久，又授予纳言，转为内史令。

杨素谋略过人，气魄宏大，为文帝平定了多方叛乱，几乎是每战必胜，文帝不断提拔重用他，封给他很多显耀的职位。

后来，杨素代替苏威为尚书右仆射，他性情粗疏又好计较，对很多朝臣都轻慢排斥，连苏威也不放在眼里。他的才情风度超群出众，诚心报国，但待人接物的公平恰当、宰相应具有的见识气度，就差得太远了。

他精于权谋韬略，善于利用机会进攻敌人，战术变幻不断。他治军严肃整齐，有违犯军令的，立即斩首，绝不宽待。每次与敌人开战之前，他往往先寻找有过失的将士，将他们处死，多的曾处死过一百余人，少的也不下数十人。面对眼前血流成河，他却能谈笑自若。等到与敌人开战，先命一二百人进攻敌人，如能攻破敌阵就算了；如不能攻破失败回来，不管剩下多少人，全部斩首；再命二百人进攻，方法同前面一样。将士们个个心惊肉跳，下定了必死的决心，所以战无不胜。

杨素战功赫赫，受到文帝的宠爱，他说的话文帝没有不听从的，与他一起作战的将士，就是立有很小的功劳也会被记录奖赏。杨素虽然严酷残忍，将士们也愿意跟从他。

隋仁寿初年，杨素为尚书左仆射，随后又为行军元帅，进击突厥，连续击败敌军。从此，突厥人远遁而去，沙漠以南再也没有他们的踪迹。

杨素受文帝宠爱越来越深，所有的儿子没有立下任何功劳，都位至柱国、刺史；家里僮仆数千人，后宅的妻妾歌伎，穿着华丽的数以千计；府第豪华奢侈，形制有如皇宫。朝臣有违逆他的，杨素暗中中伤他们。如果有人趋附他和他的亲友，虽然没有才干，他也给予提拔。人们无不因畏惧而依附他。只有兵部尚书柳述，凭借他是文帝女婿的特殊地位，多次在文帝面前抨击杨素，大理卿梁毗上表说杨素作威作福。

文帝渐渐疏远并开始忌讳杨素，后来诏谕说："仆射是国家的辅政大臣，不可以亲自处理细小的事务。只需三五天到尚书省议论一下大事就行了。"表面表示优待体谅，实际是在削弱他的权力。到仁寿末年，便不再让他全面负责尚书省的事。

文帝身体不好，杨素与兵部尚书柳述、黄门侍郎元岩等入宫侍奉他。此时皇太子杨广入宫居住在大宝殿，担心文帝不测，必须早作防备，便亲手写信，封上送给杨素。杨素便将文帝的情况记录下来，报与太子。宫人将他的信悄悄送给文帝，文帝看后很生气，文帝宠爱的陈贵人也说太子对她轻狂无礼。文帝非常恼怒，想要召回被废为庶人的长子杨勇。太子与杨素谋划，杨素假借文帝的诏命，让东宫的兵士来宫中守卫，宫门禁止出入，让宇文述、郭衍来指挥。文帝于当天驾崩，因此颇引起朝中异议。

恰逢汉王杨谅反叛，杨广于是命杨素去讨伐杨谅。当时，晋、绛、吕三州州城都被杨谅把守，杨素每地各用两千人吸引他们。杨谅派赵子开率军十余万，修筑险绝的道路，屯据在高壁，布下五十里大阵。杨素命诸将领兵逼近敌营，自己用奇兵，急速前进，直捣杨谅的大营，一举将其攻破。杨谅任命的介州刺史梁修罗驻扎在介休，他一听说杨素率军到来，就弃城逃走。杨素领兵进至清源，离并州三十里。杨谅率他的将领王世宗、赵子开、萧摩诃等迎战，又被打破，萧摩诃被俘获。杨谅退守并州。杨素进兵将并州包围，杨谅投降，他的余党全被平息。

隋炀帝登基后(605 年)，杨素升为尚书令，朝廷赏赐给他东京的住宅一处、布帛两千段。不久，又被授予太子太师，其他官职如同以往。朝廷前前后后给这位名将功臣的赏赐不计其数。

杨素虽有扶立隋炀帝杨广的谋略和平定杨谅叛乱的功劳，然而却特别被炀帝所猜忌。炀帝对他表面礼遇优厚，实际上情义甚薄。太史说楚地将有大丧，杨广因而将杨素改封到楚。杨素卧病在床的时候，杨广每次都令名医去诊治，赐给上等好药，然而却私下唯恐杨素不死。杨素也知道自己的名位已达到巅峰，所以不肯用药，也不慎重调养，他常常对弟弟杨约说：“我还有必要再活下去吗？我虽死无憾了。”

公元 606 年，杨素因病去世，谥号景武。杨广让鸿胪寺负责料理丧事，又下诏为他立碑，以表彰他的丰功伟业。杨素病中曾将一首长达七百字的五言诗赠给番州刺史薛道衡，词意新颖警拔，风格秀雅超群，成为一时难得的佳作。诗写成不久，杨素就去世了，薛道衡叹息说：“人之将死，其言也善，果然是这样啊!”

杨素贪图财货，大肆营求产业，东西两京的住宅宏丽奢华，往往早晨建好，晚上又拆掉重造，营建修理没有停止的时候。四方都会繁盛之地，都有他家的旅店、碾房、田园、住宅，其数以千计。当时舆论都因此而鄙视他。

隋将韩擒虎

隋朝名将韩擒虎，字子通，河南东垣(今河南新安东)人。少年时的韩擒虎激昂振奋，以胆略雄威闻名，为时人所称赞。他容貌端正、身材魁梧，很有男子汉气概，而且又很喜欢读书，经史百家等书都略知其大意。北周时，周太祖宇文泰见到他后，感到他与众不同，让他与自己的儿子们交游。后来他因为军功升职任都督、新安太守，不久升为仪同三司，承袭父亲的封爵为新义郡公。

周武帝伐齐时，齐朝大将独孤永业镇守洛阳金墉城，韩擒虎仅凭一张嘴就说服他投降了。随后韩擒虎平定了范阳，任永州刺史。陈朝军队逼近光州，韩擒虎作为行军总管击败了他们，并随宇文忻平定了合州。隋朝建立之前，杨坚当时任宰相，韩擒虎升官为和州刺史。陈朝将领甄庆、任蛮奴、萧摩诃相互呼应声援，多次进攻长江以北地区，先后侵入陈境。韩擒虎屡次出击，挫其锋芒，使陈朝的军队锐气全丧。

隋朝开国初期，隋文帝杨坚有吞并江南陈朝、统一中国的打算，因为韩擒虎文武双全，于是升他为庐州总管，委以平定陈朝的重任。敌人听说后，都感到十分忧虑恐惧。等到大举伐陈，韩擒虎被任命为先锋，于是他率领五百士兵夜渡长江，迅速袭占采石(今安徽马鞍山市西南)。当时，陈朝守卫的士兵都喝醉睡了，韩擒虎很轻易地攻取了采石，半日攻下姑孰(今安徽当涂)，然后进驻新林(今南京西南)。江南父老久闻其威名，登军门拜访者络绎不绝。

陈朝军队十分恐慌，他们的将领樊巡、鲁世真、田瑞等相继投降。陈后主陈叔宝派蔡征领军守朱雀航，大家听说韩擒虎快到了，都四散溃逃。韩擒虎带五百名精锐骑兵，直接冲入朱雀门。陈朝军队打算抵抗，任蛮奴挥挥手说："老夫尚且投降，诸君何必再抵抗!"于是大家都一哄而散。韩擒虎遂平定了金陵，擒获了陈后主陈叔宝。

隋文帝随即下诏书褒扬韩擒虎，并因功拜韩擒虎为上柱国。

以前，江南有歌谣说："黄斑青骢马，发自寿阳边，来时冬气末，去日春风始。"大家都不知道什么意思。韩擒虎本名豹，在平陈之际，他常常骑骢马，往返的时节也正与歌谣中所说的相合，到这时大家才领悟到歌谣所说的含意。后来突厥来朝贡，皇帝对他们的使者说："你听说江南有个陈后主吗?"使者答："听说过。"皇帝便命令左右侍从把突厥使者引到韩擒虎面前，说："这位就是抓获陈后主的人。"韩擒虎很严厉地盯着使者看，突厥使者恐慌，不敢直视，他的威严就是这样震慑人。

后来，文帝在内殿宴请他，对他感情真切，礼遇优厚。历史上流传这样一则传说，说他回去不久，他的邻居老大娘看到韩擒虎门前仪仗队很煊赫，如同帝王家，就惊异地询问是怎么回事。其中有人说，“我们是来迎接大王的。”忽然什么都不见了。又有一人病很重，却忽然仓皇失措地走到韩擒虎家说：“我想拜见大王。”左右侍从惊奇地问：“什么大王?”答道：“阎罗王。”韩擒虎的子弟大怒，要动手打他，韩擒虎制止道：“生为上柱国，死做阎罗王，我已满足了。”

从此，韩擒虎就病了，过了几天，竟然去世了，时年五十五岁。

建筑奇才宇文恺

隋文帝杨坚建立隋朝后，为了防止宇文氏家族的人反叛夺权，便下令杀掉一些宇文氏皇族的人。其中有一个叫宇文恺的，也在被杀的名单中。追杀的人派出去后，杨坚又后悔了，宇文恺本是北周皇族的远支，而且，他的哥哥宇文忻在杨氏建立隋朝的过程中，是立过功的。这样的人不应该杀。想到这里，杨坚马上派人去追赶杀宇文恺的人，说文帝已经决定赦免宇文恺。因此，宇文恺才幸免一死。

其实，虽然宇文恺不是北周皇族的近亲，但因他的父亲、哥哥都是北周的功臣，他自幼就很风光，刚刚三岁，就赐爵双泉伯；七岁又晋封安平郡公，邑两千户。对于一个孩子来说，这已经是恩宠有加了。到了他可以出仕的年龄，先当了个称为“千牛”的小官，是负责宫中护卫的；后来又晋升为御正、中大夫、仪同三司等职。杨坚当上丞相以后，又给他加了一个上开府中大夫的官名。宇文恺从小就喜欢博览群书、学习知识，尤其喜爱建筑方面的知识，年轻时就以博学多才而闻名。

所以，杨坚赦免了宇文恺以后，便让他当了营宗庙副监。如果用今天的职务来比拟的话，大概可以称为修建宗庙副总指挥吧。宗庙是供奉和祭祀祖宗的地方，是每一个名门望族所不可少的，至于皇帝，那就更缺不了了，并且还得与众不同。隋文帝刚刚夺得政权，建立新朝，所以他是一定要修建宗庙的。这个任务就落到宇文恺的身上。宗庙建成以后，文帝很满意，又封他为甑山县公，食邑千户。

北周的首都在长安，文帝建隋以后，首都也设在长安。但由于战事频繁，长安城多次遭到毁灭性的打击，整个城市破乱不堪，宫室狭小，水质变坏，无法食用，而且城里宫室、官署、居民混在一起，难以区分，不利于统治。开皇

二年(公元582年)隋文帝下令营建新都大兴城，命高颎、宇文恺为营建正、副监。大兴城的选址比较合理，整座城气势宏伟，规模庞大，城内区划明确，并且采用了里坊制的设计原则。

隋朝统一中国后，为了更好的治理全国，文帝有意迁都洛阳，要在洛阳营造一个东都，便以高颎为营新都监，以宇文恺为副监。但高颎不懂技术和设计，整个的规划设计实际都是由宇文恺一人完成的。他受命率领水工开凿了连接大兴城、渭水和黄河，长三百余里的广通渠，造福了百姓。

文帝修建仁寿宫的时候，宇文恺任仁寿宫监。仁寿宫建在山峦之中，工程复杂艰巨，遇到许多复杂的技术难题；但宇文恺凭借自己出色的规划设计和精心组织施工，用了两年多的时间，就建成了一座雄伟壮丽的宫殿。文献皇后死后，他又设计建造了皇后的陵墓。文帝对他主持的这些工程的设计和建造都很满意。

文帝死后，炀帝继位，继续营造东都洛阳，仍以宇文恺为营东都副监，并且很快就提他为将作大匠。在同炀帝的接触中，他看出炀帝心里想的是越奢侈豪华越好，因此他就把洛阳设计得“穷极壮丽”。建好后，炀帝果然非常高兴，提升他为工部尚书。炀帝有一次北巡，想借机炫耀一下隋朝的强大和先进。因为北方的少数民族多数住帐篷，炀帝就让宇文恺设计一个大帐篷。这个大帐篷里面能坐几千人。帐篷做成后，炀帝高兴得赏赐给宇文恺绢一千段。

宇文恺还为炀帝造了一个大殿，名为“观风行殿”。其下面设有轮轴，可开可合，非常奇妙；上面装得下几百名卫士。那些部落酋长见了这大帐篷和观风行殿，觉得十分神奇。

炀帝见自己的目的达到了，对宇文恺的设计非常满意，不断地给他赏赐，可谓不计其数。

中国历代帝王，都很重视“明堂”，据说黄帝的时代就有明堂了。那是帝王宣明政教的地方，一些重要的集会、典礼、仪式等等，都要在这里举行。所以孟子说明堂是“王者之堂”。但是晋以后的几百年来，各国都没有力量兴建明堂。隋文帝在位时，为了表示自己朝代的正统性，决定修建明堂。但是人们已经有三百年没见过明堂了，究竟明堂是个什么样子，怎么个建法，大臣们争论不休，得不出结论。

宇文恺遍读古代典籍，全面地考证了明堂的建制、形式、尺寸、演变以及明堂各部分的象征和意义等，并且接一比十的比例画出图样来，还作出一个模型。

可惜，隋代的明堂没有等到开始建设，隋末农民大起义就爆发了。明堂没有建成，宇文恺带着遗憾，在五十八岁的时候，离开了人世。这时他的官职是金紫光禄大夫。

他为后世留下了《东都图记》二十卷，《明堂图议》二卷，《释疑》一卷。这些著作，是他留给后人的一笔无法计算的财富。

隋炀帝游江都

杨广是个残忍的阴谋家，他是害死父亲而登上皇位的。

当初，隋文帝立杨勇为太子。杨勇生活奢侈，讲究排场，文帝很不高兴，十分严厉地教训杨勇说："自古以来，凡是喜欢奢侈的帝王，命运没有能够长得了的。你是太子，要特别注意节俭啊!"

皇子晋王杨广比较狡猾，他摸到父亲脾气，表面上装得特别朴素老实，骗得了隋文帝和独孤皇后的信任，再加上宰相杨素帮他说话，结果，隋文帝把杨勇废了，改立杨广为太了。直到他病重的时候，文帝才发现杨广是个品质很坏的人。他想再召回杨勇，已经来不及了。杨广害死了父亲，夺取皇位，这就是历史上出名的暴君隋炀帝。

隋炀帝杨广即位后，为了加强对全国政治上的控制，并且使江南地区的物资能够更方便地运到北方来，加上他个人追求享乐，一开始就办了两件事：一是在洛阳建造一座新的都城——东都；二是开一条贯通南北的大运河。

公元605年，隋炀帝派管理建筑工程的大臣宇文恺负责造东都。宇文恺是个高明的工程专家，他迎合隋炀帝追求奢侈的心理，把工程规模搞得特别宏大。建造宫殿需要的高级木材石料，都是从大江以南、五岭以北地区运来的，光一根柱子就得用上千人拉。为了造东都，每月征发二百万民工，日夜不停地施工。他们还在洛阳西面专门造了供隋炀帝玩赏的大花园，叫做"西苑"，周围二百里，园里人造的海和假山、亭台楼阁、奇花异草，应有尽有。尤其别出心裁的是到了冬天草木凋零的时候，他们派人用彩绫剪成花叶，扎在树上和花枝上，使这座花园四季如春。

在建造东都的同一年，隋炀帝就下令征发河南、淮北各地百姓一百多万人，从洛阳西苑到淮水南岸的山阳(今江苏淮安)，开通一条运河，叫"通济渠"；又征发淮南百姓十多万人，从山阳到江都(今江苏扬州)，把春秋时期吴王夫差开的一条"邗(hán)沟"疏通。这样，从洛阳到江南的水路交通就便利得多了。

以后五年里，隋炀帝又两次征发民工，开通运河，一条是从洛阳的黄河北岸到涿郡(今北京市)，叫"永济渠"；一条是从江都对岸的京口(今江苏镇江)到余杭（今浙江杭州），叫“江南河”。最后，把四条运河连接起来，就成了一条贯通南北，全长四千里的大运河。这条大运河是我国历史上的伟大工程之一，它对我国经济、文化的发展和祖国的统一，起着积极的作用。不用说，这是我国成千上万劳动人民用血汗甚至生命换来的。

隋炀帝特别喜欢外出巡游，一来是游玩享乐，二来也是向百姓摆威风。

从东都到江都的运河刚刚完工，隋炀帝就带着二十万人的庞大队伍到江都去巡游。

隋炀帝早就派官员造好上万条大船。出发那天，隋炀帝和他妻子萧后分乘两条四层高的大龙船，船上有宫殿和上百间宫室，装饰得金碧辉煌；接着就是宫妃、王公贵族、文武官员坐的几千条彩船；后面的几千条大船，装载着卫兵和他们随带的武器和帐幕。这上万条大船在运河上排开，船头船尾连接起来，竟有二百里长。

这样庞大的船队，怎么行驶呢？那些专为皇帝享乐打算的人早就安排好了。运河两岸，修筑好了柳树成荫的御道，八万多名民工，被征发来给他们拉纤，还有两队骑兵夹岸护送。河上行驶着光彩耀目的船只，陆地上飘扬着五色缤纷的彩旗。一到晚上，灯火通明，鼓乐喧天，真是说不尽的豪华景象。

为了满足船队大批人员的享受，隋炀帝命令两岸的百姓，给他们准备吃的喝的，叫做“献食”。那些州县官员，就逼着百姓办酒席送去，有的州县，送的酒席多到上百桌。别说隋炀帝吃不了那么多，就连他带的宫妃太监、王公大臣一起吃，也吃不完。留下的许多剩菜，就在岸边掘个坑埋掉。可是那些被迫献食的百姓，却弄得倾家荡产了。

江都在当时是个繁华的地方。隋炀帝到了江都，除了尽情游玩享乐，还大摆威风。为了装饰一个出巡时候用的仪仗，就花了十多万人工，耗费的钱财更是以亿万计。这样整整闹腾了半年，隋炀帝又耀武扬威地回到东都来。

打这以后，隋炀帝几乎每年出巡。有一次，他从陆路到北方去巡视，征发了河北十几个郡的民工，开凿太行山，铺一条巡行的栈道，名“杨广道”；为了保护他巡行的安全，又征发了一百多万人修筑长城，限期二十天筑成。这样，他才在五十万将士的护卫下，在北方边境上巡行了一圈。北方没有现成的宫殿，好在隋炀帝身边的宇文恺是个巧匠，专门为他造了一个活动宫殿，叫做“观风行殿”。

隋炀帝建东都、开运河、筑长城，加上连年的大规模的巡游，无休无止的劳役和越来越重的赋税，已经把百姓压得喘不过气来。但是隋炀帝的骄奢淫逸的心理却越来越重了。为了炫耀武功，公元611年，他发动对高丽的战争。

这一年，他从江都乘龙船，沿着大运河直达涿郡，亲自指挥这场战争。他下令全国军队，不论远近，一律向涿郡集中；还派人在东莱(今山东掖县)海口督造兵船三百艘，造船的民伕在官吏监视下，日日夜夜在海边造船，得不到休息。他们下半身泡在海水里，时间一久，从腰以下都腐烂得生了蛆，许多人受不了这样折磨，倒在海水里死了。

接着，隋炀帝又命令河南、淮南、江南各地督造五万辆大车，送到高阳，给兵士运输衣甲、帐幕；又征发江、淮以南民伕和船只把黎阳(今河南浚县东南)和洛口仓的粮食运到涿郡。于是，无数的车辆，无数的船只，不分白天黑夜，沿着陆路和运河源源不断由南向北，形成一支滚滚洪流。几十万运输物资的民夫，在半路上有不少累死饿死，沿路都是倒毙的尸体。由于民伕死亡太多，耕牛也被征用拉车，弄得田园荒芜，民不聊生。

人民没法忍受下去了。要想活下去，只有反抗。邹平(今山东邹平)人王薄，首先领导农民在长白山起义，他写了一首《无向辽东浪死歌》(浪死就是白白送死的意思)，号召大家反抗官府，歌中写道：

“……忽闻官军至，提刀向前荡。譬如辽东死，斩头何所伤。”

接着，在山东、河北广大地区，接二连三地发生了农民起义，隋王朝的统治开始不稳了。

杨玄感造反

左仆射杨素位高权重，令杨广心有疑忌。大业二年(公元606年)，杨广想除掉杨素。为了不引起乱子，杨广决定暗中将他除掉。于是他便与太子杨昭设下一条计策。

一天，杨广宴请杨素，由太子作陪。席间，君臣关系融洽，三人谈笑风生。其实，这其中暗藏杀机。杨广早就命人备下一杯毒酒，要毒死杨素。不料，不知情的宫女将酒杯弄错了，将毒酒给太子喝了。当时也没发觉。杨广既想掩人耳目，当然不会用烈性毒药让杨素死在皇宫之中。酒席一散，杨广与杨昭二人相视一笑，各自回宫等杨素的死讯。不料，三日后毒性发作的不是杨素，而是太子。太子临死前对后悔不迭的杨广说：“不想我倒替杨素死了，这也许是天意吧！”

不料，这话传入杨素耳中。杨素非常后怕，并因之得了病。

杨素死了，但他还有个儿子叫杨玄感。杨玄感认为父亲杨素虽未被杨广毒死，但也是杨广间接杀害的，就有了报仇的念头。而且他早已对杨广心生不满，有了取而代之的念头，所以表面虽还和过去一样，暗中却在积极寻找机会。

大业九年(公元613年)，隋炀帝杨广第二次率大军去辽东征讨高丽，命杨玄感去黎阳督运粮食。

当时如火如荼的隋末农民起义已在各地展开。杨玄感岂能放过这个绝好的机会。他当即同自己的几个弟弟和好友李密商议起兵，得到赞同。为了让那些士兵和运粮食的农夫死心塌地地同他在一起干，他暗施一计。第二天大刚亮，他就将所有的士兵和农夫集合起来，对他们说道："皇上降旨，让我们限期运粮，违期则斩。这里离辽东战场路途遥远，我们根本不可能在限期内赶到。当今皇帝无道，根本不顾百姓死活，像你们这样的兵士和运夫已不知有多少人死在战场上和运粮途中。我实在不忍心让你们白白送死，决定起兵造反。你们愿意随我一起干的，便发誓共讨暴君!"

杨玄感说完这一番话，人群开始是小声议论。后来，不知谁先喊了一声："杨将军，反正我们也是一死，不如跟你一起造反，或许还有一条活路!"众人一听此人说得有理，便都高喊："杨将军，我们和你一起干!"一时欢呼声响彻云霄。

杨玄感见状，也不由得感到振奋，又安抚了一下众人，便按事先与部下王仲伯、赵怀义商议好的编制整编队伍。附近农民听说这里有造反的队伍，也纷纷跑来加入。

杨玄感将队伍休整了一些时日，便想发兵攻打杨广。但对于作战方针，他拿不定主意，于是便去找好友李密商议。

李密可不是个简单人物，他本是杨广的禁军左翊卫左亲侍，在大兴殿值班。杨广为人喜怒无常，不知怎么就看李密不顺眼，将他赶出大兴殿，也从此离开禁卫军。

但李密是一个胸怀大志，得之淡然，失之泰然的人，所以他并不为此气恼，反而更加勤奋向上。一天，他坐在牛车上看书，牛角上还挂着一套书，正巧被路过的杨素看见，他发现李密气宇不凡，又发现他看的书为《汉书·项羽传》，知他不是等闲之辈，便与之攀谈，又将其介绍给儿子杨玄感，两人后来成了亲密的朋友。

杨玄感来到李密的寝帐，发现他正在秉烛夜读。李密见杨玄感来了，忙站起身笑道："杨兄此来可是为发兵一事?"

杨玄感先是一愣，继而赞道："李兄果真料事如神！想必李兄早已想好制敌之计喽!"

李密连说“不敢当”，言罢二人坐下。李密这才为杨玄感出了上、中、下三条计谋：

上策：隋炀帝远征高丽，南面为海，北面有突厥，只有一条归路。出兵占据临榆关（今河北秦皇岛以西的榆关），断绝隋兵退路，等于扼住其咽喉。高丽军闻讯，必在后面追击。用不了多少时日，东征大军粮草断绝，不战自败。

中策：率军直取长安，现在各地农民义军风起云涌，必会积极响应。我们网罗天下豪杰，以潼关天险固守，即使杨广率东征大军回来，也可与之周旋。

下策：进军洛阳。但是洛阳守军闻讯必会加强防守，而杨广得到消息也会率东征军回来相助，两军夹击，结局可就难说了。

杨玄感却偏偏选择了李密的下策。他认为打下了东都洛阳，大隋的江山即到手一半了。到那时，东征军必人心动摇，自己再乘胜追击，便可杀死杨广，号令天下了。李密见他执意要先攻洛阳，也不便再劝，只在心中叹息了一声，暗暗为自己做日后的打算。

次日清晨，杨玄感便让他的弟弟杨玄挺为先锋，亲率五万大军直逼洛阳。

但是，果不出李密所料，洛阳守军听到杨玄感前来攻打的消息，加强了防守。杨玄感久攻不下，两军陷入对峙。杨玄感见状没了主意。他想了两天，又决定放弃洛阳，采取李密的中策，攻打长安。

在攻打长安的途中，经过弘农（今河南省灵宝），弘农太守杨智积为了拖住杨玄感，不让他去攻打长安，便在城楼大骂杨玄感。杨玄感果然中计，下令攻打弘农。李密看出杨智积用的是缓兵之计，便劝杨玄感不要理他，应该迅速攻占长安，否则不能占领潼关，追兵来到，便无处可守。杨玄感哪里肯听，非要以十万大军踏平弘农，再打长安。

但是弘农城非常坚固，并不是说攻就能攻下来的。还没等杨玄感攻下弘农，铺天盖地的隋军已从身后杀过来。杨玄感的军队毕竟没有经过多少正规训练，人数又比隋军少，被隋军分割成小块，各个歼灭。杨玄感和他的弟弟见大势已去，拨马落荒而逃。跑了不知有多久，来到一个叫葭芦戍的地方，杨玄感回头一看，只有弟弟杨积善一人跟在自己身后。想到自己轰轰烈烈的起义就这样失败了，他不禁长叹一声：“唉，悔不该不听李密之言。”又转身对弟弟说：“我不能死在隋军手中，你杀了我吧！”

杨积善怎忍心对自己的亲哥哥下手？杨玄感见状大怒，痛斥他。杨积善无奈，上前一剑将哥哥刺死，自己正欲横剑自刎，追兵赶来，将其擒获。

隋炀帝从辽东返回后，即刻下令将杨氏兄弟全部杀光，一个不留，又命人将杨玄感的尸体焚毁；这还不解恨，又对御史大夫裴蕴说：“杨玄感造反，竟有十万之众随从！看来天下人还是太多了，多杀些也无妨，还可惩戒后人！”

裴蕴等人按杨广的旨意，大开杀戒。凡是与杨玄感沾亲带故，甚至只是沾一点边的全部杀死，连得过杨玄感救济粮的老百姓也不放过。

这次杨玄感造反失败，战斗中死亡和受株连被杀的人数远远超过十万，损失惨重。

杨玄感造反只不过是封建统治阶级内部的争权夺势，最终的受害者还是老百姓。但同时，他们这种斗争所造成的内部分裂也给农民起义军创造了有利的形势。

瓦岗军的内讧

隋朝末年，各地爆发了农民起义，其中翟让领导的瓦岗军盛极一时。

一天，瓦岗寨门口突然来了一个衣衫褴褛的人，要见翟让，卫兵把他带到翟让那里。原来他就是远近闻名的李密。杨玄感起兵反隋，被隋炀帝打败，李密也被捉去。在押送的路上，李密逃了出来。他在外面流浪了两三年，穷到吃草根、树皮的地步。隋朝官府到处追捕他，最后，他来投奔瓦岗军。

李密投奔瓦岗军，一是因为走投无路，二是也想利用农民起义军重新获得富贵。他一到瓦岗寨，就处心积虑地谋取大权。他看到翟让对军师贾雄十分信任，就想尽办法结交贾雄。他问寒问暖，谦恭有礼，把贾雄笼络得言听计从。一天，翟让告诉贾雄，李密要他消灭隋朝，自立为王。贾雄说：“李密这个人雄才大略，他的话很有远见。不过，您自己称王，未必能成功，如果立李密为王，一定会成功。”翟让问：“既然蒲山公(李密父亲曾被封为蒲山公，李密袭父爵，所以人们也称李密为蒲山公)可以自己称王，何必投奔我呢?”贾雄笑了笑说：“凡事都互相依靠。您姓翟，翟就是泽，是汪洋大水。蒲如果不依靠大泽，就没法生存，所以他必须投奔您。”贾雄这一番花言巧语，已经暴露出了李密的野心。

后来，李密逐渐取得了瓦岗军的领导权。他重用隋朝的降将，把他们笼络在自己的周围，形成了一个中心。这样，瓦岗军内部分成了两派：一派以翟让为首，主要是瓦岗军的旧部成员；一派以李密为首，主要是隋朝降将。两派之间产生了尖锐的矛盾。

翟让性情粗暴，又有些贪财。总管崔世枢刚刚投降李密的时候，翟让把他囚在自己的住处，因为崔世枢没来得及交出金银财宝，就被上刑拷打。翟让派人叫元帅府的官员邢义期来下棋，邢来得慢了一点，翟让就大骂他目中无人，打了他一顿棍子。这样，他得罪了不少人。李密手下的文臣武将，纷纷劝李密及早除掉翟让。

一天，有两个官员来向李密告状。一个说："我上次攻破汝南县，翟司徒对我说，'你得到许多珍宝，为什么只给魏公，不给我？你可知道，魏公是我立的，今后如何，还很难说呢！'"另一个又火上加油地说："这话大有文章，岂不是说，他能立魏公，也能废魏公，您应该早打主意！"其实，李密心中早有打算，但是他怕人议论，就假惺惺地说，"如今正是争夺天下的时候，怎么好互相残杀呢？"那两个官员劝他："壮士被毒蛇咬了手，就把整个胳膊砍掉，牺牲局部是为了保全整体。如果让他们先下了手，后悔就晚了。"这番话正说到李密心上，他嘴上没说什么，心里已经开始筹划了。

这时候，又传来消息说，翟让的部将劝翟让夺李密的军权，翟让的哥哥翟弘要翟让当皇帝。李密唯恐发生变化，决心早下手除掉翟让。

大业十三年(公元617年)十一月，李密在行军元帅府设宴招待翟让。翟让和他的哥哥翟弘、侄子翟摩侯以及徐世勣、单雄信等将领一起赴宴。刚坐定，李密对他手下的将官说："今天我和翟司徒饮酒，用不着那么多卫士侍候！"卫士们立即退了下去。翟让的卫士没有动。李密下令："赏他们酒。"翟让对卫士们说："元帅奖赏你们，快下去喝酒吧！"于是，只剩下李密的卫士蔡建德拿着刀站在一旁。

大家正喝得高兴，李密让人拿出一张弓来，说是从隋军那里缴获来的宝弓，能百发百中，请翟让试射。翟让是有名的射手，见到好弓，分外高兴，他刚接过弓，只见蔡建德突然举刀，照翟让的脑袋猛砍下来。翟让大叫一声，倒了下去。随后，翟弘、翟摩侯也被杀死。徐世勣拔腿就跑，被守门的人砍伤。单雄信吓得跪在地上，请李密饶命，在场的人一片惊慌。

这时候，李密站起来，大声地说："各位不要惊慌，我和弟兄们一同起义，原是为了铲除暴政，共享太平。可是，翟让专横跋扈，肆意侮辱各位将领，更不把我放在眼里，为了反隋大业，不能不除了他，与各位无关。"说完，李密让人把徐世勣扶到床上，自己亲自替他上药；为了表示对单雄信的信任，派他去安抚翟让的部下，并且派徐世勣、单雄信、王伯当分别统率翟让的部下。瓦岗军虽然渐渐安定下来，可内部互相猜疑，蓬蓬勃勃的农民起义，开始走上失败的道路。

再说宇文化及杀死隋炀帝之后，就率领隋朝的残兵败将十多万人北上，想要打回东都。已经在东都自称皇帝的越王杨侗，生怕自己的皇位被宇文化及抢走。守城大将王世充又屡吃败仗，杨侗急得像热锅上的蚂蚁。大臣元文都向他献计说："鹬蚌相争，渔翁得利。我们何不招降李密，让他去打宇文化及呢?"杨侗连称好计，马上派人去见李密。

李密围困东都，久攻不下，士气低落，又听说宇文化及向东都杀来，更加着急。正在进退两难，听说杨侗派来使者，急忙召见。杨侗的诏书上说，只要李密解东都之围，打退宇文化及，一定封他做太尉，执掌文武大权。李密高兴万分，于是，他投降了杨侗集团，下令从东都撤兵，去替杨侗打宇文化及。

不久，围攻黎阳仓的宇文化及，在李密和徐世勣的夹击下，吃了败仗，进驻童山(今河南省浚县西南)。李密跟踪追击，在童山脚下展开了决战。在激烈的战斗中，李密中箭落马，大将秦叔宝奋力抢救，才脱离险境。徐世勣赶来助战，终于打败了宇文化及。这一仗，宇文化及损失惨重，剩下两万人，仓皇逃窜，后来，被窦建德领导的起义军消灭。

童山战役结束以后，李密带着箭伤赶回洛口城，准备进东都向杨侗请功。正在这时候，东都发生了政变，王世充掌了权。王世充曾经多次被瓦岗军打败，所以恨透了瓦岗军。他掌握了大权，李密入朝执政的美梦也就破灭了。

大业十四年(公元 618 年)九月，王世充带兵攻打李密。李密骄傲轻敌，守卫洛口仓的部将叛变，大将单雄信坐视不救，结果被王世充打败。李密走投无路，带领剩下的两万名官兵，投降了唐朝李渊，不久，被李渊杀死。轰轰烈烈的瓦岗起义军，经过八年的英勇奋战，终于失败了。

关于瓦岗起义的故事流传甚广，秦叔宝、单雄信、王伯当等人物经常出现在评书、戏曲之中，为人们所熟知。

李渊太原起兵

李渊本是隋将，他的祖上是贵族，七岁时他世袭唐国公。公元 616 年，隋炀帝任命李渊为太原留守。尽管李渊非常尽心尽力，想博得隋炀帝的赏识，可是隋炀帝还是不信任他，另派自己的心腹王威、高君雅当太原副留守，监视他的行动。李渊敢怒不敢言。

李渊有四个儿子：李建成、李世民、李玄霸、李元吉。其中李世民最有远见卓识和雄才大略，他看到当时全国风起云涌的反抗斗争，认为隋朝的统治不会长久，只有趁现在天下大乱的时机，夺取政权，才能保住家族的地位和利益。于是，他就开始秘密行动了。

李世民知道光靠自己是不行的，必须找几个有本领的人帮助自己才能成大事。他观察自己周围的朋友、幕僚，发觉有个被关监狱、叫刘文静的地方官倒是个很有头脑的人，能为自己所用。于是，李世民就到监狱去探望他，试探他说："像您这样正直的人也被关进大牢，这世道真是忠奸不分哪！"刘文静激愤地说："如今还有什么忠奸可言！除非有汉高祖、光武帝那样的英雄人物，不然，天下是安定不了的！"李世民赶忙说："怎么知道没有这样的人物？只怕是一般人发现不了。今天我来这里，就是想和您商讨天下大事，听听您的高见。"刘文静十分高兴，笑着说："我到底没有看错公子，现在天下大乱，烽烟不断，皇上只顾在江南游玩，这是个好机会。太原城里有的是豪杰，唐国公手下有八九万军队，只要振臂一呼，杀出关去，用不了半年，天下就可以到手！"李世民说："只怕家父不同意，怎么办？"刘文静想想，附在李世民的耳边说了几句话，李世民点头微笑。

第二天，李世民就派自己的亲信带着几百钱去找晋阳宫太监裴寂赌博，借此与其搭上关系。过了几天，李世民请裴寂喝酒，随后裴寂又回请李世民。一来二去，两人的关系十分密切了。一次，李世民突然发愁地对裴寂说："皇上把我们李家看作眼中钉、肉中刺，真是朝不保夕啊！看来局势早晚将有大变！我很想乘机干一番事业，只怕我父亲不同意，您看怎么办呢？"裴寂和李渊的交情很深，听李世民这么说，想了想，说："公子不必着急，我自有办法。"

裴寂想起，不久前李渊曾收下了他送去的晋阳宫的两个宫女，便在这件事上做起文章来。一天，他请李渊喝酒，两人喝得醉眼蒙眬的时候，裴寂就说："都是我害了您，我送您两个宫女的事，怕要传出去了……"李渊大吃一惊，吓得酒醒了一半。私留宫女，灭门之罪，这可如何是好？裴寂赶忙说："二公子世民怕事情败露，招来大祸，正在招兵买马，网罗人才。我看先下手为强，起兵反隋，也许成功。"李渊低头沉思了一会儿，无可奈何地说："事到如今，也只好如此了。"李渊走后，裴寂忙派人把这个情况告诉了李世民。

从这以后，李渊一想起宫女的事就发愁，吃不好，睡不下。偏偏这时候他手下的将军又在打仗中失利，李渊更加不安，生怕皇上怪罪下来。一天，他正在屋里踱来踱去，焦虑地想这些事，突然闯进一少年，说："大人，您不当机立断，还待何时？"李渊一看是李世民，便问："你有什么主意？"李世民说："大祸临头了，不如这时顺应民心，举兵反隋，夺取天下。我观察了天下大势，才敢这么说。您一定要告发我，我只好听命。"李渊叹气道："我怎么忍心告发你。只是以后你可要千万小心，不要随便说这样的大胆言辞。"第二天，朝廷命令李渊出兵去镇压农民起义军。李世民劝李渊说："大人不要再犹豫了。平不了盗贼，是您的罪过，平了盗贼，也不会得到信任。还是快作主张吧。"李渊走投无路，这才下定决心，起兵反隋。

李世民先是冒充皇帝的命令下一道公告征兵，引起老百姓的强烈不满。接着又想出一条公开招兵的妙计。一天，李渊对两位副留守说："叛匪头子刘武周现在占据了汾阳宫，要立即平叛。可是天子远在天边，这如何是好？"王威、高君雅说："事情紧急，留守这时候就自己决定吧。"于是，李渊就名正言顺地打着"讨贼"的旗号，派李世民、刘文静到各地征兵，又暗地里派人去通知其他几个儿子和女婿到太原相会。

不久，李渊的兵力急速加强，又都由他的亲信统率。王威、高君雅起了疑心，决定暗杀李渊，不想消息走漏，李渊和李世民先下手干掉了这两个隋炀帝的耳目，然后诬告他俩阴谋引敌入侵。

李渊带兵起义，一路顺利，杀进长安城。后来他立十三岁的代王杨侑为皇帝，就是隋恭帝，实则自己操纵全部大权。公元618年，隋炀帝被宇文化及杀害，李渊废掉隋恭帝，自己当上皇帝，就是唐高祖。

李靖平定后梁

公元621年，李世民占据洛阳，中原地区已基本处在大唐的统治之下。高祖下令由赵郡王李孝恭全权负责进攻割据江陵的萧铣。江陵的后梁政权长期割据于此，它是由南北朝时梁朝萧詧(chá)建立起来的。

唐高祖李渊，任命李孝恭为夔州总管，命他大造舰船，让部队练习水战。因为李孝恭对军队的事务不熟悉，朝廷又任命李靖为行军总管，兼任李孝恭的长史，以辅佐李孝恭。李靖对李孝恭说："现在天下初定，民心还不齐。如果我们东击萧铣，有人乘机在我们后方作乱，那后果可不堪设想。"李孝恭也觉得这问题很严重，忙问李靖该怎么办。李靖给他出了一条计策："您可以把巴、蜀地区所有酋长的子弟召来，量才使用，安置在身边，对外说是提拔他们，实际是当做人质。这些酋长们自然不敢乱动。他们不反，别人更不敢反了。"李孝恭连声称赞，依计行事。

准备了半年之后，唐政府下诏征集巴、蜀的所有军队，任命李孝恭为荆湘道行军总管，李靖代理行军长史，统领十二总管，从夔州沿长江顺流而下。又任命庐江王李瑗为荆湘道行军元帅，黔州刺史田世康出辰州道，黄州总管周法明出夏口道，共同攻打萧铣。当月，李孝恭从夔州出发，那时候正赶上长江涨水，众将领纷纷请求等水落之后再进军。

李孝恭认为有理，李靖却说："兵贵神速。现在我们的军队刚刚集结，萧铣还不知道，如果趁长江涨水，一下来到他的城下，趁他没有防备突然袭击，这样肯定能活捉萧铣。如果等江水落了再发兵，萧铣必然会有所觉察，那进兵的良机就失去了!"李孝恭表示同意，下令继续进兵。

李孝恭、李靖带领两千多艘战船沿江而下，突然出现在敌军面前。萧铣果然因为长江涨水，船只难行，没有防备。唐军没费吹灰之力就占领了荆门、宜都，并进军夷陵。萧铣手下大将文士弘率领数万精兵前来阻击唐军，唐军一鼓作气把文士弘杀得大败而逃，缴获战船三百多艘，杀死、淹死的人数以万计，一直追击到百里洲。文士弘收拾残兵败将再战，又被打败。

萧铣听说唐军已到，文士弘又吃败仗，吓坏了，赶紧下令从各地征募士兵，但是所征的兵都在长江、五岭以南，路途遥远，不能马上集结，只好让现有兵力全部出战。李孝恭要乘胜追击，拿下萧铣，李靖劝阻道："对方是挽救败局的军队，计谋不是早就想好的，势头不会持久的。我们不如暂且停泊在南岸，缓一天进攻。他们必然分散兵力，一部分留下来迎击我军，一部分返回城里守卫。我们再乘敌军松懈时进攻，必能取胜。现在马上攻打，敌军肯定狗急跳墙，拼命死战，肯定对我们不利。”李孝恭求胜心切，没有听，留下李靖守营，自己率精锐部队出击。果不出李靖所料，李孝恭被打得逃往南岸。

萧铣部队初尝胜绩，士兵们都弃船上岸抢唐军逃时丢下的物品，人人都背了很多东西。李靖见敌兵乱成一团，挥兵奋击，大败敌军，乘胜直抵江陵城下，并进入江陵外城，占领了水城，缴获了大批船舰。萧铣见唐军势不可挡，只好闭门死守，等援军前来解围。

李孝恭兵败后一见李靖，赶紧道歉说当初没有听李靖的劝告。李靖笑着说：“正因为您小败，我们才得以大胜，这就是塞翁失马，焉知非福。您不必自责。”

李孝恭又问现在该怎么办，李靖说：“现在我们应该做的，就是把所获战船全都放弃，让它们顺江漂走。”李孝恭和众将都大惑不解：“打败敌人缴获的东西，正好为我们利用，怎能再送回敌军手中?”李靖笑着解释说：“萧铣的地盘，南到五岭以南，东到洞庭湖。我们孤军深入，如果攻不下江陵，敌人援军从四面八方赶去接应，那我军腹背受敌，进退都很难，即使有舰船也用不上。现在放弃战船让它们顺流而下，塞满长江江面，敌方援军见了，必定会认为江陵城已被攻陷，就不敢轻易进军。即使他们派人去侦察，那也至少晚十天半月，我军一定能取胜。”李孝恭等人听了李靖的妙计，个个拍手称绝。

萧铣的援军见到自己一方的空船沿江乱漂，果然怀疑，以为江陵已被唐军占领，不敢贸然而进。萧铣的交州刺史丘和、长史高士廉、司马杜之松也在援兵之列，听说江陵城已破，萧铣大势已去，干脆投降了李孝恭。

李孝恭带兵包围江陵，萧铣内无粮草，外无救兵，向中书侍郎岑文本询问对策，岑文本劝他投降。于是萧铣对他的大臣们说：“上天不保佑我们大梁，我们不能再支撑下去了。如果一定要等到无力支撑的地步，老百姓也会跟着遭殃，怎么能因为我一个人让百姓横遭涂炭呢?”萧铣下令开城投降，守城的人都哭了。萧铣带领他的群臣穿着丧服到唐军门前，说：“该死的只是我萧铣一个人，百姓无罪，希望不要惊动他们。”

占领了江陵城以后，将领看到这里富庶，想大肆抢掠，岑文本对李孝恭说：“江南的百姓，长期在南梁萧氏统治之下，对我大唐不甚了解，这正是我们宣扬大唐国威仪、树立恩德的时候。现在如果放纵军队抢掠，恐怕从此江南地区的人民，再也不会有归顺之心了!”李孝恭认为他讲得很有道理，马上下令禁止抢掠。

众将领又对李孝恭说：“南梁的将帅抵抗官军，拒降战死的，罪恶深重，应该没收他们的家产，用来赏赐将士。”李靖不同意这样做，他说：“王者之师，应当以礼义为先。他们为自己的君主战死，都是忠臣，怎能按叛逆罪没收家产呢?”于是江陵城得以安定，秋毫无犯。

南方各州县听说唐军如此仁义，都不战而降。在萧铣投降后不几天，他的十几万援兵才赶到，听说江陵失守，萧铣降唐，也纷纷解甲归降。李靖用很短的时间平定后梁，功不可没，高祖下诏封他为上柱国，赐永康县公的爵位。

玄武门之变

在太原起兵时，唐高祖李渊本来迟疑不决，多亏了二儿子李世民态度坚决，想办法把他逼上了反隋的道路。以后五六年，李世民东征西讨，屡建功勋，可以说，大唐的天下，一大半是李世民打下来的。由于这种原因，大唐朝廷里出名的人物，文如长孙无忌、杜如晦、房玄龄，武如尉迟敬德、秦叔宝、徐世勣、李靖，大都聚集在李世民帐下，他在朝中的势力无人可与之相比。

俗话说：功高震主。李渊不是不知道李世民的实力，也曾几次跟李世民说到要立他为太子，但都被李世民拒绝了。李世民不但是怕应对失当，招来灾祸；还因为早在李渊称帝的时候，就按封建礼教，立了大儿子李建成为太子，他自己只被封了秦王，只怕以庶夺嫡，会构成千古大罪。

可是，身为太子的李建成却不这么想。他虽然也带过兵，打过仗，但论起军功比不上李世民，总觉得在众人面前比这位二弟矮了一截。他想，眼下父皇健在，还可以凭太子的身份压过李世民，万一父皇不在了，他的皇位能否保得住，还是不可预知的事。于是，李建成千方百计地培植自己的势力，想方设法要拔去巩固自己皇位道路上的钉子。

于是，李建成先跟同样野心勃勃的三弟李元吉携起手来，共同对付李世民。他还拉拢了一批皇亲国戚，掌握了长安地区，特别是宫廷内守军的指挥大权，形成了与李世民抗衡的可观力量。

李建成看到，当上了大唐皇帝的李渊，比在太原当留守时更加追求享乐，成天泡在内宫，跟嫔妃们厮混。他便使劲地巴结李渊身边得宠的贵妃们，由她们在李渊耳旁吹风，中伤秦王李世民。

那些贵妃本对李世民一肚子的不满。她们生存的目的，只不过趁皇帝宠爱之时，多搜刮些金银珠宝，替自己的至亲至戚找个好饭碗。偏偏李世民志存高远，不理睬贵妃们的要求。当李世民攻下东都回长安时，贵妃们以为秦王一定在隋炀帝的西苑大大捞了一把，纷纷向他讨取隋宫珍宝。秦王回答她们：“那些宝物已经造册送进了国库，我没法给你们。”秦王的话把贵妃们气得半死。现在她们跟李建成一拍即合，立刻开始了对秦王的攻击。

有一次，李世民见淮安王李神通立了功，便把一块田赐给了他。恰巧张婕妤也要把这块田给自己父亲，便哭着对李渊说："您赐给我爹的田，秦王抢去给了李神通，不知是皇上权力大，还是秦王有权！"李渊听了，把李世民骂了一通。另一次，尹德妃的父亲尹阿鼠让家人把经过自己家门的杜如晦从马上拉下来，一边骂："你是什么人？竟敢经过我家大门不下马！"一边打折了杜如晦一根手指。事后他怕李世民告诉李渊，竟恶人先告状，倒打一耙，说秦王派手下人欺负尹德妃的父亲，引得李渊又是好一阵大怒，把李世民找去训斥了一顿。李世民一再辩白，李渊却执意不相信。

李建成千方百计让李渊、李世民父子发生了嫌隙，便想制造事端暗害李世民。他以为即使李世民无缘无故地死了，父皇也不至于怪罪下来，只会更加倚重自己这个太子。

这年秋天，照例要举行皇室的狩猎活动。太子与秦王、齐王都到场陪伴李渊出猎。狩猎开始后，李渊下令三位皇子比赛骑马射猎，李建成牵来一匹体格骏健的胡马对李世民说："我这匹马一跃能跨过几丈阔的山涧，二弟是马上英雄，不妨试着骑它。"李世民不防太子加害，便骑上了这匹高头大马逐鹿。谁知这匹胡马性子十分倔劣，刚骑出一段路，便在山道上发起性来，李世民只得从马背上跳下来。等他再骑上马背，那马突然又俯下前蹄，要把李世民掀翻在地。几次之后，李世民终于明白了太子的险恶用心，回头对从人说："这是想害我呀！可惜生死有命，谁也没办法改变。"

这话传到李建成耳朵中，他立刻让贵妃们在李渊面前说李世民的坏话，加油添醋地说秦王自称天命所归，必然会当皇上。李渊听了大怒，要治李世民的罪。幸亏这时突厥又大举入侵了，李渊还得靠秦王去打仗，这才平息了这段莫须有的公案。

这以后，李建成的凶相更加暴露，甚至在请李世民喝酒时，在酒里下了毒。幸好李神通也在座，匆匆扶李世民回西宫医治，才躲过这一劫难。

到这时，三位皇子的暗斗变成了剑拔弩张的明争。李建成迫不及待地向李渊建议，由李元吉率兵抵抗突厥，并要把尉迟敬德等一批秦王部下调到齐王府，削弱李世民军队的实力，阴谋把李世民及亲信一网打尽。

李世民听到消息还在犹豫，尉迟敬德可忍不住了，他和长孙无忌等人向李世民明确表示，要么先动手杀了建成、元吉，要么让他们离开长安。到这时，李世民已经无法再退一步了，只得下决心除去两位亲兄弟。

第二天，李世民进宫向李渊揭发了建成和元吉勾结嫔妃，暗害自己的事实。李渊大吃一惊，决定第三日清晨召见三位儿子，让他们当面对质。

这一夜，双方都在作决一死战的准备。早晨，李建成跟李元吉一同经由玄武门进宫。他们以为宫廷卫队在自己控制下，一路上毫不介意。直到玄武门前，才发觉气氛不对，门前冷冷清清的，看不到自己的部下，两人急忙回头想离开。

李世民早已设下了陷阱，他大喝一声："殿下别走！为什么不进宫去?"情急之中，元吉想张弓搭箭，拉了几次弓弦都没拉开，可李世民却已张弓搭箭，一箭把李建成射下马来，眼见活不成了。

远远的，尉迟敬德已率领七十名轻骑奔来，只听一阵弓弦响，元吉的马中箭倒地。李世民催马追赶想逃入树林的元吉，却不慎被树枝挂着，倒下马，一时爬不起身来。元吉见状，飞身上前，夺过弓想扼死倒地的李世民。说时迟，那时快，尉迟敬德已飞马迫近，挽弓控箭，一箭把元吉也射死了。

这时候，建成、元吉的部队已经对秦王府发动了进攻，双方相持不下。等到尉迟敬德提着建成和元吉的首级奔来，围攻秦王府的士兵们才知大势已去，一阵哄喊之后立即散去。

这时候，李渊还在宫内跟大臣、贵妃们乘舟游海池，忽见尉迟敬德全副甲胄，手执长矛大步逼近，不觉大吃一惊，急问道："你来宫里干什么?"

尉迟敬德声如洪钟："陛下，太子和齐王起兵作乱，秦王命臣来守卫宫殿。"再问太子齐王的下落，李渊才知两人均已被杀，这下子李渊吓得不知怎么办好，只能问左右大臣该怎么办。

大臣们听说太子已死，眼前尉迟敬德又持矛而立，只得劝李渊改立秦王为太子。李渊无奈，只能乖乖从命，下令今后一切国家大事都由新太子李世民处理。过了几个月，李渊索性退位当了太上皇。李世民登位后，改元为贞观。一代开明圣主踏着兄弟的血迹走上政治舞台。

李靖大破突厥

隋末唐初，正是北方突厥族强盛的时期。唐高祖李渊因初起兵时势力太弱，曾经卑辞厚礼，称臣于突厥，要他们出兵相助，并且约定：一旦攻下长安，土地、人口归李渊，金帛财物则归突厥。所以突厥连年入侵，成了初建不久的唐王朝的大患。

唐太宗贞观三年(公元629年)，代州都督张公谨上了一道奏章说，因为突厥颉利可汗骄横无道，突厥发生内乱，建议乘机出兵讨伐。这年十一月，唐太宗命兵部尚书李靖为定襄道行军总管，与其他各路兵马一起，共十万大军，分头出击突厥。对于唐朝来说，这是一次规模较大的反击战。过去对突厥不断和亲，送钱送物，却不能消除边患，边境上的战争互有胜负，无法洗雪被侵凌的耻辱。这一次胜负如何？自从派出大军，唐太宗的心中就没有轻松过。不过，对于李靖等将领，唐太宗是极为放心的。在削平国内军事割据势力的过程中，李靖屡立大功，几乎百战百胜。唐高祖李渊曾经夸赞他说："古时的名将韩信、白起、卫青、霍去病之流，如何能比得上李靖！"

这些年来，李靖多次带兵抵御突厥，可谓知己知彼了。受命之后，他率领着三千骁骑，从马邑出发，乘敌人不备，直扑恶阳岭。

朔风扑面，痛如刀割，战马呼出的热气，转眼间即凝结为白霜；冷月如钩，照在铁甲之上，泛出幽幽的寒光。往北望去，就是古城定襄了，这里牧场肥沃，草丰羊肥，是北疆较为富庶的地带。突厥颉利可汗的牙帐就建在这里。在这天寒地冻的冬夜里，突厥人无论如何也没想到会有唐军来突袭。李靖一声令下，三千骁骑上马飞驰，马蹄敲击在冰冻的地面上，犹如无数面战鼓在擂响，声势吓人。一顶顶帐篷被扯翻了，刚从暖衾中钻出来的突厥兵还没来得及抄起武器，便成了刀下之鬼。牲畜栏被踹倒了，牛羊遍野乱窜，到处一片鬼哭狼嚎之声。

李靖的骑兵像旋风一样消失了。颉利可汗一夜惊慌失措，天明后查点人马，发现折损无数。部下报告说，昨夜偷袭的是唐朝大将李靖。颉利脸上变了颜色，惊恐地说："假如唐朝不是倾国而来，李靖怎么敢孤军到此！"部下们听了，都觉得不寒而栗。正说着，李靖的铁骑又冲到了，将士们呐喊着挥刀乱劈，将突厥兵又冲了个人仰马翻。一天之中，李靖多次发起攻击，再加上突厥人风声鹤唳自相惊吓，不知骚乱了多少回。颉利可汗不敢再待在定襄，将牙帐转移到碛口。

李靖又派出间谍，去离间颉利的亲信，于是一向受颉利信任的康苏密向唐朝投降。当初，隋炀帝的萧皇后和炀帝的孙子杨正道投奔突厥，被安置在定襄，康苏密将他们一股脑儿抓起来献给唐朝，带到了京城长安。

颉利可汗已然吓破了胆，继续向北逃窜，一直跑到阴山以北的铁山。为了等候时机东山再起，他施了一个缓兵之计，派遣执失思力为使者，见到唐太宗，说是请求举国归附唐朝，他本人也要亲自来朝见大唐天子。

唐太宗见多年仇敌愿意低头，心中很高兴，就派鸿胪卿唐俭前去抚慰，又下诏让李靖带兵去接颉利。

李靖带兵来到白道，与另外一员大将李世勣会合，两人商量说："颉利虽然战败，但他手下的兵马仍很强，假如他逃到大漠以北，去依附其他部族，那么路途遥远，很难追得上。现在朝中使节正好到他那里，敌虏必然心中松懈，若选精骑一万，带上二十天的粮食，前去袭击，不需费力便可将其擒获。”两人商定之后，决定李靖带兵先行。李靖把这个计划告诉了张公谨，张公谨迟疑道：“皇上已下诏书准许他们投降，况且使者还在那里，怎么还去袭击！”

李靖想不到这位多年戍守边关的将军也有迂腐的时候，就不耐烦地回答说：“这种情形正和当年韩信破齐一样。至于唐俭这种人，即使因此被突厥人杀掉又有什么值得可惜的！”说罢，立即传令，大军连夜出发，李世勣随后而行。

颉利见到唐俭，听他宣读了唐太宗准其投降的诏书，心中不禁暗喜，因为只要再拖延一段时间，待春草繁茂，战马复壮，就可以越过大漠，跑到唐军追击不到之处。以后有时机，再来报仇。

然而，李靖与李世勣的大军却如巨网一般无声地撒来，不仅颉利没有想到，就连唐朝君臣也都毫不知情。

大军一路疾行，沿途遇到颉利派出侦探军情的突厥人，全部擒住，带在军中一同前进。行至阴山，共俘获营帐一千多张。

快要到颉利的巢穴了，李靖令手下将领苏定方率领二百名骑兵作先锋，自己随后跟进。正巧起了大雾，苏定方领命而去，一直跑到离颉利牙帐只有七里路的地方，才被敌人发现。突厥兵已是惊弓之鸟，仓促上马迎战，颉利自己跳上千里马抢先逃命。突厥群龙无首，被苏定方冲得乱跑一气。这时李靖赶到了，大军一拥而上，纵马劈杀，突厥兵彻底溃散了，一万多士卒被砍了脑袋，十几万男女成了俘虏，数十万牲畜被唐军缴获。颉利的妻子是隋朝义成公主，在乱军中被杀。颉利的儿子叠罗施被擒。颉利带着一万多残部想穿越大漠，被李世勣挡在碛口，无法通过，只得另投吐谷(yù)浑，最后被大同道行军副总管张宝相抓获，押送到长安。

唐太宗听到李靖击破突厥的消息，心情激荡，对侍臣感叹道：“朕听说主忧臣辱，主辱臣死。过去国家在草创时，太上皇(指李渊)为了不使百姓受难，不得已而向突厥称臣，朕如何能不痛心疾首！朕志灭匈奴，一直坐不安席，食不甘味。现在仅仅派出一支偏师，便无往而不胜，过去的耻辱，难道不是一朝洗雪了吗！”

一直是唐朝边境大患的突厥败亡了，唐朝疆域由阴山一直往北扩展至大漠，恒安、定襄等地被收复。这年三月，与唐朝毗邻的各少数民族慑于唐王朝的军威，各派使节齐集长安，给唐帝奉上“天可汗”的尊号，唐太宗非常高兴。此后凡与西方各国酋长有书信往来，皆自称天可汗。

回想唐高祖武德九年(公元626年)，唐太宗刚在玄武门之变中杀掉太子李建成与齐王李元吉，夺得太子之位，颉利乘乱率军直抵长安，在渭水边上耀武扬威，虽然最后言和而去，但对唐朝来说又是一场大辱。因此对于李靖的功绩，唐太宗是非常赞赏的。他曾对李靖说："当年李陵率五千步卒出征，不免于投降匈奴，然而尚且得以垂名于青史。卿仅以三千轻骑深入敌虏巢穴，克复定襄，威镇北狄，这等气概和功绩，真是从古至今从来没有过，足可以报往年渭水之役的大仇了。"

然而，由于中书令温彦博妒嫉李靖的功劳，对唐太宗进谗言说他的军队纪律败坏，致使突厥原有的许多珍奇宝物都被乱兵抢走了。唐太宗不辨是非，对李靖狠狠地斥责了一顿，李靖也不辩解，只是磕头谢罪。

过了一段时间，唐太宗对李靖说："隋将史万岁攻破达头可汗，不但没有得到奖赏，反而因为过错被杀戮。朕不会这样，我将赦免你的过错，奖励你的功绩。"于是给了他不少赏赐，提升了官职。

又过了一段时间，唐太宗才有所醒悟，告诉李靖说："前些时候有人进谗言诬陷你，现在朕已明白了，请你不要介怀。"再次给了李靖赏赐。

贞观八年(公元 634 年)，李靖因为脚上有病，行走不便，就上表请求卸任。唐太宗觉得历来身居富贵之中的人，大都贪恋名位，很少有知足的，即使身患疾病，也要勉强支撑，而像李靖这样能够激流勇退的明智之人，实在不多见。因此，唐太宗特地下诏，准许他在家养病，不减俸禄，只需等脚病稍好一些之后，每过两三天到门下和中书两省去过问一下政事，并且又加了赏赐和名位；后来还赠送给他一根灵寿杖，以便他扶着行走。

时隔不久，西北地区的另一个游牧民族吐谷浑举兵侵扰凉州，唐太宗遣使宣谕，没起作用，于是下诏大举讨伐。

西北地形复杂、气候恶劣，吐谷浑又是一个善于骑射的民族，唐太宗很想有李靖这样的良将挂帅征讨，才不至于误事。然而李靖已经六十五岁，又有病，而且刚刚批准他告老养病，因此唐太宗心中很犯难。有一次，他说漏了嘴，对身边的侍臣道："若是有李靖为帅，真是再好不过了。"李靖听说之后，就找到宰相房玄龄，对他说："我李靖年纪虽老，仍然可以上马出征。"

房玄龄把这话告诉了唐太宗，太宗十分高兴，立即任命李靖为西海道行军大总管，统领兵部尚书侯君集、刑部尚书李道宗、都督李大亮、右卫将军李道彦、利州刺史高甑生等五路总管，出兵征讨吐谷浑。

第二年夏天，大军来到伏俟城，吐谷浑可汗伏允打了一个败仗之后，放火烧掉了野草，想饿死唐军的战马，然后率轻兵逃入大漠。李靖召集众将议事，诸将认为战马无草可吃，十分瘦弱，不能再深入大漠作战。侯君集说："敌虏一向强悍，现在一败之后，如鼠逃鸟散，连侦骑都绝迹了，其君臣父子分散各处，失去联系，若去攻取他们，就像捡几粒草籽那样容易。现在如果不乘胜而进，以后必定后悔不迭。”李靖认为此语很有道理，于是决定继续追击，分兵两路深入大漠。李靖与薛万钧、李大亮走北道，侯君集、李道宗走南道。

不久，李靖部将薛孤儿在曼头山与吐谷浑一部相遇，薛孤儿奋勇破敌，缴获了很多牲畜，唐朝大军得以补充了军粮。

几天之后李靖又在牛心堆、赤水源等地打败吐谷浑。

另一路唐军深入荒原，行了两千多里路，皆没有人迹，虽在夏天，霜雪不断，人啃冰、马吃雪，一路辛苦异常，终于在乌海追上伏允，经过一场战斗，唐军大胜。

李靖督率唐军转战追杀，翻越积石山，经过那里的黄河源头，到了且末（今新疆且末附近）。听说伏允已逃到突伦川，唐军又深入荒原追击，由于大漠中无水，将士们只好刺马血饮之解渴。最后，伏允的牙帐被唐军袭破，数千名吐谷浑士卒被斩首，二十多万头牲畜被唐军缴获。伏允虽然再次逃脱了，但他的妻儿都成了俘虏。

不久，伏允在荒漠中走投无路，为左右的人所杀。伏允的儿子举国归降，唐王朝的又一个边患被讨平了。

在这次出征过程中，利州刺史高甑生为盐泽道总管，因延误了军机，受到李靖的斥责。高甑生怀恨在心，诬告李靖谋反。唐太宗下令司法机构审查，结果高甑生因诬陷而获罪。李靖为了避嫌，回来之后躲在家里关上大门养病，不与任何宾客往来，甚至连亲戚都很难见到他。

对于这位功勋卓著的老将，唐太宗没有吝惜官爵与赏赐，李靖被封为卫国公。贞观十七年（公元 643 年），他的画像与长孙无忌、李孝恭、杜如晦、魏徵、房玄龄、尉迟敬德等二十四名功臣一齐被画在了凌烟阁上，得到了极大的荣宠，也引起了后世无数人的羡慕。贞观二十三年（公元 649 年），李靖与唐太宗同一年去世，死时七十九岁。

唐代的科举取士

在魏晋南北朝的时候，门第观念很强，做官的多是名门世族。从隋朝开始有了科举，读书人可以通过考试进入统治阶层，到了唐朝的时候，科举制度已经很完备了。

唐朝贞观初年，有一次，唐太宗想亲自看看考进士的情况。在发榜那天，他带着几个内侍，悄悄地来到考试进士的端门前。只见许多新考取的进士，排成长长的一队，一个接一个地走了出来。唐太宗非常高兴，对身边的内侍说：

“天下英雄，入吾彀中矣!”彀(gòu)是指射箭的时候箭所能射及的范围。这句话的意思是说，天下的人才全都落到我的手中了。

唐太宗为什么那样高兴？因为他看到了，科举这种制度确实是选拔人才的有效方法。

唐朝的科举考试科目很多，其中进士科和明经科最受重视。明经科主要考帖经，就是把经书上的文字用纸帖上几个，让考生把它写出来，如同现在学校的填空试题一样。进士科主要考诗赋。写诗作赋比较自由，也便于表现考生的才能，所以当时的读书人都愿意考进士科。考进士科的人很多，录取很难，一百个人中只能录取一二个人。明经科比较容易，十个人中就能录取一二个人。当时人们把考进士比作“登龙门”。有这样一句谚语：“三十老明经，五十少进士”，意思是说，进士比明经难考，三十岁考中明经科已经算老了，五十岁考中进士还算年轻呢。

考中进士，就取得了一种出身，但是真正得到官职还要经过吏部(中央的人事部门)的考试，这个考试叫“铨选”。选试合格的，呈请皇帝授给官职。选试的内容有四项：一是“身”，相貌外表要端正；二是“言”，言词要清楚；三是“书”，字要写得端正美观；四是“判”，要具有审定文字的能力。

考中了进士，叫做“及第”。第一名叫状元，第二名叫榜眼，第三名叫探花。到武则天的时候，皇帝还在宫殿上亲自出题考试。所以有人把进士叫做“天子门生”，意思是由皇帝亲自考取的。

由于进士很难考，为了达到考取的目的，应考的举子就在考前和考试期间想出种种办法进行活动。有的到处叩拜公卿，送礼物、献文章，想得到公卿的赏识，好替他向主考官推荐。有的甚至跑到官僚的车马前跪献文章，表示自己的诚意，这叫做“求知己”。有的把自己的文章工工整整地写成卷轴，献给达官贵人或者名流学者，请他们把自己推荐给主考官，这叫“行卷”。行卷的第一篇十分重要，它往往决定看的人的印象好坏，所以举子们都十分用心。唐朝大诗人白居易到长安应考，向当时的著名诗人顾况行卷。顾况看见白居易的姓名，开玩笑地说：“米价方贵，长安居大不易。”(长安米价正贵，居住很不容易。)有点看不起白居易的意思。等到他打开行卷第一篇《赋得古原草送别》，念到“野火烧不尽，春风吹又生”一句的时候，不由得大加赞赏，说：“能做这样的诗，‘居’亦‘易’矣!”于是，顾况到处赞扬白居易的才华。

行卷促使一些读书人在应考以前认真提高自己的文学修养，努力创作高水平的作品，这对唐代文学的发展起了一些积极作用，不过也造成了钻营、贿赂和投机的风气。

实行科举制度，官吏的选拔和任用都由中央决定，这就加强了中央政府的权力，有利于国家的统一。同时也使大批出身于中、小地主阶级的读书人有机会进入政府机构。像家世毫无名气的李义府，怕自己不能参与政权，曾经写诗说：“上林许多树，不借一枝栖。”(上林苑有许多树，没有一枝可以让我停留。)唐太宗回答他说：“我将全树都借给你，哪里只是一枝啊!”后来，李义府通过科举考试，进入上层社会，最后做了宰相。

科举制度表面上看公正无私，按才能录取，其实，取谁不取谁，往往全凭主考官的爱憎。主考官的爱憎又往往是由考生后台是谁，送礼多少来决定的。唐玄宗的时候，宰相杨国忠的儿子杨暄(xuān)应考明经科，考试成绩不好，主考官不打算录取他。杨国忠知道以后大骂：“难道我的儿子不能享受富贵吗?我怎么能让一个低贱的主考官制住!”主考官没有办法，只好录取了杨暄。

有一个读书人，连续考了二十五次都没有考中。最后一次考试的时候，他干脆开玩笑地写了几首古怪诗，内容是讲阿猫阿狗的无聊事。没料到，这几首开玩笑的诗，被主考官看上了，让他考中了进士。他手里拿着喜报，哭笑不得地说：“我一生辛苦做诗，这里托人，那里求情，都没有考上，没想到靠着阿猫阿狗反而考中了!”

贤德皇后长孙氏

唐太宗文德皇后长孙氏，河南洛阳人。她祖先是北魏拓跋氏的后代。她父亲长孙晟(shèng)，是隋朝右骁卫将军。唐武德九年(公元626年)，李世民继位为皇帝，立长孙氏为皇后。

长孙氏从小就喜欢读书，凡事都能按礼法而行。李世民还是秦王的时候，和太子建成、齐王元吉不和，长孙氏尽心侍奉李渊，尽力处好与太子、齐王妃嫔的关系，力争在李氏父子之间创造一种和谐的气氛，对李世民帮助很大。成为一国之母的皇后之后，长孙氏厉行节俭，深受太宗的敬重。太宗曾和她探讨赏罚之事，她觉得妇人不该参与朝政，坚持不发表意见。

长孙氏身为皇后，从不为自己牟私利。她哥哥长孙无忌和李世民交情很深，又很有才干，李世民多次想任用无忌为宰相，长孙氏总是提醒李世民不要造成外戚专权的后果。皇后的女儿长乐公主出嫁时，太宗下令要送比永嘉长公主(李渊之女)多一倍的陪嫁。魏征认为这样做有悖于礼数。文德皇后闻知后，赞叹魏征“真社稷之臣也”，劝太宗听从魏征的劝谏。

一次太宗散朝后回到后宫，怒气冲冲地说：“我一定要杀了这个乡巴佬。”皇后问是谁，太宗说：“魏征总是在朝廷上让我难堪。”皇后闻言，回到寝殿换了一身朝服，立到庭院里。太宗惊问其故，皇后说："妾听说主上若贤明，臣下就忠直；如今魏征忠直，是由于陛下的贤明啊，妾怎敢不祝贺呢!"李世民这才高兴了。

长孙皇后本性仁慈节俭。豫章公主幼年时母亲去世，皇后收养了她，关爱程度超过了亲生儿女。妃嫔们生病，皇后总要亲自去探看，经常把自己的药膳让给病人疗病补养。宫中的人对皇后无不爱戴。皇后训诫子女们，总是告诉他们要谦和节俭。太子的乳母曾上报东宫费用少，请求增加一些，皇后说："作为太子，担心的是德操好坏，名声善恶，怕什么没器用呢?"到底没有答应。

太宗患有一种疾病，几年没有痊愈。文德皇后精心侍奉，昼夜不离病榻。皇后时常在衣带上系有一包毒药，表示如果太宗去世，自己要追随于地下。皇后患气疾(呼吸系统疾病)，有一次随太宗到九成宫，柴绍晚上来报告发生变故，太宗披甲出门询问情况，皇后抱病紧随身边。左右近侍劝她不要出去，皇后说："皇上已被惊扰，我怎能心安呢!"从此病情加剧。

皇后已预感到自己大限将到，于是和太宗诀别。当时房玄龄因故被免官，皇后对太宗说："玄龄侍奉陛下时间久长，小心谨慎，奇谋秘计，从未泄露，如果没有大错误，希望不要遗弃他。我的宗亲，凭借亲近关系而获俸禄，既然不是凭才德举用，就容易招致危败，要使他们的子孙得以保全，就不要把他们安排到权要位置，保持外戚上的关系就足够了。我活着时没给人们带来好处，不可以死后害人，希望不要因为营造陵墓使天下劳心费力，只要凭借山势建坟墓，随葬器物用瓦木就行了。还希望陛下亲君子，远小人，纳忠谏，屏谗慝，省作役，止游畋，我虽然长眠于九泉之下，真的没什么遗憾。儿女们不必让他们来看我，看到他们悲哀，只会让人心烦意乱。"于是拿出衣带里的毒药给太宗看，说："我已决心在陛下不测之日，以死追随乘舆，不能处于吕后的境地。"

贞观十年(公元636年)，文德皇后长孙氏死于立政殿，终年三十六岁。

文德皇后生前著有《女则》三十卷。皇后死后，后宫学官把皇后著作呈给太宗，太宗看后，悲恸不已，拿给近侍大臣看，说："皇后这本书，足以垂范百世。朕不是不知天命而做无益的悲哀，只是进宫再听不到劝谏之言，失去了一个贤内助，所以不能忘怀啊!"于是召回房玄龄，恢复了他的职位。

魏征直言敢谏

魏征(580—643)，初唐政治家。其时，唐太宗以虚怀纳谏著称，贞观朝谏臣云集，魏征最为杰出。他所言都是为了唐朝的长治久安，使太宗少犯错误，对“贞观之治”的出现起了不小的作用。

魏征原是废太子李建成手下的旧臣，曾经劝说李建成杀害李世民。李世民即位以后，不计前嫌，任命他为谏议大夫。魏征是中国历史上少有的敢言直谏的名臣，他与唐太宗一个敢谏，一个从善如流，君臣相应，留下了一段历史佳话。

当初，玄武门之变后，有人告发魏征，说他曾参与刺杀李世民的阴谋。李世民当即将他召来，板着脸问道：“你为什么在我们兄弟之间挑拨离间?”

魏征神色坦然，不慌不忙地回答：“可惜当时太子没有听从我的建议。否则，事情绝不会搞成现在这样。”

李世民见魏征不是个见风使舵的人，心中喜爱，加之他说话直爽，有胆有识，是个人才，便留他在身边做事。李世民即位后，提拔魏征做了谏议大夫。

谏议大夫的职责就是当皇帝的顾问，提出意见，帮助皇帝改正行政上的过失。这可是个危险的差使，常言道：“伴君如伴虎。”一不小心，逆了龙鳞，捋了虎须，惹恼了皇上，就可能丢脑袋。因此，历史上很多谏议大夫只会明哲保身，顺着皇帝说话。可魏征不是这样的人。他为人正直，忠于职守，常常在朝廷上公开发表自己的意见，他认为不对的事，总能当着李世民的面直说。李世民是个有作为的皇帝，因而很尊重他的意见。

有一次，李世民问魏征：“君主为什么会有明君和昏君的区别?”魏征回答说：“君主能听取各方面的意见，就是明君；偏听偏信，便是昏君。所以君主要善于听取各方面的意见，这样，亲贵大臣就无法阻塞言路，君主便可以得知民情。”李世民听了非常高兴。

魏征提的意见多了，难免与李世民发生争执。有一次，李世民想到泰山行封禅(shàn)礼，来炫耀自己的政绩。封禅是由皇帝主持的在泰山祭祀天地的仪式。历史上，秦始皇、汉武帝都曾经举行过这种仪式。封禅无非是炫耀一番，排场一番，没有什么实际的意义。

魏征坚决不同意。李世民很生气，喝问道：“你不让我到泰山行封禅礼，是觉得我功劳不高，还是我德行不深厚，或者觉得天下并不安定呢?”

魏征回答说：“陛下功劳卓越，德行深厚，天下也太平。但封禅这种事情，劳民伤财，只是图个虚名。这种不务实际的做法，陛下为什么要做呢?”

由于魏征的坚持，李世民只得放弃了封禅的想法。

魏征提出的建议，李世民也不是每次都能听从。每当这个时候，李世民再与魏征说话，魏征便闭口不言。

李世民很奇怪，便问魏征这是怎么回事?

魏征回答说：“我上书劝阻的事，是我内心里觉得陛下处理不当的。陛下不听从我的意见，而我又随口应声，那是我敷衍陛下。心知陛下行为不对而又当面顺从，不符合圣贤治国的原则。”

李世民听了，哈哈大笑，说道：“人人都说魏征举止傲慢，而我觉得他妩媚可爱，正因为他为人忠直、表里如一啊！”

公元643年，魏征病故。失去了这样正直敢谏的大臣，李世民非常难过。他流着眼泪说：“人以铜作镜子(古人使用铜镜)，可以整理衣冠；以历史为镜子，可以发现王朝兴衰更替的规律；用人作镜子，可以知道自己行为言语的得失。魏征去世了，我失去了一面镜子啊！”

李世民在位期间，还有很多这样的敢于直言的大臣，而魏征是这样大臣的代表。正是有了一批像魏征这样敢谏直言的大臣，唐初才出现了政治清明的局面。李世民的年号是贞观，历史上把这一时期叫做“贞观之治”。

贤相房玄龄

唐朝著名的大臣房玄龄，字乔，齐州临淄(今山东淄博)人。他自幼就很聪明，博览经史，工于草书、隶书，善写文章，曾跟随父亲到京城去。当时天下安宁，大家都认为隋朝国运长久。房玄龄避开左右对父亲说：“隋朝皇帝本无功德，只会迷惑黎民，不作长远打算。他混淆嫡亲和庶出，让他们互相争夺，皇太子与诸王又竞相奢侈，早晚会互相残杀。靠这些人国家将难以保全，现在天下虽然清平，但其灭亡却指日可待。”房彦谦听后很吃惊，从此对他刮目相看。房玄龄十八岁时，本州举荐他应进士考，及第后被授羽骑尉。吏部侍郎高孝基颇有知人之明，见到房玄龄后深加赞叹，对裴矩说：“我阅人无数，还未见过这样的才子。他日后必成大器，遗憾的是我恐怕看不到他功成名就，位高凌云了。”父亲久病历百余日，房玄龄尽心侍奉，总是和衣而睡；父亲去世后，他五天不吃不喝。后来房玄龄被任命为隰城县县尉。

李渊举义旗入主关内后，秦王李世民率军向外拓地，房玄龄驱马前往军营谒见。李世民一见房玄龄，如同旧友相逢，署任他为渭北道行军记室参军。房玄龄既遇知己，就竭尽全力，知无不言。每当讨平贼寇时，众人都竞相搜求珍玩，唯独房玄龄先去网罗人才，送到秦王幕府。遇有猛将谋臣，他就暗中与他们结交，使他们能尽忠效力。

不久，太子李建成见秦王威德功业比他更盛，产生猜忌。秦王曾到太子住所吃饭，中毒而归。秦王幕府人人震惊，但又无计可施。房玄龄对长孙无忌说：“现在怨仇已成，祸乱将发，天下人心无主，各怀异志，灾变一作，大乱必起。不但祸及幕府，还怕会倾覆国家，在此关头，怎能不再三深思呢！我有一计，不如遵从周公诛杀兄弟的故事，就能对外抚宁天下，对内安定宗族社稷。古人曾说‘治理国家的人不能顾及小节’，说的就是这个道理。这比家国沦亡、身败名裂不是要好得多吗?”长孙无忌说：“我也早有这种打算，一直没敢披露出来。您现在所说的，与我的想法不谋而合。”长孙无忌于是入见秦王献策。李世民召来房玄龄，对他说：“现在已经有了危难来临的迹象，该怎么办呢?”房玄龄回答说：“国家遭逢危难，古今没什么不同，只有英明的圣人，才能平定灾难。大王功盖天地，符合君临臣民的天象预兆，自有神助，不靠人谋。”

房玄龄在秦王府十余年，每当撰写奏章时，都是倚马可待，行文简洁，道理充分，不打任何草稿。高祖曾对侍臣们说：“此人深知事理，完全可以委任。每当他代秦王向我陈述事情时，我感觉就像与我自己的孩子对面谈话一样。”太子李建成看到房玄龄、杜如晦如此被秦王信任，十分厌恶。于是，李建成在高祖面前进谗言，房玄龄与杜如晦一起被贬斥。

太子将要变乱，李世民命令长孙无忌召来房玄龄和杜如晦，悄悄带他们入府阁议事。到秦王入主东宫成为皇太子，提拔房玄龄为太子右庶子。贞观元年，房玄龄代替萧璃任中书令。太宗论功行赏，以房玄龄、长孙无忌、杜如晦、尉迟敬德、侯君集五人为第一。房玄龄晋爵邢国公。

贞观三年，任命房玄龄为太子太师。他坚持不受，改任代理太子詹事，兼礼部尚书。后又代替长孙无忌任尚书左仆射，改封爵为魏国公，并监修国史。房玄龄既已总管百官事务，就虔诚恭谨、日夜操劳，尽量做到事事处理恰当；听到别人的长处，就像自己有长处那样高兴。他精通吏事，审定法令意在宽平，用人不求全责备，从不以自己的长处来衡量别人，随才录用，不拘贵贱，被当时人称为良相。有时因事被皇上谴责，他就连日在朝堂上叩头请罪，恐惧不安，好像无地自容一般。

贞观十三年，房玄龄又加官为太子太师。房玄龄再三上表请求解除尚书左仆射职务，太宗下诏书说：“选用贤能的根本，在于无私；侍奉君上的道义，责在当仁不让。列圣所以能弘扬风化，在于贤臣能协力同心。公忠贞庄重、诚信贤明，为我草创王业，助成帝道。执掌尚书省，使百政通和，辅佐皇太子，实众望所归。但是公忘记了那些大事，拘于这点小节，虽然恭敬完成教谕事务，却要辞去宰相职位，这难道就是所说的辅佐朕共同安定天下吗?”房玄龄于是带本官就任太子太师。当时皇太子要行拜师礼，已备好仪仗等待。房玄龄深加谦退，不敢进见，于是回家去了。有见识的人都推崇他的谦让精神。房玄龄认为自己居宰相位十五年，女儿是韩王妃子，儿子房遗爱娶高阳公主，实在是极为显贵，于是频繁上表，请求辞去职位。太宗下诏宽慰，但并不批准。

贞观十六年，房玄龄又与高士廉等人一起撰成《文思博要》，赏赐丰厚，官拜司空，仍然总掌朝政，依旧监修国史。房玄龄上表辞官，太宗派遣使节对他说："过去留侯张良让位，窦融辞去富贵，都是惧怕功名太盛而招惹祸端，知进知退，善察时势，及时止步，所以前代人加以赞美。公也想追随往日贤哲，实在应当嘉奖。然而国家任用公已久，一旦突然失去良相，就如同失去双手一般。公若体力不衰，就不要再辞让了。"房玄龄于是停止推让。

贞观十七年，房玄龄和司徒长孙无忌等人的像被画在凌烟阁上。赞词说："才能兼有辞藻，思虑化入神机。为官励精守节，奉上尽忠忘身。"

戴胄敢与皇帝争曲直

人们经常把秉公执法，不徇私情的官叫做清官。寇准、包拯、海瑞、况钟等清官之所以能名留史册，也正因为他们有做官的道德。在唐代贞观年间，也有这样一位清官叫戴胄，办案十分严格，甚至有时候连当朝皇帝唐太宗的账都不买。

唐时，为更好地选拔人才，实行科举制。那时考生必须有名人推荐才可参加，而且比较看重家庭出身。平民子弟为了能考中，便假借是一些名人的亲戚来骗取朝廷的录用。后来唐太宗知道了这件事，气愤地说："这真是小人的做法！今后凡是遇到这种伪造家庭背景的人，都必须让本人尽快自首，否则查出来的话就要被判死罪！"

唐太宗的命令刚一发布，就发现了一个伪造家庭出身的人。这个案子交给"明习律令"的大理寺少卿戴胄判处。戴胄并没有因为唐太宗的诏令而判处那人死刑，他依照刚刚颁布的法律——《唐律》，认为此案如果判死刑未免太重了些，于是将他判为流放。

这样一来，唐太宗的脸上很是挂不住，明明自己已经诏令要杀头的罪，却让戴胄判为流放从轻处理了，这不是叫他难堪吗？为此，唐太宗很不高兴，他派人将戴胄找来，强压住心中的火气，耐着性子说："难道你没有看见我新下的诏令吗？没有自首的人都要判死刑的，可你却那样判，这不是不给我面子吗？难道我的诏令你也不放在眼里，来和我唱对台戏，这到底是怎么回事呢？"

戴胄并没有被这番严厉的责备所吓倒，他说："我身为法官，应该对每一个人负责，为民做主。您颁布的《唐律》上已经很清楚地写着该如何处理。现在案子交到我这里，我就严格按法律办事。因此，我当然不能按您的诏令判案了。”

唐太宗一听此话，更加生气地说：“那你就只管自己守法，难道就让我失信于民，说话不算数吗?!”

戴胄仍然心平气和地解释说：“法律，是国家向整个天下颁布的、令人民信服的法令制度，而您的一句话，只不过是一时恼怒而信口说出的，不必大惊小怪，您已经知道是自己错了，就应该改正过来。严格按法律处理，这才是忍小忿而存大信呀！假如您只凭自己一时的感情愤怒而在百姓面前失信，那实在是太不应该了，我真是为陛下可惜呀!”

戴胄的耐心说服，使唐太宗终于醒悟过来。他感慨万分地说：“现在我判案出现了错误，而你能及时帮我纠正过来，使我不致酿成大错。有了你的监督，以后我还有什么忧虑的呢。”

打这以后，戴胄因执法而触怒太宗的事又发生了好几次。有一次，吏部尚书、唐太宗的大舅子长孙无忌在被皇帝召见的时候，无意中忘记摘下腰中的佩刀便进了东上阁。在古代封建社会，私带兵器进入朝廷便被认为是图谋不轨，蓄意谋害皇帝，是犯了杀头大罪的。可长孙无忌不仅是有功之臣，而且是皇亲，更何况佩刀入宫确实是无意举动。但出现了这样的情况，该怎么处置呢?

正当太宗左右为难的时候，尚书右仆射封德彝提出建议说：“长孙无忌违法带刀进入东上阁应罚铜二十斤，而那个看门的校尉玩忽职守，没有及时发现和制止，所以应该判处死刑。”唐太宗一听便同意了。

可是戴胄却认为封德彝的建议是错误的，他反对太宗的判决，反驳说：“校尉未及时发觉和长孙无忌的带刀而入，同样都是一时疏忽，但判决却如此截然不同，这种判决根本就不是依法办事。”

唐太宗一听戴胄说得有道理，承认自己在此事上因为和长孙无忌有亲戚关系而袒护了他。他建议重新议定此案。

但封德彝顽固地坚持自己的观点，两人甚至争吵起来。戴胄感慨地说：“要论犯罪性质的话，二人都因失误引起；但若论起轻重，我认为校尉是因为长孙无忌才获罪的，依照法律，对他的处罚应该比对长孙无忌的轻才对。但重刑的只判罚金，而该判轻刑的却得处死，太不公平了。”

戴胄据理力争，敢于在皇帝面前直言，终于使案件得到公正判决。唐太宗从此也更加佩服他了。

李义府笑里藏刀

高宗时，朝中有个李义府，外貌温和恭顺，内心阴险狡诈，人们都说他是“笑里藏刀”。

唐高宗想立武则天为皇后，遭到托孤重臣长孙无忌、褚遂良等人的极力反对。多亏有了李义府、许敬宗的支持，高宗才冲破了重重阻力，如愿以偿。为此，高宗特别赏识李义府，任命他为宰相，执掌朝政。

李义府仗皇帝的宠信任意用权，胡作非为。洛州有个姓淳于的妇女，长得很漂亮，因犯罪被囚在大理寺监狱。李义府视察监狱时，被淳于氏的姿色迷住了，吩咐大理寺丞毕正义把她放了，自己准备纳她为妾。大理寺卿对释放淳于氏有所怀疑，就把这事向高宗汇报。违法放人，可不是件小事，唐高宗命令给事中刘仁轨等人审讯毕正义。李义府害怕毕正义把事实真相泄露了，逼迫他在狱中上吊自杀。刘仁轨见人证已死，无从追究，只好上报高宗。高宗念李义府辅佐自己册立皇后有功，也就没有深究这件事。

御史王义方痛恨李义府扰乱朝纲，准备在朝上检举李义府，事先告诉母亲说：“我身为御史，明知有奸臣而不检举就是不忠，检举就会有自身危险，势必连累家人，这又是不孝，取忠还是取孝，我不知该怎么办?”王母说：“从前王陵的母亲，杀身以成全儿子的美名。你能忠心服侍君主，我虽死无憾!”王义方于是上朝见高宗，上奏道：“李义府在皇帝的眼皮底下擅杀六品官大理寺丞毕正义。即使毕正义是自杀，那也是由于畏惧李义府的权势，自杀是为了替李义府灭口，这样，官员的生杀大权就不是出自皇帝，这种反常现象决不能继续发展下去，请陛下下旨重新审查此案!”谁知高宗不仅不信，反而说王义方诋毁侮辱大臣，出言不逊，把他赶出京城，降为莱州司户。当初褚遂良因阻挠高宗立武后，被数次降职，不久死于外地任上。大臣韩瑗上疏为他申冤，高宗没有理他。李义府迎合皇后武则天的旨意，诬陷侍中韩瑗、中书令来济与褚遂良私下图谋不轨，还造谣说正因为桂州是用武的地方，他们才授任褚遂良为桂州都督，是想利用褚遂良作为今后图谋不轨的外援。唐高宗听信了李义府的鬼话，韩瑗因此被降职为振州刺史，来济被降职为台州刺史，命他们终身不许朝见皇帝。又把荣州刺史柳爽降职为象州刺史。

李义府因此更受高宗宠信，他的孩子甚至有的还在襁褓中就被授予显贵的官职。而李义府贪得无厌，母亲、妻子、儿子、女婿都通过卖官和枉法受贿聚敛财富，他家门庭若市，到处拉帮结伙，朝野为之震动。中书令杜正伦常常以老资格自居，李义府依仗皇帝的宠信，自然不把杜正伦放在眼里，两人因此产生怨恨，经常为一件小事，各执一端，争执不休。有一次，两人竟然在高宗面前骂了起来，高宗判为两大臣不和，“各打二十大板”，杜正伦被降为横州刺史，李义府被降为普州刺史。

不到一年，高宗又任命李义府兼任吏部尚书。李义府重新得势，更不知天高地厚，声称自己祖先是赵郡人，与皇族李氏论到家族的辈分。无赖之徒也趋炎附势，拜他为兄为叔的人不计其数。给事中李崇德与李义府属同一家族，在李义府调任普州刺史时，就把他从族谱中划掉了。李义府听说后非常生气，再次出任宰相以后，就暗中指使爪牙诬陷李崇德，将他逮捕入狱。李崇德自知难逃李义府的魔掌，终于被迫自杀。

高宗龙朔三年(663)，李义府主管选拔官吏，他依仗自己是皇后武则天的红人，乘机专以卖官发财，选官授爵完全没有标准，只要谁给他的腰包里塞上银子，谁就能得到官做，天下为此怨声载道。唐高宗也听到一些传闻，觉得有辱自己的圣明，便把他找来，和颜悦色地对李义府说：“你的儿子和女婿行为不检点，做了不少违法的事，我在为你遮掩，你应当注意一点儿。”李义府勃然失色，脸红脖子粗地说：“是谁告诉陛下的?”高宗不高兴地说：“只是我这样说，何必向我追问从哪里得来的消息呢?”李义府不见棺材不落泪，压根儿就不承认自己的过失。高宗因为这事对他很是不满。

当时有个叫杜元纪的来求见李义府，自称可以望云来预测吉凶，他说李义府的住宅有冤狱造成的怨气，应当积蓄二十万缗钱抑制它。李义府做贼心虚，对此深信不疑，更紧着搜刮钱财。不久，李义府的母亲死了，他在守孝期间，每逢初一、十五，总是与杜元纪出城，登上高处，观望云气。有人就向高宗报告说李义府暗中窥测天象，图谋不轨。恰巧这时，李义府指使儿子李津找长孙无忌的孙子长孙延，收受了他七百缗钱的贿赂，授给长孙延司津监一职。大臣杨行颖将此事告发，高宗勃然大怒，把李义府逮捕入狱，并派遣司刑太常伯刘祥道与御史共同审讯，还命令司空李世勣监督此事。经过调查，李义府所犯罪行都属实，于是唐高宗下诏，将李义府削除名籍，流放巂州；李津也被削除所有官职，流放简州；他另外的几个儿子及女婿都被流放庭州。消息传出，朝廷上下，京城内外，人人欢欣鼓舞，相互庆贺。

有人还作了河间道行军元帅刘祥道破铜山大贼李义府捷报，张贴在交通要道上，人们都争相围看。李义府平时掠夺了很多人做家奴，他一垮台，这些人都被释放回家与家人团聚，不知多少家庭因此破镜重圆。

三年后，高宗大赦天下，但明令规定长期流放的罪人不在受赦者之内，自然也包括李义府，他因此忧愤交加，发病而死。自从李义府被流放后，朝廷官

员日日夜夜都担忧他重回朝廷，听到他的死讯，大家心里的石头这才落了地。

武则天登皇位

唐高宗李治缺乏政治才能，下面奏事，自己不会判断，要由宰相提出意见，才能作出处理。由于他的昏庸和懦弱，大权就渐渐落到皇后武则天的手里。

武则天是并州文水(今山西文水)人。她的父亲早年跟随李渊起兵反隋，被任命为工部尚书，武则天也算出身权贵之家。她十四岁的时候，唐太宗听说她长得美，选她入宫，封为“才人”(宫廷女官之一)。唐太宗死了以后，她和一些宫女都被送到感业寺去做尼姑。几年以后，唐高宗把她召回宫来，封为“昭仪”(妃子)。武则天很聪明，会耍手腕，刚回宫的时候，对王皇后非常谦恭。王皇后常常在唐高宗面前说她的好话。没过多久，唐高宗就和武则天好得如胶似漆，形影不离，渐渐地把王皇后疏远了。王皇后见势不妙，又转过来说武则天的坏话。可是这时候唐高宗哪里还听得进去？武则天十分得意，想进一步夺取皇后的位子。但是，当时尽管唐高宗宠爱武则天，可还没有要废掉王皇后的意思。于是，武则天绞尽脑汁，千方百计陷害王皇后。

不久，武则天生了个女儿。王皇后因为自己没有孩子，常常逗这个女孩玩。一天，王皇后刚刚离开，武则天就偷偷地把自己的亲生女儿掐死了，然后又照样盖好被子。唐高宗进来，掀开被子一看，发现女儿已经死了。武则天先是装出吃惊的样子，然后大哭起来。唐高宗问刚才谁来过，左右的人都说：“只有皇后来过。”唐高宗气愤地说：“皇后杀死了我的女儿!”武则天乘机说了皇后一大堆坏话。从这以后，唐高宗就起了废王皇后，立武则天为皇后的念头。

围绕着要不要立武则天为皇后的问题，朝廷中两派展开了激烈的斗争。一派是以长孙无忌，褚遂良为首的元老重臣，他们为了维护名门贵族的利益，坚决反对。一派是以许敬宗、李义府和李勣为首的新贵族，他们为了扩大自己的权力，表示支持。

武则天想争取长孙无忌，她和唐高宗亲自登门求情，封长孙无忌的儿子做大夫，还送去十车金银珠宝。但是长孙无忌始终不表态。

一天，唐高宗私下把他打算立武则天做皇后的事告诉了长孙无忌、褚遂良等几个大臣。褚遂良说：“王皇后出身名门，是先帝给陛下娶的，再说皇后又没有过错，怎么能说废就废呢?”唐高宗见话不投机，就把他们打发走了。第二天上朝，唐高宗又提到废皇后的事，褚遂良说：“陛下就是要换皇后，也要选一个名门闺秀，武氏出身寒微，怎么配呢？再说，武氏曾经是先帝的才人，陛下立她做皇后，今后人们会怎么议论陛下呢？”听到这儿，唐高宗气呼呼地一挥手，让褚遂良退下去。武则天在帘子后面听见了，更是怒不可遏。她最怕人家说她做过唐太宗的才人这段历史，所以恨透了褚遂良。她在帘子后面大声喊道：“还不赶快把这狗东西打死！”长孙无忌阻止说：“遂良是先帝老臣，有罪也不能加刑！”

过了几天，唐高宗问李勣：“我打算立武昭仪做皇后，褚遂良他们坚决反对，这事怎么办好呢？”李勣说：“废立皇后，这是陛下的家事，何必一定要外人同意呢？”李勣当时任司空，掌握着军权，唐高宗听出他是支持立武则天做皇后的，便下了决心。永徽六年(公元655年)冬天，唐高宗下诏废了王皇后，立武则天为皇后。

武则天一当上皇后，就参与朝政，先把褚遂良贬到外地做官，随后，又逼长孙无忌自杀，同时罢免了二十多个反对她的人。她还提拔许敬宗、李义府做宰相，加强了自己的势力。

过了几年，唐高宗患病，不能临朝，便委托武则天处理朝政。武则天把国家大事处理得井井有条，她的威信越来越高，后来有很多事情她根本不和唐高宗商量。唐高宗见大权落到武则天手里，自己说话不算数，很恼火，就秘密地把大臣上官仪找来，让他起草废武后的诏书。消息传到武则天那里，武则天怒气冲冲地去见唐高宗。唐高宗十分害怕，想把诏书藏起来已经来不及了，只好结结巴巴地说：“我本来没有这个意思，都是上官仪鼓动的。”武则天立即把上官仪处死了。

当时，大臣们把唐高宗和武则天一并称为“二圣”。实际上，实权完全掌握在武则天手中，唐高宗不过空有其名罢了。

唐高宗深感武氏一派的威胁越来越大，担心李家的天下保不住，就想趁自己还在世，传位给太子李弘(武则天的长子)。但是，武则天竟用毒酒杀死了李弘，立次子李贤做太子。不久，又把李贤废为庶人(平民)，改立三儿子李显为太子。弄得唐高宗束手无策。

弘道元年(公元683年)，唐高宗病死了，太子李显即位，就是唐中宗。武则天以皇太后的身份临朝执政。她不能容忍唐中宗重用皇后韦氏家族的人，又把唐中宗废了，立她的四儿子李旦为帝，就是唐睿(ruì)宗。她不许睿宗干预朝政，一切由她自己作主。

唐朝的一些元老重臣对这种状况非常不满，徐敬业等人打着拥护唐中宗的旗号，在扬州起兵反对武则天。武则天派出三十万大军讨平了徐敬业，杀了倾向徐敬业的宰相裴炎和大将程务挺。

叛乱平定以后，武则天以胜利者的姿态召见群臣，对他们说："你们这些人中间，有比裴炎更倔强难制的先朝老臣吗？有比徐敬业更善于纠集亡命之徒的将门贵种吗？有比程务挺更能征善战、手握重兵的大将吗？这三个人不利于我，我能杀掉他们。你们有比这三个人更厉害的吗？"这时候，再没有人敢吭声了。

到了载初元年(公元690年)，武则天六十七岁，唐睿宗和满朝大臣按照武则天的旨意向她上表，请求她亲自当皇帝并改国号。武则天下诏废了唐睿宗，改国号为周，自称"圣神皇帝"。经过三十六年的苦心经营，武则天终于正式登上皇位，成为中国历史上唯一的女皇帝。

酷吏周兴

武则天在位时，为了巩固自己的政权，她大开告密之门，网罗了一批心狠手毒、残忍无道的刽子手，总想把心怀不满的人一个个杀掉。在她手下的酷吏中，周兴、来俊臣、索元礼等人最为毒辣，谋害了许多大臣。

天授二年(691)初春的一天，来俊臣宴请一位同行好友。酒过三巡，来俊臣忽然重重地叹了口气，好友关心地问道："贤弟为何叹息？"来俊臣说："实不相瞒，小弟我遇上了一件十分棘手的案子，案犯怎么也不肯招供，你能帮小弟想个好办法吗？"只见这位好友腆起大肚子哈哈一笑，说："贤弟，这能难住咱们吗？取个大瓮架起来，四周用火炭烧得旺旺的，再将囚犯装入瓮中，有什么事他还不快从实招来！""好主意！"来俊臣一边称赞，一面命令手下人如法炮制：七八个人抬来一个瓮，又在四周燃起了炭火。来俊臣见一切准备妥当，便转身对他的好友说："有人在太后面前告你谋反，现在要你招供。请您入瓮吧！"这就是历史上有名的"请君入瓮"的典故。来俊臣的这位好友，就是与来俊臣齐名的酷吏周兴。

周兴出身于长安一个小地主家庭，自幼好学，尤其擅长研究典章制度和各朝的法律，很快便以他的学识才干当上了河阳县令。但由于出身不是名门望族，一直没能得到朝廷的重任。武则天执政以后，残酷打击政敌。周兴见时机已到，写了一篇文章述说自己对刑狱的管理措施和用刑的见解，居然受到武则天的赏识，被提升为刑部侍郎，他与同乡好友来俊臣互相通气，专以告密为生。

垂拱四年，有人诬告太子的通事舍人郝象贤谋反，武则天便派周兴审讯。周兴不负太后的重托，对郝象贤动用了“定百脉”这一酷刑：由几个彪形大汉轮流打他的屁股，直到郝象贤“求破家”为止。于是周兴不仅判郝象贤死刑，而且连坐全家。

武则天为了给自己登基扫清道路，很想除去唐宗室韩王李元嘉、霍王李元轨等。武则天派监察御史苏珦拷问他们谋反的罪行，谁知苏珦审问半天，竟没有得到任何证据。武则天非常生气，把苏珦贬为河西监军，改派周兴接管此案。周兴施展出自己的全部本领，动用各种酷刑，终于使韩王、霍王以及韩王之子和常乐公主自绝于人世，连坐的有六七百家，籍没为奴的多达五千人。

当初，周兴曾以河阳令被唐高宗召见，打算予以提拔重用，因有人反对而作罢。但周兴还不知道升官已无望，仍天天到殿前等待诏命。宰相们都不敢泄露消息，只有尚书、检校纳言、同平章事魏玄同看他可怜，对他说了句，“周明府你该回去了!”暗示他不要白等了。不料，魏玄同这番好心，却被周兴误以为是坏了他的好事，所以一直对他怀恨在心。为了报私怨，周兴就到武则天那儿诬奏魏玄同曾私下对别人说：“太后已经老了，我们不如侍奉太子更加保险。”武则天一听，勃然大怒，马上下旨赐死魏玄同于家中，内外大臣因此连坐，或死或流放者又是一大批。

右武卫大将军、燕公黑齿常之是唐高宗至武则天时的名将，他出身少数民族，勇猛善战，屡立功勋。周兴很嫉妒他，就诬告他谋反。黑齿常之因此锒铛入狱，不久，因不堪酷刑的折磨，上吊自杀。

天授元年(690)，武则天称帝，建立大周政权。周兴为表示自己的忠心，上奏除掉所有李氏宗室亲属，并且与武氏相勾结，继续制造冤假错案。户部尚书韦方质得了病，武承嗣和武三思前去探望，韦方质因重病在身没有起床施礼。他手下的人等武氏兄弟走后说：“武家人来，您怎敢不起身施礼，恐怕要大祸临头!”不久，果真被周兴诬告，被流放儋州，籍没全家。这年七月，周兴又罗织罪名诬陷随州刺史泽王李上金和舒州刺史许王李素节谋反。于是武则天下诏二王进京受审。许王李素节在路上遇到一家哭丧的，感叹地说：“我连求个病死也不可能，他们病死了人还有什么好哭的呢?”他的预感没有错，没等进京，走到龙门就被人缢死了。泽王李上金也自杀身亡。二王的子孙亲属也被全部杀光。

但是，随着武氏政权的日趋稳定，武则天十分清楚应对酷吏政策进行调整，以便笼络人心，改善武氏政权的形象。周兴做梦也没想到，他在武则天心目中的地位已今非昔比了。

道州刺史李行褒兄弟被酷吏诬陷，要诛灭九族。和周兴共事的刑部郎中徐有功为此案极力辩争，也没有能免除他们的灾祸，而他本人也受到了周兴的弹劾，说徐有功包庇谋反的囚犯，应当斩首示众。但武则天却没有像往常那样对周兴的话言听计从，她知道像徐有功这样清廉刚正的干才，正是她所需要的，因此只是暂时免除了他的官职，并且以后又重新起用他当了侍御史。

天授二年，在周兴提升为尚书右丞后不久，就有人诬告他与丘神勣谋反。武则天大怒，但一想周兴是依靠整人起家的，而且老奸巨猾，谁能制服他呢？于是想到了另一酷吏来俊臣。来俊臣平日里和周兴私人关系很好，又是同行，以酷吏制酷吏，这就叫以毒攻毒。所以，武则天就让来俊臣审理这一案子。来俊臣受宠若惊，一心要露一手向女皇显示一下自己的才能，就对老朋友周兴翻脸不认人，演出了请君入瓮这一幕。

周兴本来喝得正高兴，见此立刻吓得魂不附体，双腿一软，跪在来俊臣面前，叩头求饶。论法周兴要被斩首，但武则天念他为自己效过犬马之劳，就放了他一马，把他改为流放岭南。也是他“多行不义必自毙”，走到半路上，周兴就被仇人结果了性命，结束了他罪恶的一生。

狄仁杰刚正不阿

狄仁杰，字怀英，并州太原（今山西太原）人，曾历任汴州判佐、并州都督府法曹、大理丞、宁州刺史、江南巡抚使、文昌右丞、豫州刺史等职，武则天时两度拜相，深受武则天器重，是为数不多的在武则天手下得以善终的重臣。

狄仁杰早年当并州都督府法曹时，同僚郑崇质奉命出使偏远之地。郑崇质家有卧病老母，因而出使前很不放心。狄仁杰知道后，就要求代替郑崇质出使。狄仁杰的举动使郑崇质深受感动。

不仅对同僚如此，即使是对曾经诋毁过自己的人，狄仁杰也能从大局出发，不计个人恩怨，与他们和睦相处和共事。

他第一次拜相后，武则天有一次半开玩笑半认真地对他说：“你在汝南当豫州刺史时，干得很不错，但还是有人说你的坏话，你想知道这人是谁吗？”

狄仁杰宽容地答道：“陛下如果以为微臣有什么过错，微臣请求陛下给微臣改过自新的机会；假如陛下知道微臣没做错事，则微臣万幸，他人的谗言又何足道哉！所以微臣不想知道此人是谁！”

狄仁杰刚到京师担任负责审判罪案的大理丞时，有一次左威卫大将权善才、左监门中郎将范怀义误砍了皇帝祖坟昭陵的柏树。唐高宗李治十分愤怒，一定要审理此案的狄仁杰判处权、范两人死刑，但是按照法律，两人犯的这种“罪行”却只够免职的处罚。狄仁杰便如实对李治汇报说：“权、范两人够不上死罪。”李治正在气头上，自然顾不得什么法律不法律，他狠狠地说：“权善才等竟敢砍我祖陵上的树，实在是胆大妄为，狗胆包天，我不杀他，我就是祖宗的不肖之子。”

说到这儿，李治已经面红耳赤，显然是动了真怒，但是狄仁杰视若无睹，他不紧不慢地对李治讲述法律上的有关条文，说明判处两人死刑的不当之处。李治被他缠得心烦意乱，一气之下便要把他赶出去。但是此时，一贯温文尔雅的狄仁杰却变得执拗起来，他神色凝重地对李治说：“犯颜直谏，自古就以为是一件难事。然而微臣以为，碰到桀、纣这样的昏君确实是难，但是遇到尧、舜这样的明君则容易得很。现在，权、范两人法不当死而陛下非杀他们不可，这样法律还有什么权威性呢？老百姓又如何根据法律来约束他们的行为呢？为了一棵柏树就杀掉两位将军，后代又会怎么看待陛下呢？”

听完狄仁杰这番议论，李治的怒气消了不少，权、范两人的死刑之议也就由此作罢。后来，权、范两人被依法撤职，并被流放到了岭南。

武后垂拱四年(公元688年)，越王李贞在豫州发动叛乱，宰相张光辅率兵讨伐，很快平定了这场叛乱。此时，狄仁杰正在豫州刺史任上，免不了要和张光辅打交道。张光辅的部将因为平叛有功，十分骄横，常常向狄仁杰提出要这要那的无理要求。这些无理要求都受到了狄仁杰的婉言拒绝。

在狄仁杰那儿碰了钉子的将士便去向张光辅告状，此时张光辅正因立了大功而不可一世，自然容不得狄仁杰如此不给自己面子，他便气呼呼地找到狄仁杰，兴师问罪道：“你小小一个州官，难道连我元帅也不放在眼里吗？”

谁知狄仁杰对他的问题避而不答，却说了一句莫名其妙的话：“为害河南者，不过一个越王李贞。现在一个李贞刚死，却又有千万个李贞生了出来。”

张光辅丈二金刚摸不着头脑，便问他到底是什么意思。狄仁杰冷笑了一声，便滔滔不绝地说了起来：“明公带兵三十万，要杀的不过是越王一人。可是现在越王已经伏法，明公却仍然纵容部下滥杀无辜，为非作歹，你的这些部下和李贞有什么两样？说他们是新生出来的李贞难道有什么不对吗？像明公这样无视法度，我恨不得手中有一把尚方剑架到明公的脖子上，即使因此而死也心甘情愿！”

张光辅本是个欺软怕硬的人，被狄仁杰这么一顶，反而不知说什么好了，只得悻悻而归。但是这口气是一定要出的，不久张光辅便向朝廷告了狄仁杰一状，狄仁杰因而被降职为复州刺史。

狄仁杰做官，一直非常重视人才，尤其是担任宰相后，更是利用自己的特殊地位向朝廷大力举荐人才，使好多才俊之士脱颖而出。有一次，武则天问狄仁杰："朕想找一个得力的人来派用场，你看谁比较适合？"狄仁杰回答说："不知陛下想让这个人派什么用场？"武则天说："想让他做宰相。"狄仁杰想了一想，便说了苏味道、李峤、张柬之三个人的名字。但他认为苏、李两人都以文学见长（苏味道、李峤都是著名诗人），而张柬之则是具有卓越的行政才能的人，虽然年纪稍大，却是个当宰相的料子。见狄仁杰说得头头是道，武则天连连称善。第二天她便提拔原为荆州长史的张柬之当了洛州司马。又过了几天，武则天再次要狄仁杰推荐"得力的人"，狄仁杰这次却不急着推荐新人了，他慢悠悠地说道："上次推荐的张柬之，陛下还没用呢！"这一番话倒把武则天说糊涂了："不是已经升了他的官了吗？""微臣推荐的，是做宰相而不是做司马的人。"狄仁杰似乎认了死理，一句话就把武则天顶了回去。这时，武则天才想起自己上次让狄仁杰推荐的确实是做宰相的人，狄仁杰郑重其事地推荐了张柬之，自己却又不明不白地让张柬之当了个州司马，难怪狄仁杰要生气了。于是，她又赶紧下令，再提拔张柬之当了秋官侍郎，总算让狄仁杰消了气。

狄仁杰还举荐过夏官侍郎姚崇、监察御史桓彦范等十多人，这些人后来都成了名臣。有人曾经不无敬意地对狄仁杰说："天下桃李，无不出自你老的门下！"狄仁杰却毫无得意之色，他很认真地答道："举荐贤良是为了国家，而不是满足我自己的虚荣心。"

狄仁杰举荐人才可谓不拘一格，这方面也留下不少佳话。李楷固、骆务整都是契丹的大将，当契丹军队寇掠唐朝边境时，两人曾屡挫唐军。尤其是李楷固，身怀绝技，每与唐军交战，总是冲锋陷阵，所向披靡，使唐军望而生畏。后来契丹兵败，两人都投降了唐朝，但法司仍然准备治他们的罪。狄仁杰听说后，对身边的人说："李楷固等人都是骁勇无比的将才，两人打起仗来都很卖命，如果我们能以仁德感化他们，使他们为我所用，两人定能建功立业。"说罢便上奏请求武则天赦免李、骆两人。但是狄仁杰的亲朋好友都认为武则天绝不会赦免这两个杀死过唐朝无数官兵的人，劝狄仁杰不要去碰这个钉子。狄仁杰对大伙的这番好意却不以为然，他说："只要我做的一切有利于国家，碰不碰钉子又有什么关系呢？"结果，武则天出人意料地采纳了狄仁杰的建议，不但赦免了李、骆两人，而且委两人以重任，李楷固当上了左钤卫将军，骆务整则担任了右威卫将军。两人后来都在讨平契丹余部的战斗中立了大功，李楷固还被赐姓武，成了武则天的亲信。

狄仁杰秉性耿直，喜欢据理力争，有时不免当面顶撞武则天，武则天知道他忠心耿耿，常能欣然接受他的意见。

武后久视元年(公元700年)四月，武则天到三阳宫(在洛阳附近)避暑，有一个西域来的和尚邀请武则天去观赏佛教圣物舍利子，笃信佛教的武则天很高兴地答应了。但是她正准备出发时，狄仁杰却跪到了马前，他振振有词地说："佛不过是夷狄之神，不应凌驾天下之主之上。再说山路险狭，很不安全。陛下此行实在有所不宜。"当时武则天对狄仁杰的话一笑置之，仍坚持上了路。但是走到半路上，她却越想越觉得狄仁杰说得有理，于是又下令打道回府，一边还自我解嘲道："这是为了成全我这位直臣的气节。"

也是在同一年，武则天准备塑一座大佛像，为了筹集造像的资金，她下令全国的僧民捐款，搞得颇为兴师动众。这时又是狄仁杰上了一疏，指出了佛教泛滥的危害，同时也说明了造像的劳民伤财与佛教本义的相悖之处，既义正词严又有理有节。武则天读后不由得感叹道："狄公教朕做善事，朕怎么能违背他的好意呢?"造像之议由此作罢。

武则天平时尊称狄仁杰为国老，而不直呼他的名字，这更是其他大臣望尘莫及的殊荣。狄仁杰晚年腿脚不便，武则天便让他在朝见的时候不要行跪拜之礼，并开玩笑说："每次见到你跪，朕的身子也会痛起来。"当时的大臣都必须在宫里宿值，考虑到狄仁杰年老体弱，武则天也免除了他的差使，并对其他大臣说："除非是军国大事，你们尽量不要去麻烦狄公。"

狄仁杰还经常被后人写进文学作品中，他像宋代的包拯一样，成为明察秋毫、睿智仁爱的官员的化身。20世纪的荷兰汉学家高罗佩以狄仁杰为主人公，写了一套公案小说，英文名字叫《一个中国古代大法官的故事》，中文译名为《大唐狄仁杰断案传奇》。从此，狄仁杰的形象越来越富有传奇色彩。

韦后母女乱政

公元705年，武则天病死。唐朝旧臣张柬之等五臣扶助中宗李显复位，江山又回到了李家手里。

李显复位以后，便立妃子韦氏为皇后，追封皇后的父亲韦玄贞为王。大臣贾虚反对说："异姓不王，古来如此，陛下刚刚复位，就大封后族，天下会失望的。"唐中宗不理睬。原来，唐中宗被武则天放逐到房州(今湖北省房县一带)

的时候，只有韦氏陪伴着他，两人尝尽了人世的艰难。每当听说武则天派使臣来了，唐中宗就吓得直哆嗦，甚至想自杀。韦氏总是安慰他说："祸福无常，不一定是赐死，何必这样惧怕呢?"多亏韦氏在患难中的帮助，唐中宗才活了下来，所以他和韦后的感情特别好。他曾经对韦氏发誓："有朝一日，重登帝位，一定满足你的一切愿望。"如今他当上了皇帝，就想实践自己的誓言，一切都按着韦后的愿望办。这一来，韦后也学起武则天来了，但她比起武则天来，政治才能可要差远了，唐朝刚刚稳定的局面又开始动荡不安了。

那时候，武则天虽然死了，她的侄子武三思仍然很有势力。韦后最宠爱的小女儿安乐公主嫁给了武三思的儿子武崇训，两家成了儿女亲家，关系就更复杂了。不久，武三思还当了宰相，重新威风起来。

张柬之见形势不妙，就劝唐中宗除掉武三思，削弱武氏的权力。可是中宗是个平庸之辈，毫无政治头脑，他和武三思走得越来越近。

武三思知道了张柬之想要加害于他，忙去找韦后商量对付的办法。韦后和武三思一起，到中宗那里攻击张柬之、敬晖、袁恕己等五位大臣，说他们"恃功专权，图谋不轨"。昏庸的唐中宗信以为真，忙问："这如何是好?"武三思把他和韦后策划好的主意说了一遍，要唐中宗晋升张柬之等五位大臣为王。唐中宗不明白其中的奥妙，问："封他们做王，不是更难控制了吗?"武三思说："这叫明升暗降，实际上夺了他们的权。"唐中宗依照他的意见办了。果然，五位大臣做了王，反而不能再参预朝政。武三思把持了大权，把反对武氏的统统赶走，被张柬之罢官的一律复职，接着武三思又诬陷五王诋毁韦后。唐中宗下令把五王流放到边疆去。武三思派刺客在途中把他们全部杀死了。

武三思、韦后去掉心腹之患，气焰更加嚣张。武三思得意忘形地说："我不知道什么叫好人，什么叫坏人。凡是对我好的就是好人，凡是对我不好的就是坏人。"一时间，趋炎附势的小人，全都集中到武三思身边。

韦皇后的女儿安乐公主，野心勃勃，一心想做第二个武则天。她对唐中宗立卫王李重俊做太子很不满意，因为李重俊不是韦皇后的亲生儿子。她想以皇后亲生女儿的资格做皇太女。安乐公主在宫中飞扬跋扈，为所欲为，甚至自己写了制书(皇帝的专用文书)，掩盖起正文，拿去让皇帝盖印。唐中宗竟然看都不看，就盖了印。

安乐公主请求中宗立她做皇太女，废掉皇太子。宰相魏元忠不同意。安乐公主大骂："魏元忠这个山东傻瓜，懂得什么！阿母子(这是宫里人对武则天的称呼)还可以做天子，天子的女儿就不可以做天子吗?"安乐公主一心要学武则天，朝思暮想当女皇，因此把李重俊看成眼中钉。

李重俊感到自己的地位受到越来越大的威胁，就暗中和左羽林大将军李多祚(zuò)约定起兵。景龙元年(公元707年)，李多祚带领士兵三百多人，杀入武三思家里。武三思、武崇训正在饮酒作乐。羽林军一拥而入，李重俊亲自杀了武三思父子。接着，他带兵打入宫中。唐中宗慌忙带着韦后和安乐公主登上玄武门楼。右羽林大将军刘景仁保卫着门楼。双方交战中，因为众寡悬殊，李重俊、李多祚都被杀死了。

平定了李重俊之后，韦皇后和安乐公主更加肆无忌惮了。她们先诬陷宰相魏元忠"与太子通牒"，把魏元忠赶走，接着又大卖官爵，不论什么人，只要出钱就给官做。出钱越多，官职越高。官员成倍增加。这些大官都坐享俸禄，老百姓的负担更加沉重了。

公元710年，一个地方小官燕钦融上书，指责韦皇后生活淫乱，干预国政，阴谋篡权。唐中宗召见燕钦融，当场对质。燕钦融颇有视死如归的精神，他慷慨激昂，历数韦后的恶事。唐中宗低下头来，一时无语。韦后指使她的心腹、兵部尚书宗楚客把燕钦融举起来摔在大殿下，当场摔死。这件事虽然过去了，但韦后也颇感不安，她感到这样下去，事情会不妙的。

韦后把她的心腹找来商量对策。安乐公主正愁当不上皇太女，就鼓动韦后称帝，自己好当皇太女。母女二人合谋要毒死唐中宗。一天，唐中宗正在审阅奏章，来不及吃饭，韦后让宫女送去蒸饼。唐中宗边看奏章边吃，没等吃完，便倒在地上死了。

韦后毒死唐中宗，把消息封锁起来，不发丧，然后召集韦家子弟和她的亲信，带兵五万人守卫京城，准备登基称帝。她没料到，被她陷害罢了官的李隆基(唐睿宗的第三个儿子)，早已料到韦后会篡夺皇位，为了保住唐室江山，在长安的羽林军中结交了一批猛将，等待着时机。唐中宗被害，李隆基立即发动羽林军攻入宫中，杀了韦皇后和安乐公主，接着用武力清洗韦氏和武氏集团，把韦氏家族和武氏家族的人差不多都杀光了。

最后，由武则天的女儿太平公主出面，恢复了唐睿宗的帝位。过了两年。公元712年，唐睿宗又把皇位让给了李隆基，这就是历史上有名的唐玄宗。

姚崇为臣坦荡

姚崇，字元之，陕州(今河南省陕县)人，曾任武后、睿宗、玄宗三朝宰相，兼兵部尚书。他曾为稳定武周政权、开创"开元盛世"起了关键作用。他辅弼朝廷，革除旧弊，开辟了一代之风，推进了社会进步，是我国封建社会不可多得的政治家、中国历史上著名的“贤相”。

他自幼受父影响，怀“王佐”之志，折节读书，精通吏道。长大后，应“下笔成章”制举，授濮州司仓参军，“剖析决断，答对入流”。武则天当政时，五迁为夏官(兵部)郎中。当时契丹侵扰河北，军务繁剧，姚崇在处理契丹事务时，判断裁决迅速准确，且条理清楚，武则天对此非常惊奇，于是破格提拔他为夏官侍郎，又加封凤阁鸾台平章事。

圣历初年(公元 698 年)，武则天对近臣说：“以前周兴、来俊臣等裁讼刑狱，朝臣们相互牵连，结果都有谋反罪。国家有法，朕岂能违抗？朕恐怕其中有冤情，就派近臣去狱中探问，都得到手状，并无虚假的东西，朕也不再怀疑，就批准了他们的奏请。自从周兴、来俊臣死后，再没听说有什么谋反者，那么以前被杀戮的是不是有很多属于冤枉滥杀的呢？”姚崇回答道：“自垂拱年间(公元 685 年—688 年)以来，被告者家破人亡，都是受酷刑自诬而死的。告发的人还以此为功。这种罗织罪名，比汉代的党锢还要厉害。陛下让近臣去查问，近臣都难于自保，还谈什么动摇原案？被调查的人若是翻案又要遭受更毒辣的酷刑，将军张虔勖、李安静就是这样。托上天降灵，诛除凶恶小人，朝廷便平安无事了。从今往后，我以卑微之躯以及一家百口人保证，内外官吏再不会有谋反者，请陛下以后收到状告，只需收藏起来，不必再过问。如若事实无法证验我的看法，仍然有谋反者，我愿受不告之罪。”武则天听后高兴地说：“以前的宰相都不过问这些事，陷朕于不义的境地，卿言很合乎朕意。”于是武则天对他器重有加，当天就派人赐白银千两给姚崇。

长安四年(公元 704 年)，姚崇以母亲年迈为由上表请求解职回家侍养母亲，言辞哀切，武则天知道无法改变其主意，就拜他为相王府长史，罢参知政事之衔，使他能够清静。这一月，又命他兼任夏官尚书一职，同凤阁鸾台三品。姚崇上书说：“臣侍奉相王，再统领国家兵马有所不便，臣不是怕死，而是担心对相王不利。”武则天觉得他的话十分有理，就改任他为春官尚书。当时，张易之请求把京城著名的十名僧人安排到定州专设寺庙，僧人们表示了极其的不愿意。姚崇命令停止此事，张易之多次与他说及此事，他始终没答应，因此遭到张易之的谗毁。

但在武则天做皇帝的十五年中，姚崇一直受到武则天的信任和重用。神龙四年(公元 705 年)，张柬之、桓彦范等密谋诛杀张易之兄弟，恰逢姚崇从军队中回到都城，于是也参与了密谋，因功被封梁县侯，赐封二百户。武则天被移居上阳宫，唐中宗复辟，中宗率百官就阁台理政，王公士人无不欢呼雀跃，只有姚崇呜咽哭泣。

桓彦范、张柬之对他说：“今天岂是啼哭的日子！只怕姚公的灾祸从此就要开始了。”姚崇说：“跟随则天皇帝日子长了，突然辞别再也不能拜她了，实在是忍不住要哭啊！昨天帮助诸公诛锄凶逆，是做臣子的常理，不敢说什么功劳；今天辞别旧主而悲泣，也是臣子忠于节操。若因此而获罪，实在心甘情愿。”不久，他就被贬出任亳州(今属安徽、河南)刺史，转任常州(今江苏境内)刺史。

开元九年(公元721年)姚崇病逝，终年七十二岁。姚崇一生不以官高而凌下，不以位尊而专横，虽多次被贬斥，仍能赤胆忠心，敢言直谏，以天下为己任，深受后人敬仰。

宋璟不徇私情

唐代前期，政治清明，士民富庶，社会安定，这与唐朝皇帝选拔正直贤明、敢于犯颜进谏的宰相大臣有很大关系。唐太宗一朝名臣云集，有房玄龄、杜如晦这样的贤臣敢于犯颜直谏，所以才有“贞观之治”。玄宗一朝，又有姚崇、宋璟这样严于律己、做事认真的臣子，才会有“开元盛世”。

宋璟，邢州南和(今河北大名)人。他为人耿直、有气节，博学多才，工于诗词文章，年轻时便进士及第，做了官。他为官清正廉明，武则天很是重用他。他从不附会权贵佞臣，遇到不法之事，总是很勇敢地站出来指正，坚持自己的立场，不随波逐流。到玄宗时被提拔为宰相，致力于为朝廷选拔品行优良、德才兼备的人才任职，并且根据人的才干专长，以能力定其职位，使众官都能称职。

早在睿宗时，外戚及安乐公主干预朝政，排斥太子，滥封滥赏，使得奸邪之徒都因贿赂得到了官职，而忠正之士都被陷害驱除，这些做法令当时忠义的大臣头疼不已。那时，宋璟与侍郎李义、卢从愿等精心打理朝政，铨察审核细致入微，取舍公正公平，罢掉了不少不称职的官吏。最后，安乐公主等掌管的“斜封官”制度也被罢黜。开元六年(718年)，有人推荐隐士范知落文才超群，堪与委任，并呈上他的文章。宋璟看了以后，写批语道：“他的《良宰文》辞藻浮华，没有精辟的见解，颇有谄谀的嫌疑。”并对那人说：“文章如果高明，应该走科举的道路，而不可委曲提任。”后来终未用他。

宋璟知人善任，量才使用。他曾经举荐抚州(今江西临川)司马李邕、仪州(今山西辽县)司马郑勉，二人都有一定的才能，但考虑到他们性格多变，常常因自己的喜好改变主意，如果赐给高官，行事必然有失误；如果摒弃不用，又觉得可惜。于是任命他们为渝峡二州刺史(今川鄂交界处)，以后如有政绩再加任用。朝中大臣都觉宋璟处理得当。

宋璟还特别注重考察现任官吏的政绩，遇到不合格的就加以降职贬谪。大理寺卿元行冲素有才能和德行，起初得到任用的时候，他确实勤于政务，办案认真，很有成绩。宋璟正准备提升他，哪知他又逐渐变得荒废政务，宋璟于是建议玄宗给他降职处分，并举荐能干的李朝隐代替他的职位；大臣陆像先也因为闲于政事，傲慢闲散，而被贬为河南尹。

宋璟对那些因袭父母爵位官职的官员考核得更为审慎严格，从不轻易提拔。岐山令(七品)王仁琛是袭官的资深老吏，皇上认为他任职时间很长，劳苦功高，就想赐给他五品官。宋璟说："提拔任用故旧官吏是有规定的，根据资历提拔并不都很公道。仁琛因袭官获得了优厚职位，现在如果破格任用，恐怕会让同僚非议。我请求交给吏部仔细勘验，如果确有功劳，没什么过错，就按规定选留任用。"玄宗也同意了，最终未提升他。

宋璟选官不徇私情，就是亲戚朋友也不例外。当时他的从叔宋元超到吏部，暗示那里的官员自己是宰相宋璟的亲戚，希望得到任用。宋璟听到后，写了一个公文给吏部："元超是我的从叔，经常住在洛阳，常不见面，希望不要照顾我的情面给他高官，要秉公处理。如果确有才能，也应该依照有关规定公平录用。"宋元超最终并没有获得希望的职位。

宋璟通过严格的考核选拔，为朝廷选拔了许多品行优良、认真称职的官吏，受到皇上和群臣的赞叹。玄宗对后世的宰相说："以后挑选官吏要以宋公为榜样，这样国家才会吏治清明，万民富有。"他死后二十三年，即大历七年，唐代大书法家颜真卿特为其书撰碑文，颂其功德。

李林甫口蜜腹剑

唐玄宗做了二十多年太平天子，渐渐滋长了骄傲怠惰的情绪。他想，天下太平无事，政事有宰相管，边防有将帅守，自己何必那么为国事操心。于是，他就追求起享乐的生活来。

宰相张九龄看到这种情况，心里挺着急，常常给唐玄宗提意见。唐玄宗本来很尊重张九龄，但是到了后来，对张九龄的意见也听不进去了。

李唐有个宗室叫李林甫，是一个不学无术的人。他什么事都不会，专学了一套奉承拍马的本领。他和宫内的宦官、妃嫔勾结，探听宫内的动静。唐玄宗在宫里说些什么，想些什么，他都先摸了底。等到唐玄宗找他商量什么事，他就对答如流，简直跟唐玄宗想的一样。唐玄宗听了挺舒服，觉得李林甫又能干，又听话，比张九龄强多了。

唐玄宗想把李林甫提为宰相，跟张九龄商量。张九龄看出李林甫不是正路人，就直截了当地说："宰相的位置，关系到国家的安危。陛下如果拜李林甫为相，只怕将来国家要遭到灾难。"

这些话传到李林甫那里，李林甫把张九龄恨得咬牙切齿。朔方(治所在今宁夏灵武)人牛仙客，目不识丁，但是在理财方面很有点办法。唐玄宗想提拔牛仙客，张九龄没有同意。李林甫在唐玄宗面前说："像牛仙客这样的人，才是宰相的人选。张九龄是个书呆子，不识大体。"

有一次，唐玄宗又找张九龄商量提拔牛仙客的事，张九龄还是不同意。唐玄宗发火了，厉声说："难道什么事都得由你做主吗!"

唐玄宗越来越觉得张九龄讨厌，加上听信了李林甫的诽谤，终于借个由头撤了张九龄的职，让李林甫当宰相。

李林甫一当上宰相，第一件事就是要把唐玄宗和百官隔绝，不许大家在玄宗面前提意见。有一次，他把谏官召集起来，公开宣布说："现在皇上圣明，做臣下的只要按皇上旨意办事，用不着大家七嘴八舌。你们没看到立仗马(一种在皇宫前作仪仗用的马)吗？它们吃的饲料相当于三品官的待遇，但是哪一匹马要是叫了一声，就被拉出去不用，后悔也来不及了。"

有一个谏官不听李林甫的话，上奏本给唐玄宗提建议。第二天，他就接到命令，被降职到外地去做县令。大家知道这是李林甫的意思，以后谁也不敢向玄宗提意见了。

李林甫知道自己在朝廷中的名声不好。凡是大臣中能力比他强的，他就千方百计地把他们排挤掉。他要排挤一个人，表面上不动声色，笑脸相待，却在背地里暗箭伤人。

有一次，唐玄宗在勤政楼上隔着帘子眺望，兵部侍郎卢绚骑马经过楼下。唐玄宗看到卢绚风度很好，随口赞赏几句。第二天，李林甫得知这件事，就把卢绚降职为华州刺史。卢绚到任不久，又被诬说他身体不好，不称职，再一次被降了职。

有一个官员严挺之，被李林甫排挤在外地当刺史。后来，唐玄宗想起他，跟李林甫说："严挺之还在吗？这个人很有才能，还可以用呢。"

李林甫说："陛下既然想念他，我去打听一下。"

退了朝，李林甫连忙把严挺之的弟弟找来，说："你哥哥不是很想回京城见皇上吗，我倒有一个办法。"

严挺之的弟弟见李林甫这样关心他哥哥，当然很感激，连忙请教该怎么办。李林甫说："只要叫你哥哥上一道奏章，就说他得了病，请求回京城来看病。"

严挺之接到他弟弟的信，真的上了一道奏章，请求回京城看病。李林甫就拿着奏章去见唐玄宗，说："真太可惜，严挺之现在得了重病，不能干大事了。"

唐玄宗惋惜地叹了口气，也就算了。

像严挺之这样上当受骗的还真不少。但是，不管李林甫装扮得怎么巧妙，他的阴谋诡计到底被人们识破。人们就说李林甫这个人是"口蜜腹剑"。

李林甫当了十九年宰相，一个个有才能的正直的大臣全都遭到排斥，一批批钻营拍马的小人都受到重用提拔。就在这个时期，唐朝的政治从兴旺转向衰败，"开元之治"的繁荣景象消失，接着出现的就是"天宝之乱"(天宝是唐玄宗后期的年号)。

安禄山起兵反唐

唐玄宗在位初期，政治开明，有很多贤臣辅佐，出现了"开元盛世"的局面，使大唐国力达到鼎盛。可是到他执政后期，逐渐变得昏暗。他听信谗言，罢免了贤相张九龄，任用李林甫为相。一批贤能的大臣被排挤出朝廷。

李林甫掌权以后，不但排挤朝廷的文官，还猜忌边境的节度使。担任朔方等四个镇节度使的王忠嗣，立了很多战功。他手下的将领哥舒翰、李光弼，都是骁勇善战的名将，李林甫看王忠嗣的功劳大、威望高，怕他被唐玄宗调回京城当宰相，派人向唐玄宗诬告王忠嗣想拥戴太子谋反，害得王忠嗣险些丢掉了性命。后来还是哥舒翰在唐玄宗面前苦苦为王忠嗣申冤，玄宗才免了王忠嗣的死罪，改为降职处分。王忠嗣受不了这个冤枉，一气之下就病死了。

当时，边境将领中有一些胡族人。李林甫认为胡人文化低，不会被调到朝廷当宰相，就在唐玄宗面前竭力主张重用胡人，理由是胡人善战，而且跟朝官没联系，靠得住。唐玄宗本来最怕边境的将领谋反，就听李林甫的话，提拔了一些胡人当节度使。

在这些胡族的节度使中，唐玄宗、李林甫特别看中平卢(治所在今辽宁朝阳)节度使安禄山。

安禄山年轻时在平卢军里当过将官，因为不遵守军令，打了败仗。边境守将张守珪把他解送到长安，请朝廷处分。当时的宰相张九龄为了严肃军纪，把安禄山判了死刑。唐玄宗听李林甫说安禄山挺能干，下令把安禄山释放。

张九龄跟唐玄宗说："安禄山违反军令，损兵折将，按军法不能不杀；而且据我观察，安禄山不是个善良人，不杀恐怕后患无穷。"

唐玄宗不听张九龄劝谏，还是赦免了安禄山。后来，张九龄被撤了职。安禄山却靠他奉承拍马的手段，一步一步地升官，当上了平卢节度使；不出三年，又兼任范阳(治所在今北京市)节度使。

安禄山当了节度使以后，就尽量搜罗珍禽异兽、珍珠宝贝，经常送到宫廷讨好唐玄宗。他知道唐玄宗喜欢边境将领报战功，就采取阴谋手段，诱骗平卢附近的少数民族首领和将士参加宴会。在酒席上，用药酒灌醉他们，把兵士杀了，又把他们的首领割了头，献给朝廷报功。

唐玄宗常常召安禄山到长安朝见。安禄山抓住这个机会，使出他狡猾的手段，尽量讨唐玄宗的喜欢。安禄山长得特别肥胖，肚子大得垂地，矮个子，装出一副傻乎乎的样子。唐玄宗一见到他就乐了。

有一次，唐玄宗指着他的肚子开玩笑说："这么大的肚子，里面装的什么东西?"

安禄山不假思索地回答说："没有别的，只有一颗赤诚的心。"

唐玄宗认为安禄山真对他一片忠心，心里更高兴了。以后又封安禄山为郡王，还替他在长安造了一座跟王公贵族住的一样华丽的府第。安禄山搬进王府后，唐玄宗每天让他陪着一起喝酒作乐，还让杨贵妃把安禄山收作干儿子，让安禄山在内宫随便进出，亲热得像一家人一样。

安禄山骗取了唐玄宗和李林甫的信任，除了范阳、平卢两镇外，他又兼了河东(治所在今山西太原)节度使，控制了北方边境的大部地区。他秘密扩充兵力，提拔了史思明、蔡希德等一批猛将，任用汉族士人高尚、严庄帮他出谋划策；又从边境各族的降兵中挑选了八千名壮士，组成一支精兵，囤积粮草，磨砺武器。只等唐玄宗一死，他就准备叛乱。

没多久，李林甫病死，杨贵妃的同族哥哥杨国忠凭着他的外戚地位，接任了宰相。杨国忠本来是个流氓，安禄山瞧不起他，他也看不惯安禄山，两个人就闹起矛盾来。杨国忠几次三番在唐玄宗面前说安禄山一定要谋反，但是唐玄宗正在宠信安禄山，根本不相信。

日子一长，安禄山谋反的迹象渐渐暴露出来了。他向朝廷要求把范阳的三十二名汉将都撤换了，由他自己另外委派。唐玄宗亲手写诏书要安禄山到长安，他也推托有病不去。唐玄宗开始对安禄山怀疑起来。但是无论唐玄宗或是杨国忠，都没有想到该怎样防备安禄山的叛乱。

公元755年十一月，安禄山经过周密准备，决定发动叛乱。这时候，正好有个官员从长安到范阳来，安禄山就假造了一份唐玄宗从长安发来的诏书，召集将士宣布说："接到皇上密令，要我立即带兵进京讨伐杨国忠。"

将士们都觉得很突然，面面相觑，但是有谁敢对圣旨表示怀疑呢。

第二天一早，安禄山就带领叛军南下。十五万步兵、骑兵在河北平原上进发，一路上烟尘滚滚，鼓声震地。中原一带已经有一百年左右没有发生战争，老百姓好几代没有看到过打仗。沿路的官员逃跑的逃跑，投降的投降。安禄山叛军一直向南进攻，几乎没有遭到什么抵抗。

颜杲卿大骂叛军

在这个危急的时刻，首先起来打击叛军的是常山(今河北正定)太守颜杲(gǎo)卿。

颜杲卿本来是安禄山的部下。安禄山发动叛乱以后，颜杲卿就准备反抗。叛军到了藁(gǎo)城的时候，颜杲卿已经招募了一千多名壮士。他知道自己力量不够，不能跟安禄山硬拼，就跟手下的官员袁履谦向叛军伪降。安禄山仍旧让他守常山，但是心里不放心，一面把颜杲卿的儿子、侄儿带到军营里做人质，一面派了一个叛将守在井陉关(今河北井陉)。

安禄山渡过黄河，攻下洛阳之后，颜杲卿决心起兵，他的堂弟平原(今山东平原)太守颜真卿也招募了一万多人马，派人跟颜杲卿联络，要他攻占井陉关，截断安禄山的后路。

颜杲卿打听到守井陉关的叛将是个糊涂的酒鬼，就假传安禄山的命令，派人带了美酒好菜去慰劳他，等叛将喝得酩酊大醉的时候，把叛将杀死，占领了井陉关。

颜杲卿攻下了井陉关，士气振奋。第二天又接连活捉了两名叛将。颜杲卿派人分头到河北各郡去告诉官吏说：现在朝廷派出三十万大军讨伐安禄山，已经出了井陉关，早晚就到河北各郡了。受安禄山胁迫叛变的，趁早投降，可以受到重赏；如果顽抗，罪加一等。

河北各郡官员一听到安禄山站不住脚，都纷纷响应颜杲卿。河北二十四个郡，有十七个郡又站到唐军一边来。

安禄山正准备向潼关方向进兵，一听到河北各郡都响应颜杲卿，后方不稳，只好改变主意，回到洛阳。他在洛阳自称大燕皇帝，派大将史思明、蔡希德各带一万人马分两路攻打常山。

颜杲卿虽然打了几个胜仗，但是起兵只有八天，常山周围的防御工事都没修好，兵力又少，怎能敌得过两路叛军！叛军到了常山城下，颜杲卿派人到太原去求援，但是太原守将王承业不肯出兵。

史思明叛军把常山紧紧围困，颜杲卿带领常山军民拼死抵抗了四天，城里粮食断了，箭也用完了。常山终于陷落在叛军手里。

史思明纵容叛兵杀害了一万多常山军民，又把颜杲卿、袁履谦抓起来，押送到洛阳去见安禄山。

安禄山命令兵士把颜杲卿押到他跟前，责问颜杲卿说："你本来只是个范阳小官，我把你提拔为太守，为什么背叛我？"

颜杲卿怒气冲冲地骂着说："你是一个牧羊的小子，国家让你做了三镇节度使，有哪点对不起你？我为国除奸，恨不得斩你的头，叫什么背叛？"

安禄山恼羞成怒，要左右兵士把颜杲卿、袁履谦拖到一座桥边的柱子上缚起来，使用残酷的刑罚折磨他们。

颜杲卿神色凛然，一面忍受着酷刑，一面仍旧痛骂安禄山。叛军兵士用刀割了颜杲卿的舌头，颜杲卿满口鲜血，还发出含糊的骂声。

袁履谦看到颜杲卿受刑的残酷情景，气得自己咬碎舌头，连血带舌喷在旁边一个叛将的脸上。

颜杲卿、袁履谦坚贞不屈，一直到他们咽气。

颜杲卿从起兵到失败，虽然只有十几天，但是他们的抵抗拖住了叛军的兵力，为唐王朝调兵遣将争取了时间；他们誓死抵抗的精神，鼓舞了更多的人抗击叛军。

颜杲卿被杀后一月，河东节度使李光弼率领步兵、骑兵一万多人和太原弓箭手三千人出兵井陉关，打退叛军，收复常山。接着，朔方节度使郭子仪也带领精兵到常山和李光弼会合。河北的一些百姓受尽安禄山叛军掳掠的痛苦，听到郭子仪、李光弼大军打过来，自发集合起来，修筑营垒，抵抗叛军，等郭、李大军一到，就参加了大军队伍。郭、李两支大军兵强马壮，士气旺盛，接连击败安禄山叛军，河北十几个郡重新回到唐军手中。

河北大捷，截断了叛军的后路，叛军军心动摇。安禄山大为恐慌，埋怨谋士高尚、严庄说：“几年来你们劝我起兵造反，说这是万全的计策。现在西边打潼关，几个月也打不进去；北边的路也被截断。我们困守在这里，叫什么万全!”他打算放弃洛阳，逃回范阳去。

正在安禄山进退两难的时候，唐王朝统治者自己却替叛军打开了潼关大门。

千古长恨马嵬驿

潼关是京城长安的门户，那里形势险要，道路狭窄。唐玄宗派大将哥舒翰带领重兵把守。叛将崔乾祐在潼关外屯兵半年，没法打进去。潼关的守军每天晚上在烽火台烧起一把火，作为平安的信号。关里的烽火台接到信号，也一座接一座放“平安火”，一直传到长安，让长安人民放心。

叛军攻不进潼关，但是关里的唐王朝内部却闹起矛盾来。哥舒翰主张坚守潼关，等待时机；郭子仪、李光弼也从河北前线给唐玄宗上奏章，他们请求引兵北上，攻打安禄山的老巢范阳，要潼关守军千万不要出关。但是，宰相杨国忠却反对这样做。有人对杨国忠说：“现在重兵都在哥舒翰手里，如果哥舒翰打胜了，回到长安，你的宰相位子就保不住了。”杨国忠自己知道他这个宰相最不得人心，听了这番话，更加害怕，就在唐玄宗面前说潼关外的叛军已经不堪一击，哥舒翰守在潼关按兵不动，会丧失歼灭叛军的时机。昏庸的唐玄宗听信杨国忠的话，接二连三派使者到潼关，逼哥舒翰带兵出潼关。

哥舒翰明知出关没有好处，但是没法违抗皇帝的圣旨，痛哭一场，只好带兵出关了。

关外的叛将崔乾祐早已养精蓄锐，只等唐军出关。崔乾祐派精兵埋伏在灵宝(今河南省西部)西面的山谷里。哥舒翰的二十万大军一出关，就中了埋伏，几乎被叛军打得全军覆没，二十万人马只剩下八千。

哥舒翰还想收拾残兵，他的部下先乱了起来，叛军乘胜打进潼关。哥舒翰也被俘虏了。

潼关一失守，关内就没险可守。从潼关到长安之间的一些地方官员和守兵，都纷纷弃城逃走。

开始，哥舒翰还派人到长安告急。后来，告急的文书中断；晚上，烽火台上的“平安火”也见不到了。到这时候，唐玄宗才感到形势危急，着急起来，要杨国忠想办法。

杨国忠把文武百官召集起来商量，大家都干着急，谁也想不出一个好主意来。杨国忠知道留在长安，没有生路，而四川是杨国忠的老家，就劝玄宗逃到蜀地去。

当天晚上，唐玄宗、杨国忠带着杨贵妃和一批皇子皇孙，在将军陈玄礼和禁卫军护送下，悄悄地打开宫门，逃出长安。

他们派个宦官先到沿路各地，要官员准备接待。

哪知道才到咸阳，派出的宦官和县令都已经逃了。唐玄宗一伙人走了半天，没有人给他们送饭。随行太监好容易找到当地百姓，向他们讨了点粮食。有几个百姓送上一点高粱饽饽。那些皇子皇孙平时养尊处优，哪里吃过这样的饭，但是实在饿得慌，也顾不得什么体面，没有碗筷，就用手抓着吃，一下子就吃得精光。

唐玄宗勉强咽了几口饽饽，直流眼泪。有个老人挤到车前，对玄宗说："安禄山想造反，已经不是一天了。这么多年来，有人向朝廷告发，反而被关被杀。陛下周围的大臣，只会奉承拍马，外面的情况，陛下一概听不到。我们普通百姓早知道有这么一天，不过朝廷宫门太深，百姓的意见陛下听不到。要不是到了今天这步田地，我们怎么能站在陛下面前说话呢!"

唐玄宗垂头丧气地说："这是我太糊涂，现在后悔也来不及了。"

这样走走停停，第三天到了马嵬(wéi)驿(今陕西兴平县西)，随行的将士又饿又疲劳，实在忍不住了。他们越想越气，好好的长安待不住，弄得到处流亡，受尽艰辛。他们认为，这全是受了奸相杨国忠的累，这笔账得向杨国忠算。

这个时候，有二十几个吐蕃使者拦住杨国忠的马，向杨国忠要粮。杨国忠还没来得及答话，周围的兵士已经嚷起来：

"杨国忠要造反了!"一面嚷，一面就射起箭来。

杨国忠慌里慌张想逃走，几个兵士赶上去，把他的头砍了下来。

兵士们杀了杨国忠，情绪激昂，把唐玄宗住的驿馆包围了起来。唐玄宗听到外面闹哄哄的，问是怎么回事，左右太监告诉他，兵士们已把杨国忠杀了。玄宗大吃一惊，不得不扶着拐杖，走出驿门，慰劳兵士，要将士们回营休息。

兵士们不理唐玄宗的话，照样吵吵嚷嚷。玄宗派高力士找到陈玄礼，问兵士们为什么不肯散。陈玄礼回答说："杨国忠谋反，贵妃也不能留下来了。"

这下可把唐玄宗难住了，他怎么舍得杀这个宠爱的妃子呢？他低着头站了半晌，才说："贵妃住在内宫，怎么知道杨国忠谋反呢?"

高力士知道不杀杨贵妃，不能平息兵士的愤怒，就说："贵妃是没有罪，但是将士们杀了杨国忠，如果留着贵妃，将士哪会心安。希望陛下慎重考虑，将士心安，陛下也安全了。"

唐玄宗为了保自己的命，只好狠了狠心，叫高力士把杨贵妃带到别的地方，用带子勒死了。

将士们听到杨贵妃已经被处死，这才撤围回营，一场兵变至此平息。

李亨灵武即位

唐玄宗从马嵬驿出发，继续向蜀中行进。

这时，随行的许多将士纷纷劝阻李隆基说："杨国忠谋反被杀，他的亲信都在蜀中，陛下不能去那里。"

于是，到底去何地引起了一场争论。有人主张去河西、陇右，有人要求去灵武(在今宁夏)，还有的人认为应该去太原，甚至有人提出返回京都长安。众说纷纭，莫衷一是。

大臣韦谔不同意回长安，他说："如果要回京都，就要有足够的兵力抵御叛军。不如先到扶风，再慢慢考虑去向。"

大家都认为这个主意好。李隆基就决定先到扶风避难。

李隆基一行刚要起程，当地的父老拦在路中，请求李隆基留下。父老们问道："皇宫是陛下的家园，陵寝是陛下的归宿，陛下放弃这一切，要到哪里去呢?"

李隆基骑在马上想了很久，左右为难，便命令太子李亨留下安抚这些百姓，他自己还是上路了。

李亨也想随父亲一起走。当地父老们对李亨说："既然陛下不愿意留下，我们愿意率领子弟跟随殿下东去讨伐叛军，收复长安。如果殿下和主上都去了蜀中，谁来为中原百姓做主?"

请愿的百姓越来越多，一会儿就有几千人聚集在李亨面前。李亨不肯留下。他向父老们解释说："至尊西行，路途遥远而且艰险，我怎么忍心离开他身边呢！再说，我还没有当面向至尊辞别呢。我要回去禀告至尊，听候吩咐。"

说着，他泪流满面，催马要走。建宁王李倓(tán)与宦官李辅国拉着李亨的马笼头，极力劝阻说："逆胡反叛，进犯长安，国家分崩离析，百姓陷入水火，如果不顺从民意，怎么能恢复大唐天下呢？殿下随从主上入蜀，如果叛军断绝栈道，那就等于将中原大地拱手送给了叛军。到那时想有所作为，恐怕为时已晚。不如现在收回西北戍边的军队，征召河北地区的郭子仪和李光弼，合兵东讨叛贼，收复东西两京，平定四海，然后再打扫宫殿，迎接至尊归来。这是更大的孝顺，何必像寻常人家的儿女那样守在父母身边呢?”

广平王李俶也劝李亨留下来。父老们拦住了李亨的马，使他无法前行。李亨只好让李俶骑马前去禀告。

李隆基左等右等，不见李亨，就派人回去打听。派去的人回来禀报了李亨的情况，李隆基叹息道：“这真是天意。”于是，他从后军中分出两千人，连同一匹最好的飞龙厩御马留给李亨，并对这些留下的将士说：“太子仁孝，一定能够继承大唐的帝业，希望你们好好辅佐他。”

李隆基又派人告谕李亨说：“你要好自为之，不要为我担心，我待西北各部胡人一向不薄，你一定用得上他们。”李亨听罢，面向南方号啕痛哭。李隆基又派人传来旨意，要把帝位传给李亨。李亨坚决不接。李隆基一行走后，李亨等人留下来了。然而，究竟应该往哪里去呢? 李俶向大家问道：“天已经快黑了，此处不是久留之地，咱们现在怎么办?”

李倓说：“殿下过去做过朔方节度使，朔方离我们不远，兵马完好无损。河西行军司马裴冕又出身名门望族，不会对朝廷有二心。叛军正忙于抢掠，顾不上四处攻城略地，短时间内到不了朔方。我们可以前往朔方，到那儿以后，再商讨大计。”

大家齐声称善，便向朔方进发。他们刚走到渭河边，迎面碰上一队人马。李亨一行还来不及看清对方是谁，双方就混战起来。等搞清楚对方是从潼关退下来的败兵时，已经伤亡了不少人。李亨于是收容了这些残兵，准备渡河。渭河水深，将士们骑着马才能勉强通过。那些没有马的人，只好含着泪目送太子过河，场面颇为悲壮。

李亨一行日夜兼程，七月初九抵达灵武。众人商议认为，灵武兵强粮足，殿下在这里，向北可以召集各郡的军队，向西可以征发河西、陇右的精锐骑兵，然后挥师南下，平定中原，大功可望告成。大家请求李亨遵照李隆基在马嵬驿的命令，即皇帝位，李亨不答应。

裴冕等人纷纷劝说道：“殿下率领的将士都是关中人，为什么他们任劳任怨地跟着殿下来到这荒凉边城呢? 当然是希望能够跟随殿下建功立业，辅佐殿下登基做皇帝。殿下如果让他们失望，一旦离散，就不可收拾，希望殿下顺应军心，为江山社稷做长远打算!”

裴冕等人的奏议一连上了五次，李亨终于同意了。

公元756年七月十二日，李亨在灵武城南楼即位称帝，奉李隆基为上皇天帝，改年号为“至德”，并大赦天下。他就是唐肃宗。

张巡坚守雍丘

唐玄宗逃出长安后，安禄山叛军攻进长安。郭子仪、李光弼听到长安失守，不得不放弃河北，李光弼退守太原，郭子仪回到灵武。原来已经收复的河北郡县又重新陷落在叛军手里。

叛军进潼关之前，安禄山派唐朝的降将令狐潮去进攻雍丘(今河南杞县)。令狐潮本来是雍丘县令，安禄山占领洛阳的时候，令狐潮就已经投降。雍丘附近有个真源县，县令张巡不愿投降，招募了一千来个壮士，占领了雍丘。令狐潮带了四万叛军来进攻。张巡和雍丘将士坚守六十多天，将士们穿戴着盔甲吃饭，包扎好创口再战，打退了叛军三百多次进攻，杀伤大批叛军，使令狐潮不得不退兵。

一天，令狐潮又集合人马来攻城。这时候，长安失守的消息已传到雍丘，令狐潮十分高兴，送了一封信给张巡，劝张巡投降。

长安失守的消息在唐军将士中传开了。雍丘城里有六名将领，原来都是很有声望的人，看看这个形势，都动摇了。他们一起找张巡说："现在双方力量相差太大，再说，皇上是死是活也不知道，还不如投降吧。"

张巡一听，肺都气炸了，但是表面上装作若无其事，答应明天跟大伙一起商量。到了第二天，他召集了全县将士到厅堂，把六名将领喊到跟前，宣布他们犯了背叛国家、动摇军心的罪，当场把他们斩了。将士们看了，都很激动，表示坚决抵抗到底。

叛军不断攻城，张巡组织兵士在城头上射乱箭把叛军逼回去。但是，日子一长，城里的箭用完了。为了这件事，张巡怎么能不心焦呢！

一天深夜，雍丘城头上黑魆魆一片，隐隐约约有成百上千个穿着黑衣服的兵士，沿着绳索爬下墙来。这件事被令狐潮的兵士发现了，赶快报告主将。令狐潮断定是张巡派兵偷袭，就命令兵士向城头放箭，一直放到天色发白，叛军再仔细一看，才看清楚城墙上挂的全是草人。

那边雍丘城头，张巡的兵士们高高兴兴地拉起草人。那千把个草人上，密密麻麻插满了箭。兵士们粗粗一点，竟有几十万支。这样一来，城里的箭就不用愁啦！

又过了几天，还是像那天夜里一样，城墙上又出现了"草人"。令狐潮的兵士见了又好气，又好笑，认为张巡又来骗他们的箭了。大家谁也不去理它。

哪儿知道这一次城上吊下来的并不是草人，而是张巡派出的五百名勇士。这五百名勇士乘叛军不防备，向令狐潮的大营发起突然袭击。令狐潮要想组织抵抗已经来不及了。几万叛军失去指挥，四下里乱奔，一直逃到十几里外，才喘了口气停下来。

令狐潮一连中计，气得咬牙切齿，回去后又增加了兵力攻城。张巡派他的部将雷万春在城头上指挥守城。叛军看到城头出现了一个将领，就放起箭来。雷万春没防备，一下子脸上中了数箭。他为了安定军心，忍住了疼痛，动也不动地站立着。叛军将士认为张巡诡计多端，这一次一定又放了个什么木头人来骗他们。

后来，令狐潮从间谍那里得知，那个中箭后屹立不动的"木人"就是将军雷万春，不禁大吃一惊。令狐潮在城下喊话，请张巡见面。张巡上了城头，令狐潮对他说："我看到雷将军的勇敢，知道你们的军纪确实严明。但是可惜你们不识天命啊！"

张巡冷笑一声回答说："你们连做人的道理都不懂，还谈什么天命！"说着，就命令将士出城猛冲过去。令狐潮吓得拨转马头没命地逃跑，他手下的十四个叛将被张巡的将士活捉了。

打那以后，令狐潮屯兵在雍丘北面，不断骚扰张巡的粮道。叛军经常有几万人，张巡的兵不过一千多，但是张巡瞅准机会就出击，总是打胜仗。

过了一年，睢阳(今河南商丘)太守许远派人向张巡送来告急文书，说叛军大将尹子奇带领十三万大军要来进攻睢阳。睢阳是中原重镇，位于大运河的汴河河段中部。如果叛军占领睢阳，控制大运河，就可南下直取富庶的江淮地区。

张巡接到告急文书，赶紧带兵到睢阳去。

孤军血战睢阳

张巡率军奔赴睢阳，与太守许远共商坚守睢阳大计。当时，叛将尹子奇带了十三万人攻城，张巡、许远的兵力合起来才六千多人，双方兵力相差很大。张巡带兵坚守，和叛军激战十六天，俘获敌将六十多人，歼灭敌军二万多人，使尹子奇不得不退兵。

过了两个月，尹子奇得到了增援兵力，又把睢阳城紧紧围住，千方百计进攻。张巡虽然接连打了几次胜仗，但是叛军去了又来，形势越来越紧急。

一天夜里，张巡叫兵士敲起战鼓，号令整队。城外的叛军听到城里的鼓声，连忙摆开阵势，准备交锋。等到天亮，还没见唐军出城。尹子奇派人登上高处眺望，只见城里静悄悄的，一点动静都没有，就命令兵士卸了盔甲休息。许多叛军将士紧张了一夜，一倒在地上就呼呼地睡着了。

正在这时候，张巡和雷万春、南霁云等十几名将领，每人带领五十名骑兵，打开各城门杀出来，分路猛冲敌营。叛军没有防备，阵势大乱，又被唐军杀了五千多人。

张巡想在尹子奇出阵指挥的时候射杀尹子奇。但是尹子奇是个狡猾的家伙，平时上阵，总让几个将领伴随着。他们穿着一色的战袍，骑着同样的战马，叫唐军没法辨认出哪个是主将。张巡想出了一个办法。有一次，在两军对阵的时候，张巡叫兵士把一支用野蒿削成的箭射到敌阵里，叛军兵士拾到这支箭，以为城里的箭已经使完了，高高兴兴地拿着箭报告尹子奇。

尹子奇刚刚把蒿箭接到手里，城头上的张巡看在眼里，立刻吩咐身边的南霁云对准尹子奇射箭。南霁云本来是个好箭手，他一箭射去，不偏不倚，正射中尹子奇的左眼。尹子奇捂住脸，大叫一声，跌下马来。张巡下令出城冲杀，又打了一个大胜仗。

七月，尹子奇又得援军数万人，再次进攻睢阳。这时城中粮食奇缺，士卒经过几个月数百次战斗，只剩下一千六百人，大多数人身上带伤，再加上疾病流行，战斗力大大下降，出城迎战已不可能。尽管这样，睢阳还是牢牢地掌握在唐军手里。

尹子奇命叛军驾起冲车，企图冲破城墙。唐军在张巡的指挥下，用长木撑出车头，从木槽中将油灌入车身，纵火焚烧；尹子奇用云梯、木驴等攻城器械，唐军用人拉大石将其砸碎。尹子奇眼看着自己的部下一批批地倒在睢阳城下，攻城却毫无进展，只得改用围困。到了八月，他命人在城外挖了三条深深的堑壕，要等唐军粮尽再攻睢阳。

当时睢阳北部、西部大片地区早已被叛军占领，东南的彭城、临淮还有唐军重兵把守。由于有睢阳的阻挡，叛军的铁蹄还没有到达那里。从五月开始，睢阳军民就盼望这几处的守将能派兵救援，但救兵一直未到。

八月份一天天过去，睢阳城中越来越困难，经过激烈的守城战，将士只剩下六百人了，粮食一粒不剩。张巡和大家一样，每天只能吃纸充饥。到了中旬，情况已万分危急，张巡迫不得已，只得派南霁云突围求救。

南霁云带领伤势较轻的三十名骑兵冒死杀过敌军的防线，赶到较近的彭城。彭城守将许叔冀不敢出兵去战尹子奇，也不肯匀出一粒粮，只送给南霁云十四捆布。南霁云气极痛骂，要和许叔冀决一死战，吓得他闭门不出。

南霁云继续赶往东南的临淮。坐镇当地的御史大夫贺兰进明一心只想保存实力，加上嫉妒张巡、许远的赫赫声名，毫无救援的意思。但他见南霁云是一员不可多得的勇将，想留下他以为己用，便安排了宴饮歌舞款待他。

南霁云坚决不同意留下来，贺兰进明苦劝说："南将军开始时并不属张巡管辖，我听说你是被主将派往睢阳商议军事才留下的。既然能留在睢阳，为何不能留在临淮？功名利禄，前途无量。"

南霁云忍着心中的愤怒，说："昨日出睢阳，城中弟兄粒米未进已近一月，霁云又怎能留下，贪图享受？"他霍地站起身，说："霁云有负主将的重托，只好留下信物，将来好向张巡将军交令。"说着抓起佩刀，猛地砍下左手食指，然后转身就走。在座的贺兰部将都感动得纷纷落泪。

南霁云走出城门，一想到贺兰进明拥兵自重，见死不救，心中怒火难忍，他转身抬手一箭，直飞百步以外，钉在佛寺的高墙上。南霁云指着箭厉声道："贺兰进明，那一箭本该取你的性命，因国逢乱世，霁云不敢擅杀将军，待天下平定之后，我再来找你算账，你天天抬头看着这支箭，记住我的话！"说完，打马绝尘而去。

这时，贺兰进明身后跑出几员临淮部将，在马上一拱手说："太守，我们跟随您多年，现在想起来，竟是惭愧万分，告辞！"从后追赶南霁云，往睢阳驰去。贺兰进明看着他们的背影和南霁云马后的灰尘，冷汗止不住地往下淌。

南霁云回城途中路过宁陵，守将廉坦正带着三千人马前去睢阳增援，南霁云领着他们趁大雾杀入敌阵，朝睢阳城下靠近。

张巡连日来一直焦急地等待着南霁云的消息，忽然发现敌营中乱哄哄的，忙站到城楼前面，仔细地听了一会儿，对许远说："是霁云回来了！可是人马却并不多！"命令守将开城，南霁云手下只剩下一千人，但还赶着从叛军手中抢来的几百头牛，一拥而入进了睢阳城。

南霁云汇报了一路求援的经过，许远只摇了摇头，没说什么。张巡虽切齿痛恨，因忙于思考今后的对策，也没说什么。不久，城中的士卒也听说了，知道不会有人来救援睢阳，三军一齐恸哭，声音震动天地。

城外的尹子奇见南霁云牵牛进城，也改变了策略，采用时而猛攻时而围困的战术，想要拖垮唐军。张巡与许远日夜守在城墙上，从未下来一步。从八月守到十月，牛吃光了，将士的疾病更加严重，战斗力越来越弱。

到十月中旬，守军已无战斗力，叛军架起云梯，唐军将士在城楼上躺着，眼睁睁地看着他们翻墙入城，没有一个人有力气爬起来抵抗，睢阳城终于陷落。张巡和许远等人被抓。

尹子奇想招降张巡，张巡大骂不止。尹子奇又转身劝南霁云归降，南霁云沉吟着没有说话，张巡嘶声叫道："南八（南霁云排行第八）！死就死，不可屈服！"南霁云笑着说："将军，我正在想，不能让他们这么容易就杀了我！"

尹子奇一听更害怕了，匆匆忙忙将张巡、南霁云、雷万春等人杀害。

叛军又将许远推过来，尹子奇问他有什么话说，许远淡淡地说："我是睢阳太守，你杀了我，才能显出你的功劳。"

尹子奇命人将许远押往洛阳，去见安禄山之子安庆绪。不久，许远被杀。

随后尹子奇准备进一步向南进军，但是为时已晚了！睢阳城坚守十个月之久，在这十个月中，唐朝廷源源不断地得到江淮财赋的接济。肃宗已完成了从恢复、准备到反攻的过程，前一个月已收复西都长安，在睢阳陷落后十天又收复了东都洛阳，叛军再也无力南下。

尹子奇一看大势已去，连忙从睢阳退到陈留。不几天，便被唐军打败，全军覆没，尹子奇被杀示众。

十二月，天下暂告平定，肃宗追赠死难的功臣，一查对数目，君臣都吓了一跳：张巡、许远守睢阳，兵力最多时也不满七千人，前后四百余战，竟杀死叛军十二万人。当时的名士张澹、李舒、李翰等认为天下得以保全，全依仗睢阳城不失，朝野上下对此都没有异议。

于是，肃宗追封张巡为扬州大都督，许远为荆州大都督，南霁云为开府仪同三司。睢阳、雍丘免赋税三年。到后来的唐僖宗时，又将张巡、许远、南霁云的画像移入凌烟阁。

郭子仪立身严谨

郭子仪是唐朝的著名将领。天宝十四载(755 年)，安禄山叛乱，后史思明又相继作乱。郭子仪时任卫尉卿兼灵武郡太守，充朔方节度使。他出兵讨伐，大败史思明于河北；后又与回纥兵配合，收复长安、洛阳及河东、河西、河南等州县，为平定安史之乱立下不世之功。郭子仪因战功赫赫，后被任命为中书令，晋封汾阳王。

郭子仪戎马一生，常年领军作战，在外时间多，在朝时间少。朝内的奸佞之人如鱼朝恩等人，难免要进谗使坏，而郭子仪却坦然处之。郭子仪在外手握兵权，鱼朝恩等在朝说他拥兵自重，心怀不轨。朝廷每每召郭子仪入朝，他总是轻车简从，当天就上道赴召，没有丝毫的疑虑瞻顾。他如此光明磊落，于是程元振、鱼朝恩之流的谗言也就不攻自破。

郭子仪领兵在外作战，鱼朝恩竟指使人掘盗郭子仪父亲之墓，满朝震惊。郭子仪从泾阳入朝，朝廷内外都顾虑重重，担心生出事端。郭子仪入朝，皇帝亲自慰抚他，郭子仪泣道："我领兵日久，不能禁阻兵士损坏别人坟墓，如今父墓被掘，这是上天对我的报应，真所谓天道大公，不是人为的祸患!”他顾全朝廷大局，不愿为此生出事端。

鱼朝恩宴请郭子仪，大臣元载劝郭子仪，让他不要赴宴，因为鱼朝恩布了很多兵卫，恐怕会出什么意外。郭子仪的手下担心主帅安危，要求跟从护卫。郭子仪没有允许，只带了十数家僮赴鱼朝恩之宴。鱼朝恩也很意外，问他道：“将军车骑随从怎么这样少?”郭子仪将别人的劝告原原本本说给鱼朝恩，鱼朝恩听后不禁感激而泣，说道：“若非您宽厚大量，不是要因此生出嫌隙吗?”

郭子仪对朝臣极宽厚，但治军却极谨严。即使对家里人，也不例外。他担任河中节度使时，严禁无故骑马奔跑，违令者斩。这实际上也是为了防止引起混乱。

有一次，偏偏他妻子南阳夫人奶妈的儿子违反军令，军中执法官都虞候不徇私情，虽然知道此人与主帅郭子仪颇有关系，还是按照军令将他杖杀。为了此事，儿辈们到郭子仪面前哭诉，说都虞候专横跋扈。郭子仪听完他们的哭诉，不但不帮他们说话，还将他们狠狠训斥一顿后轰走。

第二天，郭子仪长吁短叹，显得十分忧伤。众人不知情由，便问他究竟。郭子仪感伤地说：“我的儿子都是些不成器的东西!”部下听了，更是丈二金刚摸不着头脑。郭子仪告诉他们：“我的都虞候刚正不阿，将夫人奶妈的儿子依法处死。我的儿子们不但不赞赏我的都虞候，反而因此抱怨，去怜惜奶妈那个犯罪的儿子，这不是不成器又是什么!”

郭子仪的儿子郭暖娶升平公主为妻。有一次小夫妻闹别扭，郭暖一气之下，嘴没遮拦，骂妻子道：“你仗着父亲是天子就目中无人吗? 我父亲连天子都不高兴做!”升平公主气得大哭，回宫告诉了父亲代宗。代宗劝女儿道：“你不知道，他父亲确实不高兴做天子。假如他真想做天子，这江山社稷早就不是我们家的了。”说完，不禁泣下，叫公主回去。这时，郭子仪将儿子绑缚，亲自押着儿子到宫廷请罪。代宗安慰郭子仪说：“俗话说：‘不痴不聋，不作亲家公。’小孩子自家屋里说的话，又何必去听它呢!”并给以赏赐，善言遣之。郭子仪为惩戒儿子，杖打郭暖数十下。

郭子仪“权倾天下而朝不忌，功盖一代而主不疑”，举国上下，享有崇高的威望和声誉。他历事玄宗、肃宗、代宗、德宗四朝，勤于职守，一身系国家安危二十余年，对巩固唐王朝统治起了重要作用。

郭子仪病死的时候，已是八十五岁的高龄。德宗皇帝闻讯后悲恸不已，废朝五日，并下诏命文武大臣前去郭子仪家里吊唁，下令治丧事所需的一切费用都由朝廷负担，赠给他太师的称号，陪葬在建陵。下葬的那一天，德宗亲临安福门，为郭子仪哭丧，文武百官也陪着皇帝，个个痛哭流涕。一代名将，长眠于地下了。

鱼朝恩祸乱朝政

鱼朝恩，泸州泸川人，三十多岁时进入内侍省，开始了宦官生涯。由于他狡黠、机敏，口齿伶俐，能言善辩，传达诏令准确得体，很受皇帝的赏识。他利用这个机会爬上高位，做尽了坏事。

乾元元年(公元758年)，唐肃宗命郭子仪、李光弼等九个节度使联兵讨伐盘踞相州的叛军安庆绪。这九个节度使都是唐朝元勋，肃宗怕他们互不买账，便独出心裁地设了个观军容宣慰处置使来驾驭诸将，而不设统兵元帅。既然观军容宣慰处置使如此重要，自然须由贴心之人担任，鱼朝恩就顺理成章地第一个坐上了这把交椅。

鱼朝恩根本不懂军事，又很想施展一番权威，于是就瞎指挥起来。乾元二年，史思明在魏州自称大圣燕王。李光弼认为，如果这时兵围魏州，史思明定然不敢轻出，这样就可以拖住他，乘机攻取邺城，消灭安庆绪，史思明也就没有多大能耐了。这本是一条妙计，可鱼朝恩却坚决反对，结果坐失良机。

不久，李光弼等率步骑六十万与史思明叛军战于安阳河畔，郭子仪率后队也赶到，唐军眼看要得胜，不料天不作美，忽然狂风大作，飞沙走石，天昏地暗，叛军北逃，官军南走。这一仗，郭子仪的部队损失惨重。在他的戎马生涯里，有配合回纥兵收复长安、洛阳的光辉业绩，唐肃宗很信任他，鱼朝恩对他早就嫉妒在心。相州之败，本是天时、地利、人和都不具备造成的，但鱼朝恩仍把这当成谗毁郭子仪的良机。回到京师后，他在肃宗面前把郭子仪丑化得一无是处，把责任全部推到郭子仪身上，一再要求处治郭子仪。于是，这年七月，郭子仪被撤职召回京师。

大约过了一年多，有人向肃宗建议："天下尚未太平，不应让郭子仪当个闲官。"肃宗觉得这话有理，便于上元元年(公元760年)重新起用郭子仪，任命为诸道兵马都统，率英武、威远禁军及河西、河东诸镇军队，以便夺取朔方、大同、横野，直插安史老巢范阳。但是鱼朝恩怕郭子仪出兵获胜，重建功业，就极力阻挠。结果，肃宗诏令下达后仅过了十几天，便成了一纸空文，唐王朝又失去了一次消灭叛军的良机。

唐代宗广德元年(公元763年)，吐蕃入侵长安，代宗仓皇出逃。到华州时，身边官吏大多逃散，连供给都发生了困难。恰好鱼朝恩率神策军赶来接应，把代宗接到陕州。代宗对他感激不尽，让他当了天下观军容宣慰处置使，掌管神策军(即皇帝的北衙禁军)，可以自由出入宫廷。从此以后，鱼朝恩更加得意忘形，随心所欲。他本是个不学无术的大草包，偏偏却要附庸风雅、假装斯文，经常招引些轻薄文人在家中讲经书，写文章，大言不惭地吹嘘自己的能文善武。代宗也糊里糊涂，居然于大历元年(公元766年)让鱼朝恩负责中央最高教育机构国子监。代宗还下令让宰相、百官、六军将领凑到一起，由京兆府设宴，宫廷乐队奏乐，庆贺鱼朝恩走马上任。

鱼朝恩越发骄横，代宗召集大臣讨论军国大事时，他常在众人面前指手画脚。许多人害怕他的威势，只好忍气吞声，连一向精通经史，能言善辩的宰相元载，也都默不作声。礼部郎中相里造、殿中侍御史李衎不买他的账，经常把鱼朝恩驳得哑口无言。鱼朝恩恨死他俩，在代宗面前一再谗毁相里造、李衎，终于使他们丢官罢职。

鱼朝恩深知，作为一个宦官要永久保住权位，只有时时刻刻巴结皇帝，拍皇上的马屁。他摸透了代宗信佛和想当孝子的心理，于大历二年，把自己富丽堂皇的宅院献出来作寺庙，孝敬给代宗已死的母亲章敬太后在九泉之下享用。为了讨取代宗的欢心，鱼朝恩监督工匠不分昼夜地施工，稍有怠慢，就连打带骂，害得工匠们叫苦不迭。

鱼朝恩还是一个搜刮民财的能手。大历五年，他在左、右神策军，左、右羽林军，左、右龙武军中设置刑堂、监狱，然后暗中指使长安城内的流氓无赖用种种编织的罪名肆意逮捕富人，送到狱中，把他们酷打成招，甚至干脆活活打死，把全部财产没收。到了举人进京应考之时，鱼朝恩又指使那些流氓无赖到旅店中抢劫他们的钱财，不少举人无辜死于他们之手。

随着地位的稳固，鱼朝恩连代宗也不放在眼里了。每次向代宗奏事，都是根据自己的意愿安排时间，让代宗等着他。朝廷在讨论重大事情时，如果不让鱼朝恩参加，他就大吵大闹：“天下事有不由我乎?”代宗听后联想起鱼朝恩平时那副蛮横的样子，也不由得对他反感起来。

鱼朝恩的养子鱼令徽还是个儿童，就当上了内给使，但没有官品，只能穿绿衣服。令徽狗仗人势，和小伙伴玩耍时总要占上风不可，有一次他没能如愿，回家告诉了鱼朝恩。第二天一早，鱼朝恩就领着鱼令徽去见代宗说：“我儿官位太低，常受别人欺负，希望陛下能赐给他一套紫衣。”按当时的等级制度，什么等级的官员穿什么颜色衣服，是绝对不能乱套的，让一个没有官品的内给使穿只有三品官才能穿的紫色官服，岂不太出格了！可是代宗还没有答话，有关人员早已把紫衣拿了过来，鱼令徽立即穿上向代宗拜谢。代宗只好强作笑脸说：“这孩子穿紫衣，真是太合适了。”内心却对鱼朝恩这种行为更加不满。

宰相元载看准了代宗的心思，便乘机在代宗面前揭露鱼朝恩专权骄横，图谋不轨，要求除掉这个大坏蛋。这时，郭子仪也密奏代宗："鱼朝恩久抓神策军兵权，如不及早消灭，将会留下严重的后患。"代宗想前思后，觉得对鱼朝恩再没有可以留恋的了，就让元载着手准备。

元载领旨后，把心腹崔昭提拔成京兆尹，负责监视鱼朝恩的举动，又用大量钱财贿赂鱼朝恩的同党皇甫温、周皓，从他们口里掌握了鱼朝恩的阴谋。而鱼朝恩却还蒙在鼓里，毫无觉察。

鱼朝恩的同党刘希暹觉察出代宗的意图，密告鱼朝恩，他开始坐立不安起来。但是代宗每次见到他，仍是那么敬重，鱼朝恩又放下心来。大历五年二月，元载与皇甫温、周皓密谋好杀鱼朝恩的方案后，上报代宗。代宗叮嘱他们谨慎从事，以免打草惊蛇，酿成祸乱。

清明节那天，代宗在宫中设宴招待百官，宴会结束后，借口商量事情，把鱼朝恩留下来。代宗责备鱼朝恩心怀不轨，鱼朝恩极力为自己辩解，态度还非常蛮横。这时，周皓带人进来，捉住鱼朝恩，当即把他缢死。这个恶贯满盈的大宦官终于得到了他应得的下场。

卢杞善弄权谋

卢杞出生在一个宦官家庭。受家风影响，他少年时代甘愿吃粗茶淡饭，穿粗布旧衣，给人们留下了能继承家风的好印象。卢杞凭借父亲的关系当上清道率夫兵曹以后，一帆风顺，到唐德宗时已当了吏部郎中，虢州刺史。

一次，唐德宗到虢州视察，老百姓告状说官府饲养的三千头猪经常践踏庄稼。德宗听后，随口说道："把它们迁到同州去吧。"卢杞说："同州的百姓也是陛下的百姓，猪到了那里照样会祸患于民。臣认为干脆把它们吃掉算了。"德宗一惊，马上说："你管虢州还为别州人民着想，是块宰相材料。"就下令把猪无偿分给百姓。回到京都不久，德宗就把他提拔为御史中丞。

当时尚父郭子仪病重，百官不断登门看望，每次郭子仪都让姬妾在跟前侍候。到卢杞来时，郭子仪让她们全部藏了起来。家人们都觉奇怪，郭子仪说："卢杞相貌丑陋，一副鬼样，满脸杀机，阴险毒辣，姬妾见了他那个样子一定要笑。如果此人得势后，我们就会被斩草除根。"

郭子仪的判断十分正确。一年之后，卢杞当上了宰相，他干的第一件事情就是把另一宰相——两税法的开创者杨炎设计害死了。他为了达到独霸朝纲的目的，又把魔爪伸向了其他一些朝廷重臣。

宰相张镒才华横溢，为人正直，很受唐德宗的器重。建中二年(公元781年)十月，巡官崔程受徐州刺史李洧的委托，到长安要求朝廷下达诏书，以便应付当地局势。崔程仅向宰相张镒一人作了汇报，这是心胸狭窄的卢杞无法忍受的，他不仅没有批准崔程的要求，相反，对张镒更加仇恨，更加想把他整垮。

建中三年，德宗为了向西部用兵，先要物色一位重臣取代朱泚。卢杞感到这是把张镒赶出京都的好机会，于是假惺惺地对德宗说："朱泚名高位重，凤翔军官个个都很骄横，不是宰相重臣，是无法镇服他们的，臣请求前往。"德宗低头不语，卢杞又说："陛下认为臣长相丑陋，不为三军所服，那么只有陛下自己决定人选了。"说着，朝张镒那边努努嘴。德宗明白了，回头对张镒说："你文武双全，德高望重，再没有比你更合适的人了。"张镒明知道这是卢杞排挤自己，但不敢抗旨不遵，只好跪下接受凤翔陇右节度使这一凶多吉少的官职。

张镒一离开京都，卢杞就着手收拾殿中侍御史郑詹。郑詹与张镒私交很深，但在卢杞大肆陷害忠良的日子里，郑詹不敢公开与张镒来往，只好利用卢杞白天睡觉的习惯，悄悄地去找张镒。时间一久，此事被卢杞发觉了。一天，卢杞假装睡熟，见郑詹到了张镒办事的阁中，正准备谈话时，突然走到里面。郑詹急忙躲了起来，卢杞假装没看见，说要与张镒商量要事，张镒说："殿中郑御史在此。"卢杞装出吃惊的样子，说："以前我们谈论的事情，不是别人应当知道的。"这样，顺理成章地给郑詹加上偷听和泄露机密的罪名。

张镒离开京都不久，卢杞利用朱泚判官蔡廷玉自杀一事，在没有任何证据的情况下，杖杀郑詹。

张镒罢相后，卢杞推荐书生气十足、做事优柔寡断、容易控制的关播当了宰相，但一切政事仍由卢杞一人裁决。建中三年十月，德宗和宰相们一起讨论政事，卢杞滔滔不绝地大发议论，关播有点不同的意见，准备发言。但当他刚刚站起来时，卢杞两道恶狠狠的目光向他射去，关播只好十分尴尬地坐了下来。回到中书，卢杞对关播说："正因为你平时沉默寡语我才推荐你当宰相，今天为什么要发言反对我呢?!"从此以后，关播在公开场合只好当哑巴了。

但是，朝中仍不乏正直之士。其中之一就是颜真卿。颜真卿是平定安史之乱的功臣，又正直敢说话，对专权的卢杞来说，自然是眼中钉、肉中刺，因此，卢杞准备把他也赶出京都。颜真卿知道卢杞心狠手毒，便找了个机会对卢杞说："我因心直口快受到人们的憎恨。现在老了，希望能得到你的庇护。你的父亲遭到安禄山杀害时，他的头颅传到中原，是我用舌头把他面部上的鲜血舔掉。就凭这一点，你也应该对我包容一些。”卢杞听完，虽然表面上对颜真卿客气一番，但内心对他更加痛恨。

建中四年正月，李希烈攻陷汝州。德宗问卢杞有什么对策，卢杞说：“李希烈年轻气盛，恃功自傲，只有派一名重臣前去劝说，他才会改悔。颜真卿是三朝元老，名重天下，是最合适的人选。”德宗也知道颜真卿已是七十多岁的老人，但当务之急又顾不得这些，只好让他去劝说李希烈。颜真卿一去，就被李希烈侮辱、谩骂，并于第二年被杀害。

卢杞害人成性。李揆曾当过宰相，因故被贬为地方官，后来又从睦州刺史升为礼部尚书。卢杞怕他再当上宰相，便借机把他赶出长安。建中四年七月，卢杞派李揆出使吐蕃。李揆当时已是七十三岁的老翁了，身体很不好，便对德宗说：“我不怕远行，只怕到不了吐蕃就死去了。”德宗看到他一副老相，怜悯之情油然而生，对卢杞说：“李揆太老了吧？”卢杞答道：“出使吐蕃必须选老练的官员，况且，李揆这次出使，以后其他年轻人再也不会推辞远行了。”李揆无奈，只好受命，结果病死在从吐蕃返回的途中。

卢杞大肆陷害忠良，激起了天下人民的公愤。唐德宗在奉天受到叛将朱泚的包围，李怀光从魏县带兵赶去救驾，途中他对手下人说：“卢杞之辈是天下大乱的根源，等我见到皇帝后，一定请求杀掉他们。”消息传到卢杞耳中，他大为恐惧，急忙跑到德宗面前说：“李怀光兵威大震，朱泚叛兵闻风丧胆，可以让他带兵一举消灭朱泚。现在他要求见您，万万不可答应。如果他来见您，势必要设宴招待，这样一来，朱泚就有了充分的准备时间，以后再消灭他们就很困难了。”德宗就下令李怀光暂不见驾。李怀光接到诏书后，破口大骂卢杞排挤自己。一气之下，他带兵回了咸阳，按兵不动，并多次上书揭露卢杞的罪恶。德宗为了安慰李怀光，下令将卢杞贬为新州司马。

卢杞虽遭到了万人唾骂，但却受宠于皇帝。他被贬后仅一年时间，碰到国家大赦，被调任吉州长史。卢杞高兴地逢人就说：“我一定会再次受到重用。”不久，德宗果然要启用他为饶州刺史。当时给事中袁高值班，迟迟不动笔写诏书。宰相卢翰、刘从一又找其他人草拟。诏书写好后，袁高说什么也不肯传达，而且一再劝德宗不可再用卢杞。很多大臣也直谏德宗。德宗见众怒难犯，只好让卢杞当澧州别驾。但到了第二天，德宗又想让卢杞当个小州刺史，众大臣齐声反对，德宗也只好作罢。贞元元年，卢杞死在澧州，得到了他应有的下场。

李愬雪夜入蔡州

李愬(773—821)，唐宪宗时的重要将领。他率兵讨伐割据淮西的吴元济，于雪夜出奇兵攻克蔡州，平定淮西。这是唐朝中央政府的一次大胜利，使统一的局面暂时有所加强。

李愬出身将门，他为人果敢，柔中带刚，行事谨慎而又善于思考。他指挥的雪夜奇袭蔡州的战役，是中国古代战争史上的一次极为成功的突袭战例。

公元816年，李愬被任命为唐州节度使。那时，唐朝中央权力日益衰落，地方政府趁机而起，它们拥兵自重，各自为政，钱粮贡赋不入中央，俨然一个个独立的王国，完全不将朝廷放在眼中。面对这种状况，唐王朝无力改变，只得采取睁一只眼，闭一只眼的办法，听之任之，勉强维持局面。

814年，淮西节度使吴少诚病故，他的儿子吴元济上书要求承袭父亲的职位，遭到朝廷拒绝。吴元济恼羞成怒，索性撕破面皮，公然叛乱，出兵四处焚掠，并且威胁东都洛阳。唐王朝多次派兵征讨，均告失败。

正是在这种形势下，李愬走马上任，担任西路统帅。唐州靠近淮西，正好监控吴元济的行动。

李愬刚到唐州的时候，采取了一种低调的态度。那时唐朝官兵刚刚打过败仗。李愬放出风来："朝廷知道我柔弱，能够忍辱负重，军队新败，所以让我来安抚大家。至于攻战进取，这不关我的事。"这样一来，不仅稳定了人心，也使淮西军队对他放松了戒备。

李愬多次到军营里探视士兵，慰问伤员。在等级森严的封建社会，这种行为被普遍认为有损军威，官兵内部也有了种种的议论。李愬私下对心腹解释说："我当然知道这样做有违常理，但淮西驻军会因此认为我军威不振，产生轻视情绪，这样我们就可以趁机消灭敌人了。"

事实的发展果然如李愬所料。淮西驻军在得知李愬的所作所为后，都掉以轻心，渐渐地放松了戒备，浑然不知一场大战就在眼前了。

有一次，李愬的巡逻兵在唐州城外捉住了吴元济手下的猛将丁士良。丁士良原为唐将，后来投降了吴元济。将士们请求杀死丁士良，李愬同意了。李愬将丁士良召来讯问，见他神色从容，丝毫不惧。李愬不由心生敬佩，暗暗赞道："真是一条英雄好汉！"于是，他临时改变了主意，让人解掉丁士良身上的缚绑。

这一举动令丁士良非常感激。他说道："我原为唐将，并不是淮西军队的嫡系，曾与吴元济交战，被他活捉。这次我又被李公捉住，开恩留我一条生路，我愿意以死相报。”李愬大喜，重新发给了丁士良衣甲兵刃，并留他在身边做了将军。

李愬宽赦丁士良的事情很快传到了淮西，那些被迫投降吴元济的唐朝官兵再也不用担心回来会受到处罚，便纷纷逃了回来。

每当有归降士兵到来，李愬都亲自去问寒问暖，顺便探问敌方的军情。不久，淮西各地的地形、道路和兵力情况，李愬都摸得一清二楚。

一个归降的将军告诉李愬：“要想攻打蔡州，必须得到吴元济手下大将李祐的帮助。”李愬把这话牢牢地记在心中。

不久，李愬得知李祐要率部到张柴村割取麦子，便召来手下一员大将，安排他率三百人埋伏在张柴村附近的树林里，再派人在林子前摇动旗帜，作出要烧李祐粮食的样子。李愬分析说：“李祐向来轻视官兵，必定会带少数人马追击。那时，你们实施伏击，必定能够活捉他。”

那人领命而去，果然捉住了李祐。

李祐素来骁勇善战，杀死过不少唐朝官兵。唐州将士对李祐恨之入骨，纷纷要求杀掉他。李愬坚决反对，并且还亲自给李祐松绑，非常客气地款待了他。

李祐非常感激，便归降了李愬。他向李愬献计：“吴元济的主力精锐部队都部署在蔡州外围。吴元济驻扎的蔡州只有些老弱残兵把守。将军可以长驱直入，夺取蔡州，一定能活抓吴元济。”李愬很赞同他的意见。

在做好一切准备之后，李愬开始执行他的突袭计划。他将九千人分为前、中、后三军，每军各三千人，自己坐镇中军。军队开拔，李愬下令：“只管向东前进。”

军队快速前进，奔波六十多里，夜间到了蔡州外围防守最薄弱的张柴村。唐朝官兵迅速出击，将哨兵和留守人员全部杀死，占据了营房。

稍事休息后，李愬留下五百人镇守村庄，下令继续向东进发。众将疑惑不安，请示李愬行军的方向。李愬淡淡地回答：“到蔡州城活捉吴元济。”

听了李愬的话，将士们大惊失色。

当时，风雪大作。狂风吹破了旗子，沿途不时看见被冻死的人。天色越发昏暗，道路不清。官兵人人疑惧，个个担心，以为此次出征是必死无疑。然而，李愬军令如山，众人不敢违抗。半夜里，雪越下越大，几千人马在雪地中艰难前行。这样走了七十多里，蔡州城已遥遥在望了。

蔡州城附近，有一座鹅鸭池。李愬命令军士击打池水，惊动鹅鸭，发出一阵阵“嘎、嘎”的叫声，掩盖了行军的声音。就这样，李愬率军神不知鬼不觉地来到了蔡州城下。

自从吴元济反叛朝廷，官军已有很多年未到蔡州城了，因此，蔡州守城的军士毫无防备。李愬命人挖掘城墙，凿出一个个的脚坑，先头部队随即攀缘而入。蔡州城守门的士兵还在睡梦中，迷迷糊糊便成了刀下之鬼。先头部队打开了城门，大队人马涌进城里。李愬下令留下打更的人继续打更，城中浑然不觉。

天亮了，雪也停了。李愬率军来到吴元济的内城外。

有人发现了官兵，跑去报告吴元济："官兵到了!"吴元济还在床上，根本不相信。他笑着说："那是被俘的囚犯在偷东西吧？天亮后，我一定将他们全都杀死。"一会儿，又有人报告说："城中发现大量官兵，城池已经失陷了。"吴元济自作聪明地回答："那一定是驻在外围的部队到这里来讨要棉衣。"

他慢慢地起身下床。这时，传来了李祐部队的号令声，应声的人不下万人。吴元济这才相信了，害怕起来："这是什么样的人，能神不知鬼不觉地打到这里。"他匆忙穿衣登上内城应战。

外面战斗正紧，箭像飞蝗一般射向城楼。李祐的军队已经打破了大门，占领了军械库。老百姓争先恐后地背着柴草帮助官军烧城。吴元济的军队渐渐支持不住了。

黄昏时分，内城城门终于被攻破了。吴元济自知无力抵抗，只得投降。李愬用囚车将吴元济解送长安。

淮西又重新回到了唐王朝的手中。

一身正气的韩愈

韩愈，河阳(今河南孟县)人，因常常以昌黎(今辽宁义县)韩姓大族自称，故人称"韩昌黎"。韩愈不仅是大文学家，文坛泰斗，而且为官清廉，一身正气。

德宗时，韩愈任监察御史。一天上朝时，他对德宗说："启奏陛下，臣有奏章呈上。"

唐德宗见是韩愈，知道他又要指摘自己的过失，就不屑地说："怎么？又是要我取缔宫市吧?"

"陛下猜的极是。自从您派宦官在长安采买民间的货物后，百姓是不堪其扰啊!"

"胡说！难道我派人采买货物犯法了吗?"

“陛下有所不知。您身边的那些宦官上了集市，狐假虎威，狗仗人势，要么少付银两，要么强夺豪取，实在令人发指！”

“噢，此话当真？”德宗当即唤出几名太监，阴沉着脸说：“韩愈告你们胡作非为，你们可有什么需要辩白的？”

“陛下，这可是韩愈血口喷人，无中生有啊！”太监们连忙跪倒在地，磕头如捣蒜，哭号着说：“他这是想借刀杀人，也好哗众取宠，一步步地要挟陛下您啊……”

“哼！韩愈，你太放肆了！”德宗原本就对韩愈直言不讳的劝谏感到不满，听了太监们的话怒火更旺了。他把手中的奏章朝韩愈脸上一摔：“你打狗都不看主人的面，我岂能容你？来人呐——”

要不是许多大臣极力为韩愈求情，他也许就成了天牢里的囚犯。还算好，德宗最后只把他贬为阳山县令。

韩愈当了县官后，十分爱护百姓，百姓们感恩戴德，生了孩子往往以他的姓为名。一时间，县内尽是叫“王韩”、“张韩”、“李韩”的孩子。

德宗死后，韩愈才有了升迁的机会。不过他很“不识相”，还是不改直言上疏的脾气，所以又几遭贬官。

宪宗当政时，韩愈当上了刑部侍郎，不久转任监察御史。

一天，朝中沸沸扬扬，像开了锅似的，文武百官议论纷纷。原来，宪宗皇帝十分迷信佛教，不久前特地派出使者前往陕西凤翔，迎回了一块据说是释迦牟尼手指骨的佛骨。一时间，长安城内热闹非常，烧香的、磕头的、念经的，搞得乌烟瘴气。

韩愈见到这种情形，十分着急，几次要当面劝谏宪宗，但都被宪宗以“没空”为理由拒绝了。宪宗确实也很忙，他还要筹备一次隆重的安放佛骨的仪式哩！

韩愈坐卧不安，回到家中，立即准备起草有关的奏章。

韩愈的朋友张籍见韩愈又要“不识相”了，匆匆跑来劝他说：“你何必到鲸鱼口中去拔它的牙？万一被鲸吞下肚去怎么办？我看你还不如装聋作哑，静下心来著几本书，以流芳百世哩！”

韩愈严肃地说：“当今社会这么多不好的现象我们不去管，却忙着写文章传给后代，也太不负责了。等我老得管不动事的时候再考虑写书的事吧！”

再说宪宗正要去参加安放佛骨的大典，韩愈手捧着奏章拦住了去路。宪宗无法，只好劝说：“爱卿啊，我明天再召见你好了。我现在有要事去办。”

“不！陛下，”韩愈动情地说：“您千万别去参加什么大典了。那释迦牟尼佛，不过是外国的一个偶像，直到汉代才传入中国。过去没有人信佛，三皇五帝个个高寿，甚至有超过百岁的。后来，汉明帝崇信佛法，只在位十八年；宋、齐、梁、陈等几代君主天天礼佛，却都只统治了很短的时间；梁武帝三次出家修行，亲自当和尚，一天只吃一餐素食，这么虔诚，最后竟被乱贼逼得饿死台城。他们拜佛拜来的不是福，而是一场大祸啊！"

"你……你给我住口！"宪宗生怕佛祖会怪罪自己任由韩愈诽谤，不再许韩愈说下去。

韩愈这时早已将生死置之度外了，又朗声劝道："陛下贵为天子，还这么迷信佛，您这么一带头，老百姓们只怕都要不顾家业、不顾性命，甚至断臂自残以供奉佛了！这可不是一件小事啊！"

"来人啊，把这狂妄的韩愈拉下去！"宪宗发火了，大吼起来。

"慢！"韩愈厉声喝住了欲上前来的御林军："我还有几句话，说完后任杀任剐！陛下，我身为御史，如果不劝谏您停止参加安放一块烂骨头的什么'大典'，是要受到千秋万代耻笑的。乞求您把这块骨头烧掉或埋掉，使天下人都觉得您是真正的英主。如果佛真的有灵，就请他把一切灾祸加在我韩愈的身上吧！"

一番义正词严的话语，直说得宪宗脸红得像块猪肝，他手指着韩愈，气得直发抖："你、你果真像你在诗中说的那样，'棘手拔鲸牙'了……好，好！我先杀了你再说！"

"陛下，万万不可！"在一旁呆若木鸡的大臣们这时才清醒过来，一起跪下求情道："韩愈如果因为这件事而死，天下人都会同情他而怨恨您的。望您三思！"

宪宗思来想去，虽没再下令杀韩愈，但实在咽不下这口气，就把他贬到广东潮州(今广东潮安)当刺史。

风雪弥漫，地冻天寒，韩愈把妻子儿女留在长安，只身一人去潮州赴任。走到蓝田县的蓝田关，他的侄孙韩湘冒着风雪前来送他。见到韩湘，韩愈感慨万千，挥笔写下了著名的《左迁至蓝关示侄孙湘》一诗。韩湘流着眼泪劝韩愈要多多保重身体，韩愈见韩湘一片真情，就悲凉地对他说："湘子啊，我这么大的年岁了，到了潮州那瘴气弥漫的地方，恐怕不会活得太久的，你还是陪我一道前去吧，等我死后也好把我的骨头带回老家埋葬，这样我死也瞑目了。"

听了韩愈的话，韩湘失声痛哭，他什么也没说，跟着韩愈上路了。走了不久，韩愈的妻子带着儿女们也赶来了，原来执法官说她们是罪人的家属，不准他们留在京城，逼着她们来追赶韩愈。韩愈十二岁的女儿当时正卧病在床，也被赶了出来。看着在风雪中奔波的弱妻病女，韩愈心如刀割，自己受再大的委屈与痛苦都不怕，可看着妻子儿女跟着自己受累，他于心不忍啊！韩愈无可奈何，只得带着妻子儿女一起赶路。走到商山(今陕西商县东南)，病重的女儿终于受不了饥寒与病魔的折磨，悲惨地死去。妻子在漫天风雪中放声大哭，韩愈欲哭无泪，只有怀着悲痛的心情把女儿草草埋葬，继续赶路。

潮州是荒僻的地区，贫穷落后，老百姓生活非常艰苦。韩愈到任后努力为老百姓办好事。潮州的恶溪里有不少鳄鱼出现，经常祸害百姓。韩愈知道后，就杀了一头猪、一头羊，投到恶溪中祭祀鳄鱼，并写了一篇《祭鳄鱼文》。在文章中，韩愈命令鳄鱼在七天之内统统移到大海里去，否则就用强弓毒箭把鳄鱼斩尽杀绝。祭祀完毕，韩愈就把祭文烧了，投进恶溪中，让鳄鱼知道。据传说，从此之后，潮州的鳄鱼果然就销声匿迹了。

后来，韩愈被召回朝廷，担任兵部侍郎。不久，河北军阀田弘正被部将王庭凑杀死，发生兵变。朝廷派牛元翼前去征讨，结果牛元翼反而被王庭凑率军围困住，情况十分危急。唐穆宗慌了，连忙委派韩愈前去安抚王庭凑。王庭凑为人心狠手辣，又在与朝廷对抗，韩愈这一去，就有生命危险，很多人为他担心。著名诗人元稹甚至认为韩愈此去恐怕是有去无回，直说："韩愈可惜了!"在众人的劝说下，唐穆宗似乎也认识到了韩愈此去的危险性，就让人传命给韩愈，叫他在镇州附近看看形势就行了，不一定进入王庭凑占据的镇州。

可韩愈却义无反顾地说："我怎么能接受了君主的命令而停滞不前，只顾考虑自己呢?"于是他就加快速度，赶往镇州。

王庭凑听说韩愈到来，严阵以待，在接待韩愈的庭堂四周布满了张弓拔剑的士兵。韩愈看到王庭凑这副剑拔弩张、杀气腾腾的阵势，轻蔑地笑了笑，昂然进入厅堂。王庭凑厉声问韩愈："你来这里有何贵干?"

韩愈高声回答："我是奉天子的命令，来劝说将军归顺朝廷的。"

王庭凑冷笑一声，威胁说："事情全是士兵们干的，不是我王庭凑的本心，你有什么话就去对士兵们说吧。"

两边的士兵们虎视眈眈地看着韩愈，只要王庭凑一声令下，他们马上就会冲上前去，把韩愈砍成肉泥。

韩愈却没有丝毫的畏惧，大义凛然地说："天子以为你有将帅之才，让你当节度使，谁知道你竟然不能跟士兵说话。"

周围的士兵们听了，大声呼喊着围上来，手中的刀剑闪着亮光。

韩愈把脸转向士兵，责问他们为什么拥立王庭凑，杀了田弘正，违犯了军法。王庭凑怕韩愈动摇军心，立即解散了士兵，把韩愈请到堂中坐下。韩愈批评王庭凑不应该与朝廷对抗，围困牛元翼。

王庭凑连忙说："请韩侍郎放心，我马上给牛元翼解围。"

韩愈见王庭凑答应解围，就对他说："如果将军真的解了围，我保证你不会有事的。”

王庭凑听从了韩愈的劝告，答应归顺朝廷，不再兴兵作乱。韩愈凭着他那三寸不烂之舌和无畏的勇气，消除了一场战乱，心中非常高兴，上马回京复命去了。

因韩愈才干突出，被调任为京兆尹兼御史大夫。京城的地痞听说韩愈当了京兆尹，以前放肆的行为大为收敛，没有人敢违犯禁令。他们在私下里相互转告说：“韩愈这个人连佛骨都要烧，是个铁面无私的硬汉，可不敢触犯他了！”很快，京城的秩序大为好转，偷盗的事件也越来越少了。

韩愈还大力倡导古文运动，主张“文以载道”，匡正当时文坛辞风浮露，内容空虚的时弊，在文学史上有着突出的地位。

永贞革新

昔日曾经强大昌盛的大唐帝国，经过安史之乱那场浩劫，已经一蹶不振，只留下一个徒有虚名的中央政权和割据一方的大大小小的藩镇。从唐肃宗、唐代宗到唐德宗的几十年间，昏庸的皇帝们不思进取，却只顾自己享乐，完全不管百姓的死活。特别是唐德宗在位的二十多年，外有吐蕃入侵，内有奸臣当道、藩镇作乱，他却毫不在意，反而加紧敛财，要地方官和节度使们每天“日进”，每月“月进”钱财，一年里掠夺的钱财，总有几十万贯。

从唐德宗开始，长安宫廷的禁军，都让宦官掌管，恶例一开，潜伏下宦官篡权的隐患。那些宦官实权在握，除了在朝廷里颐指气使，还在长安开了“宫市”。所谓宫市，就是皇宫里要用什么，都派“宫使”到集市中购买。几百名宫使进了市场，就好比庄稼地里飞来一批蝗虫，他们喜欢什么，伸手就拿，临走前只随便扔几个钱就算了事，实际上是借宫廷采购的名义公然地掠夺财物。

朝政荒废，必然让不法之徒得逞。当时京兆尹是一位叫李实的贪官污吏。李实原先在外地做官，因为克扣军饷，激怒了军士们，军士们自发组织起来，准备把李实杀了。李实吓得连夜逃出官衙，用绳子从城墙上吊下逃走。就是这么一个人人痛恨的家伙，因为善于搜刮民脂民膏，把自己敛聚的昧心钱进奉给唐德宗，反而得到皇上的信任，担任了京兆尹。

在长安，李实可是个翻云覆雨的能手，从来不顾百姓的死活。有一年发生了天灾，连久居深宫的唐德宗也下令减收赋税。命令传达到李实那儿，李实却拒不执行。百姓们无法纳税，只得卖了青苗，拆了房子，凑钱上税。一时间长安的房价大跌。一位伶人气不过，写了首诗讽刺李实。李实大怒，派人把伶人抓来，当众杀害了。

不但百姓倒了霉，朝廷里的官员也要受李实欺压。有次李实走在路上，正好跟御史大夫王播劈面碰上。照理说，御史的地位比李实高出好多级，两官相遇，该李实退到路边让道才是。可是李实一点儿不肯买账，跟王播抢道而行，事后还禀报唐德宗，把王播撤了职，赶出了长安。天子脚下，长安城里，居然出现这种怪事，真让人觉得朝纲已乱。

这种昏天黑地的状况，理所当然地要引起社会上有识之士的痛恨。一些从中下层升上来的朝臣，因为跟百姓接触的机会多，更了解局势的严峻，想改革朝政的决心也更大，王伾(pī)、王叔文就是其中的佼佼者。

王伾和王叔文原来是太子李诵的侍从官，王伾擅长书法，王叔文是下棋高手。他们发觉太子并不像德宗那么昏聩，不时流露出要改革时弊的意思，便常常向太子讲一些民间的疾苦，渐渐成为太子的亲信。

贞元二十一年(公元805年)，唐德宗终于病死了，李诵继位当上了皇帝。可是，当了唐顺宗的李诵已经得了中风的毛病，连话都说不成，于是李诵便提拔王伾、王叔文主持朝政，实行一系列的改革。因为唐顺宗登基的年号是永贞元年，这场改革便被称作“永贞革新”。

王伾、王叔文联络了一批志同道合的中下层官员，其中有柳宗元、刘禹锡、韦执谊、韩泰等。他们大刀阔斧地对朝政进行改革，得到了朝廷内外，特别是长安百姓的拥护。

这一年，唐顺宗发布了一系列命令，废除了百姓积欠官府的部分租税，降低了盐价，取消了宫市，停止了地方官对朝廷的进贡，还释放了一部分宫女。这就大大减轻了百姓负担，老百姓从革新中得到了好处。

王叔文知道百姓最痛恨贪官污吏，便果断下令撤了京兆尹李实的官职，把他放逐出长安。消息传出，长安的百姓们人心大快。李实被放逐的前一天，市民们暗地里作了准备，许多人在衣袖里揣上了石块瓦片，打算第二天在出城的街道上拦截李实，痛打他一顿。这一次，李实又得到了消息。他故伎重演，没等天亮，就偷偷溜出了长安。

革新派最关心的，当然是朝廷最为头疼的藩镇割据问题。在这方面，王伾、王叔文也采取措施，限制和削弱藩镇的势力。李诵登基不久，四川节度使韦皋派刘辟到长安，告诉王叔文：“您如果答应把四川和湖北三川之地都划归韦皋，我们一定竭尽全力帮助您掌权，要是不答应，我们也有办法对付。”王叔文听了，十分恼怒，下令要捕杀刘辟，吓得刘辟一溜烟逃回西川去了。

王叔文等人的革新，对百姓、对朝廷都是有利的，却损害了贵族官僚和藩镇的利益，因此，他们内外勾结，千方百计攻击王伾、王叔文，要把这场刚刚开始的革新扼杀在摇篮里。

第一个反对革新的是宦官集团。本来，王叔文已经任命老将军范希朝担任禁军统帅，并派韩泰协助他接管宦官的兵权。宦官的头子俱文珍立即下了手令，叫禁军将领们别听范希朝的。范希朝和韩泰到奉天点兵，禁军将领一个也不来听点。没有兵权，王叔文的改革便走上了绝路。

接着，大官僚们接着又施出了杀手锏。他们借口唐顺宗体弱多病，要求太子李纯出面主持朝政，后来索性要顺宗退位。这一着釜底抽薪，确实击中了改革派的要害。王叔文只得叹着气诵读杜甫的名句："出师未捷身先死，长使英雄泪满襟。"短促的改革，眼见就要走完全程。

唐顺宗在公元805年正月即位称帝，到了八月，就被迫退位，把皇位传给了太子。李纯当上了唐宪宗，立刻站在宦官和大官僚一边，把王伾和王叔文贬逐外地。王伾到外地不久便死了。第二年，王叔文在渝州被贬寓所又接到诏令，皇上下令赐他死，王叔文只得含恨自尽。

跟"二王"一起革新的八位朝臣，也一律被贬出京城。开始还给他们刺史的官职，半路上又把他们降职为司马，而且地点也改为偏远的险恶地区。这就是历史上所称的"二王八司马"。短短的一百四十六天，以王叔文为首的革新集团确实给腐败的唐王朝带来一股清新的空气。可惜这只是昙花一现，很快便夭折了。从此唐王朝坠入了更黑暗的深渊之中。

中兴名臣裴度

藩镇割据给唐朝造成的危害是极大的，长时间一直得不到治理。到了唐宪宗元和年间，中央终于发动战争，狠狠地打击了地方上的藩镇势力，并取得了很大的成效。这便是历史上的"元和中兴"。在这个历史事件中起了关键作用的是著名的宰相裴度。

裴度是河南人，自幼博览群书，饱读经史，能诗善文，中年当官后，面对衰世动乱的景象，痛心疾首，决定为振兴王室而效力。元和七年，魏博镇发生内讧，朝廷想借机瓦解河朔藩镇联盟，就派能言善辩的裴度前去安抚劝说。裴度走遍魏博各州府，极力宣扬唐皇的恩德，魏博人对他很欢迎、信服，他的魏博之行达到了预期的目的。回长安后，宪宗对他大为赞赏。

元和九年，淮西节度使吴少阳病死，他儿子吴元济不肯向中央交出兵权，还出兵四处劫掠，唐王朝发兵前去讨伐，一场恶战从此展开。然而，正当唐王朝与吴元济苦战时，成德节度使王承宗和淄青节度使因害怕祸及自己，寻衅闹事，把唐朝后方供应物资烧了个一塌糊涂。群臣见此都劝宪宗赶快罢兵，但裴度奉命到前线调查过形势后，力主宪宗继续作战。宪宗见他对战争分析得有条有理，有根有据，就定下心来坚决对叛军实行讨伐政策。

但是，裴度的积极主战，遭到了各藩镇节度使的切齿痛恨，他们先是行贿收买，继而公开威胁，最后干脆使用了最卑鄙的暗杀方法。

元和十年，另一个主战宰相武元衡在上早朝的路上，被害于长安城的靖安坊。裴度也在通化坊遇刺，要不是侍从王义舍身相救，恐怕也就丢了性命。但是，这一切都不能动摇他平定叛乱的决心。宪宗对他的忠心很感动，当即拜他为中书侍郎、同平章事。

裴度虽然得到了宪宗的支持，面临的局势却依然十分险恶。

在朝中，大官僚们贪生怕死，绝大部分都高唱主和论调，裴度几乎陷于孤军奋战的境地。

在前线，监军和监阵宦官控制着指挥权，将领们互相观望，不肯出力，中央的军粮供给又十分匮乏，战争持久势必会给朝廷带来灾难性后果。宪宗虽不想中途撒手，但在僵局面前却一筹莫展，拿不定主意。裴度面对这种情况毫不气馁，毅然挺身而出，要求亲自到淮西督战。

元和十二年八月，裴度亲赴前线，临行前他向宪宗立下军令状：如果灭了叛贼，就有回来的日子；如果灭不了，就永远不再回朝廷。听到这话，宪宗竟被感动得泪流满面。

裴度到达前线后，经常冒着生命危险，深入阵地前沿了解战情，安抚战士。一次，裴度正在观察军士筑城，叛军骁将董重质突如其来地持刀直朝裴度冲过来，多亏唐将李光颜、田布眼急手快，才幸免于难。裴度的这种不顾个人安危的精神，大大地鼓舞了军队士气，战争形势迅速向着有利于朝廷的方向好转。

十月，在裴度的支持鼓励下，智勇双全的唐州节度使李愬制定了一个偷袭吴元济的计划。十月十一日，偷袭蔡州成功，其他各地叛军见状纷纷投降。结果，裴度到前线督师仅仅几个月，淮西之战就取得了巨大的胜利。

淮西平定后，其他割据节度使闻风丧胆，唐军乘胜前进，在裴度的主持下，先后又消灭了王承宗、李师道等割据势力镇。

但是，宪宗自平定淮西叛乱后，进取之心日渐消退，对裴度也毫无理由地疏远起来。最后，宪宗甚至听信奸臣谗言，把裴度贬为河东节度使。宪宗死后，裴度继续遭人陷害。尽管如此，裴度在朝中的威信依然很高，不时仍被调去平叛乱军。

公元 839 年，裴度在长安逝世，但是，他那文武之才，非凡的胆识，卓著的功绩，却长期受到后人的衷心敬仰。

朋党之争

在宦官专权的日子里，朝廷官员中，反对宦官的，大都遭到排挤打击。一些依附宦官的朝官，又分成两个派别。两派官员互相倾轧，争吵不休，一直闹了四十年，历史上把这场争吵叫做“牛李党争”。

这场争吵还是在唐宪宗在位时候开始的。元和三年，长安举行科举考试，选拔能够直言敢谏的人才。在参加考试的人中，有两个下级官员，一个叫李宗闵，一个叫牛僧孺。两个人在考卷里批评了朝政。考官看了卷子，认为这两个人符合选拔的条件，就把他们推荐给唐宪宗。

这件事让宰相李吉甫知道了。李吉甫是个士族出身的官员，本来就瞧不起科举出身的官员，现在出身低微的李宗闵、牛僧孺居然敢批评朝政，揭了他的短处，更加生气。他在唐宪宗面前说，这两人被推荐，完全是因为跟主考官有私人关系。唐宪宗听信了李吉甫的话，把几个试官降了职，李宗闵和牛僧孺也没有受到提拔。

李吉甫死后，他的儿子李德裕依靠他父亲的地位，做了翰林学士。那时候，李宗闵也在朝做官。李德裕对李宗闵批评他父亲这件事，仍旧记恨在心。

唐穆宗即位后，又举行进士考试。有两个大臣因为熟人应考，私下里托过考官，但考官钱徽没买他们的面子。正好李宗闵有个亲戚应考，被选中了。这些大臣就向唐穆宗告发钱徽徇私舞弊。唐穆宗问翰林学士，李德裕说真有这样的事。唐穆宗就把钱徽降了职，李宗闵也受到牵连，被贬谪到外地。

李宗闵知道李德裕成心排挤他，把李德裕恨透了。牛僧孺当然同情李宗闵。打这以后，李宗闵、牛僧孺就跟一些科举出身的官员结成一派，李德裕也跟士族出身的官员结成一派，两下明争暗斗得厉害。

到了唐文宗即位以后，李宗闵走了宦官的门路，当上了宰相。李宗闵向文宗推荐牛僧孺，也把他提为宰相。这两人一掌权，就合力打击李德裕，把李德裕调出京城，出任西川(治所在今四川成都)节度使。

那时期，西川附近有个吐蕃将领投降，李德裕趁机收复了一个重镇维州(治所在今四川理县)。这本来是李德裕立了一功，但是宰相牛僧孺却跟唐文宗说：“收复一个维州，算不了什么；跟吐蕃搞坏关系，才不上算呢。”他要唐文宗下令叫李德裕把维州让还吐蕃，把李德裕气得要命。

后来，有人告诉唐文宗，说退出维州城是失策，并且说这件事是牛僧孺排挤李德裕的手段。唐文宗挺懊悔，对牛僧孺也疏远了。

唐文宗本人也受宦官控制，没有一定的主见。一会儿用李德裕，一会儿用牛僧孺。一派掌了权，另一派就没好日子过。两派势力就像走马灯似的转悠着，把朝政搞得十分混乱。唐文宗也闹不清谁是谁非，想到两派的争斗就直叹气，说："要平定河北藩镇容易，要除掉朝廷的朋党可真难啊！"

牛、李两派为了争权夺利，都讨宦官的好。李德裕做淮南节度使的时候，监军的宦官杨钦义被召回京城，大家传说杨钦义回去一定掌权。临走的时候，李德裕就办酒席请杨钦义，还送给他一份厚礼。杨钦义回去以后，就在唐武宗面前竭力推荐李德裕。

到了唐武宗即位，李德裕果然当了宰相。他竭力排斥牛僧孺、李宗闵，把他们都贬谪到南方去。

李德裕得到了武宗信任，当了几年宰相，但因为办事专断，遭到不少朝臣的怨恨。公元846年，唐武宗病死，宦官们立武宗的叔父李忱即位，就是唐宣宗。唐宣宗把武宗时期的大臣一概排斥，即位第一天，就撤了李德裕的宰相职务。过了一年，宣宗又把李德裕贬谪到崖州(今海南)。

闹了四十年的朋党之争终于收场，但是混乱的唐王朝已经闹得更加不好收拾了。

身陷政治漩涡的李商隐

李商隐(813—858)字义山，号玉溪生，唐怀州河内(今河南沁阳)人。他是唐代后期一位杰出的诗人。

他的诗无论在反映现实的深度和广度，还是在总结前代艺术经验加以开拓和创新方面，都远远超出唐后期那些创作内容显得狭隘或格调偏于萎靡的一般诗人，卓然自成大家。

牛李党争，是中唐以后在统治阶级内部形成的两大政治派别。李党的首领李德裕、郑亚是门荫出身。牛党的首领牛僧孺、李宗闵是科举出身。两党的最初形成，可能与一方重视门第，另一方重视科举多少有些关系。但是实际上在后来的长期斗争中，情况演变得很厉害，科举问题争执已退居到很次要的地位。

李商隐因陷于牛李党争的纠葛之中，影响了他一生的仕途和创作。

李商隐最初学习古文，十九岁以文才得到牛党令狐楚的赏识，改随令狐楚学骈文章奏，被引为幕府巡官，后经令狐楚推荐，二十五岁举进士。他早年所

写的《谢书》诗说："自蒙半夜传衣后，不羡王祥得佩刀。"对令狐楚的培养指教表示无限感激，同时踌躇满志，觉得晋代曾做到宰相的王祥也不值得特别羡慕。李商隐与令狐楚相知甚深，据《新唐书》说，令狐楚临终前把代撰遗表的任务交给了李商隐，可见令狐楚对李的信任程度。而李商隐对令狐楚也是"碎首糜躯，莫知其报效"。

李商隐对令狐楚虽然怀有深情，但却不像一般朋党之徒那样，把朋党的戒律看得比封建君臣关系还重要。作为封建地主阶级的文人，李商隐以效忠王室为己愿。为了寻求政治上的晋身途径，李商隐在令狐楚死后不久，投身泾原节度使王茂元的幕府。王茂元与李德裕关系较密，当时被视为李党。这一点李商隐开始时未必深知，即或有所知，由于尚未亲身受过朋党倾轧之害，思想上并无多少顾忌。王茂元对李商隐的政治见识和文学才能很赏识，于是把自己的女儿许配给李商隐为妻。王氏聪明而美丽，夫妻感情很好。地位卑微清贫的李商隐，在泾原幕府得与王氏为婚，一时间的确是够得意的了。

朋党之争在晚唐时几乎渗透到了社会生活各个方面，李商隐的行为激怒了牛党，注定了李商隐一生挣扎在党争的漩涡中。

后来，李商隐应博学宏辞科，考官周墀、李回本来已予录取，但复审时因为一位属牛党的中书长者说："此人不堪，抹去之。"使李商隐被意外地除了名。自宏博落选后，李商隐一直遭到排挤，虽然他的政治热情一直很高，但却终生没有得到重用，在各藩镇幕府中过着清寒的幕僚生活，穷困潦倒至死，

他一生写过很多诗，其中《无题》诗中"相见时难别亦难，东风无力百花残。春蚕到死丝方尽，蜡炬成灰泪始干"成为千古传诵的名句。

黄巢起义

唐末诗人杜荀鹤曾写过一首《山中寡妇》诗："夫因兵死守蓬茅，麻苎衣衫鬓发焦。桑柘废来犹纳税，田园荒后尚征苗。时挑野菜和根煮，旋斫生柴带叶烧。任是深山更深处，也应无计避征徭。"这首诗描写了一个丈夫因战祸而死，生活无依无靠的山中寡妇的悲惨遭遇：住着茅草房，穿着旧衣服，整天辛苦劳作，还要负担沉重的苛捐杂税。

安史之乱后，唐王朝走上了下坡路，到了唐朝末年，朝纲不振，社会一片黑暗。皇帝和贵族官僚们过着奢侈糜烂的生活，半数以上的农民不仅失去了土

地，还要交纳名目繁多的赋税。

生活在水深火热中的农民再也活不下去，只得奋起反抗，起来造反。当时相继爆发了裘甫、庞勋与黄巢等农民起义，而其中规模最大、历时最久、影响最深的当首推黄巢农民大起义。

黄巢，曹州冤句(今山东曹县西北)人，出生于一个世代贩卖私盐的家庭。小时候读过一些书，能言善辩，尤其是从小就有一种天生的豪气。曾经有这样一个故事：有一天，黄巢的父亲与一位老人作联句，也就是每人作一联诗，相联而成一首诗。当时是秋天，菊花正开得盛，他们就以菊花为题。黄巢的父亲先作了一联，那位老人一时还没有接上，在旁边玩耍的黄巢却脱口接了一联“堪与百花为总首，自然天赐赭黄衣”。意思是说，菊花可以做百花之首，是上天赐给了它们一身黄衣。他的父亲指责他不懂礼貌，捣乱大人的事，而那位老人却说：“您这位公子的确很会作诗，只是还不知道轻重，不如让他写作一首。”黄巢的父亲同意了，黄巢张口就来，又作了一首：“飒飒西风满院栽，蕊寒香冷蝶难来。他年我若为青帝，报与桃花一处开。”意思是：秋风瑟瑟，满院里栽满了菊花，但是天已冷了，菊花开得再盛，也没有蝴蝶来采了；如果有一天我做了青帝(青帝是主掌百花开放的神仙)，我一定让它和桃花一样在春天开放。从黄巢的诗中，我们可以清楚地看出他那冲天的豪气和宽广的胸怀。

黄巢长大以后，曾与同乡王仙芝一起贩卖私盐。他闯荡江湖，练就了一身好武艺，尤其善于骑射，并且豪爽仗义，好打抱不平，具有侠客风范。而多年的走南闯北，也让他了解到了各地百姓的疾苦。后来，他多次参加进士科考试，但每次都是名落孙山，这又让他看到了官场的黑暗与腐朽。于是，当王仙芝举起起义的大旗后，黄巢便响应王仙芝的号召，聚众数千人，也举起了起义的大旗。数个月之后，他们的队伍就发展到了几万人。

王仙芝与黄巢的起义军声势非常浩大，让朝廷十分害怕，立即诏令五个节度使进攻起义军。当时起义军虽然有了一定的力量，但是和朝廷的五个节度使的力量比起来，可就差得远了。在这种情况下，王仙芝和黄巢采取了避实就虚、流动作战的战术，攻占了不少的州县。在他们进攻到蕲州(今湖北蕲春)时，蕲州的节度使裴磷对起义军领袖进行诱降，答应可以给起义军领袖官做。王仙芝被朝廷所给予的官职诱惑，思想上开始动摇，想放弃继续起义而接受朝廷的封官。这个消息传出来后，那些参加起义的农民士兵们都纷纷表示不愿意投降。黄巢知道以后，勃然大怒。他来到王仙芝的帐中，揪住王仙芝便走，把他的头都打破了，并且一边打一边骂：“当初我们一起对天宣过誓，要齐心协力，横行天下。现在朝廷给了你那么个小官，你竟然就动摇了。你投降了，有了官做，但你有没有想过，还有五千将士，他们将怎么办?”王仙芝见大家都反对，没有办法，只好放弃了投降。但是，自此之后，黄巢总觉得无法再和王仙芝一起共事。于是，他们分道扬镳了。王仙芝向南渡过汉水进攻荆南，而黄巢则带领了两千多人马向北进发。虽然中间他们曾再度合作，但最终还是分裂了。

王仙芝还是想向朝廷投降，就派部下尚君长等人去和朝廷联络。朝廷假装答应了王仙芝的请求，但却杀了尚君长等人。王仙芝知道上当受骗以后，奋起反抗，战死在黄梅。王仙芝死了以后，尚君长的弟弟尚让率领王仙芝的部分队伍投奔了黄巢，并推举黄巢做头领，号称“冲天大将军”，还设置了官职，委派了官吏，建立了年号，称“王霸”。起义军有了自己的政治机构以后，信心更大了。

黄巢率领起义军东征西战，驰骋中原。但是后来，黄巢见中原一带官兵势力非常强大，而江南力量则非常薄弱，于是就决定转战江南。来到江南以后，黄巢的队伍又得到了很大的发展，人数甚至达到三十多万。黄巢用兵如神，在江浙一带连战连捷，这使朝廷非常震惊。当时的皇帝是唐僖宗，他赶忙派淮南节度使高骈迅速抵抗起义军，并派其他军队进行协助。

880 年三月，高骈派他的手下大将渡江南下进攻起义军，这次起义军连连失利，只得一再撤退，最后撤到了信州(今江西上饶)。但祸不单行，在信州又遇上了瘟疫，起义军病死了很多，元气大伤，处境非常危急。想当初，黄巢刚刚称王时，朝廷非常害怕，就想劝黄巢投降，黄巢没有答应。现在，情况实在是特殊，黄巢只好假意投降。他一方面用重金贿赂敌将，让他减慢进军的速度，另一方面写信给高骈，说要投降。

高骈以为黄巢真的已是走投无路了，非常得意，赶紧上书给皇帝，向皇帝邀功。高骈的进攻停止了，黄巢的起义军得到了喘息的机会。不久以后，他们就恢复了元气，打败了淮南官兵。之后，黄巢向北进军，重返中原，在这年十一月攻占了唐朝的东都洛阳。

黄巢攻占洛阳不久，又一鼓作气攻下了潼关。随后，黄巢亲自率军向长安进攻。朝廷的百官听说起义军已经开始向长安进发，也不管皇帝的死活，纷纷各自逃命去了。僖宗则只带了几个手下匆匆逃往成都避难，连后宫里的三千粉黛也顾不得了。长安城人去楼空，没有一人防守，起义军没费吹灰之力就进入了唐朝的首都。

880 年十二月十二日，黄巢进入了太清宫，第二天在含元殿即皇帝位，国号“大齐”。黄巢终于实现了他的宏大抱负，而大齐政权的建立，也标志着起义军已经取得了巨大的胜利。

但是黄巢虽然建立了政权，却没有施行改革措施，就连政府机构，也是起义军的首领与原唐朝的一些官僚混合而成的。黄巢及其起义军沉浸在胜利的喜悦当中，有点乐昏了头，没有及时去追击逃跑的僖宗，给了他们喘息的机会。不久，僖宗就派人进军长安讨伐起义军，由于起义军轻敌，遭到惨败，黄巢也只好撤出了长安。虽然后来黄巢又重新回到了长安，但是始终没有再恢复当年的辉煌。

大齐政权只存在了三年。后来，黄巢又带领起义军残部征战了几年，但是最终还是遭到了惨败，黄巢也败死在泰山狼虎谷(今山东莱芜西南)。当时，黄巢与唐军经历了一场殊死决战，结果，起义军伤亡殆尽，黄巢与他的一个外甥被逼到了狼虎谷。黄巢对他的外甥说：“我起兵反对朝廷，本来是为了消灭朝中的奸臣贪官，但现在看来，是无法实现了。朝廷肯定会悬赏捉拿我，如果你拿着我的首级献给朝廷，说不定还能获得富贵!”话还没说完，黄巢便把刀向自己的脖子上一抹，自杀了。

黄巢从揭竿而起到失败身亡，南北转战了十年之久。他的活动范围几乎遍及全国，沉重地打击了唐朝的腐朽统治，加速了唐朝的灭亡。在中国农民起义史上，黄巢应该占有一个重要的位置。

杜让能代君受过

凤翔节度使李茂贞自恃有功，骄横无礼，给唐昭宗李晔上书的内容出言不逊。李晔非常气愤，下决心发兵讨伐李茂贞。他命令门下侍郎同平章事杜让能掌管征讨事宜。

杜让能劝谏说：“陛下刚即位不久，天下也不太平。凤翔离长安这么近，万一不能消灭李茂贞，就会结下怨仇，那时，陛下将追悔莫及。”

李晔说：“现在皇室的地位越来越低，朝廷的号令只限于京都。朕可不想成为逆来顺受、任人摆布的皇帝。杜卿只管为朕征调军队，筹措粮饷，朕自会委派诸王统领军队。这次讨伐，无论成败，朕保证不追究杜卿的任何责任。”

杜让能还是有些担心，他说：“陛下既然决定兴兵，应该让满朝文武大臣都出力献策，不应当只用臣一个人。”

李晔见杜让能一再推托，有些不快，他说："杜卿身为宰相，应该与朕同甘共苦，怎么遇事就想逃避责任呢？"

杜让能不禁流下眼泪，说："臣并不想逃避责任，只是担心在目前的形势下，陛下的大事难以成功，将来臣难免会像汉景帝时的晁错一样，白白断送了性命。不过，既然陛下委臣以重担，臣只能以死相报。"

李晔让杜让能留在中书省，筹划调度出兵的事宜。杜让能终日劳碌，一个多月没有回家。

兵部侍郎同平章事崔昭纬暗中与李茂贞相互勾结。杜让能早晨说一句话，晚上李茂贞就会知道。李茂贞掌握了朝廷讨伐他的所有安排，就指使他的党羽蛊惑长安市民，让他们拦住了观军容使西门君遂的轿子，说："李大帅没有罪，不应当兴兵讨伐他，从而让百姓遭受战祸。"

西门君遂说："这是宰相们的事，跟我有什么关系呢！"

于是，这群人又拦住崔昭纬和中书侍郎同平章事郑延昌的轿子说："李大帅有什么罪，你们给主上出主意，叫主上征讨他。"

两人回答说："这件事，主上全权委托杜让能，我们根本不知道。"

市民们怒气冲冲地捡起砖头瓦块乱投乱砸，崔昭纬和郑延昌吓得抱头躲进附近的居民家中，官印和朝服都丢了。

李晔得知市民闹事，认为这一定是李茂贞主使的，因此，出兵征讨李茂贞的决心更加坚定。唐昭宗景福二年(公元 893 年)八月，李晔任命覃王李嗣周为京西招讨使率兵出征，并任命中书侍郎同平章事徐彦若为凤翔节度使，让他取代李茂贞。

九月初十，李嗣周带领三万禁军护送徐彦若去凤翔赴任，路过兴平，驻扎下来。李茂贞联合邠宁节度使王行瑜，合兵六万，驻扎在盩厔，做好抗击的准备。

李嗣周的禁军都是刚刚招募来的新兵，而李茂贞、王行瑜的部下都是身经百战的边防将士。九月十七日，李茂贞、王行瑜进军兴平，禁军还未交战就被敌军的气势吓倒，四散溃逃。李茂贞、王行瑜乘势进攻三桥，长安受到震动，官吏、市民如惊弓之鸟争相奔逃。数不清的百姓跪在皇宫门前，请求诛杀倡议发兵的那些宰相和官员。崔昭纬乘机陷害杜让能，秘密给李茂贞送信说："这次出兵本不是主上的主意，都是那个杜让能唆使的。"

九月十九日，李茂贞在长安城西的临皋驿陈兵，并上书李晔，历数杜让能的罪行，请求诛杀杜让能。杜让能对李晔说："臣已有言在先，请陛下惩处臣来平息战事吧。"

李晔束手无策，流着眼泪说："看来，只能和杜卿分别了。"

当天，杜让能就被贬为梧州刺史。

第二天，李晔亲临安福门，下令将西门君遂和内枢密使李周潼、段羽处斩，派使者对李茂贞说："蛊惑朕出兵的，是西门君遂、李周潼和段羽三个人，不是杜让能的罪过。"

李茂贞指挥军队，继续进行武力威胁，并扬言说只有诛杀杜让能才退兵。崔昭纬也在朝中煽风点火，向李晔施加压力。

李晔无奈，只好下诏处死杜让能。李晔又下诏免去徐彦若凤翔节度使的职位，重新任命李茂贞为凤翔节度使。

当时的中央政府已经衰弱到这种地步，形同虚设。

朱温灭唐

朱温是宋州砀山(今安徽砀山县)人，小名朱三。他出身贫苦，却从小游手好闲，算得上是个泼皮无赖。黄巢起义军经过他家乡时，他参加了起义队伍。起义军占领长安，建立了大齐政权，黄巢派他做同州(今陕西大荔)防御使。后来唐王朝回师攻打长安，他看到形势危急，就摇身一变，向朝廷举手投降。唐僖宗喜出望外，立即封朱温做了宣武节度使，坐镇大梁，还赏他一个名字叫"全忠"，命他领兵镇压起义军。

唐王朝又召来了沙陀(古代西北少数民族)贵族、雁门节度使李克用，率领四万骑兵，会同唐军一起攻打长安。起义军由于被困多日，军心不稳，挡不住唐军攻势，只好撤出了长安。

黄巢把起义军转移到淮河中游地区，攻打陈州(今河南淮阳)。可是整整打了三百天，也没能把陈州攻下来，反而遭受了巨大损失。黄巢只得带着残余部队转移，却又遭到了朱全忠、李克用的堵截、围攻。许多将士看到起义军大势已去，逃的逃、降的降，一支庞大的起义军被弄得七零八落。

公元884年，黄巢退到泰山狼虎谷自杀了。至此，进行了十年的轰轰烈烈的唐末农民起义彻底失败。

黄巢起义失败后，唐僖宗到了长安，但他这个皇帝已是名存实亡，因为在镇压农民起义军的过程中，各地藩镇都趁机争夺地盘，扩大势力，成为大大小小、各霸一方的小王朝。朱全忠这个叛徒，也以农民起义军的鲜血养肥了自己，而且成为割据势力中最大的一股。

当时与朱全忠势力相当的，是河东节度使李克用。朱全忠在镇压起义军的同时，就想除掉李克用。那还是在黄巢兵撤河南的时候，有一次，朱全忠受到起义军的围攻，形势危急，他就向李克用求救。李克用领兵打败了起义军，解了朱全忠的急。朱全忠大摆宴席，热情款待李克用，似乎是感谢他的救危之恩。哪知李克用喝得酩酊大醉之后，朱全忠竟然派兵围住了李克用所住的驿馆，要趁机害死李克用。幸亏李克用手下的亲兵骁勇善战，拼命抢救，才使李克用捡了条命。

从那以后，李克用就与朱全忠结下了仇，而且经常打来打去。但结果却不一样，李克用只保住河东地区，朱全忠却越打势力越大，打败了很多其他的军阀，吞并了他们的兵马和地盘，成为一个拥有强大军队、占据广大地区的最强大的新军阀。

唐僖宗病死后，他的弟弟李晔即了位，就是唐昭宗。唐昭宗想摆脱宦官的控制，一再利用朝中大臣来反对宦官，企图削弱宦官的力量，但都因为办事不力而一次次失败。这就惹火了那些掌权的宦官，他们把唐昭宗软禁起来，想另立一个皇帝。

朱全忠听说了这件事，认为是自己插手朝政的好机会，便派了亲信溜进长安，秘密联络宰相崔胤，支持他消灭宦官，复立昭宗。崔胤有了朱全忠做后台，胆子便大起来，发兵杀了宦官头目刘季述，让昭宗复了位。

昭宗重新上了台，就与崔胤一道，想把所有的宦官都杀了。剩下的宦官见情况不妙，便抢先下手，劫持唐昭宗到凤翔，投靠了凤翔节度使李茂贞。

崔胤见皇帝被劫走，忙向朱全忠求救。朱全忠毫不迟疑，立即发兵进攻凤翔，理直气壮地要李茂贞交出唐昭宗。李茂贞兵寡将少，不是朱全忠的对手。朱全忠大军将凤翔紧紧围住，断绝了一切粮草来源。不久城内就没了粮，又加上连日大雪，饿死、冻死的人不计其数。困在孤城里的李茂贞毫无出路，只好束手就擒。

朱全忠把昭宗抢到手，便耀武扬威回到长安。回到长安之后，朱全忠把宦官全杀了，然后又杀了宰相崔胤。从此朝中大权就落到了朱全忠一人手上。

到了公元904年，朱全忠提出要把京城从长安迁到洛阳去。唐昭宗只有服从，半个字也不敢多说。迁都时，朱全忠命兵士把长安的百姓全赶上去洛阳的大道，又派人把长安的宫室、官府和百姓的住房全部拆光，使长安城变成了一座废墟，把拆下的材料，顺着渭水、黄河流放到洛阳。整整一个多月，从长安到洛阳的路上挤满了被迫迁移的长安百姓，他们扶老携幼，哭哭啼啼，一边赶路，一边大骂祸国殃民的朱全忠。

唐昭宗和皇后、皇子、公主、侍从及朝中的官员，也只得默默地离开长安，向东行进。走到半路上，朱全忠就下令杀掉了昭宗身边的几个官员和二百多个侍从。到了洛阳，朱全忠把他的心腹将领全都安置在京城和皇宫内外的一切军事要职上，然后就派亲信大将杀了唐昭宗。三天之后，朱温立了一个十三岁的孩子做傀儡皇帝，就是哀帝。

公元 907 年三月，在朱全忠的授意下，唐哀帝亲笔写下“御札”，向朱全忠“禅位”。朱全忠于是正式即位称帝，下令改国号为梁，以大梁(今河南开封)为国都，自己改名叫朱晃，就是梁太祖。

大唐王朝至此宣告结束。

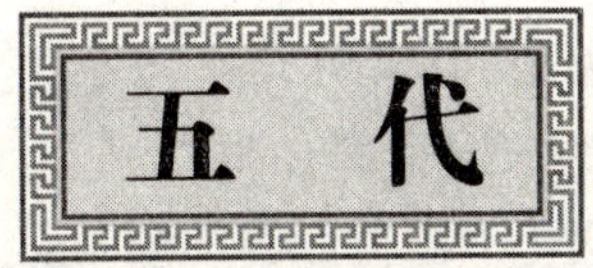

后梁名将王彦章

王彦章，字贤明，是后梁的著名将领，以作战勇猛著称。

他早年和一些青年一起投到朱温帐下，他主动要求做一名部队的首领。同来的人都不服气。他对大家说：“你们不服，是吗？谁敢和我一起，光着脚在荆棘丛里走一遭？”说着就赤脚走入荆棘，他的脚竟然完好无损。其余的人无不惊异。

王彦章跟着朱温到处征战，非常勇猛，立下了不少战功。他善使一杆铁枪，所向披靡，因此人称“王铁枪”。在两军对阵的时候，对方如果听到有“王铁枪”出阵，他们都会打心眼里感到恐惧，根本就不敢来向王彦章挑战。随着王彦章参加的战斗越来越多，他获得的战功越来越大，“王铁枪”的名声也越来越响了，当然了，他的职位也是越升越高。到了公元914年，后梁末帝朱友贞晋封他为开国伯。

公元915年，朝廷想把魏州分为两个镇，但恐怕他们不答应，引起叛乱，就派王彦章率领精兵五百人，驻在附近以防万一。魏州军果然不同意分为两镇，真的发动了叛乱。他们首先进攻王彦章，想杀掉他。王彦章兵微将寡，只好向南逃走了。魏州军投降了晋王，即李存勖的部队。在他们的接应之下，晋王的军队攻破了澶州(今河南濮阳)。

当时，王彦章全家都住在澶州，晋王军队攻破澶州之后，来到王彦章府前，见王彦章家非常气派，就问当地的百姓：“这是谁家啊？”有人告诉他们说：“这是开国伯王彦章的府上。”“王彦章是谁？怎么有这么气派的府第？”晋王的士兵非常奇怪。旁边的人又告诉他们说：“王彦章就是鼎鼎大名的‘王铁枪’啊！”听到“王铁枪”三个字，他们都禁不住心里一颤。对于王铁枪，他们可是早有耳闻，赶紧把这一消息上报给了李存勖。李存勖对王彦章也非常赏识，他命令将士不可惊扰王彦章的家人。后来，专门派人把王彦章全家迁到了晋阳，并拨了一处非常好的宅院给他们居住，就连他们日常应用的东西也都准备得非常齐全。

李存勖派人劝降王彦章，但王彦章根本就不听他的。使者见劝不动王彦章，就亮出了最后的底牌，威胁王彦章说："现在你的家人全部在我们手上，晋王对他们非常厚待。如果你投靠了我们晋王，晋王会更加厚待他们；但如果你执意不从，那后果你可以自己想一想。"王彦章明知道自己如果不投降晋王，全家都会有生命危险，但是他还是拒绝了。使者实在没法说动王彦章，只好回去向晋王复命。几年之后，王彦章全家都被杀害了。

公元923年，李存勖即皇帝位，建立了后唐。当时后梁在郓州(今山东东平)的守将叛归后唐，李存勖乘机攻占了郓州。得知郓州失守以后，后梁皇帝非常生气，赶紧命人发兵进攻。当时有一位叫敬翔的朝中大臣，把绳子藏在靴子里去见梁帝，并对梁帝说："先帝夺取天下时，不以臣为不肖，我所献的计谋没有不被采纳的。现在敌军势力那么强，如果陛下忽视我的建议，臣活着也没用，不如死了倒好。"话一说完，就想拿出绳子来上吊自杀。梁帝赶忙把他止住，问道："你有什么建议，先说出来好了。"敬翔连忙说："现在情势非常危急，除非以王彦章为大将，否则的话，将无法挽救。"梁帝听从了敬翔的建议，任命王彦章为北面招讨使。

李存勖听说是王彦章为主将，就亲自率领他的精兵驻扎在澶州，并告诫守将说："'王铁枪'非常勇猛，他这次又是带着愤激之气而来，你一定要谨慎，做好充分准备。"梁帝召见王彦章并问他："能在多长时间内攻破唐军?"王彦章回答说："只需要三天。"皇帝左右的人都笑了，觉得这简直是天下奇谈，王彦章也太自大了。王彦章没有解释什么，便走了。两天之后，王彦章率兵到了滑州。他让人大摆酒宴，暗地里却让六百多人持着斧子，载着炭火等东西顺黄河而下。王彦章吃酒吃到一半，假装去厕所，然后悄悄率领几千精兵，沿黄河到了德胜，用斧子砍断了河桥。之后，王彦章又引兵攻击南城，大破之，连夺了好几个城寨，其时正好三天。此后王彦章更是名声大振。

后来，由于受小人的诬陷，王彦章被夺去了兵权，手下只剩下了几百人。在一次与后唐大军的激战中，由于敌众我寡，兵力悬殊，他被后唐大将夏鲁奇所擒。夏鲁奇也曾跟随后梁太祖朱温，并且与王彦章关系很好。王彦章溃败后，夏鲁奇碰巧听出了王彦章的声音，两人仅仅咫尺之遥，他一刀刺过去，王彦章受了重伤，马又被绊倒了，才被擒住。

王彦章以前曾说过："李存勖不过是一个斗鸡小儿，不足畏。"王彦章被擒后，被送到了李存勖那里，李存勖见了王彦章，便问他："你曾经说我只不过是一个斗鸡小儿，现在服了吧?"王彦章回答说："这是因为梁国大势已去，并不是我一个人的能力可以挽回的。"李存勖非常同情他，并亲自给他的伤上药。由于一直很赏识王彦章的勇猛，李存勖就想把他留下来。于是，他派人暗中试探王彦章的意思。王彦章说："我只不过是一个武夫，由于投靠了梁国，与唐帝抗衡了十五年。现在山穷水尽打了败仗，就应该去死，即使皇上原谅我，我又有何面目见人！再说了，我们为臣为将的，怎么能先事梁后又事唐呢！还是让我去死吧!"

李存勖对他手下的大将李嗣源说："如果你亲自去劝，王彦章也许能答应活下来，投靠我们。"当时，王彦章由于伤很重不能起床，李嗣源就直接到他的卧室去看他。王彦章问道："你不是邈结烈吗?"李嗣源的小名叫邈结烈，王彦章看不起他，所以称呼他的小名。

后来，李存勖命人用轿子抬着王彦章和他们一起行军，王彦章因为伤口非常疼痛，又无归顺之心，就坚决请求把他杀掉，李存勖无计可施，又不能放虎归山，只好照办。一代名将"王铁枪"就这样被杀害了。

李存勖消灭朱全忠

晋王李存勖长得体貌雄伟，能文能武，勇略过人。经过十几年的努力，他的军队日益强大，先后攻破幽州，俘虏了刘仁恭，又接连几战大败了后梁朱全忠的军队，大大消耗了后梁的实力。

公元 923 年，晋王李存勖登上魏州牙城南面的祭坛，祭告上天即位称帝，国号定为大唐。他任命百官，大赦天下，尊母亲晋国太夫人曹氏为皇太后，尊父亲的正妻秦国夫人刘氏为皇太妃。从此，后唐正式建立，李存勖就是后唐庄宗。

接着李存勖听从枢密使郭崇韬的建议，趁后梁后方空虚，冒险深入敌境，直接袭击大梁。

李存勖的军队势如破竹，锐不可当，一路上后梁的军队节节败退。眼看后唐的军队要打到都城大梁了，当时朱全忠的儿子后梁末帝朱友贞慌成一团，急忙召集大臣询问对策，结果大臣们没有人能回答。最后，朱友贞又召来宰相郑珏商量，郑珏请求让自己带着传国之宝假装投降，以拯救国难。左右大臣们听说了，都缩着脖子偷笑。朱友贞见无计可施，日夜流泪。有一天他把传国之宝放在卧室里忽然不见了，他还以为是身边的人偷去迎接后唐军了。

过了几天，有人报告说后唐军已经过了曹州，车马扬起的尘土遮蔽了半边天。朱友贞听说后更加恐慌，便对侍臣皇甫麟说："李家与我家世代为仇，从情理上说绝不能投降他们，也不能等着被他们杀死。我又不忍心自杀，你可以把我的头砍下来。"

皇甫麟听后哭着说："我为陛下战斗，可以死在后唐军的手上，但不敢接受这个命令。"

朱友贞接着说："你打算出卖我吗?"

皇甫麟见圣意难违，又不愿杀死朱友贞，于是就想自杀，朱友贞连忙拉住他说："我和你一起死。"于是皇甫麟先杀了梁末帝，随后自杀。

第二天，李存勖的军队攻陷了后梁都城，有人就拿着朱友贞的脑袋献给了李存勖。

当年李存勖的父亲李克用与朱全忠长期争雄，临终前，他嘱托儿子："你要替我消灭朱全忠。"现在李存勖实现了父亲的遗志，可谓志得意满。

李存勖众叛亲离

后唐庄宗李存勖灭了后梁，报了父亲的仇后，志满意得，认为中原安定，天下无忧了，就开始贪图享受。

渐渐地，李存勖喜欢起演戏，他终日与伶人混在一起，穿着戏装，登台表演，把国家大事丢在一边。那些伶人们受到李存勖的宠幸后，有的当了官，有的仗势欺人，有的则进谗言诛杀功臣，闹得朝中大臣敢怒不敢言，人心惶惶。不出几年，后唐朝廷内部先乱了起来。先是大将郭崇韬被害，接着灭后梁的功臣李嗣源也受到猜忌，差点送了性命。

公元926年，魏博指挥使杨仁政的部下皇甫晖发动叛乱，李存勖派成德节度使李嗣源率领军队讨伐。由于李嗣源不满李存勖宠信伶人而诛杀功臣的行为，加之他平日受到将士们的拥戴，于是他乘机起兵，决定推翻李存勖。

李存勖听说后，就亲自带领部队前去招讨。不想到达荥泽时，龙镇指挥使姚彦温率领三千骑兵背叛了李存勖，而去归顺李嗣源。李存勖到达万胜镇后，听说李嗣源已经占据了汴京，各地军队纷纷背叛自己，支持李嗣源，神色沮丧。他登上高处叹息说："我没法成功了。"

于是他马上下令回师，留下秦州都指挥使张唐率领步兵、骑兵共三千人把守关口，自己则带领军队回师。等出发时，他随从的部队已经少了一万多人。

一天李存勖路过罂子谷，道路狭窄，每逢遇到拿着兵器的士兵，他就用好听的话安抚他们说："刚才有人报告说，魏王又进贡西川金银五十万两，等到了京师就全部分给你们。"士兵们回答说："陛下的赏赐已经晚了，人们也不感激圣恩了。"李存勖听了，只是哭泣而已。

接着，为安抚随从官员，李存勖决定用袍带赏赐，结果宦官报告说可以颁赐的东西已经用完了。过了几天，李存勖到达石桥，他摆开酒宴，哭泣着对李绍荣等将领说："你们侍奉我以来，有难同当，有福同享。今天害得我到了这个地步，难道就想不出一个办法来救我吗？"一百多位将领都割断头发放在地上，发誓以死报答，于是君臣一起放声大哭。

李存勖回到洛阳后，还打算抵抗李嗣源，于是就重新集合军队前去扼守汜水。等到准备出发时，传来指挥使郭从谦叛乱的消息。原来郭从谦是大将郭崇韬的义子，郭崇韬被害后，他早就对李存勖怀恨在心，趁这个机会，他就发动兵变。当时，李存勖正在吃饭，听说有兵变，就连忙率领衙兵出击。可是为时已晚，乱兵焚烧皇宫大门，蜂拥而入，

李存勖身边的大臣和禁卫士兵见状，纷纷丢盔弃甲，落荒而逃，只剩下散员都指挥使李彦卿以及宿卫军校何福进、王全斌等十来个人奋力作战。最后，李存勖被流箭射中，没过多久就丧了命。后来，李嗣源接替了李存勖做了后唐皇帝，这就是后唐明宗。

明宗在位期间，社会相对安定，百姓也得到了休养，是五代时期较好的阶段。

"儿皇帝"石敬瑭

石敬瑭(892—942)，沙陀部人，于公元936年联合契丹灭后唐，尊契丹皇帝为"父皇帝"，自称为"儿皇帝"，建立后晋政权，历来为人不齿。事实上，尊强盛政权为"父皇帝"，是古代少数民族的传统做法。

五代时期的社会动荡不安，割据一方、手握兵权的将帅都想称王称帝，他们有的互相勾结，有的交结外族，政权更替非常频繁。其中有一位皇帝的上台比较特别，他以割地、纳贡、称臣的条件向契丹政权求援，依靠契丹兵灭掉了前朝，登基称帝，他就是史称"儿皇帝"的后晋高祖石敬瑭。

石敬瑭是沙陀人，早年投靠后唐贵族李嗣源。因为他骑术、箭法高超又胸怀大略，聪慧过人，很受李嗣源的赏识，李嗣源不但把他当心腹，还把女儿嫁给了他，石敬瑭因此对李嗣源感恩戴德，忠心耿耿。

当时李嗣源被后晋皇帝李存勖怀疑猜忌，石敬瑭及时地为李嗣源出谋划策，劝说他起兵造反。后来全国各地纷纷叛乱，众叛亲离的李存勖中箭身亡，李嗣源即位当上了后唐明宗。石敬瑭跟随明宗多年，屡立战功，被任命为河东节度使。

李嗣源死后，儿子李从厚继位为后唐闵帝。石敬瑭作为先帝的老臣，受到更多的礼遇和恩宠：被加封为负责全国政务、相当于宰相的中书令，进入了后唐的政治核心，同时又让他镇守太原。

李从厚即位的第二年，李嗣源的养子、晋王李从珂起兵造反，杀掉闵帝，自己即位成为后唐末帝。早在李嗣源在世的时候，李从珂和石敬瑭就因为力大无比、英勇过人而成为明宗的重臣，但是两个人心里却互不服气，一向面和心不和。

现在李从珂即位当了皇帝，对石敬瑭当然很不利，石敬瑭时时刻刻小心翼翼，生怕一不留神招来祸患。当他入朝庆贺末帝登极即位后，不敢提出回到太原去，担心末帝猜忌自己。多亏太后屡次为他说情，末帝才允许他回到太原。一回到太原，石敬瑭就想方设法采取各种措施保全自己。

末帝对皇宫外面的事情特别感兴趣，经常叫来一些心腹大臣在宫中值班，君臣时常一聊就聊到半夜。于是石敬瑭用重金贿赂太后身边的亲信，让他们监视末帝和大臣们的谈话，宫里不管发生了什么大小事情，石敬瑭都了如指掌。每当有客人拜访，石敬瑭就在人家面前讲自己身体如何如何虚弱，不能胜任统帅职务，言外之意是让末帝不要怀疑自己。

石敬瑭一方面极力向朝廷表白自己没有异心；一方面不停地暗中发展实力。他借口补充军费把自己分散在全国各地的财物都收拢起来运到太原，这一举动自然更增加了别人的猜疑。

石敬瑭于是又采取以退为进的办法试探末帝对自己的信任程度：他几次上书末帝，说自己体弱多病，请求解除兵权，或者调到其他不是很重要的藩镇。末帝当然想借机收夺石敬瑭的兵权，但又怕他造反，因此犹豫不决。

一天，大臣薛文遇趁末帝身边无人说："有句谚语说：'在路边盖房子，大家七嘴八舌议论纷纷，三年也盖不好。'现在的事情只能靠皇上您自己决断。群臣都为各自的利益打算，哪里肯什么话都说？依我看来，石敬瑭的反叛之心已经路人皆知，您把他改派到别的地方他要反，不改派他也要反，只是个时间早

晚的问题，不如先下手把他解决了!”

末帝听从了薛文遇的建议，下诏将石敬瑭调到一个偏远的地方当节度使。石敬瑭接到诏书十分惶恐，和心腹商议对策说：“皇上曾答应我，在我有生之年决不委派别人替代我的职位，现在忽然又下了这样的命令，难道是真的怀疑我了吗？我并没有兴兵乱，朝廷却先挑起事端，我怎能坐以待毙呢？现在我暂且写份奏书推说有病，看看皇上意图如何？”部将刘知远、桑维翰都极力劝他起兵叛唐。

于是石敬瑭发出布告，说李从珂是养子，没有资格继承皇位，应当由明宗的儿子当皇帝，宣布自己起兵反唐。

石敬瑭估计凭自己的实力没有灭掉后唐的把握，于是想取得契丹政权的支持。他让桑维翰起草奏书向契丹称臣，并且请求用对父亲的礼仪来侍奉契丹皇帝，又约定如果契丹出兵灭掉后唐，就把卢龙和雁门关以北的各州都割让给契丹。然后派使者带着奏书从小路到契求救。

刘知远劝阻说：“向契丹称臣还可以，但把他当父亲对待则太过分了。而且，给他们送厚礼就可以使他们出兵，没有必要再割让土地，只怕他们以后成了中原的心腹大患，后悔就来不及了!”石敬瑭不以为然。

契丹皇帝耶律德光见到奏书非常高兴，当即答应出兵。耶律德光亲自率领五万骑兵南下进攻后唐，一路势如破竹，很快就和石敬瑭的军队会合。936年十一月，耶律德光立石敬瑭为后晋皇帝。石敬瑭兑现诺言，把燕云十六州割让给契丹，还答应每年送绸缎三十万匹。没过多久，契丹、后晋联兵攻克洛阳，后唐灭亡。

后晋政权建立后，石敬瑭的帝位并不巩固，人们对他对契丹奴颜婢膝的态度非常不满，一些掌握军事实权的武将借机发展实力，想建立政权取代后晋。

石敬瑭侍奉契丹十分恭敬谨慎，在给契丹的奏章中都称臣，称契丹皇帝为“父皇帝”。石敬瑭除了每年送绸缎三十万匹之外，遇到年节、丧事、喜事都要送礼吊唁、庆贺。在通往契丹的大路上，后晋送礼的使节络绎不绝。

而契丹对后晋却相当傲慢无理，经常会为一点点小事派使节来后晋指责，每次石敬瑭总是说尽好话来应付他们。后晋派往契丹的使者则时常受到契丹君臣的侮辱。尽管全国的官员、百姓都觉得这样对契丹很可耻，但是石敬瑭对契丹却没有一点厌恨之心。

在石敬瑭执政时期，契丹和后晋一直维持着比较友好的关系。后晋每年送给契丹的财物只相当于几个县的赋税，而且经常借口百姓生活贫苦，不按照全额敬献贡品。这无疑给百姓们提供了一个发展生产的和平环境。

契丹的崛起

五代时，东北的契丹崛起。916 年，阿保机建立契丹国。三十年后，耶律德光攻进中原，灭后晋，建立辽帝国，历史从此逐步进入新的南北对峙时期。

五代十国是契丹崛起的重要时期，后梁、后唐、后晋等政权为了争夺权力，都极力拉拢契丹，甚至不惜以割地、纳贡、称臣的条件请求契丹出兵，契丹趁机不断发展实力并建立政权，由北方草原走向中原政治舞台。

契丹是我国北方的少数民族，生活在今内蒙古昭乌达盟一带地区，后来逐渐向西方、南方发展，在唐朝中期形成了由八个部落组成的部落联盟。耶律阿保机是部落联盟的首领，他足智多谋、勇敢善战。在他的领导下，契丹人吞并女真、室韦、奚等部落，南下侵扰汉地，力量不断发展壮大。

就在朱温称帝这一年，阿保机率领三十万兵马大举南下，进攻云州(今山西大同一带)。当时驻守云州的李克用和阿保机讲和并结拜为兄弟，李克用还将阿保机请到营帐中，两人开怀畅饮，握手言欢，约定当年冬天共同进攻后梁。阿保机在云州住了十几天才离去，临行前李克用送给他几万两金银和大量布帛，阿保机则送给晋王三千匹马和其他牲畜几万头。然而阿保机回去之后却背信弃义，又派人和后梁通好，李克用因此耿耿于怀，对契丹十分痛恨。

916 年，阿保机建立契丹国，自称皇帝，契丹人称他为天皇王。阿保机的妻子述律氏为人果断，足智多谋，目光远大，是耶律阿保机的得力助手，她常劝说阿保机要重用有才能的汉人巩固统治。

占据幽州的刘守光被李存勖的大军围困后，曾派参军韩延徽向契丹求援，韩延徽见到阿保机之后不肯行礼下跪，阿保机非常生气，把他扣留在契丹国放马。

述律氏对阿保机说："韩延徽才华出众，精通文章，而且很有气节，是个难得的贤才呀，你怎么让他去牧马呢？应该委以重用才对呀！"

阿保机立即把韩延徽召来，交谈一番，发现这个人果然很有才能，十分欣赏，就把他留在了身边当做参谋，专门给自己出谋划策，军政大事一律征求他的意见。

韩延徽从此教契丹人规则城市、开辟街道、安置汉人，还帮他们建立家业、屯田垦荒，因此迁到这儿的汉人越来越多。契丹能够征服其他少数民族政权，不断增强实力，韩延徽的功劳最大。

926年阿保机去世。这时契丹国成立仅仅十年左右，耶律家族的统治还不是很稳固，许多将领和原来的酋长都想趁着阿保机去世兴风作浪。

述律皇太后果断地采取了措施，她把这些将领和酋长召集起来，哭着问他们："你们想念先帝吗？"

大家异口同声地回答："先帝对我们情意深厚，怎么能不想呢？"

"那好，你们要是真想念先帝，就去见他吧！"然后就命令早已埋伏好的士兵把他们全都杀了。

阿保机生前派长子耶律倍镇守东丹国，让二儿子耶律德光镇守契丹的兴起之地西楼(今内蒙古巴林左旗)。

述律皇太后偏爱耶律德光，想立他为皇帝，但又怕大臣们反对，就来到耶律德光镇守的西楼。

她让两个儿子都骑马站在营帐面前，对文武百官们说："这两个儿子我都喜欢，不知道立哪个为帝好，你们认为谁更有能力，更合适当皇帝，就拉住谁的马缰绳。"

大臣们都知道皇太后喜欢二儿子，而且现在又在耶律德光的地盘里，就全都争先恐后地拉住耶律德光的马缰绳，欢呼雀跃嚷着拥护耶律德光当皇帝。

述律皇太后又做出一副顺从民意的样子说："既然大家都要求立德光，那我就遵照大家的意思办。"于是耶律德光即位当了契丹皇帝。

契丹政权在耶律德光统治时期崛起得很快，不仅通过石敬瑭获得了燕云十六州的大片土地，还进一步将势力深入到中原地区。

936年，石敬瑭派使者向耶律德光求援，请求契丹出兵帮助他同后唐作战，并提出尊奉耶律德光为父皇帝，把卢龙和雁门关以北的土地都割让给契丹。

耶律德光早就有进军中原的野心，看到奏章惊喜万分，匆匆忙忙地跑来告诉述律氏："近来好几天我每晚都梦见石敬瑭派使者来，现在使者果然来了，真是老天的安排呀！"耶律德光立即写了回信，答应秋天出动全国兵力前往援助。

这年九月，耶律德光亲自率领五万骑兵南下，对外号称三十万。契丹军队到了太原之后，在汾河北岸摆开阵势。

耶律德光事先派人询问石敬瑭能不能当天就与后唐军交战。石敬瑭派人回话："后唐的军队很强大，千万不能掉以轻心，不如明天我们商议之后一起行动。"可是还没等使者到达契丹大营，契丹与后唐的军队已经激战起来。

契丹派三千轻骑兵不穿铠甲，直接冲向后唐大营。后唐军队看到契丹士兵身体瘦弱，人数又少，便争着进攻他们，一直把契丹士兵赶到了汾河对岸。这时一支契丹伏兵突然从东北方向杀出来，将惊惶失措的后唐军队截为两半，北边的步兵大部分被契丹兵杀死，南边的骑兵都逃回大营。契丹军队乘胜追击，后唐的步兵差不多全军覆灭。契丹军队名声大噪。

这年冬天，耶律德光册封石敬瑭为大晋皇帝，亲自解下身上的衣冠授给石敬瑭。当天石敬瑭即皇帝位，把燕云十六州割让给契丹，还答应每年送去绸缎三十万匹。

942年，石敬瑭病死，石重贵即位。大臣们建议向契丹呈送奏章称臣，并报告高祖石敬瑭去世的消息。

但是，一个叫做景延广的大臣主张在给契丹皇帝的信中只称孙不称臣。石重贵按照他的建议写了一封态度很强硬的信。耶律德光收到来信大发雷霆，派使者前来指责说："石敬瑭是在契丹皇帝的帮助下当的皇帝，现在你怎么不事先禀报就私自登基称帝呢？"

景延广毫不示弱，把契丹使者给骂了回去。他还劝说石重贵把在后晋境内做生意的契丹人统统杀光，没收他们的财物。他对负责两国贸易的契丹官员说："回去告诉你们君主，我们先帝是契丹册封的，所以向你们称臣。可当今的皇帝是自己登基的。他降低身份称孙来对待契丹，就是看在以前先帝和契丹所签订盟约的情分上。作为邻国，称孙已经足够了，再没有什么称臣的道理。希望契丹皇帝不要受别人的挑拨离间，轻视和侮辱中国。中国的士兵马匹，你都亲眼看到了。如果当爷爷的想打仗，孙子早就磨好了十万把锋利的宝剑，随时奉陪。只是将来爷爷打了败仗，被天下人耻笑，后悔就来不及了！"契丹官员把景延广的话原原本本地告诉了耶律德光，耶律德光大怒，立即发兵进攻后晋。

契丹大举入侵使后晋官兵疲于招架，连吃败仗，后晋皇帝派人前来讲和。

而契丹士兵马匹在连年的战斗中也死了不少，述律太后也有意讲和，就对耶律德光说："让汉人做契丹人的君主行吗？"耶律德光回答说："那怎么可以呢？"

太后又说："那么你又为什么要当汉人的君主？"耶律德光说："我们对后晋有恩，可他们却辜负我们的恩情，所以一定不能宽恕他们。"太后说："虽然你现在占领了不少汉人的领地，但是我们是靠游牧生活，在中原地区肯定住不长久，万一再有什么差错，后悔都来不及。"

耶律德光认为太后的话很有道理，就对前来求和的后晋使臣说："让景延广亲自来，再把你们占据的契丹土地还给我们，就可以讲和。"石重贵见耶律德光的话里满是怨气，以为契丹没有和解的意思，就停止求和行动，双方继续交战。

契丹军队兵强马壮，一路南下势如破竹。很多后晋守城的将领开城投降，契丹军队不战而胜。

947年正月，耶律德光率领契丹兵进入了后晋的都城开封，宣布改国号契丹为辽，还像中原的皇帝一样穿上龙袍，戴上皇冠，在朝廷上接受文武百官的朝贺。

结束了持续几年的战争，以胜利者的姿态坐在后晋宫殿里的耶律德光自然得意洋洋。他大量接受四方敬献的贡品，天天饮酒作乐，常常对后晋大臣说："中国的事情，我全知道。而我国的事情，你们却不知道。"但实际上对于怎样治理中原地区，他却并不在行。

大臣请求发给契丹士兵军粮，耶律德光却说："我国没有这个制度。"他让士兵们随意到处抢劫，称为"打草谷"，方圆几百里的财物、牲畜差不多都被契丹兵给抢光了。

耶律德光对管理财政的大臣说："契丹三十万大军已经平定了后晋，应该给他们丰厚的赏赐，你赶快去办理这件事。"可这时国库空虚，什么东西都没有，只好以"借"的名义搜刮都城的官吏百姓。

这还不算，耶律德光又派出好几十人去各州搜刮，而搜刮来的财物全都放在宫中的仓库里，供皇室挥霍。

于是，中原各地怨声载道，人们开始痛恨契丹，都想把他们赶出中原，一些原来后晋的官员乘机在各地叛乱。

契丹民族一直居住在长城以北，不适应中原地区炎热的天气，再加上各地叛乱不断，耶律德光决定返回北方。途中他对身边的随从说："在中原的三个月间我犯了三个过失，难怪中原的人都背叛我。派人四处搜刮钱财是第一个过失；让士兵'打草谷'乱抢乱杀是第二个过失；没尽早派官员镇守占领的州县是第三个过失。"

还没回到辽国都城，耶律德光就病死在半路。

耶律德光在中原的三个月统治是失败的，但却表明契丹民族已经崛起，成为了中原各政权最强大的敌人。契丹民族也从耶律德光开始一步步走向中原，以后成为中国北部一个统治地域广阔的强大政权，和北宋分庭抗礼。

张彦泽降契丹

张彦泽曾是后唐、后晋将领，后又叛晋投降契丹。他领兵洗劫后晋都城大梁，招致怨愤，被耶律德光杀死。

早年，张彦泽跟随后唐庄宗、后唐明宗，因征战有功，连续典领郡守。石敬瑭即位后，提拔他为曹州刺史。张彦泽随从杨光远在郓城围攻范延光，因战功被授予华州节度使，不久移任泾州节度使，屡次升迁，官至检校太保。

张彦泽手下有个叫张式的，因为族人的缘分，受到赏识宠遇。当时张彦泽有个儿子担任内职，一向不称父亲的意，屡次遭受鞭打。因恐惧父亲的狠毒拷打，儿子逃跑流窜到外地，齐州官吏将他逮捕解送京城，石敬瑭下敕旨释免其罪，放归父亲处。张彦泽呈上表章，请求执行朝廷法典。张式认为有伤纲常名教，屡次劝谏阻止。张彦泽大怒，拉弓想射杀他，张式凭着勇敢才获免死。张彦泽不久命令下人将张式驱逐出衙署。张式自从担任宾僚侍从后，张彦泽将各种事务委托给他，周围一群奸邪小人对他怀恨已久了，乘此机会进谗言陷害，争相前来逼迫威胁说："书记倘若不立即出走，肯定遭屠戮杀害。"

张式于是称病求医，携带妻子儿女准备逃奔衍州。张彦泽派遣指挥使李兴率领二十名骑兵追赶，告诫说："张式如果不肯从命，立即斩首取头前来。"张式恳切哀求衍州刺史，刺史于是派人护送他到邻州。邻州节度使李周通过驿站快马奏报，朝廷因为想宽容安抚张彦泽的缘故，下敕令将张式流放到商州。张彦泽派遣行军司马郑元昭前往京城论理要求，当面陈奏说："张彦泽倘若得不到张式，恐怕会导致不测。"

石敬瑭不得已而听从了他。张式到后，被撕裂嘴、割取心、斩断手脚而处死。张式的父亲张锋到京城申诉冤屈，朝廷命令王周替代张彦泽。王周到任后，奏报张彦泽在泾州的劣迹共十六条，逃散的百姓有五千多户。张彦泽到京后，刑法官李涛等上表章请求治他的罪，石敬瑭下制令，只让削夺官阶一级、爵位一等而已，当时众人都认为执法不当。

晋出帝即位以后，张彦泽出任安阳节度使。到达镇所后，张彦泽礼贤下士，境内大治；旋即受命率领军队北上屯驻恒州、定州。当时易州地势孤立，粮食供应接济不上，晋出帝命令邢州、魏州、相州、卫州火速征发民夫来运输粮草。百姓在路上挑着沉甸甸的担子，张彦泽经常护送他们上路，看到瘦弱困乏的，让他的部众替代帮助，到达北部边境后，不让百姓继续深入，立即派遣骑兵用马驮着粮食而去，往来既迅速，而且没有路上拦截抢夺的忧患，听说此事的人都赞许他。阳城战役，张彦泽的功劳突出，在众将之上，此后同敌人交战，也频频向京城献奏捷报，大家都认为是张彦泽在感谢石敬瑭的不杀之恩，弥补当年的过错。

开运三年冬季，契丹军队南下后，杜威领兵进驻瀛州。此时张彦泽被契丹所收买，暗中勾结。他向契丹国主表示忠诚，请求作为前锋引路，便骑上快马劝说杜威，领兵沿滹沱河向西增援常山，不久同杜威私通密谋。等到晋朝军队在中渡投降，契丹国主派遣张彦泽统领二千骑兵赶赴京城，来控制晋出帝，并向公卿大臣黎民百姓宣示安抚之意。

张彦泽于当年十二月十六日夜，从封丘门破关而入，领兵包围宫城。第二天，将晋出帝迁到开封府官舍，凡是内库珍宝奇货，全都用车运归自己私宅，同时放纵军队大肆抢掠。

当时桑维翰任开封府尹，张彦泽带着人马到了开封府，杀气腾腾地大喊："桑维翰在哪儿?"桑维翰挺身向前，厉声喝道："我是晋朝大臣，自当殉国，休得无礼!"张彦泽被他的凛然正气吓退了好几步。当夜张彦泽派人缢死桑维翰。

张彦泽自认为对契丹有功，日夜饮酒作乐。当他在京城巡逻检查时，出入骑士随从经常有几百人，旗帜上题写道"赤心为主"，观看者无不暗中发笑。同时，他居住的宅第财宝货物堆积如山。楚国夫人丁氏，即是晋出帝弟弟曹州节度使石延煦的母亲，有姿色，张彦泽派人来要带走，皇太后迟疑没给，张彦泽立即派人用车载上而离去，他背叛国家欺凌君主竟到如此地步。几天之内，他恣意横行杀害无辜，有的军士抓获罪人到他跟前，张彦泽不问所犯何罪，只瞪着眼睛伸出一手竖起三个指头而已，军士依承他的示意，立即拉犯人出外斩断腰颈。

文武百官联名上疏陈述张彦泽罪不可赦，市民百姓也争相投递书状，列数张彦泽的罪行，契丹国主也觉得他太过分，就下令将他斩首示众。

张彦泽投降契丹，杀死名臣桑维翰，自己也没得到好下场。

刘知远入梁

后汉高祖天福十二年(公元947年)正月，契丹灭亡后晋。契丹皇帝耶律德光入主大梁，后晋出帝石重贵及皇室成员被劫持到契丹，中原大地一时出现了没有君主的局面。

担任河东节度使、中书令的北平王刘知远虽被任命为北面行营都统，但因为与石重贵互相猜忌，他的官职也只是徒有虚名。契丹入侵中原时，刘知远始终袖手旁观。他在太原招兵买马，积蓄力量，逐渐成为各藩镇中一支实力强大的队伍。二月十五日，刘知远在太原称帝，建立了后汉王朝。

三月十七日，耶律德光从大梁返回契丹，途中病逝。刘知远决定抓住这个机会，出兵占领河南，入主中原。他派忠武节度使史弘肇为前锋，先期南下。

五月十二日，刘知远率军从太原起兵，出阴地关，直奔京都大梁。

契丹留守汴州的节度使萧翰是契丹皇后的哥哥，他听说刘知远率军南下，便想及早返回契丹，可他又担心中原无主，势必大乱，从而使他无法从容北归。后唐明宗李嗣源的儿子、许王李从益和王淑妃住在洛阳，萧翰派人到洛阳把他们带到大梁，然后假借耶律德光的命令，立李从益做皇帝，并设置文武大臣，他这才起身返回契丹。

李从益派人召归德节度使高行周和河阳节度使武行德前来大梁抗拒刘知远。可这两员大将不但按兵不动，而且把这件事禀告刘知远。

文武百官都来拜见李从益的母亲王淑妃。王淑妃哭着说："把我们孤儿寡母推到这个位置上，这不是在害我们吗？你们这些人都没罪，准备迎接新君吧，不要顾及我们母子。"

她的话使众人深受感动。有人说："现在把各营兵马集中起来，也不少于五千，加上萧翰留下的一千名燕兵侍卫，坚守一个月不成问题。到那时，北边一定会有救兵来的。"

王淑妃摇了摇头，叹了口气，说："我们母子本来就是亡国之人，怎敢和别人争夺天下？听天由命吧！如果用兵，满城生灵涂炭，又有什么好处呢？"

大臣们仍然坚持守城抵抗刘知远。三司使刘审交摆了摆手，制止众人的议论。他说："事情已经无可挽回了，大家不要再说了，一切都听从太妃的安排。"

于是，王淑妃决定派使者向刘知远称臣，请求他早日来到大梁。同时王淑妃和李从益从宫中搬了出来，住进私人住宅。

刘知远的大军一路南下，所向无敌，在六月初三抵达洛阳。大梁文武百官前来迎接。刘知远派郑州防御使郭从义先进大梁，清理内宫，并秘密杀死李从益和王淑妃。他自己在十一日进入大梁。

王淑妃临死时，悲痛地说："我儿子是被契丹立为皇帝的，他有什么罪？为什么就不能留下他一个人，让他每年寒食节祭扫明宗皇帝的陵墓呢？"王淑妃的话凄惨哀婉，周围的人无不为之落泪。

这一年，刘知远立国号为"汉"，史称"后汉"。

郭威平叛

郭威起初是后汉名将，他攻城拔寨，战无不胜，为后汉立下汗马功劳。

后汉高祖乾祐元年(公元948年)，大将李守贞、赵思绾、王景崇三人同时反叛。朝廷军队连连失利，关西地区动荡不安。八月，后汉隐帝刘承祐任命枢密使郭威为西面军前招慰安抚使，让他统率各路大军平安三镇叛乱。

临行时，郭威向太师冯道请教破敌良策。冯道捋着胡子，不慌不忙地说："郭君会不会博彩?"

郭威小时候常常因聚众赌博被官府问罪。他以为冯道讥讽他不学无术，脸上顿时显出怒色。

冯道并不理会郭威，继续说道："大凡博彩，钱多则多赢，钱少则多输，赢与输并不在于博彩的技巧，而在于气势，气势又来源于人心。李守贞是老将，善于笼络人心，士兵拥戴他。郭公千万不要吝惜钱财，要多多赏赐部下，体恤士兵。只有人心，才是胜利之本。"

郭威按冯道的话去做，首先赢得全军将士的心，使将士们牢牢团结在他的周围。

几天以后，郭威召集众将商讨作战计划。将领们忧心忡忡，纷纷主张避强就弱，先攻取长安和凤翔，然后消灭河中。唯独镇国节度使扈从珂意见不同，他说："李守贞是三个藩镇的主帅，如果李守贞灭亡，那两个藩镇不攻自破。要是我们舍近攻远，万一三镇联合夹击，我们的处境就危险了。"

郭威点点头，说："扈镇国说得很有道理。李守贞没什么可怕的。高祖在世，他不敢轻举妄动；新君继位，他目中无人，才敢于反叛。他肯定骄傲轻敌，我们必定马到成功。至于赵思绾和王景崇，只要把他们牵制住就可以了。"

在郭威的周密安排下，后汉大军兵分三路向河中挺进。在此之前，凤翔节度使赵晖和永兴节度使郭从义等人早已分别赶到凤翔和长安，先后向赵思绾和王景崇发起了进攻。

果然不出郭威所料，李守贞这时还在做着当皇帝的美梦。自从后汉高祖刘知远去世后，他日益骄纵起来，在河中拥兵自重，抗拒朝廷，企图夺取后汉天下。听说郭威率兵前来，他以为朝廷大军的将士会不忘旧恩，自动归降，所以，根本不把郭威放在眼里。

八月二十三日，后汉大军兵临城下，河中城外旌旗招展，鼓声震天，士兵们的辱骂声此起彼伏。在城上看到这一切，李守贞不禁大惊失色。

郭威并不急于攻城，他指挥士兵挖沟筑墙，严密巡逻，把河中城围了个水泄不通，使李守贞陷入天罗地网之中。

李守贞屡次出兵，都被击溃。绝望中他派人向南唐、后蜀以及契丹求援。然而，使者刚出城，就被巡逻的士兵抓获。李守贞眼看城中粮草将尽，饿死的人一天比一天多，他心急如焚，整日愁云满面。当初，他酝酿谋反时，有个叫总伦的和尚曾说过，他一定能做天子，对他的谋反起了推波助澜的作用。李守贞又把总伦找来，责问他说："你说我能当天子，可我现在大难临头，到底怎么回事?"

总伦和尚诚惶诚恐地说："大王该做天子，谁也奈何不得。眼下是祸福交替，等磨难过去，只剩下一人一马时，大王便会时来运转。"

李守贞眨了眨眼睛，居然相信了总伦的这番鬼话，继续苦苦困守河中城。

凤翔节度使赵晖与王景崇屡次交战，打得王景崇闭城不出，只得向后蜀求援。后蜀派兵出大散关大败后汉军队。赵晖见军情紧迫，连忙派人向郭威告急。

郭威亲自率兵增援凤翔。临行时，他反复叮嘱行营都部署白文珂和行营马步都虞候刘词说："成败在此一举，千万不能让贼军冲出包围。贼军的精兵都集中在城西，我一离开，他们必然从城西突围，你们一定要谨慎防备。"

乾祐二年(公元 949 年)正月初四，李守贞刺探到郭威西行，便派部将王继勋率领一千多精兵深夜偷袭后汉营寨。后汉士兵措手不及，军营一片大乱。刘词镇定自若地对部将说："小小盗贼不足为虑。"

说罢，他脱掉铠甲率领众将进行反击，终于杀退敌人。王继勋身负重伤，逃回河中城。

初五，郭威在中途听说蜀军已被赵晖打败，便急忙赶回河中。刘词出营在马前请罪，郭威急忙下马，拍着刘词的肩头，笑着说："如果不是刘兄，恐怕敌人早就得逞了。我看，敌人的伎俩也就到此为止。"

河中被围困已近一年，城中百姓饿死大半，守城的将士络绎不绝地出城投降。郭威见时机成熟，就督率各路军队从四面八方向河中城发起了总攻。

乾祐二年(公元 949 年)七月二十一日，郭威率军攻入河中城，李守贞自焚而亡。不久，凤翔的王景崇也全家自杀。长安的赵思绾投降以后，被郭从义斩杀。至此，三镇叛乱全部平息。

郭威废帝自立

后汉隐帝刘承祐十八岁继位，由杨邠、郭威、史弘肇、王章四人辅政。随着他渐渐长大，对重臣辅政的局面感到不满，就企图诛杀四大臣。950年的一天清晨，文武百官上朝。他们刚刚走到广政殿外的廊房下，突然从殿内冲出几十名武士，乱剑齐下，杨邠、史弘肇、王章三个人顿时倒在血泊中。

当时，郭威正领兵驻守邺都。刘承祐派供奉官孟业携带密诏到邺都，命令邺都的副将郭崇威等人杀死郭威。没想到事情处理得不好，密诏很快落入郭威手中，郭威不禁大惊失色。他立即召集郭崇威、王峻、曹英等部将聚会，手拿密诏，痛心疾首地对众人说："我和杨邠他们跟随先帝披荆斩棘，历尽艰辛，夺取了天下。自从接受辅政重任以来，我们为朝廷尽心竭力，没想到杨邠他们竟然死得这么惨。剩下我一个人活着还有什么意思？这是陛下的诏书，你们就按诏书的命令，把我杀了吧！"众人一听，惊得目瞪口呆。郭崇威流着眼泪说："天子年少，这一定是天子身边的小人们干的。崇威情愿跟从郭公入朝面见天子，扫除奸党。郭公不能蒙受千古恶名。"

众人纷纷劝说，一致要求进军大梁，扭转乾坤。郭威实在忍无可忍，毅然率军南下，直捣京都大梁。

刘承祐得知郭威反叛，顿时惊恐万状，追悔不迭。他颓丧地对身边大臣说："那天的事情，太草率了！"

这日，郭威大军与朝廷军队在大梁郊外刘子陂摆开战场。刘承祐硬着头皮亲临阵前督战。泰宁节度使慕容彦超率领骑兵向郭威军队发起猛攻，郭崇威率领骑兵迎战，南北两军展开了一场殊死搏斗。战斗很快结束，朝廷军队兵败如山倒，士兵纷纷投降，慕容彦超仓皇逃走。

第二天，刘承祐率领残兵败将返回大梁。

哪知平卢节度使刘铢占据城门，开弓放箭，刘承祐只得拨转马头，向西北方向奔逃，最终被翰林茶酒使郭允明杀害，郭允明也自杀身亡。郭威得知刘承祐的死讯，不禁黯然神伤，失声痛哭。

郭威进入大梁后，率领百官拜见太后。郭威对太后说："现在军政繁多，国中不可一日无君，请太后及早选定继嗣。"

太后无可奈何地说："高祖有两个弟弟，两个儿子，就让百官从中选择最合适的吧。"郭威等人一致要求后汉高祖刘知远的亲生儿子刘承勋继位。太后

说："刘承勋长期患病，卧床不起。"众人不信，请求面见刘承勋，太后派人把刘承勋抬到众人面前，众人这才确信无疑。

郭威率领百官又请求让刘知远的养子刘赟继位。刘赟是刘知远的侄子。太后同意百官的请求。郭威立刻派太师冯道等人前往徐州迎接刘赟入朝登基。

十二月，刘赟跟随冯道等人从徐州返回大梁，路上巧遇郭威率军出征抵御契丹。刘赟派使者慰问官兵。将士们私下议论说："我们攻陷京师，逼死主上，罪行实在太大了。如果刘氏家族再次执掌天下，我们必将死无葬身之地。"

十二月十九日，郭威率军到达澶州。第二天早晨，郭威刚要整顿兵马出发，就听见住所外面人声鼎沸，喊声不断。郭威唯恐发生不测，急忙命人关闭院门。外面的将士纷纷翻墙而入，众人叩拜郭威说："我们已经和刘氏结下仇怨，绝不能再让刘氏当皇帝，皇帝必须由侍中来做。"

众人百般恳求，郭威一再推辞。这时，有人撕下黄旗披在郭威身上，众人趁势欢呼万岁，簇拥着郭威返回大梁。太后无奈，只好发布命令，废黜刘赟为湘阴公，授予郭威传国玉玺，郭威登基称帝，建立了后周王朝。

枢密使王峻得知郭威的军队哗变，立刻派留守大梁的侍卫马军指挥使郭崇威带领七百名骑兵直奔宋州，把刚刚走到宋州的刘赟看护了起来。郭崇威让冯道先返回大梁，然后杀死了刘赟身边的几员大将，把刘赟幽禁在宋州。不久，刘赟遇害。

高平之战

郭威夺取后汉政权以后，河东节度使刘旻大吃一惊。他是隐帝刘承祐的叔叔，自是不愿归于郭威统辖，于是在晋阳建立北汉政权，企图独霸一方。

公元954年，后周太祖郭威去世，晋王柴荣继位。刘旻得知后周易主，不禁大喜，马上联合契丹，向后周进攻。

后周世宗柴荣意气风发，不甘示弱，决定率军亲征，抵抗北汉入侵。但是，他的决定却遭到群臣的反对。太师冯道极力劝阻说："陛下新近即位，人心浮动，臣以为还是不要亲自出征，一个小小的刘旻，命令将领们前去抵抗也就可以了。"

群臣也都附和着，纷纷劝说柴荣。

柴荣微微一笑，说："刘旻庆幸先帝去世，轻视朕刚刚即位，朕必须亲自出马才能挫败他的锐气。"

冯道迟疑了一下，吞吞吐吐地说："万一，万一陛下有个闪失……请陛下三思而行。"

柴荣略显不快地说："从前唐太宗李世民平定天下，就常常亲自出征，朕怎敢苟且偷安呢!"

冯道不紧不慢地说一句："不知陛下能不能成为唐太宗?"

柴荣显得有些激动，他提高嗓音说："以我强大的兵力，打败刘旻如同以山压卵一样!"

冯道撇了撇嘴，不以为然地小声嘀咕说："不知陛下能不能成为山?"

柴荣有些按捺不住了，他挺直身子，刚要发怒，一旁的大臣们连忙劝解道："冯太师也是一番好意。陛下亲征，我军肯定军威大振，锐不可当。更为重要的是让天下人看一看陛下的文韬武略。"

柴荣这才平息了怒气。他马上调集各路人马奔赴前线，同时下令广招天下豪杰、绿林英雄，憋足了劲儿要大显身手。

三月十一日，柴荣率领大军从大梁出发，日夜兼程地直奔泽州。十九日，柴荣随后周前锋在高平与北汉军队遭遇。

三万多汉军和近十万契丹大军正严阵以待。前锋都指挥使张元徽率军在东，契丹大将杨衮率军在西，刘旻率领中军居中。他们军容整肃，旌旗招展，气势汹汹，咄咄逼人。

后周后续军队尚未到达，士兵们都显出惊恐的神色。柴荣却异常兴奋。他骑在马上，跃跃欲试。根据敌人的情况，他立刻命令滑州节度使白重赞与侍卫马步都虞候李重进率领左路军列阵西侧；马军都指挥使樊爱能与步军都指挥使何徽率领右路军列阵东侧；宣徽使向训和郑州防御使史彦超居中。很快，后周军队摆开了阵势。殿前都指挥使张永德率领禁军保卫柴荣。柴荣身着戎装，战马披甲，迎着北方的风沙，神色严峻，威风凛凛，密切注视着北汉军队的一举一动。

刘旻观望良久，发现后周军队兵少将寡，不禁喜上眉梢。他扭头转向他的部将说："用汉军就可以破敌，何必用契丹人！契丹人来了也好，正好让他们心服口服。"

他的部将都点头称是。

这时，杨衮驱马来到刘旻近前，对刘旻说："刚才我仔细观察过了，的确是劲敌呀，千万不要轻易冒进。"

刘旻用鼻子哼了一声，斜视着杨衮，傲慢地说："机不可失，请杨公不要乱说，杨公暂且在一旁，看看我们汉军是如何大破敌军。"杨衮顿时沉下了脸，冷笑一声，悻悻地回归本队。

两军对峙着，战场上一片寂静，只有北风吹动旌旗呼啦啦作响。一会儿，风向突变，东北风转成了南风。刘旻刚要下令进攻，枢密直学士王得中一把牵住刘旻的战马，急切地说："这样的风向，对我军不利，再等一等吧！"

刘旻夺过缰绳，厉声说道："我已经决定了！老夫子不要胡言乱语！"

说完，刘旻一声令下，指挥东面张元徽的军队向后周右路军率先发起攻击。

后周右路军将领樊爱能和何徽惊慌失措，带领骑兵掉头就跑，一千多名步兵也随即脱下铠甲，高呼万岁，向北汉投降。后周军队顿时乱了阵脚，眼看就要全军崩溃。

柴荣急得二目圆睁，带领亲兵冒着流箭飞石，不顾一切地指挥士兵阻击东汉军队。

禁军将领赵匡胤见形势危急，振臂高呼："主上不顾危险，我们能不拼死吗？"他又扭头对张永德说，"请将军从左翼进攻，我从右翼进攻。国家存亡，在此一举！"

张永德点头同意。两人各率两千士兵冲入敌阵。赵匡胤犹如猛虎一般，左冲右杀，横扫敌军。在赵匡胤的感召下，后周将士热血沸腾，勇气倍增，紧随赵匡胤杀入北汉阵地。风声呼啸，战马嘶鸣，战场上到处是后周将士的喊杀声和北汉士兵的惨叫声。

北汉前锋都指挥使张元徽是北汉的一员猛将，激战中他的战马突然摔倒，张元徽站立不及，被后周士兵乱刃杀死。张元徽一死，北汉军队彻底瓦解，士兵们无心恋战，他们不顾刘旻气急败坏地嘶喊，像潮水一般溃败而去。杨衮痛恨刘旻傲慢无礼，大言欺人，率领契丹军队不战而退。

五朝元老冯道

冯道，字可道，瀛州景城（今河北沧州西）人。在五代时期，他历事五朝，侍奉过十一位皇帝，高居相位二十多年而不倒，真是一个官场奇迹。他晚年自号"长乐老"。

冯道为人勤奋、俭朴，对自己要求很严格。早年，他在晋王李存勖手下做掌书记。有一次后晋、后梁军队夹河对峙，冯道在自己军中搭一个草棚，不设床席，睡在草料堆上；领到的薪俸，拿来与手下人分享，与他们共用器皿，一同吃喝，自然得体。

有一次，他的将领中有人掳掠到别家的美女送给冯道，冯道推辞不掉，无奈就把她安置在另外的房间，查访了解到她的家人后，就派人将其送回。

父亲去世后，冯道离职在景城居丧。那时正值荒年，他便拿出家中全部资财周济乡里百姓，并亲自耕田砍柴。看见有未耕的荒田，或人家无力耕种的，冯道就晚上悄悄替人耕种，后来别人知道后感到很惭愧，前来感谢他，冯道却不把这些看成什么了不得的事情。守丧期满，他又被征召为翰林学士。

后唐明宗即位后，因早就知道冯道的人品与才学，便问安重诲："先帝时的那个冯道现在在哪里？"安重诲答道："还是任学士。"明宗说："我平素就知道他，此人正是我要选任的宰相人选。"于是明宗授予冯道端明殿学士，升迁做管理军队事务的兵部侍郎，一年后又授予他中书侍郎、同中书门下平章事，职权如同宰相一般。

明宗在位那几年，国家收成都比较好，中原也没有战事。冯道向明宗建议说："臣在河东做文书官的时候，奉命到中山去，当时由于路途不平，惟恐马有踏失，我便紧紧握住马嚼，缰绳不敢有半点松懈。等到了平地，我以为无须多虑，思想也放松了，结果就坠马受伤。这件事说明了一个道理：大凡身处艰难危险境地时，人都会深思熟虑，谨慎而行，所以不会有什么差错，而身居安逸则祸患常随思想松懈而至，这是人之常情啊！"

明宗问："倘若国家收成比较好会对百姓生活有帮助吗？"

冯道说："粮食若涨价，老百姓就要挨饿；粮食若不值钱，农民的收入就会受损。"可见冯道颇是一位居安思危，关心民生的大臣。

还有一次，明宗得到一个玉杯，玉杯上刻着"传国宝万岁杯"，这非常投合明宗的心理，明宗对这个玉杯十分珍爱，常常放在手中把玩。一天，他把玉杯拿给冯道看，并对他说道："这可是朕的宝贝。"冯道听了不以为然地说："这算什么宝贝，做帝王的应该有一种无形之宝。"明宗很奇怪地问："什么是无形之宝？"冯道告诉他说："无形之宝就是仁义。"明宗听了心中暗以为是。正是在冯道的辅助下，明宗在位期间才出现了五代十国时期最好的政治局面。

冯道给明宗做了十多年宰相，明宗死后又做闵帝的宰相。潞王在凤翔反叛，闵帝出奔到卫州(治今河南汲县)，冯道率百官迎接潞王入朝，拥戴他为帝，冯道又做了宰相。末帝即位时，闵帝还在卫州，过了三天，闵帝才遭杀害。不久末帝调冯道做同州节度使，掌管一方财政军政大权。过了一年，赐授司空高职，这是辅助末帝治国安邦的要职。

后晋灭后唐，冯道又仕后晋。高祖授予冯道司空、同中书门下平章事，加授司徒，职权范围大体与司空一样，又兼作侍中，进封为鲁国公。石敬瑭死后，冯道又任出帝的宰相，加授太尉衔，并且又封为燕国公。不久，他被降职做匡国军节度使，迁调镇守威胜。

契丹灭后晋，冯道又为契丹效力，官居太傅，掌管训导事务。后汉高祖继位，冯道又归附后汉王朝，并以太师身份入朝参政。

后周灭后汉后，冯道又侍奉后周，周太祖郭威任命冯道为太师，掌管训导事务。郭威很器重他，每次召进宫来听取他的建议时，都不直呼其名。

冯道的为人处世之道颇值得玩味。在那个政权更迭的年代，冯道能安身免祸，同时又做了一些有利于民生的事，也算难得。